Dr. Margit Brinke
Dr. Peter Kränzle

USA-Ostküste

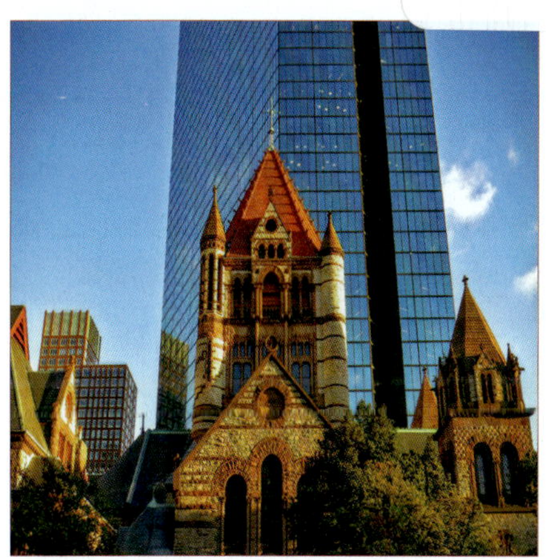

IWANOWSKI'S REISEBUCHVERLAG

Im Internet:

www.iwanowski.de

Hier finden Sie aktuelle Infos zu allen Titeln, interessante Links – und vieles mehr!

Einfach anklicken!

Schreiben Sie uns, wenn sich etwas verändert hat. Wir sind bei der Aktualisierung unserer Bücher auf Ihre Mithilfe angewiesen: **info@iwanowski.de**

USA-Ostküste
16. Auflage 2024

Salm-Reifferscheidt-Allee 37 • 41540 Dormagen
Telefon 0 21 33/26 03 11 • Fax 0 21 33/26 03 34
info@iwanowski.de
www.iwanowski.de

Titelfoto: Trinity Church, Boston © 12019 über Pixabay
Alle anderen Farbabbildungen: s. Bildnachweis S. 588
Layout: Red.sign Redaktion & Design GbR, Stuttgart
Karten: Astrid Fischer-Leitl, München
Titelgestaltung: Point of Media, www.pom-online.de
Redaktionelles Copyright, Konzeption und deren ständige Überarbeitung: Michael Iwanowski

Gesamtherstellung: Himmer GmbH, Augsburg
Printed in Germany

ISBN: 978-3-86197-257-0

Alle Karten zum Gratis-Download – so funktioniert's
In diesem Reisehandbuch sind alle Detailpläne mit sogenannten QR-Codes versehen, die vor der Reise per Smartphone oder Tablet-PC gescannt und bei einer bestehenden Internet-Verbindung auf das eigene Gerät geladen werden können. Alle Karten sind im PDF-Format angelegt, das nahezu jedes Gerät darstellen kann. Für den Stadtbummel oder die Besichtigung unterwegs hat man so die Karte mit besuchenswerten Zielen und Restaurants auf dem Telefon, Tablet-PC, Reader oder als praktischen DIN-A-4-Ausdruck dabei. Die Basis-Infos sind immer und überall ohne Roaming-Gebühren abrufbar.
Sollten wider Erwarten Probleme beim Karten-Download auftreten, wenden Sie sich bitte direkt an den Verlag. Unter info@iwanowski.de erhalten Sie die entsprechende Linkliste zum Herunterladen der Karten.

EINLEITUNG 10

Vorwort 11

Die USA im Überblick 13

Die Staaten des Reisegebiets im Überblick 14

I. DIE OSTKÜSTE DER USA: LAND UND LEUTE 15

Historischer Überblick 16

Indianer – die ersten Amerikaner 16
„Entdeckung" und Kolonisierung Nordamerikas 18
Kolonisierung durch die Spanier 20 • Franzosen auf dem Vormarsch 21 • Holländische Interessen 22 • Kolonisierung durch die Briten 22 • Leben in den Kolonien 24
Der Kampf um die Unabhängigkeit 25
Die Gründung der USA 27 • Der „War of 1812" 28
Die Besiedlung des Westens 29
Nord-Süd-Konflikt und Bürgerkrieg 30
Wiederaufbau nach dem Sezessionskrieg 33
Die USA werden Weltmacht 34
Die USA im 20. Jahrhundert 35
Die USA im 21. Jahrhundert 37

Geografischer Überblick 41

Atlantische Küstenebene 41
Appalachen 42

Klimazonen an der Ostküste 45

Wirtschaft und Arbeitsleben 46

Landwirtschaft 48
Die Bedeutung des Meeres 50
Vom Old zum New South 51

Die amerikanische Gesellschaft 52

Eine „Nation of Nations" 52
Indianer 54 • Afroamerikaner 55 • Lateinamerikaner 56 • Iren und Italiener 56 • Asiaten 57 • Amerikas deutsche Wurzeln 57

Soziale Situation 58
Krankenversicherung 59 • Rentenversicherung 60 • Arbeitslosen- und Sozialhilfe 60
Bildungswesen 60
Religion – „God's own Country" 63
Religiöse Vielfalt 64 • Wiedererweckungs-Bewegungen 64 • Jedem das Seine 65
Der „American Way of Life" 65
Aus dem Vollen schöpfen 66 • Die angeblich schönste Nebensache der Welt 67

Kunst und Kultur 69
Architektur 69
„Hudson River School" und Landschaftsmalerei 72
Die Malerei des Südens 74
Der Nordosten: Heimat der Dichter und Denker 75
Die Südstaaten: Lokalkolorit und Weltliteratur 76
Literarisches Multikulti in New York 77

2. DIE OSTKÜSTE ALS REISEZIEL 78

Allgemeine Reisetipps von A–Z 79

Entfernungstabelle 127

Die Grünen Seiten:
Das kostet Sie das Reisen entlang der Ostküste der USA 128

3. REISEN ENTLANG DER OSTKÜSTE DER USA 132

Zeiteinteilung und touristische Interessen 136

4. NEW YORK CITY 138

Historischer Überblick 141
Sehenswürdigkeiten in Manhattan 143
Lower Manhattan – die Südspitze 145
Brooklyn Bridge 155
Lower Manhattan – zwischen Lower East Side und Village 156
Zwischen Lower Manhattan und Midtown 160
Midtown 165
Uptown und Central Park 174
Upper Manhattan 182
Sehenswertes in den New Yorker Boroughs 186
Brooklyn 187
Queens 189
Bronx 190

5. DIE NORDOSTKÜSTE 206

Überblick 207

Von New York nach Boston 208

Connecticuts Gold Coast – Von New York nach New Haven 208
Durchs Indianerland nach Mystic/CT 211
Von Mystic/CT nach Providence/RI 215
Newport/RI 219
New Bedford/MA 225
Cape Cod/MA 227
Ausflug nach Nantucket und Martha's Vineyard 232
Plymouth/MA 233

Boston – die „Grand Old Lady" 236

Historischer Überblick 237
Sehenswertes in Boston 239
Cambridge/MA 262
Die Wiege des Unabhängigkeitskampfes 267

Die Küstenroute von Boston zum Acadia National Park 273

North of Boston – Essex National Heritage Area 273
Salem, alte Hafenstadt mit dubiosem Ruf 275
Umweg über Cape Ann 278
Die „Clipper City" Newburyport 280
Portsmouth und die Küste New Hampshires 281
Maines Südküste 283
Portland/ME und die Casco Bay 288
Auf dem Hwy. 1 nach Bar Harbor und zum Acadia NP 291
Acadia National Park 295

Die Inlandsroute zurück nach New York 299

Über Bangor in die White Mountains 299
Routenvariante durch die Lakes Region und das Merrimack River Valley 305
Routenvariante durch Vermont und die Berkshire Hills 312
Alternative: Routenvariante durch das Hudson River Valley nach New York City 315
Von Vermont durch die Berkshire Hills und Connecticut 320

6. DIE ZENTRALE OSTKÜSTE 326

Von New York nach Philadelphia 327

Eliteuniversität Princeton 327
Über Trenton nach Philadelphia 328

Philadelphia, die „Stadt der brüderlichen Liebe" 329

Historischer Überblick 332
Rundgang im historischen Zentrum 334
City Center – „Downtown" Philadelphia 340
Der Museum District 343
Weitere Sehenswürdigkeiten 345
Ausflug zur King of Prussia Mall und nach Valley Forge 346

Reiserouten

Von Philadelphia nach Washington 353
Im Brandywine Valley 353
Pennsylvania Dutch Country (Lancaster County) 357
Gettysburg/PA 364
Baltimore/MD 370
Annapolis und die Chesapeake Bay 378

7. US-HAUPTSTADT WASHINGTON D.C. 382

Historischer Überblick 384
White House 388
White House Visitor Center 389
Um das White House 390
Sehenswertes um die National Mall 391
Memorials im Westteil 392
Museen an der Mall 394
Capitol Hill 397
U.S. Capitol 398
Library of Congress 399
Eastern Market 400
An der Waterfront 400
Sehenswürdigkeiten in Downtown 401
Weitere Attraktionen in D.C. 402
Georgetown 402
Northwest 403
Abstecher nach Arlington 405

8. DER SÜDOSTEN – INLANDSROUTE 410

Überblick 411
Von Washington D.C. zum Blue Ridge Parkway 411
Manassas/VA 411
Shenandoah National Park und Skyline Drive 414
Beschauliches Staunton 416
Charlottesville – Thomas Jeffersons Heimat 418
Lexington, kleiner Ort mit berühmten Bewohnern 425
Natural Bridge 426
Unterwegs zum Great Smoky Mountains National Park 428
Der Blue Ridge Parkway 428
Deutsche Wurzeln in North Carolina 431
Unterwegs nach Charlotte 434
Von Charlotte nach Ashville in die Blue Ridge Mountains 439
In der Heimat der Cherokee-Indianer 443
Der Great Smoky Mountains National Park 445
Durch East Tennessee nach Atlanta 448
Im Westen der Great Smokies 448
Knoxville – „Gateway to the Smokies" 449

Reiserouten

Tennessee Overhill 454
Chattanooga – „Tor zum Süden“ 455
In den Georgia Mountains 459

9. DER SÜDOSTEN – KÜSTENROUTE 460

Von Washington D.C. zur Chesapeake Bay 461
Alexandria/VA 461
Mount Vernon 462
Fredericksburg/VA 464
Richmond, Virginias Hauptstadt 466
Colonial Virginia: Williamsburg, Jamestown und Yorktown 472
Von der Chesapeake Bay zu den Outer Banks/NC 478
Hampton Roads Area 479
Virginia Beach 480
Die Outer Banks in North Carolina 482
New Bern, erste Hauptstadt der Carolinas 489
Verbindungsroute durch NC zu den Appalachen 491
Raleigh – die Hauptstadt North Carolinas 491
Durham – „City of Medicine“ und einstiges Tabakzentrum 494
Universitätsstädtchen Chapel Hill 496
Vom Research Triangle nach Winston-Salem 498
Küstenroute von New Bern/NC nach Charleston/SC 499
Wilmington/NC 499
Grand Strand – die Küste South Carolinas 503
Charleston – „La Belle of the Old South“ 505
Von Charleston/SC zu Georgias Golden Isles 518
Hilton Head Island 518
Historic Savannah/GA 519
Coastal Georgia 530
Der Okefenokee Swamp 535
Von Coastal Georgia nach Atlanta 536
Macon – City of White Columns and Cherry Blossoms 537
Der Antebellum Trail 538
Stone Mountain Memorial SP 541

10. ABSTECHER NACH FLORIDA 542

Überblick 543
Amelia Island, Jacksonville und die Beaches 543
St. Augustine – Nation’s Oldest (European) City 547
Florida’s Space Coast 550
Vergnügungszentrum Orlando 550

11. SÜDSTAATENMETROPOLE ATLANTA 552

Überblick 553
Historischer Überblick 554

Sehenswertes in Downtown 556
- **Centennial Olympic Park** 556
- **News & Sports** 560
- **Zwischen Five Points, Peachtree Center und SoNo** 562
- **Rundgang durch Sweet Auburn** 562

Sehenswertes in Midtown 565
Sehenswertes in den Suburbs 568

12. ANHANG 574

Literaturhinweise 575
Stichwortverzeichnis 579
Abbildungsverzeichnis 588

info

Weiterführende Informationen zu folgenden Themen

Zur Terminologie des Wortes „Indianer“ **18**
Florida: die „14. Kolonie“ **24**
Die politischen Staatsorgane und ihre Aufgaben **38**
Präsidenten der Vereinigten Staaten von Amerika **40**
Wandern auf dem Appalachian Trail **43**
„Yankees“ und „Southerners“ **58**
Baseball: das National Game **67**
Himmelwärts – New Yorks Wolkenkratzer **173**
Neuenglands puritanisches Erbe **235**
Ein Meister seines Fachs: Charles Bulfinch **241**
Paul Revere – vom Silberschmied zum Nationalhelden **247**
Mekka der Red Sox Nation: der Fenway Park **257**
Transzendentalismus und Neuenglands Literaten **269**
Maine, die Heimat der Lobster **286**
Die Shaking Quakers **308**
Mark Twain – Humorist, Gesellschaftskritiker und Volksschriftsteller **324**
„Mural Capital of the World“ **342**
Friedrich Wilhelm von Steuben oder „Wie man aus einem wilden Haufen eine schlagkräftige Armee macht“ **347**
Die Pennsylvania Dutch **358**
„,... these dead shall not have died in vain ...“ **366**
Smithsonian Institution **395**
Monticello – Jeffersons „Essay on Architecture“ **418**
Thomas Jefferson – ein Mann der Visionen und Talente **422**
„There stands Jackson like a stonewall!“ **426**
College Football – „Nationalsport“ der Südstaaten **453**
Sequoyah – Sprachgelehrter und Allround-Genie **454**
George Washington: Held wider Willen **463**
Die fliegenden Brüder **483**
„The Lost Colony“ **485**
Zwei bedeutende Südstaatenautorinnen **540**
Das „Heilige Wasser“ **560**
Go Braves! – Baseball in Atlanta **561**
„I have a dream ...“ **564**
Vom Winde verweht **566**

Verzeichnis der Karten und Grafiken

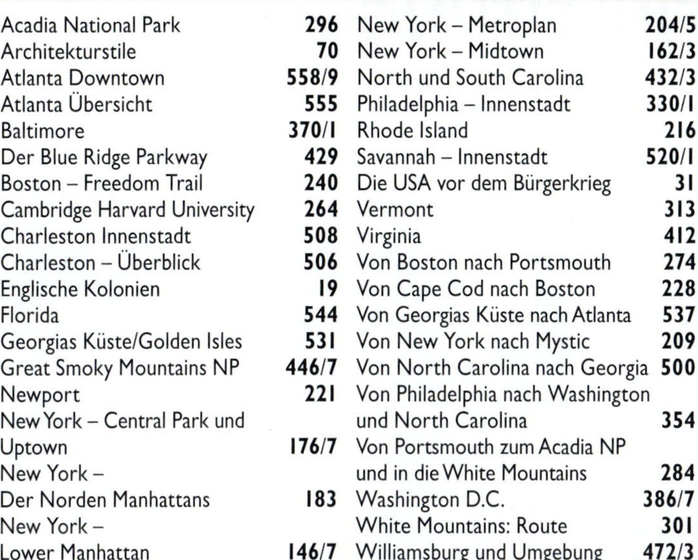

Acadia National Park	296	New York – Metroplan	204/5
Architekturstile	70	New York – Midtown	162/3
Atlanta Downtown	558/9	North und South Carolina	432/3
Atlanta Übersicht	555	Philadelphia – Innenstadt	330/1
Baltimore	370/1	Rhode Island	216
Der Blue Ridge Parkway	429	Savannah – Innenstadt	520/1
Boston – Freedom Trail	240	Die USA vor dem Bürgerkrieg	31
Cambridge Harvard University	264	Vermont	313
Charleston Innenstadt	508	Virginia	412
Charleston – Überblick	506	Von Boston nach Portsmouth	274
Englische Kolonien	19	Von Cape Cod nach Boston	228
Florida	544	Von Georgias Küste nach Atlanta	537
Georgias Küste/Golden Isles	531	Von New York nach Mystic	209
Great Smoky Mountains NP	446/7	Von North Carolina nach Georgia	500
Newport	221	Von Philadelphia nach Washington und North Carolina	354
New York – Central Park und Uptown	176/7	Von Portsmouth zum Acadia NP und in die White Mountains	284
New York – Der Norden Manhattans	183	Washington D.C.	386/7
New York – Lower Manhattan	146/7	White Mountains: Route	301
		Williamsburg und Umgebung	472/3

Vordere Umschlagklappe: USA-Ostküste Überblick
Hintere Umschlagklappe: Boston Übersicht

Legende

 Kirche
 Denkmal
Information
 Camping
 Pass
 Aussichtspunkt
 Sehenswürdigkeit
 Krankenhaus

 Rangerstation
 Schloss
 Bahnhof
 Bibliothek
  Bus/Busbahnhof
 Fähre
 Leuchtturm

 Museum
 Theater
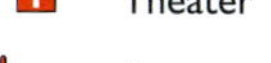 Übernachten
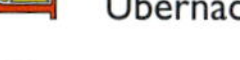
 Essen
 Einkaufen
 Reiten

EINLEITUNG

Vorwort

„Here is not merely a nation but a teeming nation of nations."
(Walt Whitman, „Leaves of Grass", 1855)

Der US-Ostküste mag auf den ersten Blick die landschaftliche Dramatik fehlen, die den Westen so einzigartig macht. Dafür präsentiert sich die Ostküste als historisch gewachsenes Kulturland und überaus geschichtsträchtig. Eine dicht besiedelte Region mit Menschen aus aller Welt und faszinierenden Großstädten, aber auch beschaulichen Dörfern – eine „**Nation of Nations**", wie einst der Dichter Walt Whitman treffend bemerkte.

An der Atlantikküste liegen die Wurzeln Amerikas. Hier schlägt das **Herz der USA**. Auf Schritt und Tritt stößt man auf historische Orte, Schlachtfelder, Museen, Denkmäler und Kultureinrichtungen. Die Europäer setzten hier erstmals Fuß auf amerikanischen Boden. Ihnen folgten Immigranten aus aller Welt, die das Land besiedelten und sich auf der Suche nach einem besseren Leben immer weiter ausbreiteten. Dadurch verschob sich die Grenze immer weiter Richtung Westen.

Die **amerikanische Geschichte** ist im Osten allgegenwärtig. In besonderer Weise spielen die Kolonialzeit, der Unabhängigkeitskampf oder der amerikanische Bürgerkrieg an verschiedenen Orten eine Rolle. Doch es ist nicht allein die Fülle historisch bedeutsamer Stätten und Städte wie Boston, Philadelphia oder Jamestown, Charleston, Savannah oder St. Augustine, es sind auch die Landschaften und pittoresken Städtchen, Strände und Sümpfe, Wälder und Steilküsten, die einen Gleichklang von Natur und Kultur erzeugen und für Abwechslung sorgen.

Geografisch ist es relativ einfach, die **Ostküste der USA** abzugrenzen. Sie reicht von der Grenze Kanadas im Norden bis hinunter nach Florida und von der Atlantikküste bis zur Bergkette der Appalachen. Im Mittelpunkt des vorliegenden Bands steht die Region von Bar Harbor/Maine bis Orlando/Florida sowie bis zur Bergkette der Appalachen, die parallel zur Küstenlinie im Hinterland verläuft.

Zugegeben, es ist so gut wie unmöglich, die Ostküste in einer einzigen Reise zu erkunden. Daher wurde nachfolgend versucht, nach kulturellen, historischen, geografischen und demografischen Gegebenheiten die Küste reisetechnisch sinnvoll in **mehrere Abschnitte** zu gliedern, beginnend mit New York City als wichtigstem Ausgangspunkt: 1. die Nordostküste, 2. die zentrale Ostküste zwischen New York und der Hauptstadt Washington D.C. und 3. die Südostküste inklusive eines Abstechers nach Florida.

Zwischen dem Süden und dem Norden mit einer „neutralen" Pufferzone in Gestalt des Städtekonglomerats zwischen New York und Washington liegen Welten. Deswegen erwies es sich auch als schwierig, mehr **Gemeinsamkeiten** herauszustellen als **Unterschiede** festzuhalten.

Der **Nordosten** ist industriell geprägt, wohlhabend, dicht besiedelt und klimatisch im Großen und Ganzen mit Nordeuropa vergleichbar. Die Vegetation unterscheidet sich nur unwesentlich von der unseren und auch die Bewohner legen eher europäische Züge an den Tag. „Puritanismus" heißt ein wichtiges Schlagwort in der Nordregion: Man gibt sich zurückhaltend, teils etwas snobistisch und arrogant, eher verschlossen, aber man ist auch stolz auf Bildung und Kultiviertheit, auf europäische Wurzeln und die herrschende Toleranz und Religionsvielfalt.

Der **Südosten**, Teil des „**Deep South**", ist ein besonderes Stück USA und unterscheidet sich im Hinblick auf Geschichte, Bewohner, Dialekt, Küche, Religiosität und Mentalität vom Norden. Der Süden ist Plantagenland, die Bevölkerung redselig und gastfreundlich, das Land vielfach agrarisch genutzt und mit einem angenehmen Klima gesegnet.

Mit diesem Reisehandbuch soll **individuelles Reisen und Erkunden** ermöglicht werden. An der Ostküste bietet sich dem Besucher – viel intensiver als im Westen – die einmalige Gelegenheit, Amerika von der Pike auf kennenzulernen und Klischees und Vorurteile abzubauen. Wer genügend Zeit und Interesse mitbringt, wird von der Vielseitigkeit dieses Teils der Vereinigten Staaten begeistert sein. Wichtig ist, sich von der Philosophie des „**Weniger ist mehr**" leiten zu lassen und nicht zu versuchen, die gesamte Küste auf einmal zu erkunden.

Die getroffene Auswahl der im Buch beschriebenen Ziele und Routen basiert auf der eigenen langjährigen Reiseerfahrung, wobei aufgrund des zur Verfügung stehenden Platzes Beschränkung nötig war. Da die Größe des Areals eine flächendeckende Beschreibung unmöglich macht, werden jeweils eine **Hauptroute** und einige **Alternativrouten** in den drei Landesteilen vorgestellt.

Auch zu **Übernachtung und anderen praktischen Tipps** kann daher nur eine kleine Auswahl vorgestellt werden. Es wurden aber dafür, soweit möglich, ungewöhnliche Plätze ausgewählt, bei denen Preis und Leistung stimmt. Bei den praktischen Hinweisen wurde auf **größtmögliche Aktualität** geachtet, doch bei der Fülle an Informationen und der Schnelllebigkeit touristischer Angebote kann keine Gewähr für Korrektheit bzw. Vollständigkeit übernommen werden.

Augsburg, Frühjahr 2024
Margit Brinke und Peter Kränzle

Die USA im Überblick

Fläche

9.857.306 km², inkl. Alaska, Hawaii und Wasserflächen (Rang 3 weltweit)

Staatsland (public land)

ca. 34 % = etwa 3,2 Mio. km²

Nationalpark-Land

ca. 340.000 km²

Höchster Punkt

Denali (Alaska) mit 6.200 m

Niedrigster Punkt

Badwater Basin, Death Valley (CA), 85 m unter Meeresspiegel

Längster Fluss

Mississippi (zusammen mit Missouri) 6.420 km

Einwohner

ca. 332 Mio. (Census 2020), etwa 80 % städtische Bevölkerung, 273 Städte mit über 100.000 EW, neun mit über 1 Mio. EW. Die Einwohnerdichte liegt bei ca. 35 EW/km² (vgl. Deutschland: 231 EW/km²)

Ethnien

ca. 71 % Weiße (davon ca. 19 % Hispanics), ca. 14 % Afroamerikaner, ca. 7 % Asiaten, ca. 3 % Indianer, Inuit, Hawaiianer; die restliche Bevölkerung ist mehreren Ethnien zuzurechnen

Wurzeln

ca. 60 % aller Amerikaner haben europäische Wurzeln; die größten ethnischen Gruppen: ca. 14 % deutsch, knapp 12 % irisch, 12 % mexikanisch, 9 % englisch, 5 % italienisch u. v. a.

Sprachen

79 % Englisch, 14 % Spanisch, ca. 1 % asiatische Sprachen, restliche Sprachen darunter indianische und europäische (u. a. ca. 0,4 % deutsch)

Hauptstadt

Washington D.C. (District of Columbia)

Religionen

ca. 65 % Christen, davon rund 42 % Protestanten (stärkste Gruppen sind Baptisten, Methodisten, Lutheraner und Pfingstler), etwa 21 % Katholiken und 2 % Mormonen; ca. 6 % Juden und sonstige; etwa 28 % gehören keiner Glaubensgemeinschaft an

Flagge

13 waagerechte wechselweise rote und weiße Streifen für die 13 Gründerstaaten, in der oberen, blauen Ecke 50 weiße Sterne für die Bundesstaaten

Nationalfeiertag

4. Juli (Tag der Unterzeichnung der Unabhängigkeitserklärung)

Staats- und Regierungsform

Präsidialrepublik mit Zwei-Kammer-Parlament (Kongress) aus Senat und Repräsentantenhaus; föderale Verfassung, in der die 50 Bundesstaaten starke Eigenrechte haben; System des „Checks & Balances" (Gewaltenteilung) zwischen Kongress, Präsident und Supreme Court

Die Staaten des Reisegebiets im Überblick

Staat	Abkürzung	Hauptstadt	Beitritt zur Union	Fläche in km²	Einwohner
Connecticut*	CT	Hartford	1788	13.023	ca. 3,6 Mio.
Delaware	DE	Dover	1787	6.450	ca. 1 Mio.
District of Columbia (Washington D.C.)	D.C.		1790**	177	ca. 670.000
Florida	FL	Tallahassee	1845	170.304	ca. 22 Mio.
Georgia	GA	Atlanta	1788	153.909	ca. 10,7 Mio.
Maine*	ME	Augusta	1820	91.646	ca. 1,4 Mio.
Maryland	MD	Annapolis	1788	32.133	ca. 6,2 Mio.
Massachusetts*	MA	Boston	1788	27.336	ca. 7 Mio.
New Hampshire*	NH	Concord	1788	24.217	ca. 1,4 Mio.
New Jersey	NJ	Trenton	1787	22.591	ca. 9,3 Mio.
New York	NY	Albany	1788	141.300	ca. 20,2 Mio.
North Carolina	NC	Raleigh	1789	139.390	ca. 10,7 Mio.
Pennsylvania	PA	Harrisburg	1787	119.283	ca. 13 Mio.
Rhode Island*	RI	Providence	1790	4.001	ca. 1,1 Mio.
South Carolina	SC	Columbia	1788	82.931	ca. 5,3 Mio.
Tennessee	TN	Nashville	1796	109.247	ca. 7 Mio.
Commonwealth of Virginia	VA	Richmond	1788	110.785	ca. 8,7 Mio.
Vermont*	VT	Montpelier	1791	24.923	ca. 650.000

*= Neuengland-Staaten
**= Gründung (D.C. ist kein US-Bundesstaat)

I. DIE OSTKÜSTE DER USA: LAND UND LEUTE

Historischer Überblick

Geschichte auf Schritt und Tritt

Während im Westen der USA die Landschaft prägendes Element ist, ist es an der Ostküste die Geschichte. Hier spielten sich die französischen und spanischen Kolonisationsversuche sowie die englische Inbesitznahme ab. Hier kam die Idee von der modernen Demokratie auf. Hier wurde die Unabhängigkeit erkämpft, in einem blutigen Bruderkampf die Sklaverei abgeschafft und die staatliche Einheit der ehemaligen Kolonien gesichert. Kein Wunder, dass an der Ostküste die amerikanische Geschichte auf Schritt und Tritt präsent ist.

An historisch besonders wichtigen Stätten z. B. in Boston, Plymouth, Concord, Salem, New Bedford, Newport, Philadelphia, Washington, Charleston, Savannah oder St. Augustine wird die Vergangenheit lebendig. Sie äußert sich in Besucherzentren und Ausstellungen, durch historisch gekleidete Führer, authentische Nachbauten, Vorführungen und Original-Relikte, durch „Re-enactments" – originalgetreu nachgespielte historische Ereignisse – und Freiluftmuseen.

Indianer – die ersten Amerikaner

Wer die US-Geschichte als vergleichsweise kurz bezeichnet, läuft Gefahr, denselben Fehler zu begehen wie die ersten Kolonialisten, die die Geschichte der Indianer ignorierten. Denn genau betrachtet ist auch Nordamerika ein „**Alter Kontinent**". Wann die Ahnen der Indianer den nordamerikanischen Subkontinent erstmals betreten haben, wird **kontrovers diskutiert**.

Die Cherokee zählten zu den bedeutendsten Indianervölkern an der Ostküste

Jüngste archäologische Funde und wissenschaftliche Untersuchungen (u. a. der DNA und Blutgruppen) unterstreichen, dass die Besiedlung Nordamerikas über die Beringstraße nur eine von vielen Theorien ist. Tatsächlich scheint es mehrere Besiedlungsschübe gegeben zu haben. Manche Gruppen sollen beispielsweise mit Booten über den Pazifik auf den Kontinent gelangt sein. Nach **neuestem Forschungsstand** lassen sich die **ältesten menschlichen Spuren** in Nordamerika auf mindestens 15.000 v. Chr. zurückdatieren. In den letzten Jahren mehren sich jedoch Funde und Fundstellen auch in Südamerika, die auf noch ältere Besiedlungsspuren hinweisen. Hier sind in Zukunft noch spannende neue Erkenntnisse im Hinblick auf die Besiedlung Amerikas zu erwarten.

Diese „**Urindianer**" (Paleo Indians) waren Großwildjäger, die den Fährten inzwischen teils ausgestorbener Tierarten wie Bison, Mammuts, Kamelen oder Urpferden immer tiefer hinein in den Kontinent folgten. Anhand von Werkzeugen und anderen Utensilien konnten Jäger-, Fischer- und Sammlerkulturen in unterschiedlichen Gebieten der heutigen USA nachgewiesen und differenziert werden. Als letzte Gruppe haben wahrscheinlich die **Eskimos** ihre Wanderung angetreten und sich an den arktischen und subarktischen Küsten Grönlands, Kanadas, Alaskas und des nordöstlichen Sibiriens ausgebreitet.

Indianische Hochkulturen

Es hat lange gedauert, bis die umherziehenden Gruppen sesshaft geworden sind. Im Osten fand dieser Prozess um etwa 1.000 v. Chr. statt. Es bildete sich eine differenzierte Gesellschaft von Ackerbauern, Jägern und Sammlern heraus, die sogenannte **Woodland Tradition**, deren Siedlungsgebiet zwischen Atlantik, Mississippi und den Großen Seen lag. Um 900 n. Chr. entstand in den Tälern des Mississippi und Ohio River eine indianische Hochkultur, die **Mississippian Tradition**. Für diese Ackerbauern galten Mais, Kürbis, Bohnen, Süßkartoffeln und Tabak als die wichtigsten Kulturpflanzen. Die Gesellschaft war hierarchisch gegliedert. Diese Ureinwohner lebten in großen Siedlungen, die von Holzpalisaden umschlossen waren und charakteristische *mounds* im Zentrum aufwiesen. Auf diesen pyramidalen, künstlichen Erdaufschüttungen befanden sich die kultischen und weltlichen Machtzentren: Tempel, Fürstensitze und Versammlungsplätze. Das Ende dieser Kultur fiel mit der Ankunft der ersten Europäer zusammen, sodass Mitte des 16. Jh. viele der Siedlungen aufgelassen waren. Viele Indianer starben infolge von Kriegen und vor allem durch die von den Spaniern eingeschleppten Krankheiten und Seuchen.

Lesetipp

Fesselnd und informativ sind die Bücher von Charles C. Mann. In „Amerika vor Kolumbus" kommt er anhand neuer Forschungsergebnisse zu dem Schluss, dass die indianischen Kulturen um 1492 oft weiter entwickelt waren als die Europäer. Indianische Völker bewohnten einige der größten und reichsten Städte der Welt und waren nicht allein von der Jagd abhängig, sondern betrieben auch Landwirtschaft. In „Kolumbus' Erbe" geht es um das Auftauchen der Europäer in Amerika 1492 und die damit einsetzende Globalisierung. Der Austausch von Menschen und Pflanzen, Tieren und Krankheiten, Waren und Rohstoffen schuf die Grundlage unserer heutigen Welt.

- **Charles C. Mann**, Amerika vor Kolumbus. Die Geschichte eines unentdeckten Kontinents (Rowohlt Verlag, 2016).
- **ders.**, Kolumbus' Erbe. Wie Menschen, Tiere, Pflanzen die Ozeane überquerten und die Welt von heute schufen (Rowohlt Verlag, 2013)

Es folgte die Zeit der **historischen Indianerstämme**: Irokesen, Mohikaner, Shawnee, Cherokee, Seminole oder Creek, um nur die größten Gruppen zu nennen. So unterschiedlich diese Völker waren, so verschieden verhielten sie sich auch gegenüber Neuankömmlingen aus Europa: Die einen halfen und waren gastfreundlich, die anderen verhielten sich abweisend und feindlich. Am Ende war das Ergebnis jedoch dasselbe: Dezimiert durch eingeschleppte Krankheiten, vertrieben, verfolgt und getötet, überlebten nur wenige Ureinwohner in abgelegenen Regionen.

Brutale Zwangsumsiedlung

Unrühmlicher Höhepunkt war der **Removal Act 1835** unter Präsident Andrew Jackson: Er zwang über 16.000 Indianer zur Umsiedlung in das Indianer-Territorium westlich des Mississippi (heute Oklahoma). Dieser **Trail of Tears** kostete zahllose Indianer der sogenannten „Fünf Stämme" Creek, Cherokee, Chickasaw, Choctaw und Seminole das Leben. Die Seminolen wehrten sich als einzige vehement in drei Kriegen. Bis heute verweisen Gruppen dieses Stammes mit Stolz darauf, niemals besiegt worden zu sein. Sie leben immer noch auf ihrem angestammten Land in den Sümpfen Floridas.

info

Zur Terminologie des Wortes „Indianer"

Beim Wort „**Indianer/Indians**" denken viele an federgeschmückte Reiter mit Pfeil und Bogen, die in Tipis leben. Doch diese Tracht trugen lediglich die Mitglieder des Kulturkreises der Prärie-Indianer, zu denen die berühmten Lakota oder Comanches gehörten. Und auch nur diese waren tatsächlich Nomaden und lebten in Zelten. Ansonsten weisen die meisten der über 560 in den USA existierenden indianischen Völker kaum Gemeinsamkeiten auf. Sie entscheiden sich sowohl in ihrer Lebensweise als auch in Sprache oder Tradition.

Als „politically correct" gelten die Bezeichnungen „**American Indians**" oder „**Native Americans**". Die Indianer selbst lehnen die Bezeichnung „Native Americans" eher ab, da diese auf jeden in Nordamerika geborenen Menschen zutreffe. Ob Apache, Lakota, Cherokee oder Haudenosaunee (Iroquois) – die meisten Indianer ziehen „**American Indian**" oder „**Indian**" vor, wenn die genaue Stammeszugehörigkeit nicht bekannt ist. Von „**Indianern**" zu sprechen ist also durchaus legitim und politisch korrekt.

„Entdeckung" und Kolonisierung Nordamerikas

Erste Europäer: die Wikinger

Fast 500 Jahre vor Kolumbus waren bereits die seetüchtigen Wikinger im Nordosten des amerikanischen Kontinents unterwegs gewesen. **Leif Eriksson** (ca. 975–ca. 1020) soll um das Jahr 1000 mit seinen Männern von Grönland bis zum Mündungsbereich des St.-Lorenz-Stroms und hinunter bis zur Küste des heutigen Bundesstaates Massachusetts gesegelt sein. Die Wikinger sprachen von **Vinland**, in Anlehnung an die angeblich gefundenen wildwachsenden Weinreben. Im übertragenen Sinne dürfte damit jedoch eher allgemein die Fruchtbarkeit der besuchten Landstriche gemeint gewesen sein. Zwar unternahmen die Wikinger noch weitere Fahrten nach Nordamerika, in Neufundland entstand sogar eine Siedlung, doch nachdem sie ihre grönländischen Siedlungen aufgegeben hatten, gerieten ihre Entdeckungsfahrten in Vergessenheit.

Die geschriebene Geschichte Amerikas beginnt mit den Fahrten des **Christoph Kolumbus** (1451–1506). Der in Genua geborene Seefahrer stand in spanischen Diensten und wollte im Glauben an die Kugelgestalt der Erde den Westweg nach Indien finden. Als er 1492 auf der Bahamas-Insel San Salvador landete, meinte er,

Indien erreicht zu haben. Er nannte die Inselgruppe „Westindische Inseln“ und ihre Einwohner „Indianer“. Insgesamt überquerte Kolumbus zwischen 1492 und 1504 viermal den Atlantik, doch setzte er nie einen Fuß auf den nordamerikanischen Kontinent, sondern nur auf karibische Inseln.

Giovanni Caboto (1450–1498) stand als Venezianer in britischen Diensten und erkundete als John Cabot 1497/98 den Nordosten des Kontinents. Der Florentiner **Amerigo Vespucci** (1451–1512) vertrat erstmals die Ansicht, dass das von Kolumbus betretene Land nicht Teil Asiens sei. Der deutsche Kartograf **Martin Waldseemüller** nannte deshalb zu Ehren Vespuccis 1507 den von Kolumbus entdeckten neuen Kontinent nach dessen Vornamen **America**. 1513 erreichte der spanische Konquistador **Vasco Núñez** die Landenge von Panama und stellte fest, dass westlich davon ein neues Weltmeer, der Stille Ozean, beginnt. Er lieferte somit den Beleg für Vespuccis These. Im gleichen Jahr entdeckte **Juan Ponce de Léon** (1460–1521), ein Mitstreiter Kolumbus', Florida. Er glaubte jedoch, dass es sich um eine Insel handle.

Der neue Kontinent rückte schnell in die Interessenssphäre der europäischen Mächte. Anfangs sicherten sich die Spanier alle Gebiete, die rund 600 km westlich einer von Pol zu Pol über die Azoren verlaufenden Linie lagen: Mit dem **Ver-**

trag von Tordesillas 1494 hatten sie sich mit Portugal, damals die zweite bedeutende Seemacht, auf diese Trennung geeinigt. Der Vertrag war von Papst Alexander VI., selbst Spanier und damals völkerrechtlich bindende Autorität, angeregt worden. Als sich zu Beginn des 16. Jh. der Reformationsgedanke verbreitete und der Machteinfluss Spaniens nach der Niederlage gegen England (1588) schwand, änderte sich die Lage und mehrere europäische Nationen wetteiferten um Einfluss auf dem amerikanischen Kontinent.

Kolonisierung durch die Spanier

Untergang der Azteken und Inka

Spanien richtete als erste europäische Nation Kolonien ein. Bei den „**Konquistadoren**" handelte es sich um Männer aus niedrigem, verarmtem Adelsstand, die versuchten, schnell zu Ruhm und Reichtum zu gelangen. Dabei ging man wenig zimperlich vor: Hernando Cortéz (1485–1547) zerstörte das Aztekenreich in Mexiko, Francisco Pizarro (1478–1541) unterwarf das Inkareich in Peru, Vasco Núñez de Balboa (1475–1517) erreichte den Stillen Ozean und erklärte ihn zum spanischen Besitz. Francisco Vásquez de Coronado (1510–44) leitete Expeditionen auf der Suche nach Gold im nordamerikanischen Südwesten, Juan Ponce de León (1513 und 1521), Pánfilo de Narváez (1528) und Hernando de Soto (1538–1542) versuchten ihr Glück ebenfalls aber vergeblich in Florida.

So gab es Ende des 16. Jh. fast 200 meist kleine spanische Siedlungen. Als Arbeitskräfte dienten in erster Linie die einheimischen Indianer. Gleichzeitig mit den Konquistadoren hatten katholische **Missionare** begonnen, ihre Religion unter den „Wilden" zu verbreiten. Sie errichteten Schulen und förderten handwerkliche Fähigkeiten, zerstörten jedoch auch die Kultur der Ureinwohner.

St. Augustine ist die älteste europäische Stadt Nordamerikas, die kontiniuierlich besiedelt wurde

1565 hatte Pedro Menéndez de Avilés den Ort **St. Augustine** an der Nordostküste **Floridas** gegründet. Sie ist heute die **älteste europäische Stadt Nordamerikas**, die kontinuierlich besiedelt wurde. St. Augustine diente den Spaniern bis 1763 und zwischen 1783 und 1821 als Bollwerk und Trutzburg gegen den Einfluß französischer und britischer Kolonialinteressen sowie gegen Piraten, die den Seeweg zurück nach Spanien bedrohten.

Franzosen auf dem Vormarsch

In Frankreich verfolgte man mit Interesse die Geschichten von Schätzen in Mittel- und Südamerika, die in spanische Hände gelangt waren, ohne jedoch einen ernsthaften Vorstoß in spanische Sphären zu wagen. Der Versuch, sich in Florida zu etablieren, scheiterte nämlich kläglich: Das 1564 gegründete **Fort Caroline** (heute Jacksonville) wurde von den Spaniern unter Menéndez ausgelöscht und die Besatzung nahe St. Augustine hingerichtet. Der Ort heißt seither **Matanzas** („Massaker"). Also konzentrierten sich die Franzosen auf den **Nordosten** des neuen Kontinents, wo 1524 der Florentiner **Giovanni da Verrazano** (1480–1527) unter französischer Flagge die Hudson-River-Mündung erkundet hatte. Jacques Cartier (1491–1557) war 1534 noch weiter nordöstlich unterwegs und segelte ins Mündungsgebiet des St.-Lorenz-Stroms. Nach diesen ersten Erkundungen fasste Frankreich ganz allmählich auf dem nordamerikanischen Kontinent Fuß.

Wirtschaftliche Interessen

Wirtschaftlich gesehen waren die Nordostküste sowie das Landesinnere für die Franzosen durchaus interessant: Normannische und bretonische Fischer schätzten die **reichen Fischgründe** und liefen von kleinen Stützpunkten an der amerikanischen Küste zum Fischfang aus. **Pelzhändler** drangen über den St.-Lorenz-Strom in das Gebiet der Großen Seen und ins spätere Neuengland vor. Die französische Besiedelung blieb allerdings dünn, zu groß waren die beanspruchten Gebiete. Nur ein Netz verstreut liegender Stützpunkte wie das 1608 von Samuel de Champlain gegründete Québec City hielt Neu-Frankreich zusammen, dessen Zentrum in der heutigen kanadischen Provinz **Québec** lag.

1673 stießen der Jesuit Jacques Marquette (1637–75) und Louis Joliet (1645–1700) vom Nordosten aus zum Mississippi vor, und 1682 erreichte Robert Cavelier de La Salle (1643–87) die Mississippi-Mündung. Sie untermauerten den französischen Anspruch auf die ganze Region zwischen der Mündung in den Golf von Mexiko bis hinauf an die Großen Seen und weiter in den Nordosten bis zur Mündung des St.-Lorenz-Stroms. Das gesamte Flussbecken nannte de La Salle „**La Louisiane**" und nahm es für König Ludwig XIV. in Besitz. 1718 gründete Jean Baptiste le Moyne, Sieur de Bienville (1680–1768), „La Nouvelle Orléans", **New Orleans**.

Aufgabe der französischen Kolonien

Aufgrund der wachsenden europäischen Konflikte war Frankreich nicht in der Lage, langfristig die Gebietsansprüche gegen die sich von der Küste aus langsam ausbreitenden Engländer zu verteidigen. Im **Frieden von Utrecht** 1713 erhielt England beispielsweise die Gebiete der Hudson Bay, Neuschottland und Neufundland zugesprochen. Nach dem **King George's War** (1744–48) sowie dem **French and Indian War** (1754–63) übernahmen die Briten dann auch die kanadischen Gebiete sowie das Territorium östlich des Mississippi. Im Jahr 1803 schließlich verschwand Frankreich ganz von der Bildfläche – Napoleon hatte mit dem „**Louisiana Purchase**" die letzten französischen Gebiete westlich des Mississippi an die USA verkauft.

Holländische Interessen

Das holländische Interesse an der Neuen Welt konzentrierte sich vor allem auf das heutige Gebiet von New York und New Jersey. Im Jahr 1609 versuchte **Henry Hudson** im Auftrag der holländischen Ostindischen Handelsgesellschaft, eine Nordwestpassage nach Asien zu finden. Er gelangte dabei in das Mündungsgebiet des nach ihm benannten Flusses, befuhr ihn bis in die Gegend von Albany und beanspruchte den Fluss sowie das Tal für seine niederländischen Auftraggeber.

Manhattan für 60 Gulden

Nur wenige Jahre später, 1614, erforschten die Holländer die Landschaften um Long Island und hoben **Nieuw Holland** (Neuholland) aus der Taufe. 1626 kaufte der damalige Direktor der neu gegründeten Westindischen Handelskompanie, Peter Minuit, den Indianern die Insel Manhattan für Waren im Gegenwert von 60 Gulden ab. Hier wurde **Nieuw Amsterdam** gegründet, die Hauptstadt von Neuholland. Im Jahr 1647 übernahm **Peter Stuyvesant** das Amt des vierten Gouverneurs von Nieuw Amsterdam und trieb die Stadtentwicklung voran. Schon 1664 endete die holländische Kolonialisierung mit der Besetzung der Stadt durch die Engländer.

Kolonisierung durch die Briten

Am systematischsten und nachhaltigsten trieben die Briten die Kolonialisierung voran. Von Anfang an wurden englischen Kolonien als Siedlungen angelegt und nicht wie z. B. bei den Franzosen als Handelsstützpunkte. Von vornherein zielte die **britische Kolonialpolitik** auf die Erschließung neuer Siedlungsräume für Auswanderer aus dem überbevölkerten England sowie als Exil für unliebsame Untertanen. Handelskompanien und andere private Gesellschaften erhielten Schutzbriefe der britischen Könige und bauten ganz offiziell „**königliche Kolonien**“ auf. Die Krone versprach sich davon neue Steuereinnahmen und neue Absatzmärkte sowie wertvolle Rohstoffe.

Plymouth, die zweite britische Kolonie in Nordamerika

Die ersten Versuche, an der Ostküste sesshaft zu werden, starteten Sir Humphrey Gilberts im Jahr 1583 auf Neufundland (Kanada) sowie Sir Walter Raleigh 1585 auf Roanoke Island an der Küste von North Carolina. Beide mussten jedoch aufgrund der Unwirtlichkeit der Region sowie wegen Lebensmittelknappheit und Kapitalmangel vorzeitig aufgeben. Die eigentliche Kolonisierung begann erst **1607** mit der Entsendung von Siedlern durch die Virginia-Kompanie. Unter der Führung von John Smith gründeten sie den Ort **Jamestown** und die **Kolonie Virginia**.

Schwieriger Anfang

Lesetipp

Die Gründung und Einrichtung der Plimoth Plantation steht im Mittelpunkt des fesselnden Buches „**Mayflower**" von **Nathaniel Philbrick**. Anhand der neuesten Forschungsergebnisse beleuchtet Philbrick die Anfänge der Siedlung, den wachsenden Konflikt mit hinzukommenden Neusiedlern sowie die Konkurrenz zu anderen neuen Kolonien. Auch das zu Beginn intensive und freundschaftliche Zusammenleben mit den Indianern und der dann aufflammende Konflikt, der zum „King Philip's War" führte, werden thematisiert.

- Nathaniel Philbrick, Mayflower (engl. 2006).

1620 folgten die 102 sog. **Pilgrim Fathers** (Pilgerväter) und gründeten eine Kolonie weiter nördlich, beim heutigen Plymouth in Massachusetts. Noch auf ihrem berühmten Schiff „**Mayflower**" hatten sie den „Mayflower-Vertrag" geschlossen, der die Gründung eines nach religiösen Vorstellungen geordneten politischen Gemeinwesens mit gewählten Repräsentanten vorsah. 1621 brachten die nur etwa 50 überlebenden Siedler mithilfe der ansässigen Indianer die erste Ernte ein – heute feiert man dies mit dem **Thanksgiving Day**.

1630 erhielt **Massachusetts** offiziell den Status einer Kolonie, nachdem auch in Salem und Boston Siedlungen entstanden waren. 1623 war mit Portsmouth die erste Kolonie im heutigen **New Hampshire** gegründet worden und in der Folge ging es Schlag auf Schlag: 1629 übergab King Charles I. das ursprünglich von den Spaniern beanspruchte **Carolina** an Robert Heath und seine Gesellschaft. 1730 erst kam es zur Teilung in Nord- und Südteil.

Umfassende Kolonisierung

Die Gründung der Kolonie **Maryland** erfolgte durch Katholiken, die 1634 von Cecil Calvert in Baltimore angesiedelt worden waren. Benannt nach Henriette Marie, der Frau Charles I., wurde Baltimore erster katholischer Bischofssitz auf nordamerikanischem Boden.

1635 wurde **Connecticut** gegründet, 1636 **Rhode Island** als Kolonie ins Leben gerufen. 1664 besetzten die Engländer das holländische **New York**, **New Jersey** sowie das ehemals schwedische, dann holländische **Delaware**. Der Quäker William Penn gründete 1681 **Pennsylvania** und 1683 wurde Philadelphia, die „Stadt der brüderlichen Liebe", die Hauptstadt. In den Folgejahren ließen sich viele deutsche religiöse Flüchtlinge, meist Mennoniten, dort nieder. 1732 gründete James Oglethorpe mit **Georgia** die letzte der 13 britischen Kolonien in Nordamerika.

info

Florida: die „14. Kolonie"

Es waren die Spanier, die Floridas strategische Bedeutung schnell erkannten: St. Augustine, 1565 gegründet und 1695 mit dem uneinnehmbaren Castillo de San Marcos verstärkt, diente als Bollwerk gegen die britischen Interessen und als Sicherung des Seeweges entlang des Golfstroms von der Karibik zurück nach Europa. Nach dem Pariser Frieden 1763, der den Siebenjährigen Krieg beendete, geriet Florida für 20 Jahre unter britische Flagge. Auch die Briten hatten nämlich die Bedeutung Floridas nicht nur als strategischer Mittelpunkt ihrer amerikanischen Kolonien, sondern auch als „14. Kolonie" in Nordamerika, erkannt. Als sich 1776 die 13 anderen Kolonien von der Krone losgesagt hatten, diente das loyale Florida als Bollwerk gegen die aufständischen Kolonisten. Auch George Washington war sich der Bedeutung Floridas und St. Augustines bewusst: Gleich fünf Mal zwischen 1776 und 1780 versuchten Truppen der Unabhängigkeitsarmee auf Befehl Washingtons Florida zu erobern. Allerdings konnten die Briten unter dem Oberbefehl des britischen Governors Lt. Colonel Patrick Tonyn mit Hilfe der regionalen Indianer jeden Angriff abwehren. Erst nach dem Vertrag von Paris 1783, der den 13 nordamerikanischen Kolonien als „USA" die Unabhängigkeit garantierte, mussten die Briten Florida wieder an die Spanier zurückgeben. Es sollte noch bis 1821 dauern, ehe Florida Teil der USA. werden sollte – und 1845 als 27. Staat in die Union aufgenommen wurde.

Leben in den Kolonien

Vielfältige Entwicklung

Die **Entwicklung** der einzelnen Kolonien verlief aufgrund der geografischen und klimatischen Gegebenheiten sehr unterschiedlich. Florierten in den Neuengland-Staaten Fischfang, Holzverarbeitung (Schiffsbau), Pelzhandel und Bergbau, war Pennsylvania zunächst agrarisch geprägt und brachte es durch Getreideanbau zu Wohlstand. In den **südlichen Staaten** der Ostküste entstand eine prosperierende Baumwoll-, Tabak-, Reis- und Zuckerrohr-Plantagenwirtschaft. Imponierende Herrenhäuser zeugen davon, dass hier eine relativ kleine Oberschicht von der Arbeit ganzer Heerscharen rechtloser Sklaven profitierte.

In den **Neuengland-Staaten** blieb die Bevölkerung zunächst ziemlich homogen englischer Abstammung. Puritanische Lebensideale wie Glaube, Fleiß und Sparsamkeit herrschten vor, man lebte weitgehend autark. Boston und New Haven mauserten sich zu Zentren einer „Kolonial-Aristokratie". Hier wurden zugleich mit *Harvard* und *Yale* die ersten Universitäten gegründet.

In den **zentralen Kolonien** Pennsylvania, Delaware, New York oder New Jersey war die Gesellschafts- und Wirtschaftsstruktur facettenreicher als in Neuengland: Es gab sowohl kleine Farmen als auch riesige Landgüter (z. B. im Hudson River Valley) und es wurden Ackerbau, Viehzucht sowie Obstanbau betrieben. In Städten wie New York und Philadelphia blühten Handel und Handwerk.

In der späteren Kolonialzeit war das **kulturelle Leben** in den Kolonien rege. **Universitäten** wie *Harvard* (*1636), *Yale* (*1701) und *Princeton* (*1746) trugen ebenso dazu bei wie gute Privatschulen. Schon 1693 stand in Cambridge/Massachusetts die erste Druckerpresse, und bereits vor dem Unabhängigkeitskrieg erschienen allein in Boston fünf Zeitungen. Die erste Leihbibliothek (1731) ist Benjamin Franklin zu verdanken, ebenso wie 1743 die Gründung der *Amerikanisch-Philosophischen Gesellschaft*. Um 1750 hatte sich zwischen Boston und Charleston eine Gesellschaftsschicht herausgebildet, die gut mit europäischem Kulturgut vertraut war und mit den entsprechenden sozialen Kreisen in England oder Frankreich auf einer Stufe stand.

Europäische Einwanderungswellen

Die erste bedeutende Einwanderungswelle in die neuen Kolonien kam aus Großbritannien. Viele **Briten** verließen den „alten Kontinent", als unter Charles II. 1673 alle nicht der anglikanischen Kirche angehörenden Puritaner und Katholiken vom politischen Leben ausgeschlossen wurden. Ende des 17., Anfang des 18. Jh. stießen deutsche und irische Einwanderer dazu.

Der Grund für die **deutsche Auswanderung** war in erster Linie die religiöse Verfolgung Andersgläubiger – z. B. von Mennoniten oder Herrnhutern. Deutsche siedelten bevorzugt in der 1683 von Franz Daniel Pastorius als erste deutsche Siedlung in der „Neuen Welt" gegründeten **Germantown**, heute Stadtteil von Philadelphia, in der Kolonie New York sowie im Mohawk-Tal. Die nördlichste deutsche Siedlung im 18. Jh. war Waldoboro in Maine, die südlichste hieß „Ebenezer", bei Savannah/Georgia. Im Jahr 1750 lebten etwa 100.000 Deutsche in Amerika, fast 70 % davon in Pennsylvania. Noch heute kann mehr als ein Sechstel der Amerikaner auf deutsche Wurzeln verweisen.

Der Grund für die massive **Auswanderung aus Irland und Schottland** waren sowohl Verfolgung und Enteignung der irischen Katholiken unter Cromwell als auch die herrschenden Hungersnöte in Irland. Zwischen 1600 und 1770 zogen insgesamt mehr als 750.000 Menschen aus Europa nach Nordamerika. Der größte Teil finanzierte die Überfahrt durch den Verkauf aller Habseligkeiten, andere bezahlten mit ihrer Arbeitskraft, die sie der Schifffahrtsgesellschaft oder einem „Arbeitsvermittler" für eine bestimmte Zeit zur Verfügung stellen mussten. In den Kolonien wurden diese *indentured servants* (Schuldknechte) wie Sklaven versteigert und verloren für eine bestimmte Zeit ihre persönliche Freiheit. Nach Ablauf ihrer „Dienstzeit" erhielten sie die Bürgerschaft und ein Stück Land.

Der Kampf um die Unabhängigkeit

Entfremdung vom Mutterland

Schon zu Anfang herrschte in den neuen Kolonien der **demokratische Grundgedanke** vor, der allen Menschen die gleichen Möglichkeiten und Rechte zugestand. Der wirtschaftliche, soziale, aber auch kulturelle Aufstieg stärkte das Selbstwertgefühl gegenüber dem britischen Mutterland. Man entfremdete sich immer mehr vom Königreich, das versuchte, die Kolonien durch verschiedene Maßnahmen und Gesetze an die Kandare zu nehmen. Beispielsweise verbot England zum Schutz der eigenen Wirtschaft die Einfuhr von Wolle und Stoffen ins Mutterland. Rohstoffe und Textilien durfte nur innerhalb der Kolonien verkauft werden. 1707 beschloss das britische Parlament, dass die volle gesetzgebende Macht auch für alle Kolonien gälte.

Bei Re-enactments wie hier in Fort King George in Georgia wird der Unabhängigkeitskrieg vergegenwärtigt

Der König behielt sich das Recht vor, Gouverneure zu ernennen oder abzusetzen, und konnte eigenmächtig in den Kolonien Gesetze erlassen und aufheben.

1750 verbot der *Iron Act* die Errichtung von Eisenhütten und Betrieben zur Eisenverarbeitung in den Kolonien; Roheisen durfte jedoch nach England ausgeführt werden. Der sogenannte *Currency Act* (1764) untersagte den Druck eigenen Geldes in den Kolonien, und der *Stamp Act* (1765) verfügte, dass auf alle Urkunden und Druckerzeugnisse Gebührenmarken geklebt werden mussten. Im gleichen Jahr schrieb der *Quartering Act* den Kolonien vor, für Kost und Logis der dort stationierten britischen Soldaten aufzukommen. Als dann 1767 bestimmte Waren wie Papier, Glas, Tee und Malerfarben mit Einfuhrzöllen (*Townshend Act*) belegt wurden, stand das Fass kurz vor dem Überlaufen.

Beginn der Auseinandersetzungen

Die Engländer bekamen immer **stärkeren Gegenwind** zu spüren: Nach der Einführung des *Stamp Act* wurden öffentlich Stempelmarken verbrannt, und ein Jahr später war die englische Regierung gezwungen, das Gesetz zurückzunehmen. Die Parole der Kolonisten, „**No taxation without representation**" (keine Besteuerung ohne Mitspracherecht), wurde zum politischen Wahlspruch. Gegen die Besteuerung der im *Townshend Act* benannten Güter wehrten sich die Bürger, indem sie sich zum Boykott dieser Waren entschlossen. Bis auf die Teesteuer musste auch dieses Gesetz 1770 zurückgenommen werden. Der Boykott brachte besonders die *East India Company* in finanzielle Schwierigkeiten. Sie erhielt daraufhin das alleinige Recht, Tee nach Amerika zu exportieren. Der Streit eskalierte am 16. Dezember 1773, als Kolonisten in Indianerverkleidung unter der Führung von Samuel Adams Tee ins Meer warfen. Dieses Ereignis ging als **Boston Tea Party** in die Geschichte der USA ein.

Die Auseinandersetzung mit dem Mutterland schweißte die Kolonien noch stärker zusammen. 1774 trafen sich ihre Vertreter zum **1. Kontinentalkongress** in Philadelphia und beschlossen, den Handelsverkehr mit dem Mutterland sowie mit den anderen britischen Kolonien abzubrechen. Nur Georgia und New York State stimmten diesem Plan zunächst nicht zu. Obwohl das britische Parlament einen Boykott offiziell verboten hatte, kam es in Massachusetts, das wegen der Tea Party besonders in Ungnade gefallen war, sogar zur Aufstellung einer Bürgermiliz: Die **Minute Men** galten als feurige Patrioten, die innerhalb einer Minute zum Einsatz bereit sein sollten.

Als bei Lexington und dem benachbarten Concord (nahe Boston) britisches Militär versuchte, die kolonialen Milizverbände zu entwaffnen, begann am 19. April 1775 der **Unabhängigkeitskrieg**. Die britischen Verbände mussten sich zurückziehen. Am 10. Mai 1775 fand dann in Philadelphia der **2. Kontinentalkongress** statt. Der bisher eher lockere Verband der *Minute Men* wurde zur „Amerikanischen Kontinentalarmee" und George Washington zum Oberbefehlshaber. Die professionell ausgebildeten britischen Truppen glaubten, mit dem bunten Trupp von Kolonisten kurzen Prozess machen zu können, was sich jedoch als Irrtum erwies.

Geburtsstunde der Vereinigten Staaten

Am **4. Juli 1776** erklärte der Kongress in Philadelphia die Unabhängigkeit der Kolonien von Großbritannien. Thomas Jefferson war beim Entwurf der **Unabhängigkeitserklärung**, die alle 13 Kolonien wenig später unterzeichneten, federführend. Mit diesem Dokument wurden das Leben, die Freiheit sowie das persönliche Streben nach Glück als unveräußerliche Menschenrechte fixiert. Damit waren die Vereinigten Staaten von Amerika geboren.

Die **Auseinandersetzungen mit den Briten** dauerten auch nach der Unabhängigkeitserklärung noch an. General Washington musste sich zunächst bei Brandywine (südlich Philadelphia) geschlagen geben, die Engländer besetzten New York und Philadelphia und der Kongress floh nach York (Pennsylvania). In Europa verfolgte man die Entwicklungen mit Interesse und 1777 segelte Marquis de La Fayette mit einer kleinen Freiwilligenschar nach Nordamerika, um Washington zu unterstützen. Außerdem machte sich ein ehemaliger preußischer Offizier namens **Friedrich Wilhelm von Steuben** daran, aus einem zusammengewürfelten Haufen eine schlagkräftige Armee zu formen. Dank seiner Bemühungen wendete sich das Blatt und die Briten konnten mehrmals geschlagen werden; rund 100.000 England-Getreue flohen nach Kanada.

Nach dem Erfolg in der **Schlacht bei Saratoga** am 7. Oktober 1777 erkannte Frankreich die Vereinigten Staaten offiziell an und erklärte Großbritannien den Krieg. 1780 folgten Spanien und 1781 die Niederlande dem Beispiel Frankreichs. Am 19. Oktober 1781 schließlich kapitulierten die Briten bei Yorktown/Virginia. Nun blieb Großbritannien nichts mehr übrig, als im Frieden von Paris (**Treaty of Paris**) am 3. September 1783 die 13 Kolonien als frei, unabhängig und selbständig anzuerkennen.

Die Gründung der USA

Auf die Unabhängigkeitserklärung und den militärischen Befreiungsschlag folgte die Verabschiedung einer **Verfassung** am 17. September 1787 durch die *Constitutional Convention*. Sie ist im Kern bis heute gültig, wurde lediglich nach und nach durch derzeit 27 Verfassungsänderungen ergänzt. Sie ist damit eine der ältesten immer noch gültigen demokratischen Verfassungen der Welt und beruht auf der strengen Trennung zwischen Exekutive, Legislative und Judikative.

Die Verfassung trat am 4. März 1789 in Kraft, und auf ihrer Grundlage wurde George Washington einstimmig zum **ersten Präsidenten** der USA gewählt. 1791

George Washington, Amerikas erster Präsident

wurden die ersten zehn Ergänzungen zur Verfassung (*amendments*) verabschiedet, genannt **Bill of Rights**. Damit wurden die grundsätzlichen Menschenrechte wie Unverletzbarkeit von Eigentum und Person, Presse- und Versammlungsfreiheit sowie freie Religionsausübung festgehalten.

1793 wurde George Washington wiedergewählt und als **Bundeshauptstadt Washington D.C.** („District of Columbia") bestimmt, das ab 1800 Sitz des Präsidenten und des Kongresses wurde. Zu dieser Zeit lebten rund 4 Mio. Menschen in Amerika, es gab nur fünf Städte mit mehr als 10.000 Einwohnern. Im Jahr 1796 endete Washingtons Amtszeit als Präsident.

Auf John Adams (1797–1801) folgte **Thomas Jefferson** als dritter US-Präsident. In seine Amtszeit fiel 1803 der Erwerb des von Frankreich beanspruchten Territoriums in Nordamerika. Dieser sogenannte **Lousiana Purchase** umfasste die heutigen Bundesstaaten Arkansas, Nebraska, Missouri, Iowa, South Dakota, den größten Teil Oklahomas und Kansas sowie Teile des heutigen North Dakota, Montana, Wyoming, Colorado, Minnesota sowie Lousiana. Auf einen Schlag konnten die Vereinigten Staaten für den lächerlichen Betrag von 15 Mio. Dollar ihr Staatsgebiet verdoppeln.

Der „War of 1812"

Kurze Zeit später griffen europäische Konflikte erneut auf den amerikanischen Kontinent über. Da seit dem Unabhängigkeitskrieg Frankreich und die USA Verbündete waren, führte der britisch-französische Krieg um die Vorherrschaft in Europa 1806 zur **Kontinentalsperre** sowie im folgenden Jahr zur britischen Gegenblockade. Amerikanische Handelsschiffe konnten fortan die wichtigsten europäischen Häfen nicht mehr anlaufen, worunter die Wirtschaft der Neuen Welt in wachsendem Umfang litt. Zudem griffen britische Kriegsschiffe US-Handelsschiffe an und zwangsrekrutierten Besatzungen für ihre Kriegsschiffe.

Die Sticheleien zwischen den USA und dem ehemaligen britischen Mutterland gipfelten im „**War of 1812**" (1812–1814), für die USA **der zweite Unabhängigkeitskrieg**. Es ging bei dem Konflikt in erster Linie um den Anspruch auf die Gebiete außerhalb der 13 Kolonien, die **Old Northwest Territories**, wie man die Region um die Großen See nannte. Zudem versuchte die britische Kolonialmacht, Unabhängigkeitsbestrebungen in *Upper* und *Lower Canada* (heute Québec und Ontario) gar nicht aufkommen zu lassen und die Machtausdehnung der USA ins britische Kanada hinein zu unterbinden.

Auch die in diesen Gebieten lebenden Ureinwohner wurden in die Auseinandersetzungen einbezogen. Während sich einige Völker auf die Seite der USA stellten, versuchte der legendäre Shawnee-Führer Tecumseh eine **indianische Allianz** gegen die USA und den von ihr ausgeübten Expansionsdruck aufzustellen. Bei der **Battle of the Thames** 1813 in Chatham, Ontario, besiegte jedoch die US-Armee unter William Henry Harrison nicht nur die Briten und deren indianische Verbündete, sondern Tecumseh fand zugleich den Tod.

Nach Napoleons Niederlage in Europa 1814 begannen die Briten, die USA an der Ostküste mit Invasionsarmeen anzugreifen. Die kleine und zudem schlecht ausgerüstete US-Armee gelangte schnell in die Defensive. Die Besetzung von Washington D.C. inklusive der Zerstörung von Kapitol und Weißem Haus im August 1814, das „**Burning of Washington**", konnte nicht verhindert werden. Als die Briten anschließend versuchten, das nahe damals handelstechnisch wichtige Baltimore zu erobern, wurde ihr Vormarsch gestoppt.

Washington wird besetzt

Während der **Battle of Baltimore** im September 1814 konnte die US-Armee dank solider Befestigungen um Baltimore und der vorgelagerten Festung *Fort McHenry* den britischen Ansturm nicht nur bremsen, sondern sogar zurückschlagen. Während der tagelangen Beschießung des Forts dichtete Francis Scott Key (1779–1843) jene Verse, die die Nationalhymne „**The Star-Spangled Banner**" bilden. Die riesige Fahne, die einst über dem Fort wehte und das Bombardement fast unbeschadet überstand, wird heute als Reliquie verehrt und im National Museum of American History in der Hauptstadt Washington, D.C. ausgestellt.

Die gleichzeitige Niederlage der Briten in der **Battle of Plattsburgh**, mit der die Einnahme New York vereitelt werden konnte, führte schließlich am 24.12.1814 zum Friedensvertrag von Gent (**Treaty of Gent**) und beendete den Konflikt zwischen Großbritannien und den USA. Es dauerte jedoch, bis sich der Friedensschluss auch in Nordamerika herumgesprochen hatte. Aus diesem Grund erlitten die Briten noch Anfang Januar 1815 eine schmerzliche Niederlage in der **Battle of New Orleans**.

Frieden von Gent

Die Besiedlung des Westens

Nach einer militärischen **Forschungsreise 1804 bis 1806**, geleitet von den Offizieren Meriwether Lewis und William Clark im Auftrag Präsident Jeffersons, begann die Erschließung und Besiedlung des „Wilden Westens". Die *frontier*, jene Grenze, bis zu der Siedler sesshaft geworden waren, verschob sich weiter westwärts. Der große Zug gen Westen hatte bereits Anfang des 19. Jh. eingesetzt: Hohe Geburtenraten in den Ostküsten-Staaten sowie ein nicht abreißender Einwandererstrom aus Europa – 1825 waren über 10.000, 1854 bereits über 4 Mio. Menschen zugewandert – förderte die zunehmende Inbesitznahme der fruchtbaren, verheißungsvollen Gebiete im mittleren und pazifischen Westen.

Die **Aneignung von Indianerland** erfolgte in mehreren Stufen: von Forschern und Trappern über Händler bzw. Handelsposten zu „normalen" Siedlern, Handwerkern, Kaufleuten und anderen Gruppen, die mit viel Pioniergeist ausgestattet das Land urbar machten und neuen Lebensraum schufen. Die Besiedlung des Westens war zugleich eine Zeit der Auseinandersetzungen mit den Indianern. Hatte Jefferson noch edle Pläne gehabt, überrollten Glücksritter und Siedler schon bald das Indianerland. Dezimiert durch eingeschleppte Krankheiten und erschöpft vom verzweifelt geleisteten militärischen Widerstand, verschlechterten sich die Lebensbedingungen der Indianer zusehends. Mit der Ausrottung der vormals riesigen Büffelherden hatte man die einst stolzen „Herren der Prärie" ihrer Lebensgrundlagen beraubt; sie wurden in Reservate gepfercht bzw. umgesiedelt.

Indianer als Leidtragende

Bald schon machten die neuen Siedlungsräume neue **Verkehrsverbindungen** nötig, um mit der „Zivilisation" des Ostens in Kontakt zu bleiben. Überlandstraßen wurden gebaut, als erste Westverbindung die *Cumberland Road*, die 1818 Cumberland in Maryland mit Vandalia in Illinois verband. Ihr folgten weitere Straßen im Osten und dann entlang der alten Siedlertrails wie dem *Oregon* oder *California Trail* im Westen. Der knapp 600 km lange Erie-Kanal (1817–1725) schuf schließlich eine Verbindung zwischen dem Lake Erie und Hudson River bzw. zwischen Großen Seen und Atlantik.

Um 1850 waren die Gebiete an der Ostküste zudem durch Eisenbahnlinien verbunden. Als am 10. Mai 1869 die erste **Transkontinentaleisenbahnverbindung** mit dem symbolischen Zusammentreffen der Bautrupps von Union und Central (später *Southern*) *Pacific Railroad* bei Promontory/Utah gefeiert wurde, war ein weiterer entscheidender Schritt Richtung Besiedlung des Westens getan.

Nord-Süd-Konflikt und Bürgerkrieg

Zahlreiche Wirtschaftszweige

Parallel zur infrastrukturellen Erschließung kam es zum **ökonomischen Aufschwung**, der sich zunächst auf die Nordost- und Oststaaten beschränkte: Der Überseehandel blühte auf, ebenso der Schiffbau und Fisch- bzw. Walfang. In den Neuengland-Staaten entwickelte sich eine produktive Textilindustrie und in Massachusetts gab es bereits 1814 eine Spinnerei und Weberei. Hier erfand 1793 Eli Whitney die Baumwollentkernungsmaschine. Sie wurde ab 1800 in Serie hergestellt. Cyrus McCormicks Erntemaschine war ein weiterer wichtiger Impuls für die **expandierende Farmwirtschaft**.

Sowohl die landwirtschaftliche wie auch die industrielle Produktion stiegen an. Gleichzeitig wuchs die **Diskrepanz zwischen den Staaten im Nordosten**

und dem südlichen Landesteil: In den Südstaaten herrschte ein aristokratisch gesonnener Landadel, dem riesiger Grund gehörte und der auf pompösen Landsitzen residierte. Auf Großplantagen wurden mit Hilfe von Sklaven Baumwolle, Tabak oder Zuckerrohr angebaut. In den nördlichen Staaten war die Struktur differenzierter: Hier lebten Geschäftsleute, Industrielle, Bankiers, Industriearbeiter und Farmer und demokratisches Gedankengut war fest verankert.

Zum zentralen Streitpunkt zwischen Nord und Süd eskalierte die **Sklavenfrage**. Die ersten Präsidenten der USA hatten noch gehofft, dass sich das Problem von selbst lösen würde. Washington hatte in seinem Testament die Freilassung seiner Sklaven bestimmt und Jefferson 1808 den Sklavenhandel verboten. 1619 erstmals nach Amerika verschifft, lebten zu diesem Zeitpunkt bereits über eine Million Sklaven in den USA – ein Viertel der Gesamtbevölkerung!

25 % der Bevölkerung: Sklaven

1818 gab es in den Vereinigten Staaten zehn Bundesstaaten, die Sklavenhaltung erlaubten, und elf „freie“ Staaten. Die zwiespältige Haltung wurde deutlich, als 1820 Missouri als neuer Bundesstaat aufgenommen werden sollte. Dabei spielte die zwischen 1763 und 1767 gezogene Mason-Dixon-Line entlang dem 39. Breitengrad eine entscheidende Rolle, sie galt als Trennlinie zwischen sklavenhaltenden und -freien US-Staaten. Missouri erhielt die Erlaubnis, Sklaven zu halten. Dies führte in den 1860er-Jahren dort und im benachbarten Kansas zu ersten bürgerkriegsähnlichen Zuständen („**Bleeding Kansas**“).

1832/33 waren erste Gruppen von „Abolitionisten“, d. h. Zusammenschlüssen von Gegnern der Sklaverei, entstanden; sie gründeten 1854 die **Republikanische Partei**. Die Abschaffung der Sklaverei wurde zum Zankapfel. Vor allem Staaten mit großen Plantagen (Virginia, Georgia, North und South Carolina) waren um ihren wirtschaftlichen Wohlstand besorgt.

Als 1860 der Republikaner und Abolitionist Abraham Lincoln zum Präsidenten gewählt wurde, brach der Konflikt zwischen den Süd- und Nordstaaten in aller Schärfe aus. Aus Protest gegen seine Wahl schied Ende 1860 South Carolina aus der Union aus. Im ersten Halbjahr 1861 folgten Misissippi, Florida, Alabama, Georgia, Lousiana, Texas, Virginia, Arkansas, Tennessee und North Carolina. Formell wurde die Spaltung am 4. Februar 1861 vollzogen, als sich die Abtrünnigen zu den **Konföderierten Staaten von Amerika** zusammenschlossen und Jefferson Davis zu ihrem Präsidenten wählten. Die Hauptstadt hieß zunächst Montgomery (Alabama), dann Richmond (Virginia).

Beginn des Bürgerkrieges

Als die Konföderierten am **12. April 1861 Fort Sumter** bei Charleston angriffen und die Unionstruppen vertrieben, war der Bruderkrieg unabwendbar. Anfangs wurde die Auseinandersetzung noch als „sportlicher Wettstreit“ betrachtet, doch der zahlen- und materialmäßig überlegene Norden musste rasch einsehen, dass der zusammengewürfelte Haufen der Konföderierten sich bravourös wehrte. Dieser verdankte seine Erfolge vor allem den genialen Schachzügen von erfahrenen Befehlshabern wie Robert E. Lee oder „Stonewall“ Jackson.

Der **Sezessionskrieg** zog sich über vier Jahre bis zum April 1865 hin und stellte auf allen Gebieten der Kriegsführung sowohl von der technischen Ausrüstung bis hin zu den Menschenverlusten, alles Dagewesene in den Schatten. Frappierend war vor allem die Brutalität der Kämpfe und das Elend im Umfeld. Von etwa 260.000 Soldaten der Konföderierten, die im Bürgerkrieg gestorben sind, sollen „nur“ 94.000 im Kampf ums Leben gekommen sein. Die große Masse starb an Krankheiten, Erschöpfung oder in Gefangenschaft.

Beide Seiten waren nicht auf einen derart langen Krieg vorbereitet gewesen. Schließlich brachten die 23 unionstreuen Bundesstaaten allein zahlenmäßig die besseren Voraussetzungen mit: Im Norden lebten 22 Mio. Menschen, im Süden nur 9 Mio. Zudem war die Rüstungsindustrie schwerpunktmäßig im Norden ansässig und auch Kapital stand dort reichlicher zur Verfügung. Je länger die Auseinandersetzungen dauerten, umso stärker konnten die Unionstruppen ihre Überlegenheit ausspielen, erst recht, als auf Unionsseite ab 1863 General Ulys-

Auf dem Schlachtfeld von Gettysburg entschied sich der Bürgerkrieg

ses S. Grant als Oberbefehlshaber dem Konföderierten-General Robert E. Lee gegenüberstand.

Eine Seeblockade sowie das Nichteingreifen der Franzosen und Briten in den „Bruderkampf" brachten die Wende. Die **Einnahme von Vicksburg** und die **Schlacht bei Gettysburg** machten **1863** zum Schicksalsjahr. Der berühmt-berüchtigte Marsch von General William T. Sherman von Tennessee durch Georgia an die Küste – der **March to the Sea** von Mai bis Juli 1864 – und die damit verbundene Zerstörung der Nachschubbasis der Konföderierten, Atlanta, brach den letzten Widerstand. Zwischen Atlanta und Savannah am Atlantik war ein 100 km breiter Streifen verwüstet worden, und die nördlichen waren von den südlichen Bundesstaaten abgetrennt. Die auseinanderbrechende Konföderation und ihr Heer unter General Lee kapitulierten schließlich nach langwierigen Rückzugsgefechten am **9. April 1865 in Appomattox**, Virginia, nahe der alten Südstaatenhauptstadt Richmond.

Der Süden kapituliert

Wiederaufbau nach dem Sezessionskrieg

Im Jahr 1863 erklärte Abraham Lincoln im **Emancipation Act** alle drei Millionen Sklaven in den Südstaaten für frei. Dennoch versöhnten sich der Süden als politischer und wirtschaftlicher Verlierer auf der einen Seite und der triumphierende Norden auf der anderen Seite nach Kriegsende nicht automatisch. Abgesehen von den hohen Verlusten auf beiden Seiten war das Land in eine Finanz- und Wirtschaftskrise gestürzt, die nationale Verschuldung enorm gestiegen und die Phase des Wiederaufbaus, der „**Rekonstruktion**", wie jene Jahre zwischen 1865 und 1877 genannt wurden, gestaltete sich schwierig.

Am **14. April 1865** wurde Präsident Lincoln, der stets auf Ausgleich bedacht war, von einem fanatischen Südstaatler in Washington D.C. erschossen. Es folgte die Zeit der radikalen Republikaner, die vor allem die Interessen der Großunternehmer und des Kapitals vertraten. Die politische Szene in den Südstaaten änderte sich schlagartig. Man fiel in die frühe Kolonialzeit zurück. *Carpetbaggers*, Geschäftemacher aus dem Norden, *Scalawags*, mit ihnen kooperierende Südstaatler, freie Schwarze, die weder des Schreibens noch des Lesens kundig waren, aber in politische Ämter drängten, und das Nordstaatenmilitär beherrschten das Land – häufig mit dubiosen Mitteln. Folgen waren eine Verarmung des Landvolkes und eine starke Opposition in der alten Oberschicht. Der *Klu-Klux-Klan*, ein neu entstandener Geheimbund, verübte Terroranschläge und versetzte die afroamerikanische Bevölkerung in Angst und Schrecken.

Ermordung Lincolns und die Folgen

Eine **politische Wende** – die Demokratische Partei gewann wieder an Boden und mit ihr die Landwirtschaft – ermöglichte 1876 die Rückkehr der Südstaaten in die Union. Sofort begannen konservative Kräfte, v. a. die alten Plantagenfamilien, die Macht wieder an sich zu reißen, unterstützt von einer neuen Schicht von Händlern und Kaufleuten. Vor allem die Großgrundbesitzer hatten enorm gelitten und es kam vielfach zur Aufspaltung in Mittel- und Kleinbetriebe.

Auch ärmere Weiße und befreite Sklaven konnten, zumindest theoretisch, Grundbesitz erwerben. Meistens bewirtschafteten sie das Land aber nur als rechtlose Pachtbauern (*sharecropper*). Es ging ihnen häufig nicht viel besser als zuvor. Sie erhielten keinen Lohn stattdessen Unterkunft und Geräte sowie einen Teil der Ernte. Es dauerte lange, doch die Landwirtschaft erholte sich wieder und zur Baumwolle kam die Textilindustrie. Gleichzeitig wurde der Tabakanbau intensiviert. Es entwickelte sich allmählich auch im Süden eine breitere Mittelklasse und ein Anschluss an die Nordstaaten schien in Aussicht. Letztlich verstanden es die Konservativen, die kürzlich aufgehobenen Rassenschranken wiederaufzurichten, unter dem Motto „**separate-but-equal**" („getrennt, aber gleich").

Die USA werden Weltmacht

Die weitere Entwicklung der USA nach Beendigung des Bürgerkrieges war von der zunehmenden Erschließung des Westens geprägt. Der wirtschaftliche Aufschwung – die Epoche des „**Gilded Age**" – nahm in der zweiten Hälfte des 19. Jh. ungeahnte Formen an. Verkehrserschließung, Rohstoffvorkommen, eine durch Einwanderung erhöhte Zahl an Arbeitskräften, ein großer Binnenmarkt und staatliche Schutzzölle ließen den freien Wettbewerb explodieren.

Ökonomischer Aufschwung

Lange war die **Monroe-Doktrin** für die amerikanische Außenpolitik maßgebend gewesen, jene Rede, in der Präsident James Monroe 1823 festgelegt hatte, dass sich die USA nicht in europäische Belange einmischen und europäische Konflikte nicht auf amerikanischem Boden ausgetragen werden dürfen. Diese **Politik des Isolationismus** lockerte sich zunehmend, speziell im Zuge einiger Zwischenfälle: 1895 war es in Kuba zu einem Aufstand gegen die spanische Kolonialmacht gekommen. Die US-Wirtschaft hatte hier erheblich investiert und sah ihre Einlagen gefährdet.

Als das US-Schiff „Maine“ 1898 im Hafen von Havanna aus ungeklärter Ursache sank, erklärten die USA Spanien den Krieg. Im **Frieden von Paris** (10.12.1898) verzichtete Spanien daraufhin auf Kuba, Puerto Rico und Guam. 1898 annektierten die USA dann Hawaii, Puerto Rico und Guam und die Philippinen wurden als pazifischer Stützpunkt angegliedert.

Zunehmend verstanden sich die USA als **internationale Polizeimacht**. So musste 1902 Kuba den USA Hoheitsrechte einräumen, und als 1903 Panama gegründet wurde, behielten sich die USA Schutzrechte vor, um den Bau des Panama-Kanals zu sichern. 1904 deklarierte Präsident Theodore Roosevelt das Recht der USA, sich auch in die inneren Angelegenheiten lateinamerikanischer Staaten einzumischen, um Interventionen europäischer Mächte zu verhindern. Auf dieser Grundlage besetzten die USA 1914–1924 die Dominikanische Republik, intervenierten 1914–17 in Mexiko, 1921 in Guatemala, 1911, 1913 und 1924/25 in Honduras, 1912–25 sowie 1927–36 in Nicaragua und mischten sich im Pazifik und in Asien als Ordnungsmacht ein.

Lesetipp

Ein grandioses und allein von den Maßen her – 40 x 30 x 6 cm, 5 kg – gigantisches Buch des Taschen-Verlages dokumentiert mit Fotos um 1900 das Leben in Nordamerika und bietet eine ungewöhnliche Bestandsaufnahme der Neuen Welt.

- Marc Walter/Sabine Arque, **An American Odyssey**: **Photos from the Detroit Photographic Company 1888–1924** (2014)

Die USA im 20. Jahrhundert

Beim Ausbruch des **Ersten Weltkrieges** im Jahr 1914 blieben die Vereinigten Staaten zunächst neutral, erst als 1917 Deutschland den uneingeschränkten U-Boot-Krieg erklärte und deutsche Kriegsabsichten gegen die USA bekannt wurden, kam es zu einer Wende. Am 6. April 1917 erklärte Amerika dem Deutschen Reich den Krieg. Danach war die Stellung der USA als **führende Industriemacht** unangefochten. Die folgenden „**Goldenen Zwanziger**“ – *The Fabulous* (*Golden*) *Twenties* – leiteten erneut einen Wirtschaftsaufschwung ein, der am 24. Oktober 1929 jäh endete: Am „**Schwarzen Freitag**“ stürzten die Aktien an der New Yorker Börse ab. Folge war eine bis dato nicht dagewesene Depression.

Rezession

Präsident Herbert Hoover (1929–33) versuchte mit verschiedenen Maßnahmen, die Rezession einzudämmen. Großbauten wie der Hoover-Damm in Colorado wurden in Angriff genommen, den Unternehmen wurden staatliche Kredite gewährt und die Zölle erhöht. Doch alles half nicht viel. Erst mit der Präsidentschaft des Demokraten **Franklin D. Roosevelt** (1933–45) und seinem **New Deal Program** wendete sich das Blatt. Erstmals in der US-Geschichte griff der Staat lenkend in die Wirtschaft ein, kontrollierte große finanzielle Transaktionen, garantierte Bankeinlagen und förderte Arbeitsbeschaffungsmaßnahmen.

Nach dem Einmarsch der deutschen Truppen in Polen im September 1939 erklärten die USA zunächst ihre Neutralität im **Zweiten Weltkrieg**. Eine Wende zeichnete sich Anfang 1941 mit Roosevelts Neujahrsbotschaft an, in der er die „**Vier Freiheiten**" hervorhob: Freiheit der Rede und Meinungsäußerung; Freiheit in der Religionsausübung; Freiheit von Hunger und Freiheit von Not und Furcht.

Eintritt in den Zweiten Weltkrieg

Am **7. Dezember 1941** kam es zum verhängnisvollen japanischen Überraschungsangriff auf den US-Navy-Stützpunkt in **Pearl Harbor** auf Hawaii. Einen Tag später erklärten die USA den Japanern den Krieg und am 11. Dezember Deutschland und Italien. Am 6. Juni 1944 gelang den Alliierten die Landung in der Normandie; über 2,8 Mio. Soldaten und alles erdenkliche Kriegsgerät wurden eingesetzt. Das Jahr 1945 erwies sich als kriegsentscheidend: Auf der **Konferenz von Jalta** stimmten sich Roosevelt, Churchill und Stalin ab, Anfang März überschritten US-Truppen bei Remagen den Rhein, am 25. April begegneten sich erstmals amerikanische und sowjetische Truppen an der Elbe.

Am 7. Mai 1945 kapitulierte das Deutsche Reich bedingungslos. Zwischenzeitlich gingen die Kämpfe auf dem japanischen Kriegsschauplatz weiter, und um den Widerstand der Japaner endgültig zu brechen, entschlossen sich die USA zum Abwurf von **Atombomben**: Am 6. August 1945 wurde **Hiroshima** vernichtet (etwa 200.000 Tote) und am 2. September 1945 **Nagasaki** (etwa 70.000 Tote). Am gleichen Tag kapitulierten die Japaner.

Das National World War II Memorial in Washington erinnert an die gefallenen US-Soldaten

In den beiden letzten Kriegsjahren war den Amerikanern bewusst geworden, dass in Europa vor allem auch unterschiedliche Gesellschaftssysteme aufeinandertrafen: Kapitalismus und Kommunismus. Harry S. Truman war der erste Präsident, der diesen Gegensatz Ost-West zum Thema machte und in der „**Truman-Doktrin**" 1947 allen bedrohten freien Völkern die Hilfe der Vereinigten Staaten zusagte. Es kam zum Kalten Krieg, der in begrenzten Räumen durchaus „heiß" wurde, z. B. in Korea und Vietnam. Um das viel zitierte „**Gleichgewicht des Schreckens**" aufrechtzuerhalten und Stärke zu demonstrieren, traten beide Machtblöcke in eine kostenintensive Phase der Hochrüstung mit Atombomben, Langstreckenbomber und sonstigem Kriegsgerät.

In diesen Zusammenhang fällt auch die **Gründung der NATO** (*North Atlantic Treaty Organization*) im Jahr

1949, mit der sich die USA zum ersten Mal in ihrer Geschichte militärisch mit anderen Staaten verbanden. Ebenso versuchte man mit dem **Marshall-Plan**, benannt nach dem amerikanischen Außenminister George Marshall, Sympathien zu gewinnen. Er sah massive wirtschaftliche Hilfen für die westeuropäischen Staaten vor.

John F. Kennedy

Eine wichtige Ära begann 1961 mit der Wahl John F. Kennedys und seinem **New-Frontier-Programm**. Damit wollte er globale Konflikte entschärfen und eine Vision von Gerechtigkeit und besseren Lebensbedingungen für alle Amerikaner ins Leben rufen. 1962 gelang es seiner Regierung, die **Kubakrise** zu entschärfen und einen drohenden neuen Weltkrieg zu verhindern. Kaum war dieser Konflikt gelöst, wurde Kennedy am 22. November 1963 in Dallas ermordet.

Der **Vietnamkrieg** wurde von den Amerikanern in erster Linie als Auseinandersetzung der konkurrierenden Systeme – von Kapitalismus und Kommunismus – angesehen. Trotz größtmöglichen Einsatzes konnten die USA diesen Krieg nicht gewinnen. 1968 wurden die Luftangriffe eingestellt und 1973 nach zähem Ringen in Paris ein Waffenstillstand vereinbart.

Die Verluste waren hoch – auf amerikanischer Seite rund 56.000 Tote und mehr als 300.000 Verwundete – und hatten die USA in ihrem Inneren tief erschüttert. Demonstrationen, nicht nur seitens Studenten und Intellektuellen, übten Druck auf die Regierung aus, der Kongress nahm die Sondermachtbefugnisse des Präsidenten wieder zurück. Im *War Powers Act* (1973) wurde festgelegt, dass ein Präsident ohne Zustimmung des Kongresses US-Truppen nur für maximal 60 Tage lang einsetzen darf. Im gleichen Jahr wurde die allgemeine Wehrpflicht abgeschafft.

In den 1960ern und zu Beginn der 1970er-Jahre erschütterten zahlreiche **Rassenunruhen** die Vereinigten Staaten. Ein Höhepunkt war im August 1963 der von **Martin Luther King Jr**. angeführte Protestmarsch nach Washington; zwei Jahre später zogen die Protestierenden von Selma nach Montgomery. Unruhen brachen im ganzen Land aus und forderten mehr und mehr Opfer. Eines der prominentesten war King selbst, der am 4. April 1968 in Memphis erschossen wurde.

Erster Rücktritt eines Präsidenten

Die **Watergate-Affäre**, bei der am 17. Juni 1972 enge Mitarbeiter Präsident Nixons und seines Wahlkomitees in das Wahlkampfhauptquartier der Demokraten einbrachen, erschütterte die Nation aufs Neue. Zwar beteuerte Nixon seine Unschuld und sein Unwissen bezüglich des Einbruchs, doch wurde er durch die Beteiligten schwer belastet. Er kam durch freiwilligen Rücktritt einem Amtsenthebungsverfahren (*impeachment*) zuvor.

Die USA im 21. Jahrhundert

Während der Amtszeit des 42. Präsidenten Bill Clinton (1993–2001) stabilisierte sich die wirtschaftliche Lage nicht nur, das Land erlebte sogar, angeführt von der boomenden „**New Economy**", eine neue wirtschaftliche Blüte und die Staatsverschuldung sank. In der Wirtschaftspolitik wurde weiterhin der Kurs der Liberalisierung verfolgt und dieser resultierte in der Unterzeichnung des **Welthandelsabkommens** (**GATT**) sowie der Schaffung der **Freihandelszone FTAA** innerhalb Nordamerikas.

Die Angriffe islamistischer Fundamentalisten am **11. September 2001** auf New York und Washington – „Nine Eleven" – trafen die USA dann unvermittelt. Der damalige US-Präsident George W. Bush reagierte mit der Ausrufung des „**Kriegs gegen den Terrorismus**" und begann im Oktober 2001 mit dem Vorstoß gegen das fundamentalistische Taliban-Regime in Afghanistan. Als der Präsident dann jedoch mit dem Diktator Saddam Hussein und dem Irak 2003 ein neues Ziel ins Auge gefasst hatte, schoss die Bush-Administration weit über das Ziel hinaus.

Amerika nach „Nine Eleven"

Zu Beginn des 21. Jh. steckten die USA (und nicht nur sie) in einer schweren Krise. Wirtschaftsprobleme und Börsencrash, Arbeitslosigkeit und wachsende Armut machten für den im November 2008 gewählten **ersten afro-amerikanischen Präsidenten**, den Demokraten Barack Obama, die Arbeit nicht eben einfach. Er wurde im November 2012 für eine zweite Amtszeit gewählt, ehe im Januar 2017 der Republikaner Donald Trump ins Weiße Haus einzog. 2021 wurde mit Joe Biden wieder ein Demokrat (und der ehemalige Vize von Obama) Präsident.

Wirtschaftliche Erholung

Mittlerweile hat sich die Wirtschaft erholt. Die USA sind zu einem der führenden Erdöl- und Erdgasproduzenten geworden. Umweltprobleme und Klimaveränderungen, die Verarmung vieler Bevölkerungsschichten, Grenzsicherung und Einwanderungspolitik, Krankenversicherung und Sozialfürsorge sind jedoch die Herausforderungen, denen sich die kommenden Präsidenten und die Politiker in der Hauptstadt und den einzelnen Bundesstaaten verstärkt widmen werden müssen. Streitigkeiten und festgefahrene Parteiinteressen stoßen dabei „draußen auf dem Land" immer häufiger auf Ablehnung. Schließlich erinnern sich viele Amerikaner an jenen legendären Satz von Henry David Thoreau aus seinem Werk „Civil Disobedience": „**Die beste Regierung ist die, welche am wenigsten regiert**!"

info

Die politischen Staatsorgane und ihre Aufgaben

Die **Verfassung der Vereinigten Staaten von Amerika** wurde 1787 vom Verfassungskonvent in Philadelphia verabschiedet und zwei Jahre später als rechtsgültig erklärt. Dank der Einführung der Gewaltenteilung in Exekutive, Legislative und Jurisdiktion, d. h. der Trennung von ausführender, gesetzgebender und rechtsprechender Macht, dient die Verfassung als **Grundlage der modernen Demokratie**. Darüber hinaus führte sie die **Trennung von Kirche und Staat** und das Prinzip der **Volkssouveränität** ein, die durch die demokratischen **Grundrechte** (Bill of Rights) gewährleistet ist. Die Frage, ob der Staat zentralistisch oder föderalistisch organisiert werden solle, führte schließlich zu einer Kompromisslösung, einer **Gewaltenteilung zwischen Zentralregierung und den Bundesstaaten**.

Der Präsident – Exekutive

Der Präsident wird für vier Jahre über Wahlmänner (Elektoren) und nicht direkt vom Volk gewählt. Eine Wiederwahl ist nur einmal möglich (beim Tod während der Amtszeit rückt der Vizepräsident nach). Der US-Präsident ist gleichzeitig

Staats- und Ministerpräsident. Er ist für die Bildung seiner Regierung verantwortlich und kann dabei auch auf qualifizierte Personen anderer Parteien oder Parteilose zurückgreifen. Der Präsident ist Oberbefehlshaber des Militärs, allerdings ist eine eventuelle Kriegserklärung Sache des Kongresses.

Barack Obama – der erste Afroamerikaner im Weißen Haus

Der Kongress – Legislative
Der Kongress setzt sich aus dem Senat (Senate) und dem Repräsentantenhaus (House of Representatives) zusammen. Unabhängig von seiner Größe entsendet jeder Bundesstaat für jeweils sechs Jahre zwei Senatoren in den **Senat**, insgesamt sind es also 100. Alle zwei Jahre wird jeweils ein Drittel der Senatoren direkt vom Volk neu gewählt. Der Senat hat insbesondere in außenpolitischen Fragen eine starke Stellung. Der US-Präsident benötigt eine Zweidrittelmehrheit im Senat, um internationale Verträge abschließen zu können. Auch die Benennung hoher Beamte sowie Richter bedarf der Senatszustimmung.

Im **Repräsentantenhaus** sind die Bundesstaaten proportional zu ihrer Bevölkerungsgröße vertreten. Die Zahl von 435 Abgeordneten ist seit 1912 konstant, wobei sie jeweils für nur zwei Jahre gewählt werden. Das Repräsentantenhaus hält aufgrund seiner Stimmenmehrheit insbesondere bei Budget-Verhandlungen eine Schlüsselstellung inne.

Wahlen finden stets am ersten Dienstag im November eines Jahres mit gerader Zahl statt.

Das Gerichtswesen – Jurisdiktion
Dem unabhängigen Gerichtswesen steht der **Oberste Gerichtshof** (Supreme Court) vor. Er kann im Bedarfsfall die Verfassungsmäßigkeit aller politischen Entscheidungen überprüfen und ist damit die **Kontrollinstanz** gegenüber Präsident und Kongress. Der Präsident benennt die Richter des Obersten Gerichtshofes in Beratung und mit Zustimmung des Senats.

info

Präsidenten der Vereinigten Staaten von Amerika

Nr.	Name	Amtszeit	Partei
1	George Washington (1732–1799)	1789–1797	Föd.
2	John Adams (1735–1826)	1797–1801	Föd.
3	Thomas Jefferson (1743–1826)	1801–1809	Dem.-Rep.
4	James Madison (1751–1836)	1809–1817	Dem.-Rep.
5	James Monroe (1758–1831)	1817–1825	Dem.-Rep.
6	John Quincy Adams (1767–1848)	1825–1829	Dem.-Rep.
7	Andrew Jackson (1767–1845)	1829–1837	Dem.
8	Martin van Buren (1782–1862)	1837–1841	Dem.
9	William H. Harrison (1773–1841)	1841	Whig
10	John Tyler (1790–1862)	1841–1845	Whig
11	James K. Polk (1795–1849)	1845–1849	Dem.
12	Zachary Taylor (1784–1850)	1849–1850	Whig
13	Millard Fillmore (1800–1874)	1850–1853	Whig
14	Franklin Pierce (1804–1869)	1853–1857	Dem.
15	James Buchanan (1791–1868)	1857–1861	Dem.
16	Abraham Lincoln (1809–1865)	1861–1865	Rep.
17	Andrew Johnson (1808–1875)	1865–1869	Dem.
18	Ulysses S. Grant (1822–1885)	1869–1877	Rep.
19	Rutherford B. Hayes (1822–1893)	1877–1881	Rep.
20	James A. Garfield (1831–1881)	1881	Rep.
21	Chester A. Arthur (1830–1886)	1881–1885	Rep.
22	Grover Cleveland (1837–1908)	1885–1889	Dem.
23	Benjamin Harrison (1833–1901)	1889–1893	Rep.
24	Grover Cleveland (1837–1908)	1893–1897	Dem.
25	William McKinley (1843–1901)	1897–1901	Rep.
26	Theodore Roosevelt (1858–1919)	1901–1909	Rep.
27	William H. Taft (1857–1930)	1909–1913	Rep.
28	Woodrow Wilson (1856–1924)	1913–1921	Dem.
29	Warren G. Harding (1865–1923)	1921–1923	Rep.
30	Calvin Coolidge (1872–1933)	1923–1929	Rep.
31	Herbert Hoover (1874–1964)	1929–1933	Rep.
32	Franklin Delano Roosevelt (1882–1945)	1933–1945	Dem.
33	Harry S. Truman (1884–1972)	1945–1953	Dem.
34	Dwight D. Eisenhower (1890–1969)	1953–1961	Rep.
35	John F. Kennedy (1917–1963)	1961–1963	Dem.
36	Lyndon B. Johnson (1908–1973)	1963–1969	Dem.
37	Richard Nixon (1913–1994)	1969–1974	Rep.
38	Gerald Ford (1913–2006)	1974–1977	Rep.
39	Jimmy Carter (1924–)	1977–1981	Dem.
40	Ronald Reagan (1911–2004)	1981–1989	Rep.
41	George H. W. Bush (1924–2018)	1989–1993	Rep.
42	Bill Clinton (1946–)	1993–2001	Dem.
43	George W. Bush (1946–)	2001–2009	Rep.
44	Barack Obama (1961–)	2009–2017	Dem.
45	Donald Trump (1946–)	2017–2021	Rep.
46	Joseph R. Biden Jr. (1942–)	2021–	Dem.

Abk.: Föd. = Föderalisten; Dem.-Rep. = Demokratische Republikaner; Dem. = Demokraten; Rep. = Republikaner; Whig = Partei der Gegner des Demokraten Andrew Jackson.

Geografischer Überblick

Die beiden maßgeblichen geografischen Elemente der Region **Ostküste** sind die **Atlantikküste** mit ihren Felsküsten und Sandstränden, tiefen Fjorden und kleinen Buchten, vorgelagerten schmalen Inselketten und Marschlandschaften sowie die **Gebirgsketten der Appalachen** mit ihrer Hügellandschaft, aber auch mit schneebedeckten Bergen und dicht bewaldeten, wasserreichen Tälern. Auf die ersten Siedler wirkte dieses Gebirge noch wie eine unüberwindbare Mauer, hinter der sich bis ins frühe 19. Jh. die *frontier*, der unzivilisierte „Wilde Westen", befand.

Atlantische Küstenebene

Die **Atlantic Coastal Plains** – die Küstenebene zwischen Atlantik und Appalachen – reichen von Cape Cod im Nordosten der USA bis Florida. Sie sind selten mehr als 100 m hoch. Das **Lowland**, wie die Küstenregion auch genannt wird, ist vielgestaltig: Sie ist im Nordosten, besonders in den Neuengland-Staaten, nur sehr schmal. Stellenweise reichen die Gebirgsausläufer direkt ans Meer heran. Nach Süden zu wird die Ebene breiter und ist gekennzeichnet durch Sandstrände, ausgedehnte Marschlandschaften und Sumpfregionen.

Große Flusstäler

Die **Atlantikebene** ist zeitgeschichtlich jung (Tertiär und Pleistozän), es handelt sich um eine Aufschüttungsebene mit geringem Gefälle, die in der Küstenzone des Südens durch Sümpfe, Lagunen und Nehrungen charakterisiert ist. Gegliedert wird sie durch einige große Flusstäler, wie die des Connecticut, des Hudson, des Delaware, des Susquehanna, des Potomac, des Roanoke oder des Savannah River. Manche der Flüsse bilden gewaltige Mündungsbuchten, die ganze Landstriche einnehmen, beispielsweise die Delaware Bay oder die Chesapeake Bay.

Strandidylle an der Atlantikküste

Ein charakteristisches Element der Ostküste sind die der Küste **vorgelagerten Nehrungen**, die häufig unterbrochen sind und Inselcharakter haben. Diese sogenannten **Barrier Islands**, zumeist durch das Anheben des Meeresspiegels am Ende der letzten Eiszeit vor einigen 10.000 Jahren entstanden, erstrecken sich von Connecticut und Long Island (New York) im Norden bis nach Florida im Süden.

Appalachen

2.400 km langer Gebirgszug

Landeinwärts, etwa parallel zur Atlantikküste, ziehen sich die **Appalachen** als einer der längsten Gebirgszüge der Welt über rund 2.400 km von Nordosten nach Südwesten, von der kanadischen Provinz New Brunswick über die Neuengland-Staaten, New York, Pennsylvania, Virginia, North Carolina, Tennessee und Georgia bis nach Alabama. Vom Charakter her sind die Appalachen ein **Mittelgebirge**. Die höchsten Gipfel erreichen kaum 2.000 m und erinnern eher an Schwarzwald oder Riesengebirge als beispielsweise an die grandiose Bergwelt der Rocky Mountains. Die Appalachen sind ein altes **Faltengebirge**, bestehend aus kristallinem Urgestein (Granit, Gneis) sowie Sedimentgestein (u. a. Kalk), das durch Gesteinsbewegungen und Erosion stark zerteilt und eingeebnet wurde. Im Norden gliedern sich die Appalachen in die *Berkshires* (Massachusetts), die *Green* (Vermont) und die *White Mountains* (New Hampshire, Maine). Der 1.916 m hohe *Mount Washington* in New Hampshire und der *Mount Katahadin* (1.729 m) in Maine sind die größten Erhebungen im Nordosten.

In den Appalachen

Im südlichen Teil des Gebirges bildet die steil aufragende Kette der **Blue Ridge Mountains** mit dem *Mount Mitchell* in North Carolina den höchsten Punkt (2.037m) der gesamten Bergkette. Im Norden (Maine) reichen die Appalachen direkt an die Küstenlinie heran und formen eine wild zerklüftete Landschaft mit Buchten, Riffen und Klippen sowie vorgelagerten Inseln. Je weiter man nach Süden vorstößt, umso weiter entfernen sich die Berge vom Meer.

Kein Fluss quert die Appalachenkette: einer der Gründe, warum in der frühen Kolonialzeit die Berge als **unüberwindbar** galten. Mehrere wasserreiche Flüsse entspringen in den Appalachen, um sich dann entweder in den Atlantik (Hudson, Susquehanna oder Connecticut River) oder in den Golf von Mexiko (Ohio oder Tennessee River) zu ergießen.

Wandern auf dem Appalachian Trail

info

Über die „**Kunst des Gehens**" hat der legendäre Naturphilosoph Henry David Thoreau (1817–1862) einen eigenen Essay geschrieben. Doch in Neuenglands beginnendem Industriezeitalter wollte dem begeisterten Wanderer und Naturliebhaber außer seinem Mentor Ralph Waldo Emerson (1803–1882) und dessen Freunden niemand zuhören. Für Thoreau war das Gehen nicht nur eine Kunst, sondern eine Art „Wallfahrt in die Natur". Noch heute gibt es trotz der dichten Besiedelung entlang der Ostküste die Möglichkeit, den Spuren des großen Wanderers zu folgen: auf dem Appalachian Trail, Teil des National Park System.

Über 3.498 km zieht sich der **Appalachian National Scenic Trail**, kurz „A.T." genannt, als schmaler Korridor den Hauptkamm des Appalachen-Gebirgszuges entlang, vom Nordosten hinab in den tiefen Süden. Ausgehend vom 1.606 m hohen Mount Katahdin im Baxter State Park in Maine schlängelt sich der durchgehend ausgeschilderte Wanderweg durch 14 Bundesstaaten und 60 Federal, State und Local Parks und Forests bis zu seinem Endpunkt, dem 1.153 m hohen Springer Mountain in Georgia, quasi vor den Toren der Metropole Atlanta.

Den Spuren Thoreaus folgend, hatten sich 1876 begeisterte Wanderer zum **Appalachian Mountain Club** (AMC) zusammengeschlossen. Dieser Wanderclub unterhält heute das Pinkham Notch Visitor Center in Gorham (New Hampshire) mitten in den White Mountains. Er organisiert von hier verschieden lange Wanderungen. Benton MacKaye war in den 1920ern auf die Idee gekommen, entlang dem Appalachenkamm, von Neuengland südwärts, einen Pfad mit Herbergen und Naturschutzstationen auszubauen. Auf seine Initiative und unter Mithilfe des AMC entstand 1925 die Appalachian Trail Conference (ATC), die bis heute den Trail betreut. Aufsicht und Instandhaltung obliegen den ehrenamtlichen Mitgliedern der etwa 30 Clubs und Partner der ATC. Am 14. August 1937 wurde der A.T. als **längster Wanderweg der Welt** offiziell eingeweiht.

Wer nun glaubt, eine Wanderung durch die Appalachen sei ein Kinderspiel im Vergleich zum Hochgebirge oder zu alpinem Bergsteigen, täuscht sich. Bisher haben seit den 1930er-Jahren nur etwa 15.000 Menschen die fünf Millionen

info

Indian Summer an der Nordostküste

Schritte unternommen, die der Trail angeblich erfordert. Diese sogenannten „**2000 Milers**", die den gesamten Appalachian Trail abgelaufen sind, brauchten dafür im Schnitt fünf bis sieben Monate, viel Erfahrung und gründliche Vorbereitung. Für Anfänger, d. h. auch für Urlauber, bietet es sich an, mit einem überschaubaren Streckenabschnitt zu beginnen, zum Beispiel im Umfeld der Blue Ridge Mountains in North Carolina oder in der Bergwelt Neuenglands.

Der gesamte Appalachian Trail ist mit etwa 165.000 senkrechten weißen Markierungen, den White Blazes, an Bäumen und Felsen gekennzeichnet. „Profis" nutzen das Appalachian Trail Data Book als Hilfsmittel. Es enthält Meile für Meile aufgelistet Informationen über Schutzhütten, Camping-Möglichkeiten, Trinkwasserquellen, Straßenanschlüsse, Ortschaften und ihre Infrastruktur sowie Höhenangaben von Bergen und Tälern. Daneben liefert der Appalachian Trail Thru-Hikers' Companion ergänzende Informationen zu Ortschaften und Städten am Trail. Alle 10 bis 15 km gibt es Schutzhütten, shelter, weiter im Norden „lean-to" genannt, Holz-Konstruktion mit drei Wänden und Dach. Auf der erhöhten Plattform können sechs bis zehn Personen ihre Schlafsäcke ausrollen. Daneben existieren am Weg einige günstige Herbergen, die oft von ehemaligen „Thruhikern" betrieben werden. Berghütten finden sich nur in den White Mountains (New Hampshire).

Infos: https://appalachiantrail.org (Appalachian Trail Conservancy) oder www.outdoors.org (Appalachian Mountain Club)

Klimazonen an der Ostküste

Entlang der Ostküste gibt es trotz der geografischen Gemeinsamkeiten mehrere **Klimazonen**, die sich teils deutlich unterscheiden und damit auch höchst **differenzierte Bewirtschaftung** zur Folge haben: von Weideflächen und Milchwirtschaft im Norden über Gemüseanbau im Zentrum, vom „Baumwollgürtel" zum subtropischen Süden mit Zitrusfrüchten, Tabak und Zuckerrohr. Richtung Süden steigen jedoch nicht nur die Temperaturen. Auch die Wachstumsperiode verlängert sich.

Der **Nordosten** gehört der **gemäßigten Klimazone** an und weist eine durchschnittliche Niederschlagsmenge von 900 mm auf. Im Vergleich zu den Landschaften im Inneren des Kontinents ist es relativ feucht. In den Sommermonaten dringen die feuchtheißen Warmluftmassen vom Golf von Mexiko und der Karibik nach Norden vor, während im Winter kalte Luft aus dem Norden Kanadas einströmt. Im Bundesstaat New York und in den Neuengland-Staaten sorgen starke Nord- und Nordostwinde dafür, dass es im Winter sehr kalt wird und zu heftigen Schneefällen und längeren Frostperioden kommen kann. Im Sommer dagegen sind die Temperaturen angenehm warm, bei südlichen Winden sogar tropisch heiß.

Üppige Flora und Fauna

Das Kleinklima in den **Neuengland-Staaten** ist ebenso vielfältig wie seine Landschaften. Während im Norden von Vermont, New Hampshire oder Maine Temperaturen bis minus 30 °C möglich sind und Nadelwälder vorherrschen, ist das Klima weiter im Süden gemäßigter. Daraus resultiert eine üppigere Flora und vielseitigere Fauna. Da Laubwälder vorherrschen, ist die Region für ihren **Indian Summer**,

In den Sümpfen des Tiefen Südens

den „**Altweibersommer**", mit prächtiger herbstlicher Laubfärbung, berühmt. Im September und Oktober finden sich daher die meisten Besucher ein; doch auch das späte Frühjahr eignet sich gut.

Das Wetter im **zentralen Küstenabschnitt** ist wechselhaft und oft unvorhersehbar. Obwohl etwa auf demselben Breitengrad wie Madrid oder Neapel gelegen, spielen beispielsweise in New York atlantische Einflüsse eine maßgebliche Rolle. Es herrscht **gemäßigtes Kontinentalklima**, das sich durch heiße Sommer mit Durchschnittstemperaturen von knapp 25 °C im Juli auszeichnet. Zwischen Januar und März fällt meist üppig Schnee bei Temperaturen um den Gefrierpunkt und es kann zu Blizzards, aus Kanada einbrechenden Schneestürmen, kommen. Die Übergangszeiten sind meist nur kurz. Vor allem das Frühjahr ist kaum einzuschätzen. Dagegen kann der Herbst schöne, warme Wochen bringen und ist somit die ideale Reisezeit.

Sonnengürtel der USA

Die Bundesstaaten im **Südosten** zeichnen sich im Sommer durch große Hitze und feucht-tropisches Klima aus. Die Sonne bestimmt das Leben im Süden. Man spricht beim Südteil auch vom **Sun Belt**, dem Sonnengürtel der USA. Die Winter werden mit zunehmend südlicher Lage immer milder, nur in den Gebirgsregionen der Appalachen fällt dann noch Schnee. Im Sommer herrscht überwiegend **subtropisches Klima** verbunden mit schwer erträglicher Schwüle und vielen Insekten. Besonders in Küstenstädten wie Charleston oder Savannah macht sich das bemerkbar. In den Küstenebenen dominiert zunehmend Sumpfvegetation. Dort kann die Luftfeuchtigkeit über 90 % betragen, was in Kombination mit Temperaturen von über 30 °C in den Sommermonaten unangenehm werden kann. Da sich das Frühjahr zu Anfang oft launisch zeigt, gelten auch hier der späte April und Mai oder aber der Herbst als ideale Reisetermine.

Wirtschaft und Arbeitsleben

Wer das erste Mal die USA besucht, dem werden sofort **einige Besonderheiten** auffallen. Eines davon ist das **viel größere Angebot** an Waren aller Art in Supermärkten, in Malls (Einkaufszentren), auf Märkten oder in Spezialgeschäften. Die größeren Shops (wie auch Hotels) stehen in gnadenloser Konkurrenz zueinander, werben aggressiv, überbieten sich mit Coupons, Rabatten, Specials und Dienstleistungen. Auffällig sind auch die große **Kundenfreundlichkeit** und das wesentlich ausgeprägtere **Service-Bewusstsein**. Der Kunde ist in den USA tatsächlich noch König.

Bewunderung für Aufsteiger

Gilt es in Europa als eher unschicklich, über Verdienst oder Gewinn zu reden, ist es in Amerika wichtig zu wissen, wieviel „Geld man macht". Und während man in Europa Spitzenverdienern oft unverhohlen Neid zollt, ist ihnen in Amerika öffentliche Anerkennung und Bewunderung gewiss, denn **wirtschaftlicher Erfolg** hat einen anderen Stellenwert. Es ist etwas, was man sich aus eigener Kraft geschaffen hat und daher Respekt fordert. Wem ohne einen Cent in der Tasche die klassische „Vom Tellerwäscher zum Millionär"-Karriere gelingt, ist hoch angesehen.

Auch die **Einstellung zum Job** unterscheidet sich zu der in der „Alten Welt": Sichere, dauerhafte Arbeitsplätze sind seit jeher Mangelware. Nach dem Prinzip des **hire and fire** können Kandidaten für Jobs kurzfristig eingestellt und genauso schnell wieder entlassen werden. Der aktuelle wirtschaftliche Erfolg und der persönliche Einsatz zählen mehr als Loyalität oder Verantwortung den Mitarbeitern gegenüber. Sehr viel schneller als in Europa werden auch hochrangige Manager oder ganze Abteilungen entlassen. Dennoch: Jeder Mitarbeiter ist **Repräsentant der Firma** und es werden strenge Arbeitsdisziplin, korrekte Kleidung und höfliche Umgangsformen erwartet.

Das Qualifikationsniveau ist niedriger, der **Spezialisierungsgrad höher**. Komplexe Arbeitsvorgänge, die bei uns zum Spektrum eines bestimmten Berufsstandes gehören, werden in den USA unterteilt und delegiert. Der Vorteil liegt in der schnelleren Erlernbarkeit einzelner Arbeitsschritte, Nachteil ist das fehlende berufsspezifische Allgemeinwissen. Eine Lehrlings- oder Meisterausbildung gibt es im Allgemeinen nicht.

Der **Prestigewert** bestimmter Arbeiten ist unerheblich. Es gibt keine „guten" oder „schlechten" Berufe an sich, sondern nur erfolgsbringende oder nichterfolgsbringende. Deswegen ist das gesellschaftliche Ansehen eines Lehrers oder Piloten nicht unbedingt größer als das eines Straßenreinigers oder Lastwagenfahrers. Dementsprechend bunt kann die Palette der Arbeiten sein, die ein und dieselbe Person im Laufe ihres Lebens unabhängig von Ausbildung oder Qualifikation ausführt.

Häufiger Jobwechsel

Fluktuation und Mobilität sind entsprechend groß. Die Amerikaner wechseln aus verschiedenen Gründen ihren Arbeitsplatz viel häufiger als ihre europäischen Kollegen. Von der Firma auf einen Außenposten versetzt oder auf der Suche nach einem besser bezahlten Job, ziehen Familien oft quer durch die Vereinigten Staaten. Über die „Zumutbarkeit" von Umzügen oder lange Anfahrtswege spricht man in den USA nicht und die Idee einer „Pendlerpauschale" würde Kopfschütteln hervorrufen. Man hängt wenig an Eigentum, Grund und Boden und wenn nötig, wird ein Haus eben kurzfristig aufgegeben. Dafür sind amerikanische Häuser und Wohnungen im Allgemeinen mit allem Lebensnotwendigen wie Elektrogeräten, Küchen, Einbauschränken oder Teppichböden ausgestattet.

Auch wenn die politischen und wirtschaftlichen Krisen der letzten Jahrzehnte an den USA nicht spurlos vorübergegangen sind und der Mittelstand, das Rückgrat der amerikanischen Gesellschaft und Wirtschaft, gelitten hat, lebt der **amerikanische Traum** fort. Dafür gibt es **Gründe**: Die USA sind eines der innovativsten Länder, haben einen starken Kapitalmarkt und können dank eines großen Optimismus mit Krisen umgehen. Dazu kommt, dass sie ein Einwanderungsland sind, über große Ressourcen und eine offene Gesellschaft verfügen.

Dass es mit den Vereinigten Staaten eigentlich von Anfang an wirtschaftlich steil bergauf ging, war vor allem der ersten Einwanderer-Generation zu verdanken. Das **Sendungsbewusstsein der Puritaner** war eng verknüpft mit solider Lebensführung und entsprechender Arbeitshaltung. Eiserne Disziplin, Fleiß, Qua-

Eine wichtige Rolle spielte die Eisenbahn

litätsbewusstsein und Sparsamkeit prägten die Puritaner und ließen florierende Handelszentren entstehen.

Anders als an der Westküste, die erst 1869 durch die Eisenbahn mit dem Osten verbunden wurde, begann im Osten schon früh der **Ausbau der Infrastruktur**. Das Meer stellte die Verbindung zwischen Europa und Nordamerika her und bildete zusammen mit den großen Flüssen ein „Transportsystem". Frachter und Passagierschiffe brachten Güter und Menschen mühelos von Boston nach New York und Philadelphia. An der Atlantikküste entstanden Häfen, in Neuengland wurden Schiffe gebaut, die auf den Weltmeeren kreuzten, und es wurde Handel – schwerpunktmäßig mit Sklaven, Holz und Rum – betrieben. Schon 1825 eröffnete der **Erie-Kanal**, der die Atlantikküste mit den Großen Seen verband und eine wirtschaftliche Erschließung des Mittleren Westens begünstigte. Für den entscheidenden Aufschwung sorgte jedoch die **Eisenbahn**: Zwischen den Anfängen in den späten 1820er-Jahren – als eine der ersten Linien eröffnete 1827 die *Baltimore & Ohio Railroad* – und der Eröffnung der Transkontinentallinie 1869 lagen nur wenige Jahrzehnte, während denen das Land von einem dichten Netz an Schienen überzogen wurde. Bis in die 1960er-Jahre hinein blieb die Eisenbahn das wichtigste Transportmittel.

Dichtes Schienennetz

Landwirtschaft

Schon die ersten weißen Siedler hatten vor 300 Jahren **vielversprechende Bedingungen** vorgefunden: In den östlichen und südlichen Landesteilen gab es genügend Niederschläge. Gute und für den Getreideanbau geeignete Böden waren besonders im Osten und Mittleren Westen vorhanden. Außerdem hatte man Platz für großflächigen Anbau. Heute dominiert im Nordosten die Milchwirtschaft. Weiden und Grünfutterflächen bestimmen das Bild im Hinterland. In den vergangenen Jahren hat hier auch die Rinder- und Schweinemast auf der Basis von Mais und Sojabohnen zugenommen. In den Mittelgebirgsregionen ist *Farming* als Kombination von Viehzucht und Ackerbau verbreitet, in den südlichen Teilen der Ostküste werden vor allem Tabak, Reis, Zuckerrohr und Sojabohnen angebaut.

Die Landwirtschaft in Amerika hat in den vergangenen Jahrzehnten einen **rapiden Wandel** durchlaufen. Während sich die Zahl der Farmen halbierte, stieg die durchschnittliche Betriebsgröße auf beinahe das Doppelte an. Heute wird die Landwirtschaft von Großbetrieben, vom „**Agrobusiness**", mit allen damit verbundenen Vor- und Nachteilen, beherrscht. Amerika ist nicht nur weitgehend **Selbstversorger**, sondern auch einer der **größten Exporteure** der Welt in Bezug auf Getreide und Grundnahrungsmittel.

Ökologische Landwirtschaft

Andererseits ist kontrastierend zum „Big Business" in den letzten Jahren eine **Gegenbewegung** zu beobachten: Kleinbauern setzten vermehrt auf Bio-Produkte und finden gerade in Städten einen wachsenden Markt. Ausgehend von den Neuengland-Staaten – neben Kalifornien und Oregon im Westen auf diesem Gebiet führend – ist in den letzten Jahren ein Zuwachs an ökologisch wirtschaftenden Betrieben – **Organic Farming** – festzustellen. Der Begriff des *Organic Farming* entstand 1973, 1979 machte das **Organic Food Law** die Richtlinien zum Gesetz: Verzicht auf Pestizide und Kunstdünger, Wahl naturgerechter Anbauweisen statt Monokulturen, die Beachtung der verschiedenen Ökosysteme und des natürlichen Gleichgewichts, Ablehnung genmanipulierter Organismen und unnötig langer Transportwege.

Märkte wie hier in Philadelphia bieten regionale Produkte in breiter Vielfalt an

Neues Ernährungsbewusstsein

Dank eines gestiegenen Ernährungsbewusstseins ist die Nachfrage nach regionalen und ökologisch hergestellten Produkten überall gestiegen. In Spezialläden, Bio-Supermärkten und auf Wochenmärkten kann man Obst und Gemüse, aber auch Fleisch- und Backwaren sowie Käse und andere Spezialitäten der Region unter dem Slogan „**buy local and organic**!" frisch und an die Jahreszeit angepasst erwerben. „**Natural foods**" sind heute in den USA die am stärksten wachsende Sparte im Einzelhandel.

Die Bedeutung des Meeres

Seit jeher diente der Atlantik als Transportweg zwischen den Kontinenten und frühen Siedlungen. **Fischfang** und der **Schiffsbau** verhalfen den ersten Siedlern zu Wohlstand. Für den Schiffsbau lieferten die riesigen Wälder des Ostens das Material. Schiffe ermöglichten den Kontakt zum Mutterland und förderten den Handel mit Afrika, Europa und der Karibik.

Zusätzlich sorgte der Atlantik mit seinen **küstennahen Fischgründen** für reichlich Nahrung und der Fischfang florierte. Eines der ersten wichtigen Gesetze wurde Mitte des 18. Jh. in Massachusetts erlassen und hatte die Regulierung und Förderung der Fischereiindustrie zum Inhalt. Vor allem **Hummer und Kabeljau** als vitamin-, eiweiß- und jodreiches Nahrungsmittel waren begehrt, nicht nur in den amerikanischen Kolonien, sondern auch im Süden und in Europa. Der **Walfang** war in der Kolonialzeit wichtig, weniger wegen des Fleisches als vielmehr wegen des für Lampen benötigten Öls. Besonders in Neuengland wurde Walfang zum legendären – für die Beteiligten aber auch gefährlichen – Industriezweig.

Das Meer sorgte für Arbeit und Einkommen, der Handel breitete sich aus, Kaufleute und Kapitäne wurden bedeutender und die Hafenstädte profitierten davon. Bis

Fisch- und Hummerfang gehören immer noch zu den Einnahmequellen an der Ostküste

heute ist das Meer eine wichtige Einnahmequelle für die Küstenregionen, allerdings weniger wegen des Schiffsbaus oder Fischfangs, sondern wegen des **Tourismus**.

Vom Old zum New South

Zäsur: Bürgerkrieg

Anders als der Norden setzte der Süden auf **Plantagenwirtschaft**, die wiederum auf dem Vorhandensein von genügend Arbeitskräften basierte. Der große Aufschwung im 19. Jh. begünstigte die führenden Schichten, die dank riesiger Sklavenheere ein Leben in Wohlstand führen konnten – und das noch nach 1808, als die Sklaveneinfuhr offiziell verboten worden war. Prächtige Plantagenhäuser und noble Stadtvillen, beispielsweise in Charleston oder Savannah, zeugen noch heute vom damaligen Luxusleben der „Plantagenaristokratie", die nach dem Bürgerkrieg 1865 ein jähes Ende fand.

Ein wirtschaftlicher und sozialer **Umwandlungsprozess** setzte gegen Ende des 19. Jh. ein: Industrialisierung und Urbanisierung, Bergbau und Stahlproduktion gewannen an Bedeutung. Naturkatastrophen wie eine Baumwollkäfer-Plage beendeten in den 1920er-Jahren die Vorherrschaft der Baumwolle von „**King Cotton**", endgültig. Das nach der Weltwirtschaftskrise der 1930er von Präsident Franklin D. Roosevelt initiierte Aufbauprogramm *New Deal* brachte Besserung. Aus dem alten „**Cotton Belt**", in dem einst die Baumwolle dominierte, entwickelte sich ein „**Boom Belt**". Dadurch wurde der Tourismus zu einem wichtigen Standbein. Abwechslungsreiche Landschaften und ein angenehmes Klima sind die großen Pluspunkte dieser Region, neben der angeborenen Gastfreundschaft der Bewohner.

Ländliche Prägung

Urbane Zentren sind im Vergleich zum Norden spärlich gesät, allerdings erlebten in jüngster Zeit gewisse Städte als Industriestandorte und Dienstleistungszentren einen Boom: allen voran Atlanta, aber auch Charlotte (North Carolina) oder Jacksonville (Florida). Geblieben ist dennoch auf weiten Landstrichen die agrarische Prägung. Wie vor 150 Jahren breiten sich Baumwollfelder aus, daneben werden Sojabohnen, Mais, Erdnüsse, Tabak, Melonen, Pfirsiche und Zitrusfrüchte angebaut und Vieh gezüchtet.

Lesetipp

1. Trotz der über 500 Seiten wird das Buch „**King Cotton. Eine Geschichte des globalen Kapitalismus**" nie langweilig: Sven Beckert erzählt informativ und spannend zugleich über den Kapitalismus und die Rolle der Baumwolle, aber auch darüber, wie die heutige globale Welt entstanden ist.
Sven Beckert, King Cotton. Eine Geschichte des globalen Kapitalismus (Verlag C.H. Beck München, 2015/2)
2. Die von dem bekannten US-Reiseschriftsteller Paul Theroux 2015 publizierte Schilderung seiner vier Fahrten durch die Südstaaten ist eine fesselnde Einführung in eine ganz andere Welt und hilft diese Region ein wenig besser zu verstehen.
Paul Theroux, Tief im Süden. Eine Reise durch ein anderes Amerika (Hoffmann & Campe Verlag 2015)

Die amerikanische Gesellschaft

„Typisch" amerikanisch

Trotz der gemeinsamen Wurzeln und der kulturellen Verwandtschaft mit Europa fallen in den USA Unterschiede auf, die sich im zwischenmenschlichen Umgang äußern und nicht selten von einem anderen Lebensgefühl zeugen. Allgemein gelten die Amerikaner als unkompliziert, gastfreundlich und hilfsbereit. Es ist einfach, mit ihnen in Kontakt zu treten. Bemerkenswert ist auch eine grundsätzlich optimistische, manchmal geradezu **euphorisch-positive Grundstimmung**.

Aus der Zeit der Besiedelung, der *frontier*, stammt wohl auch der **Freiheitsdrang**. Ein Kennzeichen des *American Way of Life* sind das ausgeprägte Gefühl für **Selbstverantwortlichkeit**, das **Vertrauen auf die eigene Kraft** und die **Ablehnung starker staatlicher Eingriffe**. Es war gerade dieses Zugeständnis von **Individualität** und **persönlichem Glück**, das den Westen der USA in den 1960-ern zum Mekka für Hippies werden ließ. Alternative Lebensformen, die sich z. B. in Wohngemeinschaften und experimenteller Architektur äußern, kamen auf und Liberalität, Freizügigkeit und unkonventionelle Lebensführung wurden großgeschrieben.

Dieser liberal-toleranten Haltung entgegen steht eine oft überraschend **puritanische Haltung**. Das Erbe der streng-religiösen Pioniere tritt auf vielfältige Weise zu Tage: Amerikaner sind **weitaus prüder** als Mitteleuropäer. Mag der *Playboy* auch aus den USA stammen, sind Nacktszenen im Fernsehen undenkbar. In den Programmzeitschriften wird vor den Sexszenen gewarnt („X-rated") und Nacktheit in der Öffentlichkeit – auch „Oben ohne"-Baden oder nackte Kinder – gilt als obszön. Auch gibt es, allen Klischee zum Trotz, in den meisten Staaten keine legale Gelegenheit zum Glücksspiel. Lediglich in Indianerreservaten, manchen Gewässern und in Nevada, das einen Sonderstatus genießt, ist es erlaubt.

Eine **Volljährigkeit** wie bei uns gibt es nicht. Man differenziert z. B. nach *legal drinking age* (21), *legal marriage age*, *legal gambling age* etc. und diese liegen auch abhängig vom jeweiligen Staat zwischen 18 und 21 Jahren. Zwar kann man den Führerschein mit 15 oder 16 Jahren machen (*legal driving age*) und in jungen Jahren der Armee beitreten. Aber Trinken, Heiraten oder Spielen werden anders gewertet.

Eine „Nation of Nations"

Oft wird die amerikanische Gesellschaft als „Schmelztiegel" oder **Melting Pot** bezeichnet, denn von den über 332 Mio. Menschen gehört fast die Hälfte einer Minderheit an. Allerdings kann von Verschmelzung nicht die Rede sein, vielmehr von einer **Vielzahl von Ethnien**, die nebeneinanderher existieren und ihre Traditionen pflegen. Auch wenn es zwei große politische Lager gibt, der Kontrast Urban-Rural (Stadt–Land) stetig zunimmt und die Kluft zwischen Arm und Reich weiter wächst, ist die Situation vielschichtiger: Die USA gliedern sich eher in mehrere Regionen und bilden einen Vielvölkerstaat, eine „**Nation of Nations**", wie Walt Whitman bereits Mitte des 19. Jh. in den „Leaves of Grass" dichtete. Auf Colin Woodart („American Nations") basiert eine neue regionale Definition:

Danach ist Neuengland – „**Yankeedom**“ – sozial engagiert, puritanisch geprägt und staatlichen Regularien gegenüber aufgeschlossen, der „**Deep South**“ dagegen steht dem zentralistischen Staat ablehnend gegenüber. Der Westen teilt sich auf in „**El Norte**“ (mexikanisch geprägt), die „**Left Coast**“ (liberal geprägte Pazifikküste) und den „**Far West**“, den einstigen „Wilden Westen“ (individualistisch, mit ausgeprägter Abneigung gegen eine Zentralgewalt). Weitere Regionen wären „**New Netherland**“ (das tolerante New York), die „**Midlands**“ (das unberechenbare Vielvölkergemisch um die „Großen Seen“), die „**Tidewaters**“ (das europäisch geprägte Gebiet um die Hauptstadt), die konservative „**Appalachia**“ und die „**First Nations**“ (indianische Völker).

Traditionen aus aller Welt

Folge von über 400 Jahren Siedlungsgeschichte in Nordamerika ist ein **einzigartiges Kulturgemisch**, das besonders in den Großstädten wie New York, Philadelphia oder Washington D.C. lebendig ist: Einmal glaubt man sich ins ferne China versetzt, dann mitten in eine pulsierende afrikanische Metropole oder in eine lateinamerikanische Kleinstadt. Wenige Straßen weiter steht man dann in einem typisch amerikanisch-modernen Geschäftszentrum. Die einzelnen Ethnien, allen voran Afroamerikaner, Latinos und Asiaten, aber auch Südeuropäer, bildeten eigene Enklaven. Sie verfügen über eigene Infrastrukturen und Traditionen, pflegen ihre Sprache – Spanisch ist nach Englisch die am häufigsten gesprochene Sprache in den USA – Feiertage, Feste, Bräuche, Küchen und Religionen. Inzwischen erinnert man sich immer häufiger wieder an das nicht unerhebliche deutsche Erbe: Kaum ein größerer Ort feiert im Herbst nicht sein Oktoberfest oder organisiert einen Christkindlmarkt.

Eines eint dennoch alle Amerikaner: die Liebe für und der **Stolz auf ihre Heimat**. Obwohl die Weigerung, die eigene Identität abzulegen, und der Wille, sich ethnisch zu differenzieren, wichtiger sind als oberflächliche Integration, sind die US-Flagge, die Hymne und die Verfassung **verbindende Symbole**.

Schachbrettstädte

Die Ostküste gehört zu den am **dichtesten besiedelten Gebieten** der USA und alleine auf dem schmalen Küstenstreifen zwischen Washington und Boston, oft als *Megalopolis* bezeichnet, leben etwa 20 % aller US-Bürger. **Städte**, die nicht historisch gewachsen sind, wurden vielfach mit Hilfe eines monotonen, aber zweckmäßigen schachbrettartigen Gitternetzes geplant. Musterbeispiel ist Washington, doch auch große Teile New Yorks entstanden so. Viele alte Städte wie Boston erinnern hingegen in manchen Vierteln noch stark an europäische Gegebenheiten. Die **ländliche Siedlungsstruktur** weicht mit Ausnahme einiger Landstriche in den Neuengland-Staaten meist von mitteleuropäischen Gegebenheiten ab: Es gibt keine eigentlichen Dörfer, sondern verstreute Einzelgehöfte (Farmen). An Verkehrsknotenpunkten sind zentrale Orte entstanden, die die Versorgungsfunktion für ein größeres ländliches Gebiet übernahmen.

Durch die **Verstädterung** in der zweiten Hälfte des 20. Jh. verstärkte sich das soziale Gefälle: Die Wohlhabenden zogen hinaus ins Grüne, bevorzugt in stadtnahe Gebiete – in die *suburbs* –, während sich in den Innenstädten die Wohnbedingungen verschlechterten und die Slumbildung zunahm. Hier lebten und leben z. T. noch immer die finanziell Schwachen, vor allem Afroamerikaner, zunehmend auch Latinos. Seit einigen Jahrzehnten werden in vielen Städten **Renovierungs-**

und Sanierungsprojekte forciert, die für eine Wiederbelebung der Downtowns sorgen. In den Stadtzentren entstanden begehrte Apartments, einhergehend mit einer entsprechenden Infrastruktur. Gute Beispiele finden sich in New York, Philadelphia, Baltimore, Washington D.C., Atlanta oder Boston.

Indianer

Die Indianer spielen zahlenmäßig im Osten der USA eine untergeordnete Rolle. Sie wurden früher als im Westen aus ihrem ursprünglichen Siedlungs- und Nutzungsraum vertrieben. Im Gebiet zwischen den Großen Seen und dem Hudson River siedelten einst die **Irokesen**, an der atlantischen Küste des Ostens die Stämme der **Algonkin-Sprachgruppe**, im Südosten die **Creek**, **Cherokee**, **Choctaw** und **Chickasaw**. Heute leben die verbliebenen Mitglieder in Reservaten.

Die **Algonkin** bildeten die größte Indianergruppe im Nordosten. Schon um 12.000 v. Chr. waren sie in Neuengland beheimatet gewesen. Es handelt sich dabei um keinen Stamm, sondern um eine Sprachgruppe, der unterschiedlichste Völker angehören: die Mohegan und Pequot aus Connecticut, die Wampanoag aus Massachusetts oder die Narragansett aus Rhode Island. Dem anfangs friedlichen Zusammenleben mit den Siedlern setzten die englischen Machthaber ein Ende: 1636 erklärten die Engländer den Pequot den Krieg, und eine Ausrottung großen Ausmaßes nahm ihren Anfang. 1676 waren von den ursprünglich etwa 5.000 Indianern weniger als 100 übriggeblieben. Das indianische Erbe geriet mehr und mehr in Vergessenheit und eine Wiedergutmachung blieb aus.

Ausrottung der Indianer

Das **Schicksal der Indianer** im Osten spielte sich meist nach demselben Schema ab: Der Lebensgrundlagen und angestammten Siedlungsgebiete beraubt und von Epidemien – Masern, Pocken, Grippeviren – heimgesucht, wurden oft ganze Dorf-

Rückbesinnung der Indianer auf ihre Traditionen: hier Chickasaw beim Stomp Dance

gemeinschaften ausradiert. Hinzu kamen kriegerische Auseinandersetzungen, bei denen die Stämme oft zwischen die Fronten der europäischen Machtpolitik in Nordamerika gerieten. Zu Ende des 18. Jh. hatte sich ihre Zahl bereits radikal verringert. Selbst so berühmte und kämpferische Völker wie der Verbund der Irokesen wurde in kleine, abgelegene Reservate verdrängt.

Spätestens mit dem **Removal Act** von 1835 und der Vertreibung von 16.000 Cherokee, Creek, Choctaw und Chicasaw drei Jahre später aus ihrer Heimat nach Oklahoma war die indianische Bevölkerung im Osten fast völlig verschwunden. Heute ist die Zahl der Ureinwohner in den Neuengland-Staaten wieder auf über 20.000 angewachsen. Viele Stämme pochen auf alte Verträge und versuchen, alte Rechte und Ländereien zurückzuerhalten. Seit Jahren sind die Delaware aktiv und wollen einen bis heute gültigen Vertrag über Landzusicherung mit der Kolonie Pennsylvania von 1737 vor Gericht durchsetzen. Ziel solcher Verfahren ist kein neuerlicher Umzug, aber eine angemessene Entschädigung für das erlittene Unrecht. Man besinnt sich zudem auf alte Traditionen. Somit stehen Powwows heute auch auf den Veranstaltungskalendern vieler Ostküsten-Indianer. Eine Möglichkeit, ihre Bräuche auch im 21. Jh. zu bewahren, eröffnet der Indian Gaming Regulatory Act (1988), der es den Stämmen erlaubt, innerhalb ihrer Territorien Casinos zu betreiben und damit u. a. eigene Kulturprojekte zu fördern.

Afroamerikaner

Mehrheitlich in den Städten

Afro-American oder **African-American** ist die politisch korrekte Bezeichnung für die schwarze Bevölkerung. Ihre Vorfahren waren nicht freiwillig in die „Neue Welt" gekommen: 1638 hatte man in Boston die ersten „Leibeigenen" bestaunt, die auf den *West Indies* (Karibik) gefangen und auf Schiffen hertransportiert worden waren. Der organisierte Sklavenhandel blühte nach 1660 auf und erlebte im 18. Jh. seinen unrühmlichen Höhepunkt. Schwerpunktmäßig arbeiteten die Schwarzen auf den Plantagen des Südens, wo sie auch die Bevölkerungsmehrheit bildeten.

Nach dem Bürgerkrieg, aber besonders ab 1915 brachen während der **Great Migration** eine Million Afroamerikaner zu den Industriestädten im Nordosten und im Mittleren Westen auf. Ab 1940 setzte die Wanderung auch Richtung Pazifik ein, mit Schwerpunkt Kalifornien. Dennoch stellen die Afroamerikaner in vielen Orten der Ostküste eine beachtliche ethnische Gruppe dar. Insgesamt machen sie rund **47 Mio.** (ca. 14 %) der Gesamtbevölkerung aus und bilden damit neben den Lateinamerikanern die stärkste Minorität in den USA.

Zwar wurde als Folge der ab 1955 aktiven Bürgerrechtsbewegung mit den **Civil Rights Acts** von 1964, 1965 und 1968 Rechtsgleichheit festgelegt, aber der Traum des bekannten Bürgerrechtlers Dr. Martin Luther King ist noch nicht in Erfüllung gegangen. Es gibt durchaus eine afroamerikanische Mittel- und Oberschicht und oberflächlich betrachtet scheint sich die **Situation der Afroamerikaner** verbessert zu haben: Statistiken sprechen von mehr gemischt-ethnischen Ehen, von Gleichberechtigung am Arbeitsplatz und im gesellschaftlichen Leben. Dennoch scheint der **Teufelskreis** schwer zu durchbrechen: Farbige Frauen bekommen oft sehr jung und unverheiratet Kinder, dadurch sinken die Chancen auf eine

Ausbildung, auf einen guten Arbeitsplatz und eine annehmbare Wohnung. Sozialer Abstieg ist vorprogrammiert. Noch immer liegen viele schwarze Wohnviertel isoliert, gibt es rein schwarze, schlecht ausgestattete Schulen, schwarze Kneipen und Kirchen, Diskriminierung und Verachtung. Die Euphorie über die Wahl Barack Obamas zum **ersten afroamerikanischen Präsidenten** 2008 war groß, ist inzwischen aber wieder der Realität und dem Ärger über Donald Trump gewichen.

Lateinamerikaner

Etwa 60 Mio. Spanisch sprechende Menschen leben in den Vereinigten Staaten (18 %). Neben den *Mexican Americans* zählen Lateinamerikaner (v. a. Puerto Ricaner) zur **Gruppe der Hispanics** oder **Latinos**, d. h. Menschen hispano-amerikanischer oder spanischer Herkunft. Ein *Hispanic* kann „schwarz" oder „weiß" sein.

Einflussreiche Bevölkerungsgruppe

Die Einwanderer aus Lateinamerika, vor allem aus Puerto Rico, Mexiko und Kuba, haben bewirkt, dass in weiten Teilen der USA **Spanisch die zweitwichtigste Sprache** nach dem Englischen geworden oder sogar gleichberechtigt ist. Im Gegensatz zu vielen anderen Einwanderungsgruppen haben die Spanisch sprechenden Bevölkerungsteile an ihrer Sprache festgehalten. Da sie sich auch politisch engagieren und im Wirtschaftsleben aktiv sind, konnten sie sich besonders im Süden Floridas und im Südwesten zu einer einflussreichen Bevölkerungsgruppe entwickeln, die nicht nur die Anerkennung ihrer Sprache durchsetzte, sondern inzwischen auch zahlreiche politische Schlüsselämter besetzt. An der Ostküste stellen die Lateinamerikaner eher noch eine Minderheit dar, mit Ausnahme von New York City, wo es eine große, stetig wachsende Gemeinde – v. a. Puerto Ricaner, Dominikaner und Mexikaner – gibt.

Iren und Italiener

Mitte des 19. Jh. herrschte in **Irland** wirtschaftlich das Chaos und viele Iren machten sich auf den Weg nach Neuengland, vor allem nach Massachusetts, um dort ein neues Leben zu beginnen. Um 1860 soll über die Hälfte aller Bostoner irische Wurzeln gehabt haben. Die katholischen (und trinkfreudigen) Iren waren zunächst in der puritanisch-englisch geprägten Umgebung nicht sonderlich beliebt, allerdings hartnäckig und politisch engagiert.

Bereits 1884 wählte man in Boston einen Iren zum Bürgermeister und 1905 übte John F. Fitzgerald – der Großvater von John F. Kennedy – dieses Amt aus und steigerte damit nicht nur das Ansehen, sondern begründete zugleich den Ruf der großen Finanz- und Politiker-Dynastie und legte die Basis für die spätere Karriere von John F. Kennedy (1917–63), dem 35. US-Präsidenten. Neben Boston sieht man in New York noch häufig „Grün", vor allem am traditionellen Feiertag, dem **St. Patrick's Day**. Auch hier gibt es eine große irische Bevölkerungsgruppe, aus der sich übrigens bis heute die meisten Polizisten und Feuerwehrleute rekrutieren.

Ab etwa 1900 strömten **Italiener**, in der Mehrzahl arme Bauern aus Süditalien und Sizilien, ins Land, konzentriert nach Philadelphia, New York, Boston und

Rhode Island, wo sie sich allein schon aufgrund der unterschiedlichen politischen Ansichten nie mit den Iren verstanden. Während sich in Städten wie New York oder Philadelphia die *Little Italies* nur mühsam gegen die Viertel anderer Zuwanderer, besonders aus Asien, behaupten konnten, hat sich in Bostons North End ein dorfähnliches italienisches Ambiente erhalten.

Asiaten

Amerikaner asiatischer Herkunft stellen einen Bevölkerungsanteil von rund 7 % (21 Mio.). Die älteste und größte Gruppe sind die Chinesen (über 3,5 Mio.), deren Vorfahren im 19. Jh. in den amerikanischen Westen kamen. Dort nahmen sie am Goldrausch teil und fanden ab den 1860ern beim Bau der transkontinentalen Eisenbahn Arbeit. Im Osten gibt es nicht so viele Asiaten wie an der Westküste, mit Ausnahme von New York City. Dort befindet sich eine der größten Chinatowns der USA.

Amerikas deutsche Wurzeln

Zwischen dem 17. und 19. Jh. suchten zahlreiche Deutsche **Zuflucht in der Neuen Welt**. Sie wollten hier ein neues Leben in Wohlstand beginnen. Noch heute ist die Gruppe der **deutschstämmigen Amerikaner** mit etwa 13 % die größte ethnische Gruppe im Land. Vielfach waren die Zuwanderer Mitglieder verfolgter religiöser Gruppen, wie Mennoniten oder Amische, die sich bevorzugt in und um Pennsylvania und im Mittleren Westen der USA niederließen. Die Einwanderer waren nicht ausschließlich Deutsche nach heutiger Definition, zu den **German Americans** wurden auch deutschsprachige Schweizer, Österreicher, Polen, Niederländer, Franzosen und Tschechen gerechnet.

13 % der Amerikaner haben deutsche Wurzeln

Die Chinatown in New York City

Natürlich durfte in der neuen Heimat Vertrautes nicht fehlen: **Vereine** wie die Auswanderungs- oder die Rhein-Bayerische Gesellschaft entstanden, Gesangs- und Turnvereine wurden gegründet und Wohltätigkeitstreffen veranstaltet. Man pflegte das Brauerei- und Destillierwesen, forcierte die Druckkunst, baute die vertrauten Fachwerkhäuser, kochte Sauerkraut und Schnitzel, feierte traditionelle Feste wie Maitanz, Wurst- oder Oktoberfest und hielt, zumindest bis um 1900, an der eigenen Sprache fest.

Heute ist davon mit Ausnahme einiger Enklaven nicht viel geblieben. Es waren letztendlich die deutschsprachigen Einwanderer, die sich schneller und gründlicher als andere Gruppen assimilierten. In den letzten Jahren ist man jedoch wieder stolz auf seine **deutschen Wurzeln**, was sich jedoch nicht auf kulinarische Spezialitäten von der Bratwurst über die Brezel bis zum Bier beschränkt. Denn auch **Oktoberfest** und **Weihnachtsmarkt** gehören heute zum festen Bestandteil des Veranstaltungskalenders vieler Kommunen.

info

„Yankees" und „Southerners"

Auch wenn die Ostküste eine geografische Einheit bildet, gibt es historisch und besonders gesellschaftlich große Unterschiede, die sich in den Bildern von Johnny Reb – dem Bürgerkriegshelden – und Billy Yank, seinem Unionskollegen, manifestieren. Noch heute gibt es die Kluft zwischen Nord- und Südstaaten, mit dem **Yankee** auf der einen Seite und dem **Südstaatler** auf der anderen.

Yankee wurde als Spitzname zunächst allein auf die Neuengländer bezogen. Ein *Yankee* galt als Spekulant, Unternehmer und Erfinder par excellence. Industrie und Handel, Finanzen und Politik lagen in seinen Händen. Er selbst zählte sich zur „Elite" und betrachtete sich als das „Gewissen der Nation". Alteingesessene Bostoner Familien – die sogenannten *Boston Brahmins* – waren in der ersten Hälfte des 19. Jh. durch Geschäfte zum „Geldadel" Neuenglands geworden. Man verwies mit Stolz auf lange Ahnenreihen und pflegte sein Selbstvertrauen.

Ganz anders im Süden: Der **Southerner** war von jeher für allerlei Mythen und Legenden gut, *Dixieland* und *Deep South*, *Southern Belles* und Kavaliere, *Good Ol'Boys* und *Rednecks*. Mit wenig Zuneigung blicken noch heute viele *Yankees* auf ihren südlichen Landesteil: Die *Southerners* seien langsam und schwerfällig wie ihr breiter Dialekt, bigott und erzkonservativ, rückständig und rassistisch. Das Klima des *Sun Belt* hat die Menschen ebenso geprägt wie ihre Geschichte. Ihre besondere Sprechweise, Küche, Kultur, Sitten, Gebräuche und Traditionen, die Bedeutung von Kirche und *American Football*, und nicht zuletzt ihre große Freundlichkeit, Hilfsbereitschaft und Redseligkeit haben dem Süden einen unverwechselbaren Stempel aufgedrückt.

Soziale Situation

Inzwischen nimmt man die „Homeless People" in den Innenstädten vermehrt wahr und erkennt beim Durchfahren öde Vorstadtviertel, *Trailer Home*-Siedlungen und die missliche Lage in Indianerreservaten. Es besteht kein Zweifel: Auch hinsichtlich der sozialen Situation sind die USA **ein Land der Kontraste**.

Immer mehr Menschen in den USA geht es, statistisch gesehen, im neuen Jahrtausend schlechter als Ende der 1970er-Jahre. Die Zahl der sozial Schwachen wuchs in allen ethnischen Gruppen, allerdings am stärksten bei Hispanics und Afroamerikanern; zudem soll rund ein Viertel der Kinder unterhalb der Armutsgrenze aufwachsen. Dazu hat die letzte Wirtschafts- und Immobilienkrise besonders den **Mittelstand** hart getroffen. Die Kluft zwischen Arm und Reich wächst. Für sozialen Sprengstoff sorgt vor allem die zunehmend ungleiche Verteilung der Einkommen.

USA kein Sozialstaat

Plötzlich stecken auch einst gut situierte Familien in der Schuldenfalle und mancher Rentner kann sich sein Haus nicht mehr leisten. So sind ganz Siedlungen aus Campingbussen abseits der Städte entstanden, deren Bewohner von Gelegenheitsjob zu Gelegenheitsjob fahren; interessant zu diesem Aspekt ist der Roman und die Verfilmung „Nomadland".

Krankenversicherung

Während des Arbeitslebens sind, zumindest derzeit noch, die meisten Amerikaner gezwungen, sich selbst, d.h. sich privat zu versichern. Nicht jeder kann sich das leisten, und da bis 2014 und „Obamacare" **keine Versicherungspflicht** wie hierzulande bestand, nahmen und nehmen viele das Risiko einer Krankheit und die damit verbundenen Kosten in Kauf. Arbeitgebern ist freigestellt, ob und in welcher Höhe sie sich an der Krankenversicherung beteiligen. Mehr und mehr größere Firmen kümmern sich heute verstärkt um eine soziale und gesundheitliche Absicherung ihrer Mitarbeiter, wohingegen die meisten Staats- und städtischen Bediensteten schon immer dieses Privileg genossen. Bislang gewährt der Staat Sozialhilfeempfängern und Rentnern eine Krankengrundversorgung, die Medicaid bzw. Medicare genannt wird. Diese Versicherung wird wie die Sozialversicherungsbeiträge je zur Hälfte von Arbeitgeber und Arbeitnehmer finanziert. Allerdings müssen die Patienten – mit Ausnahme der finanzschwachen Medicaid-Versicherten – einen Eigenanteil an Krankenhaus-, Arzt- und Behandlungskosten leisten.

Der 44. Präsident Barack Obama hat per Gesetz die Einführung einer staatlichen Krankenversicherung für alle in die Wege geleitet. Seit 2014 besteht nun zumindest theoretisch eine Versicherungspflicht für die meisten Einwohner. Einkommensschwache erhalten dabei einen staatlichen Zuschuss zu den Beiträgen. Auch Firmen sollen stärker in die Pflicht genommen werden. Wie es mit **„Obamacare"** weitergeht, war auch während der Amtszeit von Obamas früherem Stellvertreter Joe Biden zum 46. Präsidenten noch umstritten und viel diskutiert.

„Obamacare"

Gerade in dieser Frage wird eine Besonderheit der USA deutlich: In vielen Bereichen hat die zentrale Regierung in Washington, D.C. einen schweren Stand gegenüber den vielfach selbstständig agierenden Bundesstaaten. Diese wiederum sind nicht geneigt, ihre Autonomie aufzugeben, selbst wenn es am Ende um das Wohlergehen der Allgemeinheit geht.

Rentenversicherung

1935 wurde mit dem **Social Security Act** die Rentenversicherung, ein Sozialhilfeprogramm und einzelstaatliche Arbeitslosenversicherungen in den USA eingeführt. Heute sind die meisten Arbeitnehmer rentenversichert. Die Altersbezüge sind jedoch gering, da auch die eingezahlten Beiträge niedrig sind: ein Grund dafür, dass viele Rentner (*retirees*) auch im hohen Alter noch Nebenjobs annehmen. Die Rente, weniger als die Hälfte des letzten Nettoeinkommens, wird über die **Social Security** finanziert, in die Arbeitnehmer und Arbeitgeber anteilig einzahlen.

Niedrige Renten

Das Rentenalter schwankt je nach Zahl der Einzahlungsjahre zwischen 63 und 67 Jahre, es besteht allerdings die Möglichkeit, unter Inkaufnahme von Abschlägen früher in Rente zu gehen. Diejenigen, die finanziell in der Lage sind, schließen darüber hinaus private Rentenversicherungen bzw. Lebensversicherungen ab, um im Alter ihren Lebensstandard halten zu können.

Arbeitslosen- und Sozialhilfe

Lange Jahre lag die **Arbeitslosenquote** in den USA unter 4 %, während der letzten Wirtschaftskrise stieg die Zahl auf fast 10 %, inzwischen liegt sie bei etwa 3,5 % (Sommer 2023). Arbeitslose werden in den USA weniger großzügig unterstützt als hierzulande: für 26 bis maximal 39 Wochen wird finanzielle **Unterstützung** geleistet, die zwischen 30 und 50 % des letzten Arbeitslohnes liegt. Genau wie bei der Arbeitslosenversicherung variieren die Leistungen der Sozialhilfeprogramme von Staat zu Staat gravierend.

Sozialhilfe (*workfare*) wird jenen gewährt, deren Einkommen unter der offiziellen Armutsgrenze liegt. Dazu gehören etwa ein Drittel der Afroamerikaner und ein Viertel der Latinos. Neben *Medicaid* erhalten die Bedürftigen *food stamps* (Lebensmittelmarken), Kostenbefreiung für Kindergarten- und Schulbesuch und Mietzuschuss.

Kein Bürger darf länger als fünf Jahre Sozialhilfe aus Bundesmitteln empfangen. Jeder Empfänger ist verpflichtet, nach zwei Jahren mindestens 20 Wochenstunden zu arbeiten. Folge des Systems ist, dass Betroffene auch **schlecht bezahlte Jobs** annehmen. Immerhin gibt es in den USA seit Langem ein Mindestlohngesetz, das staatlich bei $ 7,25 liegt. Eine Erhöhung ist geplant, doch schon jetzt wird bereits in mehr als der Hälfte der Bundesstaaten und in vielen Großstädten mehr bezahlt.

Gesetzlicher Mindestlohn

Bildungswesen

Die Wurzeln des amerikanischen Bildungswesens liegen in Neuengland. Die erste höhere Schule – die „**Boston Latin School**" – wurde 1635 in Boston gegründet, 1637 eröffnete das „Newtowne College", das ein Jahr später in „**Harvard University**" umbenannt wurde.

Das amerikanische Bildungssystem war von Anfang an auf **Pragmatik** ausgerichtet, man hing weit weniger einem abstrakten, akademischen Bildungsideal nach als in Europa und erhob nie Anspruch auf eine humanistisch geprägte Allgemeinbildung. Den Siedlern und Pionieren genügten sogar noch die **Three R**: *reading, writing, arithmetic* (Lesen, Schreiben und Rechnen).

Schulen

1671 war die allgemeine Schulpflicht eingeführt worden, wobei das Schulwesen von Anfang an in den Händen der Stadt oder der Gemeinde lag. Das erklärt, wie es zu der immensen Zersplitterung in um die 16.000 Schuldistrikte kam. Die **Qualität der Schulen** ist in erster Linie von der Sozialstruktur und dem Wirtschaftsgefüge im Umkreis abhängig. Da Schulen durch die Grundsteuer finanziert werden, sind solche in sozial guten Wohnvierteln besser ausgestattet, verfügen über bessere (und höher bezahlte) Lehrer als solche in armen Vierteln mit geringem Steueraufkommen. Die großen Schulen haben in manchen Regionen zu einer **Bildungsmisere** geführt, die sich in geringer Allgemeinbildung und Wissensdefiziten äußert.

Soziales Gefälle

Eindeutig positiv zu bewerten ist, dass während der Schulzeit ein Schwerpunkt auf die **Förderung des Sozialverhaltens** und auf gemeinschaftliche Aktivitäten gelegt wird, was naheliegend ist in einem Einwanderungsland wie den USA, wo von Anfang an vielerlei Nationalitäten und Kulturen miteinander auskommen muss-

Abschlussfeier an einer der großen Ivy-League-Universitäten in den USA: Brown University

ten. Außerdem spielen in den Ganztagsschulen **„außerschulische" Aktivitäten** wie Sport, Musik, Benimmkurse oder Fahrschule eine weit größere Rolle als hierzulande. Aufgrund der Größe des Landes konzentrieren sich die Lerninhalte ausschließlich auf den eigenen Kontinent und die eigene Sprache.

Das **Schuljahr** umfasst nur rund 180 Tage (dazu kommen jedoch Sommerkurse) und statt des deutschen dreigliedrigen Systems mit Grund-/Hauptschule, Realschule und Gymnasium herrscht ein einheitliches Zwölf-Klassen-System, das Chancengleichheit gewährleisten soll. Mit sechs Jahren geht ein Kind in die sechsklassige **Elementary (Primary) School**. Die *grades* 7–9 werden „Middle" und 10–12 „High School" genannt. Im Alter von ca. 18 Jahren geht es dann weiter auf dem College oder der University, für normalerweise vier Jahre bis zum ersten Abschluss.

Universitäten

„*Your career is our business*" – so lautet die Devise an amerikanischen Universitäten. In den USA gibt es an die **5.000 höhere Bildungseinrichtungen**, die miteinander konkurrieren. Der Großteil davon sind *Junior Colleges* und *Colleges*, an denen keine höheren Abschlüsse als *Bachelor Degrees* möglich sind. Generell gibt es keine allgemein gültige staatliche Regelung oder Kontrolle des Bildungswesens, keine gesetzlich geregelte staatliche Anerkennung der Hochschulen.

Es herrscht **akademische Selbstverwaltung** und die Aufnahmebedingungen seitens der Universitätens unterscheiden sich ebenso wie ihr Niveau. Aufnahmetests spielen meist eine geringere Rolle als das persönliche Vorstellungsgespräch. Noten sind oft weniger wichtig als Charakterstärke, soziales Engagement und Neigungen. Vermögen wird weniger Bedeutung zugemessen als beispielsweise der Tatsache, ehemalige Studenten (*alumni*) in der Familie zu haben. Eine Pflicht zur Aufnahme besteht generell nicht.

Bildungsstätten als Wirtschaftsunternehmen

Rund 40 % aller *Colleges* und *Universities* befinden sich in öffentlicher Hand, d. h. sie erhalten Zuschüsse von Bundesstaaten, Gemeinden oder Städten. Die Mehrzahl stellen private Hochschulen, die meist einen besseren Ruf als die staatlichen genießen, jedoch auch um einiges höhere **Studiengebühren** (*tuition*) erheben. Studenten aus dem gleichen Bundesstaat zahlen jedoch weniger als Fremde oder Ausländer. Angesichts der hohen Studienkosten, die sich übers Jahr auf Zehntausende von Dollars belaufen können, mag man zunächst den Kopf schütteln, sollte aber bedenken, dass amerikanische Universitäten seit jeher als Wirtschaftsunternehmen nach dem Prinzip „Leistung – Gegenleistung" und „Der Kunde ist König" arbeiten.

Vor allem die Privatunis werden komplett **privatwirtschaftlich als Dienstleistungsunternehmen** betrieben. Sie finanzieren sich in erster Linie aus Studiengebühren, Stiftungsvermögen, Spenden und Einnahmen – z. B. aus TV-Übertragungsrechten für ihre Sportteams – und verfügen im Allgemeinen über ansehnliche Etats, die eine gute personelle und materielle Ausstattung der Institute und Einrichtungen erlauben. Die Stiftungsvermögen sind hoch, Gelder werden reinvestiert und hauptberuflich agierende *Fundraiser* werben um Spenden und erschließen neue Geldquellen. Die Hochschulen konkurrieren um die besten Professoren, die begabtesten Studenten und die großzügigsten Sponsoren. Dies führte zur Herausbildung sogenannter **Eliteuniversitäten** wie *Yale*, *Harvard*, *Brown*, *Princeton* oder *Stanford*.

Das elterliche Vermögen spielt keine allein bestimmende Rolle. Mit der Aufnahme in eine Universität wird ein „**Finanzierungsplan**“ erarbeitet. Abgesehen von den angebotenen zinsgünstigen Krediten gibt es eine Vielzahl verschiedenster **Stipendien**, um die man sich bewerben kann, sowie eine breite Palette an **Nebenjobs**. Anders als hierzulande befinden sich z. B. Verwaltung, Bibliotheken oder Dienstleistungsbetriebe in studentischer Hand. Die Universität bzw. der Campus stellt eine eigene Stadt dar, mit entsprechender Infrastruktur und einem breiten Angebot im akademischen und nichtakademischen Bereich; dazu gehören etwa Sport- und Freizeiteinrichtungen, Kinderbetreuung, Kurse und Veranstaltungen. Der Campus bietet **Rundum-Versorgung** – z. B. Gesundheitszentrum, Job-Service, Beratungsstellen und Finanzhilfe – was zweifellos die Konzentration aufs Studium fördert.

Der Campus: eine eigene Stadt

Das College-Studium wird auch als **Undergraduate Studies** bezeichnet und dauert zwei oder vier Jahre. Während dieser Zeit – die Ausbildung gleicht vom Niveau her etwa der deutschen gymnasialen Oberstufe – wird der Student auf den Berufseinstieg vorbereitet. Über 80 % der amerikanischen Studenten steigen nach Absolvieren des Undergraduate-Studiums mit einem **Bachelor-Abschluss** ins Berufsleben ein, knapp ein Fünftel setzt die Ausbildung nach dem College-Studium mit einem (**Post**-)**Graduate**-Studium fort, meist an der *Graduate School* einer Universität.

Dort wird ein vertieftes, wissenschaftlich ausgerichtetes Studium in einer bestimmten Fachrichtung absolviert. In der Regel wird nach zwei zusätzlichen Jahren mit dem Verfassen einer *thesis* der **Master's Degree** erreicht, der z. B. mit „M.A.“ (Master of Arts) oder „M.S.“ (Master of Science) abgekürzt wird. Der dritte Studienabschnitt wäre ein **Doctorate Program**, das sich, je nach Uni, auch unmittelbar an den *Bachelor* anschließen kann. Eine **Habilitation** ist in den USA nicht vorgesehen – bei entsprechender Leistung und hoher jährlicher Punkte-Bewertung durch die Studenten steigt man vom *Assistant Docent* zum *Professor* auf.

Religion – „God's own Country“

Mit der Verankerung der **Religionsfreiheit** und der **Trennung zwischen Staat und Kirche** in der Verfassung wurden die USA zu „**God's own Country**“, zu einem Land, in dem jeder seinen Glauben ausleben kann, solange er nicht Gesellschaft oder Staat schadet. Dieses *Disestablishment*, als erster **Zusatz in der Verfassung** (*Amendment I*) 1791 verankert, führte zu mehr Vielfalt und Konkurrenz. Kirchen und ihre Prediger buhlen um ihre „Schäfchen“. Im 19. Jh. erreichte die Zahl der Glaubensgruppen bzw. Sekten ihren Höhepunkt und bis heute ist die **religiöse Zersplitterung** nirgendwo so stark wie in den USA.

Trotz der strikten **Trennung von Kirche und Staat** ist das Leben der Amerikaner von der Religion bzw. der Kirchengemeinde geprägt, was hierzulande oft unterschätzt wird. So gilt in vielen Teilen der USA der Sonntag immer noch als „Heiliger Tag", an dem man sich zum Gottesdienst gut kleidet und hinterher noch mit Gemeindemitgliedern zusammentrifft, um zu essen und soziale Aktivitäten und Feierlichkeiten zu besprechen.

Religiöse Vielfalt

Die erste Kirche in Georgia: Christ Church Savannah

Die ersten europäischen Siedlungen in Nordamerika wurden von verschiedenen Gruppen **religiöser Flüchtlinge** aus dem damals intoleranten Europa gegründet. Als Erste träumten die in den 1560er-Jahren in Großbritannien aufgekommenen **Puritaner** den Traum vom *Promised Land*, vom „Gelobten Land". Sie sahen sich als *The Chosen People*, als Auserwählte, die von Gott den Auftrag erhalten hatten, ein „neues Jerusalem" zu schaffen. 1620 segelten die ersten Puritaner, die sog. Pilgerväter, mit der „Mayflower" nach Amerika und siedelten sich im heutigen Neuengland an.

Motiviert durch die erfolgreichen Koloniegründungen in Nordamerika zu Beginn des 17. Jh., stieg die Zahl religiös motivierter Auswanderer stetig an. William Penn gründete **Pennsylvania**. Er war als Mitglied der in den 1650er-Jahren in England entstandenen *Religious Society of Friends*, besser bekannt als **Quäker**, nach Nordamerika gekommen und hatte die Regeln des Zusammenlebens in der 1701 von ihm verfassten *Charter of Privileges* festgelegt. Pennsylvania wurde fortan zum Zufluchtsort vieler religiöser Gruppen aus Europa, darunter eine Gruppe um den Schweizer Prediger Jacob Amman, die **Amischen** (*Amish*), eine Splittergruppe der **Mennoniten**, die 1536 unter Führung des charismatischen Niederländers Menno Simons entstanden war.

Wiedererweckungs-Bewegungen

Religiöse Wiedererweckungs-Bewegungen (*Great Awakenings*) spielen in den USA eine zentrale Rolle. Das **erste Great Awakening** griff zwischen 1720 und 1750 auf die englischen Kolonien in Nordamerika über. Zu den damals herausragenden Figuren zählte der Prediger George Whitefield, der zum Oberhaupt der calvinistisch-protestantischen Gemeinschaft der **Methodisten** aufstieg. Erstmals rückte dabei die individuelle religiöse Erfahrung statt des Gemeinschaftserlebnisses in den Vordergrund. Auf fruchtbaren Boden fiel diese Bewegung auch im Mutterland England: 1747 gründete sich in Manchester die *United Society of Believers*, die als „**Shaker**“ nach ihrer Flucht 1774 in Nordamerika regen Zulauf verzeichneten.

Zwischen 1795 und den 1840er-Jahren kam es zu einem **zweiten Great Awakening**. Evangelisten wie Charles G. Finney propagierten den freien Willen eines jeden Menschen und die Vergebung der Sünden. Am folgenreichsten erwiesen sich jedoch die Visionen des Joseph Smith (1805–44) im September 1823, die sieben Jahre später die Basis des *Book of Mormon* bildeten und in der Gründung der **Church of Jesus Christ of Latter-Day Saints** mündeten. Wachsende Ablehnung trieb diese „**Mormonen**“ immer weiter nach Westen, bis 1846 Brigham Young die damals rund 17.000 Gemeindemitglieder in ihre neue Heimat am Great Salt Lake brachte, wo der Mormonenstaat „**Deseret**“ (Biene), das heutige Utah, entstand.

Jedem das Seine

Catholic, Baptist, Methodist, Presbyterian, Pentecostal, Episcopalian, AME/African Methodist Episcopal, Church of Christ, Jehovah's Witnesses, Jews, Muslims, Seventh-Day Adventist – die Liste der Religionsgruppen und Kirchen in den USA ist lang. Die meisten davon sind streng genommen **protestantische Gruppen**. Zum größten Teil handelt es sich in den USA um Baptisten, die hierzulande unter dem Begriff „Evangelisch-Freikirchliche Gemeinde“ firmieren. Die 1845 gegründete *Southern Baptist Convention* gilt als rigoros fundamentalistische Organisation, die die Allmacht der Bibel, einen traditionellen Moralbegriff sowie eine eher informelle Art der Gottesverehrung vertritt. Als fortschrittlicher gelten die Presbyterianer und die Methodisten. Quantitativ ebenfalls stark sind Pentecostal und Episcopal Church, Lutherans und die Churches of Christ.

Konfessionelle Flexibilität

Allerdings gehören die meisten Amerikaner nicht ein ganzes Leben lang ein und derselben Religionsgemeinschaft an: Bei einem Umzug kann es durchaus sein, dass ein Episkopaler zum Methodisten wird, sofern diese Gemeinde näher beim Wohnort liegt oder das Angebot an Kinderbetreuung, Alten- und Krankenpflege, Familienprogrammen oder Veranstaltungen mehr überzeugt. Da es weder Steuern noch Kirchengeld gibt und auch der Pfarrer nicht beamtet ist, gilt der **blessing pact**: Gott liefert den Segen, der Besucher das Geld – und der darf dafür in „God's own Country“ nach eigenem Gusto glücklich werden.

Der „American Way of Life“

Hot Dogs und Hamburger, Jeans und Cowboystiefel, Turnschuhe und Kaugummi, Strände und Beachboys, monotone Vorortsiedlungen und vielspurige Autobahnen, Shopping Malls und Outlet Center, Duzen, Oberflächlichkeit und Smalltalk, Macht des Geldes und Jagd nach ewiger Jugend – macht das den „**American Way of Life**“ aus?

Kulinarische Vielfalt im Osten, hier in Restons Open Road Distilling

Natürlich lassen sich die **alten Vorurteile** über Amerika und die Amerikaner nicht ausrotten. Aber die USA sind eine derart vielfältige und oft gegensätzliche Welt, dass man nicht von einem universellen „American Way of Life“ sprechen kann. Das **Klischeebild vom typischen Amerikaner** gibt es nicht wirklich, sondern lediglich spezifische Züge, Gemeinsamkeiten, aber auch grundlegende Unterschiede zum europäischen Lebensstil. Im Folgenden sollen zwei Aspekte des vielschichtigen „American Way of Life“ herausgegriffen werden.

Aus dem Vollen schöpfen

Nicht nur Burger

Fast Food ist zwar keine amerikanische Erfindung – schon im alten Rom gab es Garküchen an jeder Ecke –, doch in den USA wurde die „schnelle Küche“ zum lukrativen Geschäft. Andererseits findet man heute kaum ein Land mit einer derart **kreativen und abwechslungsreichen Küche**, die von frischen, regionalen Zutaten und einfallsreichen Kombinationen und Zubereitungsweisen lebt. Eine multiethnische Bevölkerung, wachsendes Gesundheitsbewusstsein und Innovationsgeist haben dazu beigetragen, dass sich die amerikanische Küche zu etwas Besonderem entwickeln konnte und dass viele Restaurants mit den Gourmettempeln der französischen *Haute Cuisine* konkurrieren können. Wochenmärkte schießen aus dem Boden und selbst Supermärkte bieten mittlerweile eine breite Palette an Bioprodukten, regionalen Obst- und Gemüsesorten, Fisch und Meeresfrüchten an.

Die **Küche der USA** – im Reiseteil wird auf lokale Besonderheiten hingewiesen – kann man mit einem leckeren Eintopf vergleichen, in den die unterschiedlichsten Zutaten geworfen wurden. So verdankt man beispielsweise den **Indianern** eine Vielfalt an lokalen Gemüse- und Obstsorten, Wild und Fisch, Maismehl und nicht zuletzt Chilis oder Bohnen. Die **Zuwanderer** aus anderen Teilen der Welt führten Pflanzen wie Oliven, Trauben (Wein), Datteln, Nüsse oder Zitrusfrüchte ein, trieben den Fischfang zur Perfektion und entwickelten sich zu Meistern in Viehzucht und -haltung.

Bereits in den 1970er-Jahren begann mit der kulturellen auch eine **kulinarische Revolution**, die vom Westen auf den Osten überschwappte.

Die angeblich schönste Nebensache der Welt

Eine Nebensache ist der **Sport** in den USA keineswegs, er spielt im Alltag der Amerikaner eine **zentrale Rolle**. Außerdem ist Sport ein **wichtiger Wirtschaftsfaktor** und ein bedeutender **Teil des Showgeschäfts**. Das Verfolgen sportlicher Wettkämpfe gilt als **Bestandteil des Kulturlebens** einer Stadt oder Region, vergleichbar mit einem Theater- oder Konzertbesuch. Man zahlt einen hohen Preis für ein Ticket und erwartet dafür mehrstündige Rundum-Unterhaltung für die ganze Familie.

Seit jeher sport-begeistert

Sport in Nordamerika – neben *American Football, Baseball, Basketball* und Eishockey gewinnen *NASCAR*-Autorennen und Fußball (*soccer*) immer mehr Fans – ist fest verankert in Geschichte und Kultur. Kein Wunder, schließlich reichen die Wurzeln vieler Sportarten bis ins 19. Jh. zurück, einzelne Profiligen und -teams können häufig auf eine **jahrhundertelange Tradition** zurückblicken.

Auch im Kalender ist Sport ein fester Faktor: So interessiert sich beispielsweise niemand für den kalendarischen Frühlingsbeginn. Wenn aber der US-Präsident Anfang April, am „Opening Day“, die Baseballsaison eröffnet, dann ist für die Amerikaner das **Frühjahr** da. Bis in den Herbst hinein werden nun das Schlagspiel mit dem kleinen Lederball und die *Boys of Summer* Gesprächsthema Nummer eins sein. **Baseball** ist nicht einfach nur ein Sport – es ist das **National Game** und damit Teil der amerikanischen Geschichte, Kultur und Lebensphilosophie.

Färben sich die Blätter gelb, werden die Tage kürzer und die Abende kühler, hört man überall die Blechinstrumente und Trommeln der *Marching Bands*: Der **Herbst** ist die Jahreszeit des **American Football**. Die Profi-Football-Liga **NFL** (*National Football League*) gilt als die prosperierendste Sportliga der Welt. Daneben ziehen auf dem „flachen Land“, wo die meisten Universitäten angesiedelt sind, die *American Football*-Mannschaften der Hochschulen Millionen von Fans in ihren Bann: **College Football** lockt auch im Westen genauso viele Fans in die Stadien wie die NFL. Sportstudenten, mit Stipendien versehen, stellen vier Semester lang die Kader der Uniteams, um danach – sofern gut genug – ins Profisportgeschäft zu wechseln.

Kommen Kälte und Schnee, pilgert man in die Hallen, um **Eishockey** der weltbesten Liga, der **NHL** (*National Hockey League*), oder **Basketball** zu sehen. Neben der weltberühmten **NBA** (*National Basketball Association*) ist auch **College Basketball** beliebt. In den letzten Jahren hat sich eine weitere Sportart zum Volkssport entwickelt: **Fußball**, in den USA **soccer** genannt. Haben einst nur Zuwanderer aus Südamerika und Südeuropa dem Fußball gehuldigt, kickt heute in den USA fast jedes Kind und die Bedeutung der **Profiliga MLS** (*Major League Soccer*) wächst stetig.

Baseball: das National Game

info

Um Baseball ranken sich viele Legenden: Da behauptete beispielsweise um 1900, als Baseball gerade seinen Kinderschuhen entwachsen war, der Sportartikelmillionär und ehemalige Spieler Albert G. Spalding, dass ein gewisser Abner Doubleday 1839 in Cooperstown (New York) das Spiel erfunden

info

Baseball ist Amerikas Nationalsport – hier treffen die die Washington Nationals auf die New York Mets

haben soll. 1845 wurde mit dem **Knickerbocker Club of New York** der erste dokumentarisch belegte Baseballclub gegründet, und er war maßgeblich an der Verfassung eines Regelwerks beteiligt. Nach Bürgerkriegsende hatte sich das Baseballfieber über das ganze Land verbreitet. 1869 folgte mit den **Cincinnati Red Stockings** der erste reine Proficlub und am 2. Februar 1876 wurde jene Liga gegründet, die bis heute das Geschehen mitbestimmt: die **National League** (NL). 1900 kam die **American League** (AL) dazu und beide schlossen sich wenig später zum **Major League Baseball** (MLB) zusammen. Seit 1905 ermitteln die Meister der NL und der AL in den **World Series** die beste Profimannschaft.

Lange Zeit galt der Nordosten als Heimat des Baseballs und New York als dessen Hauptstadt. Schließlich waren dort ursprünglich gleich drei der berühmtesten Teams zu Hause: die **Yankees**, die **Giants** und die **Brooklyn Dodgers;** heute sind es noch Yankees und Mets. Dank der Zunahme von Radio- und TV-Übertragungen erlebte Baseball in den 1960er-Jahren einen Boom, und der Umzug berühmter Mannschaften, z. B. der Giants und der Dodgers nach San Francisco bzw. Los Angeles, verbreiterte die MLB-Basis landesweit. Inzwischen sind zu den Traditionsclubs wie den **Yankees** oder den **Boston Red Sox** Vereine wie die **Baltimore Orioles**, **Washington Nationals**, **New York Mets**, **Atlanta Braves** oder **Philadelphia Phillies** getreten: 30 Profiteams bilden heute die beiden Ligen des MLB, dazu kommen zahllose weitere in den unterklassige Profiligen (Minor Leagues).

Wer zwischen April und Oktober die USA besucht, sollte es nicht versäumen, ein Baseballspiel mitzuerleben, beispielsweise im **Oriole Park at Camden Yards** in Baltimore, im legendären **Yankee Stadium** in New York, im neuen **Nationals Park** in Washington D.C., im neuen Stadion in Atlanta oder im altehrwürdigen **Fenway Park** in Boston. Zugegeben, ein Spiel scheint endlos und zu Anfang versteht man meist nicht viel, doch die Stimmung ist toll und es findet sich schnell jemand, der einen in die Geheimnisse der Sportart einweiht.

Kunst und Kultur

Ebenso bunt wie die soziale Zusammensetzung der „Nation of Nations" präsentieren sich auch Kunst und Kultur als **Summe verschiedener Ethnien**. Dennoch gibt es einzigartige **kulturelle Konstanten**, die sich seit der Kolonialzeit herausgebildet haben: der Glaube, im Gelobten Land zu leben, Tugenden wie Unabhängigkeit, Optimismus, Selbstvertrauen, Risikofreude, Fortschrittsglaube, Individualismus, Toleranz, Erfolgsstreben, Mobilität und schließlich die Sehnsucht nach „Wide Open Spaces".

Architektur

Mit der Ankunft europäischer Siedler an der Ostküste – abgesehen von Louisiana und Florida in erster Linie Engländer – hielten ab dem frühen 17. Jh. zunächst **englische Architekturstile**, Bautypen und -techniken Einzug, wobei allerdings den natürlichen Gegebenheiten der Wahlheimat, insbesondere dem Klima und den vorhandenen Baumaterialien, Rechnung getragen werden musste. Es handelte es sich überwiegend um **Zweckarchitektur** mit einfachem Grundriss, schlichte Einraum-Häuser. Daneben existierten primitive Blockhütten, *log cabins*.

Strenge Symmetrie

Vor dem Ausbruch des Unabhängigkeitskrieges 1776 bildete sich unter englischem Einfluss ein architektonischer Stil in der Neuen Welt heraus, der nach den vier englischen Königen namens George, die von 1714–1830 aufeinander folgten, **Georgian Style** genannt wurde. Er manifestierte sich in schlichten, unverputzten Ziegel- (oder Holz-)Bauten, rechteckigen zweistöckigen Kästen, deren Besonderheit in der strengen Symmetrie von Eingang und Fenstern und in **klassizistischen Architekturelementen** wie Zierleisten, Säulen und Giebeln zur Rahmung der Eingänge lag. Dieser Stil war zwischen 1700 und 1780 in den englischen Kolonien verbreitet. Beispiele finden sich v. a. in Boston, New York, Philadelphia, Portsmouth (New Hampshire) oder Newport (Rhode Island). Englische Baumeister wie Inigo Jones (1572–1652) oder Sir Christopher Wren (1632–1723) hatten die wegweisenden Traktate des italienischen Renaissance-Baumeisters Palladio (1508–80), der sich wiederum auf den antiken Theoretiker Vitruv stützte, intensiv studiert.

Trendsetter Jefferson

Aus dem *Georgian Style* wurde nach der Unterzeichnung der Unabhängigkeitserklärung 1776 und mit dem wachsenden Selbstbewusstsein der jungen Nation der **Federal Style**. Je nach Region wurde häufig weiter in Holz gebaut und lediglich durch Anstriche oder Verblendwerk höherwertiges Mauerwerk vorgetäuscht. Besonders der spätere Präsident Thomas Jefferson (1743–1826) gab in der repräsentativen Architektur neue Anstöße, indem er klassizistisch-antikisierende Elemente einführte. Musterbeispiel ist seine Villa in Monticello/Virginia (s. S. 418), wo Jefferson erstmals eine komplette Tempelfront – die Kopie der römischen Maison Carrée in Nîmes – bauen ließ.

Das frühe 19. Jh. war jedoch auch die große Zeit von Architekten wie Samuel McIntire (1757–1811) aus Salem oder Charles Bulfinch (1763–1844) aus Boston, deren Bauwerke zu den schönsten Beispielen dieser Epoche zählen. Im Innenbereich war

Architekturstile

Georgian Style

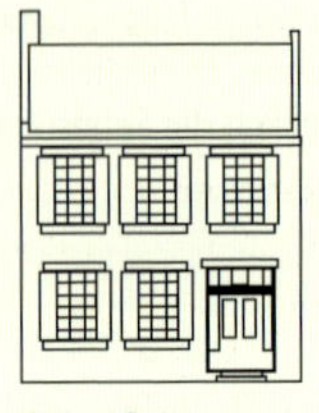
Federal Style

Greek Revival

Gothic Revival

Italianate Revival

Second Empire Style

Queen Anne Style

Tudor Revival

Romanesque Revival

Bungalow Style

International Style

es der **Adam Style**, der neue, romantisch-verspielte Akzente setzte. Die beiden britischen Architekten Robert und James Adam hatten in ihrem Traktat von 1773 eine harmonische und einheitliche Gestaltung des Innenraums gefordert und genügend Beispiele, z. B. in Charleston, geliefert. Aufwendiges und handwerklich hochwertiges Dekor, Stuckaturen an Decken und Wänden, exquisite Kaminverkleidungen, vor allem aber auffällige Grundrisse und gewagte Treppenkonstruktionen wurden erst in England, dann auch in der Neuen Welt Mode.

Der griechische Befreiungskrieg 1821 bis 1830 und das Bekanntwerden archäologischer Entdeckungen und Publikationen waren Triebkräfte für das Aufkommen des **Greek Revival Style**. Vor allem in der Plantagengesellschaft des Südens verbreitete sich der neue Stil schnell und nachhaltig. In der Zeit vor dem Bürgerkrieg, zwischen 1830 und 1861, wurden antike Bauelemente „modern", bei den sogenannten Ante Bellum-Häusern wurden statt einzelner Säulen um den Eingang, wie zuvor, ganze Säulenhallen (Portiken) errichtet bzw. komplette Tempelfronten vorgeblendet. Einerseits wurde dies als Mittel zur Selbstdarstellung und als Zeichen des Wohlstands an Herrenhäusern eingesetzt, andererseits sollte auf diese Weise Repräsentationsbauten Monumentalität und Würde verliehen werden.

Antike Bauelemente

Zu einer neuen Bauaufgabe wurde der **Kirchenbau**, und speziell in Neuengland haben bis heute die weißen Kirchtürme symbolhaften Charakter. Asher Benjamin, einem der einflussreichsten Baumeister Neuenglands zu Beginn des 19. Jh., der sieben Bücher zur Architektur verfasst hat, ist dieser Typus ebenso zu verdanken wie die Tatsache, dass der *Greek Revival Style* auch weiter im Norden Einzug hielt.

Gegen Ende des 19. Jh. kam es mit dem **Gothic Revival** zu einer kurzen Gegenbewegung. Er fand vor allem an Kirchen und öffentlichen Bauten Verwendung. Dieser englisch beeinflusste Stil kann jedoch als Wegbereiter für eine Richtung betrachtet werden, die sich nach dem Bürgerkrieg durchsetzte und unter dem Begriff „viktorianisch", nach der regierenden Königin Victoria (1837–1901), von etwa 1860 bis 1900 populär war.

Beliebt im 19. Jh.: der Queen Anne Style

Der **viktorianische Stil** fasst verschiedene Regional- und Revival-Stile zusammen: Zum Gotischen traten, abgeschaut von italienischen Landhäusern und Renaissance-Palästen, das **Italianate Revival** (ca. 1860–85), der **Second-Empire-Stil** mit seinen charakteristischen Dächern (ca. 1870–85) und, in den beiden letzten Jahrzehnten des 19. Jh., Elemente des Eastlake und vor allem des beliebten **Queen Anne Style**, mit pittoresken kleinen Türmchen, viel Dekor, Erkerchen, Buntglas und dunklen Holzvertäfelungen in asymmetrisch konzipierten Räumen. Ein großes Plus war hierbei die ökonomische Herstellungsweise: Einzelne Bauteile und Dekorelemente konnten nach Musterbüchern en masse produziert werden, eine Idee von John Pelton. Den Abschluss der viktorianischen Periode bildet der **Romanesque Style** (1895–1910). Dank Architekten wie Henry Hobson Richardson, der die Bostoner Trinity Church entwarf, oder *McKim, Mead and White* (Boston Public Library) konnten sich derart extravagante Stilvarianten durchsetzen.

Revivalstile wurden auch noch im 20. Jh. gepflegt, doch daneben gab es Neues: den **California** oder **Bungalow Style**, 1910 bis 1940 vor allem von Frank Lloyd Wright geprägt, und den **International Style**. Die beiden New Yorker Architekten Johnson und Hitchcock hatten 1932 mit ihrem Manifest „The International Style" in der Baukunst neue Wege geebnet und Bauhaus-Anhänger wie Gropius, Le Corbusier oder van der Rohe trugen dazu bei, dass in den 1950er- und 1960er-Jahren in Boston, New York oder Philadelphia stromlinienförmige, schlicht-funktionale Glastürme entstanden.

Innovation statt Revival

Neue Impulse erhielt die Architektur in den 1970er-Jahren von Baumeistern wie Robert Venturi oder Charles Moore. 1972 hatte sich Venturi mit dem Manifest „Learning from Las Vegas" gegen den herrschenden kommerziellen, funktionalen und uniformen Baustil gewandt und mit Hilfe von Zitaten verschiedener historischer Stile eine neue Richtung begründet: die **Postmoderne Architektur**. Peter Eisenman, Michael Graves, Richard Meier oder Charles Gwathmey folgten. Charles Jencks verfasste das wegweisende Buch „The Language of Post-Modern Architecture", und der postmoderne Stil – auch *Pop Architecture* genannt – machte mit Bauten wie dem New Yorker Lipstick Building (1987) Schlagzeilen.

Zitate und Symbolhaftigkeit riefen schon bald eine neue Gegenbewegung hervor: Architektenbüros wie *SOM, J.M. Pei, Burgee-Johnson* oder *Roche, Dinkeloo & Ass.* wandten sich gegen Eklektizismus und Historismus und riefen eine neue Moderne ins Leben. In den 1980er-Jahren entstand dann **„spätmoderne Architektur"** ohne Zierrat. Die besten Beispiele für die modernen Stilrichtungen des 21. Jh. liefert in konzentrierter Form New York (s. S. 138).

„Hudson River School" und Landschaftsmalerei

Es dauerte, bis sich in den USA eigene Stilrichtungen – vor allem eine selbständige Porträt- und Landschaftsmalerei – herausgebildet hatten. Viele Jahre hatten europäische Kunststile, besonders Klassizismus und Romantik, die Malerei beeinflusst. Zu Charleston und New Orleans, die sich schon zu Anfang des 18. Jh. im Süden zu Kunstmetropolen entwickelt hatten, trat im 19. Jh. eine Bewegung im Nordosten, die nach ihrer Leidenschaft für das Hudson-River-Tal „**Hudson River School**" genannt wurde. Von etwa 1825 bis 1875 aktiv, übte die Künstlergruppe einen unschätzbaren Einfluss auf die folgende amerikanische Landschaftsmalerei aus.

Bedeutende Künstlergruppe

Porträt- und Landschaftsmalerei in der National Gallery of Art in Washington

Als *„Father of American Landscape Painting"* gilt der in England geborene **Thomas Cole** (1801–48), der nicht nur die *Hudson River School*, sondern zugleich ein eigenständiges amerikanisches Genre ins Leben gerufen hat: die **Landschaftsmalerei**. Erstmals thematisierten amerikanische Künstler die endlose Wildnis Nordamerikas und ihre frühe Besiedelung.

Bis dahin hatte die **Porträtmalerei** dominiert, mit Charles Wilson Peale (1731–1827) und Gilbert Stuart (1755–1828) als wichtigen Vertretern. Thomas Cole hatte ebenfalls als herumziehender Porträtist begonnen, war aber nach einer Reise ins Hudson River Valley dermaßen begeistert von der Landschaft, dass er sich 1825 in den Catskill Mountains – im Staat New York – ansiedelte und die *American Scenery* zu malen begann. Er schuf teils dramatisch anmutende großformatige **Panoramen der amerikanischen Wildnis**, bei denen atmosphärische Stimmungen und ungewöhnliche Lichteffekte eine ebenso wichtige Rolle spielten wie allegorische Inhalte, religiöse und literarische Anspielungen.

Anders als bei europäischen Meistern der Zeit spielten Mensch, Zivilisation und Technik in den Werken der frühen amerikanischen Landschaftsmaler eine untergeordnete Rolle. Es entstanden Abbilder eines urtümlichen **Garten Edens** – Landschaften, die als Gottes Schöpfung ohne menschliche Einflussnahme dargestellt werden. Die Hochachtung vor der Natur war ein dominantes Merkmal, ein weiteres waren die breiten Querformate, die den Horizont betonen und der Landschaft Tiefe verleihen. Obwohl die Naturszenarien große Detailgenauigkeit aufweisen und überaus realistisch erscheinen, lässt sich eine gewisse Idealisierung oder romantische Überhöhung nicht leugnen. Den Bildern eigen ist zudem oft eine unterschwellige Symbolik und die Verwendung von Allegorien.

Hochachtung vor der Natur

Die neue Landschaftsmalerei war ein Spiegel ihrer Zeit: Nach dem „War of 1812" gegen die Engländer waren das Selbstbewusstsein und der Stolz der jungen Nation gewachsen. Die weitgehend unerforschten und unbesiedelten Ländereien im Westen traten ins Bewusstsein, dazu pflegten Künstler jener Zeit Kontakte zu Philosophen und Dichtern des **Transzendentalismus**. So entstand der Mythos der göttlichen und anbetungswürdigen Wildnis; Landschaft wurde zum Träger vielfältiger Beziehungen zwischen Natur, Mensch und Gott, als Ort der Hoffnung und der spirituellen Wiedergeburt.

Neben Cole gehörten Jaspar Francis Cropsey (1823–1900), Asher Brown Durand (1796–1886), Frederick Edwin Church (1826–1900), Thomas Worthington Whittredge (1820–1910), George Inness (1825–94) und der deutschstämmige **Albert Bierstadt** (1830–1902) der Hudson-River-Gruppe an. Bierstadt war der erste Künstler, der den damals großenteils unbekannten Westen malte. Er war ab 1859 mehrmals dorthin gereist, hatte an Expeditionen in die Rockies und die Sierra Nevada teilgenommen. Die auf den Reisen entstandenen Skizzen und Fotos wurden später in seinem New Yorker Studio in große Panoramen umgesetzt.

Die Malerei des Südens

Der Bürgerkrieg war ein einschneidendes Ereignis für den Süden, auch für Künstler. Viele namenhafte Maler begleiteten die Truppen und hielten das Elend fest, der bekannteste war **Winslow Homer** (1836–1910). Afroamerikaner, die mit Ausnahme von **William Aiken Walker** (1838–1921) selten als darstellungswürdig erachtet wurden, stiegen nach dem Bürgerkrieg zum Symbol und Lieblingsthema des *Old South* auf. Zwischen 1860 und 1920 wurden Landschaften wie jene Süd-Louisianas oder jene am Golf von Mexiko (Joseph Rusing Meeker), Floridas oder North Carolinas beliebt. **Thomas Hart Benton** (1889–1975) war schließlich der erste schwarze Künstler, der bekannt wurde.

Neue Impulse

Die Gründung des **Black Mountain College** bei Asheville/North Carolina im Jahr 1933 und die Entstehung einer Künstlerkolonie um Gropius, de Kooning, Motherwell und Gwathmey gaben der Südstaatenmalerei neue Anregungen. Josef Albers, Lehrer am College und später am Bauhaus tätig, läutete den Modernismus im Süden ein. Frank Landon aus North Carolina schuf surrealistisch-symbolistische Bilder, und John McCrady machte sich einen eher dramatisch-bühnenhaften Erzählstil zu eigen.

Der Zweite Weltkrieg bedeutete für den Süden eine **Zeit des Wandels** und nach 1950 gab es nur wenig Gemeinsames im Werk vieler Südstaatenkünstler. *Self-taught* oder *folk artists* (z. B. Minnie Evans) spielten eine zunehmend wichtige Rolle in der „südlichen" Kunstszene. Andere Künstler aus dem Südosten wandten sich der abstrakten Kunst zu, so Ida Kohlmeyer (1912–97) – eine Vertreterin der dekorativen Abstraktion. Kenneth Noland (1924–2010, Asheville) und Jasper Johns (geb. 1930, Augusta) führten die typisch dekorative Darstellungsweise des Südens auf ihre Weise fort: Noland, der am Black Mountain College gelernt hatte, wandte sich der geometrischen Abstraktion zu, Johns hatte mit seinen Flaggen, Schießscheiben und Zahlenkombinationen großen Einfluss auf die Entwicklung der Pop Art.

Der Nordosten: Heimat der Dichter und Denker

Seit den Gründungstagen der ersten britischen Kolonien haben die **Neuengland-Staaten** wegweisende Schriftsteller und Denker hervorgebracht. Wichtiger Wegbereiter für eine eigenständige amerikanische Literatur war **Ralph Waldo Emerson** (1803–1882). Als Kopf des **Transzendentalismus** propagierte er die schöpferische Kreativität des Einzelnen und seine Eingebundenheit in die Natur. Es gelang Emerson, dessen Essay „Nature" (1836) als Bibel der Bewegung galt, die besten Denker und Dichter seiner Zeit um sich zu scharen.

Wegbereiter Emerson

So versuchte **Henry David Thoreau** (1817–1862) die Ideen in die Tat umzusetzen und lebte zwei Jahre isoliert in einer Hütte in den Wäldern von Massachusetts (Walden Pond). **Nathaniel Hawthorne** (1804–1864) ging noch weiter und entlarvte in seinen Hauptwerken, wie „The Scarlett Letter" (Der scharlachrote Buchstabe, 1850) und „The House of Seven Gables" (Das Haus der sieben Giebel, 1851), die puritanische Doppelmoral. Emerson beeinflusste aber auch Emily Dickinson (1830–1886) oder Louisa May Alcott (1832–1888), die als Wegbereiterinnen der Gleichberechtigung fungierten.

In New York und in der Abgeschiedenheit der Berkshires war **Herman Melville** (1819–1891) zu Hause. Erst nach seinem Tod wurde er als einer der bedeutendsten Dichter der USA anerkannt und sein tiefgründiges Hauptwerk „Moby Dick" (1851) zum Bestseller. Zu Lebzeiten schätzte man dagegen eher seine in der Karibik spielenden Romane wie „Typee" oder „Omoo", in denen ein freies Leben ohne Zwänge unter den Ureinwohnern propagiert wird.

Lange verkannt: Moby Dick

Intellektuelle und Literaten aus Neuengland standen im 19. Jh., vor dem Bürgerkrieg, an der Spitze der Anti-Sklaverei-Bewegung. Berühmtestes Beispiel ist **Harriet Beecher-Stowe** (1811–1896) mit ihrem 1852 verfassten Roman „Uncle Tom's Cabin" (Onkel Toms Hütte). Weltberühmt war ihr Nachbar **Mark Twain** (1835–1910, s. auch S. 324), der zwar in Neuengland (Hartford/Connecticut) lebte, aber Zeit seines Lebens ein Südstaatler geblieben ist. Dies belegen seine weltberühmten Romane um „Tom Sawyer" (1876) und „Huckleberry Finn" (1884).

Der meistgelesene Neuengland-Autor des 19. Jh. war **Henry Wadsworth Longfellow** (1807–1882) aus Portland/Maine. Gerade seine epischen Gedichte „The Song of Hiawatha" (1855) und „Evangeline" (1847), mit denen er den Indianern und einer Minderheit Kanadas, den Cajuns, Denkmäler gesetzt hat, haben ihn zu einem bedeutenden Dichter gemacht. In seiner Tradition steht Robert Frost (1874–1963), der die bäuerliche Welt New Hampshires in Worte fasste.

Obwohl im **20. Jh.** die literarische Dominanz Neuenglands zu Ende ging, spielt diese Region bis heute eine Rolle in der nordamerikanischen Literaturszene. Viele moderne Autoren stammen aus dem Nordosten oder leben/lebten dort, z. B. John Updike (1932–2009), Thornton Wilder (1897–1975), John Irving (*1942) oder Arthur Miller (1915–2005). Letzterer wurde durch sein Schauspiel „The Crucible"

Neuengland in der modernen Literatur

(Hexenjagd, 1953) berühmt, das die Hexenprozesse von Salem 1692 thematisiert. Annie Proulx (*1935) aus Connecticut setzt die große Tradition berühmter Schriftstellerinnen aus Neuengland fort.

Meister vieler Genres

Als erster eigenständiger amerikanischer Autor gilt **Edgar Allan Poe** (1809–1849). In Boston geboren, war Poe zeitweise in Baltimore, die meiste Zeit jedoch in Richmond/Virginia und die letzten Jahre (1846–1849) in der Bronx/New York zu Hause. Trotz seines kurzen Lebens gilt Poe als *America's Shakespeare*, der in gleich fünf literarischen Genres Meisterschaft erlangte: Detektiv-, Horror- und Kurzgeschichten sowie Lyrik und Science Fiction.

James Fenimore Coopers (1789–1851) weltberühmte „Lederstrumpf"-Romane stellen einen Meilenstein in der nordamerikanischen Literaturgeschichte dar. Cooper, nahe dem heutigen Cooperstown am Lake Otsego (New York) aufgewachsen, hatte die Entwicklung des Nordostens von einem unberührten Naturrefugium zur blühenden Gemeinde miterlebt und in fünf „Lederstrumpf"-Büchern, erschienen zwischen 1823 und 1841, verarbeitet.

Die Südstaaten: Lokalkolorit und Weltliteratur

Im Süden sind die **storyteller**, die Geschichtenerzähler, zu Hause. Anfangs nur mündlich tradiert, war George Washington Harris (1814–69) einer der ersten, der in volkstümlicher Sprache und auf grotesk-komische Weise über die Hinterwäldler in den Südstaaten schrieb. Bedeutendste Vertreter waren Mark Twain (s. oben) und sein Zeitgenosse **Joel Chandler Harris** (1848–1908) aus Georgia, der drei große Uncle-Remus-Erzählbände mit *Br'er Fox* und *Br'er Rabbit* als Hauptakteure verfasste.

Afroamerikanische Autoren

Die Wurzeln der „**Black Fiction**" reichen in die Mitte des 19. Jh. und auf George Washington Cable (1844–1925) zurück. In den 1920er-Jahren sorgte dann die **Harlem Renaissance** (s. unten) mit Schriftstellern wie Langston Hughes, J. Weldon Johnson, Frank Yerby, Jean Toomer oder Gwendolyn Brooks für Aufsehen, doch der große Durchbruch schwarzer Autoren begann erst mit Alex Haley und seinem Roman „Roots" (1976). Er bereitete afro-amerikanischen Schriftstellern wie Maya Angelou, Terry McMillan oder Alice Walker den Weg.

William Faulkner (1897–1962), der Nobelpreisträger von 1950, leitete ab den 1920er-Jahren eine literarische Blütezeit ein. Weniger beachtete Zeitgenossen Faulkners waren Erskine Caldwell (1903–87) aus Georgia – mit seinem berühmtesten Roman „Tobacco Road" (1932) – und Carson McCullers, der 1940 „The Heart is a Lonely Hunter" verfasste. **Thomas Wolfe** (1900–38) aus Asheville/North Carolina schrieb ebenfalls ein wichtiges Kapitel in der amerikanischen Literaturgeschichte, z. B. mit seinem Roman „Look Homeward Angel" (1929).

Margaret Mitchell (1900–49) aus Atlanta übertraf Faulkner noch an Popularität und Verkaufszahlen mit ihrem ersten und einzigen, 1936 erschienenen Epos

„**Gone with the Wind**" und führt die Riege der bedeutenden Südstaaten-Autorinnen an. Flannery O'Connor aus Savannah (1925–1964) schrieb vor allem Kurzgeschichten wie „A good man is hard to find" (1955) – zynisch und zugleich von tiefer Religiosität geprägt. Zu den bekanntesten modernen Autorinnen gehören heute die Afroamerikanerin Alice Walker und Rita Mae Brown, die in Charlottesville/Virginia lebt.

Bedeutende Autorinnen

Literarisches Multikulti in New York

Unzählige berühmte Autoren wurden in New York geboren oder lebten hier, darunter auch **deutsche Literaten** wie Bert Brecht, Oskar Maria Graf, Thomas und Klaus Mann. Zu den bekanntesten „New Yorker" Schriftstellern gehören Henry Miller (1891–1980), Norman Mailer (1923–2007) oder Jack Kerouac (1922–69). John Dos Passos (1896–1970), portugiesischer Abstammung und aktiver Kommunist, beschreibt in „Manhattan Transfer" (1925) die New Yorker Gesellschaft. Der derzeit berühmteste Autor aus der Metropole ist **Paul Auster** – geboren 1947 in Newark/NJ und in Brooklyn lebend – zu dessen lesenswerten Büchern u. a. die „New York Trilogy" (1985–1987) gehört.

Schon in den 1920er-Jahren hat in New York die afroamerikanische Kunst- und Literaturszene für Aufsehen gesorgt. Die **Harlem Renaissance** war Ausdruck eines neuen schwarzen Selbstbewusstseins und äußerte sich in den Bereichen Tanz, Musik, Theater, Kunst und Literatur. Alain Locke hatte die Bewegung mit einem Essay in „The New Negro" (1925) initiiert und Langston Hughes (1902–67) thematisierte in „The Big Sea" Harlems Blütezeit in den *Roaring Twenties*. Damals waren Jazzmusiker wie Duke Ellington oder Tänzer wie Bill „Bojangles" Robinson neben großen Literaten in Harlem zu Hause: Jean Toomer (1894–1967), Zora Neale Hurston (1891–1960), Claude McKay (1889–1948) oder Rudolph Fisher (1897–1934). Den neuerlichen Aufschwung Harlems verkörpert beispielsweise die Nobelpreisträgerin Toni Morrison (1931–2019) mit ihrem Roman „Jazz" (1992).

Neues schwarzes Selbstbewusstsein

Einer der ersten bekannten **jüdischen Autoren** New Yorks war Isaac Bashevis Singer (1902–91), der 1935 als Sohn eines jüdisch-polnischen Händlers eingewandert war. J.D. Salinger (1919–2010) war nicht nur als Romanautor („The Catcher in the Rye", 1951) bekannt, sondern auch als Kolumnist für den „New Yorker", bis heute das wichtigste Kulturmagazin Amerikas. Der in Newark geborene Philip Roth (1933–2018), der stets als aussichtsreicher Kandidat für den Nobelpreis galt, war eng mit New York verbunden, und auch im Werk von Autor und Filmemacher Woody Allen (*1935) spielt die Stadt eine große Rolle. Zur modernen Generation jüdischer Literaten gehören Autoren wie der 1977 geborene Jonathan Safran Foer, der mit seinem 2002 erschienenen „Everything Is Illuminated" berühmt wurde und 2009/2010 mit „Eating Animals" (Tiere essen) weltweit Aufsehen erregt hat.

2. DIE OSTKÜSTE ALS REISEZIEL

Allgemeine Reisetipps A–Z

 Hinweis

Die folgenden reisepraktischen Hinweise sollen bei der Vorbereitung und Planung einer Reise behilflich sein. Auf den folgenden Grünen Seiten (ab S. 128) werden dann Preisbeispiele gegeben. Detaillierte Auskünfte über Infostellen, Sehenswürdigkeiten und Museen, Unterkünfte, Restaurants, Läden, Nachtleben, Verkehrsmitteln, Touren oder sonstigem Wissenswerten finden sich im Reiseteil (ab S. 132) bei den jeweiligen Orten und Routen.
Die Angaben in diesem Buch wurden sorgfältig recherchiert. Sollte sich dennoch inzwischen etwas geändert haben, freuen wir uns über Mitteilung und Hinweise per E-Mail an info@iwanowski.de.

Abkürzungen	80
Alkohol	81
Auto fahren	81
Besondere Gesellschaftsgruppen	85
Botschaften und diplomatische Vertretungen	86
Busse	87
Camping und Camper	88
Einkaufen	89
Einreise und Visum	92
Eintritt	94
Eisenbahn	94
Essen und Trinken	96
Feiertage und Veranstaltungen	98
Flüge	99
Fotografieren	102
Geld	102
Gesundheit	104
Informationen	105
Kartenmaterial	106
Maßeinheiten	107
Medien	107
Mietwagen	108
Museen und andere Sehenswürdigkeiten	111
Nahverkehr	112
Natur- und Nationalparks	112
Notfall, Notruf	113
Öffnungszeiten	114
Post	114
Rauchen	115
Reisezeit	115
Sicherheit und Verhaltensregeln	116
Sport und Freizeit	116
Sprache und Verständigung	118
Strom	119
Telekommunikation	119
Trinkgeld	121
Umgangsformen	121
Unterkunft	121
Versicherung	125
Zeit und Zeitzonen	126
Zoll	126

Abkürzungen

Abgesehen von den geläufigen Abkürzungen für Tage, Monate, Himmelsrichtungen etc. sind nachfolgend einige häufig gebrauchte Abkürzungen zusammengefasst, die in den USA (z. B. in Broschüren, auf Landkarten, Straßenschildern usw.) vorkommen bzw. in diesem Buch benutzt werden:

A	Österreich	Mtn.	Mountain
a.m.	ante meridiem (vormittags)	NF	National Forest
Ave.	Avenue	NHS	National Historic Site
Bldg.	Building	NM	National Monument
Blvd.	Boulevard	NP	National Park
CH	Schweiz	NRA	National Recreation Area
CVB	Convention & Visitors Bureau (Tourismusamt)	NS	Nebensaison (s. o. „HS“)
		Pkwy.	Parkway
D	Deutschland	Pl.	Place
Dr.	Drive	p.m.	post meridiem (nachmittags)
DZ	Doppelzimmer	Rd.	Road
E	East	Rte.	Route
EW	Einwohner	RV	Recreational Vehicle (Wohnmobil)
Frwy.	Freeway	SP	State Park
HS	Hauptsaison (Memorial bis Labor Day, d. h. letzter Montag im Mai bis 2. Montag im Sept.)	SR	State Road
		St.	Street
Hwy.	Highway	VC	Visitor Center (Besucherinformationsstelle)
I	Interstate (Autobahn)		
Ln.	Lane	W	West
mi	mile (Meile), entspricht 1,6 km	/	bei Adressangaben, weist auf eine Straßenecke hin
mph	miles per hour		
Mt.	Mount	-	Hinweis auf die Straßen, zwischen denen ein Punkt liegt

Staatenabkürzungen

CT	Connecticut	NH	New Hampshire
D.C.	District of Columbia (= Washington)	NJ	New Jersey
DE	Delaware	NY	New York
FL	Florida	PA	Pennsylvania
GA	Georgia	RI	Rhode Island
MA	Massachusetts	SC	South Carolina
MD	Maryland	TN	Tennessee
ME	Maine	VA	Virginia
NC	North Carolina	VT	Vermont

Alkohol

Das **Mindestalter** für Alkoholkonsum (*Minimum Legal Drinking Age*) **liegt bei 21 Jahren** in allen Staaten. Fast immer muss man in Supermärkten oder Bars einen Ausweis bzw. Führerschein vorzeigen. Letzteres ist in den USA das gängige Identifikationsdokument. In der Öffentlichkeit ist der Konsum von Alkoholika (einschließlich Bier) generell verboten. Gekaufte Dosen und Flaschen sollte man in Papiertüten (*brown bags*) verpackt im Kofferraum verstauen, nie geöffnete Flaschen/Dosen im Fahrgastraum transportieren.

Je nach Staat bzw. County bekommt man Alkohol (manchmal nur Bier und Wein) in Supermärkten und Tankstellen, manchmal auch nur in ***Liquor Stores*** (v. a. Hochprozentiges). Manche Lokale, besonders Fast-Food-Restaurants, verfügen über keine **Alkohollizenz**, in einige kann man selbst Flaschen mitbringen („BYOB" – *bring your own bottle*) und bezahlt dann nur eine *corkage fee*.

Auto fahren

siehe auch „Mietwagen"

Im Allgemeinen fährt man in den USA weniger aggressiv und rücksichtsvoller als in Europa. Man bewegt sich in gleichmäßigem Tempo vorwärts, aktiviert das Tempomat (*Cruise Control*) und überholt wenig. Abgesehen von städtischen Ballungsgebieten ist die Verkehrsdichte geringer, und trotz einer (je nach Staat unterschiedlichen) **Höchstgeschwindigkeit** von im Schnitt 65–75 mph (ca. 105–120 km/h) kommt man über Land zügig voran. Das Fahren in und um große Städte kann hingegen Zeit und Nerven kosten, vor allem während der *rush hour*, d. h. zwischen etwa 7 und 9/10 bzw. von 17 bis 20 Uhr.

Amerikanische Wagen

Komfort und Bequemlichkeit spielen bei amerikanischen Pkws eine große Rolle, wobei in den letzten Jahren die Wagen benzinsparender und kleiner geworden sind. **Automatikgetriebe** gehören im Allgemeinen zur Grundausstattung. Wer zuhause mit Handschaltung fährt, sollte beachten, dass die beiden vorhandenen Pedale für Bremse und Gas ausschließlich mit dem rechten Fuß bedient werden und dieser immer bremsbereit sein muss. Je nach Fahrzeugkategorie befindet sich der Schalthebel zwischen den Vordersitzen oder (seltener) rechts am Lenkrad. Die Handbremse ist im zweiten Fall ganz links außen angebracht. Manchmal kann das Getriebe automatisch oder manuell betrieben werden.

Die **Symbole des Automatikgetriebes** bedeuten:

P	Park	Parken (blockiertes Getriebe, zum Starten des Wagens bzw. zum Abziehen des Schlüssels)
N	Neutral	Leerlauf (Bremsen!)
R	Reverse	Rückwärtsgang

D	Drive	Fahrstufe. Ein eingerahmtes D steht für normale ebene Strecken, einfaches D für hügeliges bzw. ansteigendes Terrain. Um schnell zu beschleunigen: das Gaspedal durchdrücken.
2	zweiter Gang, bei mittleren Steigungen (kurzzeitig) zu empfehlen. Eine Höchstgeschwindigkeit von 50 mph sollte nicht überschritten werden.	
I oder L (Low)	entspricht dem ersten Gang und wird genutzt bei steilen Steigungen und Gefällen und langsamer Geschwindigkeit (max. 25 mph).	

Fahrweise

Bei Überlandfahrten passt man sich dem Verkehrsfluss an. Amerikaner wechseln die Spuren nicht häufig und selten abrupt. Ungewohnt ist das erlaubte Rechtsüberholen bei mehreren Spuren. Im Stadtbereich hält man sich an die zweite oder dritte Spur von rechts, auch um auf Linksabfahrten vorbereitet zu sein. Bei zwei Fahrspuren wird nur ausnahmsweise überholt; es wird erwartet, dass der Langsamere die nächste Gelegenheit zum kurzen Herausfahren wahrnimmt.

Car Pools sind speziell ausgewiesene Fahrbahnen für Fahrgemeinschaften (meist ab zwei Personen), Taxis oder Busse. Da sie weniger Abfahrten aufweisen und gelegentlich von Mauern oder Zäunen begrenzt werden, die einen Spurwechsel unmöglich machen, ist Vorsicht geboten.

Auf- und Abfahrten auf Interstates (*Exits*) sind entweder nach Meilen zur Staatsgrenze beziffert oder durchnummeriert. Sie können sich auch links befinden. Oft führen mehrere Exits in eine Stadt, wobei Ankündigungsschilder meist nur Straßennummern, keine Orte nennen, also vorher eine Karte anschauen. Am Straßenrand listen blaue Schilder vor Ausfahrten zu erwartende Serviceeinrichtungen wie öffentliche WCs, Rastplätze, Tankstellen etc. auf.

Nicht-alltägliche Aufforderung zum Langsamfahren

Straßentypen und -nummerierung

Highway ist der übergeordnete Begriff für Straßen. Es wird unterschieden zwischen autobahnähnlichen **Interstates**, übergeordneten bundesstaatlichen, oft vierspurigen **US Highways** und untergeordneten **State** oder **County Highways**, die meist zweispurig sind und in manchen Staaten auch Route (Rte.) genannt werden. State-Highway-Schilder zeigen meist außer der Nummer die jeweilige Staatskontur, County Highways werden durch kleinere Schilder, meist mit Nennung des County (Landkreises), markiert. **Gravel** oder **Unpaved Roads** sollten möglichst gemieden werden, erst recht **Dirt Roads** (fast Feldwege).

Interstate Highways werden durch rot-blaue Schilder angekündigt. Ungerade ein- oder zweistellige Straßennummern signalisieren N-S-, gerade O-W-Verlauf. Zubringer oder Nebenstrecken tragen korrespondierende dreistellige Nummern (z. B. I-180 als Zubringer zur I-80). Bei gerader erster Ziffer handelt es sich um eine Stadtumgehung, bei ungerader um eine Stichstraße. Interstates heißen im städtischen Großraum gelegentlich auch **Freeway** oder **Expressway** und sind mindestens vierspurig. Gelegentlich werden Interstates im Stadtgebiet bzw. als Umfahrung zu gebührenpflichtigen **Toll Roads** oder **Turnpikes**. Am Straßenrand vor Ausfahrten listen blaue Schilder vorhandene Serviceeinrichtungen wie öffentliche WCs, Rastplätze oder Tankstellen auf.

Tanken

1 Gallone (3,8 l) des für die meisten Mietwagen ausreichenden Normalbenzins (*gas*) kostet an der Ostküste der USA zwischen $ 3 und 3,50 (Stand Sommer 2024). Üblich ist Selbstbedienung (*self-service*), gezahlt wird bar (*cash*) oder mit Kreditkarte (*credit*) direkt an der Zapfsäule. Gelegentlich muss, vor allem nachts, vor dem Tanken bezahlt werden (*pay cashier first*). Manchmal kann auch die nötige Eingabe einer Postleitzahl bei Kartenzahlung Probleme bereiten. Man muss dann meist beim Tankwart einen Betrag per Karte als Sicherheit freigeben, um tanken zu können. Danach wird lediglich der verbrauchte Betrag abgebucht. Die aktuellen Benzinpreise finden sich unter **http://gasbuddy.com**.

Automobilclub AAA

Die American Automobile Association – AAA („Triple A“) ist auch für ausländische Besucher eine gute Einrichtung. Mit einem deutschen ADAC- oder AvD-, einem österreichischen ÖAMTC- oder Schweizer TCS-Ausweis erhält man gratis vor Ort (Niederlassungen siehe www.aaa.com) aktuelle Karten und Stadtpläne. Inzwischen ist es jedoch üblich geworden, sich die informativen TourBooks sowie Karten digital herunterzuladen unter **https://tourbook.aaa.com** bzw. **www.aaa.com/mapgallery**.

Pannen- und Notfälle

Notruf ist 911. Mietwagenfirmen haben eigene Telefonnummern für den Fall einer Panne oder eines Unfalls und sollten als Erste informiert werden. Man ruft Hilfe per Mobile Phone oder an der Notrufsäule. Der ADAC ist erreichbar unter +49 89 22 22 22 oder mobil aus dem Ausland 0049/ 89 22 22 22 (zu Bürozeiten). Man wird dann an die entsprechende Station im Ausland weitervermittelt. Der AAA-Pannendienst (AAA Emergency Road Service, ☏ 1-800-222-4357) hilft ebenfalls weiter.

Bei Anmietung des Mietwagens kann zugleich ein „**Pannenpaket**“ (z. B. „Emergency Roadside Assistance/Service“) dazu gebucht werden, das z. B. Abschleppen bei einer Reifenpanne, Hilfe, wenn das Benzin ausgeht oder man sich ausgesperrt hat, miteinschließt. Ob man den Aufpreis dafür in Kauf nehmen möchte, sei jedem selbst überlassen.

Mietwagenfirmen haben eigene Telefonnummern für den Fall einer Panne oder eines Unfalls und sollten als Erste informiert werden. Bei kleineren Defekten oder Schäden kann ein Mietwagen unkompliziert an der nächsten Verleihstation umgetauscht werden. Als nicht beteiligter Dritter Vorsicht mit der **Leistung von Erster Hilfe** bei Unfällen. Es besteht die Gefahr, in einen Schadensersatzprozess wegen „nicht sachgemäßer Hilfeleistung“ verwickelt zu werden. Besser per Mobile Phone sofort einen Notruf absetzen.

Parken

Parken, vor allem in Parkhäusern, kann in Metropolen, aber auch in Hotels höherer Kategorien teuer werden. Auf Überlandstraßen und Autobahnen darf nur in Notfällen

abseits der Fahrbahn angehalten werden; in Städten sind Hydranten und *Tow Away*- bzw. *No Parking*-Zonen ein absolutes Tabu.
Die Parküberwachung ist streng, und Verstöße werden hart geahndet, auch bei Ausländern. Abschleppen kostet viel Geld, Ärger und Zeit.

Auf Straßen signalisieren **farbige Randsteinmarkierungen** die Parkregeln	
Rot	absolutes Halteverbot
Gelb/Gelb-Schwarz	Liefer-/Ladezone, über Nacht ist das Parken erlaubt
Grün	10-Minuten-Parken
Weiß	Anhalten zum Ein-/Aussteigen erlaubt
Blau	Behindertenparkplätze
Verkehrsschilder	
Häufiger tragen Schilder Worte als Symbole und Farben signalisieren zudem, um welche Art von Regel es sich grundsätzlich handelt	
Gelb	Warnung (Kurvengeschwindigkeit, Kreuzung etc.)
Weiß	Gebot (Höchstgeschwindigkeit, vorgeschriebene Fahrtrichtung, Abbiegeverbot etc.)
Braun	Hinweise (Sehenswürdigkeiten, Naturparks etc.)
Grün	Hinweise, z. B. nächste Ausfahrten oder Entfernungen
Blau	Hinweis auf offizielle Serviceeinrichtungen (Rastplätze, Tankstellen etc.)
Vielfach erfolgen Warnungen nicht in Symbol-, sondern in Schriftform	
Yield	Vorfahrt achten
Stop	Halt
Speed Limit/Maximum Speed	Höchstgeschwindigkeit
mph	Miles per hour (Meilen pro Stunde; 1 mi = 1,6 km)
Dead End	Sackgasse
Merge	Einfädeln, die Spuren laufen zusammen
No U-Turn	Wenden verboten
No Passing/Do not pass	Überholverbot
Road Construction (next X miles) oder **Men working**	Baustelle auf den nächsten X km
Detour	Umleitung
Alt Route	Alternative Route oder Umleitungsstrecke
RV	Recreation Van (alle Arten von Wohnmobilen, Campern)
Railroad X-ing (= Crossing)	
Rotary/Roundabout	Kreisverkehr
Ped X-ing	Fußgängerüberweg

Besondere Verkehrsregeln und Tipps

- **Ampeln** hängen ungewohnt hoch, mitten über der Kreuzung und schalten unmittelbar von Rot auf Grün.
- „**Rechts vor Links**" ist in den USA prinzipiell unbekannt. Stattdessen gibt es in Ortschaften bei fehlenden Ampeln *Four-way Stops* – d. h. Stoppschilder in allen Fahrtrichtungen. Wer zuerst kommt, fährt zuerst – und das wird auch genau befolgt, falls nötig, mit Handzeichen geregelt.
- **Rechtsabbiegen** bei roter Ampel ist erlaubt, sofern gefahrlos möglich und kein Schild *No turn on red* vorhanden ist.
- Auf mehrspurigen Straßen darf **rechts überholt** werden.
- Orangefarbene **Schulbusse** dürfen, wenn sie Zeichen (Blinklicht/Kelle) geben, nicht überholt werden, auch nicht in Gegenrichtung. In Schulnähe gilt bei Blinklicht verringerte Höchstgeschwindigkeit.
- Bei **Blinklicht** auf dem Seitenstreifen (Polizei/Abschleppwagen etc.) wechselt man auf die linke Spur.
- Die **Höchstgeschwindigkeit** variiert je nach Bundesstaat. Zumeist liegt sie im Osten auf Autobahnen (Interstates) bei 65–70 mph (104–112 km/h). Auf Landstraßen (US/State Hwy.) sind 55 mph (88 km/h) üblich, im Stadtgebiet zwischen 25 und 35 mph (40–55 km/h). Auf die Schilder achten! Details unter: www.iihs.org/iihs/topics/laws/speedlimits?topicName=speed.
- **Rasen** (*speeding*) wird schärfer überwacht und härter bestraft als hierzulande. Kontrollen erfolgen durch geschickt am Straßenrand oder auf dem Mittelstreifen stehende Polizeiwagen. Fährt ein Polizeiwagen hinter einem her und schaltet sein Blaulicht an, sollte man sofort anhalten, im Auto sitzen bleiben und auf die Anweisungen warten.
- **Alkohol** immer im Kofferraum transportieren. Gesetzlich gelten 0,5 Promille und Verstöße werden streng geahndet.

Besondere Gesellschaftsgruppen

Menschen mit Behinderung

Insgesamt gelten die USA als sehr **behindertenfreundlich**. Rampen an Zugängen, abgesenkte Bordsteinkanten, Lifts, eigene Parkplätze, Telefonzellen und WCs, spezielle Motelzimmer und Leihwagen, Blindeneinrichtungen, kostenlos zur Verfügung gestellte Rollstühle erleichtern *handicapped people* das Reisen.

In Detailfragen helfen der Automobilclub *AAA* und die Stadtverwaltungen weiter. Infos erteilt außerdem *SATH* (*Society for Accessible Travel& Hospitality*, http://sath.org). Hilfreich bei der Reiseplanung könnte auch folgende Seiten sein: https://travel.state.gov/content/travel/en/international-travel/before-you-go/travelers-with-special-considerations/traveling-with-disabilties.html und www.miusa.org/resource/tipsheet/airtraveltips.

Senioren

Meist **ab 65 Jahren**, gelegentlich auch schon früher, genießt man in den USA gegen Vorlage von Führerschein oder Pass als *senior citizen* Sonderkonditionen. Abgesehen von bevorzugter Behandlung, z. B. an Flughäfen, gibt es zahlreiche Rabatte, z. B. bei Fluggesellschaften, bei der Eisenbahn, bei Tour-Veranstaltern, in Motels und Hotels oder in Museen bzw. Nationalparks.

Kinder

Amerika ist kinder- und familienfreundlich. Es gibt vielerlei Vergünstigungen, sei es im Flugzeug, in der Bahn oder in öffentlichen Verkehrsmitteln. In vielen Unterkünften übernachten Jugendliche bis 18 kostenlos im Zimmer der Eltern. Restaurants bieten Kindersitze und -menüs, in Fast-Food-Lokalen oder Parks gibt es Spielplätze, in M/Hotels Planschbecken. Größere Sehenswürdigkeiten und Parks stellen oft Kinderwagen zur kostenlosen Benutzung bereit, in Flugzeugen dürfen Familien mit Kindern bevorzugt einsteigen. Öffentliche Picknickplätze sind verbreitet, ebenso Toiletten mit Wickeltischen.

Botschaften und diplomatische Vertretungen

siehe auch „Einreise“ und „Visum“

Die ausländischen Botschaften und Konsulate im Heimatland sind in erster Linie für die Erteilung von Visa zuständig, die der „Normalreisende“ jedoch nicht benötigt. Weiter helfen die folgenden Stellen:

In Deutschland

- **Amerikanische Botschaft**, Pariser Platz 2, 14191 Berlin, ☏ (030) 83050; https://de.usembassy.gov/de/visa – hier finden sich Details zu den drei Konsulaten in Berlin, Frankfurt und München, die Visa ausstellen.

In Österreich

- **Amerikanische Botschaft**, Boltzmanngasse 16, A-1090 Wien, ☏ 01-31339-0, https://at.usembassy.gov/de; Visaabteilung: Parkring 12, A-1010 Wien, ☏ (0043) (0)720116000.

In der Schweiz

- **Amerikanische Botschaft**, Sulgeneckstr. 19, 3007 Bern, ☏ (031) 357-7011, Visa-Terminabsprachen: ☏ (031) 5800033, https://ch.usembassy.gov

Visa-Informationen im Internet

- https://de.usembassy.gov/de/visa – hilfreiche Informationen der US-Botschaft auf Deutsch unter dem Stichpunkt „Visa“
- https://travel.state.gov/content/travel/en/us-visas.html – Informationen des Bureau of Consular Affairs (engl.)

Botschaften in den USA

- **Embassy of the Federal Republic of Germany**, 4645 Reservoir Rd. NW, Washington, D.C. 20008 ☏ (202) 298-4000, www.germany.info, mit Liste weiterer Vertretungen in den USA.
- **Austrian Embassy**, 3524 International Court NW, Washington, D.C. 20008, ☏ (202) 413-8181 (Notfälle), +43-501150-4411, www.austria.org, mit Liste weiterer Vertretungen unter: www.austria.org/consulatesgeneral.
- **Embassy of Switzerland**, 2900 Cathedral Ave. NW, Washington, D.C. 20008-3499, ☏ (202) 745-7900, www.eda.admin.ch/countries/usa/de/home.html, mit Liste aller Vertretungen in den USA.

Hinweis: Listen der wichtigsten Konsulate im Reisegebiet

- **D**: www.germany.info/us-en/consulate-finder/895706 und www.germany.info/us-de/vertretungen/-/692578
- **A**: www.bmeia.gv.at/botschaften-konsulate
- **CH:** www.eda.admin.ch/eda/de/home/vertretungen-und-reisehinweise/vereinigte-staaten/schweizer-vertretungindenvereinigtenstaaten.html

Boston

- **Consulate General of the Federal Republic of Germany**, Three Copley Place, Suite 500, ☎ (617) 369-4900, www.germany.info/boston
- **Austrian Consulate Boston**, 15 School St., ☎ (617) 227-3131, www.austria-bos.org
- **Consulate of Switzerland**, c/o swissnex Boston, 420 Broadway, Cambridge, ☎ (617) 876-3076, www.swissnexboston.org

New York

- **German Consulate General**, 871 United Nations Plaza, ☎(212) 610-9700, www.germany.info/newyork
- **Austrian Consulates General**, 31 E. 69th St., ☎ (212) (917) 612-9792, www.bmeia.gv.at/gk-new-york
- **Consulate General of Switzerland**, 633 3rd Ave., 30th Floor, ☎ (212) 599-5700, www.eda.admin.ch/newyork

Atlanta

- **German Consulate General**, 285 Peachtree Center Ave. NE., Marquis Two Tower, ☎ (404) 659-4760, www.germany.info/atlanta
- **Austrian Honorary Consulate**, 3333 Riverwood Pkwy., SE., ☎ (404) 264-9858, www.austria.org/honoraryconsulates
- **Consulate General of Switzerland**, 1349 W. Peachtree St. NW., ☎ (404) 870-2000, www.eda.admin.ch/atlanta

Busse

Etwas preiswerter als mit der Eisenbahn gelangt man mit den Bussen der im Jahr 2021 von **Flixbus** übernommenen amerikanischen Gesellschaft **Greyhound** ans Ziel. Früher als günstiges, alternatives Transportmittel von Aussteigern und Weltenbummlern geschätzt, sind die Busse heute moderner und bequemer, jedoch auch teurer geworden. Zudem gibt es die günstige Netzkarte nicht mehr.

- **Infos: Greyhound USA**, ☎ 1 (800) 231-2222, D/A/CH: ☎ +1-214-849-8100, www.greyhound.com

Starke Konkurrenz zu Greyhound sind etliche neuere Überlandbusgesellschaften. V. a. die Strecke New York–Washington ist viel frequentiert und Tickets sind mit Glück um $ 20–30 erhältlich. Im Allgemeinen bekommen Reisende, die früh buchen, preiswertere Tickets. Standards, Fahrzeuge, Bahnhöfe und Stopps, Fahrtdauer und Frequenz, Bequemlichkeit, Preise und Komfort sind unterschiedlich und ein Check der einzelnen Firmen, z. B. der nachfolgend genannten, lohnt:

- **Megabus**: http://us.megabus.com
- **Tripper Bus**: www.tripperbus.com
- **GotoBus**: www.gotobus.com

Camping und Camper

siehe auch „Nationalparks“

Für eine Tour im amerikanischen Osten ist ein Camper, auch Motorhome oder übergreifend „RV“ (*Recreational Vehicle*) genannt, als Transportmittel im Unterschied zum US-Westen oder Südwesten nicht unbedingt die erste Wahl. Die Region ist aufgrund ihrer teilweise dichten Besiedelung und ihrer ausgebauten Infrastruktur weniger geeignet für große Gefährte.

Die Beweglichkeit ist gegenüber dem Pkw eingeschränkt und hinzu kommen die Kosten. Selbst im Vergleich zu Mietwagen plus Unterkunft kommt ein RV **relativ teuer**, denn zu den Mietkosten addieren sich der hohe Benzinverbrauch und die Stellplatzkosten. Ein kleiner Camper Van kostet pro Tag inkl. 100 Freimeilen mindestens 100 €. Dazu addieren sich Übergabe-, Endreinigungsgebühren, Kosten für Wartung, Zubehör, Zusatzversicherungen und ggf. Wochenendgebühren. Ebenfalls nicht jedermanns Sache sind die konstant anstehenden Wartungsarbeiten (wie Wassertanks füllen, Abwasser entsorgen etc.) und die nötige strategische Vorausplanung (wie das Finden geeigneter Campingplätze und deren Vorreservierung in der HS).
Eine Buchung im Voraus ist eigentlich immer sinnvoll, in der HS ein Muss, wobei die Preise Mitte Oktober bis Anfang April am günstigsten sind. Noch mehr als beim Mietwagen ist es aufgrund der komplizierten Miet-, Versicherungs- und Haftungskonditionen sinnvoll, einen Camper bereits zu Hause, z. B. im Reisebüro, zu buchen. **Größte Anbieter** sind *El Monte RV, Cruise America* oder *Moturis*. Es gibt auch kombinierte Angebote mit Flug.

An **Typen** werden meist die folgenden unterschieden: *Camper Van, Motorhome* (die zu Campingbussen werden können) und *Pick-up-* bzw. *Truck Camper* (Kleinlastwagen mit Campingaufsatz). Die zuletzt genannten beiden verfügen über ein Doppelbett über der Fahrerkabine und meist eine tragbare Chemie-Toilette. Je größer das Fahrzeug, umso komfortabler ist es, umso höher ist aber auch der Benzinverbrauch, umso mehr Technik und damit Wartung und Anfälligkeit sind im Spiel und umso eher sind entlegene (romantische) Plätze, aber auch Großstädte, tabu. Erfahrung mit dem Fahren eines solchen Fahrzeugs ist nicht unbedingt erforderlich, man gewöhnt sich relativ schnell an Dimensionen und Fahrweise.

Bei **Übernahme vor Ort** – im Allgemeinen am Tag nach der Ankunft, es ist immer eine Übernachtung nötig – genügt die Vorlage eines normalen Pkw-Führerscheins und die Kreditkarte für die Kaution. Im Normalfall beträgt das Mindestalter 21 Jahre. Camper-Verleiher holen ihre Kunden in der Regel am Hotel (selten am Flughafen) ab und geben zunächst eine mehr oder weniger gründliche Einweisung. Zusätzlich gibt es unterschiedlich umfangreiche Bedienungsanleitungen. Sinnvoll ist es, das gesamte Fahrzeug auf Schäden bzw. Verschmutzungen hin zu prüfen und diese protokollieren zu lassen. Bei der Übernahme ist es üblich, ein **Ausrüstungspaket** (*convenience kit*) zu erwerben, das Geschirr und Kochutensilien beinhaltet. Hinzu kommen die Kosten für die erste Gasfüllung und Toilettenreinigung sowie eine per Kreditkarte zu stellende **Kaution** von ca. $ 500. Um hohe **Endreinigungskosten** zu vermeiden, sollte der Camper besenrein mit entleerten Abwassertanks und gefülltem Frischwassertank in äußerlich ordentlichem Zustand zurückgegeben werden.

Campingplätze

Campingplätze sind meist leicht zu finden, unterscheiden sich aber in Ausstattung und Lage, Preis und Größe. Allen gemeinsam ist, dass sie meist sauber, gepflegt und großzügig proportioniert sind. Man unterscheidet grundsätzlich zwischen kommerziellen und privaten bzw. staatlichen Plätzen, wobei jene in den Nationalparks besonders begehrt und daher rechtzeitig im Voraus zu reservieren sind. In den meisten State Parks, National oder State Forests gibt es einfache *campgrounds* (*campsites*) in landschaftlich reizvoller Lage. Oft besteht auch die Möglichkeit zu kostenlosem *backcountry camping* nach Einholen einer Erlaubnis (*permit*) in einer Ranger Station.

Relativ teuer, aber in der Regel gut ausgestattet sind die **kommerziell betriebenen Plätze**, speziell jene von KOA – mit sog. *hook-ups*, d. h. Wasser-, Stromanschluss und Abwasserentsorgung (*dump station*) sowie Luxus-Sanitäreinrichtungen, Laden und anderen Gemeinschaftseinrichtungen. Sie liegen meist in Straßennähe, allerdings oft wenig idyllisch. Bei privaten Plätzen ist der Standard höchst unterschiedlich. Die Preise beginnen bei ungefähr $ 35.

Tipps für Camper

Hilfreich bei der Campingplanung sind z. B. die Seiten des Automobilclubs AAA:
- **www.aaa.com/travelinfo/campgrounds.htm**
- **www.aaa.com/travelguides /campgrounds.**

Auch **www.adventuretouring.com**, **www.cruiseamerica.com**, **www.elmonterv.com** oder **www.cu-camper.com** helfen bei der Orientierung weiter. Bei der Suche nach Campingplätzen sind folgende Seiten nützlich:
- **www.recreation.gov**, „Camping & Lodging", ☏ 1-877-444-6777 oder (518) 885-3639 – Seite des National Recreation Reservation Service (NRRS), auf der Campingplätze aller Art und überall gelistet sind und reserviert werden können. Es gibt ein Suchprogramm und dazu weitere touristische Infos.
- **www.reserveamerica.com** – Camping Guide für Park- und private Campgrounds, die dem Reservierungssystem angeschlossen sind.
- **https://koa.com**, ☏ 1-888-562-0000 – KOA-Campingplätze mit Reservierungsmöglichkeit.
- **https://camping-usa.com** – ein hilfreicher Campgrounds Directory. Er verzeichnet über 12.000 Campingplätze u. a in Parks oder privat.

Einkaufen

Es gibt in den USA zwar **kein verbindliches Ladenschlussgesetz**, dennoch stimmt das Märchen von endlos geöffneten Läden nicht. Die meisten „normalen" Geschäfte, v. a. außerhalb der Städte, sind auch in den USA nur zwischen etwa 9 und 18 Uhr geöffnet. In ländlichen Regionen werden abends die Gehsteige besonders früh hochge-

Einkaufsbummel in Washingtons Adams-Morgan-Viertel

klappt. New York City stellt als „Stadt, die niemals schläft" eine Ausnahme dar. Kaufhäuser, Einkaufszentren und Supermärkte/Drugstores öffnen meist länger, v. a. an Wochenenden. Supermärkte sind gelegentlich rund um die Uhr offen, Buchläden oft bis 22 oder 23 Uhr geöffnet. Viele größere Läden öffnen generell auch sonntags, allerdings erst ab 11 oder 12 Uhr und nur bis etwa 17 Uhr.

Zu den angegebenen Preisen kommt in den USA die **Sales Tax**, eine Art Mehrwertsteuer, die in jedem Staat, teils auch je nach *County* oder Stadt unterschiedlich hoch ist. **New Hampshire** gilt als „Shoppingparadies", da es hier **keine Mehrwertsteuer** gibt. Sonst liegt die *tax* an der Ostküste bei rund 6–7 %. Allerdings ist es zumeist egal, wo man einkauft, denn viele Sachen sind selbst in New York City preiswerter als zu Hause, z. B. Freizeitkleidung und -zubehör, Jeans, Sportschuhe und -artikel und, für den, der sich auskennt, technische Geräte wie Laptops, Kameras, Mobile Phones etc. Zu beachten ist bei solchen Einkäufen, ob die Garantie weltweit gilt, dass bei Computern z. B. die Tastatur eine andere Buchstabenanordnung hat und dass Elektrogeräte auf 110 V laufen, und ein Adapter und ein anderer Stecker nötig sind. Auch die Zoll-Freigrenzen sind wichtig.

Am günstigsten bekommt man vieles in sogenannten **Factory Outlets** oder **Outlet Malls**, einer Ansammlung von Shops, in denen Markenartikel bestimmter renommierter Firmen, häufig Auslaufmodelle, manchmal auch Mängelexemplare, zu enorm reduzierten Preisen angeboten werden. Sie befinden sich häufig weit außerhalb von Städten, günstig an einer Interstate oder einem viel befahrenen Highway. Die größten Betreiber, auf deren Websites sich die einzelnen Standorte finden lassen, sind:
- **Simon Premium Outlets** – www.premiumoutlets.com
- **Tanger Outlets** – www.tangeroutlet.com

Shopping Malls oder **Shopping Centers** sind im Normalfall Mega-Einkaufs- und Kommunikationszentren mit verschiedenen, oft stark spezialisierten Läden, großen *Department Stores* (Bekleidungsgeschäften) und Kaufhäusern wie *Macy's, Kohls, Neiman Marcus, Nordstrom, Saks Fifth Avenue, Sears* oder *J.C. Penney* unter einem Dach. Außerdem verfügen sie über andere Einrichtungen wie Nagelstudio, Friseur, Kino, Reinigung, *Food Court* bzw. *Eatery* (Imbissstände) und Restaurants.

Strip Malls hingegen befinden sich meist am Stadtrand und sind Konglomerate verschiedener Shops im Freien, meist mit einem großen Supermarkt im Zentrum. Dazu können Serviceeinrichtungen wie Banken, Schlüsseldienst, Reinigung, Getränkemarkt (Liquor Store) etc. rings um einen großen gemeinsamen Parkplatz kommen.

Supermärkte – wie überregional *Albertsons, Safeway, Trader Joe's* oder der Bio-Supermarkt *Whole Foods* – und Drugstores, z. B. *Walgreens, CVS* oder *Duane Reade* – befinden sich meist an Ausfallstraßen am Stadtrand im Rahmen von solchen *Strip Malls*. Drogeriemärkte sind auch in den Zentren größerer Städte angesiedelt. Supermärkte führen je nach Staat bzw. Landkreis auch alkoholische Getränke (Verkauf ab 21 Jahre, oft außer sonntags). In *Drugstores* gibt es außer Drogerieartikeln auch einen Schalter für ärztliche Verordnungen sowie Snacks und Getränke. *Kmart, (Super)Target* oder *Wal-Mart* (Supercenter) sind Supermärkte und Kaufhäuser in einem. Sie führen auch preiswert Kleidung, Haushaltswaren, Möbel etc.

In Stadtzentren finden sich häufiger kleinere **Lebensmittelgeschäfte** – *Convenience* bzw. *General Stores* oder auch *Delis* – so etwas wie Tante-Emma- oder Gemischtwarenläden. Große Tankstellen bieten ebenfalls ein meist gutes Lebensmittelangebot, allerdings i. d. R. Fertig- und selten Frischprodukte.

Konfektionsgrößen							
Herren / Deutsche Größe (z. B. 50) minus 10 ergibt amerikanische Größe (40)							
Herrenhemden							
D	36	37	38	39	40/41	42	43
USA	14	14,5	15	15,5	16	16,5	17
Herrenschuhe							
D	39	40	41	42	43	44	45
USA	6,5	7/ 7,5	8	8,5/9	9,5	10/10,5	11
Damen							
D	36	38	40	42	44	46	
USA	6	8	10	12	14	16	
Damenschuhe							
D	36	37	38	39	40	41	42
USA	6	6,5/7	7,5/8	8,5	9	9,5	10
Kids							
D	98	104	110	116	122		
USA	3	4	5	6	6x		

Einreise und Visum

Viele Staaten, darunter Deutschland, Österreich und die Schweiz, sind am **Visa-Waiver-Programm** (VWP) beteiligt, sodass es bei einer **Aufenthaltsdauer bis zu 90 Tagen keine Visumspflicht** gibt. Außer einem Rückflugticket muss der maschinenlesbare, bordeaux-rote Europapass vorgelegt werden, mindestens noch für die gesamte Aufenthaltsdauer gültig. Wer nur einen vorläufigen Reisepass oder einen Kinderreisepass besitzt bzw. länger als 90 Tage im Land bleiben möchte (z. B. als Schüler, Student oder aus beruflichen Gründen), Staatsbürger eines Landes ist, das nicht am VWP teilnimmt oder sich nach dem 01.03.2011 in Iran, Irak, Syrien, Sudan, Libyen, Jemen oder Somalia aufgehalten hat, muss sich der relativ aufwändigen und teuren Prozedur der **Visumsbeschaffung** unterziehen. Dazu ist persönliche Vorsprache in den Konsulaten (siehe „Diplomatische Vertretungen") nach vorheriger Terminvereinbarung nötig. Über das aktuelle Prozedere informieren auch folgende Seiten: https://travel.state.gov/content/travel/en/us-visas.html, https://de.usembassy.gov/de/visa und www.auswaertiges-amt.de/de/service/visa-und-aufenthalt.

ESTA und Secure Flight

Seit Januar 2009 müssen sich alle Bürger, egal welchen Alters, die ohne Visum einreisen, spätestens 72 Stunden vor Abflug online bei **ESTA**, dem *Electronic System for Travel Authorization* registrieren. Dieser Vorgang kostet einmalig den aktuellen Gegenwert von $ 21 (mit Kreditkarte bezahlbar) und kann bereits im Reisebüro oder **im Internet** auf folgender Website erfolgen:

- https://esta.cbp.dhs.gov/esta (Antrag)

Erfragt werden Name, Geburtsdatum, Adresse, Nationalität, Geschlecht, Passdetails, Zweck und Dauer der Reise, erster Aufenthaltsort (Hotel) etc. Nach der Registrierung erfolgt im Allgemeinen sofort eine Mitteilung, ob die Einreise genehmigt wird („Authorization Approved"). Wer einmal registriert ist, kann innerhalb von zwei Jahren ohne Extrakosten mehrfach einreisen, sofern der Pass solange gültig ist. Wer ein Visum besitzt, braucht kein ESTA-Formular auszufüllen.

Außerdem müssen die Fluggesellschaften im Rahmen von **Secure Flight** 72 Stunden vor Abflug alle Passagierdaten zur Weiterleitung an die TSA (Transportation Security Administration) vorliegen haben: voller Name gemäß Reisepass, Geburtsdatum, Geschlecht. Normalerweise werden diese Angaben bereits bei Flugbuchung gefordert. Die erste Adresse in den USA **mit Postleitzahl** kann beim Check-in nachgereicht werden (bereithalten!).

Sicherheit

Reisende sollten genügend **Zeit für Check-in bzw. Umsteigen** einplanen. Abgesehen von gelegentlichen Handdurchsuchungen des Gepäcks (Koffer nicht abschließen!) und Körperabtasten bzw. Körperscannern wird häufig das Ausziehen der Schuhe und manchmal das Aktivieren von Laptops und Kameras verlangt. Alle Art von **spitzen Gegenständen**, auch Taschenmesser, Pinzetten, Nagelscheren etc. müssen in den Koffer gepackt werden. Die Mitnahme von Waffen, Gaskartuschen, Feuerzeugen und ähnlichen als gefährlich eingestuften Objekten ist streng untersagt. **Lithium-Batterien** dürfen bei US-Flügen nicht mehr lose ins aufgegebene Gepäck.
Flüssigkeiten und Gels aller Art (Getränke, Zahnpasta, Cremes etc.) müssen in Kleinbehältern bis 100 ml in einer durchsichtigen und wiederverschließbaren 1-l-Plastik-Ziptüte

im Handgepäck mitgeführt und separat aufs Gepäckband gelegt werden. Mengenmäßig ausgenommen sind dringend benötigte Medikamente und Babynahrung. Bei Umsteigeflügen in die USA dürfen Einkäufe aus dem Duty-Free-Shop versiegelt mit ins Flugzeug. Mit „TSA Pre" (siehe Boarding Pass) verläuft die Prozedur schneller und unkomplizierter.

Detaillierte Auskünfte erteilen die Fluggesellschaften bzw. www.tsa.gov/travel/travel-tips

Immigration (Einreisekontrolle)

Bei Ankunft am ersten Flughafen in den USA muss jeder Reisende zunächst durch die Immigration, was bedeutet, vor den entsprechenden Schaltern je nach Flughafen und Flugaufkommen kürzer oder länger Schlange zu stehen, bis der Pass geprüft, elektronische Fingerabdrücke (beide Daumen und die vier Finger jeder Hand) genommen und ein digitales Foto gemacht worden sind. Dies alles geschieht, während der Pass gescannt wird und der Officer Fragen zu Reiseroute, Zweck der Reise, Beruf, Bekannten oder Freunden in den USA, gelegentlich auch zu den Finanzen stellt. Daraufhin wird die Aufenthaltsdauer auf normalerweise drei Monate festgelegt und in den Pass gestempelt.

An immer mehr US-Flughäfen gibt es **Automated Passport Control (APC)**. Besucher mit ESTA-Registrierung, die schon einmal mit ESTA und dem zugehörigen Reisepass eingereist sind, können diese Geräte benutzen und beschleunigen damit die Einreiseprozedur.
Infos: www.cbp.gov/travel/us-citizens/apc
Wer **Global Entry** hat, darf immer die kürzere Schlange am Automaten wählen.

Einreisebestimmungen

Infos zu den **aktuellen Einreisebestimmungen** findet man im Internet unter:
https://travel.state.gov/content/travel/en/us-visas/tourism-visit/visa-waiver-program.html
https://de.usembassy.gov/de/visa
https://www.auswaertiges-amt.de/de/service/laender/usa-node/usavereinigtestaatensicherheit/201382
Global Entry: www.cbp.gov/travel/trusted-traveler-programs/global-entry

Achtung: Minderjährige, die mit nur einem Elternteil oder ohne Erziehungsberechtigte einreisen, benötigen eine Einverständniserklärung des anderen Elternteils bzw. der Eltern mit Kopie(n) des/der Reisepasses/pässe. Infos dazu gibt es beim Auswärtigen Amt oder beim Konsulat.

Zollerklärung

Zusätzlich muss pro Familie im Flugzeug ein **weißes Zollformular** – die *Customs Declaration* – ausgefüllt werden. Auf diesem sind ggf. über die Richtwerte hinaus eingeführte Waren und Devisen anzugeben. Streng verboten ist die Einfuhr von Frischprodukten aller Art (Obst, Gemüse, mitgebrachte Brotzeit usw.), Samen, Drogen/Medikamente, Waffen, Tiere etc.

Gepäck und Zollabfertigung

Danach geht zum Gepäckband (*baggage claim*), auch wenn ein Weiterflug gebucht ist. Letzte Station: der Zoll (*customs*). Beim Ausgang mit der Aufschrift *Nothing to declare* wird die Zollkarte abgegeben und abgestempelt.

Bei inneramerikanischem Anschlussflug muss das Gepäck anschließend neu eingecheckt werden. Sofern man am Endflughafen angelangt ist, sieht man sich entweder nach *Car Rental* (Automietstationen) oder *Ground Transportation/Public Transportion* (Öffentlicher Nahverkehr) bzw. Taxis um. Alles ist im Ankunftsgebäude im Allgemeinen gut ausgeschildert und leicht zu finden.

i Gepäckregeln

Auf Linienflügen nach und von Nordamerika durften Economy-Class-Passagiere bisher ein Gepäckstück bis 23 kg als Freigepäck aufgeben. In letzter Zeit sind die meisten Fluggesellschaften dazu übergegangen, einen „Light-" oder „Basis-Tarif" anzubieten, bei dem auch für das erste Gepäckstück eine Gebühr von 50–90 € bezahlt werden muss. Ebenso wird oft für Sitzplatzreservierung abkassiert. Ein Vergleich der Bedingungen und Kosten bei Flugbuchung lohnt sich! Auch Größe und Gewicht des Handgepäcks variieren und werden unterschiedlich streng kontrolliert. Meist dürfen außerdem eine Handtasche und eine Laptop-/Foto-Tasche mit an Bord.

Eintritt

Je nach Art (staatlich/städtisch/privat) und Größe der Einrichtung unterscheiden sich die Eintrittspreise. Wenige Museen sind gratis, wenn, dann sind es meist staatliche. Einige, v. a. in Städten, bieten an bestimmten Tagen oder zu bestimmten Zeiten **freien Eintritt**. Manchmal (v. a. in New York) wird eine freiwillige Spende (*suggested donation*) erwartet, die Amerikaner in der Regel auch genau bezahlen. In Städten mit vielen Sehenswürdigkeiten gibt es häufig Kombitickets bzw. einen **CityPASS** (http://de.citypass.com).

Nicht ganz preiswert ist der Eintritt in viele der modernen Hands-on- und Science-Museen, in große Freiluftmuseen, Zoos, Aquarien oder Vergnügungsparks. Wer häufig Nationalparks besucht, sollte sich einen **National Park Pass** („America the Beautiful" oder „Interagency Annual Pass") für derzeit $ 80 kaufen, z. B. unter http://store.usgs.gov/pass. Er gilt für ein ganzes Jahr in allen amerikanischen Nationalparks u. a. staatlichen Schutzgebieten für den Passbesitzer und drei Insassen über 16 Jahren im selben Fahrzeug; Kinder unter 15 sind gratis.

Eisenbahn

Eisenbahnreisen in den USA mit der Eisenbahngesellschaft **Amtrak** ist eine angenehme Art, große Strecken z. T. im Schlaf und überaus bequem zurückzulegen und dabei unterschiedlichste Landschaften und Staaten sowie Menschen kennenzulernen. Im Unterschied zum Flugzeug kann die Reise zum *City Hopping* beliebig oft unterbrochen werden. Im Vergleich zum Mietwagen bietet die Bahn den Vorteil, lange Wege zwar relativ langsam, aber **stressfrei** und unter Einsparung eventuell fälliger Rückführgebühren zurücklegen zu können.

Der **Preisunterschied** zwischen Bahn und Flugzeug ist auf längeren Strecken nicht sehr groß, jedoch kann man bei frühzeitigem Ticketkauf (z. B. im Internet) preiswerter wegkommen. Gerade an der Ostküste zwischen Boston, New York, Philadelphia, Baltimore und Washington D.C. ist die Bahn nach dem Auto das Hauptverkehrsmittel. Entsprechend der

Bedeutung sind hier im **Northeast Corridor** (Boston – New York – Washington) viele Züge (mindestens stündlich) unterwegs. Dabei hat man die Wahl zwischen den preiswerteren und langsameren Personenzügen bis hin zu den *Acela*-Expresszügen (nur mit 1. Klasse).

Bei mehreren Fahrten lohnt ein *Rail Pass*, den ausschließlich Nichtamerikaner über deutsche Reisebüros bzw. im Internet für eine bestimmte Gültigkeitsdauer bekommen. Der Pass gilt im „Sitzwagen" (*coach*), Aufpreise fallen für Liege- und Schlafwagentickets an, die dann jedoch die Mahlzeiten enthalten. Maximal zwei Kinder zwischen zwei und 12 Jahren zahlen den halben Preis, ein jüngeres Kind fährt kostenlos.

AMTRAK Reise-Informationen

Rail Passes gelten auf dem Gesamtstreckennetz, in der Coach-Klasse, und funktionieren mit Segmenten: Ein Segment entspricht dabei einer zurückgelegten Bahnstrecke (ohne Zwischenstopp, vom Einsteigen bis Aussteigen) und kostet derzeit (Frühjahr 2024): 30 Tage/10 Abschnitte $ 499

Erwerben kann man die Pässe direkt bei Amtrak: **www.amtrak.com/tickets/departure-rail-pass.html**
Ebenfalls Bahnreisen bieten an:

- **Meso-Amerika-Canada Reisebüro**, Wilmersdorfer Str. 94, 10629 Berlin, ☏ (030) 212-34190, www.meso-berlin.de/usa-reisen/usa-zug-bahnreisen
- **CRD Touristik**: Stadthausbrücke 1-3, 20355 Hamburg, ☏ (040) 300-6160, www.crd.de/bahnreisen-mit-der-amtrak-usa

Bahnverbindungen an der Ostküste:
Northeastern Corridor: Intercity (Acela Express)- und regionale Intercity-Züge zwischen Washington, Baltimore, Philadelphia, Princeton, New York, New Haven, Providence und Boston
Vermonter: New York – Vermont
Capitol Limited: Washington – Pittsburgh – Chicago
Cardinal: Washington – Cincinnati – Indianapolis – Chicago
Lake Shore Limited: New York/Boston – Albany – Buffalo – Cleveland – Chicago
Carolinian/Piedmont: New York – Washington – Richmond – Raleigh – Charlotte
Crescent: New York – Washington – Charlotte – Atlanta – New Orleans
Silver Service/Palmetto: New York – Washington – Charleston – Savannah – Jacksonville – Orlando – Tampa/Miami

Bahnreisen: gerade zwischen Boston, New York und Washington eine empfehlenswerte Alternative

Essen und Trinken

Gleich vorweg: Die amerikanische Küche besteht nicht nur aus Hamburgern und Hotdogs, Budweiser und Coke, und die Amerikaner ernähren sich nicht ausschließlich von Dosen und Tiefkühl- bzw. Fertigkost. Im Gegenteil gehört das kulinarische Angebot in den USA, was Vielfalt und auch Qualität angeht, zu den besten der Welt!

Die **amerikanischen Essenszeiten** unterscheiden sich kaum von den unsrigen: Mittagessen (*lunch*) gibt es zwischen 12 und 14 Uhr, Abendessen (*dinner*) etwa von 18 bis 21 Uhr, die spätere Variante wird auch *supper* genannt.

Selbstversorgung ist ebenfalls kein Problem. Supermärkte sind meist hervorragend sortiert und verfügen häufig über Salatbars, Bäckereiabteilungen und Imbisstheken. Auch die Obst- und Gemüseabteilungen bieten vielerlei, und die Auswahl an regionaler Naturkost (*organic food*) – mit biologischen und vegetarischen/veganen Produkten – ist ausgezeichnet. Es gibt *Mini Marts* zum Einkaufen in Tankstellen, Biosupermärkte wie *Whole Foods*, Delikatessenläden (*delis*) oder Food Trucks (Gourmet-Imbiss) in Großstädten und Wochenmärkte mit großer Auswahl.

Schnelle Küche

Fastfood ist nichts „typisch Amerikanisches", sondern ein weltweites Phänomen seit der Antike. Die Palette an Fastfood in den USA ist groß und man überbietet sich gegenseitig mit Sonderangeboten und Aktionen. Die meisten Fastfood-Restaurants sind von frühmorgens bis Mitternacht oder sogar rund um die Uhr geöffnet. **Alkohol** gibt es nicht, dafür preiswerte Softdrinks, die häufig sogar gratis nachgefüllt werden können (*free refill*).

Mexikanisch essen an der Wharf bei Mi Vida

Diners servieren in der Regel das „bessere Fastfood", z. B. „hausgemachte" Hamburger, Sandwiches oder Fish and Chips, die zwar etwas mehr kosten, dafür aber auch besser schmecken. **Food Courts** oder **Eateries** in Einkaufszentren umfassen Imbissstände verschiedenster Küchen mit einem gemeinsamen Essbereich. Ganz besonders empfehlenswert sind **Food Halls** (mehrere Imbissstationen mit gemeinsamem Sitzareal unter einem Dach) oder die **Food Trucks**, die in Städten an zentralen Orten zur Mittagszeit ausgezeichnete Snacks bieten.

Im Restaurant

Selbst im Hinterland wird man immer wieder überrascht von kleinen, oft unscheinbaren Lokalen, die bodenständige Qualität oder sogar *Haute Cuisine* zu vernünftigen Preise anbieten. Zum Lunch bieten viele Lokale spezielle, preiswerte Mittagskarten bzw. **Lunch Specials** mit leichten Gerichten – v. a. Salate, Sandwiches oder Suppen – an. Teurer ist meist ein *dinner*.

In besseren Restaurants ist, speziell an Wochenenden, **Tischreservierung sinnvoll**. Die Amerikaner sind bekannt für ihre stoische Geduld beim Schlangestehen vor einem bestimmten Lokal, doch wer reserviert hat, ist im Vorteil. Essen in einem Lokal der gehobenen Kategorie ist verhältnismäßig teuer, dafür sind Service und Qualität des Essens meist hervorragend und die Portionen im Allgemeinen groß.

Nach dem Prinzip **„wait to be seated"** wird dem Gast ein Tisch zugewiesen und die Speisekarte (*menu*) überreicht. Die **Bedienung** (*server*) stellt sich am Tisch vor und zählt die Tagesgerichte (*daily specials*) auf. Brot und Eiswasser kommen (meist vom *busboy*) unaufgefordert auf den Tisch.

Die **Bestellung** geht meist mit einer Vielfalt an Fragen einher, z. B. nach gewünschter Beilage, Salat-Dressing oder Zubereitungsweise des Fleisches. Die **Speisenfolge** geht von der Vorspeise (*appetizer*) über das Hauptgericht (*entrée*) – wobei ein Salat, wenn er zum Menü gehört, ggf. ebenfalls als Vorspeise serviert wird – zum Nachtisch (*dessert*) und evtl. Kaffee. Selbst ein mehrgängiges Menü wird **schnell serviert** und noch schneller wird abgeräumt und die Rechnung gebracht. In den USA sitzt man nicht im Restaurant, um gemütlich mit Freunden zu plaudern, dafür geht man in eine Bar oder einen Pub.

Der Umgang der Amerikaner mit dem **Besteck** unterscheidet sich: Einzig beschäftigte Hand ist die Rechte (die Linke bleibt nach amerikanischen Benimmregeln unter dem Tisch) und es wird portionsweise vorgeschnitten und dann mit der Gabel rechts gegessen. Pizza wird grundsätzlich aus der Hand verspeist, ebenso z. B. Hähnchen oder Meeresfrüchte, auch in Feinschmeckerrestaurants.

In amerikanischen Lokalen gibt es viel **Servicepersonal**, wobei die Aufgaben streng geteilt sind. Die Arbeitskräfte sind schlecht bezahlt und leben zum Großteil von Trinkgeldern. Daher sollte man nach dem unaufgeforderten Erhalt der Rechnung (*cheque*) rund 20 % Trinkgeld addieren. In einfacheren oder Familien-Restaurants wird die Rechnung oft an einer Kasse (*cashier*) beglichen. Da die Portionen oft sehr reichlich bemessen sind, ist das Einpacken von Essensresten in eine Styropor-Box selbst in Feinschmeckerrestaurants üblich.

Getränke

Restaurants verfügen im Allgemeinen über eine **Schanklizenz**, die meisten Fastfood-Lokale oder Imbissstände hingegen nicht. Sie bieten nur Softdrinks, Milkshakes, Tee und Kaffee an. An Sonn- und Feiertagen darf in manchen Staaten generell kein **Alkohol** verkauft bzw. nur zu genau definierten Zeiten ausgeschenkt werden. In Lokalen wird am Tisch gefragt, ob etwas „von der Bar" erwünscht sei. Da jedoch (Eis-)Wasser automatisch zum Essen gehört und ständig unaufgefordert nachgeschenkt wird, ist man nicht gezwungen, etwas Zusätzliches zu bestellen.

Ein **Aperitif**, ein Glas **Bier oder Wein** zu einem guten Abendessen ist durchaus üblich, möchte man allerdings mehr, geht man in Cocktail Lounge, Bar oder Pub, wo Cocktails, Wein und Bier die beliebtesten Getränke sind. **Pubs** sind gute Alternativen, um den Abend gemütlich ausklingen zu lassen, wobei oft auch gute, preiswerte Gerichte serviert werden. Zur *Happy Hour* gibt es häufig günstige Angebote.

Wie in Sachen **Kaffee** – es gibt beileibe nicht nur *Starbucks*! – hat sich auch beim **Bier** in den letzten Jahren viel getan. Ausgehend von der Westküste schossen *micro- bzw. craft breweries* überall wie Pilze aus dem Boden und produzieren Biere, die ihresgleichen suchen. Diese **Kleinbrauereien** betreiben oft eigene **Brew Pubs**, in denen die eigenen Produkte vom Fass ausgeschenkt werden. Es gibt mittlerweile beinahe in jedem größeren Ort eine solche Kleinbrauerei und auch Supermärkte und *Liquor Stores* sind zunehmend besser sortiert und führen auch die (zugegebenermaßen teureren, aber empfehlenswerteren) Biere regionaler Brauereien. Serviert wird Bier in Kneipen meist in Pint-Gläsern (0,47 l); Flaschen beinhalten meist 12 oz. (0,35 l), Dosen – die seitens der Kleinbrauereien immer populärer werden, da leichter zu recyceln – fassen ebenfalls 12 oder 16 oz. (0,47 l).

Inzwischen werden in vielen Teilen der USA, auch im Osten, **hervorragende Weine** produziert. **Erfrischungsgetränke** – *soft drink, pop* oder *soda* genannt – werden stets eiskalt getrunken. Gute Durstlöscher sind *ice tea* oder *lemonade*, ein Mix aus beiden ist der „Arnold Palmer". Benannt wurde das Getränk nach einem amerikanischen Profigolfer, der es angeblich häufig bestellt hat. Probieren sollte man auch unbedingt (alkoholfrei!) *root beer* oder *Sarsaparilla* (einem Sassafras-Wurzel enthaltendem Getränk).

Feiertage und Veranstaltungen

Da Amerikaner im Schnitt nur **zwei Wochen Jahresurlaub** bekommen und auch die Zahl der Feiertage (*public holidays*) gering ist, werden einige Feiertage (Ausnahmen sind Weihnachten, Ostern und der 4. Juli) auf einen Montag gelegt, damit ein verlängertes Wochenende entsteht. Anders als hierzulande ist an Feiertagen nicht grundsätzlich alles geschlossen; Supermärkte, Museen und andere Attraktionen öffnen oft trotzdem, zumindest ab mittags.

Aktuelle **Veranstaltungskalender** finden sich im Internet und können regionalen Tageszeitungen und Szene-Magazinen entnommen werden. Wichtige sich wiederholende Events werden in den „Regionalen Reisetipps" aufgeführt.

Gesetzliche Feiertage

- 1. Januar: **New Year's Day** – Neujahr, vorausgeht **New Year's Eve** – Silvester (kein eigentlicher Feiertag)
- 3. Montag im Januar: **Martin Luther King Day**
- 3. Montag im Februar: **President's Day** (George Washington's Birthday) / Gedenktag zu Ehren aller Präsidenten
- Ende März/April: **Easter Sunday** (Ostersonntag); Karfreitag (*Good Friday*) gilt nur eingeschränkt als Feiertag; Ostermontag ist unbekannt.
- 19. Juni: **Juneteenth** - auch: Black Independence oder Emancipation Day. Gedenk- und Feiertag zur Erinnerung an die Befreiung der afroamerikanischen Bevölkerung aus der Sklaverei.
- Wochenende vor dem letzten Montag im Mai: **Memorial Day Weekend** (zu Ehren aller Gefallenen) – Beginn der Ferienzeit
- 4. Juli: **Independence Day** (Tag der amerikanischen Unabhängigkeit) / Nationalfeiertag
- Wochenende vor dem 1. Montag im September: **Labor Day Weekend** (Tag der Arbeit) – Ende der Ferienzeit
- 2. Montag im Oktober: **Columbus Day** (Erinnerung an die Entdeckung Amerikas)
- 31. Oktober: **Halloween** (kein offizieller Feiertag)
- 11. November: **Veterans' Day** (Ehrentag für die Militärveteranen)
- 4. Donnerstag im November: **Thanksgiving Day** (Erntedankfest), das große Familienfest, halb Amerika ist unterwegs zu Besuchen.
- 25. Dezember: **Christmas Day**; keine Feiertage sind der Heilige Abend (*Christmas Eve, Holy Night*) und unser 2. Weihnachtsfeiertag.

Tipp

America Unlimited, Leonhardtstr. 10, 30175 Hannover, ☎ (0511) 37444750, www.america-unlimited.de, ist ein kleiner Nordamerika-Spezialist, der vor allem ungewöhnliche Mietwagenrundreisen anbietet. Seine Stärke liegt in der individuellen Zusammenstellung von Reisen nach Kundenwunsch.

Flüge

Konkurrierende Reiseveranstalter, Internetbroker und verschiedene Airlines machen die Wahl des „richtigen Fluges" in die USA nicht immer ganz einfach. Dazu kommen unterschiedliche Bedingungen, Saisonzeiten, Abflugorte und Routenführungen, ein Wust an Sonder- und Spezialpreisen, Last-Minute- und Internetangeboten. Gerade deshalb ist es sinnvoll, sich vor der Buchung gründlich zu informieren. Um zu Anfang eine grobe Orientierung und Preisvorstellung zu bekommen, hilft ein Blick ins Internet, z. B. auf Portale wie www.expedia.de.

Die meisten **Linienfluggesellschaften** bedienen die USA täglich oder mehrmals wöchentlich und unterhalten Codesharing-Verträge, d. h., sie kooperieren mit anderen Gesellschaften und erweitern dadurch das Angebot. Die wichtigsten Allianzen im Nordamerika-Bereich sind das **Sky Team** (www.skyteam.com), u. a. mit Delta,

Die wichtigsten Fluggesellschaften im Internet	
Air France	www.airfrance.de
American Airlines	www.americanairlines.de
Austrian Airlines	www.austrian.com
British Airways	www.britishairways.com
Condor	www.condor.com
Delta	http://de.delta.com
Discover	www.discover-airlines.com
KLM	www.klm.de
Lufthansa	www.lufthansa.com
Norwegian	www.norwegian.com/de
Swiss	www.swiss.com
United Airlines	www.united.com
WOW air	https://wow-air.de

Air France/KLM, ITA, die **Star Alliance** (www.staralliance.com/de mit Air Canada, Austrian, United Airlines, Lufthansa, SAS und Swiss oder **One World** (www.oneworld.com) mit American Airlines, British Airways und Iberia. Für Leute, die regelmäßig mit einer bestimmten Gesellschaft (bzw. Gruppe) fliegen, lohnt es sich, gratis Mitglied eines **Frequent Flyer-Programmes** zu werden.

Hauptflughäfen an der Ostküste

An der Ostküste sind New York, Boston, Washington und Atlanta die Hauptflughäfen. *United Airlines* (UA) und *Lufthansa* (LH) fliegen z.B. von München und Frankfurt **direkt** Washington an, ebenso geht es von Zürich und Wien dorthin. Ebenso wird New York von verschiedenen amerikanischen Fluggesellschaften nonstop angesteuert und auch **Charlotte** wird als wichtiger Wirtschaftsstützpunkt von mehreren Gesellschaften bedient (LH/AA).

Europäische Gesellschaften wie *SAS, BA, Air France, KLM* und *Icelandair* fliegen **mit Zwischenstopps** aus Deutschland die erwähnten Städte im Reisegebiet an. Im Südosten ist Atlanta Drehkreuz von *Delta Airlines* und deshalb direkt von Deutschland (München, Stuttgart und Frankfurt) aus erreichbar. Auch *LH* fliegt von Frankfurt aus Atlanta an. Discover (ehem. Eurowings) hat Ziele in Florida, u.a. Fort Myers oder Tampa, im Programm und fliegt auch nach Philadelphia. Condor nach Boston, Washington, Baltimore oder NY.

Preise und Bedingungen

Die Flugpreise hängen von mehreren Faktoren ab, wobei generell Flüge in der Nebensaison, vor allem im zeitigen Frühjahr oder im späten Herbst, günstiger sind als solche in der Hauptsaison. Auch Ferienzeiten bzw. Feiertage und Wochenende sollte man meiden. Als **Hauptreisezeit** gelten die Sommermonate (ab Mitte Juni/Anfang Juli bis Ende August/Anfang September), als Zwischensaison die Zeit um Pfingsten und Weihnachten sowie die Monate September und Oktober, allerdings variiert das je nach Ziel. Die Höhe von Umbuchungs- und Stornierungskosten, bestimmten Zuschläge, Gepäckkosten oder Sitzplatzreservierungsgebühren schwanken.

Fluggesellschaften unterscheiden sich nicht nur darin, von wo aus sie wohin, wann und wie oft fliegen, sondern auch darin, wie viele und welche Zwischenstopps sie einlegen. Davon hängt wiederum die Höhe der Steuern und Gebühren ab. Unterschiedlich wird überdies gehandhabt, ob bzw. zu welchem Aufpreis Gabelflüge möglich sind. Das ist wichtig, wenn man eine Rundreise plant und auf (meist) relativ teure Inlandsflüge bzw. auf sog.

Airpässe, die eine bestimmte Anzahl an Gutscheinen für eine bestimmte Zielregion und Dauer umfassen, verzichten möchte.

Die **Preise** für einen Flug an die Ostküste beginnen inklusive aller Steuern und Versicherungen im günstigsten Fall und in der NS bei ca. 600 €. Im Allgemeinen muss man eher mit Summen um die 800–900 € rechnen, im Sommer mit mehr.

Preiswerte **Last-Minute-Flüge** offerieren spezialisierte Reisebüros, z. B. *Travel Overland* (www.travel-overland.de), www.mcflight.de und www.flug.de. Im Internet bieten „Broker“ wie www.expedia.de oder www.opodo.de günstige Tarife. Über **Ermäßigungen für Jugendliche und Studenten** sowie über die unterschiedlich gehandhabten Bedingungen für Kinder informieren Fluggesellschaften bzw. Reiseveranstalter.

Fotografieren

Kamerazubehör wie Speicherkarten, Batterien und Akkus für Digitalkameras sind in Fotoläden, Elektronikshops und auch in den Fotoabteilungen von Drugstores und Supermärkten zu bekommen. Dort gibt es häufig auch digitalen Druckservice, *photo kiosks*. Mitgebrachte Ladegeräte müssen „reisetauglich“, d. h. der anderen Spannung angepasst sein, zudem ist ein Adapter für die anderen Steckdosen nötig. Lose (Ersatz-) Batterien müssen ins Handgepäck.

Flugverkehr auf dem Dulles Airport in Washington

Kameras und Zubehör sind in den USA **preiswerter** als hierzulande; beim Kauf ist allerdings zu prüfen, ob die Garantie weltweit gilt und ob die Stromspannung von Netzgerät und sonstigem Zubehör passt bzw. angepasst werden kann. Zum annoncierten Preis muss noch die Steuer addiert werden, außerdem u. U. Zoll am deutschen Einreiseflughafen.
In Museen und manchen anderen Sehenswürdigkeiten sowie im Umkreis von militärischen Anlagen ist **Fotografieren verboten** bzw. nur zu Privatzwecken, ohne Blitz und Stativ, erlaubt. Bei Personenaufnahmen ist **Respekt** oberstes Gebot.

Geld

Bargeld

Obwohl man heute nur noch selten Bargeld benötigt, sollte man einen gewissen Dollarbetrag, v. a. Kleingeld, in der Tasche haben, z. B. um am Flughafen eine Zeitung kaufen zu können sowie für den Gepäckwagen oder den Getränkeautomaten. Der Umtausch von € oder CHF in US $ ist an Flughäfen, in speziellen Wechselstellen oder Banken grundsätzlich kein Problem, lediglich können die Kurse ungünstiger sein, Gebühren anfallen und kann die ganze Prozedur zeitaufwändig sein. Größere Summen Bargeld kann man sich in den USA (gegen unterschiedliche Gebühr) am Automaten per Karte beschaffen. Beim Abheben von Bargeld wird manchmal die Abrechnung in Euro angeboten (*Dynamic Currency Conversion*). Meist wird dabei ein ungünstiger Wechselkurs zugrunde gelegt und eine Abbuchung in Dollar ist vorzuziehen, da dann der offizielle Devisenkurs gilt.

Währung

1 Dollar ($) = 100 Cent (c.)
An Münzen gibt es Penny (1 c.), Nickel (5 c.), Dime (10 c.), Quarter (25 c.). Selten sind hingegen 50 c. (Half Dollar) und Dollarmünze. An Scheinen sind $ 1, 5, 10, 20, 50, 100 und – theoretisch – auch $ 500 und $ 1000 in Umlauf. Scheine über $ 20 sind den meisten Amerikanern suspekt, und es kann Probleme geben, mit einer $ 50-Note bar zu bezahlen.

- **Aktuelle Wechselkurse** finden sich im Internet: www.xe.com

Debitkarte („girocard“)

Diese Karten sind für den Einsatz im außereuropäischen Ausland oft gesperrt, dazu ist der Verfügungsrahmen meist eingeschränkt. Mit der Abschaffung der Maestro-Funktion im Sommer 2023 entfiel auch deren weltweite Nutzungsmöglichkeit. Die von vielen deutschen Banken ausgegebenen **VPAY-Karten** sind an Bankautomaten in den USA nicht einsetzbar, da die Automaten die Chips nicht lesen können.
Die neuen **Visa-Debitkarten** sind ein Mittelding zwischen Giro- und Kreditkarte und werden weltweit anerkannt. Allerdings sollte man sich vorher nach den anfallenden Gebühren erkundigen.

Kreditkarte

Als Tourist kommt man ohne Kreditkarte nicht aus, denn nur damit gilt man in den USA als kreditwürdig und kann z. B. eine verbindliche Zimmerreservierung vornehmen, Tickets via Telefon kaufen oder die nötige Kaution für einen Mietwagen stellen. **MasterCard und**

VISA sind die verbreitetsten Kreditkarten, seltener werden *American Express* und *Diners Club* akzeptiert. **Platin- oder Goldkarten** beinhalten oft Versicherungen und Notfallservice. Die getätigten Ausgaben werden unter Aufschlag einer **Umrechungsgebühr** von meist 1 % von einem eigens eingerichteten Konto abgebucht, auf dem für Notfälle immer ein Guthaben deponiert werden sollte. Gegen **Gebühr** von ca. $ 3–5 (wird angezeigt), je nach Bank und Kartentyp, kann man an beinahe jedem Bankautomaten auch Bargeld ziehen. Bei geplanten größeren Ausgaben und längerer Aufenthaltsdauer sollte man die Hausbank vor Reiseantritt informieren, dass nicht u. U. die Karte gesperrt wird. Ist die Karte mit einem Chip versehen, muss beim Bezahlen in Läden etc. die PIN eingegeben werden, andernfalls ist nur eine Unterschrift nötig.

Kreditkarten sind **versichert** und bei Verlust oder Diebstahl sorgt die Gesellschaft nach einem Anruf unter ihrer Notfallnummer (s. Kartenrückseite bzw. Merkblatt, vor der Reise notieren!) für Sperrung und raschen Ersatz (Infos: www.kartensicherheit.de). Es empfiehlt sich, die Hausbank vor einer längeren Reise zu informieren, damit bei vermehrten und höheren Abhebungen wegen Betrugsverdachts die Karte nicht gesperrt wird.

!!! Achtung: Kartensperrung

Für Deutschland gibt es eine einheitliche Sperrnummer:
☏ **0049-116116** und vom Ausland zusätzlich **0049** (**30**) **4050-4050**. Sie gilt mit wenigen Ausnahmen für alle Arten von Karten (auch Maestro und Kredit) und Banken sowie Mobilfunkkarten (Details im Internet unter www.sperr-notruf.de).

Sowohl für Karten von bisher nicht angeschlossenen Instituten als auch für österreichische und Schweizer Karten sind die gültigen Notrufnummern dem mit der Karte erhaltenen Merkblatt zu entnehmen oder bei der jeweiligen Bank vor der Reise zu erfragen und zu notieren.

Achtung: Mit der telefonischen Sperrung sind die Debit-und Kreditkarten zwar für die Bezahlung/Geldabhebung mit der PIN gesperrt, nicht jedoch für das Lastschriftverfahren mit Unterschrift, das aber zunehmend verschwindet. Daher ist eine Anzeige bei der Polizei nötig, um ggf. auftretende Ansprüche zurückweisen zu können.

Es empfiehlt sich, die Hausbank vor einer längeren Reise über den Abwesenheitszeitraum zu informieren, damit bei vermehrten und höheren Abhebungen die Kreditkarte nicht wegen Betrugsverdachts gesperrt wird.

Gesundheit

siehe auch „Notfälle" und „Versicherungen"

USA-Reisende sind **keinen besonderen Gesundheitsrisiken** ausgesetzt. Ernährungsbedingte Umstellungsprobleme sind selten, das Leitungswasser kann unbesorgt getrunken werden und besondere Impfungen sind ebenfalls nicht nötig. **Erkältungen** kommen aufgrund der Vollklimatisierung der Räume – *Air Conditioning* (*A/C*) – jedoch häufig vor. Eine Strickjacke oder ein Pullover in der Tasche können folglich ganzjährig nützlich sein.

Sauberkeit bzw. Keimfreiheit (*germ-free*) werden großgeschrieben, und ein eigenes Badezimmer gehört zu jedem noch so billigen Motel, ein passables WC zu jeder Raststätte oder Tankstelle. Allerdings sollte man nie nach der *toilet* fragen, ein WC heißt *restroom, ladies' room* oder *men's room, bathroom* oder *powder room.*

Im **Krankheitsfall** ist in den USA für rasche und effektive Behandlung gesorgt. An qualifizierten Ärzten (*physicians*) bzw. Zahnärzten (*dentists*) besteht kein Mangel. Der Spezialisierungsgrad ist hoch, die Konkurrenz groß. Namen und Adressen von Ärzten können leicht an der Hotelrezeption bzw. im Internet oder über die Gelben Seiten des Telefonbuchs herausgefunden werden. Hausbesuche sind unüblich und meist helfen in größeren Orten bzw. Städten *Health Care* oder *Family Centers* – Gemeinschaftspraxen ohne Terminvereinbarung („walk-in") weiter.

Wichtig

Im Notfall ruft man die Ambulanz (**911**) oder fährt zur Notaufnahme des nächsten Hospitals (*Emergency Room*).

Arzt-, **Medikamenten-** und **Krankenhauskosten** sind hoch und jeder Patient wird zunächst als Privatpatient behandelt. Der Nachweis der Zahlungsfähigkeit durch Kreditkarte ist üblich, und es muss für jeden Arztbesuch sofort bezahlt werden. Zu Hause erstattet die Reiseversicherung nach Überprüfung und gegen ausführliche Bescheinigung und Quittungen über Diagnose, Behandlungsmaßnahmen und Medikamente die Kosten zurück. Bei schweren Erkrankungen oder Unfällen sind zusätzlich der Notfallservice der Versicherung und ggf. Botschaft bzw. Konsulat zu kontaktieren.

Außer dringend benötigten (rezeptpflichtigen) **Medikamenten** (bei größeren Mengen ist eine englischsprachige Bescheinigung für den Zoll mitzuführen) sollte auch die übliche kleine Reiseapotheke mit. **Pharmacies** (Apotheken) existieren, vor allem in Form von Spezialschaltern (Prescriptions Counter) in Drugstores. Dort löst man ärztliche Verordnungen ein und erhält Beratung durch einen Apotheker. Zusätzlich gibt es, ähnlich wie in Supermärkten, ein preiswertes und rezeptfreies Grundsortiment an Arzneimitteln, darunter Standardmedikamente gegen Schmerzen, Durchfall oder Erkältungen. Manche Drogeriemärkte wie Walgreens bieten sogar eine „Clinic" mit Ärzten im Haus an.

Es empfiehlt sich, leichte (Baumwoll-)**Kleidung** mitzunehmen und diese ggf. in Schichten übereinander zu tragen. Regenschutz und feste Schuhe, aber auch Sonnenbrille, Mütze oder Hut gehören in den Koffer, außerdem ggf. Insektenschutzmittel (*bug revelant*) und Sonnenschutzmittel (*sunscreen, sun protection*) mit hohem Lichtschutzfaktor.

Informationen

Allgemeine reisepraktische Infos bzw. weiterführende Links finden sich unter **https://www.usa.gov/travel-and-immigration** und ganz besonders auf der offiziellen Reise- und Tourismus-Seite der USA, **www.visittheusa.de**. Letztere ist die Publikumsseite des US-Fremdenverkehrsamts, vermarktet durch **Brand USA**.

Die meisten der im Reisegebiet liegenden Staaten sind durch **deutsche PR-Agenturen** vertreten. Unten aufgelistet sind die Repräsentanzen in Deutschland, die auch für Österreich und für die Schweiz zuständig sind, des Weiteren die maßgeblichen Webseiten der hier beschriebenen Bundesstaaten in den USA. **Deutsch-Amerikanische Institute** bzw. Zentren existieren derzeit in Freiburg, Hamburg, Heidelberg, Kaiserslautern, Kiel, Köln, Leipzig, München, Nürnberg, Saarbrücken, Stuttgart und Tübingen (Adressen s. https://de.usembassy.gov/de/education-de/am-spaces-de/). Daneben gibt es beim ADAC allgemeines Informationsmaterial und Karten über verschiedene Regionen der USA.

Vor Ort helfen *Visitor Information Centers, Convention & Visitor Bureaus* (*CVB*) oder *Chambers of Commerce* weiter. An den Staatsgrenzen (an Interstate-Hwys.) gibt es *Welcome Center* – Besucherzentren, die mitunter noch Prospektmaterial, Karten etc. bereithalten und z. T. auch bei der Zimmerreservierung behilflich sind.

Neuengland-Staaten

Discover New England, Get It Across Marketing & PR, Neumarkt 33, 50667 Köln, ☏ (0221) 4767120, https://discovernewengland.org

New York/ New Jersey

New York City Tourism + Conventions, c/o AVIAREPS Tourism GmbH, Josephspitalstr. 15, 80331 München, ☏ (089) 552533 807, www.nyctourism.com

I Love New York, c/o. Wiechmann Tourism Service GmbH, Scheidswaldstr. 73 60385 Frankfurt a.M., ☏ (069) 255380, www.iloveny.com.
New Jersey, (https://visitnj.org) wird von derselben deutschen Agentur vertreten.

South Carolina

South Carolina Tourism Office, c/o ESTM E. Sommer Tourismus Marketing, Postfach 1425, 61284 Bad Homburg, ☏ (06172) 921604, https://discoversouthcarolina.com/deutschland

North Carolina, Tennessee, Georgia und Florida

Lieb/LMG Management, Bavariaring 38, 80336 München, ☏ (089) 689063860 bzw. (089) 4521 860, www.visitnc.com, www.tnvacation.com, www.exploregeorgia.org, www.visitflorida.com

Capital Region USA – Washington, D. C, Maryland, Virginia
Capital Region USA, c/o Claasen CommunicationGmbH, Breslauer Str. 10, 64342 Seeheim-Jugenheim, ☏ (06257) 68781, www.capitalregionusa.de, www.capitalregio nusa.org
Philadelphia und Countryside
Fremdenverkehrsamt Philadelphia, c/o Wiechmann Tourism Service, Scheidswaldstr. 73, 60385 Frankfurt/Main, ☏ (069) 255380, http://visitpa.com

Kartenmaterial

Neben der diesem Reiseführer beigelegten Reisekarte empfiehlt sich an Printmaterial der jährlich neu aufgelegte „Rand McNally Road Atlas", der auch hierzulande erhältlich ist (auch **Apps**), außerdem gibt es beim **ADAC** gratis Regionalkarten sowie allgemeine Infos („TourSets") zu Autoreisen in den USA.

Geo Center (www.geocenter.de) vertreibt topografische und geophysische Karten unterschiedlicher Maßstäbe; sie sind in gut sortierten Buchhandlungen erhältlich. AAA Offices helfen manchmal noch mit Karten weiter, Vieles ist heute im Internet herunterladbar, s. „Autofahren". **Überblickskarten** der einzelnen Bundesstaaten bzw. einzelner Städte gibt es im Internet bzw. bei Fremdenverkehrsämtern, VCs, Welcome Centers oder CVBs.

- **Im Internet** helfen bei der Reiseplanung: www.mapquest.com, www.randmcnally.com, www.google.de/maps

Maßeinheiten

Hohlmaße		**Längen**	
1 fluid ounce	29,57 ml	1 inch (in.)	2,54 cm
1 pint (16 fl. oz.)	0,47 l	1 foot (ft.)/12 in.	30,48 cm
1 quart (2 pints)	0,95 l	1 yard (yd.)/3 ft.	0,91 m
1 gallon (4 quarts)	3,79	1 mile/1760 yd.	1,61 km
1 barrel (42 gallons)	158,97 l		
Flächen		**Gewichte**	
1 square inch (sq.in.)	6,45 cm^2	1 ounce	28,35 g
1 square foot (sq.ft.)	929 cm^2	1 pound (lb.)/16 oz.	453,59 g
1 square yard (sq.yd.)	0,84 m^2	1 ton/2000 lb	907 kg

1 acre (4840 sq.yd.)	4046,8 m² o. 0,405 ha		
1 sq.mi. (640 acres)	2,59 km²		
Temperaturen			
23 °F	-5 °C	68 °F	20 °C
32 °F	0 °C	77 °F	25 °C
41 °F	5 °C	86 °F	30 °C
50 °F	10 °C	95 °F	35 °C
59 °F	15 °C	104 °F	40 °C

Medien

„**USA Today**" (www.usatoday.com) behandelt vor allem nationale Geschehnisse und verfügt über einen hervorragenden Sportteil sowie einen ausführlichen Wetterbericht. Renommiert und auch in Print noch häufig erhältlich ist die überregionale Tageszeitung „**New York Times**" (www.nytimes.com). Beliebte überregionale **Wochenmagazine** sind „Time" (https://time.com), „Newsweek" (www.newsweek.com) und „Fortune" (https://fortune.com).

Obwohl jedes noch so billige Motelzimmer über einen Fernseher verfügt, unterscheiden sich Empfang und Senderzahl enorm. Gängige **überregionale Sender** sind *NBC, CBS, ABC* und *Fox*, darüber hinaus gibt es Kabel- und Satellitensender, die je nach „Paket", das die Unterkunft gewählt hat, variieren. Im Stundentakt laufen auf festen Programmschienen dieselben Sendungen zur selben Zeit und am selben Tag. Den unabhängigen, überregionalen Sender ***PBS*** kann man mit den deutschen Bildungssendern wie *ARD Alpha, 3Sat* oder *Arte* vergleichen.

Viele Sender haben sich auf bestimmte Genres spezialisiert, z. B.
- Spielfilme: HBO, Hallmark Movie Channel, Fox Movie Channel
- Soap Operas: TNT, TBS
- Sport: ESPN
- Nachrichten: CNN, Bloomberg TV, ABC News
- Wetter: Weather Channel
- Natur, Abenteuer & Outdoors: Discovery Channel, National Geographic, Travel Channel
- Geschichte: History Channel
- Kochen: Food Network, Cooking Channel
- Comics/Cartoons: Disney Channel, Cartoon Network
- Musik: MTV, Great American Country

Im **Radio** dominieren die privaten Sender. Sie sind mehr oder weniger stark spezialisiert, z. B. auf Country, Jazz, Rock, Klassik, Sport, Talkshows oder Nachrichten, und je nach Finanzlage unterschiedlich stark von Werbung abhängig. Ein überregionaler

Bunte Zeitungslandschaft

Sender mit breit gefächertem Angebot ist ***National Public Radio*** (*npr*).

Mietwagen

siehe auch „Auto fahren“

Finanzielle und sicherheitstechnische Vorteile sprechen dafür, einen Mietwagen **bereits zu Hause zu buchen**, im Reisebüro oder Internet, besonders wenn die Mietdauer mindestens eine Woche beträgt. In der Regel sind die Tarife günstiger, v. a. weil in Europa die Versicherungspauschalen und sonstigen Gebühren bereits im Preis enthalten sind.

Normalerweise muss ein Wagen an ein und demselben Ort abgeholt und abgegeben werden, ansonsten fallen **Rückführgebühren** an, die sich je nach Veranstalter und Strecke unterscheiden. Allerdings gibt es Ausnahmen, z. B. zwischen bestimmten Flughäfen oder Städten, v. a. zwischen den Flughafenstationen an der Ostküste. Die einzelnen Anbieter unterscheiden sich jedoch diesbezüglich. Normalerweise fällt kein Aufschlag an, wenn an verschiedenen Stationen in derselben Stadt abgeholt/abgegeben wird. Ggf. sollte man vor Buchung prüfen, ob es am Ankunfts- bzw. Abflugort, vor allem an Bahnhöfen bzw. in Städten, tatsächlich eine Mietstation gibt, wo diese liegt und ob sie zur betreffenden Zeit geöffnet ist. Zahl und Verteilung der **Mietstationen** unterscheiden sich je nach Firma.

Im Laufe der letzten Jahre haben sich die Anbieter bezüglich der **Preise und Mietbedingungen** weitgehend angeglichen und alle sind dazu übergegangen, Pakete (z. B. Spar- oder Luxusvariante) anzubieten. Es gelten oft spezielle (höhere) Raten für „Jugendliche“ unter 25 Jahren. Alle Pakete schließen Vollkasko (*CDW/LDW – Collision/Loss Damage Waiver*), aber nicht immer pauschale Erhöhung der Haftpflicht-Deckungssumme (*ALI – Additional Liability Insurance*), auch LIS oder EP genannt und sämtliche Steuern und Zusatzgebühren (*taxes & fees*) sowie *unlimited milage* (freie Fahrmeilen) ein.

Bei der (selten nötigen) **Luxus/All-Inclusive-Version** sind u. a. die Kosten für einen Zusatzfahrer und oft eine Tankfüllung im Preis enthalten, außerdem Zusatzversicherungen (Insassen- bzw. Gepäckversicherung, *PAI – Personal Accident Insurance* oder *PEC – Personal Effects Coverage*), die oft jedoch schon durch bestehende Versicherungen oder den

Mietwagen

Versicherungsschutz von Gold-Kreditkarten abgedeckt sind. Vorher prüfen! Es gibt außerdem Pakete inklusive Navigator und es wird ein Pannenservice (*Emergency Roadside Assistance*) angeboten.

Die gekoppelte Buchung von Flug und Mietwagen oder auch Campern – **Fly & Drive** – kann ebenfalls eine Alternative sein. Große Reiseveranstalter bieten diese Kombination an, wobei man speziell in der NS, wenn Flüge günstig sind, das Angebot mit den Einzelpreisen vergleichen sollte.

Fahrzeugkategorien

Die großen Vermieter besitzen neuwertige Fahrzeugflotten meist spezieller Firmen. Ein bestimmter Wagentyp kann nicht reserviert werden, doch es ist vor Ort möglich, Wünsche zu äußern. An Flughäfen gibt es häufig Choice Lines, d.h. aus einer Reihe gleich kategorisierter Autos kann selbst ausgewählt werden. Alle Wagen haben Automatik, Airbags, Klimaanlage und CD-Player, *Cruise Control* (Tempomat), Servolenkung und -bremsung, meist auch Zentralverriegelung und automatisches Tages-Fahrlicht.

Bei der **Wahl der Kategorie** sollten v. a. Personenzahl, Art und Menge des Gepäcks und geplante Streckenlänge bzw. Fahrzeiten sowie Routen (Steigungen etc.) bedacht werden, bei längeren Touren evtl. auch der Benzinverbrauch, der bei asiatischen Automarken manchmal niedriger liegt als bei amerikanischen.

Die **Palette** reicht – bei unterschiedlichen Bezeichnungen je nach Anbieter – von Klein (*Economy, Compact*) über Mittel (*Intermediate* oder *Standard*) bis zu Groß (*Fullsize*) inklusive verschiedener SUV-Größen. Dazu gibt es eine Luxusversion (*Premium, Luxury* o. ä.) und je nach Firma *Minivan* oder *Station Wagon* oder auch *Cabriolet* und *Pick-up* (*Speciality*). Autos mit **Navigator** stehen ebenfalls zur Verfügung. Genaues Vergleichen lohnt sich, denn je nach Fahrregion ist z. B. ein *Intermediate SUV* nicht viel teurer als ein *Fullsize Car*, wobei Bequemlichkeit und Geländegängigkeit gegen höheren Spritverbrauch abzuwägen sind.

Tipp: Günstige Mietwagen

Abgesehen von überregionalen großen Anbietern wie *Avis*, *Alamo* oder *Hertz*, *Budget* oder *National* gibt es Vergleichsportale wie **www.mietwagen-broker.de** oder **www.billiger-mietwagen.de**, die oft günstige Konditionen im Internet, anbieten, z. B.:

- **ADAC**: https://autovermietung.adac.de/mietwagen
- **Auto Europe**: www.autoeurope.de
- **DERTour Cars**: www.dertour.de/mietwagen
- **FTI**: www.fti.de/mietwagen.html
- **Holiday Autos**: www.holidayautos.com/de
- **Sunny Cars**: www.sunnycars.de
- **TUI**: www.tui.com/mietwagen

Wagenübernahme

An jedem internationalen Flughafen befinden sich Niederlassungen der großen Mietwagenfirmen, teilweise mit Schaltern im Flughafen, an dem die Formalitäten erledigt werden und von wo aus kostenlose Shuttlebusse den Kunden zum Parkplatz bringen; manchmal befinden sich auch nur dort Schalter. *Rental Car Return* ist an allen Flughäfen gut ausgeschildert, und die Rückgabe verläuft i. d. R. unkompliziert und schnell, meist direkt am Auto per Handcomputer.

Am Schalter muss außer Namen, Ausweis und der **Reservierungsnummer** bzw. dem Voucher eine **Kreditkarte** zur Stellung der Kaution und Begleichung sonstiger anfallender Kosten vorgelegt werden. Dazu kommen der **Führerschein** (ein internationaler ist kein Muss, im Allgemeinen eher wenig hilfreich und alleine ungültig!) und Heimatadresse, Mobile-Phone-Nummer und die erste Adresse in den USA. Man vereinbart, sofern nötig, vor Abfahrt noch Zusatzversicherungen und mietet Sonderzubehör wie Kindersitz oder Dachgepäckträger.

Der **Mietvertrag** muss mehr oder weniger aufwendig per Initialen (z. B. Ablehnung von Zusatzversicherungen oder Tankfüllung) und/oder Unterschrift bestätigt werden. Sicherheitshalber sollte man einen Blick auf die auf dem Mietvertrag angegebene **Rückgabezeit** werfen, da sich hier gerne „Fehler" einschleichen. Jede Verspätung von mehr als einer halben Stunde geht nämlich ins Geld.

Leider mit meistens nur einem Funkschlüssel (bzw. zwei bombenfest miteinander verbundenen Autoschlüsseln) geht es zum Parkplatz bzw. zur entsprechenden Reihe mit gleichkategorisierten Autos. Bei freier Auswahl – **choice line** – sollte man auf möglichst geringen Tachostand, Reifenzustand, Sauberkeit, Kofferraumkapazität und *Cruise Control* achten. **Vor Fahrtantritt** ist kurz der äußere Zustand, insbesondere die **Reifen** sowie die **Funktionstüchtigkeit** von Lichtern, Blinker, Scheibenwischern, Gurten, Fensterhebern und Zentralverriegelung zu prüfen. Außerdem ist es sinnvoll, gleich nach Motorhauben- und Kofferraumöffner, Hebeln für Sitz- und Spiegelverstellung sowie Tankverschluss Ausschau zu halten sowie die Tankanzeige zu kontrollieren. Es gibt, wenn überhaupt, größtenteils nur eine knapp gehaltene Bedienungsanleitung im Fahrzeug.

Direktbuchung vor Ort
Ein Leihwagen kann auch kurzfristig vor Ort, gleich am Flughafen (Servicetelefone) oder in der Stadt, gechartert werden; **Mindestalter** ist meist 21 Jahre (unter 25 fällt ein Zuschlag an). Direktbuchung ist jedoch **meist teurer**, wobei man wegen Service, Sicherheit, Fahrzeugflotte und Netz die großen Anbieter den kleineren, lokalen Firmen vorziehen sollte. Vor allem ist darauf zu achten, ob *unlimited milage* und *CDW/LDW* (*full coverage*/Vollkasko) im genannten Preis enthalten sind. Man kann zudem nach „Specials" (z. B. *Weekend/Senior/AAA-Special*) fragen. **Reservierung** ist sinnvoll.

- **Alamo**: ☏ 1 (844) 354-6962, www.alamo.com
- **Avis**: ☏ 1(800) 633-3469 www.avis.com
- **Budget**: ☏ 1 (800) 218-7992, www.budget.com
- **Dollar**: ☏ 1 (866) 776-6667, www.dollar.com
- **Enterprise**: ☏ 1 (855) 266-9289, www.enterprise.com
- **Hertz**: ☏ 1 (800) 654-4173, www.hertz.com
- **National**: ☏ 1 (844) 382-6875, www.nationalcar.com

 **Hinweis**

Eine Vielfalt an Auto-Rundreisen wird in den Katalogen vieler Veranstalter angeboten, z. B. von *Canusa* (www.canusa.de) oder *America Unlimited* (www.america-unlimited.de).

Museen und andere Sehenswürdigkeiten

siehe auch „Natur- und Nationalparks", „Eintritt" und „Öffnungszeiten"

Der amerikanische Osten ist **reich an Kultur**, und Museen verschiedenster Thematik und Gestaltung sind überall zu finden: Kunstmuseen, historische Museen – dazu gehören auch sogenannte *Living-History*-(Open-Air-)Museen – und naturwissenschaftliche Museen, meist hands-on, d. h. mit interaktiven Ausstellungsstücken. Dazu kommen Spezialmuseen wie *Sports Halls of Fame*, Raumfahrtmuseen, Planetarien etc., Geburts- und Wohnhäuser (*Historic Homes*) berühmter Persönlichkeiten (z. B. Künstler), Plantagenhäuser und Gartenanlagen. Der Osten ist reich ausgestattet mit Relikten des Revolutionskrieges, weiter südlich sind es vor allem Bürgerkriegsschlachtfelder, beides häufig kombiniert mit regelmäßig stattfindenden *re-enactments* (nachgestellten Schlachten oder anderen historischen Ereignissen).

Nahverkehr

Der öffentliche Nahverkehr ist in den Städten des Ostens **hervorragend ausgebaut** und bietet sich dort anstelle eines Autos zur Erkundung und Besichtigung an. Voraussetzung für die Benutzung von Bahnen und Bussen ist ein Routenplan und etwas Orientierungssinn, außerdem bei Einzelfahrten Kleingeld, da Tickets meist vorher am Automaten gekauft oder der Betrag abgezählt beim Fahrer bezahlt werden muss. In vielen Städten gibt es günstige Tages-, Mehrtagestickets oder Wertkarten. Details zum Nahverkehr finden sich in den „Reisepraktischen Informationen" am Ende der jeweiligen Kapitel.

Natur- und Nationalparks

siehe auch „Camping“

Im Osten der USA gibt es, abgesehen von den *Everglades* an der Südspitze Floridas, nur **drei National Parks**: den im äußersten Nordosten, in Maine, gelegenen Acadia NP, den Shenandoah NP in Virginia und den Great Smoky Mountains NP im Grenzgebiet Tennessee/North Carolina. Es existieren darüber hinaus mehrere, vor allem historische „Schutzgebiete“, die dem 1916 gegründeten *National Park Service* (NPS) unterstehen. Insgesamt umfasst der NPS über 400 *National Parks, Forests, Monuments, Battlefields, Historic Sites, Recreation Areas* und ähnliche geschützte Areale. Rechtzeitige Vorausbuchung von Unterkünften bzw. Campingplätzen ist dort v. a. in der HS (Juli/August) nötig.

i National Parks

- **www.nps.gov** – offizielle Seite des *National Park Service* mit Links zu den einzelnen Parks
- **www.nationalparks.org** – Website der *National Park Foundation*
- **www.recreation.gov** – Seite der USGS (U.S. Geological Survey), Suchmaschine für alle staatlichen Erholungseinrichtungen, Touren, Campingplätze, Aktivitäten u. a. Angeboten.
- **www.ohranger.com** – Infos zu allen Parks und *public lands* online, eher Blog mit Fragen und Antworten, nach Staaten sortiert.
- **www.nationalparkreservations.com** – privates Reservierungssystem (Gebühr!)

Der **Eintritt** wird im Allgemeinen pro (Privat-)Fahrzeug berechnet, im Regelfall inklusive vier Insassen. Die Gebühr liegt bei $ 5–30 (bei den großen NPs in der HS bis $ 70) je nach Park und mit dem erhaltenen Kassenbon an der Windschutzscheibe darf man meist 7 Tage im Park bleiben bzw. beliebig ein- und ausfahren. Wer im selben Jahr mehrere Parks besuchen möchte, sollte einen *America the Beautiful* (*Annual*) *Pass* kaufen. Er kostet derzeit $ 80 und gilt ein ganzes Jahr in allen amerikanischen Nationalparks u. a. staatlichen Naturschutzgebieten für drei Insassen eines Fahrzeugs über 16 Jahren; Kinder unter 15 sind gratis. Der Pass kann im Internet unter **https://store.usgs.gov/pass/index.html** erworben werden.

In den meisten *National Parks* oder *Forests* gibt es kostenpflichtige **campgrounds** oder **campsites** meist einfacher Ausstattung in reizvoller Lage. Sie sind in der Hochsaison schnell gefüllt, zumal oft das System **first-come, first-served** gilt und nur ein Teil über einen zentralen Reservierungsservice (s. oben) gebucht werden kann. Oft besteht darüber hinaus die Möglichkeit zu kostenlosem *backcountry camping* nach Einholen einer Erlaubnis (*permit*). Bei weitem nicht alle Parks verfügen über **Herbergen** innerhalb der Parkgrenzen. Sofern solche oft rustikalen Unterkünfte (*lodges, cabins*) vorhanden sind, müssen diese langfristig vorher gebucht werden. Zusätzlich empfiehlt es sich, die Verfügbarkeit und Buchungsoptionen für Übernachtungsmöglichkeiten regelmäßig zu überprüfen und frühzeitig zu planen, um eine reibungslose Reise zu gewährleisten.

Notfall, Notruf

siehe auch „Auto fahren", „Botschaften und diplomatische Vertretungen", „Geldangelegenheiten", „Gesundheit", „Sicherheit" und „Versicherungen"

Schauplatz einer der letzten Schlachten des Unabhängigkeitskriegs in Yorktown

Im Notfall, egal welcher Art, hilft ein Polizist (*cop*), das nächste Polizeirevier (*Operator* 0), die gebührenfreie Emergency Number **911** (Notrufzentrale) oder die deutschsprachige Notfall-Telefonnummer des **ADAC: + 49 (89) 22 2222.**

Bei **Diebstahl oder Verbrechen** ist im nächsten Polizeirevier Anzeige zu erstatten, denn nur bei Vorlage eines Polizeiprotokolls ersetzen Versicherungen den erlittenen Verlust. Ebenfalls zu melden ist der Vorfall bei der betreffenden Stelle, wie Botschaft oder Bank, möglichst mit Nummern bzw. Kopien der entsprechenden Papiere. Bei Verlust der Kreditkarte oder der Reiseschecks muss umgehend die Sperrung veranlasst werden, meist möglich über die einheitliche Sperrnummer 0049-116116 bzw. im Ausland zusätzlich 0049 (30) 4050-4050 (s. S. 103). Eine Ersatzkarte wird normalerweise innerhalb von 24 Stunden zur Verfügung gestellt.

Wird im Notfall **Geld benötigt**, hilft dank ihres Verfügungsrahmens und des schnellen Ersatzes die Kreditkarte weiter, wobei allerdings mit dieser pro Transaktion bzw. Woche nur ein festgelegter Höchstbetrag bar abgehoben werden kann. Je nach ausgebender Bank und Art der Karte bzw. Konditionen gilt ein Tageslimit von ca. 500–1000 €, so lange, bis der vorgegebene Kreditrahmen ausgeschöpft ist. Größere Geldsummen kann man sich weltweit über **Western Union** von zu Hause schicken lassen. Der Sender muss dazu bei einer Vertretung – z. B. Postbank oder ReiseBank an vielen Bahnhöfen, Flughäfen etc. – ein Formular ausfüllen und den Code der Transaktion in die USA übermitteln. Mit dieser Nummer und dem Reisepass erhält man in einer beliebigen Vertretung von *Western Union* (www.westernunion.com) das Geld binnen Minuten ausgezahlt.

Bei schwerer Erkrankung, Unfall oder schwerwiegenden Verbrechen sind außer dem **Notfallservice der Versicherung** ggf. Botschaften bzw. Konsulate zu informieren. Sie stellen bei Passverlust nach Klärung der Identität ein Ersatzdokument aus und sind auch sonst vermittelnd behilflich.

!!! Wichtig: Checkliste

- **Kreditkarte** mitnehmen, Geld auf dem Kreditkarten-Konto deponieren. Evtl. Bank über Abwesenheit und mögliche höhere Abhebungen informieren.
- **Reiseversicherung**, vor allem Auslandsreise-Krankenversicherung, abschließen.
- **Notrufnummern** notieren und **Kopien** bzw. Scans aller wichtigen Dokumente (Pass, Versicherungsschein, Führerschein etc.) anfertigen.
- **Originaldokumente** sicher am Körper tragen oder, wenn möglich, im Hotelsafe deponieren.

Öffnungszeiten

In den USA gibt es kein verbindliches Ladenschlussgesetz und manchmal gilt „24/7“, d. h. Betrieb rund um die Uhr an sieben Wochentagen. Selbst an Sonn- und Feiertagen sind viele Läden, vor allem Supermärkte und Malls (Einkaufszentren) sowie touristische Shops, geöffnet.

In der Regel sind Geschäfte je nach Art und Größe sowie Viertel wie folgt geöffnet:

- Läden (allgemein): meist 9/10–18/19 Uhr
- Kaufhäuser/Malls: 10–19/20 Uhr, So meist 11/12– 17/18 Uhr
- Restaurants: warme Küche ca. 12–14 und 18–21/22 Uhr
- Supermärkte mind. 8–20 Uhr, manchmal 24 Std.
- Bürozeiten: Mo–Fr 9–17 Uhr
- Banken: werktags 10–14/15 Uhr
- Postämter: Mo–Fr 8/9–17, Sa oft nur bis 13/14 Uhr
- Tankstellen und Fastfood-Ketten: mind. 8–20 Uhr, oft bis Mitternacht oder sogar 24 Std.
- Museen und Sehenswürdigkeiten 10–17 Uhr (häufig außer Mo). Genaue Öffnungszeiten finden sich in den jeweiligen Kapiteln im Routenteil. Bei **Angabe mehrerer Öffnungszeiten** bezieht sich der längere angegebene Zeitraum auf die HS von Memorial Day (letzter Mo im Mai) bis Labor Day (1. Mo im Sept.), der kürzere auf die NS.

Post

Postämter sind wie hierzulande rar geworden, aber man benötigt sie im Allgemeinen nur zum Kauf von Briefmarken, sofern man noch nostalgisch Ansichtskarten schreibt. Ein Brief oder eine Karte nach Europa benötigt im Schnitt eine Woche. Standardsendungen (*First-Class Mail*) sind preiswerter als die schnellere *Priority Mail* oder *Express*.

Bei **amerikanischen Adressangaben** müssen der Bundesstaat sowie die Postleitzahl hinter dem Ortsnamen angegeben werden. **Briefkästen** sind blau-rot mit der Aufschrift „USMAIL".

Postgebühren (Stand: Frühjahr 2024)
- **Europa**: Karten/Briefe bis 1 oz (28 g) $ 1,55 (jedes weitere oz: $ 1,26)
- **Inland** (*first-class*): Briefe bis 1 oz (28 g) 68 c, jedes zusätzliche oz kostet weitere 24 c, Karten 53 c.

Rauchen

Das Rauchen ist auf den meisten öffentlichen Plätzen, in öffentlichen Gebäuden und Einrichtungen, in Nahverkehrsmitteln, Zügen, Taxis und Flugzeugen, in Büros, Geschäften, Theatern, Museen oder Kinos, aber auch in Restaurants und Bars unter Strafe verboten. Selbst in offenen Sportstadien ist Rauchen, wenn überhaupt, nur in markierten Arealen (*designated areas*) erlaubt. Auch an Stränden und in Parks – insbesondere den Nationalparks – gilt ein striktes Rauchverbot. Hotels, die 100 % *non-smoking* sind, gibt es vermehrt, und Inns oder B&Bs erlauben Rauchen nur im Freien. Zu finden sind – je nach Ort – noch Raucher-Lounges, Clubs oder Bars mit Patios, wo Rauchen noch erlaubt ist.

Reisezeit

Das beschriebene Reisegebiet hat eine **enorme Nord-Süd-Ausdehnung**: vom 45. Breitengrad (Maine) bis zum 30. Grad (Nordflorida), und entsprechend **unterschiedlich** sind Klima und empfehlenswerte Reisezeiten. Nach Süden zu verlängert sich einerseits die Reisesaison, andererseits sind dort Aufenthalte im Hochsommer weniger empfehlenswert. Pauschal kann gesagt werden, dass für den **Nordosten** (nördlich von Washington) die Monate Mai bis Oktober die geeignetsten sind, wobei die Naturregionen im Herbst das prächtigste Farbspiel (*Indian Summer*) bieten. Allerdings können auch die Wintermonate mit viel Schnee ihren Reiz haben. Die **südliche Ostküste** bereist man am besten im Frühjahr oder Herbst, je nach Region, Ende März bis Mai oder Sept. bis Ende Oktober bzw. Anfang November. Vielfach gibt sich das Frühjahr launischer als der Herbst, für den längere Schönwetterperioden und höhere Wassertemperaturen sprechen, andererseits aber ist die geringere Tageslänge ein Argument dagegen.

Eine Rolle bei der Zeitplanung spielt auch die **Art des Reisens**: Wer zeltet oder im Camper unterwegs ist, wird anders planen als ein Hotelgast, der vor allem Städte besucht. Gleiches gilt für sportlich Aktive, für Wanderer und Wassersportler, Baderatten oder Golfer. Zu bedenken ist überdies, dass in der NS Flüge, Leihwagen oder Camper preiswerter sind als in der HS und dass dann und während der **amerikanischen Ferienzeit** vom letzten Montag im Mai (*Memorial Day*) bis zum ersten Montag im September (*Labor Day*) Hotels, Strände, Campingplätze, Naturparks und andere Sehenswürdigkeiten überfüllt sein können.

Sicherheit und Verhaltensregeln

siehe auch „Notfall, Notruf“

Die USA sind **nicht krimineller oder gefährlicher** als jede andere Reiseregion. Locker baumelnde Handtaschen und aufwendige Fotoausrüstungen, dicke Brieftaschen oder lose Scheine in Gesäßtaschen und teurer Schmuck sowie unbeaufsichtigtes Reisegepäck stellen überall auf der Welt ein potenzielles Risiko dar. Originaldokumente sollten am Körper (Brustbeutel, Gürteltasche o. Ä.) getragen oder, wenn möglich, im Hotelsafe deponiert werden. Es empfiehlt sich, nur eine kleine Bargeldmenge mit sich herumzutragen. Sinnvoll ist es, Kopien bzw. Fotos aller wichtigen Dokumente (Pass, Versicherungsscheine, Führerschein etc.) anzufertigen und sämtliche Nummern und Telefonnummern aufzuschreiben.

Bei Massenveranstaltungen, Menschenaufläufen oder in öffentlichen Verkehrsmitteln ist **Taschendiebstahl** (*pick pocket*) ein häufiges Delikt. Mit vollgepacktem Mietwagen (auf nicht einsehbaren Kofferraum achten!) sollte man möglichst überwachte Parkplätze bzw. Parkgaragen aufsuchen; bei langsamer Fahrt, speziell bei Nacht, die Türen des Wagens verriegeln und die Fenster schließen. Ein Navigator bzw. gutes Kartenmaterial und Kartenstudium vor der Abfahrt sollten selbstverständlich sein.

In **M/Hotels** sollte man Spione, mehrfache Schließanlagen, verschließbare Verbindungstüren sowie das Angebot, Wertgegenstände im Safe zu deponieren, nutzen. Serviceschilder (wie „Service, please!“) besser nicht an die Türklinke hängen, da sie lediglich anzeigen, dass niemand da ist.

Folgt man den in den Reisekapiteln gegebenen Tipps und Vorschlägen, lässt sich weitgehend vermeiden, dass man in **bad neighborhoods** gerät. Ggf. weitergehen oder -fahren, bis man wieder in belebteres Areal kommt, und ev. in einem Laden oder Lokal nach dem Weg fragen. Auch Parks, dunkle Parkgaragen und Unterführungen sollte man nach Einbruch der Dunkelheit (besonders allein) meiden und lieber Umwege oder Taxikosten in Kauf nehmen. In U-Bahn-Stationen gibt es meist gesondert gekennzeichnete und kameraüberwachte Sicherheitsbereiche (*offhour waiting areas*) und die Zugbegleiter (*attendants*) haben eigene Kabinen in der Mitte des Zuges.

Sport und Freizeit

Sportfans kommen im amerikanischen Osten voll auf ihre Kosten – von Wassersport und Angeln über Wandern und Biking, Skifahren und Langlauf bis hin zu Reiten, Golf und Tennis ist alles geboten. Ein besonderes Erlebnis ist der Besuch einer großen Sportveranstaltung, und da ist die Palette ebenfalls breit.

Über die **Wanderwege** in den Appalachen und den berühmten *Appalachian Trail* informiert z. B. der *Appalachian Mountain Club* (www.outdoors.org, s. auch S. 43, 303). In den Neuenglandstaaten kommen auch **Skifreunde** auf ihre Kosten, hauptsächlich im Staat Vermont und dort speziell in Stowe, Mount Snow, Smuggler's Notch, Stratton oder Killington. Sugarloaf im Carrabassett Valley und Sunday River in Bethel (beide Maine) oder Loon Mountain in Lincoln und das Waterville Valley (beide New Hampshire) sind weitere beliebte Skigebiete.

• **Infos**: www.onthesnow.com/new-england/ski-resorts.html oder www.alpinezone.com

Die Ostküste ist ein Paradies für **Segler** und solche, die sich den Wind um die Ohren wehen lassen möchten. Für erfahrene Segler gibt es u. a. in Neuengland Gelegenheit, sich eine Yacht zu mieten. Außerdem stehen vielerlei Segeltörns auch für Ungeübte im Angebot (siehe z. B. www.discovernewengland.org/trip-ideas/maritime-adventures).

Zuschauersport

Es gibt in den Metropolen Profiteams der **vier „Nationalsportarten"** – American Football, Baseball, Basketball und Eishockey –, außerdem **College Sport** und natürlich auch **Fußball** (*soccer*). Der Besuch einer Sportveranstaltung bedeutet Spaß für die ganze Familie, mehrere Stunden Unterhaltung und Show mit Wettbewerben und Verlosungen, Musik, Tanz, *tailgate parties*, Hot Dogs oder BBQ.

American Football: Profiteams der NFL (*National Football League* – www.nfl.com) spielen sonntags zwischen September und Dezember in Boston, New York (zwei Teams), Philadelphia, Baltimore, Washington, Charlotte, Atlanta und Jacksonville.

Baseball: Profiteams der beiden Ligen (*AL – American League* und *NL – National League*) des MLB (*Major League Baseball* – www.mlb.com) tragen ihre Spiele zwischen April und Anfang Oktober in Boston, New York (zwei Teams), Philadelphia, Baltimore, Washington und Atlanta aus. Außerdem lohnt ein Besuch bei einer der zahlreichen *Minor League*-Mannschaften (Nachwuchs-Profiteams) der drei Klassen A, AA und AAA, die es fast in jeder größeren Stadt gibt.

Im Barclays Center spielen die Brooklyn Nets und die New York Islanders

Basketball: Profiteams der NBA (*National Basketball Association* – www.nba.com) spielen zwischen Ende Oktober und April in Boston, New York (zwei Teams), Philadelphia, Washington, Charlotte, Atlanta und Orlando.
Eishockey: die Profiteams der weltbesten Liga NHL (*National Hockey League* – www.nhl.com) kann man zwischen Oktober und April in Boston, New York (zwei Teams), New Jersey, Philadelphia, Washington und Raleigh/NC sehen.
Soccer/Fußball: Profiteams der MLS (*Major League Soccer* – www.mlssoccer.com) spielen zwischen Mai und Oktober in Boston, New York (zwei Teams), Philadelphia, Washington, Orlando und Atlanta.
Genauere Infos zu Teams und Spielstätten finden sich in den Reisepraktischen Informationen.

Sprache und Verständigung

Es dürfte schwierig sein, in den USA ganz ohne Englisch auszukommen, doch vermutlich ist eine Verständigung dort eher möglich als an vielen anderen Orten Europas. Die Fremdsprachenkenntnisse der Amerikaner sind gering, dafür sind Geduld und Freude über selbst rudimentäre Englischkenntnisse stark ausgeprägt.

Das Amerikanische weicht in mehreren Punkten vom Schulenglisch ab, es gibt **Unterschiede in Wortschatz, Grammatik und Aussprache**. Auffällig ist vor allem, dass viele Substantive auf -re (wie *centre* oder *theatre*) im Amerikanischen auf -er enden (*center, theater*) und *ou* zu *o* wird (*color, harbor*). Doppellaute (*travelling*) werden im Amerikanischen vereinfacht und es heißt *traveling*. Oft wird geschrieben wie gesprochen, z. B. *nite* für *night*.

Wo möglich, wird **abgekürzt**, z. B. *Xmas* (*Christmas*), *Xing* (*Crossing*), *u* (*you*) oder *4* (*for*). Außerdem unterscheiden sich **bestimmte Vokabeln** vom Oxford-Englisch, z. B. wird (engl.) *baggage* zu *luggage* (Gepäck), die *bill* zum *check* (Rechnung), der *policeman* zum *cop* (Polizist), *autumn* zu *fall* (Herbst), der *ground floor* zum *first floor* (Erdgeschoss), *petrol* zu *gas* (Benzin), *trousers* zu *pants* (Hosen) oder *holidays* zu *vacation* (Ferien, Urlaub).

Es gibt gewisse **Universalfloskeln**, die man sich angewöhnen sollte, da sie zum guten Ton gehören: „How are you today?“ ist eine Art Begrüßungsformel, auf die ein „fine“ oder „good“ meist genügt. Wer höflich ist, stellt die Gegenfrage. „Have a nice day (trip)“ dient der Verabschiedung, ebenso wie „It was a pleasure to meet/meeting you“. „I would appreciate it“ kann Bitte und Aufforderung zugleich sein, während man sich mit „I (really) appreciate it“ für einen Gefallen bedankt. „See you“ ist weniger eine Einladung als ein legerer Abschiedsgruß.

Small Talk ist ein beliebter Zeitvertreib. Man beginnt eine Unterhaltung über das Wetter, über die letzten Sportergebnisse oder über Herkunft und Reisen. Europäer sind ungeachtet aller Kontroversen in den letzten Jahren beliebt. „Good Old Europe“ ist ein Traumziel vieler Amerikaner.

Was die **Anrede** betrifft, sind viele Amerikaner sehr altmodisch: Frau Miller wird möglicherweise nach der Heirat offiziell mit Vor- und Nachnamen ihres Mannes: „Mrs.

Edwin L. Miller" angesprochen. Dabei wird Mrs. (Frau) nicht prinzipiell für verheiratete Frauen verwendet, gebräuchlicher ist, gerade bei jüngeren Frauen, das *Miss* oder im Schriftverkehr neutral *Ms.* zu verwenden.

Tipp

Im Reise Know-How Verlag gibt es in der Reihe „Kauderwelsch" zahlreiche Sprachführer Amerikanisch (auch digital und mit Aussprachetrainer).

Strom

Der amerikanische Haushaltsstrom hat eine **Wechselspannung von 110–115 V** (60 Hz). Daher müssen mitgebrachte Geräte umstellbar sein. Die besondere Form amerikanischer Steckdosen erfordert zudem einen Adapter, den man am besten schon von zu Hause mitbringt.

Telekommunikation

Das Telefonwesen liegt in den USA in den Händen privater Gesellschaften und das Telefonnetz ist das dichteste der Welt. Es gibt grundsätzlich **mehrere Möglichkeiten**, innerhalb der USA bzw. nach Europa zu telefonieren: von öffentlichen Apparaten, die jedoch selten geworden sind und sich eh nur für Ortsgespräche bzw. mit Telefonkarte eignen, vom Hotel aus (was ohne *Calling Card*, mit Ausnahme von Ortsgesprächen, teuer kommen kann) oder per „Handy" (korrekt: *Mobile* oder *Cell Phone*).

Um im Hotel eine Außenleitung zu bekommen, muss im Allgemeinen eine 9 oder 8 vorgewählt werden. Bei amerikanischen Telefonnummern folgt einem **dreistelliger Area Code**, der in manchen Bundesstaaten einheitlich ist, die normalerweise siebenstellige **Rufnummer**, manchmal auch als werbewirksame Buchstabenkombination angegeben: 2: ABC • 3: DEF • 4: GHI • 5: JKL • 6: MNO • 7: PRS • 8: TUV • 9: WXY

Formal wird unterschieden zwischen **local calls** (Ortsgespräche, meist 50 c.), *non-local* oder *zone calls* (im gleichen bzw. benachbarten Bundesstaat), *long-distance* (innerhalb USA) und **overseas calls** (z. B. nach Europa). Gebührenfrei, aber regional (oft auf den Bundesstaat) begrenzt, sind **1-800-Nummern** (neben 1-800 auch 1-833, 1-844, 1-855, 1-866, 1-877, 1-888). Diese können auch von Deutschland aus, allerdings dann kostenpflichtig, gewählt werden.

Mobile Phone und Internet

Mobile oder **Cell(ular) Phones** funktionieren in den USA gut, insbesondere in den Einzugsbereichen größerer Metropolen. Man sollte sich vor Reiseantritt bei seinem Provider nach Roamingpartnern erkundigen, um Kosten zu sparen. Auch die Rufumleitung auf die Mailbox sollte aus Kostengründen deaktiviert werden. Hohe Roamingkosten können mit einer **amerikanischen SIM-Karte** vermieden werden. Eine solche SIM-Karte gibt es z. B. bei Simly (www.simlystore.com). Man erhält eine amerikanische Rufnummer,

Trinkgeld ist in den USA nicht inklusive

unter der man für Jede/n erreichbar ist. Falls das Mobiltelefon verloren geht oder gestohlen wird, sollte man die Nutzung der SIM sofort beim Provider sperren lassen (vorher Nummern notieren!).

WiFi (deutsch: WLAN) ist in Hotels üblich, oftmals gratis, manchmal kostenpflichtig. Eine Gratis-Internetverbindung mit dem eigenen Gerät findet man häufig auf öffentlichen Plätzen, in öffentlichen Gebäuden (wie Museen etc.), in Bahnhöfen, Nahverkehrsmitteln, in Cafés, Lokalen und Geschäften.

!!! Wichtig: Telefonnummern

- Von den USA **nach Deutschland**: **01149** (aus dem Festnetz bzw. mit amerikanischen SIM-Karten) + Ortsvorwahl (ohne 0) + Teilnehmernummer; bei europäischen Telefonbetreibern (vorher beim Provider kundig machen) ist die Vorwahl meist 0049; **nach Österreich**: Ländervorwahl 01143; **in die Schweiz**: Ländervorwahl 01141
- Von Deutschland in die USA: **001**

Telefonkarten

In den USA gibt es Telefonkarten in Supermärkten oder Tankstellen zu kaufen. Bedingungen, Einwahlgebühren, Zuschläge, Abrechnungsweise, Gebühr, Gültigkeitsdauer etc. unterscheiden sich jedoch gravierend, und viele der Karten sind für Überseegespräche ungeeignet. Eine Übersicht zum Kartenangebot findet sich z. B. unter **www.callingcards.com**.

Trinkgeld

Trinkgeld – *tip* oder *gratuity* – ist in den USA nicht inklusive. Da die Löhne der Beschäftigten im Dienstleistungsgewerbe extrem niedrig sind, sind diese **auf Trinkgelder angewiesen**. Amerikaner achten genau auf die korrekte Höhe von mindestens 15, **eher 20 %**, die man zu den Kosten für die Mahlzeit (ohne Steuer) addiert. Etwa denselben Zuschlag erwarten Taxifahrer, und *bellboys* in Hotels bekommen je nach Gepäckmenge $ 1–2 pro transportiertes Gepäckstück. Für das Bereitstellen des Pkws in Hotels ist ebenfalls ein Trinkgeld fällig, auch an der Bar und für das Zimmermädchen.

Umgangsformen

siehe auch „Sprache und Verständigung"

Schlüsseleigenschaften der Amerikaner sind Freundlichkeit, Hilfsbereitschaft, Toleranz, Aufgeschlossenheit und Kontaktfreudigkeit. Man stellt sich ordentlich an, ist rücksichtsvoll und lässt anderen den Vortritt oder die Vorfahrt, wartet geduldig und gibt hilfsbereit Auskunft. Freundliche Gesichter in Läden sind für uns ebenso ungewohnt wie ehrlich gemeint. In den USA ist der **Kunde König** und wenn auch ein paar freundliche Worte nur Floskeln sind, machen sie das Klima angenehmer und erleichtern den Umgang. **Händeschütteln** ist nicht üblich, dafür werden gleich die Vornamen benutzt.

Die **amerikanische Art zu Essen** unterscheidet sich von unserer: Amerikaner schneiden mit dem Messer portionsweise vor und benutzen dann nur noch die Gabel. Statt beidhändig „europäisch" zu essen, bleibt eine Hand unter dem Tisch. Andererseits würde es keinem Amerikaner einfallen, Pizza oder Meeresfrüchte mit Messer und Gabel zu essen, nicht einmal in einem Top-Restaurant, wo man zudem einen *doggy bag* (meist eine Styroporbox) ohne schiefe Blicke – ebenso wie Leitungswasser als einzig konsumiertes Getränk – bekommt. Alkohol in der Öffentlichkeit zu trinken, und sei es auch nur eine Dose Bier, ist verpönt.

Bei Einladungen und in Restaurants achtet man streng auf **Kleidervorschriften** – *formal* (elegant), *smart/business casual* (ordentlich mit Hemd/Sakko) oder *casual* (leger). Genau nimmt man es auch mit dem Trinkgeld: Es wird meist auf den Cent genau, oft anhand von Tabellen, berechnet: Um die 18–20 % auf den Basispreis ohne Tax sind meist die gängige Regel. Gibt es in einem Museum eine *suggested admission* (einen vorgeschlagenen Eintrittspreis), würde kaum ein Amerikaner es wagen, weniger zu bezahlen.

Unterkunft

In bestimmten Fällen kann es von Vorteil sein, ein Zimmer im Voraus, z. B. im Internet, zu buchen: bei später Ankunft in einer Stadt, während Großveranstaltungen, Messen oder an Feiertagen, im Umkreis von Top-Attraktionen und besonders in Nationalparks während der HS. Da sich zudem das Angebot der Reiseveranstalter auf Mittelklasse bis gehobene Kategorie, mit Schwerpunkt Standard- und Kettenhotels/-motels, konzentriert und daher die Kosten häufig höher sind, sollte man diese Alternative nur in o. g. Fällen wählen. Preiswerter kommt man meist bei Internetbrokern bzw. mit Buchung vor Ort weg.

Tipp: Hotelbroker

Am günstigsten ist meist **Hotelbuchung im Internet**, z. B. auf Portalen wie den folgenden:
- **www.expedia.de/hotels** und **www.booking.com** – weltweite Buchungsportale
- **http://de.hotels.com** – 24.000 Hotels weltweit
- **www.hrs.de** - weltweite Hotelreservierungen, außerdem Auskünfte zu Airports, Fluggesellschaften etc.
- **www.laterooms.com** – günstige Hotelzimmer, oft „last-minute", in den ganzen USA
- **www.hotelhunter.com** – Suchprogramm mit Vergleich diverser Angebote; ähnlich: **www.kayak.de**
- **www.travelcoupons.com** – App mit Hotelschnäppchen (für iOS und Android).

Zimmersuche vor Ort

Im „Normalfall" sollte es kaum Probleme geben, spontan ein Zimmer zu finden. Zum einen häufen sich an den Ausfallstraßen von Städten oder in der Nähe von Flughäfen die Reklameschilder und Plakate von M/Hotels unterschiedlichster Kategorien (das Schild *Vacancy* bedeutet, dass es noch freie Zimmer gibt), zum anderen helfen Recherchen im Internet. Seit Corona ist es jedoch schwieriger geworden, ohne Vorreservierung etwas zu finden.

Auch in **Welcome oder Visitors Centers** gibt es Hotellisten und Infomaterial; manchmal wird die Reservierung auch gleich vorgenommen. Ideal sind die dort erhältlichen **Couponhefte**. Anhand der nach Orten bzw. Regionen sortierten und mit Stadt- und Lageplänen versehenen Listen, kann man v. a. in der NS und an Werktagen günstige Schnäppchen, sogar in Hotels gehobener Kategorien, für eine Nacht machen. Man muss lediglich vorher telefonisch mit Hinweis auf den Coupon anfragen und reservieren.

Wer **telefonisch im Voraus** ein Zimmer reservieren möchte, muss häufig die Kreditkarte bereithalten. Sie garantiert das Zimmer und dem M/Hotel das Geld. Bei Nichterscheinen wird der Zimmerpreis abgezogen. Eine späte Ankunft (*late arrival*) sollte man ankündigen, denn ohne Kreditkarten-Garantie verfällt eine Reservierung meist nach 18 Uhr.

Die **Übernachtungspreise** schwanken naturgemäß je nach Lage, Ort und Qualität der Unterkunft. Auch saisonale Unterschiede – regional unterschiedlich und auch von Veranstaltungen und Events abhängig – können enorm sein. Automobilclub-Mitglieder sowie Senioren, Militärangehörige u.a. Gruppen erhalten oft Vergünstigungen. Die Übergänge zwischen den einzelnen **Herbergstypen** sind fließend und eine Kategorisierung nach Bezeichnungen ist kaum möglich. Motels und Motor Inns sind im Allgemeinen preiswerter (und schlichter) als Hotels. Hotels verfügen meist über eigene Gastronomie und Extras wie Fitnesscenter oder Pool, Bügeleisen, Safe, mehr TV-Programme etc.

Für kleines Geld bekommt man in den USA ein sauberes und großes, wenn auch (v. a. in Motels) uniform, **funktional-schlicht ausgestattetes Zimmer** mit Badezimmer, genügend frischen Handtüchern, mehr oder weniger lauter Klimaanlage, Telefon und TV (mit unterschiedlich großem Senderangebot) sowie je nach Region (kleinem) Swimmingpool.

Lobby des The Quirk in Richmond

Zum **Grundpreis**, der sich in Motels häufig auf eine Person bezieht (geringer Aufpreis für die zweite und weitere), kommt die **tax (Steuer)**. Ein Zimmer darf mit maximal vier Personen belegt werden. Kinder und Jugendliche bis zu einem gewissen Alter können gratis mit im Elternzimmer schlafen. Bei Motels ist **Check-in** ganztags möglich, wohingegen in Hotels die Zimmer meist erst ab 15 Uhr freigeben und in B&Bs von etwa 16 bis 20 Uhr bezogen werden können. **Check-out** ist normalerweise am Mittag. Im Motel muss in der Regel gleich beim Einchecken nach Ausfüllen des Anmeldebogens bezahlt werden. Im Hotel wird die Kreditkarte gespeichert und die entsprechende Summe bei Abreise inklusive evtl. Extras abgerechnet.

In **Motels** mit Außenkorridoren kann man zwischen *first* oder *second floor* wählen, wobei das Erdgeschoss zwar weniger Gepäckschlepperei bedeutet, aber andererseits lauter sein kann, da sich die Parkplätze direkt vor der Tür befinden. Man bekommt meist zum gleichen Preis one bed (king size 1,95 m) oder two beds (zwei queen-size-Betten von 1,40–1,50 m). Bei nur einem Bett ist meist Platz für Tisch und Stühle oder eine Couch.

Immer häufiger ist in (Ketten-)M/Hotels ein **kostenloses kleines Frühstück** im Preis inbegriffen, meist mit Kaffee und Gebäck („continental breakfast"), manchmal sind es aber auch volle Frühstücksbuffets mit Eiern, Waffeln oder Pancakes. Local calls sind häufig gratis.

Kettenmotels und -hotels

Die Qualität der Motels/Hotels kann selbst innerhalb derselben Kette, abhängig vom Alter des Hauses bzw. vom Ehrgeiz des Pächters, schwanken, je nach Ort und Zustand auch preislich. Im Allgemeinen sind billige Kettenhotels den unabhängigen superbilligen Einzelmotels vorzuziehen. Die Verteilung und Dichte von Hotels und Motels verschiedener Ketten ist ebenfalls unterschiedlich.

Verbreitet sind z. B. **Mittelklasse-M/Hotels** wie Days Inn, La Quinta, Ramada oder Travelodge (alle: www.wyndhamhotels.com/de-de), EconoLodge, Sleep Inn, Comfort oder Quality Inn (alle: www.choicehotels.com), Best Western (www.bestwestern.de), Radisson (www.radissonhotels.com) oder Holiday Inn (www.ihg.com).
Zur preiswerten Motelkategorie gehören z. B. Motel 6 (www.motel6.com), Red Roof Inn (www.redroof.com), Microtel Inn (www.wyndhamhotels.com/microtel) oder Super 8 (www.wyndhamhotels.com/de-de/super-8).

Inns und Lodges

Historic Inns bzw. *Country Inns* sowie *Historic Hotels* (www.historichotels.org) sind meist Unterkünfte mit Geschichte und Flair. *Lodges*, meist malerisch in der Natur gelegene mehrteilige Hotelanlagen, oder *Resorts* (Ferienanlagen mit Freizeit- und Sportmöglichkeiten), können preislich nicht pauschaliert werden. In manchen Fällen ist Voll- oder Halbpension – *(Modified) American Plan* (*MAP* oder *AP*) – im Preis enthalten.

Eine Übersicht über Luxusherbergen und besondere Unterkünfte gibt z. B.
- https://selectregistry.com/ (Seite der *Independent Innkeeper's Association*)
- www.newenglandinnsandresorts.com (*New England Inns & Resorts Association*)

Bed&Breakfast

Bed&Breakfast (*B&B*) hat in den USA nichts mit „Zimmer mit Frühstück" zu tun, sondern ist wesentlich komfortabler und luxuriöser. Persönlicher Touch und oft sehr liebevolle Möblierung und Ausstattung mit Antiquitäten und vielerlei Schnickschnack sind typisch. Das Spektrum reicht von historischen oder modernen Privathäusern mit zwei oder drei Gästezimmern bis hin zu B&B Inns mit bis zu zehn Zimmern. Man findet einfache Häuser mit Familienanschluss bis hin zu intimen Luxus-Inns und aufwendig restaurierten *Historic Homes* vor.

B&Bs sind meist teurer als H/Motels, bieten aber neben **individuellem Service** persönlichen Kontakt, denn die Besitzer sind meist Vermieter aus Leidenschaft und daher kontaktfreudig und ortskundig. Ein **üppiges Frühstück**, manchmal auch Extras wie Nachmittagstee, freie Softdrinks, Kekse, Betthupferl, Abend-Häppchen oder Sherry sind üblich, ebenso die Nutzung von Gemeinschaftseinrichtungen wie Bibliothek, Musikzimmer o. Ä. Manchmal fehlen hingegen ein Fernsehgerät und ein Telefon im Zimmer und kleine Kinder werden vielfach nicht aufgenommen. Informationen findet man z. B. auf:
- **www.vrbo.com** bietet verschiedene Übernachtungstypen und
- **www. bbonline.com** zeigt umfassende Listen von B&Bs nach Staaten und Regionen sortiert.

Jugendherbergen und Hostels

Ein internationaler Jugendherbergsausweis – zu Hause besorgen über den DJH (www.jugendherberge.de) bzw. seine Pendants in Österreich (www.oejhv.at) und der Schweiz (www.youthhostel.ch) – macht sich in **American Youth Hostels**, Mitglied von *Hostelling International* (*HI*), bezahlt. Dabei können nicht nur Jugendliche die Herbergen nutzen.

Informationen finden sich auf folgenden Webseiten:
- www.hihostels.com
- www.hostelworld.com/st/hostels/north-america

Hinweis zur Klassifizierung der Unterkünfte

Die Preiskategorien der im Reiseteil empfohlenen Unterkünfte verstehen sich pro Standard-Doppelzimmer (DZ) und, sofern nicht anders angegeben, ohne Frühstück und Steuern. An Wochenenden, in der Nebensaison, während Events oder für bestimmte Gruppen können z. T. erheblich abweichende Tarife gelten.

$	unter $ 100 (einfacher Standard)
$$	$ 100–150 (Mittelklasse)
$$$	$ 150–200 (gehobene Mittelklasse)
$$$$	$ 200–300 (First-Class-Hotel)
$$$$$	über $ 300 (Luxushotel)

Versicherung

siehe auch „Gesundheit" und „Notfälle"

Am unkompliziertesten, wenn auch nicht am billigsten, ist es, gleich bei Reisebuchung oder im Internet eines der angebotenen **Versicherungspakete** unterschiedlicher Gültigkeitsdauer abzuschließen, das Kranken-, Unfall-, Gepäck- und Haftpflicht-, manchmal auch Reiserücktrittsversicherungen einschließt. Für Leute, die viel reisen, gibt es **Jahresversicherungen**, für Familien preiswertere Familienvarianten. Besitzer von Platin-, Gold- o. ä. Kreditkarten sollten Bedingungen und Leistungsumfang der in der Karte enthaltenen Versicherungen prüfen. Auch sollte man die Vertragsbedingungen sorgfältig lesen.

Fest steht, dass der gezielte **Abschluss einzelner Policen**, z. B. bei Banken, freien Versicherungsmaklern oder ADAC, meist günstiger ist. Nicht immer sind nämlich alle Versicherungen auch wirklich nötig und sinnvoll. Oft sind z. B. **Unfall- und Haftpflicht** schon durch bestehende Versicherungen abgedeckt. Eine **Gepäckversicherung** hat viele Haken, so sind z. B. „Sonderausstattung" (Laptop, Foto-, Sportgeräte etc.) oder Campinggeräte im Allgemeinen nicht versichert und eine Mitschuld beim Verlust muss ausgeschlossen sein. Auch bei **Reiserücktrittsversicherungen** gibt es viele Einschränkungen. Dazu lohnt sich eine solche meist nur bei Buchung mehrerer (teurer) Leistungen.

Die einzige Versicherung, auf die man auf keinen Fall verzichten sollte ist die **Reisekrankenversicherung**. In der Regel übernehmen europäische Krankenkassen, mit Ausnahme einiger Privatversicherer, die hohen medizinischen Kosten in den USA nämlich nicht. Banken, vor allem aber Privatversicherer wie z. B. *DEVK* oder *HanseMerkur* bieten günstigeTarife, wobei auf Vollschutz ohne Summenbegrenzung, Verlängerung der Versicherung im Krankheitsfall und ggf. Rücktransport zu achten ist. Sie erstatten gegen Vorlage detaillierter Bescheinigungen und Quittungen (mit Datum, Namen, Bericht über Art/Umfang der Behandlung, Medikamente etc.) zu Hause die Kosten. . Zusätzlich ist es ratsam, im Vorfeld der Reise die Deckungsumfänge und Konditionen der Reisekrankenversicherung sorgfältig zu prüfen, um sicherzustellen, dass alle relevanten Aspekte abgedeckt sind und im Bedarfsfall ein reibungsloser Versicherungsanspruch gewährleistet ist.

• Einen **Überblick** über Anbieter und Raten gibt: **www.reiseversicherung.com**

Zeit und Zeitzonen

Im gesamten Osten gilt **Eastern Time**, d. h. sechs Stunden Zeitverschiebung zu Deutschland. Ist es am Reiseziel 12 Uhr mittags, zeigt die Uhr zuhause bereits 18 Uhr. Auch in den USA wird auf Sommerzeit umgestellt: **Daylight Saving Time** (**DST**) herrscht dort vom 2. Sonntag im März bis zum 1. Sonntag im November.

In den USA werden die Stunden nicht bis 24 durchgezählt, sondern in *ante meridiem*, abgekürzt **a.m.** (vormittags), und **p.m.** – *post meridiem* (nachmittags), unterteilt. So entspricht 6 a.m. 6 Uhr morgens, 6 p.m. 18 Uhr am Abend. 12 Uhr mittags heißt *noon* (12 p.m.), 12 Uhr Mitternacht *midnight* (12 a.m.) Das **Datum** wird in der Reihenfolge Monat–Tag–Jahr angegeben, z. B. Oct, 5, 2023 oder kurz 10/5/23.

Beim Hinflug erreicht man bei sechs Stunden Zeitgewinn den Osten der USA meist am Nachmittag oder frühen Abend. Der Jetlag spielt kaum eine Rolle, sofern man die innere Uhr gleich an die Ortszeit anpasst. Schwieriger ist es beim Rückflug, da man nach meist durchwachter, unbequemer Nacht in der „Holzklasse" am Morgen oder Vormittag in Deutschland ankommt.

Zoll

Einfuhr in die USA

Eine **Devisenbeschränkung** bei Einreise in die USA gibt es nicht, lediglich Summen über $ 10.000 müssen deklariert werden. **Einfuhrbeschränkungen** bestehen z. B. für Tiere, Pflanzen, Arzneimittel, Betäubungsmittel, explosive Materialien, Lebensmittel, Raubkopien, bestimmte Schriften, Waffen und Munition, in Österreich auch für Rohgold und in der Schweiz für CB-Funkgeräte. Bei Medikamenten in größeren Mengen empfiehlt es sich, ein ärztliches Attest dabei zu haben, da die Einfuhr von Rauschmitteln untersagt ist. Im Flugzeug werden **Zollerklärungen** (*customs forms*) – eine pro Familie – verteilt, auf denen anzugeben ist, ob und welche Waren mitgeführt werden.

Die **Einfuhr** von Alkohol und Tabak ist wie folgt begrenzt: 1l Alkohol bzw. 200 Zigaretten oder 100 Zigarren (keine kubanischen), Geschenke im Wert bis $ 100.

Verboten sind alle tierischen und pflanzlichen Frischprodukte/Lebensmittel sowie Samen und Pflanzen, außerdem Klappmesser u. a. gefährliche Objekte. Bei Medikamenten in größeren Mengen empfiehlt es sich, ein ärztliches Attest dabei zu haben, da die Einfuhr von Rauschmitteln untersagt ist.

Details finden sich auf **www.cbp.gov/travel** (engl.) oder **https://travel.state.gov/content/travel/en/international-travel/before-you-go/customs-and-import.html.**

Einreise in Europa

Bei der Rückreise in **EU-Länder** dürfen folgende Waren zum persönlichen Ge- oder Verbrauch eingeführt werden: Tabakwaren (über 17-Jährige in EU-Länder und CH):

200 Zigaretten oder 100 Zigarillos oder 50 Zigarren oder 250 g Tabak, Alkohol (über 17-Jährige in EU-Länder): 1 Liter über 22 Vol.-% oder 2 Liter bis 22 Vol.-% und zusätzlich 2 Liter nichtschäumende Weine.

In die Schweiz: 2 Liter (bis 15 Vol.-%) und 1 Liter (über 15 Vol.-%). Geschenke und Waren für den persönlichen Gebrauch (über 15-Jährige in EU Länder) dürfen bis 430 € zollfrei mitgebracht werden, dazu andere Waren bis zu einem Wert von CHF 300.
Wird der Warenwert von maximal 430 € bzw. CHF 300 überschritten, werden Einfuhrabgaben auf den Gesamtwert der Ware erhoben.

Einfuhrbeschränkungen bestehen z. B. für Tiere, Pflanzen, Arzneimittel, Betäubungsmittel, explosive Materialien, Lebensmittel, Raubkopien, bestimmte Schriften (Hetzschriften, Pornografie etc.), Waffen und Munition; in Österreich auch für Rohgold und in der Schweiz für CB-Funkgeräte. Nähere Informationen liefern folgende Webseiten:

- Deutschland: www.zoll.de
- Österreich: www.bmf.gv.at
- Schweiz: www.ezv.admin.ch

Entfernungstabelle (in Meilen)

	Acadia National Park	Atlanta	Baltimore	Boston	Charlotte	Charleston	Chattanooga	Jacksonville	Miami	New York	Orlando	Philadelphia	Raleigh	Savannah	St. Augustine
Acadia National Park															
Atlanta	1.350														
Baltimore	665	696													
Boston	255	1.095	410												
Charlotte	1.134	249	469	879											
Charleston	1.331	329	666	1.076	218										
Chattanooga	1.327	120	662	1.072	351	449									
Jacksonville	1.577	354	912	1.322	399	246	474								
Miami	1.946	675	1.281	1.539	760	615	843	369							
New York	468	884	197	213	617	768	741	959	1.328						
Orlando	1.734	452	1.069	1.479	556	403	631	157	236	1.116					
Philadelphia	567	794	98	312	525	669	760	860	1.229	99	1.130				
Raleigh	968	424	303	713	175	296	482	542	911	448	699	401			
Savannah	1.439	250	774	1.184	326	108	376	138	507	821	295	721	404		
St. Augustine	1.617	394	952	1.362	439	286	514	40	329	999	17	900	582	178	
Washington	695	657	39	440	388	532	623	778	1.101	229	935	137	264	640	818

Das kostet Sie das Reisen entlang der Ostküste der USA

Stand: Frühjahr 2024

Die „Grünen Seiten" sollen einen groben Anhaltspunkt für die Kosten einer Reise an der US-Ostküste geben. Die Angaben sind lediglich als Orientierungshilfen zu verstehen und erheben keinerlei Anspruch auf Vollständigkeit. Unterkünfte, Restaurants, Touren und Eintritte liegen im Durchschnitt etwas unter europäischem Preisniveau, Ausnahmen sind Großstädte wie New York, Boston oder Washington. Generell sind Waren in den USA ohne Steuer ausgezeichnet, die *tax* wird auf Güter, wie auch auf Dienstleistungen, nachträglich aufgeschlagen. Sie beträgt je nach Staat zwischen 4 und 14 %. Ausnahme: In New Hampshire gibt es keine *sales tax*. Hotels können zusätzliche Steuern (*room tax*) bzw. Aufschläge erheben.

Den **aktuellen Wechselkurs** entnehmen Sie bitte im Internet, z. B. der Seite www.xe.com.

Beförderung

Flüge

Als Richtlinie kann gelten, dass während der Hauptsaison die Preise für Flüge nach Boston, New York, Philadelphia, Washington, Charlotte oder Atlanta bei ca. 800 € liegen. Während der Zwischensaison und besonders in der Nebensaison kann man Flüge für etwa 600 € bekommen. Sondertarife (z. B. auf der Website der Fluggesellschaft) sind das ganze Jahr über erhältlich. Sie sind allerdings unterschiedlich in Kontingentierung und Bedingungen (s. auch S. 99).

Mietwagen

Einen Mietwagen schon zu Hause im Internet bzw. im Reisebüro bei einem der überregionalen großen Anbieter wie Avis, Alamo, Hertz oder Budget zu buchen, ist bei einer Mietdauer von einer Woche und länger im Allgemeinen wesentlich günstiger als vor Ort, v. a. weil es zu Hause Inklusivpreise gibt. Zu prüfen sind ferner die Tarife von Mietwagen-Brokern (s. S. 110). Direktbuchung vor Ort kann teuer kommen, da meist Versicherungen, manchmal auch Meilen, gesondert berechnet werden.

Mitunter ist es vorteilhaft, Flug und Mietwagen als Kombination (**Fly & Drive**) zu buchen. Diese Kombinationen sind jedoch genau mit den Einzelpreisen zu vergleichen und auf die Personen umzulegen – zudem gelten sie zumeist nur ab zwei Personen. Die Kombination Flug und Mittelklassewagen kostet – je nach Reiseveranstalter – pro Person ab 800 € für eine Woche.

Bucht man direkt bei den Mietwagengesellschaften, kostet ein Mittelklassewagen (Compact/ Midsize) ab etwa 300–400 € (stark abhängig von Größe des Wagens und der Saison) pro Woche im „Sparpaket". Bei Abgabe des Fahrzeugs an einem anderen Ort als dem Abhol-Ort können Rückführungsgebühren anfallen. Diese sind von Veranstalter zu Veranstalter unterschiedlich hoch und zudem distanzabhängig: zwischen $ 100 und 500.

Camper
Generell sprechen die komplizierten Miet-, Versicherungs- und Haftungsbedingungen für eine Buchung zu Hause. Wohnmobile oder „RVs" kosten je nach Größe, Ausstattung und Saison zwischen etwa 100 € und 250 €/Tag. Der Preis hängt stark vom gewählten Modell bzw. dessen Größe, ein wenig auch vom Anbieter und – stärker – von der Saison ab. HS ist im Allgemeinen die Zeit von Anfang Juli bis Mitte August, am preiswertesten sind die Fahrzeuge von November bis März. Zum Grundpreis addieren sich beachtliche Nebenkosten: für Zusatzausstattung, Endreinigung und gelegentlich Übergabe, ggf. auch für Zusatzversicherungen, Wochenendzuschläge und gefahrene Meilen (meist keine oder nur wenige inklusive). Die Campingplätze schlagen gesondert zu Buche: Für ein Campmobil inklusive zwei Personen sind mindestens $ 30 für den Stellplatz zu rechnen. Eine Kostenersparnis gegenüber einem normalen Mietwagen und Übernachtungen in Motels ergibt sich damit kaum.

Eisenbahn
Günstige Preise erhält man bei Kauf eines USA-Rail-Passes, der für zehn Fahrten in 30 Tagen gültig ist. Der Pass kostet derzeit $ 499 und kann im Internet (www.amtrak.com/tickets/departure-rail-pass.html) erworben werden. Ein Reiseabschnitt beginnt mit dem Einstieg in einen Zug und endet mit dem Aussteigen, unabhängig von der Reisedauer. Lange Strecken sollten im Voraus reserviert werden. Maximal zwei Kinder im Alter von 2–12 Jahren fahren in Begleitung zum halben Preis, ein Kind unter 2 Jahren ist frei.

Entlang der Ostküste sind die Züge von Amtrak eine ernstzunehmende Alternative, gerade zwischen den Metropolen. Hier braucht man nicht lange im Voraus zu buchen. Tickets gibt es auch tagesaktuell zu günstigen Preisen vor Ort (www.amtrak.com).

Bus
Greyhound bietet keine Gesamt-Netzkarte „Ameripass" mehr an und Einzelfahrten sind relativ teuer. Dafür verbinden lokale Busgesellschaften wie Megabus oder Boltbus ebenfalls viele Städte an der Ostküste zu günstigen Preisen. Im Allgemeinen bekommen Reisende, die früh buchen, die billigeren Tickets (s. auch S. 87).

Aufenthaltskosten

Übernachtung
Es ist schwer, genaue Preise anzugeben, denn vor Ort bestimmen Angebot und Nachfrage, Saison und Wochentag, Lage und Stadtnähe, Specials und gewährte Rabatte die Preise. Entlang der Highways versuchen Hotels und Motels verschiedener Kategorien mit „Specials" (Sonderangeboten) und Coupons Kunden zu ködern. Generell berechnet sich der Preis in den USA für das Zimmer, unabhängig von der Belegung bzw. bei nur geringem Aufpreis für mehr als zwei Personen.

In den großen Städten ist für ein gutes Hotelzimmer leicht mit $ 200 aufwärts zu rechnen (noch mehr in New York). Dafür gibt es in abgelegeneren Regionen durchaus gute Unterkünfte, in denen man unter $ 150 nächtigen kann.
Wer die preiswerte Kategorie bekannter Motelketten (wie *Budget Inn, Red Roof Inn,*

Comfort Inn oder Motel 6) wählt, zahlt um die $ 100 fürs Doppelzimmer, oft inklusive kleinem Frühstück. In der Mittelklasse (z. B. *Days Inn, Howard Johnson, Holiday Inn, Best Western, Hampton Inn*) beginnen die Preise je nach Lage bei etwa $ 120. In einem Reisebüro oder im Internet vorab zu buchen, lohnt nur in Ausnahmefällen und am Ankunfts- bzw. Abflugtag sowie in Nationalparks bzw. im Umkreis vielbesuchter Attraktionen und in den großen Metropolen.

Spartipp

In vielen staatlichen und städtischen Tourismusbüros, Visitor Information Centers, CVBs und vor allem in den Welcome Centern an Staatsgrenzen, liegen kostenlose Couponhefte aus, mit denen Kurzentschlossene Zimmer für eine Nacht zu günstigen Preisen – oft bis zu 50 % ermäßigt – erhalten. Vorher anzurufen kann nötig sein, um zu reservieren. Ansonsten legt man den Coupon beim Check-in vor.

Verpflegung

Generell liegt das Preislevel für Lebensmittel in etwa auf europäischem Niveau. (Ausländische) Feinkost ist teurer, Fertigkost aller Art, Fleisch und Fisch, Softdrinks und Drogerieartikel sind meist billiger. Fast Food ist erheblich preiswerter als in Europa. Die Preise der unteren und mittleren Restaurantkategorie entsprechen trotz zu addierender *tax* (Steuer) und *tip* (Trinkgeld) in etwa den unsrigen, wobei Qualität und Service meist besser und die Portionen größer sind. Durchschnittlich dürften mit Getränk, alles inklusive, ca. $ 40–60 pro Person zu rechnen sein. In Top-Lokalen fallen pro Mahl leicht über $ 60 an; sie sind allerdings auch ihr Geld wert.

Benzin

Normalbenzin (*regular*) genügt für die meisten Mietwagen und kostet – abhängig von der Region – pro Gallone (3,8 l) im Osten der USA zwischen $ 3 und 4.
Aktuelle Benzinpreise unter www.gasbuddy.com.

Eintritte

Wer sich viel anschauen möchte – gerade die Metropolen bieten eine breite Palette außergewöhnlicher Museen und Attraktionen –, sollte genügend Geld für Eintritte einplanen. Speziell Zoos, Aquarien, Vergnügungsparks, Filmstudios und spektakuläre Museen sind teuer.

In Einrichtungen des National Park Service wird der Eintritt im Allgemeinen pro (Privat-) Fahrzeug berechnet, im Regelfall inklusive vier Insassen. Es fallen zwischen $ 5–30 (bei manchen NPs in der HS sogar mehr) an. Für den Besuch mehrerer Parks lohnt der America the Beautiful (Annual) Pass. Er kostet derzeit $ 80 und gilt ein ganzes Jahr in allen amerikanischen Nationalparks und anderen staatlichen Naturschutzgebieten für drei Insassen eines Fahrzeugs über 16 Jahren. Kinder unter 15 sind gratis.

Parken

Auch die **Parkplatzgebühren**, die häufig bei Attraktionen ($ 10–15), in Großstädten und v. a. in Stadthotels ($ 30–60/Nacht) anfallen, addieren sich.

 Hinweis

Alle genannten Eintrittspreise im Reiseteil beziehen sich auf den Eintritt eines Erwachsenen. Kinder- und Seniorenermäßigungen sind die Regel, oft gibt es auch reduzierte Familientickets.

Gesamtkostenplanung

Die Kostenplanung, die mehr oder weniger alle anfallenden Reisekosten für eine Reise zusammenfasst, ist für zwei Personen bzw. eine 3-köpfige Familie kalkuliert, die zwei bzw. drei Wochen außerhalb der HS unterwegs sind und bei den Übernachtungen auf günstige Mittelklasse-Motels zurückgreifen (Angaben in € – abhängig vom aktuellen Kurs und gerundet – für 13 bzw. 20 Übernachtungen bzw. 14/21 Tage). Nicht berücksichtigt wurden hier Kosten für Versicherungen, Parken und Trinkgelder, Extragetränke und andere persönliche Zusatzausgaben und Einkäufe (alle Preisschätzungen in Euro).

Aufenthalt	2 Wochen	3 Wochen
2 Flugtickets	1.500	1.500
Mietwagen, Standardpaket / Mittelgröße, Buchung zu Hause	650	900
Benzin (2.000 bzw. 3.000 km bei ca. 8 l/100 km und $ 3–4/Gallone)	120	180
Unterkunft (untere Mittelklasse, durchschn. $ 160/DZ, 13/20 Nächte)	2.000	3.200
Verpflegung – Sparversion mit Selbstverpflegung, Fastfood (pro Tag/Pers. $ 55)	1.400	2.120
Verpflegung mit regelmäßigen Restaurantbesuchen (pro Tag/Pers. $ 100)	2.570	3.860
Eintritte (geschätzt, stark variabel)	150	220
Gesamt (2 Personen/je nach Verpflegung)	ca. 5.820–6.990 (2 Wochen)	ca. 8.120–9.860 (3 Wochen)

Für ein Kind im Alter von unter 11 Jahren kämen noch folgende Kosten hinzu (Übernachtung im Zimmer der Eltern):

Aufenthalt	2 Wochen	3 Wochen
Flugticket (65 % des Normalpreises)	450	450
Unterkunft (zusätzlich $ 20 pro Tag)	190	290
Verpflegung (Sparversion)	200	300
Verpflegung (bessere Version)	350	500
Eintritte (geschätzt)	40	80
Gesamt (je nach Verpflegung)	ca. 830–980	ca. 1.120–1.240

3. REISEN ENTLANG DER OSTKÜSTE DER USA

Überblick

Auch wenn die Ostküste der USA nicht vergleichbar ist mit den *Wide Open Spaces* des Westens, sollte man die **Dimensionen** nicht unterschätzen. Vorteil im Osten ist allerdings, dass viele Orte recht eng beieinander liegen, sodass man während einer dreiwöchigen Reise verhältnismäßig viel sehen kann.

Geografisch ist die Region relativ einheitlich: Da ist einmal die Küste und die Küstenebene, dann das Vorgebirgsland und schließlich die Bergkette der Appalachen. Dazwischen erstreckt sich jenes Gebiet, das in diesem Reisehandbuch schwerpunktmäßig vorgestellt wird. Geografische, aber auch kulturhistorische Aspekte haben die Gliederung des Routenteils beeinflusst, dazu kamen reisetechnische Gründe.

Im vorliegenden Band werden folgende **drei große Areale** unterschieden:
- die **Nordostküste** von New York über Boston bis hinauf nach Maine;
- die **zentrale Ostküste** zwischen New York und Washington D.C.;
- die **Südostküste** von Washington D.C. bzw. Virginia südwärts bis Georgia bzw. Nord-Florida.

Jeder dieser Komplexe bietet sich für eine eigene Reise an, zumal sich in jedem Abschnitt mindestens ein **großer Flughafen** befindet, der als Ausgangspunkt dienen kann: Im Nordosten ist dies neben New York auch Boston, im zentralen Teil New York, Philadelphia oder Washington und im Südosten neben Washington und Atlanta auch Orlando oder Charlotte.

Eine Erkundungsreise in jeder dieser drei Großregionen würde etwa **drei bis vier Wochen** in Anspruch nehmen, wobei sich die **Schwerpunkte** der Regionen unterscheiden: Im Nordosten sind es Naturerlebnis und Geschichte, im Zentrum das Städteerlebnis und im Süden Geschichte, Lebensart und Strandleben.

Rundreisen an der Ostküste

Um das Reisegebiet zwischen Maine und Nordflorida zu erleben, bedarf es entweder eines Zeitraums von mehreren Wochen oder einer exzellenten Reiseplanung und gezielten Auswahl im Vorfeld. Die gesamte Route abzufahren, würde jedoch mehr als 3.400 km reine Fahrtstrecke bedeuten, dazu käme ein logistisches Problem: Gibt man nämlich den Mietwagen nicht an der Ausleihstation (Ausnahmen s. u.) zurück, fallen, je nach Distanz, erhebliche Rückführgebühren an.

Im Folgenden sollen einige **Routenvorschläge** vorgestellt werden, die schwerpunktmäßig eine der drei Regionen umfassen. Es handelt sich dabei wohlgemerkt nur um Vorschläge, denn anhand der im Textteil ausführlich vorgestellten Teilrouten kann jeder leicht seine eigene, individuelle Tour zusammenstellen.

Die beste Möglichkeit des Reisens an der Ostküste ist der Mietwagen. Bei verschiedenen Abhol- und Abgabeorten fällt zumeist eine Einwegmiete an. Zwischen den Metropolen lohnen als Alternative auch die Züge von Amtrak.

New York ist als meist frequentierter Flughafen der wohl günstigste Ausgangs- und Endpunkt einer Reise mit den günstigsten Flügen, speziell für eine Rundtour in den Nordosten oder eine Fahrt entlang der zentralen Küstenregion. Alternativen wären im Zentralbereich **Washington** und **Philadelphia**, im Nordosten **Boston**.

Washington D.C. und **Atlanta/GA** – mit Einschränkungen auch **Charlotte/NC** und **Orlando/FL** – sind hingegen die idealen Ausgangspunkte für die Erkundung des Südostens. Nach Orlando gibt es auch Charterflüge, und es ließe sich eine Florida-Rundreise anschließen.

Gabelflüge zwischen den großen Ostküsten-Flughäfen könnten unter Berücksichtigung folgender Faktoren mit in die Planungen einbezogen werden: gültige Mietwagenkonditionen, gute und – bei richtiger Buchung – auch preiswerten Eisenbahnverbindungen zwischen Washington, Philadelphia, New York und Boston.

Routenvorschlag 1
Zielgebiet: New York und die Nordostküste
Dauer: 14–21 Tage/2–3 Wochen
Gesamtumfang: ca. 1.200 mi (ca. 1.900 km)
Routenverlauf: Flug nach New York, von hier per Mietwagen entlang der Küste zunächst nach Boston, dann weiter zum Acadia NP; zurück geht es im Inland durch die White Mountains und das Merrimack River Valley – oder als empfehlenswerte Alternative durch die Green Mountains in Vermont – nach Hartford und zurück nach New York.
Routenvorschlag 2
Zielgebiet: Nordostküste und zentrale Ostküste
Dauer: 21–28 Tage/3–4 Wochen
Gesamtumfang: ca. 1.600 mi (ca. 2.500 km)
Routenverlauf: Flug nach New York (Mietwagen), Routenverlauf durch Neuengland wie oben, dann von New York entlang der zentralen Ostküste über Philadelphia, Pennsylvanias Dutch Country und Baltimore nach Washington und von dort nach Hause. Von New York besteht auch die Möglichkeit, mit dem Zug in Etappen über Philadelphia (evtl. tageweise Mietwagen zur Erkundung des Pennsylvania Dutch Country) und Baltimore nach Washington zu fahren.

Routenvorschlag 3
Zielgebiet: Zentrale Ostküste
Dauer: 10–14 Tage/1–2 Wochen
Gesamtumfang: ca. 250 mi (ca. 400 km)
Routenverlauf: Flug nach New York, entweder Mietwagen oder mit dem Zug in Etappen, über Philadelphia (evtl. tageweise Mietwagen zur Erkundung des Pennsylvania PA Dutch Country) und Baltimore nach Washington D.C. (Rückflug).

Routenvorschlag 4
Zielgebiet: Südosten (Nordteil)
Dauer: 21–28 Tage/3–4 Wochen
Gesamtumfang: ca. 1.500 mi (ca. 2.400 km)
Routenverlauf: Flug nach Washington (Mietwagen), dann über Shenandoah NP, Charlottesville und Monticello, Staunton und Lexington zum Blue Ridge Parkway und weiter nach North Carolina (Asheville) und in den Great Smoky Mountains NP. Von dort zurück nach Charlotte/NC und über Winston-Salem und Raleigh zur Küste (New Bern und Outer Banks). Zurück über Colonial Virginia und Richmond nach Washington (Rückflug).

Routenvorschlag 5
Zielgebiet: Südosten (große Tour)
Dauer: 28 Tage/4 Wochen
Gesamtumfang: ca. 2.300 mi (ca. 3.700 km)
Routenverlauf: Flug nach Washington, von hier per Mietwagen durch Virginia und über den Blue Ridge Parkway und über Winston-Salem und Charlotte zum Great Smoky Mountains NP und weiter nach Atlanta. Von dort zur Küste nach Savannah und über Charleston und New Bern zurück nach Washington (Rückflug).

Routenvorschlag 6
Zielgebiet: Südosten (Südteil)
Dauer: 21 bzw. 28 Tage/3 bzw. 4 Wochen
Gesamtumfang: ca. 1.500 mi (ca. 2.400 km)
Routenverlauf: Flug nach Atlanta, von hier per Mietwagen zur Küste (Golden Isles), weiter nordwärts über Savannah, Charleston und Wilmington nach New Bern (NC) – eventuell Abstecher zu den Outer Banks, weiter über Raleigh und Winston-Salem nach Charlotte, dann auf dem Blue Ridge Parkway zum Great Smoky Mountains NP und über Knoxville und Chattanooga zurück nach Atlanta (Rückflug).

	Routenvorschlag 7
	Zielgebiet: Südosten (Südteil) und Nord-Florida
	Dauer: 28 Tage/4 Wochen
	Gesamtumfang: ca. 2.100 mi (ca. 3.400 km)
Routenverlauf: Flug nach Atlanta, von hier per Mietwagen über Ost-Tennessee zum Great Smoky Mountains NP, durch das Landesinnere (Charlotte, Winston-Salem, Raleigh) zur Küste (New Bern) und weiter nach Süden über Charleston nach Savannah. Entlang der Georgia Coast weiter über Jacksonville/ Florida nach St. Augustine und via Cape Canaveral nach Orlando, von hier Rückflug (Rückführgebühr!) oder aber zurück nach Atlanta. Route auch mit Ausgangspunkt Orlando durchführbar.	

Zeiteinteilung und touristische Interessen

Gebiet	Unternehmungen, Ausflugsziele	**Zeit/ Strecke**	Touristische Interessen
New York City, S. 139	Stadtrundgänge, Museen, besondere Attraktionen wie Freiheitsstatue, Ausflüge in Boroughs	3–5 Tage	Wolkenkratzer-Architektur, Stadtleben, Bevölkerungsvielfalt, Museen, Einkaufen, Restaurants, reiche Kunstszene
New York – Boston, S. 208	New Haven, Mystic, Newport, Providence, New Bedford, Cape Cod, Plymouth	3 Tage / ca. 560 km	Naturerlebnis (Küste und Herbstfärbung der Wälder) und Strandleben, Geschichte und Architektur
Boston, S. 236	Stadtrundgänge, Freedom Trail, Museen, Cambridge (Harvard)	2–3 Tage	Architektur, Geschichte, Wurzeln der Demokratie, Kunst, Stadtleben, Eliteuniversität
Boston – Acadia NP, S. 273	Concord, Salem, Küstenregion in NH und ME, Acadia NP	2–3 Tage / ca. 480 km	Naturerlebnis (Küste, Herbstfärbung der Wälder), Küstenstädte, Geschichte (Unabhängigkeitskrieg, frühe Industrie), Architektur, Literatur
Acadia NP – New York, S. 299	White Mountains, Lakes Region, Canterbury, Manchester bzw. Vermont, Hudson River Valley	3–5 Tage / ca. 850 km	Naturerlebnis (Bergwelt, Herbstfärbung der Wälder), kleine Ortschaften im Landesinneren, Geschichte und Architektur
New York – Philadelphia S. 327	Princeton und Trenton	1 Tag / ca. 230 km	Princeton-University

Philadelphia, S. 329	Stadtrundgänge, Museen, Ausflüge nach Valley Forge und Brandywine Valley	2–3 Tage	Architektur, Geschichte, Wurzeln der Demokratie, Stadtleben, Museen, Kunst
Philadelphia – Pennsylvania Dutch Country, S. 353	Pennsylvania Dutch Country, Schlachtfeld in Gettysburg	1–2 Tage / ca. 250 km	Lebensraum der Amish People, Bürgerkriegsgeschichte
Philadelphia – Washington D.C., S. 353	Stadtbesichtigungen in Baltimore und Annapolis	2 Tage / ca. 260 km	Architektur, Stadtleben (Baltimore), Bootssport (Annapolis) und Historisches
Washington D.C., S. 383	Stadtrundgänge, u. a. Weißes Haus, Capitol, National Mall, weltberühmte Museen, Ausflug nach Georgetown und Arlington	2–3 Tage	Stadtleben, Architektur, Museen, Geschichte, Politik, Kunst
Washington D.C. – Atlanta / Inlandsroute, S. 411	Shenandoah NP, Staunton, Monticello, Lexington, Blue Ridge Parkway, Winston-Salem, Charlotte, Asheville, Great Smoky Mountains NP, Chattanooga	5–7 Tage / ca. 1.400 km	Naturerlebnis (Bergwelt, Wanderungen, Tier- und Pflanzenwelt), Geschichte (Indianer, Bürgerkrieg, frühe Siedler), Dörfer und Metropolen
Atlanta/GA, S. 553	Stadtrundgänge in Downtown und Midtown, Ausflüge in die Vororte wie Buckhead oder Druids Hill	2–3 Tage	Stadtleben, Geschichte und Architektur, Museen, Einkaufen
Washington D.C. – Atlanta/ Küstenroute, S. 461	Richmond, Colonial Virginia, Virginia Beach, eventuell Outer Banks, New Bern, Wilmington, Charleston, Savannah, Golden Isles, Okefenokee Swamp	7–9 Tage / ca. 1.900 km	Historische Städte, Geschichte (Kolonialzeit, Bürgerkrieg) und Architektur (u. a. alte Südstaaten-Herrenhäuser), Naturerlebnis (Swamp und Barrier Islands), Strandleben
Savannah/GA – Orlando, S. 519, 530, S. 543	Savannah, Jacksonville, St. Augustine, Daytona Beach, Kennedy Space Center	3 Tage / ca. 480 km	Strandleben, Geschichte und Architektur, Autorennsport, Raumfahrttechnik, historische Städte
Orlando, S. 550	Besuch der Walt Disney World (Magic Kingdom und Epcot Center) und/oder anderer Vergnügungsparks	3 Tage	Hauptattraktion Floridas mit verschiedenen Vergnügungsparks

4. NEW YORK CITY

New York City, die größte nordamerikanische Stadt, liegt an der Mündung des Hudson River in den Atlantik, auf ähnlicher Breite wie Neapel, allerdings ohne dasselbe mediterrane Klima aufzuweisen. Durch atlantische Einflüsse herrscht **gemäßigtes Kontinentalklima** mit sehr heißen Sommern und kalten Wintern mit Schnee und Blizzards.

New York City (NYC) ist mit knapp 800 km² Fläche und um die 8,8 Mio. Menschen Heimat von etwa 45 % der Bewohner des Bundesstaates New York, dessen Hauptstadt Albany etwa 250 km weiter flussaufwärts am Hudson River liegt. Die Metropole New York besteht aus **fünf Bezirken** (*boroughs*): dem relativ kleinen Manhattan (1,6 Mio. EW), Queens (2,5 Mio.), Staten Island (0,5 Mio.), Brooklyn (über 2,7 Mio.) und die Bronx (1,5 Mio.). Alles Städte für sich. Nur die Bronx ist Teil des Festlands, während Staten Island ebenso wie Manhattan eine Insel ist und Brooklyn und Queens beide auf Long Island liegen.

Zum Inbegriff New Yorks wurde das knapp 60 km² große **Manhattan**, eine 21,5 km lange und 1,3 bis 3,7 km breite Insel, die durch Hudson, East und Harlem River vom Festland abgetrennt wird. Manhattans unverwechselbare Skyline gilt als Wahrzeichen der Weltmetropole. Hier befinden sich die meisten Sehenswürdigkeiten und touristischen Einrichtungen, hier spielt sich der Großteil des kulturellen Lebens ab.

NYC ist eine **Kulturstadt**, die ihren unverwechselbaren Charakter durch ihre **ethnische Vielfalt** erhält. Kaum anderswo auf der Welt findet man so viele unterschiedliche Hautfarben, Sprachen, Kulturen und Lebensphilosophien. New York ist seit jeher eine **Immigrantenstadt**, in der die einzelnen Ethnien Enklaven mit eigener Infrastruktur und spezifischem Charakter bil-

Redaktionstipps

Sehens- und Erlebenswertes

- Die **Aushängeschilder** Metropolitan (S. 177), Guggenheim (S. 179) oder American Museum of Natural History (S. 182) muss man natürlich gesehen haben, allerdings sollte man Museen wie das Whitney (S. 164), das Museum of the City of New York (S. 179), das Cooper-Hewitt Design Museum (S.179) oder das Lower East Side Tenement Museum (S. 157) ebenfalls nicht versäumen.
- Es gibt gleich fünf **Aussichtspunkte** in NYC: One World Observatory (S. 148), The Edge (S. 165), SUMMIT One Vanderbilt (S. 170), Top of the Rock (S. 170) und Empire State Building (S. 166).
- Das **9/11 Memorial & Museum** ist ein absolutes Muss (S. 145)!
- Über die **Brooklyn Bridge** (S. 155) spazieren, sich dann im **Brooklyn Bridge Park** erholen und auf der **Brooklyn Heights Promenade** (S. 187) den Sonnenuntergang erleben.
- In luftiger Höhe den **High Line Park** erkunden (S. 164) und die neuen Entwicklungen in den **Hudson Yards** (S. 164) entdecken.
- Nach **Coney Island** (S. 188) fahren und den Strand genießen.
- Ein Bummel durch **Harlem** (S. 182) zeigt das wahre Gesicht des „schwarzen New York".
- Im Sommer auf **Governors Island** (S. 152) in eine andere Welt eintauchen.
- New Yorks **Wochenmärkte** (S. 199) wie am Union Square, der Essex Street Market, der Chelsea Market oder Smorgasburg bieten eine breite Palette an lokalen Bio-Produkten und Delikatessen.

Einkaufen

- Im riesigen Kaufhaus **Macy's** (S. 198) kann man sich fast verirren.
- Schräges und Ausgeflipptes findet man in den Boutiquen entlang dem Broadway in **SoHo**. In der **Lower East Side/Bowery** sind Schnäppchen zu machen, in **Chinatown** gibt's Asiatisches aller Art, im **Village** Boutiquen, Galerien und Kurioses, um den **Herald Square** finden sich die großen Kaufhäuser und an der **5th Ave**. (51st–59th St.) exklusive Shops.
- Für Bibliophile: **Strand Books** am Broadway, Ecke E. 12th St.

Redaktionstipps

Restaurants
Keine Stadt hat so viele ausgezeichnete Restaurants wie New York (S. 195). Auch wer es preiswerter mag, kann aus einem breiten Spektrum wählen und findet **Delis**, **Food Trucks** oder **Food Halls** (S. 196), aber auch **Märkte**. **Lokale** wie **Pasta Corner** (italienisch), **Rua Thai** (thailändisch), **87 Ludlow** (spanisch-philippinisch), **TLK** (asiatisch) oder **Charles Country Pan-Fried Chicken** (preiswerte Hähnchengerichte).

Übernachten
Statt in einem der (meist teuren) Hotels kann man angenehmer und sogar luxuriöser im **Sugar Hill House** (S. 195) oder bei **Easyliving Harlem** (S. 195) übernachten. Einige Alternativen gibt's auch in den anderen Boroughs außerhalb Manhattans.

den. Die bekanntesten **ethnischen Stadtviertel** sind Chinatown, Little Italy und Harlem in Manhattan. Doch vor allem in Queens und Brooklyn wächst die Zahl der Enklaven ständig. Nahezu alle **Religionen** sind in New York vertreten: Es soll rund 6.000 Kirchen, Synagogen, Moscheen und sonstige Gebetsräume geben.

NYC ist die **Finanzhauptstadt der Welt**, Sitz zahlreicher Banken und Versicherungsunternehmen, der legendären *New York Stock Exchange (NYSE)*, der Amerikanischen Aktienbörse *NASDAQ* und zahlreicher Produktbörsen. Wichtigstes wirtschaftliches Standbein und Hauptarbeitgeber ist jedoch das Dienstleistungsgewerbe, vor allem Einzelhandel und Tourismus. New York ist seit jeher die unangefochtene Nummer 1 als Reiseziel in den USA. Immerhin warten auf die Besucher – die Zahlen sind nach Corona wieder konstant steigend und lagen 2023 bei knapp 62 Mio. – mehr als 150 Museen, über 5.000 Straßenfeste im Jahr, an die 300 Theater, unzählige Läden und Lokale aller Genres und mit dem Central Park eine 340 ha große Grünfläche im Stadtzentrum. Welche andere Stadt kann das schon bieten?

!!! Wichtig

Der „**Big Apple**" ist so groß, dass es unmöglich ist, ihn in wenigen Tagen zu erkunden. Die minimale Aufenthaltsdauer liegt bei drei bis vier Tagen. Die nachfolgend aufgelisteten Rundgänge und Sights sind als Vorschläge zu verstehen und abhängig von Interessenslage und Besichtigungstempo des Reisenden. Stadtrundfahrten sind zwar bequem, kosten jedoch Zeit und Geld und geben oft auch nur einen unbefriedigenden Überblick. Besser sind Walkingtouren oder Erkundungen auf eigene Faust.

- **Lower Manhattan**: 9/11 Memorial & Museum und One World Observatory, Battery Park und Castle Clinton, South Street Seaport, Wall Street, SoHo und Greenwich Village, Meatpacking District mit dem High Line Park und dem Whitney Museum, Chinatown und Little Italy.
- **Midtown**: Times Square mit Broadway und Theater District, Aussichtsdeck des Empire State Building, Radio City Music Hall, St. Patrick's Church und Fifth Avenue, Grand Central Terminal, MoMA, Pierpont Morgan Library, Hudson Yards (LIttle Island, Gansevoort Peninsula!)
- **Uptown & Upper Manhattan**: Central Park, „Museumsmeile" mit renommierten Museen wie Frick Collection, Metropolitan, Guggenheim, Cooper-Hewitt, Museum of the City of New York oder Neue Galerie, Natural History Museum, Harlem um den Martin Luther King Blvd./ 125th St. und Malcolm X Blvd.

- **Brooklyn Bridge und Brooklyn Heights**: via Brooklyn Bridge zur Promenade (Aussicht!) und zum neuen Brooklyn Bridge Park (Erholungs- und Spielflächen).
- **Coney Island/Brighton Beach**, Strandleben, Aquarium und ein ethnisch sehenswertes (russisches) Viertel in Brooklyn.
- **Yankee Stadium** (Bronx), eines der berühmtesten Sportstadien der Welt.
- **Ellis und Liberty Island**, leicht mit der Fähre erreichbar, aber etwas zeitaufwendig: mindestens einen halben Tag einplanen!
- **Governors Island**, ebenfalls gut und schnell erreichbares „unbekanntes Juwel" mit Ausblick, derzeit nur saisonal geöffnet.
- **Queens:** mit dem 7 Train die multiethnische Vielfalt des Viertels entdecken und immer wieder einmal aussteigen!

Historischer Überblick

1524	sichtete Giovanni da Verrazano, ein Italiener in französischen Diensten, als erster Europäer die Insel Manhattan.
1609	setzte mit dem Briten Henry Hudson erstmals ein Europäer seinen Fuß auf New Yorker Boden. Er suchte im Auftrag der holländischen Ostindien-Gesellschaft nach einer Nord-West-Passage nach China.
1626	gelang es Peter Minnewit (oder Minuit) aus Wesel, den Mana-Hatta-Indianern die Insel (menatay) abzukaufen. Der kleine Ort mit den paar Hundert holländischen Siedlern wurde **Nieuw Amsterdam** getauft. Dank der Ostindien-Gesellschaft blühte das Gemeinwesen binnen kürzester Zeit um einen alten Indianerpfad, den heutigen Broadway, auf.
1647–64	führte Gouverneur Peter Stuyvesant in Nieuw Amsterdam Steuergesetze ein und ließ eine Mauer entlang der heutigen Wall Street zum Schutz gegen Indianer und Engländer bauen.
1664	musste sich Stuyvesant dem englischen König Charles II. beugen, die Stadt wurde britisch und zu Ehren des Herzogs von York, Bruder des englischen Königs, in **New York** umgetauft.
Mitte des 18. Jh.	erlebte die Stadt eine kulturelle Blüte: **1725** wurde die *New York Gazette* gegründet, **1732** öffnete das erste Theater, **1733** erschien erstmals das *New York Weekly Journal* und **1752** wurde *King's College*, die spätere *Columbia University*, gegründet.
1776–83	Nach der *Boston Tea Party* 1773 wurde George Washington 1775 Oberbefehlshaber und machte New York kurzzeitig zum Hauptquartier seiner Truppen. Nach der Niederlage in der Schlacht von Long Island Ende August 1776 fiel die Stadt an die Engländer, die sie erst 1783 wieder räumten.
1789	Am 4. März wurde George Washington im New Yorker Rathaus als erster US-Präsident vereidigt.

1810	war New York mit über 100.000 EW die größte Stadt der USA.
1811	wurde wegen der wachsenden Zuwanderung aus Europa eine gezielte Stadtplanung in Angriff genommen: Die Straßen nördlich der Houston St. wurden nach einem Rasterprinzip angelegt und durchnummeriert.
1851	Gründung der *New York Times*.
1869	Eröffnung des *Central Park* als nördliche Stadtgrenze.
1880	Das *Metropolitan Museum of Art* öffnet seine Pforten.
1883	Einweihung der *Brooklyn Bridge* über den East River.
1885	wurde die **Freiheitsstatue** zum neuen New Yorker Symbol.
1898	**Greater New York** entstand aus dem Zusammenschluss der vormals unabhängigen Städte bzw. Landkreise Manhattan, Brooklyn, Bronx, Queens und Staten Island. Damit war New York zu Beginn des 20. Jh. mit gut 3,5 Mio. Menschen die größte Stadt der Welt.
1904	begann der Bau der U-Bahn.
1913	gewann der Eisenbahnverkehr mit der Eröffnung der *Grand Central Terminal* an Bedeutung.
1907	wurde mit 1,285 Mio. Immigranten der Höhepunkt der Einwanderungswelle erreicht. Bis zum Beginn des Ersten Weltkrieges machten insgesamt 12 Mio. Menschen New York zu ihrer neuen Heimat.
Am 29. Okt. 1929	markierte der „**Schwarze Freitag**“ an der New Yorker Börse das Ende einer Wirtschaftsblüte. Beginn der Weltwirtschaftskrise.
1932	Bürgermeister Fiorello H. La Guardia (1882–1947) sorgte für infrastrukturelle, verwaltungstechnische und soziale Verbesserungen; gleichzeitig neuer Bauboom.
1949	wurde New York fester Sitz der **UN** und bezog **1952** das Gebäude am East River.
1978–89	In der Ära des populären demokratischen Bürgermeisters Ed Koch (1978–89) wird u. a. der Tourismus forciert.
19. Okt. 1987	Der Börsensturz am „**Black Monday**“ verstärkt die sozialen Konflikte erneut und lässt die Kriminalität aufblühen.
1994	begann Bürgermeister Rudolph Giuliani mit „eiserner Hand“ gegen Kriminalität und Missstände vorzugehen.
11. Sept. 2001	Terroranschlag auf das World Trade Center, der über 2.800 Menschen das Leben kostete und verheerende Zerstörungen anrichtete.
2002	trat Michael R. Bloomberg das schwere Erbe von Bürgermeister Giuliani an, der sich mit seinem besonnenen Auftreten während der Rettungsarbeiten einen glanzvollen Abgang verschafft hatte.

2009	Zwei neue Baseballstadien werden eröffnet. Zugleich zeigen der *High Line Park*, die *Hudson River Park Promenade* und die Schaffung zahlreicher Fußgängerzonen am Broadway und reaktivierter Piers New Yorks Bestreben, eine **umweltbewusste Stadt** zu werden.
11. Sept. 2011	Das **National September 11 Memorial** wird zum 10. Jahrestag eingeweiht.
29. Okt. 2012	Hurricane Sandy richtet große Verwüstungen in New York und v. a. New Jersey an.
5. Nov. 2013	Zum neuen Bürgermeister wird mit überwältigender Mehrheit der Demokrat Bill de Blasio gewählt (2017 im Amt bestätigt).
2014	Eröffnung des 9/11 Memorial Museum; das One World Trade Center wird eingeweiht.
2015	Eröffnung des neuen Whitney Museum und des One World Observatory.
2019	**NYC Pride – WorldPride**: 50. Jahrestag der Stonewall-Unruhen (www.stonewall50.org).
März 2020	Eröffnung von **The Edge (Hudson Yards)**.
Okt. 2021	Der Aussichtspunkt **SUMMIT One Vanderbilt** eröffnet.
2. Nov. 2021	Eric Adams wird zum 110. Bürgermeister von New York gewählt. Nach Dinkins ist er der zweite Afroamerikaner im Amt.
2022	Das Museum of Broadway eröffnet neu.
2023	Das Richard Gilder Center am American Museum of Natural History wird fertiggestellt, der Anbau des New Museum steht vor der Fertigstellung.
2024	Geplante Eröffnung des **Studio Museum Harlem** und des **American LGBTQ+ Museum**.

Achtung

Die in den Reisekapiteln zu einzelnen Sehenswürdigkeiten/Museen angegebenen Zeiten und Preise sind schnell veränderlich und entsprechen dem Stand vor Drucklegung dieser Auflage.

Sehenswürdigkeiten in Manhattan

Manhattan lässt sich grob in vier Hauptabschnitte aufteilen:
Downtown oder Lower Manhattan – der Südteil der Insel, der historische Kern plus das nördlich angrenzende Gebiet bis zum Union Square an der 14th St. Hierzu gehören Neighborhoods wie das Bankenviertel um die Wall St., SoHo, Greenwich Village, Chinatown und Little Italy.

Blick auf Manhattan

Midtown – bezeichnet die Gegend zwischen Union Square und Central Park (14th–59th St.), mit der legendären 5th Ave., dem Times Square und dem Theaterviertel, Madison Square Garden, Empire State Building und UN Complex gehören ebenfalls dazu.
Uptown – umfasst die Region um den Central Park, Upper East und Upper West Side sowie die „Museumsmeile" an der 5th Ave.
Upper Manhattan – wird der nördlichste Teil Manhattans genannt, der hinauf bis zum Harlem River reicht. Dazu gehören Harlem, East Harlem, das Areal um die Columbia University und The Cloisters (Filiale des Metropolitan Mus.).

Hinweis: Orientierung in Manhattan

Die Orientierung in Manhattan ist durch das **Rastersystem** der Straßen einfach – abgesehen von der Südspitze, wo die Straßen unregelmäßig verlaufen. Ansonsten verlaufen **Streets** (St.) in **Ost-West-Richtung** und sind ab der 1st St. südlich des Washington Square nach Norden zu durchnummeriert; **Avenues** (Ave.) in **Nord-Süd-Richtung** und sind von Ost nach West nummeriert, von der 1st Ave. am East bis zur 11th Ave. am Hudson River. Einige **Avenues** tragen eigene bzw. zusätzliche Namen: York Ave., Lexington Ave., Park Ave., Madison Ave., Avenue of the Americas (= 6th Ave.), Columbus Ave., Amsterdam Ave., West End Ave. sowie in Harlem z. B. Frederick Douglass Blvd./8th Ave. oder Lenox Ave./7th Ave. Die **5th Avenue** bildet die Zentralachse und unterteilt Manhattan in **East und West**. Der **Broadway**, ein ehemaliger Indianerpfad, durchschneidet die Insel als einzige Ausnahme diagonal.

Lower Manhattan – die Südspitze

Historischer Kern New Yorks

Die Südspitze Manhattans umfasst den historischen Kern New Yorks mit Baudenkmälern aus der frühen Kolonialzeit, fungiert daneben aber auch als das weltgrößte Finanzzentrum mit der Börse, weist die höchsten Wolkenkratzer der Stadt auf und gibt den Blick frei auf den Hafen. Hier befindet sich auch das National September 11 Memorial & Museum sowie 1 WTC mit dem neuen One World Observatory, ideale Ausgangspunkte für eine Stadtbesichtigung.

9/11 Memorial & Museum (1)

Seit das 1973 nach Plänen des Japaners Yamasaki fertiggestellte **World Trade Center** am 11. September 2001 von Terroristen komplett in Schutt und Asche gelegt wurde und Tausende von Menschen unter sich begrub, vermisst man das ehemalige Wahrzeichen New Yorks mit seinen beiden über 400 m hohen Türmen und dem beliebten Aussichtsdeck.

Gedenken an die Terroropfer

Das gratis zugängliche **9/11 Memorial** von Arad, Walker und Bond ist eine Ruhe-Oase im hektischen Manhattan, mit Park und Eichenhain sowie zwei Wasserbecken in den „Footsteps" (dem Grundriss) der beiden Türme. Rund um die großen Becken mit Wasserfällen sind die Namen aller 2.982 Opfer aus New York, des Anschlags auf das Pentagon, des abgestürzten United-Airlines-Flugs 93 aus Pennsylvania sowie des Bombenanschlags von 1993 aufgelistet. Das Memorial wurde zum 10. Jahrestag des Attentats, am 11. September 2011, eingeweiht, das Museum folgte im Mai 2014.

Die eindrucksvolle, sehr emotionale Ausstellung des **9/11 Museum** befindet sich im Untergrund, unter einem auffälligen Glaspavillon, geplant vom norwegischen Architekturbüro Snøhetta. Mittelpunkt der riesigen Halle sind ein Teil der Flutmauer, die dem Wasser des Hudson River standhielt, und die „Last Column",

9/11 Memorial

New York – Lower Manhattan
Hotels
1 Nu Hotel
2 citizenM New York Bowery Hotel
Restaurants
1 87 Ludlow
2 Russ & Daughters
3 Katz's Delicatessen
4 Rua Thai
5 Peter Luger Steak House
6 Gugu Room
7 Seasoned Vegan Real Quick
N
0
500 m
WEST VILLAGE
GREENWICH VILLAGE
Washington Square Park
Astor Place
Cooper Square
St. Mark's Pla
Sheridan Square
SOHO
LITTLE ITALY
TRIBECA
CHINATOWN
City Hall Park
FINANCIAL DISTRICT
Battery Park City
Battery Park
Robert F. Wagner Jr. Park
First Place
Holland Tunnel
nach New Jersey
Hudson River
Pier 25
Pier A
Pier 17
Pier 11
NY Waterw
Statue of Liberty, Ellis Island
Staten Island
Governors Islan
Brooklyn Battery Tunnel
West Houston St.
Bleecker St.
Canal St.
Broadway
Bowery
Delancey St.
Wall St.
Fulton St.
Chambers St.
Vesey St.
Liberty St.
State St.
F. D. Roosevelt Drive
Ave. of the Americas

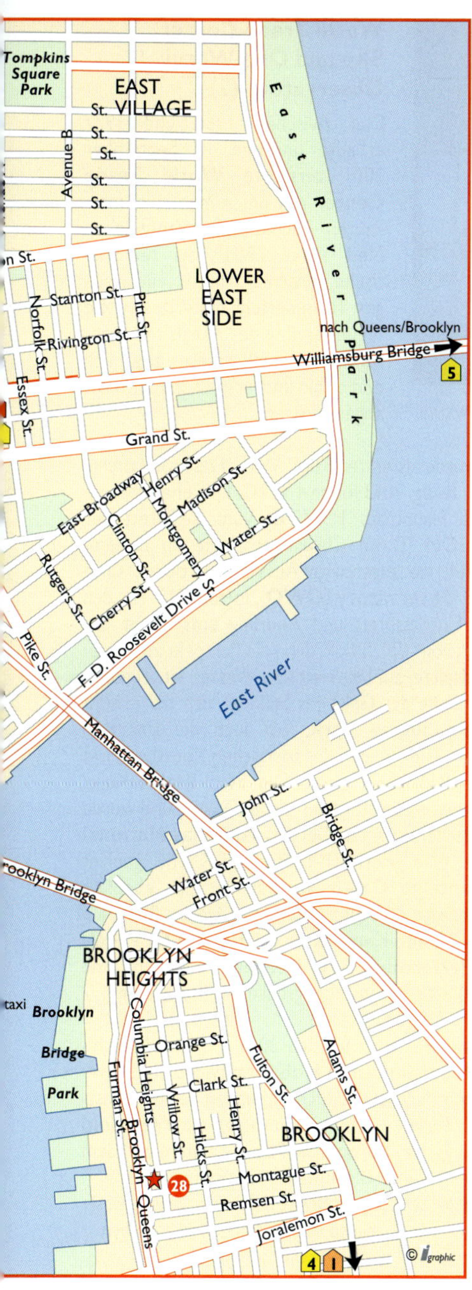

der letzte Stahlträger der WTC-Türme. Ein beschädigter Feuerwehrwagen, Besitztümer der Opfer oder die „Fluchttreppe“ sind zu sehen und es gibt eine künstlerisch gestaltete „Memory Wall“ und eine Kunstausstellung. Die South Tower Gallery unter dem South Pool, wo zuvor der südliche Tower stand, erinnert vor allem an die Opfer, die North Tower Gallery an die Stunden und Tage nach dem Unglück.

9/11 Memorial & Museum, *180 Greenwich/Fulton St. (WTC Site), www.911memorial.org. Memorial tgl. 8–20 Uhr, Eintritt frei; Museum Mi–Mo 9–19 Uhr, $ 33, Mo 17.30–19 Uhr frei! Letzter Einlass jeweils 2 Std. vor Schließung, auch im CityPass enthalten.*

1 9/11 Memorial & Museum
2 One World Observatory
3 World Financial Center (Brookfield Place)
4 Museum of Jewish Heritage
5 Castle Clinton NM
6 Whitehall Ferry Terminal
7 Seton Shrine of Mother Seton
8 Fraunces Tavern
9 India House
10 National Museum of the American Indian
11 Trinity Church
12 Federal Hall
13 New York Stock Exchange
14 South Street Seaport Historic District
15 St. Paul's Chapel
16 Woolworth Building
17 City Hall
18 Columbus Square
19 Museum of Chinese in America
20 Lower East Side Tenement Museum
21 New Museum
22 Old St. Patrick's Cathedral
23 Bayard Building
24 New York University
25 Cooper Union Building
26 St. Mark's in the Bowery
27 Grace Church
28 Brooklyn Heights Promenade

Aussichtsplattform des One World Observatory – unvergleichlicher Ausblick

World Trade Center Site und One World Observatory (2)

Das zwischen 1966 und 1977 erbaute und am 11. September 2001 zerstörte **World Trade Center** galt mit seinen zwei markanten Türmen als Wahrzeichen New Yorks. „9/11", der terroristische Anschlag, hatte ein riesiges Trümmerfeld hinterlassen; die Neubebauung des Areals mit mehreren Wolkenkratzern zog sich endlos hin und ist noch immer nicht abgeschlossen.

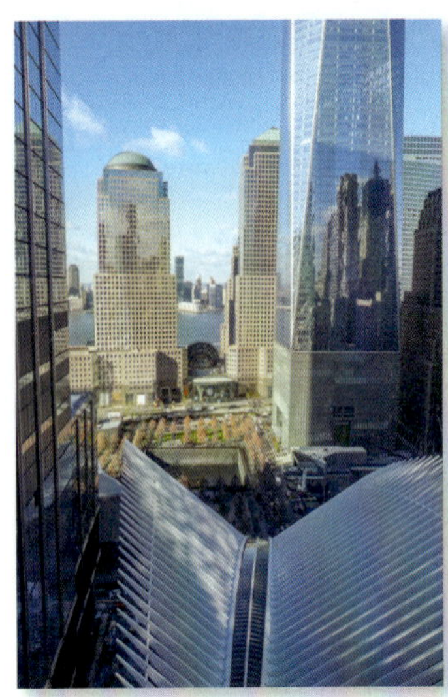
Blick vom Millennium Hilton Richtung Brookfield Place und Hudson River

2006 wurde als erster Bau 7 WTC (*Vesey St./ Greenwich St.*) fertig, 2013 folgte 4 WTC. Der eher unspektakuläre Hauptbau, **1 WTC**, vom Reißbrett der Firma SOM (David Childs), eröffnete im Dezember 2014, die zugehörige Aussichtsplattform, **One World Observatory** (**OWO**), folgte 2015. Für den hohen Eintrittspreis und Andrang entschädigt der Ausblick vom 100. Stock, denn die Perspektive hier an der Südspitze, auf Inselwelt und Wasser, ist grandios. Am Südende des Geländes befindet sich der erhöht gelegene **Liberty Park**, wo auch die abstrakte Skulptur „The Sphere" des bayrischen Künstlers Fritz König (1924–2017) steht: Die Stahl-Bronze-Kugel überstand den Einsturz der beiden Türme und wurde 2017 hierher versetzt. Der **St. Nicholas National Shrine**, eine griechisch-orthodoxe Kirche, geplant von **Santiago Calatrava**, befindet sich ebenfalls hier. Neueste Zufügung (eröffnet im Herbst 2023) auf dem WTC Site-Komplex ist das **Ronald O. Perelman Performing Arts Center/PAC** (https://pacnyc.org), eine Veranstaltungshalle mit drei Bühnen.

Calatrava war auch für den 2016 eröffneten, architektonisch beeindruckenden **WTC Transportation Hub** verantwortlich. Dieser Nahverkehrsbahnhof mit spektakulärem flügelartigem Dach, wegen seiner Konstruktionsweise auch „Oculus" (latein. „Auge") genannt, beherbergt die **Westfield WTC Shopping Mall** und ist unterirdisch mit Brookfield Place (s. unten) und dem Fulton Center (dem Subway-Knotenpunkt einen Block weiter östlich) verbunden.

One World Observatory, *285 Fulton St. (Zugang: West St.), www.oneworldobservatory.com, tgl. 9–21, $ 39 (Standardticket online), zeitgebunden, vorab online erwerben.*

WTC Site: *www.officialworldtradecenter.com, www.renewnyc.com (Viertel)*

World Financial Center – Brookfield Place (3) und Battery Park City

Westlich der WTC Site erhebt sich das **World Financial Center**, 1981 bis 1988 nach Plänen des Argentiniers César Pelli auf einem 90.000 m² großen Gelände errichtet. Sehenswert im Inneren sind der Wintergarten und das Einkaufszentrum **Brookfield Place** (*https://bfplny.com*) mit zwei Imbissarealen, eines davon französisch („Le District"). Rafael Pelli, Sohn des ursprünglichen Planers, zeichnet für die Shoppingmall und den markanten Glaspavillon an der West Street verantwortlich. Der neue Teil grenzt westlich an die WTC Site an und ist mit dieser und der PATH-Station durch einen unterirdischen Fußgängertunnel verbunden.

Shopping im Weltfinanzzentrum

Battery Park City bildet auf dem aufgeschütteten Aushub vom World Trade Center eine eigene „Stadt" – mit Apartmentblöcken, Jachthafen, Promenade und Grünanlagen. Von der Esplanade mit ihren Parkbänken bietet sich ein fantastischer Ausblick auf den Hudson River, auf Ellis und Liberty Island und hinüber nach New Jersey. Die Promenade führt vorbei am **Museum of Jewish Heritage** (**4**) im Wagner Park – das mittels verschiedenster Medien eindrucksvoll die Geschichte der Juden ab 1880 schildert – zum Battery Park. Hier bietet sich ein Abstecher zum **Skyscraper Museum** im Bau des Ritz Carlton Hotel an der West St. an.
Museum of Jewish Heritage, *36 Battery Pl./Battery Park City, https://mjhnyc.org, So/Mi/Fr 10–17, Do bis 20 Uhr, $ 18 (Do 16–20 Uhr frei), mit Café.*
Skyscraper Museum, *39 Battery Place, www.skyscraper.org, Mi–So 12–18 Uhr, derzeit frei, v. a. Wechselausstellungen, aber auch interessante Stadtmodelle.*

Battery Park und Castle Clinton

Vor der beeindruckenden Wolkenkratzerkulisse des Financial District liegt der unlängst komplett neu gestaltete **Battery Park** (offiziell: „The Battery") mit Gärten, Plätzen, Promenaden sowie zahlreichen Skulpturen zur Erinnerung an historische Ereignisse, wichtige Persönlichkeiten, bedeutende Denker, Dichter und Immigranten(gruppen). Er überstand nur leicht beschädigt den Einsturz der Bauten ringsum. **Pier A**, eine historische Schiffsanlegestelle, wurde vor ein paar Jahren restauriert, steht mittlerweile aber wieder leer. Im Park liegen auch die „**Urban Farm**", die v. a. Kinder zu gesünderer Ernährung erziehen und mit der Natur vertraut machen soll, und das **SeaGlass Carousel** mit den **Tiffany & Co. Foundation Woodland Gardens**.
Infos zum Angebot: *www.thebattery.org*

Ebenfalls im Battery Park – benannt nach einer hier ehemals aufgestellten Geschützreihe – fällt der massige, runde Ziegelkomplex des **Castle Clinton National Monument** (**5**) ins Auge. In der Nähe des ehemaligen holländischen „Fort Amsterdam" entstand es als eine von mehreren Befestigungsanlagen zur Sicherung des Hafens während des britisch-amerikanischen Krieges 1812, mit dem Ufer durch eine Zugbrücke verbunden. 1824 wurde daraus der Vergnügungspark „Castle Garden". 1855 bis 1892 fungierte die mittlerweile mit dem Festland verbundene Festung als Vorgängerin des berühmteren Ellis Island. Nach weiteren 45 Jahren als Heimat des New Yorker Aquariums drohte 1941 der Abriss, doch zum Glück erfolgte fünf Jahre später die Ausweisung als nationale Gedenkstätte.

Historische Befestigungsanlage

Abgesehen von kleineren Ausstellungen gibt es hier Informationsstände der Parkverwaltung und Ticketverkaufsstände für die Fähren nach Liberty und Ellis Island. **Castle Clinton NM**, *Battery Park, www.nps.gov/cacl, tgl. 8–17 Uhr, Eintritt frei.*

Liberty Island und die Statue of Liberty

Geschenk Frankreichs

Die **Statue of Liberty** war ein Geschenk des französischen Volkes an die Amerikaner. Das Kunstwerk sollte an die Waffenbrüderschaft in der Zeit der Revolution erinnern und an deren vornehmstes Symbol, die *Liberté*. Gleichzeitig diente der erhobene Arm der Figur mit der Fackel der Freiheit als Leuchtturm und fungierte als neuzeitliches Pendant zum antiken Koloss von Rhodos. Die Statue besteht aus gehämmerten Kupferplatten und ist ein Werk des Bildhauers Frédéric-Auguste Bartholdi unter Mithilfe von Gustave Eiffel, der für das tragende Eisengerüst zuständig war. Der Kopf der viel bewunderten Figur wurde auf der Pariser Weltausstellung 1878 ausgestellt. Nach ihrer Vollendung 1884 wurde die 46 m hohe und 204 t schwere Statue zerlegt und in einer spektakulären Aktion über den Atlantik nach New York gebracht. Am 28. Oktober 1886 wurde das Monument feierlich eröffnet und zum 100-jährigen Jubiläum im Jahr 1986 gründlich renoviert.

Seit 2019 ersetzt ein neues Museum an der Nordwestspitze der Insel die bisher im Sockel der Statue befindliche Ausstellung. In einem umweltfreundlichen, energieeffizienten Glasbau mit begrüntem Dach und Aussichtsplattform gibt es drei Galerien: ein Multimedia-Erlebnis zu Geschichte und Bedeutung der Statue, ein Blick in die „Werkstatt von Frédéric-Auguste Bartholdi“ und eine „Inspiration Gallery“ mit der Original-Fackel und einem Modell des Gesichts der Statue zum Anfassen. **Statue of Liberty & Statue of Liberty Museum**, *Liberty Island, Fähren ab Castle Clinton/Battery Park, www.nps.gov/stli, https://libertyellisfoundation.org, Details zu Anfahrt und Tickets s. Infokasten.*

Ellis Island – Durchgangsstation für zahllose Einwanderer

Ellis Island

Während die Freiheitsstatue die Einwanderer verheißungsvoll begrüßte, bedeutete die kleine Insel Ellis Island für viele zunächst einmal langes Warten. Fast drei Viertel aller US-Einwanderer passierten ab 1892 diesen Nachfolger von *Castle Clinton*, und die rund 12 Mio. Menschen, die bis 1954 durchgeschleust wurden – bis zu 5.000 täglich –, durchliefen hier eine gründliche Befragung und Inspektion. Vielfach dauerte das Verfahren mehrere Tage bis Wochen, und etwa 350.000 Personen wurden wieder abgeschoben. Besonders für „politisch oder moralisch Fragwürdige“, aber auch für viele andere wurde Ellis Island – insbesondere während der beiden Weltkriege – zur „Träneninsel“.

Seit 1965 Nationalpark, sind nur wenige der insgesamt rund 35 Gebäude zu besichtigen. Für die Zukunft ist die Renovierung und Eröffnung weiterer Bauten im Hospitaltrakt geplant, derzeit finden nur Spezialtouren (*$ 35*) statt (s. Website). Im Hauptbau mit der **Great Hall**, der Ankunftshalle, dem Fährbüro, Gepäckraum, Schlafsälen, Krankenstation und Speisesaal befindet sich das sehenswerte **Immigration Museum** mit dem **Peopling of America Center**. Auf dem Freigelände befindet sich die **Wall of Honor** mit den Namen von über 700.000 Immigranten, außerdem gibt es eine große Forschungsbibliothek und ein Forschungsarchiv. Es werden zusätzlich Touren im Süden der Insel mit dem Ellis Island Hospital angeboten (*$ 35*).
Ellis Island Immigration Museum, *Ellis Island, www.nps.gov/elis, tgl. 9–19 Uhr, mit Café, Details s. Infokasten.*

Hinweis: Liberty und Ellis Island – Ticket-Know-how

Ab Castle Clinton/Battery Park verkehren saisonal unterschiedlich häufig (mind. 9.30–17 Uhr, alle 30 Min.) Fähren von **Statue City Cruises** für derzeit $ 24,80 nach Liberty und Ellis Island. Um lange Wartezeit zu vermeiden, sollte man Tickets im Internet kaufen, es bilden sich nämlich oft schon um 8 Uhr morgens Schlangen vor den Ticketschaltern. Auch wer einen *CityPass* hat, muss sich anstellen und ein Ticket für Museumszugang bzw. Krone besorgen.

Ellis Island ist im Fährticket automatisch enthalten, doch nach 14 Uhr lohnt es sich nicht mehr, an beiden Inseln auszusteigen. Zudem sollte man wegen der Sicherheitskontrollen vor dem Einsteigen (keine Taschenmesser!) genügend Zeit einplanen: für die Gesamttour mindestens vier bis fünf Stunden.

Es gibt für die Statue of Liberty (mit Ellis Island) **drei Ticketvarianten**:
Reserve Ticket (kostenlos, im Fährticket enthalten): Zugang zu beiden Inseln und Museen. Im *NY CityPass* (s. S. 193) enthalten.
Pedestal Ticket (kostenlos): Zugang zum Observation Deck im Sockel der Freiheitsstatue. Tickets im Internet und auf „first-come, first-served"-Basis in begrenzter Zahl am Ticketschalter.
Crown Ticket: Reservierung obligatorisch (max. vier Tickets, namens- und zeitgebunden), Zugang zur Krone nur ohne Gepäck und für Personen über 1,07 m Körpergröße, unter 17 J. nur in Begleitung.
Infos/Reservierung: ☎ 187 75239849
oder www.cityexperiences.com/new-york/city-cruises/statue.

Staten und Governors Island

Ein modernes Gebäude im Süden von Castle Clinton, der **Whitehall Ferry Terminal** (**6**), fungiert als Fährbahnhof der **Staten Island Ferry**. Von hier verkehren rund um die Uhr regelmäßig (kostenlose) Boote nach Staten Island. Die Fahrt mit grandiosen Ausblicken dauert einfach eine knappe halbe Stunde (Aussteigen nötig!).
Whitehall Ferry Terminal, *4 Whitehall St., www.siferry.com, mind. halbstündl. 24 Std., gratis.*

Direkt neben dem Fähranleger auf Staten Island befindet sich das **Baseballstadion** der Staten Island Yankees und in der Nähe liegen auch die **Empire Outlets** (www.empireoutlets.nyc).

Ein paar Schritte ostwärts liegt das **Battery Maritime Building** von 1905, das als Anlegestelle der Fähre nach Governors Island fungiert. Innerhalb weniger Minuten gelangt man auf die alte Festungsinsel, von deren Uferpromenade sich ein ungewöhnlicher Ausblick auf Stadt, Freiheitsstatue, Ellis Island, den Hafen und den East River bietet.

Governors Island war während der Kolonialzeit im 18. Jh. Privatbesitz des britischen Gouverneurs, dann Festung zum Schutz der Hafeneinfahrt und zuletzt Sitz der Küstenwache. Aus dem frühen 19. Jh. sind die Festungen **Fort Jay** und **Castle Williams** erhalten, dazu die **Colonel's Row** und die **Parade Grounds**. Als *National Park* ausgewiesen, bieten Parkranger Touren an und es wird kontinuierlich gebaut und verschönert: *Liggett Terrace*, *Hammock Grove* und *Play Lawn*, *The Hills* (Aussichtshügel), *South Prow* (Promenade) und *Liberty Terrace* (Aussichtsterrasse) sind Anziehungspunkte der Insel, und im Süden entstanden renaturierte Ufer- und Marschlandschaften. Außerdem werden viele der historischen Bauten inzwischen anderweitig genutzt, z.B. eröffnete in drei historischen Gebäuden der Army Barracks **QC Terme Spas & Resorts** (www.qcny.com) – ein Spa und eine Wohlfühloase. Der wohl beste Ausblick bietet sich von The HIlls, der hügeligen Naturlandschaft mit Spielgeräten und Aussichtspunkten.
Governors Island, *www. nps.gov/gois bzw. www.govisland.com, tgl. 7–22 Uhr, Fähren ab Battery Maritime Building, 10 South/Whitehall St., $ 4, Sa/So bis mittags gratis). Zahlreiche Veranstaltungen, Fahrradverleih, Touren sowie Ausstellungen u.a.*

Das „alte" New York

Haus von 1719

Vorbei an der Our Lady of the Rosary Church mit dem **Seton Shrine** (**7**) an der State St. – Wohn- und Wirkungsort einer Ordensschwester (1774–1821), die als erste Amerikanerin 1975 vom Papst heiliggesprochen wurde – geht es in den **Fraunces Tavern Historic District**, ein original erhaltener Straßenblock aus dem 18. Jh. Bei der **Fraunces Tavern** (**8**), an der Pearl, Ecke Broad St., handelt es sich um eines der ältesten Privathäuser des Viertels, 1719 im georgianischen Stil erbaut. Im Inneren befinden sich ein Museum und ein Restaurant. Von hier aus weiter auf der Pearl St. zum Hanover Square stößt man auf das **India House** (**9**) von 1837 im Barockstil, Sitz der Baumwollbörse.
Seton Shrine *(in der Our Lady of the Rosary Church), 7 State St., https://spcolr.org/st-seton-shrine-1, zu Gottesdiensten bzw. Bürozeiten geöffnet. Eintritt frei.*

Bowling Green und Trinity Church

New Yorks Wurzeln

Vom Hanover Square ist es nicht weit zu **Battery Park** (via Beaver St.) und **Bowling Green**, am spitz zulaufenden Kopfende des Parks. Der Platz markiert jene Stelle, wo 1626 Peter Minnewit, der Deutsche in holländischen Diensten, den Manna-Hatta-Indianern ihre Insel „abgekauft" haben soll. Später fanden hier Viehmärkte und Paraden statt und eine Bowlingbahn entstand, die dem Platz seinen Namen gab.

Seine Nordspitze markiert ein **bronzener Stier** – Symbol für eine florierende Wirtschaft – vor der repräsentativen Kulisse des **US Custom House** aus dem Jahr 1907. Der vormalige Zollbau zeigt im Inneren Wandmalereien des amerikanischen Malers Reginald Marsh (1898–1954) mit Hafenszenen, und beherbergt das **National Museum of the American Indian (10)**, einen Ableger der Washingtoner Smithsonian Institution.

National Museum of the American Indian (NMAI), *George Gustav Heye Center – US Custom House, 1 Bowling Green, http://nmai.si.edu/visit/newyork, tgl. 10–17, Eintritt frei, Wechselausstellungen.*

Ein Stückchen den Broadway nordwärts, fällt zwischen modernen Wolkenkratzern, teils mit sehenswerter Bauplastik, an der Ecke Broadway/Wall St. die **Trinity Church (11)** ins Auge. Ihr knapp 100 m hoher Turm hat bis Mitte des 19. Jh. das Viertel überragt. Die Kirche war Ende des 17. Jh. vom englischen König William III. gestiftet worden. Das heutige Gotteshaus stammt aus dem Jahr 1846. Der **Friedhof** aus der Gründungszeit enthält sehenswerte alte Grabmäler; u. a. fand hier Alexander Hamilton, der erste Finanzminister der USA, seine letzte Ruhe. In das Innere der neogotischen Kirche mit ihren (deutschen) Buntglasfenstern gelangt man durch Bronzeportale nach dem Vorbild der Florentiner Paradiestür des Renaissance-Künstlers Lorenzo Ghiberti.

Das Finanzviertel

Die **Wall Street** markierte einst wie eine „Mauer" die nördliche Stadtgrenze der holländischen Siedlung, heute ist sie die Schlagader des Finanzviertels. Die Stufen der **Federal Hall (12)** sind zur Lunchpause im Sommer beliebt. Von hier bietet sich ein guter Blick auf das hektische Treiben. Bei dem Gebäude selbst handelt es sich um das alte Zollhaus (1842), vorher befanden sich hier das alte Rathaus der Stadt, die **City Hall** (1701) und die **Federal Hall** (1788), die bis 1790 als erstes Kapitol der Vereinigten Staaten fungierte. 1789 hatte der erste Präsident der USA, George Washington, hier seinen Amtseid abgelegt und dafür 1883 eine Statue aufgestellt bekommen. Den Kern der Federal Hall bildet eine Rotunde im Stil des römischen Pantheon, wohingegen die Front sich am Athener Parthenon orientiert. Im Inneren erinnern eine Ausstellung mit Originaldokumenten und Memorabilien sowie ein Film an George

Die New York Stock Exchange in der Wall Street

Washington und seine Zeit. Derzeit finden Renovierungsarbeiten statt, sodass immer wieder Teile des Gebäudes unzugänglich sind.
Federal Hall NM, *26 Wall St., www.nps.gov/feha, Mo–Fr 9–17 Uhr, Eintritt frei, mit Ausstellungen, Ranger-Touren und Besucherinformationsstelle (Zugang auf der Rückseite des Gebäudes!).*

Schräg gegenüber, an der Broad St., versteckt sich hinter einer klassisch-römischen Tempelfassade von 1903 die berühmte Wertpapierbörse **New York Stock Exchange** (**13**), in der die Aktien der mehr als 1.500 mächtigsten Firmen der Welt gehandelt werden. Ihre Besuchergalerie ist seit dem 11. September 2001 geschlossen.

South Street Seaport

Der **South Street Seaport Historic District** (**14**), der von der Water bis zur South St. und in Nord-Süd-Richtung von Pier 14 bis Pier 17/18 bzw. von der Dover bis zur John St. reicht, erinnert an das **alte Hafenviertel New Yorks**, das in den 1970- und 1980ern nur knapp vor dem Verfall gerettet werden konnte. In die alten Häuser aus dem 19. Jh., vor allem Lagerhäuser, zogen ausgehend von der Schermerhorn Row (Fulton zwischen South und Front St.) Cafés, Lokale und Läden ein und machten das Viertel zur Touristenattraktion.

Renovierte Lagerhäuser

In den alten Lagerhallen auf Pier 17 eröffnete im Sommer 2018 ein neuer Einkaufs- und Vergnügungskomplex, und an der Schermerhorn Row mit ihren zwischen 1811 und 1813 errichteten Lagerhäusern und Kontoren herrscht ebenfalls wieder Betriebsamkeit. Pier 17 vorgelagert wurde im Herbst 2022 das **Tin Building** (https://tinbuilding.com) eröffnet. Von 1822 bis 2005 befand sich hier der Fulton Fish Market, jetzt steht hier eine französische Markthalle mit Imbissstationen, Lokalen, Bars und Verkaufsständen. Landeinwärts, jenseits des FDR Drive, dient das historische **Fulton Market Building** (*11 Fulton St.*) ebenfalls als Einkaufs- und Vergnügungszentrum. Miteinander verbunden werden die Piers durch die **East River Waterfront Esplanade** – mit kleinen Grünanlagen und Sitzgelegenheiten, von denen aus sich tolle Ausblicke auf den East River und Brooklyn bieten. Diese Promenade ist Teil des **Manhattan Waterfront Greenway**, der sich als Fuß- und Radweg auch entlang dem East River vom Battery Park an Manhattans Südspitze zur 120th St. in East Harlem zieht. Derzeit besteht nur noch eine Lücke zwischen 41st und 61st St. auf dem 32-mile-loop (www.nycgovparks.org/parks/east-river-esplanade_36-to-38). An Pier 11, etwa auf Höhe der Wall Street, legen Fähren zum Hudson River und nach New Jersey sowie die NYC Ferries Richtung Brooklyn, Midtown (E 34th St.), Queens und Bronx ab. Pier 15 bietet einen futuristischen Flachbau mit Sitzgelegenheiten aller Art und im Sommer einen Biergarten.

Shopping und Entertainment

Schlendert man heute durch die alten Gassen – den Kern bilden vier Häuserblocks zwischen Beekman und John, Water und South St. – stößt man z. B. auf das **Titanic Memorial** (*Fulton/Water St.*) in Form eines kleinen Leuchtturms oder auf das alte **Meyer's Hotel** von 1873 (Peck Slip). Zudem gibt es eine Reihe zu besichtigender **historischer Schiffe** am Pier 16, z. B. das Feuerschiff „Ambrose" (1907), die über 130 Jahre alte „Wavertree" oder der Schlepper „W.O. Decker". Die sehenswerten Galerien des **Seaport Museum** (*12 Fulton St.*) in einer historischen Seefahrerherberge in der Schermerhorn Row sind seit Hurrricane Sandy im Okt. 2012 noch teilweise geschlossen.

South Street Seaport, *Fulton/South St. (Pier 17), https://theseaport.nyc, https://southstreetseaportmuseum.org, Mi–So 11–17 Uhr, Eintritt frei, auch Schiffe (Gratisticket für Ambrose vorbestellen). Sommerkonzerte auf The Rooftop von Pier 17: www.pier17ny. com/concerts;* **Fulton Stall Market** *(Front St./Cannon's Walk).*

Von der City Hall zum Battery Park

Älteste Kirche Manhattans

Vom South Street Seaport führt die Fulton St. zurück zum Broadway. Hier liegt mit der **St. Paul's Chapel** (**15**) das älteste erhaltene Gotteshaus in Manhattan. Ihr konnte nicht einmal der Einsturz des nahen World Trade Center am 11. September 2001 etwas anhaben. Im Gegenteil, die Kirche wurde zum Dreh- und Angelpunkt der Hilfsaktionen, zum Ruhepol und Ort des Trostes. Der westliche Haupteingang (zum Kirchhof) und das Hauptschiff wurden 1766 fertiggestellt, während der Osteingang (Broadway) mit Portikus und Säulen sowie der westliche Turm erst 1794 dazukamen.

Wenige Schritte nordwärts erhebt sich am Broadway das berühmte **Woolworth Building** (**16**), 1913 von Präsident Wilson als damals höchstes Gebäude der Welt (241 m) eröffnet. Bis 1930, dem Jahr der Fertigstellung des Chrysler Building (319 m), hielt die Zentrale des Kaufhauskonzerns den Rekord. 1879 hatte Frank W. Woolworth mit der Idee, Waren für fünf Cent zu verkaufen und das Sortiment den Kunden direkt auf Tischen – und nicht erst auf Nachfrage – anzubieten, die Konsumwelt erobert (Touren siehe https://woolworthtours.com).

Viele sind erstaunt über die Bescheidenheit des New Yorker Rathauses, das den Kern des heutigen Civic Center District bildet. Als es zu Anfang des 19. Jh. im klassizistischen Stil errichtet wurde, war es für die 60.000-Einwohner-Metropole groß genug. Damals lag die **City Hall** (**17**) noch am nördlichen Stadtrand und der heutige Park war ein offenes Feld, auf dem es während der Revolution zu mehreren Schlachten gekommen war. 1776 soll General Washington hier vor seinen Truppen die Unabhängigkeitserklärung verlesen haben.

Brooklyn Bridge

Bei Sonnenuntergang besuchen!

Vom South Street Seaport aus bietet sich, besonders bei Sonnenuntergang, ein Spaziergang über die Brooklyn Bridge zum **Brooklyn Bridge Park** bzw. zur **Brooklyn Heights Promenade** (s. S. 187) (**28**) an. Etwa 60 Brücken verbinden in New York die einzelnen Boroughs miteinander, die Brooklyn Bridge ist eine der ältesten und zweifellos die schönste. 1867 hatte der deutsche Einwanderer John A. Roebling mit dieser kühnsten Ingenieurleistung der Epoche begonnen: 84 m hohe gotische Doppelbögen als Hauptpfeiler, an deren Ankerplatten die Hauptstahlseile befestigt wurden, die wiederum durch Stahlseile verstrebt waren.

Der Thüringer Ingenieur, der als „Erfinder des Stahlseils" galt, starb bereits drei Wochen nach Baubeginn. Roeblings Sohn Washington, dann dessen Frau Emily vollendeten das Werk im Jahr **1883**. Damals war die Brooklyn Bridge nicht nur

Spaziergang über die Brooklyn Bridge

die **erste Hängebrücke New Yorks**, sondern mit einer Höhe von 40 m über dem East River und einer Länge von über 1 km (ohne Rampen) auch die längste. Bis 1903, der Fertigstellung der Williamsburg Bridge, blieb die Brooklyn Bridge die längste Hängebrücke der Welt.
Brooklyn Bridge, *Zugang zum Fußweg in Manhattan an der Ostseite der City Hall, Park Row, eine Treppe führt von der Drumgoogle Plaza (Gold/Frankfort St.) hinauf zum Fußweg der Brücke. Zurück geht es wieder über die Brücke, mit der Subway (Linie A/C High St.), von der Promenade Linie 2/3 Clark St.) oder per Fähre ab Pier 1 unterhalb der Brücke.*

Lower Manhattan – zwischen Lower East Side und Village

Eine unverwechselbare Atmosphäre kennzeichnet die Stadtviertel im Bereich zwischen Rathaus und 14th St. Oft verwischen die Grenzen, beispielsweise zwischen Little Italy und Chinatown, wo die Asiaten die Italiener mehr und mehr ablösen. **SoHo** steht für Cast Iron Buildings, schicke Lofts, exklusive Boutiquen und ungewöhnliche Galerien. Das südlich anschließende **TriBeCa** repräsentiert hingegen ein ehemaliges Industrie- und Lagerhausviertel im Wandel.

Die **Bowery**, das ehemalige irische Viertel mit Bordellen und Spelunken, und westlich angrenzend **Nolita** („North of Little Italy") sind im Begriff aufzuholen. Dahingegen mauserte sich die **Lower East Side** (LES) längst zu einem schicken Viertel, und der frühere deutsche bzw. jüdische Charakter ist weitgehend abhanden gekommen. Das nördliche **East Village** liegt als Künstler-, Kneipen- und Nightlife-Viertel im Trend und schloss zu seinem berühmten westlichen Nachbarn, dem **Greenwich Village**, auf.

Chinatown

Obwohl die meisten der nach Amerika eingewanderten Chinesen ihre Gemeinden an der Westküste, in San Francisco und Vancouver, gründeten, ist auch das New Yorks Chinatownviertel dicht besiedelt und unverkennbar ostasiatisch, allerdings weniger touristisch geprägt. Es erstreckt sich im Areal von Canal St., Broadway und Bowery St., und die Hauptachsen sind Mott und Grand St.

Bunt und quirlig: New Yorks Chinatown

Über die Canal Street, Lebensachse von Lower Manhattan, und die Mulberry St. geht es zum **Columbus Square** (**18**), der das Zentrum Chinatowns bildet. Die parallel im Osten verlaufende **Mott St**. ist die Hauptstraße des Viertels mit zahlreichen chinesischen Restaurants und Shops. Über die chinesischen Amerikaner informiert das neue und auch architektonisch sehenswerte **Museum of Chinese in America** (**19**).
Museum of Chinese in America, *215 Centre St., www.mocanyc.org, Mi/Fr/Sa 11–18, Do 14–21, So 11–16 Uhr, $ 12.*

Lower East Side

Auf den Spuren der Einwanderer

Die **Canal St.** führt ostwärts in die Lower East Side (LES), zu der offiziell auch Chinatown, Little Italy und die Bowery gehören. Früher war die LES einmal fest in deutscher Hand. Anfang des 20. Jh. befand sich hier ein Zentrum der New Yorker Juden. An der Orchard St. mit vielerlei Shops liegt der **Lower East Side Historic District** und an der Ecke zur Delancey St. lädt das interessante **Lower East Side Tenement Museum** (**20**) zu einer Tour durch rekonstruierte Apartments früherer Bewohner im Haus Nr. 97 und 103 Orchard St. ein. Zuvor bietet das Besucherzentrum einen Film und im Shop interessante Bücher und Souvenirs. Bei diesen Gebäude- und Walkingtouren wird eindrucksvoll über das Leben der verschiedenen Einwanderergruppen um 1900 in diesem Viertel informiert.
V. a. um die Essex Crossing und entlang der Houston St. ist viel neue Architektur entstanden. Hier befindet sich der **Essex Market** mit einer guten Auswahl an Verkaufs-, Imbisständen und Läden. Ein paar Schritte weiter hat das International Center of Photography *(79 Essex St., www.icp.org)* eröffnet.

Zeichen des Wandels in der LES ist seit 2007 das **New Museum** (**21**) in der Bowery. Die einstige *Skid Row* (das „Penner-Quartier") mit Obdachlosenheimen und Suppenküchen weicht zunehmend Boutiquen, neuen schicken Hotels und Restaurants. Allein der ungewöhnliche Bau dieses **Museums für zeitgenössische**

Kunst ragt optisch aus dem Umfeld der alten Backsteinbauten heraus: Es ist ein fensterloser, kubischer weißer Bau vom Reißbrett der japanischen Architekten Sejima/Nishizawa (*SANAA*). Innen gibt es neben Wechselausstellungen einen Shop und ein Café. Derzeit entsteht direkt benachbart eine Erweiterung, die die Ausstellungsfläche verdoppeln soll. Der prismenartige, 8-stöckige Neubau stammt vom Architekturbüro OMA und soll Anfang 2025 fertig werden.

Lower East Side Tenement Museum, *103 Orchard St., www.tenement.org, Shop & VC tgl. 10–18 Uhr. Dort sind Tickets für täglich stattfindende Haustouren ($ 30) sowie Neighborhood Tours erhältlich.*

New Museum, *235 Bowery, www.newmuseum.org, Di/Mi/Fr–So 11–18, Do bis 21 Uhr, $ 18. Dachterrasse mit Ausblick (Sky Room) nur Sa/So geöffnet (zzt. wegen des Neubaus bis voraussichtlich Anfang 2025 geschl.).*

Little Italy

Die Grand St. ist eine der Lebensadern der LES. An ihrer Kreuzung mit der Mulberry St. schlägt das Herz von Little Italy, des alten Italienerviertels von Manhattan. Statt *Dim Sum* gibt es hier plötzlich Pasta und Pizza, anstelle buddhistischer und taoistischer Tempel römisch-katholische Kirchen wie die **Old St. Patrick's Cathedral** (**22**) (*260 Mulberry St.*).

Die Nordgrenze von Little Italy bildet die Houston St. Ein wenig nördlich davon steht das **Bayard Building** (**23**) von 1898 (*65 Bleeker St.*), ein Werk des berühmten Architekten Louis Sullivan, der in Chicago als Wegbereiter der modernen Hochhausarchitektur berühmt wurde.

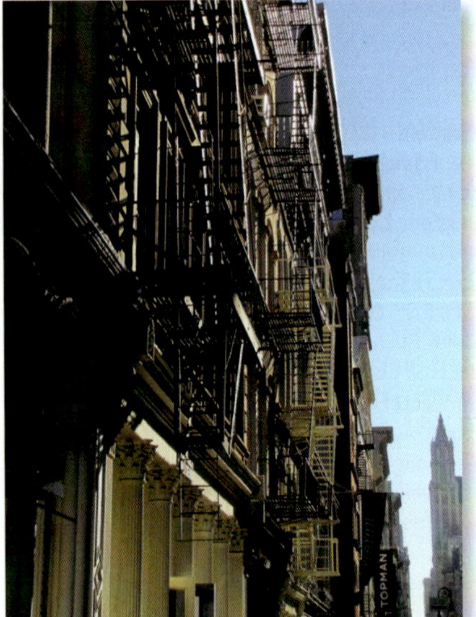

SoHo ist bekannt für seine Cast Iron Buildings

SoHo

1848 kam in Amerika erstmals Gusseisen bei der Konstruktion von Häusern zum Einsatz, in der zweiten Jahrhunderthälfte wurde diese Bauweise populär. Die meisten und schönsten der noch erhaltenen **Cast-Iron-Bauten** befinden sich in SoHo, kurz für „South of Houston". Das Viertel trägt den Beinamen *Cast Iron District* und steht unter Denkmalschutz. Da die stabile Konstruktionsweise mit einem Skelett aus Eisenträgern, zwischen die gusseiserne, vorfabrizierte Fassadenteile geschoben wurden, keine Stützwände benötigte, sind viele und hohe Fenster typisch für die meist fünf- bis achtstöckigen Gebäude.

Die früheren *Sweat Shops*, **Fabrikhallen** der Leder- und v. a. Textilindustrie in den oberen Etagen, fungieren heute als schicke **Lofts.** Unten sind Künstlerateliers und Galerien, Boutiquen und Cafés eingezogen. Inzwischen haben gestiegene Mietpreise mehr und mehr Bewohner ins angrenzende **TriBeCa** *(Triangle Below Canal)* abwandern lassen, das im Begriff ist, sich zum neuen Szeneviertel zu entwickeln.

Gusseisen-Architektur

Einen **Rundgang durch SoHo**, auch ideal zum Shopping, startet man am besten an der Kreuzung Prince St./Broadway. Ein Block weiter, am Broadway, befinden sich einige der sehenswerten Cast-Iron-Bauten wie das **New Era Building** (*495 Broadway*) und daneben das **Haughwout Building**, in dem 1857 der erste dampfbetriebene Fahrstuhl in Betrieb genommen wurde. Über die Broome gelangt man zur Greene St. und nordwärts, Richtung Houston St., reihen sich an ihr die schönsten Beispiele von Cast-Iron-Architektur auf.

Im „Village"

Treff der Bohème

Das „Village", wie das Areal zwischen Houston und 14th St. von seinen Bewohnern kurz genannt wird, besteht aus zwei Teilen: westlich vom Broadway das **Greenwich Village**, östlich davon das **East Village**. Wo schon im 18. Jh. Engländer ihre Gutshöfe bauten und sich im 19. Jh. schwarze, irische und italienische Einwanderer niederließen, blühte um 1900 das kulturelle Leben. Im Laufe der Jahrzehnte entwickelte sich das Areal zum Treff der Bohème, von Homosexuellen, Dichtern und Künstlern. Heute ist es v. a. ein Wohnort des besser verdienenden Mittelstandes.

Der **Washington Square** ist der größte Platz in Lower Manhattan und ein beliebter Treff. Früher war er Richtstätte, Armenfriedhof, Exerzierplatz und ab 1828 öffentlicher Park. Der auffällige Triumphbogen von 1892 ist ein Denkmal für George Washington und heißt deshalb auch **Washington's Arch**. Östlich des immer belebten Platzes (im Sommer Konzerte und andere Shows) residiert in mehreren Gebäuden die **New York University** (**24**). 1831 gegründet, ist sie eine der größten Privatuniversitäten der USA.

Ein **Rundgang im Greenwich Village** führt vom Washington Square über die W. 4th St. mit Cafés, Buchläden und Galerien. Sie stößt auf die 6th Ave. (Ave. of the Americas), wobei sich im Bereich zwischen 6th und 7th Ave. ebenfalls Boutiquen und Shops, aber auch Lokale und Kneipen – wie der legendäre Club 55 oder das Stonewall Inn – aufreihen. Bleibt man auf der 4th St., erreicht man in nordwestlicher Richtung den **Sheridan Square** und die 7th Ave. Der Platz, an dem das **Jefferson Market Courthouse** von 1833 steht, ist das lebhafte Zentrum des Viertels. Hier kreuzt die Christopher St., die wegen der **Christopher Street Day Parade** im Juni berühmt wurde. Sie ist wie die Bleeker St. eine wichtige Lebensachse des Viertels. Das Stonewall Inn, der gegenüberliegende Park und ein Teil der umliegenden Straßen wurden 2016 zum National Monument erklärt. 2024 soll neben dem Stonewall Inn das Stonewall NM Visitor Center eröffnen, das sich dem Aufstand und der LGBTQ-Geschichte im Allgemeinen widmet.

Vom Slum zum Künstler-zentrum

Östlich des Washington Square liegt **Astor Place**, idealer Ausgangspunkt für einen Rundgang durch das **East Village**. Dieses Viertel wandelte sich in den frühen 1980er-Jahren vom Slum zum Künstlerzentrum. An der East Houston verläuft die Südgrenze des East Village, dessen Herz um den Tompkins Square schlägt. Der Astor Place geht östlich in den **Cooper Square** mit dem **Cooper Union Building** (**25**) über. Von hier führt die 8th St., die jetzt **St. Mark's Place** heißt und reichlich Bars, ausgefallene Läden, Cafés und Kneipen aufzuweisen hat, direkt zum **Tompkins Square**, einem beliebten Demonstrationsort der Flower-Power-Generation.

An der Ecke 2nd Ave./10th St. steht mit **St. Mark's in the Bowery** (**26**) eine der ältesten Kirchen der Stadt von 1799. Turm und Vorhalle stammen aus dem 19. Jh. Sie geht auf die Hauskapelle des Holländers Peter Stuyvesant zurück, der auf dem zugehörigen Friedhof beigesetzt ist. Ganz in der Nähe (*802 Broadway*) lohnt ein Blick in die neogotische **Grace Church** (**27**) aus dem Jahr 1846.

Zwischen Lower Manhattan und Midtown

Die Abgrenzung von Downtown und Midtown erfolgt durch zwei „Pufferzonen" zwischen der 14th und der 34th St.: **Gramercy** im Osten, Richtung East River, und **Chelsea** im Westen, Richtung Hudson River. Mit dem **Flatiron District** südlich des gleichnamigen Gebäudes und der **Fashion Row** an der 23rd St. verfügen beide Viertel über Bummel- und Vergnügungszonen.

Flatiron Building, das „Bügeleisen" in NYC

Union Square und Gramercy

Der Union Square liegt am Übergang vom Village zu Gramercy. Er gilt seit 1839 als Ort von Versammlungen und Demonstrationen und war lange Zeit als Drogenumschlagplatz berüchtigt. Das Viertel ringsum wurde von Künstlern und Aussteigern besiedelt. Auch **Andy Warhol** unterhielt hier ein Atelier. Renoviert und verschönert ist der Platz heute beliebter Treff und Standort des besten Wochenmarkts der Stadt, des **Union Square Greenmarket** (*14th St./Broadway, Mo/Mi/Fr/Sa 8–18 Uhr, www.grownyc.org/green market/manhattan-union-square-m*).

Ein Stückchen weiter östlich (via 14th St.) befindet sich mit dem **Stuyvesant Square** (**1**) ein weiterer markanter Platz auf ehemaligem Farmland Stuyvesants. Er wird u. a. gerahmt vom Versammlungshaus der Quäker und Mennoniten, dem Rutherford Meeting House (1861) und von der St. George's Episcopal Church.

Über den Irving Place, wo sich die älteste Kneipe New Yorks, **Pete's Tavern** (**2**), befindet, gelangt man zum **Gramercy Park** (**3**). Das 1840 angelegte Grünareal ist

noch heute der einzige Privatpark Manhattans. Umgeben von vornehmen Clubs, liegt es nur einen Steinwurf von **Theodore Roosevelts Geburtshaus** (**4**) entfernt.
Theodore Roosevelt Birthplace, *28 E. 20th St., www. nps.gov/thrb, tgl. 10–17 Uhr, Eintritt frei, auch Touren.*

Ebenfalls vornehm gibt sich der nördlich, am Kreuzpunkt von Broadway und 5th St., gelegene **Madison Square Park**. Der Weg dorthin führt vorbei an **St. Luke's Place** (*24th St./Park–Madison Ave.*) – 15 Reihenhäuser aus den 1850er-Jahren. An der Südwestecke des Platzes (*5th Ave./ Broadway/23rd St.*) sorgte 1902 das erste Hochhaus von New York für Aufsehen: das **Flatiron Building** (**5**) von Daniel Hudson Burnham.

Das erste Hochhaus der Stadt

Die hier angewandte Konstruktionsweise erwies sich als bahnbrechend für die weitere Entwicklung der Hochhausarchitektur. Ungewöhnlich war schon allein der dreieckige Grundriss des 20-stöckigen Gebäudes, der den vorn nur 2 m breiten Bau wie ein riesiges Bügeleisen aussehen ließ. Im Umkreis, an der 5th Ave., entwickelte sich der lebhafte **Flatiron District**, der heute ein Revival als Shoppingadresse erlebt. An der Ecke 5th Ave./27th St. befindet sich das auf seine Weise einzigartige **Museum of Sex** (**6**).
Museum of Sex, *233 5th Ave./27th St., www.museumofsex.com, Mo–Do 13–22, Fr 13–24, Sa 12–24, So 12–22 Uhr, letzter Einlass 1 Std. vorher, Basic Ticket ab $ 36.*

Chelsea und Meatpacking District

Folgt man der 23rd St. Richtung Westen, taucht man in das Mittelklasse-Wohnviertel Chelsea ein. An der Hauptachse, der 23rd St., auch „Fashion Row" genannt, steht zwischen 7th und 8th Ave. das legendäre **Chelsea Hotel** (**7**), das schon prominente Gäste wie Ernest Hemingway, Bob Dylan oder Jack Kerouac beherbergte. Nach mehrfachen Besitzerwechseln wurde es 2011 geschlossen und 2022 mit Restaurant, Bar und Spa neu eröffnet *(https://hotelchelsea.com)*.

Ostwärts, bis zur 9th Ave., erstreckt sich rings um den Chelsea Square der **Chelsea Historic District** (**8**) mit schönen alten Backsteinhäuschen. Am Hudson River befand sich bis vor einigen Jahren außer einer Müllverbrennungshalle, dem Fleischmarkt und aufgelassenen Docks und Lagerhäusern nicht viel. Wo einst die großen Ozeandampfer anlegten, entstanden in den späten 1990er-Jahren zuerst die **Chelsea Piers** (Zugang: 16th oder 23rd St./West Side Hwy.), ein vielseitiger Sportkomplex mit Eisbahn, Golfhalle, Bowlingbahn und Fitnessstudio.

Inzwischen ist an der Waterfront zwischen Battery Park City und Midtown/ Clinton (*59th St.*) ein Projekt namens **Hudson River Park** *(https://hudsonriverpark.org)* weit vorangeschritten. Es zieht sich nordwärts bis über die Hudson Yards hinaus (s. S. 168).

Am Hudson River

Zwischen West Chelsea und Greenwich Village (*12th–14th St.*), Hudson St. und Hudson River liegt der **Meatpacking District**. Ehemalige Fleischhallen und Kühlhäuser, in die schicke Boutiquen, Galerien und Cafés eingezogen sind, erinnern noch an die vormalige Zweckbestimmung des Areals zur Fleischverarbeitung.

New York – Midtown
Hotels
3 Freehand New York
Restaurants
8 TLK
9 Pasta Corner
10 MakiMaki
11 2nd Avenue deli
12 Eataly
13 P.S. Kitchen
Pier 85
NY Watertaxi, Fähren N.J.
Lincoln Tunnel
Hudson River
Chelsea Piers
High Line Park
Port Authority/ Bus Terminal
Bryant Park
Herald Square
Times Square
Columbus Circle
Central Park South
Grand Army Plaza
UPPER MIDTOWN
THEATER DISTRICT
GARMENT DISTRICT
CHELSEA
MEATPACKING DISTRICT
West Side Highway
Twelfth Avenue
Eleventh Avenue
Tenth Avenue
Ninth Avenue
Eighth Avenue
Seventh Avenue
Broadway
Avenue of the Americas
Fifth Avenue
Greenwich Avenue
Gansevoort
Hudson St.
West 57 th Street
West 42nd Street
West 34 th Street
West 23 rd Street
West 14 th St.
© igraphic

2021 wurde auf Pier 55 **Little Island** eröffnet. Diese wellenförmig über dem Wasser schwimmende Insel aus „Blütenkelchen" ist über die South und die North Bridge von der Hudson River Park Esplanade erreichbar. Der Park ist mehrteilig: The Amph (Open-Air-Theater), The Playground (Spiel/Sportflächen), Main Lawn (Rasen und Picknickfläche), The Glade (die „Lichtung") und Southwest Overlook, Trails und ein „geheimer Garten" gehören dazu.
Südlich von Little Island liegt die **Gansevoort Peninsula** – eine grüne Oase, u. a. mit Marschland und tollem Strand *(https://hudsonriverpark.org/locations/gansevoort-peninsula)*.

1 Stuyvesant Square
2 Pete's Tavern
3 Gramercy Park
4 Theodore Roosevelt Birthplace
5 Flatiron Building
6 Museum of Sex
7 Chelsea Hotel
8 Chelsea Historic District
9 High Line Park
10 Whitney Museum
11 Macy's
12 Madison Square Garden
13 Empire State Building
14 Morgan Library & Museum
15 New York Public Library
16 Intrepid Sea, Air & Space Museum
17 Jacob K. Javits Convention Center
18 Chrysler Building
19 Tudor City
20 United Nations
21 Radio City Music Hall
22 Rockefeller Center
23 St. Patrick's Cathedral
24 Museum of Modern Art (MoMA)
25 Trump Tower
26 Citicorp Center
27 Waldorf Astoria Hotel
28 Seagram Building
29 The Plaza

The Edge, Hudson Yards

High Line Park (9)

Der erste Abschnitt des **High Line Park** wurde im Juni 2009 eröffnet und schlug wie eine Bombe ein. Eine 1929 bis 1934 als Stahlviadukt erbaute Hochbahntrasse der Eisenbahn, die einst das Viertel zwischen der 34th St. (*Javits Convention Center*) und Gansevoort St. im Meatpacking District auf rund 2,5 km Länge durchschnitt, war einer neuen Bestimmung zugeführt worden: Die in den 1970er-Jahren stillgelegte Trasse wurde bis 2014 abschnittsweise in eine attraktive mit heimischen Pflanzen begrünte Promenade mit Bänken und Sonnenliegen, Aussichtspunkten und Kunstinstallationen, Bühnen und Ausstellungsflächen umgewandelt.

Neue Parkabschnitte

Der Park beginnt am **Whitney Museum** (s. u.) – nahe dem Chelsea Market, wo man ideal für ein Picknick einkaufen kann (s. S. 198). Er endet an der 34th St./Javits Convention Center; dort entstand ein architektonisch spannendes neues Viertel – die **Hudson Yards** (Wohnungen, Büros, Shops und Lokale, *www.hudsonyardsnewyork.com*) – mit neuem U-Bahnhof: „34 Street–Hudson Yards" (Linie 7).

Zeichen des Wandels sind auch die neu entstandene und entstehende grandiose Architektur im Umkreis der High Line, wie der HL23 Tower (*W. 23rd St.*), Frank Gehrys IAC Headquarters (*West Side Hw.y/18th St.*) oder das Whitney Museum.
High Line Park, *www.thehighline.org, 7–mind. 19, im Sommer bis 22 Uhr geöffnet, mehrere Zugänge, im Süden: Gansevoort/Washington St., dann alle zwei Straßenblöcke bis 34th St./12th Ave., Aufzüge, Verkaufsstände, WCs, Events.*

Hudson Yards

An der 34th Street ist ein architektonisch spannendes Viertel, eine „Stadt in der Stadt" mit eigener Skyline entstanden: Hudson Yards. 2019 eröffneten die Eastern Yards, an den Western Yards sind derzeit noch die alten Eisenbahnanlagen erkennbar, doch auch hier soll gebaut werden. Unter den vielen sehenswerten Wolkenkratzern berühmter Architekturfirmen sticht **The Spiral** *(66 Hudson Blvd. E)* heraus, besuchenswert ist wegen der Aussichtsplattform 30 Hudson Yards, mit 395 m der höchste Bau des Areals. **„The Edge"** gilt als höchste Aussichtsplattform der westlichen Hemisphäre und der Ausblick geht über den Hudson River, auf die Südspitze der Insel und auf Midtown. Sky Skate und City Climb sind „Zugaben".
Ein besonderer Eyecatcher, Mitte März 2019 eröffnet, ist der **Vessel**, auch „Stairway to Nowhere" oder Bienenstock genannt, geplant von dem britischen Künstler Tho-

mas Heatherwick. Umgeben wird es von Public Square and Gardens – mit viel Grün und schön zum Sitzen. In nächster Nachbarschaft steht in zeltartig-beweglicher Konstruktion **The Shed** als Kulturzentrum und Bühne. Verbunden mit dem Skyscraper 15 Hudson Yards, befindet sich hier auch der Zugang über Treppen zum **High Line Park.** The Shops & Restaurants at Hudson Yards (20 Hudson Yards) bieten ein helles Atrium und Shoppingerlebnis auf sieben Etagen in rund 100 gehobenen Läden.
Infos: *www.hudsonyardsnewyork.com, https://theshed.org*
The Vessel, *nur Basis frei zugänglich, www.hudsonyardsnewyork.com/discover/vessel*
The Edge, *Zugang über The Shops & Restaurants at Hudson Yards, Level 4, www.edgenyc.com, tgl. mind. 10–21 Uhr, ab $ 38 (zeitgebundene Onlinetickets)*

Whitney Museum (10)

Das **Whitney Museum of American Art** wurde an prominenter Stelle – an High Line Park und Hudson River – 2015 neu eröffnet. Der Bau stammt vom Reißbrett des italienischen Stararchitekten **Renzo Piano**, der sich in New York bereits mit dem New York Times Building oder dem Anbau an die Pierpont Morgan Library verewigt hat.

Whitney Biennal

Das Whitney gleicht eher einer asymmetrischen, **lichtdurchfluteten Skulptur** als einem massiven Gebäudeblock und beinhaltet den größten Ausstellungsraum ohne Stützen in NYC. Es gibt eine frei zugängliche Lobby, zwei Etagen für Dauerausstellungen und eine (im obersten Stock) für Wechselausstellungen. Ein besonderes Charakteristikum ist das vorragende Dach über dem Museumseingang an der Gansevoort St. Hier, am Südzugang zum Highline Park, hat Piano einen großen **öffentlichen Platz** als Treff und Kommunikationszentrum geschaffen. Besonders schön sind die Terrassen zum Hudson River hin, die einen grandiosen Ausblick über Meatpacking District, High Line und Chelsea bieten. Restaurant und Café stehen unter der Ägide von Restaurateur Danny Meyer und werden geführt von Spitzenkoch Michael Anthony vom Sternerestaurant Gramercy Tavern. Der Neubau erlaubt erstmals eine umfassende Präsentation der eigenen Sammlung, die seit der Gründung durch die Bildhauerin Gertrude Vanderbilt Whitney 1930 zu den **renommiertesten modernen Kunstsammlungen** – vor allem amerikanischer Gegenwartskunst einschließlich Film- und Videokunst – weltweit zählt. Ihr ist auch das seit 1932 veranstaltete Whitney Biennal (in geraden Jahren) zu verdanken, das jungen und weniger bekannten Künstlern Gelegenheit gibt, sich der Kunstwelt vorzustellen.
Whitney Museum of American Art, *99 Gansevoort St., http://whitney.org, Mo/Mi/Do/Sa/So 10.30–18, Fr bis 22 Uhr, $ 30, Tickets (mit Zeitbindung) online vorbestellen*

Midtown

Midtown, wie das große Areal von der **34th St. nordwärts bis zum Central Park** genannt wird, verfügt über die dichteste Konzentration an Wolkenkratzern, darunter weltberühmte wie das Empire State oder das Chrysler Building. Aber auch der Theaterdistrikt und der Times Square, der riesige Komplex des Rockefeller Center, das Hauptquartier der Vereinten Nationen, Kaufhäuser, Hotelpaläste, Museen, interessante Plätze, der berühmte Madison Square Garden und elegante Einkaufsstraßen machen diesen Teil Manhattans zum **meist frequentierten Viertel** der Stadt.

Garment District und Murray Hill

Das Zentrum des südlichen Teils von Midtown, das die Viertel Garment District und Murray Hill umfasst, ist der **Herald Square**. Der Platz an der Kreuzung von 34th St., 6th Ave. (Ave. of the Americas) und Broadway ist benannt nach der Tageszeitung *New York Herald*, deren Hauptquartier sich einst hier befand. Früher ein legendäres Rotlichtviertel, gab an der 34th St. das Kaufhaus **Macy's** (**11**) den Anstoß zur Sanierung. Als kleiner Laden an der W. 14th St. 1857 gegründet, entstand 1902 das nach eigenen Angaben **größte Kaufhaus der Welt**. Macy's ist vor allem bekannt für die 4th of July Fireworks und eine große Thanksgiving Parade, die seit 1927 auf Betreiben der Firmenangestellten stattfindet.

Vom Herald Square lohnt ein Abstecher zum **Madison Square Garden** (**12**), die bekannteste Sporthalle der Welt, in der fast jeden Abend eine große Sport-, Musik- oder sonstige Veranstaltung stattfindet. Besonders wenn die einheimischen Profi-Sportteams – die *Rangers* (Eishockey) oder *Knicks* (Basketball) – zu Hause spielen, sollte man sich das nicht entgehen lassen. Unter der Sporthalle befindet sich der zweite große Bahnhof der Stadt, die **Penn Station.** 2021 eröffnete gegenüber, im Innenhof des Hauptpostamts, des James A. Farley General Post Office, die **Moynihan Train Hall** von Skidmore, Owings & Merrill. Amtrak und LIRR (Long Island Railroad) nutzen diesen neuen Bahnhof. Die Halle ist unterirdisch mit der Penn Station verbunden, die in den letzten Jahren ebenfalls modernisiert und verschönert wurde. Sie dient weiterhin als Bahnhof für LIRR und New Jersey Transit (u. a. Züge zum Flughafen Newark).
Infos: *https://moynihantrainhall.nyc*

Lange das höchste Gebäude der Welt

An der Ecke 5th Ave./34th St. ragt das **Empire State Building** (**13**) auf. Mit 110 Stockwerken und einer Höhe von 381 m (mit Antenne 443 m) galt das Gebäude von seiner Fertigstellung 1931 bis zum Bau des World Trade Center im Jahr 1973 als das höchste Gebäude der Welt. Durch den Lobbybereich mit Ticketautomaten und Sicherheitscheck sowie Besucherinformation („Above and Beyond") geht es zum **2nd Floor Museum,** wo die Baugeschichte, die Arbeiter, hier spielende Filme wie „King Kong" und Besucher vorgestellt werden. Dann bringen einen 73 Hochgeschwindigkeitsaufzüge nach oben, zunächst in den **79th Floor** mit weiteren Ausstellungen und erstem **Observation Deck**. Per Treppen oder Aufzug gelangt man von hier zum **86th Floor,** einer Aussichtsplattform im Freien.
Empire State Building, *350 5th Ave./34th St., https://esbnyc.com, aktuelle Öffnungszeiten siehe Website, $ 44 (86th floor) bzw. $ 79 (86th und 102nd floor), Reservierung nötig, auch teurere Express- und Kombitickets, 86th Floor-Eintritt auch im NY CityPASS enthalten. Wegen Sicherheitskontrollen Wartezeiten einplanen!*

Richtung Norden wird die 5th Ave. vornehmer. In Höhe der 36th St./Madison Ave. – bereits im Stadtviertel Murray Hill – kann man einen Blick in die prachtvoll ausgestattete **Morgan Library & Museum** (**14**) werfen, die eine beachtliche Sammlung alter Bücher und Manuskripte in sehenswertem Ambiente, u. a. in einem modernen Anbau von Renzo Piano, zeigt.
Morgan Library & Museum, *225 Madison Ave., www.themorgan.org, Di–Do/Sa/So 10.30–17, Fr bis 19 Uhr, $ 22.*

Weiter im Norden, wo die 5th auf die 40th St. stößt, rückt die **New York Public Library** (**15**) ins Blickfeld. Nach Westen zu schließt sich der **Bryant Park** an, eine Oase der Ruhe im geschäftigen Midtown. Dieses Überbleibsel der Weltausstellung von 1853 wird heute für verschiedenste Veranstaltungen genutzt. Gerahmt wird der Park von der lebhaften 42nd St. mit dem auffälligen, als „grün“ kategorisierten (LEED-Zertifikat) **Bank of America Building** (*42nd St./6th Ave.*).

Times Square: das Herz von Manhattan

Times Square und Theater District

Seinen Namen erhielt der Times Square vom Verlagshaus der **New York Times**, die von 1904 bis vor ein paar Jahren hier residierte. Inzwischen ist sie in einen umwelt- und energiefreundlichen Neubau von Renzo Piano an der Ecke 42nd St./8th Ave. umgezogen. Das Besondere an dem Times-Square-Bau war der 1928 hoch oben angebrachte **Großbildschirm**, auf dem ständig Nachrichten liefen. Bekannt ist der Platz auch wegen des 1,80 m messenden **Alu-Glitzerballs** auf dem Dach des Gebäudes (*1 Times Sq.*), der an Silvester pünktlich um Mitternacht von einem Flaggenmast aus 23,5 m Höhe herabgelassen wird.

Eigentlich handelt es sich um zwei Plätze, die in den Dreiecken am Schnittpunkt von Broadway und 7th Ave. entstanden: der **Times Square** im Süden und der **Duffy Square** im Norden. 2009 wurde im Zuge einer Verkehrsberuhigung der Broadway zwischen 42nd und 47th St. zur **Fußgängerzone** umgestaltet. Stühle, Liegen, Pflanzkübel und der auffällig rote, bühnenartige Bau des Ticketoffice TKTS am Duffy Square haben das Areal zu einer Art Ruheinsel mitten im geschäftigen Midtown werden lassen. Dazu ist rings um den Platz ein attraktives Viertel entstanden, besonders entlang der **New 42nd Street** (*www.new42.org*). Kinokomplexe und Theater, Hotels und Läden, Hochhäuser – wie das Paramount Building von 1927 oder das neue New York Times Building – sind markante Punkte.

Fast 40 Broadway-Bühnen

Um den Times Square schlägt auch das Herz des **Theater District**, des Viertels zwischen 7th und 9th Ave., 42nd und 57th St., das mit seinen rund 40 Broadway-Theatern und weiteren Off- und Off-off-Broadway-Bühnen weltberühmt ist. Schon ab dem späten 19. Jh. waren hier, im Rotlichtviertel um 42nd St. und Broadway, Theater- und Vergnügungsetablissements, Clubs und Bars entstanden.

Der **Broadway** gilt als Symbol für Glanz und Glimmer, erlebte allerdings schon mehrere Tiefschläge, z. B. im Zweiten Weltkrieg oder während des „Theatersterbens" in den 1980ern. Zwischen 42nd bis zur 45th St. konzentrieren sich besonders viele Theater, z. B. das *New Victory* (*209 W. 42nd St./7–8th Ave.*) als eines der ältesten, das Jugendstiltheater *New Amsterdam* (*214 W. 42nd St.*) oder in der Shubert Alley (*44–45th St.*) *Booth* und *Shubert Theatres*. Die W. 45th St. wird „**Theater Row**" genannt: *Bernard B. Jacobs, Golden* und *Lyceum Theatre* sind hier zu finden.

Tipp: Museum of Broadway

Ein Muss für Fans von Theater und Musical: Ausschnitte aus 500 Produktionen vom 18. Jh. bis heute, Bilder aus Shows, Informationen über die Geschichte des Broadway, wegweisende Highlights und „Game Changers", Kostüme, Sets und beliebte Produktionen. Ein weiteres Highlight ist der Nachbau des Gershwin Theatre.

Museum of Broadway, 145 W. 45th St. 6th–7th Ave., www.themuseumofbroadway.com, tgl. 10–22 Uhr, ab $ 39.

Abstecher zum Hudson River

Die 42nd St. führt zum Ufer des Hudson River, wobei sich in ihrem Verlauf das Stadtbild ändert: Von den Wolkenkratzern im Zentrum geht es zu den Mietskasernen der Westside, einstmals das Irenviertel **Hell's Kitchen**, das im Musical *Westside Story* verewigt wurde. Auf Höhe der 8th Ave. passiert man den **Port Authority Bus Terminal**, einen der größten Busbahnhöfe der Welt. Nach Überqueren der 12th Ave. und des West Side Hwy. steht man vor den Schiffsanlegestellen am Hudson River. Vor allem an den nördlichen Piers 88 bis 94 legten früher die transatlantischen Passagierdampfer an, heute noch gelegentlich Kreuzfahrtschiffe.

Schiffsanlegestellen

Hier am Hudson River bekommt man auch einen Eindruck von der neuen Hinwendung der Stadt zum Wasser. Vom Financial Center nordwärts entlang dem **Hudson River Greenway**, mehrere Stadtteile querend, reihen sich Grünanlagen und Spielflächen, reaktivierte Piers und Freizeitareale auf. Im Rahmen des „**Hudson River Park**"-**Projektes** (*www.hudsonriverpark.org*, s. auch S. 161) wurden alte Pieranlagen vom Süden (Pier 25) bis zum hier befindlichen begrünten Pier 84 wiederbelebt und einer neuen Bestimmung zugeführt. Er soll einmal durchgängig bis Pier 99 an der 59th Street reichen. Der **Hudson River Greenway**, ein Walking und Bike Trail, führt über knapp 18 km vom Battery Park im Süden hinauf zum Little Red Lighthouse unter der George Washington Bridge.

Pier 40 in **Greenwich Village** war eines der ersten und größten Projekte, der Christopher Street Pier (Pier 45) lädt zum Sonnenbaden ein. Im Meatpacking District wurde 2021 auf Pier 55 Little Island, auf Pier 53 Gansevoort Peninsula (s. S. 163) eröffnet.

Pier 57, 1952 als Anleger für Ocean Liner erbaut, lohnt wegen der **City Winery** (*https://citywinery.com*) und einem Rooftop Park. Es folgen die Piers 59 bis 62 mit

dem Chelsea Piers Sports & Entertainment Complex. Zwischen 22nd und 25th Street lädt der **Chelsea Waterside Park** zum Ausruhen ein, ebenso Pier 64 mit Sportflächen und Rasen. Auf Pier 66 kann man Boot fahren und es liegen historische Schiffe vor Anker, an 79, 81 und 83 legen Ausflugsboot und Fähren an und ab. Das Intrepid Sea, Air & Space Museum (s.u.) befindet sich auf Pier 86, während 88-94 der New York Passenger Ship Terminal ist; gleiches gilt für Pier 97. Pier 84 wurde kürzlich neu zum Freizeitareal umgestaltet.
Infos: *https://hudsonriverpark.org; Little Island, W. 13th St./Hudson River Park Esplanade, https://littleisland.org*

Auf Höhe der 45th–46th St. liegt an **Pier 86** der ausrangierte Flugzeugträger USS Intrepid, um den herum das **Intrepid Sea, Air & Space Museum** (**16**) entstanden ist. Neben einer Concorde gibt es hier auch ein Space Shuttle zu bewundern. Drei Straßen weiter südlich fällt das riesige **Jacob K. Javits Convention Center** (**17**) ins Auge, das aus ineinander geschachtelten, verspiegelten Kuben besteht.
Intrepid Sea, Air & Space Museum, *Pier 86/W. 46thSt./12th Ave., www.intrepidmuseum.org, Mo–Fr 10–17, Sa/So 9–18 Uhr, NS: tgl. 10–17 Uhr, $ 36 (zeitgebundene Tickets), Apollo (Space Shuttle), Concorde, Simulatoren und 3D-Filme kosten extra.*

Grand Central Terminal

Den östlichen Teil der 42nd St. dominiert eine prächtige „Eisenbahn-Kathedrale", der **Grand Central Terminal**. Wo ab 1913 die Fernzüge hielten, verkehren heute nur noch Nahverkehrszüge in den Norden des Staates New York. Der zentrale **Grand Concourse**, die prunkvolle Empfangshalle, gilt als einer der größten überdachten Räume der Welt. Neben der altehrwürdigen *Grand Central Oyster Bar* und der Ladenpassage *Grand Central Market*, ist die Zweigstelle des **New York Transit Museum** zur Geschichte des New Yorker Schienenverkehrs einen Besuch wert. Als LIRR-Stopp (mit Zugang zur East Side) eröffnete Anfang 2023 neu **Grand Central Madison** im Untergrund.
Grand Central Terminal, *89 E. 42nd St., Touren s. www.grandcentralterminal.com/shop/official-grand-central-terminal-tour/, mit New York Transit Museum Dependance, (Grand Central Gallery Annex & Store), Mo–Fr 10–19.30, Sa/So 10–18 Uhr, Eintritt frei, mit großer Ladenpassage, Grand Central Market, Lokale wie Oyster Bar oder Campbell Bar.*

Hinter dem Terminal fällt der Blick auf einen gut 260 m hohen architektonischen Meilenstein: Das ehemalige **PanAm Building** (*200 Park Ave.*), von Walter Gropius 1963 erbaut, wurde nach dem Besitzer, der Versicherungsgesellschaft *Metropolitan Life Insurance Company*, umbenannt in **MetLife Building**.

Art-déco-Hochhaus

Auf der 42nd St. ostwärts folgt an der Adresse 405 Lexington Ave. ein architektonisches Highlight im Art-déco-Stil: das **Chrysler Building** (**18**). Walter P. Chrysler, der 1925 die gleichnamige Autofirma gründete, wollte mit dem 1930 eröffneten Gebäude das goldene Zeitalter des Autos symbolisieren und verwendete entsprechende Materialien, z. B. rostfreien Stahl, und Formen wie Kühlerhauben oder -figuren. Die gestaffelte Turmspitze mit ihren Bögen und pfeilförmigen Fenstern ist nachts beleuchtet, sehenswert ist auch die Lobby mit 18 Fahrstühlen mit Holzintarsien. Mit 319 m Höhe ohne Antenne galt das Chrysler bis zur Fertigstellung des Empire State Building 1931 als höchster Bau der Welt.

Zurück auf der 5th Ave. fällt als nächstes der Blick auf das **Sony Building** (*550 Madison Ave.*), dem ehemaligen **AT&T Building**, einem Musterbeispiel des postmodernen Stils aus rosafarbenem Granit, mit sechsstöckigem Portal und Chippendale-Giebel von Philip Johnson (1983). Ende 2022 wurde dieser Meilenstein des postmodernen Stils um eine „public plaza" ergänzt. Diese grüne Oase besteht aus einem über 20 m hohen Glasgerüst rund um das Gebäude mit Park (Bäume, Sitzgelegenheiten, Kioske) im Inneren. Der **Trump Tower** (**25**) an der Ecke zur 56th St. mit 68 Stockwerken war 1982 als exklusiver Büro- und Wohnturm sowie Luxuseinkaufszentrum von dem Immobilien- und Medienmogul und einstigen US-Präsidenten Donald Trump privat finanziert worden. In nächster Nachbarschaft erhebt sich 43 Stockwerke hoch das **IBM Building** (*590 Madison Ave./56th St.*), ein weiteres Beispiel moderner Hochhausarchitektur (1982). Am Zugang steht eine Wasserskulptur, im Atrium befindet sich ein schöner Skulpturen- und Bambusgarten.

Shoppen, Flanieren und Staunen

Wie die 5th oder Madison Ave. ist auch die **Park Avenue**, einen Block östlich des IBM Building, als exklusiver Boulevard, als Flanier- und Einkaufsstraße, bekannt. An der Park Ave. und der parallel verlaufenden Lexington Ave. findet sich eine Reihe interessanter Gebäude, Kirchen und Hochhäuser. Einer der imposantesten Wolkenkratzer erhebt sich an der Ecke 53rd St./Lexington Ave.: das über 300 m hohe **Citicorp Center** (**26**) aus den Jahren 1973–78. Es fällt auf durch sein charakteristisches abgeschrägtes Dach. Nicht minder auffällig ist das **Lipstick Building** (*855 3rd Ave./ 53rd St.*) dahinter, ein postmoderner Bau in Form eines Lippenstiftes vom Reißbrett von John Burgee und Philip Johnson.

Südlich vom Citicorp Center erreicht man auf der 50th St., im Block zwischen Lexington und Park Ave., das weltberühmte **Waldorf Astoria Hotel** (**27**) in einem der schönsten Art-déco-Bauten der Stadt. Der Name geht zurück auf die Familie des deutschen Einwanderers Jacob Astor aus Walldorf, der 1848 als einer der reichsten Männer New Yorks gestorben war. Die Familie, deren Zweige sich getrennt und zwei Hotels mit Namen „Astoria" und „Waldorf" eröffnet hatten, vereinigte sich mit diesem 1931 fertiggestellten Bau wieder. Derzeit (bei Drucklegung) war das Hotel nach Besitzerwechsel und umfangreichen Renovierungen noch geschlossen *(www.waldorftowers.nyc)*.

Weiter nördlich an der Park Ave., zwischen 52nd/53rd St., folgt mit dem **Seagram Building** (**28**) ein weiterer architektonischer Meilenstein. Der sich über einer Granit-Plaza erhebende 100 m hohe Bau gilt als Paradebeispiel des *International Style* und wurde 1958 unter Leitung von Mies van der Rohe und dessen Schüler Philip Johnson errichtet.

Vorbei am renommierten **The Plaza** (**29**), der 1907 errichteten „Grande Dame" unter den New Yorker Hotels, tritt der Central Park ins Blickfeld. Einst legendär, mittlerweile „geschrumpft", waren in dem 5-Sterne-Plaza-Hotel v. a. *Oak Room & Bar* sowie *Palm Court* (noch in Betrieb) beliebte Treffs. Neu dazu gekommen ist die *Champagne-Bar.*

Himmelwärts – New Yorks Wolkenkratzer

info

Nieuw Amsterdam, die erste Siedlung Manhattans, hatte sich ab dem zweiten Viertel des 17. Jh. noch weitgehend planlos entwickelt. Erst 1811 schlug Stadtbaumeister John Randall ein Rastersystem und Planquadrate vor und ließ die Straßen durchnummerieren. Als Mitte des 19. Jh. Gusseisen aufkam, waren dem Bauen in die Höhe keine Grenzen mehr gesetzt. William Le Baron Jenney hatte erstmals 1884 in Chicago Gusseisenträger eingesetzt und das erste Hochhaus errichtet, in SoHo entstanden Ende des 19. Jh. die ersten **Cast Iron Buildings**.

1902 realisierte der Chicagoer Architekt Daniel H. Burnham 21 Stockwerke beim **Flatiron Building**, doch erst das fünf Jahre später fertiggestellte **Singer Building** ging **als erster „Wolkenkratzer"** in die Annalen ein. Anfang des 20. Jh. entstanden repräsentative Bauten im klassizistischen bzw. anderen historisierenden Stilen – *Public Library*, *Grand Central Terminal*, *Morgan Library* oder *Farley Building*. Die maßgeblichen Architekturbüros hießen Carrère & Hastings oder McKim, Mead & White oder Cass Gilbert. Das **Woolworth Building** (1910–13) belegt, wie freimütig man mit historischen Zitaten umging. Nachdem 1915 das **Equitable Building** fertig gestellt worden war, wurden Bauvorschriften erlassen, die zu enges und zu hohes Bauen untersagten. Ende der 1920er-Jahre feilschte man dann beim **Chrysler** und **Empire State Building** um Höhenmeter. Beide Bauten sind dazu Musterbeispiele für den Art-déco-Stil.

Die zwei New Yorker Architekten Philip Johnson und Henry-Russell Hitchcock stießen mit einer Ausstellung und einem Manifest 1932 das Tor zur Moderne auf: Der **International Style** war geboren. Bauhaus-Anhänger wie Gropius, Le Corbusier oder Mies van der Rohe trugen dazu bei, dass dieser erste eigenständige Stil in den USA Verbreitung fand. Die 1950er und 1960er waren geprägt von stromlinienförmigen Glaspalästen, funktional und von eleganter Schlichtheit. Johnsons 1958 in Zusammenarbeit mit van der Rohe fertiggestelltes **Seagram Building** machte ihn weltweit bekannt. *SOM* und Eero Saarinen verewigten sich mit dem **TWA Building**, 1962, oder dem **CBS Building**, 1965, Le Corbusier war am **UN-Hauptquartier** (1952) be-teiligt und Gropius schuf das **PanAm Building** (1963). Ein Baugesetz regelte 1961 erneut die zulässige Gebäudehöhe und schrieb Rücksprünge sowie das Vorhandensein öffentlicher Plätze vor. Diese wurden ab Ende

Spannende Architektur, hier an der High Line

info

der 1960er-Jahre mit Skulpturen berühmter Künstler geschmückt. Dazu legte man große, begrünte Foyers oder Wintergärten an.

Neue Impulse erhielt die moderne Architektur in den 1970ern von Baumeistern wie Robert Venturi oder Charles Moore. Als Vertreter der **postmodernen Richtung** bedienten sie sich aus dem großen Repertoire vergangener Stile und ersetzten Funktionalität und Minimalismus durch einen neuen Eklektizismus. Die Architektengruppe der *New York Five*, mit Peter Eisenman, Michael Graves, John Hejdrik, Richard Meier und Charles Gwathmey, die sich 1972 formierte, sorgte ebenfalls für Aufsehen. Selbst Johnson ließ sich von dem „neuen" Stil beeinflussen und schuf mit dem **Sony Building** 1984 den ersten postmodernen Bau der Welt, gefolgt vom symbolträchtigen **Lipstick Building** (1987).

Moderne und **Postmoderne**, diese beiden an sich divergenten und heftig diskutierten Strömungen, finden sich in New York eindrucksvoll vereint. Dazu kommen zahlreiche in den 1980ern und 1990ern entstandene „spät- oder nachmoderne" Bauten, teils ohne viel Dekor und eher unauffällig. Dazu zählen beispielsweise das **Javits Convention Center** von I. M. Pei, das **World Financial Center** von Cesar Pelli oder das **Citicorp Building**. Wichtige städtebauliche Projekte waren **Battery Park City**, **Times Square**, **Columbus Circle** und natürlich, ab 2001, die **World Trade Center Site**.

Beispiele für umweltfreundliches und energiesparendes „grünes" Bauen sind das **Bank of America Building** in Midtown (*Bryant Park*), das **Cooper Union Building** (*41 Cooper Sq.*) im East Village oder **New York by Gehry** (*8 Spruce St.*) nahe der Brooklyn Bridge. Neue spektakuläre Einzelbauten entstanden entlang dem High Line Park – z. B. Frank Gehrys **IAC/InterActiveCorp** in Chelsea – und v. a. im neuen Viertel **Hudson Yards**. Außerdem wird heftig an der **Central Park Skyline** gearbeitet, schwerpunktmäßig an der 57th Street, wo mehrere bleistiftschlanke Hochhäuser, z. B. One57 (*157 W. 57th St.*) – das höchste Stahlbeton-Gebäude der Stadt – oder 111 West 57th Street (*Steinway Tower*) entstanden sind. 220 Central Park South an der SW-Ecke des Parks und 432 Park Avenue (Rafael Viñoly) – das höchste Wohngebäude in der westlichen Hemisphäre – im Osten sind weitere Beispiele für modernes Bauen.

Uptown und Central Park

Zentraler Anziehungspunkt in Uptown ist die **Museum Mile**, die 5th Ave. im Osten des Parks, an der sich mehrere bedeutende Museen aneinanderreihen. Sie liegen in der Upper East Side (UES), einem der Nobelwohnviertel Manhattans.

Hinweis: Museumsbesuch

Im **Metropolitan Museum**, das in einem Atemzug mit dem *Louvre*, dem *British Museum*, der *Eremitage* oder den *Vatikanischen Museen* genannt werden muss, kann man Tage verbringen, etliche Stunden auch im **Guggenheim Museum**. Ruhiger und überschaubarer sind dagegen **Frick Collection**, das **Cooper-Hewitt** oder **Museum of the City of New York**. Mit Kindern verbringt man möglicherweise sehr viel Zeit im **National History Museum**.

Die „gute Stube" der Stadt: der Central Park, hier die Bow Bridge

Central Park

Südlich des Reservoir

So angenehm erholsam und grün der Central Park auch ist, es lohnt sich kaum, ihn in seiner gesamten Nord-Süd-Ausdehnung zu durchwandern. Am schönsten ist ein Besuch an einem sonnigen Sonntagnachmittag, wenn die New Yorker selbst ihre grüne Oase genießen und überall etwas geboten ist. Empfehlenswert ist besonders der Teil südlich des großen Sees, des *Reservoir*, vor majestätischer **Wolkenkratzerkulisse**. Beispielsweise entstand hier an der 432 Park Ave. das **höchste Wohngebäude** in der westlichen Hemisphäre (426 m) von Stararchitekt Rafael Vinoly. Als Erstes sollte man **The Dairy** (1), wo früher Kühe und Schafe Milch für bedürftige Kinder spendeten, im westlichen Teil des Parks nahe der 64th St. aufsuchen, da sich hier ein Besucherzentrum (tgl. 10–17 Uhr) befindet.

Die bereits zwischen 1859 und 1873 am nördlichen Stadtrand von dem renommierten Landschaftsarchitekten **Frederic Law Olmsted** angelegte Grünanlage war groß proportioniert: Zwischen der 59th (Central Park South) und 110th St. und zwischen 5th und 8th Ave. (Central Park West) misst der Park rund 4 km in der Länge und 800 m in der Breite und bedeckt damit ein Zwanzigstel der gesamten Bodenfläche Manhattans.

Ruheoase im Sommer

Als „Grüne Lunge" und „**Gute Stube**" **New Yorks** bekannt, als kühle Ruheoase im Sommer, als Ort sportlicher Betätigung und für Picknicks geschätzt, bietet er u. a. drei Seen und mehrere Teiche, einen Zoo, eine Eislaufbahn (*Wollman Rink*), einen Pool für Modellboote (*Conservatory Water*), verschiedene Sport- und Spielplätze (*Heckscher Playground*), das Restaurant „Tavern on the Green" (*W. 67th St.*), Open-Air-Bühnen, auf denen im Sommer **Gratis-Konzerte und -Aufführungen** stattfinden (z. B. *SummerStage* auf dem Rumsey Playfield, *Delacorte Theater* u. a.), Zoo und Botanischer Garten (*Conservatory Garden*), Picknickplätze, Aussichtspunkte, Liegewiesen, Springbrunnen und Statuen, Sport- und Spielflächen, Rad- und Fußwege. Die wenigen Autostraßen (*Transverse Roads*), die den Park que-

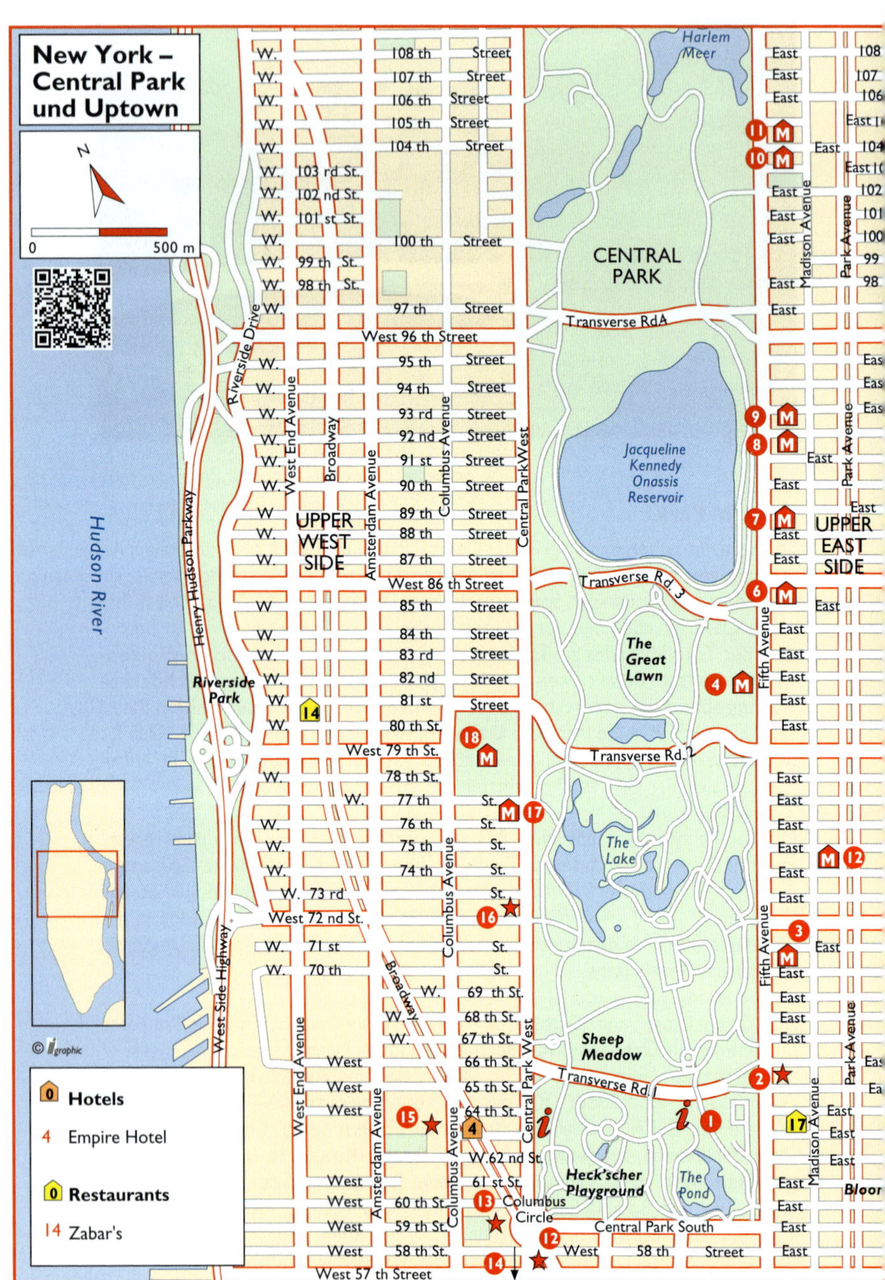
New York – Central Park und Uptown
N
0
500 m
Hotels
4 Empire Hotel
Restaurants
14 Zabar's
© graphic
Hudson River
Henry Hudson Parkway
Riverside Drive
Riverside Park
West Side Highway
West End Avenue
Broadway
Amsterdam Avenue
Columbus Avenue
Central Park West
UPPER WEST SIDE
CENTRAL PARK
Harlem Meer
Transverse RdA
Jacqueline Kennedy Onassis Reservoir
Transverse Rd. 3
The Great Lawn
Transverse Rd. 2
The Lake
Sheep Meadow
Transverse Rd. 1
Heck'scher Playground
The Pond
Columbus Circle
Central Park South
West 96 th Street
West 86 th Street
West 79 th St.
West 72 nd St.
West 57 th Street
Fifth Avenue
Madison Avenue
Park Avenue
UPPER EAST SIDE

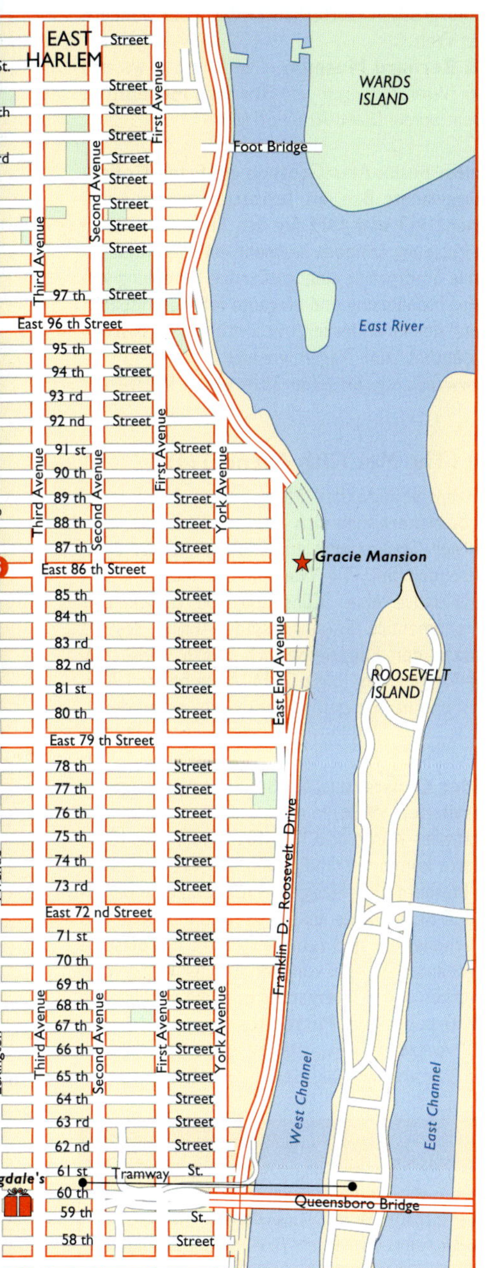

ren, sind an Wochenenden für den Autoverkehr gesperrt und werden dann zum Eldorado für Jogger, Radfahrer und Skater.

Central Park, *www.centralpark.com und www.centralparknyc.org, beide mit Infos zu Events, Konzerten u.a. Veranstaltungen sowie Infos zu Aktivitäten wie Radfahren, Kutschfahrten oder Bootsverleih.*

„Museum Mile" (Upper East Side)

Im Südosten des Central Park, wo 5th Ave. und 59th St. aufeinandertreffen, am Anfang der **Museum Mile**, verkörpert Manhattan vielleicht am deutlichsten die „Große Welt": Besucher besteigen Pferdekutschen, Straßenmusikanten und Künstler unterhalten ihr Publikum und Diener in Livree bewachen die Hauseingänge mächtiger Apartmentgebäude. Erster auffälliger Bau an der Museum Mile ist die **Synagoge Temple Emanu-El** (**2**). Sie stammt aus dem Jahr 1929 und ist Sitz der reichsten jüdischen Gemeinde von New York. Mit

Synagoge mit 2.500 Plätzen

1 The Dairy
2 Temple Emanu-El
3 Frick Collection
4 Metropolitan Museum of Art (The Met 5th Avenue)
5 Yorkville
6 Neue Galerie, Museum for German and Austrian Art
7 Guggenheim Museum
8 Cooper-Hewitt, Smithsonian Design Museum
9 Jewish Museum
10 Museum of the City of New York
11 Museo del Barrio
12 Museum of Arts & Design
13 Time Warner Center
14 Hearst Tower
15 Lincoln Center
16 Dakota Building
17 New-York Historical Society
18 American Museum of Natural History

2.500 Plätzen ist sie nicht nur eine der größten Gotteshäuser der Stadt, sondern auch eine der größten Synagogen der Welt.
Temple Emanu-El & Herbert & Bernard Museum, *1 E. 65th St., www.emanuelnyc.org, mit Stricker Cultural Center (Veranstaltungen) und* **Bernard Museum of Judaica** *(So–Do 10–16 Uhr). Synagogen-Touren: Di/Mi 10–11.30 Uhr.*

Weiter nördlich befindet sich in einem Beaux-Arts-Gebäude die **Frick Collection** (**3**). Der dem Central Park zugewandte Bau mit Terrasse, Freitreppe und kleiner Grünfläche entstand zwischen 1913 und 1914 für den Stahlindustriellen Henry C. Frick und ist nicht nur ein Museum, sondern vielmehr ein Gesamtkunstwerk. Im Inneren birgt der prunkvolle Stadtpalast eine großartige Sammlung von 130 Gemälden alter Meister, exquisite Möblierung und elegante Innenarchitektur. Kaum anderswo kommt die Stimmung der Gründerzeit mit ihrem am klassischen Europa orientierten Geschmack so deutlich zum Tragen wie hier.
Frick Collection, *1 E. 70th St., www.frick.org, bis Ende 2024 wegen Renovierung geschlossen.*

Metropolitan Museum of Art (The Met Fifth Avenue) (4)

Als einziges Museum steht das Hauptgebäude des Metropolitan Museum of Art im Park und nicht am Parkrand. Nähert man sich von der Parkseite, präsentiert sich das Museum als moderner Glaskomplex, zur 5th Ave. hin liegt dagegen der Haupteingang im historisierenden Stil. Die Wurzeln des Museums reichen ins Jahr 1870 und die Eigeninitiative einer Künstlergruppe zurück. Der Kernbau entstand ab 1880, die monumentale Eingangsfassade Anfang des 20. Jh., und die **David H. Koch Plaza**, der Eingangsbereich zur 5th Ave. hin, mit Brunnen, Bepflanzung und Sitzgelegenheiten, folgte 2014. Auch bei den Ausstellungsflügeln wurde und wird nach und nach zugefügt, renoviert und modernisiert.

100.000 Exponate in 300 Räumen

Das Museum, das eine Filiale, das **Met Cloisters** (s. S. 186) unterhält, birgt die **größte Kunstsammlung der westlichen Welt**. In etwa 300 Räumen werden rund 100.000 Exponate gezeigt, darunter Kunst und Kunsthandwerk aller Epochen und von allen Kontinenten. Hinzu kommen ständig mehrere **Wechselausstellungen**. Außerdem verfügt das Museum über riesige Archive und eine Bibliothek, mehrere gut sortierte Shops und Restaurants. Es gilt, je nach Interesse und Kondition auszuwählen. Besonders sehenswert sind zum Beispiel die **ägyptische Abteilung** mit dem komplett nachgebauten Tempel von Dendur, der **American Wing** mit amerikanischen Meisterwerken und Wintergarten oder die Abteilungen zu **griechischer und römischer Kunst** und zum **Mittelalter**.
Metropolitan Museum of Art, *5th Ave./82nd, www.metmuseum.org, tgl. außer Mi 10–17, Fr/Sa bis 21 Uhr, $ 30 inkl. Met Cloisters sowie inkl. Sonderausstellungen.*

Tipp

Wer möchte, kann nach dem Besuch des *Metropolitan Museum* die Transverse Road 2 (79th St.) durch den Central Park zur Upper West Side wählen, um zu den dortigen Museen (u. a. *Museum of Natural History)* zu gelangen.

Abstecher nach Yorkville (5)

Östlich der 5th Ave. erstreckt sich, von der Lexington Ave. bis zum East River, zwischen 71st und 96th St., das Viertel **Yorkville**, das einst als deutsches bzw. jüdisches Viertel bekannt war; die 86th St. galt als **German Broadway**. Viel ist davon nicht geblieben, sieht man von der Metzgerei *Schaller & Weber* oder dem *Heidelberg Restaurant* ab.

Neue Galerie (6)

Etwa auf halbem Weg auf der 5th Ave. zwischen *Metropolitan* und *Guggenheim Museum* findet sich in einem nicht allzu auffälligen Beaux-Arts-Gebäude von 1914 die **Neue Galerie, das Museum for German and Austrian Art**. Diese Sammlung entstand auf Initiative des deutschen Kunsthändlers Serge Sabarsky und zeigt deutsche und österreichische Kunst aller Genres aus der ersten Hälfte des 20. Jh., darunter Werke von Schiele, Klimt oder Klee.

Neue Galerie, *1048 5th Ave./ 86th St., www.neuegalerie.org, Do–Mo 11–18 Uhr, $ 25 mit Café Sabarsky und Café Fledermaus im Kaffeehausstil.*

Guggenheim Museum (7)

Meisterwerk Frank Lloyd Wrights

Allein der Bau, ein Meisterwerk des weltberühmten Architekten Frank Lloyd Wright, lohnt den Weg zum Guggenheim Museum. Wright hatte 1943 von dem Industriellen Solomon Guggenheim den Auftrag erhalten, eine Behausung für seine Kunstsammlung zu entwerfen. Es sollten 16 Jahre bis zur Fertigstellung vergehen. Wright erlebte die Eröffnung selbst nicht mehr. Der gestaffelte Rundbau besteht im Kern aus einer 432 m langen Spirale, die nach außen fensterlos ist und sich um einen tiefen Innenraum legt. Inzwischen sind mehrere Anbauten hinzugekommen, doch das Raumerlebnis und die thematischen Schwerpunkte sind dieselben geblieben: klassische moderne Kunst und spektakuläre Wechselausstellungen.

Guggenheim Museum, *1071 5th Ave./89th St., www.guggenheim.org, So–Fr 11–18, Sa bis 20 Uhr, $ 30 (Sa 17–20 Uhr beliebiger Eintritt), mit Restaurant The Wright.*

Weitere Museen an der Museum Mile

Für jedes Interesse

Vorbei am **Cooper Hewitt, Smithsonian Design Museum** (**8**) – für Design-Interessierte sehenswert! – im alten Carnegie-Palast von 1902, umgeben von einer schönen Gartenanlage (Arthur Ross Terrace & Garden), und am **Jewish Museum** (**9**) geht es weiter nordwärts. Wer sich für die wechselvolle Geschichte der Stadt New York interessiert, darf das **Museum of the City of New York** (**10**) nicht versäumen. Dieses nicht allzu große Museum zeigt etwa 500.000 Exponate – alte Stadtansichten, Kostüme, Fahrzeuge, Schaufenster, Inneneinrichtungen, Spielsachen – von der Kolonialzeit bis heute. Dazu gibt es immer wieder sehenswerte Wechselausstellungen. In der Nähe liegt das **Museo del Barrio** (**11**) eine moderne Ausstellung zu lateinamerikanischer, puertorikanischer und karibischer Kunst und Kultur.

Cooper Hewitt, *2 E. 91st St./5th Ave., www.cooperhewitt.org, So–Fr 10–18, Sa 10–21 Uhr, $ 16 (online) bzw. $ 18, mit Café und Shop.*

Jewish Museum, *1109 5th Ave./92nd St., www.thejewishmuseum.org, Fr–Di 11–17.45, Do 11–20 Uhr, $ 15 (Do 17–20 Uhr beliebiger Eintritt, Sa Eintritt frei), mit Russ & Daughters Restaurant.*

Museum of the City of New York, *1220 5th Ave./103rd St., www.mcny.org, Fr–Mo 10–17, Do bis 21 Uhr, $ 20 (inkl. Museo del Barrio), mit Café und Shop.*
El Museo del Barrio, *1230 5th Ave./104th St., www.elmuseo.org, Do–So 11–17 Uhr, $ 9, mit Restaurant und Shop.*

Madison Avenue/The Met Breuer

Galerien und Boutiquen

Der Rundgang durch die Upper East Side wäre nicht komplett ohne einen Bummel auf der **Madison Avenue**. New Yorker gehen vor allem wegen der Galerien hierher, aber auch wegen der Designerboutiquen und exklusiven Shops. Hier steht auch das architektonisch wegweisende Gebäude des Bauhaus-Architekten Marcel Breuer, in dem einst das Whitney Museum (s. S. 165), dann das MetBreuer und die Frick Collection (bis 3/2024) zu Hause war. Es finden hier moderne und zeitgenössische Kunstprogramme und Ausstellungen statt.

Columbus Circle und Upper West Side

Der Columbus Circle an der südwestlichen Ecke des Central Park wird durch einen überdimensionierten **versilberten Erdball** markiert. Es handelt sich um einen weiteren wichtigen Verkehrsknotenpunkt Manhattans, an dem Broadway, 8th Ave. und 59th St. (Central Park South) zusammentreffen. Ein monumentales Denkmal ist Christoph Kolumbus, dem Entdecker der Neuen Welt, gewidmet. Architektonisch auffallend ist das von SOM geplante **Time Warner Center** (**13**), das zudem die *Shops at Columbus Circle* und Lokale bietet. Interessant ist auch das **Trump International Hotel & Tower** von 1997 und der neue Wolkenkratzer „432 Park Ave.“, das derzeit höchste Wohngebäude in der westlichen Hemisphäre (426 m).

In einem Bau an der Südseite des Platzes befindet sich das **Museum of Arts & Design (MAD)** (**12**). Auf sechs Etagen wird Kunsthandwerk und Designgeschichte präsentiert und die Verbindung von Handwerk, Kunst und Design thematisiert.
Museum of Arts & Design, *2 Columbus Circle, www.madmuseum.org, Di–So 10–18, $ 18 (Do halber Preis), mit Laden und Café.*

New Yorks erstes „grünes Gebäude“

Etwas zurückversetzt an der 8th Ave. (*56th–57th St.*) tritt ein von Sir Norman Foster 2006 vollendeter Wolkenkratzer aus auffälligen Kuben und weißen Verstrebungen ins Blickfeld: der **Hearst Tower** (**14**). Das Besondere an dem 182 m hohen Glas-Stahl-Bau sind weder Höhe noch Architektur, sondern die Tatsache, dass zum einen der alte Bau von 1928 als Sockel verwendet wurde und es sich zum anderen um das erste „grüne Gebäude“ in New York handelt. Nicht weit entfernt: die **Carnegie Hall** (*Ecke 7th Ave.*), jener weltberühmte Konzertsaal, der 1891 im Neorenaissance-Stil eröffnet wurde und wohl schon Tausende von Berühmtheiten gesehen hat.
Carnegie Hall, *57th St./7th Ave., www.carnegiehall.org, Touren zu ausgewählten Terminen, s. www.carnegiehall.org/Visit/Tour/Public-Tours, Rose Museum: meist Mo–Sa 11–16.30 Uhr.*

Lincoln Center

Nur wenige Schritte vom Columbus Circle entfernt liegt das **Lincoln Center** (**15**). Zwischen 1959 und 1966 erbaut, umfasst dieser Komplex Musikschulen, mehrere Theater und Bühnen, Proberäume, Bibliotheken und ein Opernhaus. Die

Das Lincoln Center bietet vielen Künsten eine Bühne

Hauptbauten gruppieren sich um die **Josie Robertson Plaza** mit Brunnen und der „Reclining Figure" von Henry Moore. Vor der Plaza, an der Columbus Ave., entstand die **Grand Promenade**, eine Treppenanlage mit Leuchtelementen und Sitzgelegenheiten. Am Kopfende steht das Metropolitan Opera House, die berühmte „Met". Südlich grenzt der **Damrosch Park** mit Open-Air-Bühne (*Guggenheim Bandshell*) an. Den südlichen Flügel des Platzes nimmt das **David H. Koch Theater** ein, Sitz des *New York City Ballet*. Die 1962 erbaute **David Geffen Hall** an der Nordflanke ist die Heimat des *New York Philharmonic Orchestra*, das 1842 gegründete älteste Orchester der USA. Seit 2022 gehört das Wu Tsai Theater als Bühne neu dazu, außerdem ein **Welcome Center** mit Café-Bar und das Kenneth C. Griffin Sidewalk Studio. Hier finden diverse Veranstaltungen, Ausstellungen und Konzerte (meist gratis) statt *(www.lincolncenter.org/venue/david-geffen-hall)*.

An der Nordwestecke des Komplexes schließt sich das **Lincoln Center Theater** mit *Beaumont*, *Newhouse* und *Tow Theaters* an. Im Norden, zwischen W. 65th und 66th St., folgt der Komplex aus *Alice Tully Hall*, *Juilliard School*, *Walter Reade Theater* und *Rose Building* an. Das **David Rubenstein Atrium** sollte der erste Anlaufpunkt sein: Hier gibt es Tickets, Informationen, ein Café und Veranstaltungen.

Lincoln Center, *70 Lincoln Center Plaza, www.lincolncenter.org, ☏ (212) 721-6500 (Tickets), tgl. mehrere Touren ab David Geffen Welcome Center, $ 25, sowie zahlreiche Veranstaltungen wie Lincoln Center Out of Doors, Lincoln Center Festival oder Mostly Mozart. Ein paar Schritte weiter nördlich, an der Columbus Ave., lädt dann das*
American Folk Art Museum *(https://folkartmuseum.org)* ein.

David Rubenstein Atrium, *61 W. 62 St. (Broadway zw. 62nd–63rd St.), http://atrium.lincolncenter.org. Sitzgelegenheit und Café, Gratis-WLAN, Discount-Tickets (Zucker Box Office) sowie div. Gratisveranstaltungen (www.lincolncenter.org/venue/atrium). Mo–Fr 8–22, Sa/So 9–22 Uhr.*

Central Park West

Ab dem Columbus Circle heißt die 8th Ave. „Central Park West", und das Nobelviertel **Upper West Side** (UWS) schließt sich Richtung Westen an. Das gesamte Areal zwischen der 71st und 84th St., vor allem zwischen Columbus Ave. und Broadway, gilt als **Shoppingparadies**. In den hoch aufragenden, klotzig wirkenden großen Wohnanlagen mit livrierten Türstehern und überdachten Zugängen von der Straße befinden sich die wohl teuersten Apartments der Stadt.

John Lennons letzte Wohnung

Von besonderem Interesse sind Häuser wie das 1931 errichtete **Century** (*62nd/63rd St.*) oder das **Hotel des Artistes** (*1 W. 67th St.*) von 1910. Am bekanntesten dürfte jedoch das **Dakota Building** (**16**) (*72nd St.*) sein, das 1894 als erstes Luxusapartmentgebäude im historisierenden Stil erbaut wurde und bis heute beliebt bei den Topstars aus Film und Showbusiness ist. Der Bau wurde v. a. durch John Lennon berühmt, der hier wohnte und am 8. Dezember 1980 vor der Tür ermordet wurde.

Wenig bekannt, doch interessant ist das stadtälteste Museum, die **New-York Historical Society** (**17**). Es wurde 1803 gegründet und informiert umfassend und sehr anschaulich über die Geschichte der Stadt.
New-York Historical Society, *170 Central Park W., www.nyhistory.org, Di–Do/Sa/So 11–18, Fr 11–20 Uhr, $ 22 (Fr 18–20 Uhr beliebiger Eintritt).*

American Museum of Natural History (18)

Das American Museum of Natural History zählt zu den ältesten Museen, und ist dazu eines der größten Naturkundemuseen der Welt. Der ursprüngliche Kernbau von 1877 erfuhr im Laufe der Zeit zahlreiche An- und Umbauten und Modernisierungen. Vor dem Museumseingang erinnert ein Reiterstandbild an Theodore Roosevelt, der sich der Natur besonders verpflichtet fühlte.

Dinosaurier

Zu den **wichtigsten Abteilungen** gehören jene mit spektakulären Dinosauriern, in Originalgröße rekonstruiert, sowie die *Hall of Human Biology and Evolution,* in der es vor allem um den Menschen geht. Die **Hall of Northwest Coast Indians** zeigt u. a. ein etwa 20 m langes Boot der Nordwestküstenindianer, gefertigt aus einem einzigen Zedernstamm. Je nach Interesse lohnen außerdem die **Allison and Roberto Mignone Halls of Gems and Minerals** oder die anthropologische Sammlung.

Zum Komplex gehört außerdem das **Rose Center for Earth & Space**. In einer Art Glaskubus, mit einem hochmodernen, multimedialen Konzept leitet es Besucher gezielt durch die Phasen der Entstehung des Universums. Zugehörig ist das **Hayden Planetarium**, in dem Interessierte ein Modell des Sonnensystems, Meteoriten, Filme, eine Space Show, Modelle der Erde, der Planeten und des Mondes etc. sehen können.

Im Februar 2023 wurde das **AMNH – Richard Gilder Center for Science, Education, and Innovation** eröffnet. Sehenswert ist das hohe **Kenneth C. Griffin Exploration Atrium**, das von den Architekten Studio Gang gestaltet wurde. Die fünfstöckige Halle schafft zugleich einen neuen Zugang von der Columbus Ave. und bietet u. a. das neue Solomon Family Insectarium und das Davis Family Butterfly Vivarium (Schmetterlingshaus).
American Museum of Natural History, *Central Park W. /79th St., www.amnh.org, tgl. 10–17.30 Uhr, $ 28, Online-Reservierung obligatorisch, im CityPASS enthalten.*

Upper Manhattan

In Upper Manhattan reicht die Bandbreite vom afroamerikanischen Harlem über die größte neogotische Kirche der Welt und ein monumentales Mausoleum bis

New York – Der Norden Manhattans
Sehenswürdigkeit
1 Apollo Theater
2 Mount Morris Historical District
3 Schomburg Center
4 St. Nicholas Historic District
5 Columbia University
6 St. John the Divine
7 Riverside Church
8 General Grant NM
9 The Cloisters
Hotels
5 Sugar Hill House
6 Easyliving Harlem
7 Wingate by Wyndham
Restaurants
15 Charles Country Pan-Fried Chicken
0
1 km
Henry Hudson Bridge
Inwood Hill Park
INWOOD
Broadway
University Heights Bridge
10th Avenue
Dyckman St.
Fort Tryon Park
Nagle Avenue
Henry Hudson Parkway
Harlem River
FORT GEORGE
Alexander Hamilton Bridge
95
George Washington Bridge
Little Red Lighthouse
WASHINGTON HEIGHTS
St. Nicholas Avenue
THE BRONX
Macombs Dam Bridge
Yankee Stadium
Hudson River
West 155th Street
Riverbank SP
Amsterdam Avenue
Frederick Douglas Boulevard
Powell Jr. Boulevard
Harlem River Drive
145th St. Bridge
West 145th Street
SoBro
Madison Ave. Bridge
Convent Avenue
West 135th St.
3rd Ave. Bridge
Major Deegan Expressway
NEW JERSEY
Adam Clayton
Lenox Avenue
5th Avenue
Willis Ave. Bridge
Triboro Bridge
West 125th
West 125th St.
East 125th Street
Morningside Park
Marcus Garvey Park
Madison Ave.
Park Ave.
Lexington Ave.
3rd Avenue
2nd Avenue
1st Avenue
Riverside Park
HARLEM
West 116th Street
East 116th Street
Cathedral Pkwy
Central Park North
East 110th Street
Central Park
EAST HARLEM
© igraphic

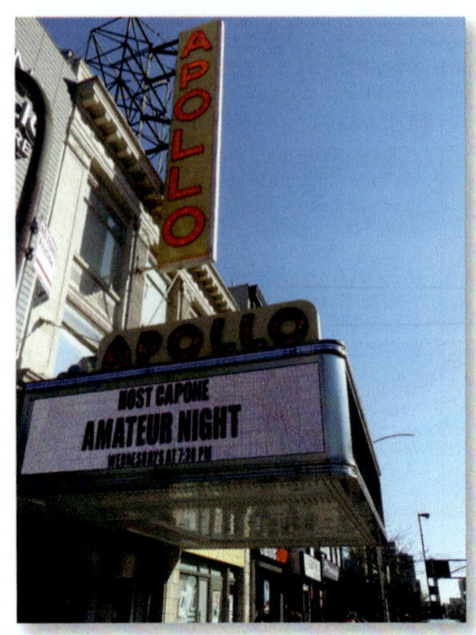

Harlems Aushängeschild ist das Apollo Theater

zur angesehenen Columbia University und einem ungewöhnlichen Kloster.

Rundgang durch Harlem

Die 125th St., auch „Martin Luther King Blvd." genannt, bildet das Herz von Harlem, einem Viertel, das in den letzten Jahrzehnten einen enormen Wandel zum Positiven durchgemacht hat. Zu Harlem wird offiziell das Areal von der Nordgrenze des Central Park (*110th St.*) bis zur 155th St. im Norden und von der 8th Ave. im Westen bis zur Madison Ave. im Osten gerechnet. Östlich schließt sich **East oder Spanish Harlem** an, schwerpunktmäßig das Viertel der Puertoricaner.

Der Name „Harlem" stammt aus der Kolonialzeit, als sich hier ein holländisches Dorf befand. In den 1920er-Jahren waren gehäuft Afroamerikaner zugewandert und Harlem hatte sich zur *Black Capital* der westlichen Welt entwickelt. Die Künstler- und Literatenbewegung **Harlem Renaissance** kam auf, und die *Roaring Twenties*, das Aufblühen von Jazz, Bebop, Blues und Soul, sorgten für weltweites Interesse. So kamen das afroamerikanische Viertel und vor allem die Etablissements entlang der 125th St. wie das legendäre *Apollo Theater* oder der *Cotton Club* ins Gespräch.

Das **Apollo Theater** (**1**) (*253 W. 125th St., www.apollotheater.org, auch Touren*), ist beliebt wegen seiner „Amateur Nights" und ebenso eine Legende wie **Sylvia's Harlem Restaurant** (*328 Lenox Ave./W. 126th St.*). Das Apollo durchläuft gerade eine Renovierung zum **Apollo Performing Arts Center**, u.a. mit dem **Apollo's Victoria Theater** *(237 W. 125th St.)* – 1930 als Kino und Varieté-Bühne eröffnet. Das **Studio Museum of Harlem** lohnt wegen der wechselnden Ausstellungen zeitgenössischer afroamerikanischer Kunst und einer großen Fotosammlung. Bis voraussichtlich Ende 2024 soll das gerade entstehende neue Gebäude nach Plänen von Adjaye Associates und Cooper Robertson an selber Stelle fertig werden. Es wird zusätzliche Ausstellungsflächen und mehr Platz für das Artist-in-Residence-Programm bieten.
Studio Museum of Harlem, *144 W. 125th, https://studiomuseum.org, zz. geschl.*

Das südlich angrenzende Areal zwischen W. 119th und 124th St. heißt **Mount Morris Historical District** (**2**) – ein attraktives Viertel mit viktorianischen Reihenhäuschen aus dem späten 19. Jh. und Kirchenbauten an jeder Straßenecke. Ein Stück weiter nördlich, an der Lenox Ave./135th St., befindet sich das **Schomburg Center** (**3**), Museum und Forschungsstätte für afroamerikanische Kultur. Die weiter nördlich gelegene **Abyssinian Baptist Church** (*132 W. 138th St.*) ist eine der ältesten „schwarzen" Kirchen New Yorks und eine Touristenattraktion. Sie liegt im historischen **St. Nicholas Historic District** (**4**) (*W. 138–139th St.*) mit Reihenhäuschen aus dem späten 19. Jh. Weiter nördlich, zwischen *W. 141St und 145th St.*, liegt das historische Viertel **Sugar Hill**. Es entwickelte sich nach dem Anschluss an die Hochbahn um 1880 zum beliebten Wohnviertel. Angesehene Afroamerikaner wie die Jazzmusiker Count Basie und Duke Ellington oder der Boxer Sugar Ray Robinson wohnten in den hübschen Reihenhäuschen verschiedenster Stile.

Schomburg Center for Research in Black Culture, *515 Malcolm X Blvd./135th St., www.nypl.org/locations/schomburg, tgl. außer So 10–18 Uhr, Eintritt frei, Ausstellungen und Veranstaltungen sowie Forschungsbibliothek.*

Tipp: Übernachten in Harlem

Das **Sugar Hill House**, ein schönes Brownstone-Haus im gleichnamigen Viertel, bietet zwei wunderschön möblierte und sehr gut ausgestattete Apartments (eines mit Balkon!). Auf je zwei Ebenen mit zwei Betten, zwei Bädern, Küche und Living Room, finden bis zu vier Personen Platz. Die Gastgeber, die im Haus wohnen, sind überaus hilfsbereit. Läden, Lokale und v.a. die U-Bahn sind nah (A Line, ca. 20 Min. zum Times Square), (Infos s. S. 195).

Columbia University (5)

Westlich von Harlem, im Viertel **Washington Heights**, erstreckt sich der Campus der privaten *Columbia University*. Mit knapp 34.000 Studenten ist sie die bekannteste und älteste städtische Institution, und ihr Ruf eilt ihr weit über die amerikanische Ostküste hinaus. Sie war 1754 vom englischen König Georg II. als „King's College" gegründet worden. Mitten auf dem Campus liegt die **Low Memorial Library** (mit VC) von 1893. Neben diesem Bau finden sich die heutige Zentralbibliothek, die **Butler Library**, und ebenfalls am Platz die renommierte, von Joseph Pulitzer gegründete **School of Journalism**. Die **St. Paul's Chapel** an der Nordostecke wurde 1907 erbaut.

St. John the Divine (6)

Läuft man von der Columbia University über die Amsterdam Ave. ein Stück in südliche Richtung, kann man den Bau der Kathedrale St. John the Divine nicht übersehen. 1892 begonnen, ist das „größte gotische Gotteshaus der Welt" mit 42 m Höhe, 50 m Breite und 200 m Länge, bis heute nicht vollendet. Vorbild ist die Kathedrale Notre-Dame in Paris. Man finanziert sich heute allein aus Spenden und setzt auf die authentisch mittelalterliche Bauweise, was sehr zeitaufwendig ist. Dennoch wird der neogotische Bau mit kleinem Kirchenmuseum und Garten bereits seit vielen Jahren genutzt.

Seit über 120 Jahren in Bau

Cathedral of St. John the Divine, *1047 Amsterdam Ave./110–112th St., www.stjohndivine.org, Mo–Sa 9.30–17, So 12–17 Uhr, $ 15, verschiedene Führungen ($ 18–20) werden angeboten, darunter auch eine Vertical Tour (Dachstuhlbesteigung) mit Aussicht.*

Riverside Church (7) und General Grant NM

Auf der 112th St. westwärts erreicht man nach der Kreuzung mit dem Broadway den Riverside Drive am gleichnamigen Park. Richtung Norden fällt der Blick auf den imposanten Turm der Riverside Church. Von John D. Rockefeller gestiftet, wurde die Kirche mit ihrer gotischen Chartres-Fassade im Jahr 1930 fertig gestellt. Im Inneren sind europäische Glasmalereien des 16. Jh. zu sehen, außerdem Ehren-

Brooklyn Museum of Art

Im Zentrum Brooklyns liegt der große **Prospect Park**, in dem sich der zwischen 1859 und 1869 angelegte **Brooklyn Botanic Garden** und das **Brooklyn Museum of Art** befinden. Die Grünanlage war vom Planer des Central Park, Frederic Law Olmsted, als Ort der Erholung, der körperlichen Ertüchtigung und der Geselligkeit, aber auch als Stätte der kulturellen Erbauung angelegt worden. Am Nordostrand des Parks erhebt sich ein Museum, das mit seinen bedeutenden kulturhistorischen Sammlungen zu den wichtigsten in den USA gehört. In dem grandiosen Beaux-Arts-Bau (1897), der 2004 um einen modernen Glaspavillon und dann um eine neu gestaltete Lobby erweitert wurde, sind auf fünf Stockwerken völkerkundliche Exponate (Amerika, Afrika, Naher und Ferner Osten, Ozeanien), antike Kunst, eine der größten ägyptischen Sammlungen der Welt, europäische Malerei und neuzeitliche Architektur ausgestellt.

Beaux-Arts-Bau

Brooklyn Museum of Art, *200 Eastern Parkway, www.brooklynmuseum.org, Mi–So 11–18, $ 16 (bei Ausstellung $ 25), Kombiticket mit Botanic Garden: $ 28.*

Brooklyn Botanic Garden, *zwei Zugänge: 150 Eastern Parkway und 990 Washington Ave., www.bbg.org, Di–So 10–mind. 18 Uhr, $ 18, VC und schöner Garden Shop am Zugang 990 Washington Ave.*

Anfahrt: *Linien 2/3 „Eastern Pkwy./Brooklyn Museum“.*

Williamsburg

Williamsburg gehört zu den In-Vierteln in Brooklyn und NYC und ist bekannt für eine lebhafte Künstlerszene und ethnische Vielfalt. Als 1903 die Williamsburg Bridge eröffnet wurde, zogen besonders die jüdischen Familien hierher, die es sich leisten konnten. Heute ist Williamsburg trotz der rund 30.000 bevorzugt in South Williamsburg lebenden streng orthodoxen Juden ein buntes, multiethnisches Viertel mit regem Nachtleben und angesagten Klubs. Das Zentrum bildet die **Bedford Avenue** mit zahlreichen ausgefallenen Läden und Lokalen.

Multiethnisches Künstlerviertel

Anfahrt: *Linie L „Bedford Ave.“.*

Coney Island

Im äußersten Süden von Brooklyn liegt New Yorks Sommerfrische Coney Island. Seit 1920 mit Manhattan verbunden, war es bis zum Zweiten Weltkrieg das heißgeliebte Ausflugsziel der New Yorker, nicht nur wegen des Strands, sondern vor allem wegen des **riesigen Vergnügungsparks**. Nach Jahrzehnten des Verfalls und Diskussionen über die Zukunft locken heute wieder die Fahrgelegenheiten und Vergnügungen, teils alt, teils neu, Besucher an. „Überlebt“ haben z. B. der legendäre **Cyclone Rollercoaster** aus dem nicht mehr existenten *Astroland Amusement Park* oder **Deno's Wonder Wheel Amusement Park** mit Riesenrad. Der Fallschirmturm der Weltausstellung 1940, der **Parachute Jump**, markiert das Gelände und ist zum Wahrzeichen Coney Islands geworden. Neu ist der Luna Park (*http://lunaparknyc.com*) mit über 20 Fahrgeschäften. Nahe der modernen Subway-Endstation an der Stillwell Avenue – flächenmäßig die größte U-Bahn-Station der Welt – und dem kleinen **Baseballstadion**, MCU Park, steht **Nathan's**, der vorgebliche „Erfinder“ des Hot Dog (1871). Der Spaziergang über den 4 km langen **Riegelmann Boardwalk**, eine hölzerne Strandpromenade, führt vorbei am **New York Aquarium** nach **Brighton Beach** in eine andere

Klassisches Ausflugsziel

Welt: in das ukrainisch-russische Viertel mit der Brighton Beach Ave. als lebhafter Hauptachse.
New York Aquarium, *602 Surf Ave./W. 8th St., http://nyaquarium.com, tgl. 10–mind. 16 Uhr, $ 30–33 je nach Tag/Zeit. Anfahrt: Linien D, F, N und Q bis Coney Island/Stillwell Ave. oder Linien B und Q bis Brighton Beach, Infos: www.coneyisland.com und und http://coneyislandfunguide.com.*

 Tipp: Brooklyn entdecken

Dom Gervasi – Brooklynite mit italienischen Vorfahren – gewährt bei seinen interessanten zweistündigen „Made in Brooklyn"-Walkingtouren Einblick in Teile seines Stadbezirks. Er führt Besucher durch Viertel wie z.B. DUMBO, Red Hook oder Williamsburg. Abgesehen von historischen Informationen und Anekdoten werden vor allem Unternehmen und Persönlichkeiten vorgestellt, die in der früher boomenden Industriestadt Brooklyn heute verschiedene Waren herstellen wie Wein, Kaffee, Schokolade, Glas, Kleidung, Möbel oder Keramik. Der Treffpunkt ist von Manhattan aus immer günstig mit dem öffentlichen Nahverkehr erreichbar.
Infos: Made in Brooklyn Tours, ☏ (917) 747-1911, www.madeinbrooklyntours.com.

„Made in Brooklyn" – empfehlenswerte Touren mit Dom Gervasi

Queens

Die ganze Welt in einem Bezirk

Die meisten Besucher betreten in Queens erstmals New Yorker Boden, nämlich auf dem **John F. Kennedy International Airport**. Hier finden aber auch die **US Open** (Tennis) statt. Außerdem zählt man hier die meisten verschiedenen Ethnien. Der „**International Express**", die Subway-Linie 7 (ab Times Square), erlaubt es, unkompliziert auf Weltreise zu gehen und die bunten Viertel von Queens zwischen der 33rd St. und dem Endpunkt in Flushing zu entdecken. Zentrum von Queens ist **Long Island City**, wo sich das **MoMA PS1**, in dem den allerneuesten, nicht immer leicht verständlichen Kunstentwicklungen Rechnung getragen wird, befindet.
MoMA PS1, *22–25 Jackson Ave., http://momaps1.org, So/Mo/Do 12–18, Sa 12–20 Uhr, $ 10 bzw. im regulären MoMA-Ticket enthalten, Sa im Sommer: Warm-up Event.*

Im ehemaligen „Griechen-Viertel" **Astoria**, heute ein multikulturelles Viertel, lohnt der Bummel schon allein wegen der kulinarischen Vielfalt, aber auch wegen des **Museum of Moving Image**, in dem es um alle Aspekte des *moving image* von Film und Kino – Kunst, Geschichte, Technik –, inklusive Filmvorführungen, geht.
Museum of the Moving Image, *35th Ave./37th St., www.movingimage.us, Do 14–16, Fr 14–20, Sa/So 12–18 Uhr, $ 20 (Do 14–18 Uhr frei), mit Café und Shop; Anfahrt: Linie N „36th St." oder Linie R „Steinway St."*

Neueste Attraktion in Corona ist das **Louis Armstrong House & Center**. Das Haus, in dem das Ehepaar Armstrong von 1943 an lebte, ist schon lange für Touren geöffnet und wegen des Designs höchst sehenswert. Zudem lernt man mehr über „Satchmo", der akribisch seine Begegnungen und Gedanken auf Tonbändern dokumentierte. Neu ist gegenüber das **Louis Armstrong Center** mit einem multimedial ausgestatteten Welcome Center als erstem Anlaufpunkt, mit Ausstellungen und dem umfangreichen Louis-Armstrong-Archiv.
Louis Armstrong House, *34–56 107th St., Corona, Anfahrt: Subway 7: 103rd St.–Corona Plaza, www.louisarmstronghouse.org, Do–Sa 11–15 Uhr, $ 20 komplett.*

Austragungsort der US Open

Im **Flushing Meadows Corona Park**, wo alljährlich das Tennisturnier US Open im USTA Billie Jean King National Tennis Center (Arthur-Ashe-Stadion) stattfindet, und im CitiField, wo die zweite Baseball-Mannschaft der Stadt, die New York Mets, spielen, befindet sich auch das **Queens Museum**. Es ist Teil des ehemaligen Weltausstellungsgeländes und wurde 1939/40 errichtet und auch 1964/65 neben der Unisphere genutzt. Es lohnt vor allem wegen des weltgrößten Architekturmodells von New York einen Besuch.
Queens Museum, *New York City Building, Flushing Meadows Corona Park, 111th St./47th Ave., https://queensmuseum.org, Mi–Fr 12–17, Sa/So 11–17 Uhr, Eintritt frei, Anfahrt: Linie 7 „Mets–Willets Pt.".*

„Up & Coming": die Bronx, hier das Yankee Stadium

Bronx

Die Bronx, nördlich des Harlem River gelegen, ist mit knapp 1,5 Mio. Einwohnern der einzige der fünf New Yorker „boroughs", der auf dem Festland liegt. Verschiedenste Ethnien – Iren, Deutsche, Juden, Polen und Italiener – siedelten sich hier Anfang des 20. Jh. an. Das Yankee-Stadium wurde gebaut, und der Grand Concourse als New Yorker „Champs-Elysées" entworfen. Nach dem Zweiten Weltkrieg strömten viele Afroamerikaner ins Viertel und uniforme Wohnblöcke entstanden. In den 1960er-Jahren kam die Bronx wegen herrschender Unruhen und Kriminalität in Verruf, dann kamen HipHop- und Graffitikünstler. Mittlerweile sind viele soziale Brennpunkte entschärft und die Bronx ist „salonfähig" geworden.

Yankee Stadium und SoBro

Im 2009 im postmodernen (Retro-)Stil neu eröffneten **Yankee Stadium**, spielen die New York Yankees, die berühmteste Baseballmannschaft der Welt. In dem 1923 eröffneten, inzwischen abgerissenen alten *ballpark* schrieben einst die legendären „Bronx Bombers" und Spieler wie Babe Ruth, Lou Gehrig, Joe DiMaggio, Yogi Berra oder Reggie Jackson Baseballgeschichte.

Neues Trendviertel

In Verbindung mit dem Neubau des Stadions hat sich die benachbarte South Bronx zum neuen Trendviertel **SoBro** entwickelt. Nicht weit vom Yankee Stadium entfernt liegt am Grand Concourse das **Bronx** Museum, eine ungewöhnliche Sammlung zeitgenössischer Kunst. Ebenfalls am neu begrünten Grand Concourse befindet sich das 1812 erbaute **Edgar Allan Poe Cottage**, in dem der Autor die letzten Jahre seines Lebens verbrachte.
New Yankee Stadium, *E. 161st St./River Ave., www.mlb.com/yankees/ballpark/tours, Touren (vorab reservieren!) tgl. mind. 11–13.40, bei erhöhter Nachfrage 9–16.40 Uhr, $ 33 Classic Tour, großer Souvenirshop. Anfahrt: Subway-Linien 4, B und D bis 161st St./Yankee Stadium.*
Bronx Museum, *1040 Grand Concourse, www.bronxmuseum.org, Mi–So 11–18 Uhr, Eintritt frei.*
Edgar Allan Poe Cottage, *2640 Grand Concourse, http://bronxhistoricalsociety.org/poe-cottage, Touren auf Anf., $ 5.*

Bronx Park

Für einen Ausflug in den **Bronx Park** sollte man mindestens einen halben Tag einplanen. Den südlichen Teil umfasst der **Bronx Zoo,** der größte Tiergarten der Welt innerhalb eines Stadtgebiets, 1899 gegründet. Er beherbergt heute mehr als 4.300 Tiere, darunter zahlreiche gefährdete Arten. Im nördlichen Parkteil befindet sich der **New York Botanical Garden**, ebenfalls zu den ältesten und größten botanischen Gärten der USA zählend (1891). Besonders sehenswert ist das Enid A. Haupt Conservatory, ein viktorianisches Glashaus mit 27 m hoher Kuppel.
Bronx Zoo, *2300 Southern Blvd., https://bronxzoo.com, variable Öffnungszeiten, mind. tgl. 10–16.30 Uhr, ab $ 37 (Kinder ab 3 J. $ 29), Flexpreis, Parken $ 20. Anfahrt: Subway-Linie 2 bis Pelham Pkwy.*
New York Botanical Garden, *200th St./Kazimiroff Blvd., www.nybg.org, Di–So 10–mind. 17 Uhr, $ 35 bzw. nur Grounds Admission Mi 10–11 Uhr frei., Anfahrt: Linien 2 oder 5 bis Pelham Parkway.*

Little Italy in the Bronx

Durch den Bronx Park führt die East Fordham Road zum Campus der altehrwürdigen **Fordham University**. Hier beginnt auch die **Arthur Avenue**, die Hauptachse von „**Little Italy in the Bronx**". Mehr als in Manhattan bestimmen hier noch italienisch-stämmige New Yorker das Bild und reihen sich italienische Cafés, Lebensmittelgeschäfte, Bäckereien und Restaurants auf. Das Zentrum bildet der **Arthur Avenue Market**, eine Halle mit italienischen Spezialitäten und mit der für ihr Bier bekannten Bronx Beer Hall.
Little Italy in the Bronx, *Arthur Ave., E. 181st–188th St., www.arthuravenuebronx.com, Anfahrt: Subway B oder D bis Fordham Rd.*

Hinweis

Eine gute Möglichkeit, die Bronx kennenzulernen, bieten **Veranstaltungen** wie Anfang Mai die **Bronx Week** (*www.ilovethebronx.com, Link „Happenings"*) oder auch die **Tour de Bronx** (Ende Okt.), eine Radrundfahrt für Jedermann/-frau durch den Stadtbezirk. Außerdem gibt es im Sommer **kostenlose Trolley-Touren** mit unterschiedlichem Fokus (Infos: *www.ilovethe bronx.com/index.php/tours*).

Reisepraktische Informationen New York City

Information

New York City Tourism + Conventions, *c/o Aviareps Tourism, München, ☎ 089 55253373, https://de.nycgo.com.*

Vor Ort betreibt NYC Tourism nur noch eine Infostelle:

Official NYC Information Center at Macy's Herald Square, *151 W. 34th St., Mo–Sa 10–22, So 10–21 Uhr.*

Die **Downtown Alliance** *(https://downtownny.com) unterhält ebenfalls mehrere Informationskioske in der Stadt, z. B. am 2 World Trade Center oder im Bowling Green Park.*

Buchtipps

Im Detail über New York City, vor allem auch über die Boroughs außerhalb Manhattans, informieren die beiden Autoren dieses Bandes, Margit Brinke und Peter Kränzle, in den regelmäßig aktualisierten Städteführern **CityTrip New York** (ISBN: 978-3-8317-2568-7) und **CityTrip Plus New York City** (ISBN: 978-3-8317-2533-5). Ein ausführlicher Wegweiser durch den „Big Apple" ist außerdem **Iwanowski's Reisehandbuch New York**.

Informationen in Internet und Print

An Stadtmagazinen lohnen:

Time Out New York, *www.timeout.com/newyork, nur noch digital. Rubriken wie „Restaurants", „Art", „Attractions" oder „Music" sowie Veranstaltungskalender und Museumsliste.*

New York Magazine, *https://nymag.com, wöchentlich. Viel Lesestoff, außerdem Listen (Nachtklubs, Restaurants, Museen, Shops etc.).*

The New Yorker, *www.newyorker.com, wöchentlich. Eher intellektuelles „Lesemagazin".*

- **www.nycgovparks.org** – *Infos zu allen der Parkverwaltung unterstehenden Sehenswürdigkeiten, z. B. Ellis Island*
- **https://new.mta.info/**, *Infos zum Nahverkehr, u. a. zur New York Subway mit MTA Map und Route Planner. Apps für iOS und Android ebenfalls verfügbar.*
- **Zu anderen Boroughs und Umgebung**: *www.brooklynchamber.com (Brooklyn), www.ilovethebronx.com (Bronx), https://itsinqueens.com (Queens), www.discoverlongis land.com (Long Island), www.iloveny.com (NY Upstate).*

Internetnutzung

Es gibt **WLAN-Hotspots** *in New York z. B. in Parks und auf Plätzen wie dem Times Square, Bowling Green Park, Bryant Park, City Hall Park Pier 17 (South Street Seaport), Union Square Park, World Financial Center und Winter Garden sowie in den meisten Subwaystationen (siehe: https://downtownny.com/about-us/services/free-wifi, https://transitwireless.com)*

*Alte Telefonsäulen wurden zu „***LinkNYC***"-***Terminals** *umfunktioniert, die freies WLAN, Gratis-Telefonate innerhalb der USA, ein Tablet für Informationen und Ladestationen für Smartphones bieten (www.link.nyc). In vielen Cafés, Läden und öffentlichen Einrichtungen (Public Library) gibt es ebenfalls Hotspots.*

Notfälle

- **Notruf** *(Polizei, Notarzt, Feuerwehr): ☏ 911*
- **TravelMD**, *952 5th Ave., ☏ (212) 737-1212, https://travelmd.com, mehrsprachig, tgl. 24 Std.*
- **St. Vincent's Hospital**, *153 W. 11th St./7th Ave., ☏ (212) 604-7000, Notaufnahme.*
- **City MD**, *315 W. 57th St. (8–9th Ave.), ☏ (212) 315-2330, Mo–Fr 7–23, Sa/So 9–18 Uhr, zentral am Columbus Circle.*
- **Emergency Dentist NYC**, *100 E. 12th St., ☏ (646) 3368478, www.emergencydentistnyc.com; 24-Stunden Notfallservice.*

Tipp

Kostenersparnis bringen der **New York CityPASS** (*https://de.citypass.com/new-york*, 9 Tage, 5 Attraktionen, auch als „C3 Attractions Pass" (*https://de.citypass.com/new-york-c3*) oder als "C All" für 11 Attraktionen erhältlich), der **Explorer Pass** (*https://gocity.com/new-york/en-us/products/explorer*) oder der **New York Pass** (*https://newyorkpass.com/en-us*, für 2–10 Attraktionen nach Wahl und mit unterschiedlicher Dauer). Bei **TKTS** am Times/Duffy Sq. oder im Rubenstein Atrium des LIncoln Center (www.tdf.org/discount-ticket-programs/tkts-by-tdf/tkts-live) gibt es verbilligte Theater- und Konzertkarten für Veranstaltungen am selben Tag.

Touren

Gray Line New York Sightseeing *und* **City Sights NY** *bieten Hop-on-Hop-off-Touren aller Art und weitere Touren auch kombiniert mit Sehenswürdigkeiten oder Bootsfahrten an.*
Infos: https://graylinenewyork.com, www.citysightseeingnewyork.com bzw. www.citysightsny.com). Visitor Center und Tickets: Port Authority Bus Terminal 42nd St. Gratis sind die Touren der **Big Apple Greeter** *(https://bigapplegreeter.org), durchgeführt von New Yorkern durch ihre jeweiligen Wohnviertel auf Anmeldung. Auch die* **Free Tours by Foot** *(www.freetoursbyfoot.com/newyorktours) sind gratis, ein Trinkgeld wird jedoch erwartet.*

Kostenpflichtige Touren gibt es zuhauf, z. B.:
Harlem Heritage Tours, *☏ (212) 280-7888, www.harlemheritage.com. Walking-Touren durch Harlem mit unterschiedlichen Schwerpunkten (Gospel, Jazz, Hiphop, Salsa).*

Made in Brooklyn Tours, ☏ *(917) 747-1911, www.madeinbrooklyntours.com, s. S. 189.*
On Location Tours, ☏ *(212) 209-3370, https://onlocationtours.com. Auf den Spuren großer Stars und ihrer Filme New York entdecken, z. B. „Sex and the City".*
Bootstouren: **Classic Harbor Line** *(https:// sail-nyc.com) bietet z. B. Sightseeing Cruises, Musik-, Architektur-, Natur- u. a. interessante Bootsfahrten ab Chelsea Piers (Pier 62) und North Cove (Brookfield Place) an.* **Circle Line Sightseeing Cruises** *(ab Pier 83/W 42nd St. u. a. Anlegestationen, www.circleline.com) veranstaltet ganze oder halbe Umrundungen von Manhattan, dazu Abend- und Musiktouren. Zu Fähren s. auch S. 203.*

Spezialtouren

Turnstile Tours bietet Touren zu sonst wenig beachteten Sights bzw. Vierteln in Brooklyn, z. B. zur Brooklyn Navy Yard, einst Schiffswerft, heute ein ökologisch wegweisender städtischer Industriepark, oder zum Brooklyn Army Terminal. Zweiter Schwerpunkt sind Food Cart Tours im Financial District und in Midtown – Spaziergänge mit Kostproben.

- **Turnstile Tours**, ☏ (347) 903-8687, https://turnstiletours.com

Unterkunft

In NYC den Überblick zu behalten, ist schwierig, noch schwieriger ist es, eine Unterkunft mit gutem Preis-Leistungs-Verhältnis zu finden. Derzeit gibt es um die 124.000 Hotelzimmer in NYC. Zum eh schon gehobenen Preis kommt die Tax (Steuer) in Höhe von 14,75 % und eine Hotel Room Occupancy Tax. Dazu erheben viele Hotels eine sogenannte **Resort, Facility oder Destination Fee**, *die oft erst bei genauerem Recherchieren zu finden ist und $ 20–40 pro Tag/Zimmer betragen kann. Sie umfasst Internetzugang, lokale Telefonate und ev. Fitnesscenter oder Pool – Posten, die früher automatisch inkludiert waren.*
Besonders viele Hotels eröffneten zuletzt in den Boroughs. Sie stellen oft eine **günstigere Alternative** *zum Übernachten in Manhattan dar, z. B. in Brooklyn (v. a. Williamsburg, DUMBO), in Queens (Long Island City) oder auch in Teilen der Bronx – alles Regionen, die ebenfalls gut an Manhattan angebunden sind.*
Einen guten Überblick gibt:

- *www.nyctourism.com/where-to-stay*

Hilfreich sind evtl. auch:

- *www.choicehotels.com/de-de/new-york/new-york/hotels*
- *www.hotels-innewyork.com – Hotel-Plattform*
- *https://itsinqueens.com/stay – Hotels in Queens*
- *www.hostelworld.com/st/hostels/north-america/usa/new-york – Hostels, Jugendherbergen*

Ausgewählte Tipps:
Nu Hotel *(1), 85 Smith St., ☏. (718) 852-8585, www.nuhotelbrooklyn.com;*
modernes Boutiquehotel im lebendigen Downtown Brooklyns (nahe Subway-Station) mit 93 gut ausgestatteten Zimmern, Bar-Lounge mit Frühstück sowie Leihfahrrädern.
citizenM New York Bowery Hotel *(2) 189 Bowery, ☏ (212) 372-7274, www.citizenm.com/hotels/united-states/new-york/new-york-bowery-hotel. „Klein aber fein": kleine praktische Zimmer – alle gleich! – mit bequemen Betten und zu erschwinglichen Preisen (keine Resort Fee!) in der LES. Schwesterhotel ist das citizenM New York Times Square.*

Freehand Hotel (**3**), *23 Lexington Ave., ☏ (212) 475-1920, https://freehandhotels.com/new-york; praktisch eingerichtete, wenn auch kleine Zimmer verschiedener Kategorien (1-4 Betten), angesagte Broken Shaker Rooftop-Bar, Café, Restaurant, Fitnessstudio. Beliebt bei jungen Leuten, vibrierend, umtriebig, bunt.*
Empire Hotel (**4**), *44 W 63rd St., ☏ (212) 265-7400, www.empirehotelnyc.com; nahe Lincoln Center gelegenes Hotel mit 427 Zimmern, etwas altmodischer Touch, aber preislich okay. Mit Empire Rooftop Bar.*
Sugar Hill House (**5**), *408 W 149th St., https://sugarhillhousenyc.com, Apartments auf zwei Ebenen für bis zu je 4 Personen in historischem Brownstone House in ruhigem Neighborhood.*
Easyliving Harlem (**6**), *214 W. 137th St., ☏ (646) 599-5651, http://easylivingharlem.com; vier schöne, geräumige Gästezimmer in historischem Brownstone House in einem ruhigen, grünen Harlemer Wohnviertel. Gemeinschaftsküche und Garten für alle Gäste, Gratis-WLAN. Die Besitzerin Heidi spricht Deutsch und ist ortskundig, hilfsbereit und kann jedes Problem lösen.*
Wingate by Wyndham Bronx/Haven Park (**7**), *2568 Park Ave, Bronx, ☏ 929 5265900, www.wyndhamhotels.com/wingate/bronx-new-york/wingatebronx-haven-park/overview. Hippes Boutiquehotel nahe einer Subway-Station im historischen Viertel Mott Haven und Port Morris. Zimmer eher klein, Frühstück inklusive, Lokal/Bar.*

Restaurants

In New York ist die ganze Welt auf engstem Raum kulinarisch vertreten. Zum Preis auf der Speisekarte muss in New York insgesamt noch gut ein Viertel der Summe für tax (MWSt.) und tip (Trinkgeld) – mind. 20 % – addiert werden. Während der **Winter** *bzw.* **Summer Restaurant Week** *im Jan./Feb. bzw. Juli/Aug. (www.nycgo.com/restaurant-week) bieten ausgewählte Restaurants Menüs zu festen Preisen an. Bei der Suche nach bestimmten Lokalen helfen z. B.:*

- *https://nymag.com/restaurants*
- *www.timeout.com/newyork/restaurants*
- *https://ny.eater.com*

Imbiss

Neben **Food Trucks** *(https://streetfoodfinder.com/c/ny/new-york-city, http://streetvendor.org) sind* **Food Halls** *– mit mehreren Imbissstationen – verbreitet. Im Grand Central Terminal eröffnete z. B. der Grand Central Market, im nahen Helmsley Building „Urbanspace Vanderbilt“ der Gansevoort Liberty Market in Chelsea und Hudson Eats und Le District sind im Brookfield Place zu finden.*
Eataly (**12**), *200 5th Ave./Madison Square Park sowie im 4 World Trade Center, 101 Liberty St.; italienische Markthalle mit diversen Abteilungen (u. a. Bäckerei, Pizzen, Käse, Schinken, Nudeln und Reis) zum Dortessen oder Einkaufen.*
Katz's Delicatessen (**3**), *205 E. Houston/Ludlow St.; Sandwiches mit Pastrami oder Roastbeef u. a., am Tresen zu bestellen.*
MakiMaki (**10**), *1369 6th Ave.; superfrisch zubereitete Sushi Rolls, preiswerte Gourmetkost zum Mitnehmen, z. B. Spicy Tuna, Salmon Avocado oder Shrimp Tempura. Geöffnet Mo–Fr 11–20, Sa/So 12–20 Uhr.*
Russ & Daughters (**2**), *179 E. Houston St.; legendärer appetizer store von 1914 mit riesiger Auswahl an jüdischen Spezialitäten wie Räucherfisch, Lachs, Kaviar und Bagels mit Aufstrichen. Außerdem Café: 127 Orchard St.*

Zabar's (14), *2245 Broadway; Top-Gourmettempel mit allen erdenklichen Delikatessen zum Dortessen oder Mitnehmen, dazu Küchenaccessoires. Ähnlich:* **2nd Avenue Deli (11)**, *162 E. 33rd St./3rd Ave.*

Tipp: Essen mit gutem Gewissen

P.S. Kitchen ist nicht nur eines der wenigen veganen Restaurants in NYC, es setzt auch auf Nachhaltigkeit und soziales Engagement. Ein Teil des Gewinns geht an wohltätige Organisationen, das Personal stammt aus benachteiligten Gesellschaftsschichten, und die Speise- wie die Getränkekarte ist komplett „plant-based", d. h. vegetarisch-vegan. Auf den Teller kommen vorwiegend saisonale, hochwertige Zutaten aus der Region, und es wird Wert auf attraktive Präsentation und Genuss für alle Sinne gelegt.
P.S. Kitchen (13), 246 W. 48th St., ☏ (212) 651-7247, www.ps-kitchen.com, tgl. Lunch & Dinner.

Lokale

87 Ludlow *(1), 87 Ludlow St., ☏ (212) 510-7605, http://87ludlownyc.com, Mi–Sa. 17–22 Uhr; Restaurant, in dem die spanische mit der philippinischen Küche verschmilzt. Über ein Dutzend Tapas stehen auf der Karte, ideal zum Teilen, z. B. Oyster Sisig, Sardinen, Chorizo Shrimp oder Pulpo, dazu Hauptgerichte wie Schweinebauch oder Paella Negra.*
Rua Thai *(4), 204 Smith St. (Cobble Hill/Brooklyn), ☏ (718) 7975121, www.ruathai.com; Thai-Küche wie vom schwimmenden Markt, z. B. Fish Curry Custard, Shrimp Donuts am Zuckerrohr-Stäbchen, Prawns oder Short Rib, Pineapple Seafood Fried Rice, dazu Thai-inspirierte Cocktails.*
Peter Luger Steak House *(5), 178 Broadway, Brooklyn, ☏ (718) 378-7400; für ein Steak in dieser 1887 gegründeten Institution nehmen New Yorker trotz Reservierung und Barzahlung Wartezeiten in Kauf.*
Gugu Room *(6), 143 Orchard St., ☏ (646) 329-6875, www.guguroomnyc.com, Di–So ab 17 Uhr; philippinisch-japanisches Izakaya (Gasthaus) mit verschiedenen gegrillten Fleischspießchen, Tempura, Sisig, viel Rind und Eintöpfen, auch mit Tofu und Pilzen. Bar mit japanischen Cocktails.*
Seasoned Vegan Real Quick *(7), 128 2nd Ave./East Village, tgl. 11–24 Uhr. Take-out New Orleans-Stil: v. a. Sandwiches wie Craw Pretzel Boy, BBQ Craw oder SV Nugget Sandwich – alles vegan!*
TLK *(8), 58 3rd Ave. (10th–11th St.), ☏ (646) 360-2030, www.tlk-nyc.com, Fr–So Lunch, Di–So Dinner. Gemütliches Lokal im East Village, in dem es glutenfreie asiatische Küche gibt, dazu viele vegane Gerichte. Auch gegrillte Chicken Wings oder Curry-Fish, begleitet von guten Cocktails und Weinen.*
Pasta Corner *(9), 9 E. 53rd St., www.pastacorner.com, ☏ (718) 797-5121, tgl. 11.30–23.30 Uhr; perfekter Mix: hausgemachte frische Pasta und Saucen kombiniert mit französischem Gebäck, Gerichte zum Gleichessen oder Mitnehmen, dazu ausgewählte Produkte zum Kaufen. Tagliatelle Black Truffle, Penne mit Pesto & Burrata und zum Nachtisch: Hazelnut Praline Croissant!*
Charles Country Pan-Fried Chicken *(15), 340 W. 145th St. (Harlem), www.charlespanfriedchicken.com; Soulfood mit Hühnchen aller Art, zubereitet vom Fried Chicken King of Harlem, Charles Gabriel. Mehrere Filialen!*

Nachtleben

Das Nachtleben im Big Apple ist legendär und vielseitig und konzentriert sich auf die Lower East Side, im East und Greenwich Village, in Chelsea und TriBeCa sowie, was Jazz und Gospel angeht, in Harlem. Neue und schicke **Nightspots** *befinden sich in Chelsea (W. 27th St., 10th–11th Ave.) und im Meat Packing District sowie zwischen Bowery und East Village, um Houston St. und Lafayette Ave. sowie um Tompkins Square und 6th St. Cool; angesagt sind* **Cocktailbars**, *die sich der „Mixology" verschrieben haben und Dachbars, vielfach in Verbindung mit den neuen, schicken Boutiquehotels. Gut aufgehoben sind Nachteulen auch in Brooklyn und dort vor allem Williamsburg (Bedford Ave.) und Greenpoint.* **Infos** *gibt es z. B. auf: www.nyctourism.com/things-to-do/nightlife oder https://joonbug.com/newyork.*

Einige Tipps

Analogue, *19 W. 8th St. West Village, ☏ (212) 432-0200, www.analoguenyc.com, tgl. ab mind. 16 Uhr, Mo–Mi Livemusik. Gemütliche Bar im Bistrostil mit tollen Cocktails sowie großer Whiskey-Karte und Barfood.*

Birdland, *315 W. 44th/8th Ave., ☏ (212) 581-3080, www.birdlandjazz.com; benannt nach Charlie „Bird" Parker, in dessen Fußstapfen heute andere Topstars treten. Progressiver Jazz und dazu südamerikanische Küche.*

Blue Note, *131 W. 3rd St./MacDougal-6th Ave., ☏ (212) 475-0049, www.bluenotejazz.com/nyc, wechselnde Bands (Jazz, R&B, Soul, Blues u. a.); hier traten schon Dizzy Gillespie, Ray Charles oder B.B. King auf.*

Village Vanguard, *178 7th Ave./11th St., ☏ (212) 255-4037, https://villagevanguard.com; einer der ältesten Jazzkeller der Stadt mit hochkarätigem Programm.*

55 Bar, *55 Christopher St./7th Ave., ☏ (212) 929-9883, www.55bar.com; tgl. Liveblues und -jazz im Village, seit 1919. Daneben liegt die legendäre, historische Bar* **Stonewall Inn**.

Down & Out NYC, *503 E. 6th St., East Village., www.downandoutnyc.com Cocktail- und Oyster-Bar im Retro-Ambiente. Austern, Meeresfrüchte und Fisch als Begleitung zu den genialen (und preislich akzeptablen) Cocktails oder über 400 Whisk(e)ys. Livejazz u. a. Veranstaltungen.*

Minton's Playhouse, *206 W. 118th St., https://mintonsharlem.com. Jazzclub mit Lounge und Steakhouse im Hotel Cecil. Sets um 19 und 21.30 Uhr. Geburtsort des Bebop, 1938 gegründet.*

Einkaufen

Die **Sales Tax** *(Mehrwertsteuer) beträgt in New York City derzeit* **8,875** *%. Für Kleidung und Schuhe gilt eine* **Sonderregelung***: Unter $ 110 Warenwert (pro einzelnem Stück) fallen keine Steuern an, darüber wie bei allen anderen Artikeln 8,875 %.*

Bei einem **Einkaufsparadies** *wie New York ist es fast unmöglich, einzelne Läden hervorzuheben, deshalb nachfolgend ein paar regionale Schwerpunkte:*

Broadway, *zw. Canal-Houston–14th St.: zahllose billigere, aber auch feine Boutiquen.*

Lower East Side/Bowery *(Canal–Delancey und Orchard–Essex St.): Billigkleidung und Designer-Outlets, Lederwaren, Elektro- und Elektronikartikel.*

Chinatown, *v. a. Canal/Mott St.: Souvenirs, Asiatisches.*

SoHo, *entlang Broadway ab Canal St.: günstige Kleidung, Schuhe, Kunstgalerien, Antiquitäten, Geschenke.*

Greenwich Village *(Umgebung Sheridan Sq. sowie Bleeker St.): Kunstgalerien, Boutiquen, Kurioses und Skurriles.*
East Village, *St. Mark's Pl.–Tomkins Sq.: Flohmärkte, Boutiquen, Secondhandläden, Designermode, Bücher, Antiquitäten u. a.*
5th Ave., *51st–59th St.: Luxus-Einkaufsmeile mit weltbekannten Läden wie Tiffany, Cartier, Chanel, Bergdorf, Apple, F.A.O. Schwarz.*
Madison Ave. (UES): *Antiquitäten (Sotheby's), Schuh-, Museumsläden und Galerien, Luxusboutiquen.*
Amsterdam Ave./Broadway (UWS), *71st–84th St.): Designerkleidung, Antiquitäten, Galerien, Delis, Buchläden.*

Kaufhäuser/Einkaufszentren

Bloomingdale's, *1000 3rd Ave./59–60th St., und neu: 504 Broadway, Spring-Broome St. (SoHo). Ein Kaufhaus mit Tradition und Namen. Filiale: 504 Broadway.*
Century 21 Department Store, *22 Cortland St.; Kleidung, Haushaltswaren, Schuhe, Taschen u.v.m. zu sagenhaften Preisen.*
Macy's, *Herald Square/34th St.; weltgrößtes Kaufhaus.*
The Shops at Columbus Circle, *Time Warner Center, Columbus Circle; Einkaufszentrum mit exklusiven Shops und Bio-Supermarkt Whole Foods.*
Brookfield Place, *230 Vesey St., http://brookfieldplaceny.com, Mo–Sa 10–21, So 11–19 Uhr. Einkaufszentrum im ehemaligen World Financial Center, mit Läden wie Saks Fifth Ave, Michael Kors oder J. Crew u. a. Restaurants und Imbissstationen von Pizza und Vegetarischem über BBQ bis hin zu Französischem.*
Westfield World Trade Center, *185 Greenwich St.; Mall im Calatrava-Bahnhof und unterirdisch zwischen den WTC-Türmen, Brookfield Place und Fulton Center. Rund 100 Läden, u. a. Apple und Eataly.*

Märkte

In New York findet in den Sommermonaten immer irgendwo ein **Farmers'** *oder* **Greenmarket** *statt,* **Infos**: *www.nyfarmersmarket.com oder www.grownyc.org. Der größte, ganzjährig stattfindende Markt ist der auf dem* **Union Square** *(Mo/Mi/Fr/Sa 8–18 Uhr, www.grownyc.org/greenmarket/manhattan-union-square-m), als „Gourmetmarkt" gilt* **Smorgasburg** *(www.smorgasburg.com), April–Nov., im Sommer im Freien, im Winter unter Dach an verschiedenen Locations in Brooklyn und Manhattan. Außerdem finden Flohmärkte (Brooklyn Flea) in Brooklyn und Chelsea statt (s. u.). Dazu gibt es zwei lohnende Märkte:* **Essex Street Market** *(88 Essex St., www.essexmarket.nyc,) sowie* **Chelsea Market** *(75 9th Ave., www.chelseamarket.com).*
Beliebte Flohmärkte sind **Brooklyn Flea DUMBO** *(Manhattan Bridge Archway Plaza/80 Pearl St., So 10–17 Uhr, https://brooklynflea.com) und der* **Chelsea Flea Market** *(29 W 25th St., Sa/So 6.30–19 Uhr).*

Feste und Veranstaltungen

Aktuelle Termine und Informationen zu Events findet man z. B. unter www.nyctourism.com/things-to-do/events-and-festivals. Es gibt eine Reihe großer regelmäßiger Veranstaltungen wie
1. Vollmond nach dem 19. Jan.: **Chinese New Years Celebration**, *10-tägiges Neujahrsfest um die Mott St. mit Umzug, Feuerwerk u. a. Events (www.explorechinatown.com).*
17. März: **St. Patrick's Day**, *große Parade auf der 5th Ave. (44th–96th St.) und irisches*

Fest mit viel Grün, Guiness und Whiskey (www.nycstpatricksparade.org).
2. Juni-Hälfte: **NYC Pride**, *Greenwich Village, mit Parade u.a. Events (www.nycpride.org/events).*
4. Juli: **Independence Day**, *amerikanischer Nationalfeiertag mit Parade u.a. Veranstaltungen rund um Battery Park/City Hall, Feuerwerk wechselweise über dem East oder Hudson River (www.macys.com/s/fireworks).*
August: **Harlem Week Celebration**, *u. a. Kino, Konzerte, aber auch Basketballturniere (http://harlemweek.com).*
3. Wochenende im Sept.: **Steuben Parade**, *deutsch-amerikanische Parade auf der 5th Ave. in Erinnerung an General Friedrich Wilhelm von Steuben (https://germanparadenyc.org).*
31. Okt.: **Village Halloween Parade** *(6th Ave./SoHo-21st St.), Musik und Tanz (http://halloweennyc.com/newyork).*
1. So im Nov.: **New York City Marathon** *mit über 40.000 Profi- und Freizeitläufern (www.nyrr.org/tcsnycmarathon).*
Letzter Do im Nov.: **Macy's Thanksgiving Day Parade**, *Central Park West-Columbus Circle und über den Broadway zum Herald Square (34th St.), zu Macy's Sq. (www.macys.com/social/parade).*
Vorweihnachtszeit (nach Thanksgiving): **Tree Lightning Celebrations**, *z. B. am Lincoln und Rockefeller Center, außerdem* **Weihnachtsmärkte** *u. a. im Grand Central Terminal, Bryant Park, Columbus Circle oder auf dem Union Square.*
31. Dez., New Year's Eve: **Times Square Ball Drop** – *große Silvesterparty am Times Square (https://timessquareball.net).*

Unterhaltung

Die meisten **großen Theater** *konzentrieren sich um Broadway und Times Square, dazu kommen kleinere Off- und Off-off-Broadway-Theater – wobei sich „off" auf die Größe bezieht – verteilt über die ganze Stadt. Sonstige* **bedeutende Veranstaltungsorte** *sind die Carnegie Hall (www.carnegiehall.org), das Lincoln Center for the Performing Arts (www.lincolncenter.org), Jazz at Lincoln Center (www.jazz.org), der Madison Square Garden (www.msg.com/madison-square-garden), die Radio City Music Hall (www.msg.com/radio-city-music-hall) und die Brooklyn Academy of Music/BAM (www.bam.org).*

Infos

www.nyctourism.com/things-to-do/broadway-and-performing-arts – aktuelles Programm von NYC & Company
www.broadway.com und www.broadway.org – ausführliche Listen, was wo gespielt wird, mit Möglichkeit zur Ticketbestellung

Während der NYC Broadway und der Off- Broadway Week (Sept. und Ende Jan./ Anfang Febr.) gibt es verbilligte Tickets für Broadway-Shows (www.nyctourism.com/nyc-broadway-week bzw. /www.nyctourism.com/nyc-off-broadway-week).
Die **Broadway Collection** *(www.broadwaycollection.com) vereint über 20 Topshows und bietet Tickets im Internet, aber auch vorab bei Reisebüros und -veranstaltern an.*

Außerdem gibt es **Tickets** *online über www.telecharge.com oder www.ticketmaster.com und, ermäßigt für Veranstaltungen am selben Tag, bei:*
TKTS, *W. 47th St./ Broadway (Duffy Square) oder im LIncoln Center (David Rubenstein Atrium), www.tdf.org/discount-ticket-programs/tkts-by-tdf.*

Kostenlose Konzerte *kann man den Sommer über in Parks (v. a. Central Park, Bryant Park, Washington Sq., Prospect Park), auf Plätzen (South Street Seaport, Chelsea Piers), in Museen (MoMA, Frick Collection, MMA, Whitney u. a.) oder in Kirchen erleben.*
Infos: *www.nycfreeconcerts.com*

Die wichtigsten Konzertserien

Juni–September: **HBO Bryant Park Movie Nights**, *Openair-Kino im Bryant Park (https://bryantpark.org/activities/movie-nights).*
Juni: **River to River Festival**, *(v. a. Musik-)Veranstaltungen zwischen Battery Park und City Hall (https://lmcc.net/river-to-river-festival).*
Ende Mai–Mt. Sept.: **SummerStage** *im Central Park (Rumsey Playfield, E. 69th St./5th Ave.) u. a. Parks von NYC, Programm: https://cityparksfoundation.org/summerstage).*
Ende Mai–Ende August: **GMA (Good Morning America) Summer Concert Series** *im Central Park. Dazu und zu* **weiteren Sommerveranstaltungen** *im Park: www.centralpark.com/things-to-do/concerts, www.centralpark.com/things-to-do/concerts/gma-summer-concert-series.*

Zuschauersport

New York Yankees *(MLB – Baseball), www.mlb.com/yankees, Yankee Stadium (Bronx, Subway 4, B oder D).*
New York Mets *(MLB – Baseball), www.mlb.com/mets, CitiField (Queens, Subway 7, Mets).*
New York Rangers *(NHL – Eishockey), www.nhl.com/rangers, Madison Square Garden.*
New York Knicks *(NBA – Basketball), www.nba.com/knicks, Madison Square Garden.*
New York Liberty *(WNBA – Basketball/Frauen), https://liberty.wnba.com, Barclays Center (Brooklyn).*
New York Giants *(NFL – American Football), www.giants.com, MetLife Stadium (East Rutherford/NJ) (S-Bahn-Anschluss ab Manhattan).*
New York Jets *(NFL – American Football), www.newyorkjets.com, MetLife Stadium (East Rutherford/NJ).*
New Jersey Devils *(NHL – Eishockey), www.nhl.com/devils, Prudential Center in Newark (PATH aus Manhattan).*
Brooklyn Nets *(NBA – Basketball), www.nba.com/nets, Barclays Center (Brooklyn, Subway Atlantic Ave.).*
New York Islanders *(NHL – Eishockey), www.nhl.com/islanders, UBS Arena (Elmont/Long Island).*
New York Red Bull *(MLS – Fußball), www.newyorkredbulls.com, Red Bull Arena in Harrison/NJ (PATH aus Manhattan).*
New York City FC *(MLS – Fußball), www.nycfc.com, derzeit noch im Yankee Stadium.*

Freizeitsport

Im Central Park (ebenso in Brooklyns Project Park) sind die verschiedensten **Freizeitbeschäftigungen** *möglich. Von Joggen über Fahrrad- und Bootfahren bis Eislaufen und Langlauf im Winter.* **Infos** *unter: www.centralparknyc.org („Activities") oder www.centralpark.com („Activities").*
Der **Manhattan Waterfront Greenway**, *ein Bike Trail, lädt v. a. entlang der West Side zwischen Battery Park und George Washington Bridge entlang dem Hudson River zur Radtour ein (www.nycbikemaps.com/maps/manhattan-waterfront-greenway-bike-map).*

Fahrradverleih *und* **Radtouren** *bieten beispielsweise* **Unlimited Biking** *(Pier 84, Hudson River Park, 557 12th Ave./43rd St., www.unlimitedbiking.com/new-york).* **Citi Bike** *ist ein Bike-Sharing-Projekt mit 400 solarbetriebenen Docking-Stationen in Manhattan und Brooklyn, an denen blaue Leihfahrräder zur Verfügung stehen (https://.citibikenyc.com).* **Infos**: *www.nyc.gov/html/dot/html/bicyclists/bicyclists.shtml bzw. www.ridethecity.com.*

Verkehrsmittel

Flughäfen und Anfahrt

Von den drei New Yorker Flughäfen – **John F. Kennedy International (JFK), Newark Liberty International (EWR)** *und* **La Guardia Airport (LGA, nur inneramerikanischer Flugverkehr** *ist JFK in Queens der größte und wichtigste. Er liegt etwa 20 km bzw. eine gute Stunde Fahrt von Manhattan entfernt, und ist mit Newark und La Guardia durch private Klein-/Linienbusse verbunden.*
Infos: *www.panynj.gov/airports/en/index.html. Infos zum ÖNV (Züge und Busse) sowie zu Taxi bzw. Uber finden sich ebenso auf den jeweiligen Flughafen-Seiten.*

Eine **Taxifahrt** *von JFK nach Manhattan und umgekehrt kostet derzeit $ 70 plus Brückenzoll und Trinkgeld, Aufschlag zur Stoßzeit 16–20 Uhr, 45–60 Min. Fahrtdauer.*
Mit insgesamt $ 11 wesentlich preiswerter, wenn auch zeitaufwendiger ist die Fahrt mit der **Subway**. *Die Subwaystation „Howard Beach" erreicht man mit dem AirTrain von jedem Flughafenterminal und von dort geht es mit der Linie A („Far Rockaway") in 70–90 Min. nach Manhattan. Diese Variante ist wegen eventuell nötigen Umsteigens nur etwas für Leute mit leichtem Gepäck.*
Infos: *https://new.mta.info/guides/airports#JFK.*

Der **Newark Liberty International Airport (EWR)**, *26 km südwestlich von Manhattan in New Jersey gelegen, ist per AirTrain (zwischen Newark Liberty International Airport Station und Airport) und Nahverkehrszügen (NJ Transit oder Amtrak, z. B. nach/ab Penn Station) relativ gut erreichbar, www.njtransit.com).*
Infos: *www.newarkairport.com/to from airport/public-transportation.*

Taxi

New Yorks legendäre **gelbe Taxis** *sind im Straßenbild unübersehbar. Grundsätzlich sollte man nur in gelbe Taxis mit Taxameter, Foto des Fahrers und Lizenznummer einsteigen. Es ist üblich, ein Taxi auf der Straße anzuhalten, wobei ein erleuchtetes Schild auf dem Dach zeigt, dass das Taxi frei ist. Es werden auch mehrere nicht zusammengehörige Passagiere in die gleiche Fahrtrichtung befördert, wobei jeder für sich zahlt. Man sitzt immer auf der Rückbank, die von den Vordersitzen durch Plexiglas abgetrennt ist. Inzwischen verkehren in den Boroughs (und häufig auch in Harlem)* **apfelgrüne Taxis,** *in Harlem schwarze Limousinen und so gut wie überall Fahrdienste wie Uber und Lyft.*
Taxipreise: *Grundgebühr $ 3 plus 70 c für jede zusätzliche 1/5 mi (ca. 300 m) bzw. pro 60 Sek. langsamer Fahrt. Es gibt eine Flughafen-Flatrate ($ 70 plus toll/tip), aber nur nach/von Manhattan. Aufschläge können nachts, zu Stoßzeiten, bei viel Gepäck oder für besondere Fahrten anfallen. Dazu addieren sollte man ein Trinkgeld von ca. 15 %.*

Nahverkehr

Der öffentliche Nahverkehr, d. h. Busse und Subways, unterstehen in New York City der **MTA** *(Metropolitan Transit Authority).* **U-Bahnen/Subway** *(„trains") fahren in Man-*

hattan entweder „Uptown" (nach Norden) oder „Downtown" (Süden) und sind mit Buchstaben oder Nummern sowie mit der Endstation gekennzeichnet. **Busse** *(vorn Angabe der Endhaltestelle) sind wesentlich stärker verkehrsabhängig und erfordern mehr Zeit und bessere Ortskenntnis. Sie verkehren entlang den Avenues in Nord-Süd-Richtung. Etwa jede 10. Straße ist das Umsteigen in „Crosstown-Busse" – in West-Ost-Richtung – möglich. Bei Bussen und U-Bahnen wird zwischen „Express" und „Local" unterschieden.*

Fahrpreise: *Eine Einzelfahrt („Single-Ride") kostet mit einer aufladbaren MetroCard („Regular") $ 2,90 bzw. $ 7 (Expressbus). MetroCards sind an Automaten ($ 1 extra für eine neue Karte) oder Schaltern erhältlich. Der Fahrpreis wird an einer Schranke automatisch abgebucht. Die Karte („Pay-per-ride") kann von mehreren Personen gleichzeitig benutzt werden. Umsteigen in ein anderes Verkehrsmittel ist innerhalb von 2 Std. mit Transfer-Ticket (beim Schaffner bzw. am Automaten) möglich. Für Besucher empfehlenswert sind* **Zeitkarten** *(„MetroCard Unlimited Ride") für beliebig viele Fahrten; die Wochenkarte kostet $ 34. Kinder unter 1,12 m Größe fahren gratis.*
Infos: *Metropolitan Transit Authority, ☏ 511 (mehrsprachig), https://new.mta.info/ (mit Fahrplänen und Karten). Interessant sind auch: www.straphangers.org und www.nycsubway.org.*

Die **Alliance for Downtown New York** *betreibt kostenlose Kleinbusse zwischen South Street Seaport und Battery Park City mit mehreren Stopps. Infos und Route: https://downtownny.com/about-us/services/downtown-connection-bus.*

Fähren/Water Taxi

NYC Ferry *(www.ferry.nyc) bedient mehrere Routen auf dem East River mit zahlreichen Stopps in Manhattan, der Bronx, Queens, Brooklyn, Staten Island und Governors Island für $ 4 pro Fahrt.*

Fährverkehr: Staten Island Ferry

NY Waterway *(www.nywaterway.com): Fährverkehr mit mehreren Stopps auf dem Hudson River, ab 39th St./Pier 79, Pier 11/Wall St. u.a. nach New Jersey.*
Lohnend sind zudem die kostenlosen Fahrten mit der **Staten Island Ferry** *(Whitehall Terminal, Whitehall/South St., www.siferry.com) nach Staten Island. Nur $ 4 kostet der Pendelverkehr im Sommer mit der* **Governors Island Ferry** *(Battery Maritime Building, neben Ablegestelle der Staten Island Ferry) zur gleichnamigen Insel (gratis an Sa/So vormittags).*

Bahn und Bus

Die zwei größten Bahnhöfe der Stadt heißen **Grand Central Terminal** *(Park Ave./42nd St., MNR- Nahverkehrszüge Richtung NY State und Connecticut) und* **Penn Station** *(7th Ave./ 33rd St./Madison Square Garden, www.amtrak.com; PATH-, LIRR-Nahverkehrszüge nach New Jersey, Long Island sowie Amtrak-Fernzüge).*
Die (halbstaatliche) **Eisenbahngesellschaft Amtrak** *bietet sich dank der Acela-Express-Züge und Metroliner für Städtetrips entlang der Ostküste zwischen Boston, New York, Philadelphia und Washington an. Es verkehren auch Züge nach Chicago (und weiter an die Westküste) sowie nach Atlanta, New Orleans und Florida.*
Infos: *www.amtrak.com*

Das Brooklyn Museum

Subway-Plan New York City
An den Infoständen der Verkehrsbetriebe (MTA) und an den großen Haltestationen erhält man kostenlos sowohl eine die ganze Stadt abdeckende Subway-Map als auch Bus-Karten der einzelnen Boroughs.
Hudson River
Central Park
Manhattan
Upper West Side
Upper East Side
Midtown
Clinton
West Side
Chelsea
Murray Hill
Greenwich Village
SoHo
Little Italy
TriBeCa
Chinatown
East Village
Financial District
Metropol. Mus. of Art
NJTransit · Amtrak
Amtrak
12 Avenue
Broadway
West St.
3 Avenue
1 Avenue
2 Av.
Canal St.
Charlton St.
Spring St.
Javits Center
UN Head
Van Cortland Park (1)
Wakefield (2)
Harlem (3)
Inwood 207 St. (A), Bedford Pk. Blvd. (B)
168th St. (C), Norwood 205 St. (D)
Pelham Bay Pk. (4)
Woodlawn (4), Nereid Av. (5)
Eastchester Dyre Av. (5)
96Street Q
86Street Q
86Street 1
86Street B.C
86Street 4.5.6
81Street-Mus. of Nat. Hist. B.C
79Street 1
77Street 6
72Street 1.2.3
72Street B.C
72Street Q
68Street Hunter College 6
66Street Lincoln Center 1
Lexington Av./63St. F.Q
5Av.-59St. N.R.W
Lexington Av. 59St. N.R.W
59Street Columbus Circle A.B.C.D.1
57St.-7Av. N.R.W
57St. F
5Av./53St. E.M
59St. 4.5.6
7Av. B.D.E
Lexington Av./53
E.M
51St. 6
50Street C.E
50St. 1
49St. N.R.W
47-50Sts. Rockefeller Center B.D.F.M
Times Sq. 42St.
42St./Port Authority Bus Terminal A.C.E
5Av. 7
Grand Central 42St. S 4.5.6.7.Metro-No
N.Q.R.S.W 1.2.3.7
42St.-Bryant Pk. B.D.F.M
LIRR
34Street Hudson Yards 7
34Street Penn Station A.C.E.LIRR
Penn Sta. 1.2.3.LIRR 34St.
34St. Herald Sq. B.D.F.M N.Q.R.W
33Street 6
28St. 1
28St. R.W
23St. R.W
28Street 6
23Street C.E
23St. 1
23St. F.M
23St. 6
18St. 1
6 Av. L
14 St. Union Sq.
8Av L
14Street A.C.E
14St. 1.2.3
14St. F.M
L.N.Q.R.W.4.5.6
8St. NYU R.W
Astor Place 6
West 4St. Wash. Sq.
A.B.C.D.E.F.M
Christopher St. Sheridan Square 1
Broadway-Lafayette St. B.D.F.M
Bleecker St. 6
Houston St. 1
Prince St. R.W
Spring St. 6
Bowery J.Z
Spring St. C.E
Canal St. 1
Canal St. A.C.E
Canal St. J.N.Q.R W.Z.6
Grand St. B.D
Franklin St. 1
Chambers St. 1.2.3
Chambers St. A.C
Park Place 2.3
City Hall R.W
Chambers St. J.Z
Brooklyn Bridge City Hall 4.5 6
World Trade Center E
WTC Cortlandt 1
Cortlandt St. R.W
Fulton St. A.C.J.Z.2.3.4.5
Wall St. 4.5
Wall St. 2.3
Rector St. 1
Rector St. R.W
Broad Street J Z
Bowling Green 4 5
Whitehall St. South Ferry R.W
South Ferry 1
N
0 ca. 1 km
Legende
Endstation
Liniennummer
hier stoppen nur Local Trains
hier stoppen alle Züge (Local + Express)
kostenloses Umsteigen
Court Sq-23 St. E.M
Court Sq G.7
Umsteigestation
Endstation
Court Square G 7
Station der Linien G und 7
Endstation Linie G
Church Av. (G), Coney I. (F)
Endstationen der angegebenen Linien
Commuter Rail Service Nahverkehrszüge

Queens
Brooklyn
East River
Long Island City
Sunnyside
Woodside
Maspeth
Greenpoint
Williamsburg
Lower East Side
Navy Yard
Brooklyn Heights
Fort Greene
Park Slope
Carroll Gardens
Roosevelt Island
East River Park
JFK Int. Airp.
Long Island Expwy
LIRR
Q Train nach Norden: in Planung/Ausbau
Flushing Main St. (7)
Astoria Ditmars Blvd. (N,W)

5. DIE NORDOSTKÜSTE

Überblick

„Neuengland ist mehr als eine geografische Einheit, es ist ein Geisteszustand". So beschrieb einmal der Journalist Michael Walsh den Nordteil der Ostküste, nördlich von New York bis hinauf zur kanadischen Grenze. Dabei ist **Neuengland** geografisch gesehen nur ein kleiner Teil der USA. Es passt in fast jeden Bundesstaat westlich des Mississippi. Doch kulturell und historisch betrachtet ist es ein sehr bedeutender Teil der Vereinigten Staaten.

Zwischen der Atlantikküste und der Bergkette der Appalachen „drängeln" sich **sechs Bundesstaaten**. Noch dazu solche, die dem „Alten Europa" nahe stehen was die Mentalität der Bewohner, die Traditionen und Gebräuche angeht. *Quite sophisticated*, wenn nicht sogar gelegentlich etwas arrogant, introvertiert und ein bisschen wortkarg, sehr gebildet und umweltbewusst, so könnte man die Neuengländer charakterisieren.

Neuengland ist besonders im **Indian Summer**, im Herbst, wenn die ausgedehnten Laubwälder in einen Farbkasten getaucht werden, ein beliebtes Reiseziel. Doch ist die Nordostküste nicht nur dann eine Reise wert. Hier sind die USA erfrischend anders. Kleine Dörfer schmiegen sich um schlichte, weiß getünchte Holzkirchen, Wälder breiten sich ringsum aus und schmale, kurvige Landstraßen dienen der Verbindung, führen vorbei an Verkaufsständen am Straßenrand, an Antiquitätenshops, Scheunen und Flohmarktbuden.

Dennoch bildet Neuengland **keine Einheit** wie der „Alte Süden", sondern fügt sich scheinbar aus Gegensätzen zusammen: Die geschäftige, intellektuelle „Vielvölkerstadt" Boston hat wenig gemeinsam mit dem Holzfäller- und Naturidyll Maine oder den quasi am Ende der Welt liegenden Staaten New Hampshire oder Vermont. Selbst innerhalb mancher Bundesstaaten – z. B. in Maine oder New Hampshire – präsentieren sich die Städte und Dörfer im Landesinneren komplett anders als die Fischerdörfer und Hafenstädte an der Küste.

Die Amerikaner blicken seit jeher mit Stolz auf diesen Teil ihres Landes, gilt Neuengland doch als **Wiege der Nation** und Geburtsstätte der modernen Demokratie. Hier wurde die amerikanische Revolution nicht nur entfacht, sondern zugleich blutig zu Ende gefochten. Dass sich allerdings diese angeborene Beharrlichkeit und hohe Moral auch ins Gegenteil verkehren kann, zeigten die Hexenverfolgungen von 1692 in Salem.

Obgleich längst andere Regionen in den USA wirtschaftlich das Kommando übernommen haben, ist Neuengland immer noch das „**Ruder**" **der Nation**. Nicht ohne Grund beginnen die Präsidentschaftswahlen stets in New Hampshire. In Neuengland ist auch ein anderer Charakterzug ausgeprägt: **Individualismus**. Bis heute ist man stolz auf den traditionellen Hang zur Autarkie, wie bereits der Spruch auf dem Nummernschild New Hampshires belegt: „Live free or die" – die in Worte gefasste Auflehnung des Kolonisten Patrick Henry gegen die Macht des englischen Königs George III.

Tipp

Detailliertere Routenbeschreibungen durch den Nordosten finden sich im ständig aktualisierten Iwanowski's Reisehandbuch **USA-Nordosten** (M. Brinke, P. Kränzle).

Von New York nach Boston

Hinweis zur Route

Die etwa 320 km zwischen New York und Boston könnte man auf der Autobahn I-95 ohne Stau in etwa 3,5 Stunden schaffen. Man würde auf diese Weise jedoch zwischen den beiden Metropolen eine landschaftlich sehenswerte und historisch bedeutende Küstenregion versäumen. Daher empfiehlt es sich, nachdem man New York auf der I-95 verlassen hat, auf den **US Hwy. 1** auszuweichen. Bis Providence ist der „Einser" der rote Faden, danach geht es nach einem Abstecher nach Newport (Hwy. 114 und 138) über den **Hwy. 6** über New Bedford nach Cape Cod. Der **Hwy. 3** führt über Plymouth schließlich nach Boston.

Connecticuts Gold Coast – Von New York nach New Haven

Redaktionstipps

Sehens- und Erlebenswertes

- Bummel über den historischen Campus der **Yale University** (S. 210).
- Ein Museum der besonderen Art ist das **Mashantucket Pequot Museum** (S. 213).
- In **Mystic Seaport** (S. 213) eine alte Hafenstadt kennenlernen.
- Besuch in den Mansions von **Newport** (S. 223).
- Im **New Bedford Whaling NHP** (S. 226) Herman Melvilles „Moby Dick" hautnah erleben und die **Underground Railroad** kennenlernen.
- Ruhe und Erholung, Leuchttürme und Seafood auf **Martha's Vineyard** (S. 232).
- Spurensuche in der **Plimoth Plantation** (S. 234).

Unterkunft

- Sehr edel: das **Hop Knob Hotel** auf Martha's Vineyard (S. 233) oder das **Hilltop Inn** in Newport (S. 224).

Der ca. 100 km lange Küstenabschnitt zwischen New York und New Haven nennt sich **Gold Coast**, da seit jeher hier die vermögenden New Yorker ihre Ferien- und Wochenendhäuser besitzen. Zudem entstanden in vielen der Küstenorte kleine Künstlerkolonien.

Größte Stadt ist **Bridgeport**, 1639 gegründet und heute ein moderner Industriestandort mit gut 150.000 EW. Hauptattraktion ist das **Barnum Museum**, das dem berühmten Zirkusgründer gewidmet ist. In dem alten Gebäude, das durch einen spektakulären Neubau von Richard Meier erweitert wurde, erfährt man alles über Phineas Taylor Barnum (1810–1891), der zunächst mit Zirkus wenig am Hut hatte. Er wurde bekannt durch das erste **Kuriositätenmuseum** in New York und zahlreiche ausgefallene Shows,

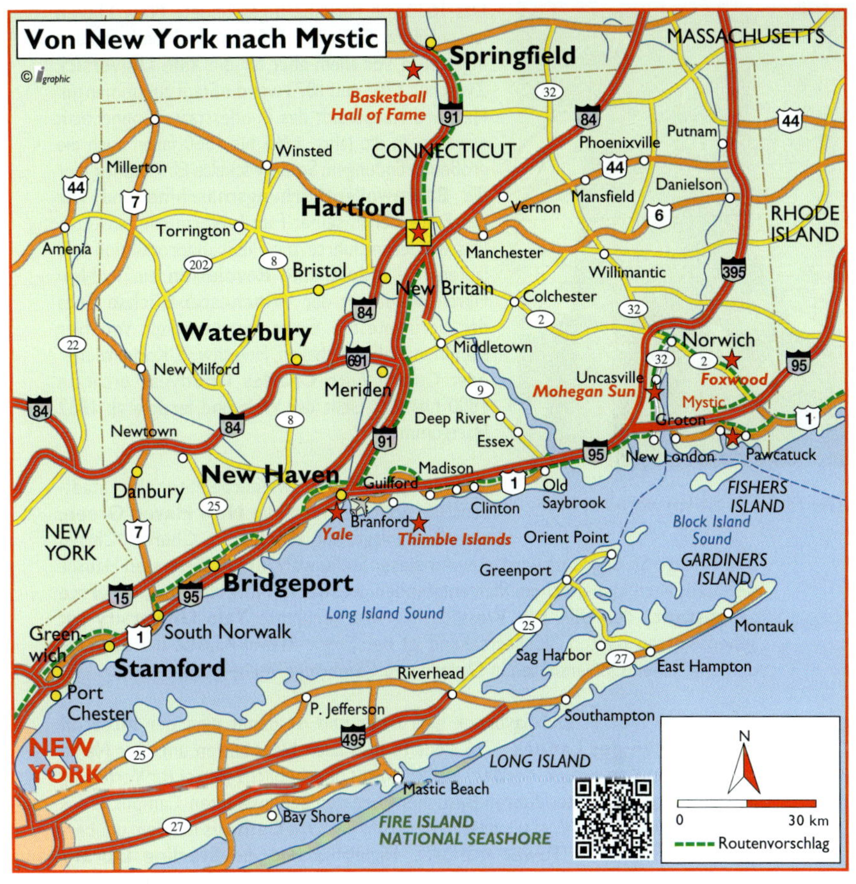

legendär jedoch durch eine von ihm veranstaltete Konzerttour 1850–52 mit der „schwedischen Nachtigall", der Sängerin Jenny Lind (1820–1887). Ende Juni erinnert Bridgeport mit einem eigenen **Barnum Festival** (*http://barnumfestival.com*) an den berühmten Sohn der Stadt.

Bridgeport war zugleich die Heimat eines fränkischen Einwanderers, der in der Geschichte des Motorflugs eine Rolle spielte: **Gustav Weißkopf**. „Whitehead", wie er sich in den USA nannte, soll noch vor den Gebrüdern Wright im August 1901 mit einem selbst gebastelten Motorfluggerät abgehoben sein – dies behaupteten zumindest Zeitzeugen und die Lokalzeitung. Fotos gibt es allerdings keine.

Flugpionier

Barnum Museum, *820 Main St., Bridgeport, war bei Redaktionsschluss wegen Renovierungsarbeiten geschlossen, Infos: https://barnum-museum.org.*

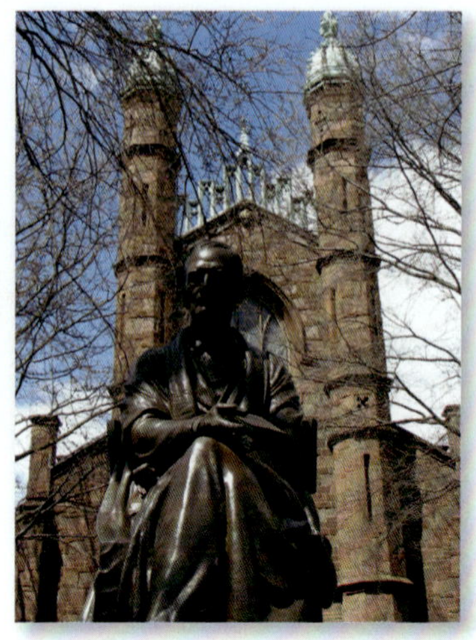

Auf dem Campus der Yale University in New Haven

Das 1638 von Puritanern gegründete **New Haven** ist berühmt für seine Erfinder und bedeutenden Ingenieure, vor allem aber für die **Yale University**. Zwischen 1701 und 1873 war die Stadt zusammen mit Hartford Hauptstadt des Bundesstaats Connecticut gewesen. In die Jahre 1765 bis 1860 fallen auch die großen Erfindungen: So entwickelte Eli Whitney hier die **Baumwollentkörnungsmaschine** und war der Erste, der in seiner Fabrik Normteile einsetzte. Das wiederum führte zur Fließbandproduktion und läutete die **industrielle Revolution** ein. In New Haven wurde mit der **Winchester-Büchse** eines der berühmtesten Gewehre entwickelt. Von hier stammen Stahlangelhaken, Fleischwolf, Korkenzieher oder Gummi. Auch **Charles Goodyear** erblickte 1800 hier das Licht der Welt und fertigte ab 1852 Hartgummi.

Das renovierte und wiederbelebte alte Stadtzentrum breitet sich um das **New Haven Green**, eine Parkanlage, die durch Elm, Church, Chapel und College St. begrenzt wird, aus. An dieser Stelle waren 1638 die ersten Häuser der Stadt nach einheitlichem Plan entstanden, weswegen New Haven als die **erste „Planstadt"** der USA gilt. Westlich liegt die berühmte **Yale University** mit sehenswerten Bauten. Vorherrschend ist der *Gothic Revival*-Baustil, der auch bei den englischen Universitäten in Oxford und Cambridge vorherrscht.

Berühmte Elite-Uni

Yale wurde 1701 in Old Saybrook gegründet und ist damit eine der **ältesten Hochschulen des Landes**. 1716 siedelte man nach New Haven um. Der Name geht auf Elihu Yale zurück, der der Uni 1887 nicht unerhebliche Mittel zur Verfügung gestellt hatte. Studenten führen Besucher über den sehenswerten Campus (Infos und Startpunkt: Yale VC, s. u.), dessen Zentrum der **Old Campus** mit dem unübersehbaren **Harkness Tower** markiert. Highlights sind die **Sterling Library** (*120 High St.*), das einer Kathedrale gleichenden **Payne Whitney Gymnasium** (*70 Tower Pkwy.*), der 1958 von Eero Saarinen entworfene **Ingalls Rink** (*73 Sachem St.*) sowie die diversen prächtigen Residenzen der Fakultäten und des Präsidenten entlang der Hillhouse Ave.

Sehenswerte Uni-Museen sind die **Beinecke Rare Book and Manuscript Library**, die über fast eine halbe Million Bücher und mehr als eine Million Dokumente und Manuskripte, darunter eine Gutenberg-Bibel, besitzt, und die **Yale University Art Gallery** mit Sammlungen afrikanischer und präkolumbischer Kunst sowie Meisterwerken europäischer Künstler. Das **Yale Center of British Art** zeigt Zeichnungen, Gemälde und Plastiken britischer Künstler. Das **Yale Peabody Museum of Natural History** führt Besucher anhand von Dioramen in die Flora und Fauna Neuenglands ein.
Beinecke Rare Book and Manuscript Library, *121 Wall St., http://beinecke.library.yale.edu, Exhibition Hall-Öffnungszeiten s. Website.*

Yale University Art Gallery, *1111 Chapel St., https://artgallery.yale.edu, Di–Fr 10–17, Do bis 20, Sa/So 11–17 Uhr, Eintritt frei.*
Yale Center of British Art, *1080 Chapel St., https://britishart.yale.edu, war bei Redaktionsschluss wegen Renovierung geschlossen.*
Yale Peabody Museum of Natural History, *170 Whitney Ave., https://peabody.yale.edu/, ebenfalls wegen Renovierung geschlossen.*

Reisepraktische Informationen New Haven/CT

Information

Visit New Haven, *https://visitnewhaven.com, Infos zur Stadt und Region*
Info New Haven, *Ecke College/Chapel St. (Downtown), www.infonewhaven.com, ☏ (203) 777-9494.*
Yale University Visitor Center, *149 Elm St., http://visitorcenter.yale.edu, Mo–Fr 9–16.30, Sa/So 11–16 Uhr, Ausgangspunkt für kostenlose Führungen (siehe Website) Infos auch zu Veranstaltungen auf den renommierten Uni-Bühnen (Long Wharf, Shubert oder Yale Repertory Theater) sowie zu den Uni-Sportteams.*

Unterkunft

Omni New Haven Hotel at Yale $$$–$$$$, *155 Temple St., ☏ (203) 772-6664, www.omnihotels.com/hotels/new-haven-yale; mitten in der Stadt, nur wenige Schritte von New Haven Green und Yale entfernt gelegenes großes, luxuriöses Hotel mit gutem Service und modernen Zimmern.*

Restaurants

MISO, *15 Orange St., ☏ (203) 848-6472, https://misorestaurant.com. Lin Wong bereitet er in New Haven Sushi und Sashimi*
Union League Café, *1032 Chapel St., ☏ (203) 562-4299, https://unionleaguecafe.com; ausgezeichnetes Restaurant mit französisch-angehauchter Speisekarte. Man setzt auf regionale Produkte.*
ZINC, *964 Chapel St., ☏ (203) 624-0507, https://zincnewhaven.com; Chefköchin Denise Appel setzt auf regionale, saisonale Bioprodukte und zaubert moderne amerikanische kreative Küche. Di–Fr Lunch, tgl. außer So Dinner.*

Durchs Indianerland nach Mystic/CT

Der direkte Weg nach Mystic führt über den US Hwy.1 oder die Autobahn I-95, allerdings lohnt nach New London ein Umweg durch das Hinterland. Während man in Mystic selbst nämlich kaum etwas über die einst hier lebenden *Pequot*-Indianer erfährt, gibt dieser Ausflug Gelegenheit, mehr über die Ureinwohner Neuenglands zu erfahren.

Zunächst bietet sich östlich von New Haven ein Stopp in **Branford** an – erfrischend „untouristisch". Läden und Lokale um das **Village Green** an der Main Street laden zum Bummel ein und man sollte einen Blick in die mächtige *James Blackstone Memorial Library* (mit Ausstellung, Internet und Lesesaal) werfen. **Branford Harbor** und **Branford Point Park** mit kleinem Strand sind ideal für ein Päuschen.

Die nächste interessante Ortschaft ist **Stony Creek** (via SR 146). Von hier aus kann man per Schiff die Küste und die sogenannten **Thimble Islands**, auf denen reiche Familien seit Generationen ihre Sommerhäuser unterhalten, erkunden. In **Clinton** lohnt das **Clinton Crossing Premium Outlets** (I-95 Exit 63) einen Einkaufsstopp.
Thimble Island Cruises, *Stony Creek, https://thimbleislandcruise.com; Fahrten mit der „Sea Mist" entlang der Küste von Branford zu den Thimble Islands, versch. Touren ab $ 16, mehrere tgl. Mai–Okt., auch Evening Cruises und Seal Watch Cruises.*

Ehemaliges Walfangzentrum

Von Branford sind es gerade einmal 75 km entlang der Küste (Hwy. 1 oder I-95) nach **New London**. Diese Stadt (1646 gegründet) war einmal wie New Bedford oder Mystic dank eines natürlichen Hafens wichtig in Sachen Walfang. Heute unterstreichen unzählige Segeljachten und Fähren nach Long oder Block Island die immer noch wichtige Rolle New Londons als Hafenstadt in Connecticut. Vier **Herrenhäuser an der Whale Oil Row** (*Huntington St.*), in den 1830er-Jahren im *Greek Revival Style* errichtet, sind die letzten Zeugnisse dieser Ära. Seit 1876 ist die Stadt Sitz der **US Coast Guard Academy** (*15 Mohegan Ave.*) – eine der vier US-Militärakademien.

Von New London aus lässt man für einen kurzen Inlandsabstecher die Küstenroute und folgt der State Road 32 entlang dem Westufer des Thames River zum Hauptort der Region, **Norwich**. Die 1659 gegründete Siedlung zählt zu den ältesten in Connecticut und liegt am Zusammenfluss von Yantic und Shetucket River zum Thames River.

Großcasino

Auf halben Weg passiert man **Uncasville**, wo sich eines der Großcasinos Neuenglands – **Mohegan Sun** (*1 Mohegan Sun Blvd., I-395 Exit 79A, https://mohegansun.com*) – befindet. Wie ihre Nachbarn, die östlich davon lebenden **Pequot** (s. unten), verdienen auch die **Mohegan** mit einarmigen Banditen, Läden, Restaurants und einem Hotel-/Resortkomplex viel Geld. Sie investierten ihre Gewinne unter anderem in eine Sport- und Konzerthalle – sogar aus New York kommen Leute zu Veranstaltungen – und betreiben zudem eine Frauen-Profibasketball-Mannschaft, die **Connecticut Sun** (*https://sun.wnba.com*). Das kleine **Tantauidgeon Indian Museum** erinnert an die Tradition der Mohegan und beherbergt eine Sammlung an Kunsthandwerk der Waldlandindianer der Ostküste.

Das Mashantucket Pequot Museum

Tantaquidgeon Indian Museum, *1819 Rte. 32 (Norwich-New London Turnpike), Uncasville, www.mohegan.nsn.us/explore/museum, Di–Fr 10–15 Uhr, Spende.*

Keine 10 km sind es von Norwich über die State Road 2 zu einem weiteren Casino, dem **Foxwoods Resort Casino** (*www.foxwoods.com*) im Mashantucket-Pequot-Indianerreservat.

In diesem Riesenkomplex mit Ladenpassagen, Restaurants, Hotel und Spielhallen bietet man vielerlei Aktivitäten, z. B. Konzerte, Freizeit- und Wellnessprogramme sowie Golfkurse. Die Einnahmen aus dem Casino fließen in die Kasse des **Pequot-Stammes**, der rund 900 Mitglieder zählt.

Ein Teil wurde für das **Mashantucket Pequot Museum and Research Center** verwendet, das zu den **sehenswertesten Indianermuseen** der Welt gehört. Betritt man den schlichten, riesigen Bau mit Aussichtsturm, steht man im Foyer und blickt durch eine Glaswand auf dichten Wald. Hier finden Veranstaltungen statt, zudem gibt es ein Restaurant und einen Laden. Sehenswert ist neben den Ausstellungsbereichen mit detailgetreuen 1:1-Nachbauten der **Einführungsfilm**, der die dramatischen Ereignisse während des Massakers 1637 schildert.

Gefürchtet von benachbarten Stämmen und mit ihren Verwandten, den Mohegan, zerstritten, wurde der mächtigste Indianerstamm in Neuengland, die Pequot, von den weißen Kolonisten ausgeschaltet. Wie fast 40 Jahre später die Narragansett und Wampanoag wollten sich die Pequot jedoch den Landforderungen der Weißen nicht beugen und wehrten sich gegen die Kolonisten. Am 26. Mai 1637 überfielen diese nachts das größte Pequot-Dorf bei Mystic, zerstörten es und massakrierten fast alle Bewohner. Trotz der anschließenden Jagd auf Überlebende konnte man den Stamm nicht ausrotten; einige Pequot versteckten sich bei anderen Gruppen. Heute treten deren Nachkommen wieder selbst- und traditionsbewusst auf, allerdings ist eine gewisse Animosität gegenüber den Mohegan geblieben. Da das Museum auch als Forschungszentrum dient, hilft es den Pequot selbst, sich wieder auf ihre Wurzeln zu besinnen. 1983 wurden sie als Stamm offiziell von der Regierung anerkannt, 1992 eröffneten sie das Casino und 1998 das Museum.

Museum und Forschungszentrum

Mashantucket Pequot Museum & Research Center, *110 Pequot Trail, ab Hwy. 2 ausgeschildert, www.pequotmuseum.org, Mi–Sa 9–17 Uhr, im Nov. auch Di, $ 25.*

Von Foxwood sind es nur rund 15 km (SR 214 und 27) zurück an die Küste zur legendären Schiffsbauer-, Walfänger- und Hafenstadt **Mystic**. Besonders der Schiffsbau hat hier Tradition: Nach den Goldfunden 1849 in Kalifornien erlebte dieser Industriezweig eine Blüte und jede Firma wollte den schnellsten Segler bauen. Der 1860 in Mystic zu Wasser gelassene Schnellsegler *Andrew Jackson* legte die Strecke um das Kap Horn nach San Francisco in der damaligen Weltrekordzeit von 89 Tagen und vier Stunden zurück.

An jene Blütezeiten erinnert die Hauptattraktion, **Mystic Seaport**. Es handelt sich um die exakte Nachbildung einer Hafenstadt aus der großen Zeit der Segelschifffahrt im 19. Jh. Auf einem Gelände von rund sieben Hektar wurden seit 1929 über 60 Gebäude errichtet, ein Hafen angelegt und die alte Schiffswerft wiederbelebt.

Nachbildung einer historischen Hafenstadt

Weiteres Highlight unter den vor Anker liegenden Segelschiffen ist die **Charles W. Morgan**, ein Original aus dem Jahr 1841 und damit das letzte erhaltene Schiff der amerikanischen Walfänger-Flotte des 19. Jh. In den Häusern der nachgebauten Hafenstadt befinden sich Läden und Werkstätten und Handwerker führen vor, wie man im 18. und 19. Jh. Boote gebaut, Galionsfiguren geschnitzt oder Möbel

Wie in längst vergangenen Zeiten: Mystic Seaport

geschreinert hat. Zudem gibt es Ausstellungen zu wechselnden maritimen Themen.
Mystic Seaport, *75 Greenmanville Ave., I-95 Exit 90, https://mysticseaport.org, HS tgl. 10–17, im Nov./Dez. nur Do–So 10–16 Uhr, $ 28 mit Restaurant und Shop.*

Auch die zweite Attraktion der Stadt hat mit dem Meer zu tun: das **Mystic Aquarium**. Becken und Freigehege erlauben das „Abtauchen" in die Unterwasserwelt des Ozeans. Mit den Riesenanlagen in Kalifornien oder Florida kann sich dieses Aquarium zwar nicht vergleichen, doch es gibt ebenfalls viel zu entdecken, z. B. die arktische Abteilung mit den Beluga-Walen. Zudem ist man aktiv an Forschungs- und Rettungsprogrammen beteiligt.

Unterwasserwelt

Mystic Aquarium, *55 Coogan Blvd., I-95, Exit 90, www.mysticaquarium.org, tgl. 10–18 Uhr, ab $ 35.*

Reisepraktische Informationen Mystic/CT

Information
Mystic Chamber's Tourist Info & Welcome Center, *22 E. Main St., Mystic, Mo–Fr 10–16 Uhr, www.ctvisit.com/mystic bzw. https://mystic.org und https://thisismystic.com. Tipp:* **Mystic Pass** *(für Seaport und Aquarium), https://mystic.org/purchasemysticpass.*

Unterkunft
Steamboat Inn $$$–$$$$, *75 Steamboat Wharf, ☎ (860) 536-8300, www.steamboatinnmystic.com; direkt am Mystic River und in der Altstadt gelegenes kleines Inn mit luxuriös ausgestatteten und geräumigen Zimmern (einige mit Kamin), tollem Ausblick, Frühstück und nachmittags Sherry und Cookies.*
Inn at Mystic $$$–$$$$, *Three Williams Ave., ☎ (860) 536-9604, https://innatmystic.com; elegantes und traumhaft gelegenes Inn mit ausgezeichnetem* **Restaurant** *(https://rocks21.com).*

Restaurant
Captain Daniel Packer Inne, *32 Water St., ☎ 860-536-3555, https://danielpacker.com; beliebte Kneipe und Restaurant in einem alten Inn von 1754, bekannt für sein Essen und daher oft Wartezeiten, die man gut an der Bar überbrücken kann.*

Einkaufen
Olde Mistick Village, *Coogan Blvd., www.oldemistickvillage.com, Mo–Do 10–18, Fr/Sa 10–20, So 11–18 Uhr. Etwa 60 Läden und Restaurants in nachgebautem Dorfambiente.*

Von Mystic/CT nach Providence/RI

Der Hwy. 1 führt von Mystic in knapp einer Stunde entlang der Küste des **South County/RI** zum Hafenstädtchen **Narragansett**, an der gleichnamigen Bucht gelegen. Schon im 19. Jh. war das Städtchen ein viel besuchter Erholungsort. Der Name erinnert an den Indianerstamm, der Roger Williams (s. unten) die Gründung der ersten weißen Siedlung ermöglicht hatte.

Bereits eine Generation nach Williams durchlebte die Region während des **King Philip's War** ein dunkles Kapitel in ihrer Geschichte. Hinter „King Philip" verbarg sich Metacoms, Häuptling der Wampanoag. Ihm war es in den 1670er-Jahren gelungen, eine indianische Koalition gegen die Übergriffe der Kolonisten zu gründen. Nachdem diese im Dezember 1675 ein Massaker unter den Narrangansett angerichtet hatten, setzte sich King Philip zur Wehr. Die Indianer hatten gegen die zahlen- und waffenmäßig überlegenen weißen Siedler keine Chance. Als dann 1676 King Philip verraten, gefangen und hingerichtet wurde, war der Widerstand gebrochen.

Indianischer Widerstandskämpfer

An die Ureinwohner erinnert das **Narragansett Indian Monument** (*Kingstown Rd./Strathmore St.*), eine Douglas-Tanne, in die der Künstler Peter Toth Szenen aus der Geschichte einzelner Indianer-Stämme geschnitzt hat. Es gibt 41 weitere derartige Monumente in den USA. Den Narragansett-Indianern, den einstigen Herren der Region, ist heute nur eine kleine Reservation bei **Charlestown** geblieben.

1631 war Roger Williams (1603–1683) mit seiner Frau Mary in die neue Kolonie Massachusetts gekommen. Ursprünglich ein vehementer Verfechter puritanischer Ideen, setzte er sich angesichts der Engstirnigkeit der Obrigkeit in der Kolonie Massachusetts für mehr Toleranz ein. Damit geriet er immer wieder in Konflikt mit den Kirchenvertretern in Salem und Boston. Um einer Verhaftung und einem Prozess als Ketzer zu entgehen, verließ er bei Nacht und Nebel mit seiner Familie und einigen Anhängern die Kolonie Massachusetts.

Zuflucht fand er auf dem Gebiet der Narragansett-Indianer, mit denen er sich anfreundete. Sie schenkten dem „Outlaw" sogar Land, woraufhin er 1636 die Stadt **Providence**, heute die drittgrößte Stadt Neuenglands (über 190.000 EW) gründete. Von Providence aus dehnte sich das Siedlungsgebiet langsam weiter aus und eine neue Kolonie, **Rhode Island**, entstand. Sie wurde vom englischen König Charles II. 1663 offiziell als **Rhode Island and Providence Plantations** anerkannt. Geprägt von Williams' religiöser und politischer Toleranz stammen gerade aus diesem Staat viele wegweisenden Gesetze, wie z. B. bereits im 19. Jh. die Abschaffung der Todesstrafe.

Der US Hwy. 1 führt Richtung Norden, zur Hauptstadt Providence, entlang der Küste mit Badestränden und kleinen Strandgemeinden wie **Matunuck**. Nach **Narragansett** passiert man **Wickford**, 1641 gegründet und schon immer ein beliebter Ferienort. Sehenswert ist **Smith's Castle**, 1638 von dem Händler Richard Smith als *Trading Post* errichtet. Sie wurde 1740 in eine der größten Plantagen von Rhode Island umgewandelt. Einen weiteren Stopp lohnt **East Greenwich**, mit kleinem Hafen sowie Läden und Lokalen an der Durchgangsstraße.
Smith's Castle, *55 Richard Smith Dr., North Kingstown, www.smithscastle.org, Haustouren Mai–Mitte Okt. Details siehe Website, $ 10.*

Rhode Island
MASSACHUSETTS
CONNECTICUT
RHODE ISLAND
Providence
Woonsocket
Pawtucket
East Providence
Cranston
West Warwick
Warwick
East Greenwich
Attleboro
Taunton
Fall River
New Bedford
Bristol
Barrington
Portsmouth
Middletown
Newport
Wickford
Saunderstown
Wakefield
Narragansett
Point Judith
Matunuck
Charlestown
Westerly
Stonington
Mystic
Misquamicut
Hope Valley
Putnam
Killingly
Foster
Danielson
Douglas State Park
Pachaug State Park
Burlington State Park
Watchaug Pond
Scituate Reservoir
Ninigret Pond
PRUDENCE ISLAND
Narragansett Bay
Fort Adams State Park
Easton Bay
Scarborough Beach
East Matunuck State Beach
Foxwoods Casino
Rhode Island Sound
Block Island Sound
FISHERS ISLAND
BLOCK ISLAND
Settlers Rock
Old Harbour
Mohegan Bluffs
ATLANTISCHER OZEAN
N
0
10 km
Routenvorschlag
© graphic

Providence selbst entwickelte sich im 18. Jh. zur bedeutenden Handelsstadt. Man verdiente besonders am „**Triangle Trade**" (Dreieckshandel): Rum aus Rhode Island wurde nach Afrika verschifft und dort gegen Sklaven eingetauscht. Diese gelangten auf Schiffen von Rhode Island in die Karibik und wurden dort verkauft. Der Gewinn floss wieder in die Rumherstellung. Die Blüte dieses Dreiecksgeschäfts fiel in die Zeit zwischen den 1730ern und der offiziellen Ächtung des Sklavenhandels 1807. Danach wandte man sich verstärkt dem Handel mit China zu, bis sich mit der Eröffnung der **Slater Mill** zu Beginn des 19. Jh. im benachbarten **Pawtucket** der Wandel von Providence zur Industriestadt vollzog. Die **Slater Mill**, die 1793 als erste mit Wasserkraft betriebene Baumwollspinnerei der USA entstand, ist heute ein Museum und Teil des **John H. Chafee Blackstone River Valley National Heritage Corridor**, der sich von Pawtucket den Blackstone River flussaufwärts nach Norden bis Worcester/MA hinzieht.

Barbarisches „Geschäftsmodell": Rum gegen Sklaven

Slater Mill, *67 Roosevelt Ave./Main St., www.nps.gov/blrv/learn/historyculture/slatermill.htm, VC: Do–So 10–16 Uhr, auch Touren.*
John H. Chafee Blackstone River Valley National Heritage Corridor, *VC in der Slater Mill, www.nps.gov/blrv.*
Infos *zum Blackstone Valley: https://blackstonevalley.org und https://tourblackstone.com.*

Wie Rom ist Providence auf sieben Hügeln erbaut. Klar im Stadtbild erkennbar sind nur noch *College* (offiziell: *Prospect*), *Federal* und *Constitution Hill*. Die Stadtbesichtigung sollte man am **State House** auf dem *Constitution Hill* beginnen, denn von dort erhält man einen guten Überblick über die Innenstadt. Zwischen 1891 und 1904 erbaut, fällt das Kapitol besonders durch die große, selbsttragende Kuppel auf. Sie soll die viertgrößte der Welt sein, nach der des Petersdoms in Rom, des State Capitol von Minnesota und jener des indischen *Taj Mahal*. Highlight ist die *Royal Charter* of 1663 – jenes Dokument, mit dem Charles II. den Status von Rhode Island als königliche Kolonie bestätigte.

Viertgrößte Kuppel der Welt

State House, *82 Smith St., Mo–Fr 8.30–16.30, Touren Mo–Fr 10 und 13 Uhr, Eintritt frei.*

Im Stadtzentrum sehenswert ist an der **Kennedy Plaza** das **Superman Building**, ein Hochhaus im Art-déco-Stil, außerdem die renovierte **Providence Station**, das **Turk's Head Building** (1913) und das **Customs House** von 1856. Die Laterne auf der Kuppel hieß früher einmal aus China heimkehrende Schiffe willkommen. Fast altmodisch mutet heute das erste Einkaufszentrum der Welt an: die 1828 im Greek-Revival-Stil erbaute **Arcade** (*Weybosset St.*). Die **Mile of History**, wie die auf der East Side gelegene Benefit Street samt Seitengassen genannt wird, erinnert mit über 200 restaurierten Gebäuden aus dem 18. und 19. Jh. an die Blüte der Stadt und an den Wohlstand der Kapitäne und Händler.

Über 200 restaurierte Gebäude

Im **Old State House** (*150 Benefit St.*) rief am 4. Mai 1776 die Versammlung von Rhode Island ihre Unabhängigkeit aus, zwei Monate vor der Unterzeichnung der *Declaration of Independence* in Philadelphia. Als viertälteste Bücherei der USA gilt das 1753 gegründete **Providence Athenaeum** (*251 Benefit St.*) mit einer ungewöhnlichen Sammlung seltener Bücher, Drucke und Gemälde. Der Bau wurde in den 1830er-Jahren im *Greek Revival*-Stil errichtet.

An der Gabelung des Providence River, in Downtown, findet zu bestimmten Terminen ein einzigartiges Schauspiel statt: **WaterFire** (*https://waterfire.org*) –

Feuerskulpturen auf dem Fluss. Der **Canal Walk** führt zum Memorial Park mit dem **Roger Williams National Memorial** (*www.nps.gov/rowi/index.htm*) und dem Park Visitor Center.

Das nahe gelegene **Museum of Art der Rhode Island School of Design** (RISD) beherbergt eine ungewöhnliche Sammlung amerikanischer und europäischer Kunst sowie orientalischer und antiker Fundstücke. 1876, nach der Weltausstellung von Philadelphia, war die Designschule (mit Museum) als erste derartige Einrichtung in den USA entstanden. Teil des Museums ist das **Pendleton House**, dessen Sammlung dekorativer Kunst Charles L. Pendleton (1846–1904) dem Museum vermacht hat.
RISD Museum mit Chace Center Galleries, *20 N. Main und 224 Benefit St., https://risdmuseum.org, Di/Mi/Sa/So 10–17, Do/Fr 12–19 Uhr, $ 17 (So frei).*

Die **Brown University** (*www.brown.edu*) wurde 1764 als „Rhode Island College" in Warren gegründet, 1770 nach Providence umgesiedelt und dann nach Spenden John Browns ihm zu Ehren umbenannt. Die Uni ist Mitglied der renommierten **Ivy League**, zu der auch *Harvard* oder *Princeton* gehören. Das älteste Gebäude ist die **University Hall** von 1770. Der Unicampus nimmt den Ostteil von Providence (ab College St.) ein und zieht sich über den *College Hill* hin. Zentrale Achse ist die Thayer Street. Am Südwestrand des Campus liegt unter Ägide des RISD das **John Brown House**, 1786 für einen der reichsten Kaufleute in der Geschichte der Stadt erbaut. John Quincy Adams, der 6. US-Präsident (1825–1829), beschrieb das Haus einmal als „prachtvollstes und elegantestes Herrenhaus, das ich je auf diesem Kontinent gesehen habe". Es ist noch heute mit kostbaren Möbeln, Gemälden, Zinngeschirr, Silberwaren, Porzellan und Handelswaren ausgestattet und sehenswert.

Prachtvolles Herrenhaus

John Brown House Museum, *52 Power St., www.rihs.org/locations/the-john-brown-house-museum, Di–Fr 13–16, Sa 10–16 Uhr, auch Touren, $ 10.*

Reisepraktische Informationen South County und Providence/RI

Information

Infos zum South County/RI: *www.southcountyri.com.*
The Providence Warwick CVB *(PWCVB), www.goprovidence.com mit* **Visitor Information Center**, *One Sabin St., Mo–Sa 9–17 Uhr.*

Unterkunft

Admiral Dewey Inn $$–$$$, *668 Matunuck Beach Rd., Wakefield (Matunuck), ☎ (401) 783-2090, www.admiraldeweyinn.com; 1898 als kleines Strandhotel erbautes Haus – mit zehn unterschiedlich großen, einfach, aber liebevoll und historisch ausgestatteten Gästezimmern nahe dem Matunuck Beach*
Christopher G. Dodge B&B Inn $$$–$$$$, *11 W. Park St., Providence, ☎ (401) 351-6111, www.providence-hotel.com; luxuriöses Haus aus der Mitte des 19. Jh., zentral nahe State Capitol gelegen. Rund ein Dutzend unterschiedlich ausgestatteter Zimmer, großes Frühstück und andere Extras.*
Renaissance Providence Downtown Hotel $$$$, *5 Avenue of the Arts, ☎ (401) 919-5000, www.marriott.com/en-us/hotels/pvdbr-renaissance-providence-downtown-hotel/overview;*

im 1929 erbauten und neu renovierten Masonic Temple gegenüber dem State House stehen rund 270 luxuriös und elegant-modern ausgestattete Zimmer zur Verfügung; mit eigenem Restaurant Temple Downtown.

Restaurants & Einkaufen

Red Stripe, *465 Angell St., Providence, ☏ (401) 437-6950, https://redstriperestaurants.com; Küchenchefin Rachel Klein bietet innovative, regional-französisch angehauchte Gerichte, berühmt sind die „moules & frites" und die Bouillabaisse. Tolle Weinauswahl.*

Little Italy, *auf Federal Hill westlich der Innenstadt entlang der Atwells Ave., lohnt nicht nur wegen der italienischen Feinkostläden wie* **Costantino's Venda Ravioli, Tony's Colonial Food Store** *oder* **Roma**, *der* **Scialo Bros. Bakery** *oder* **Gasbarro's** *(Weinauswahl!), sondern auch wegen der italienischen Restaurants, z. B.* **Angelo's** *(141 Atwells Ave).*

The Westminster Arcade, *65 Weybosset St., tgl. 10–20 Uhr; erbaut 1828, ältestes Einkaufszentrum der USA.*

Newport/RI

Von Providence führt der Hwy. 114 auf der **Ostseite der Narragansett Bay** südwärts nach Newport. Unterwegs lohnen ein paar Stopps: Sehenswert im Hafenstädtchen **Bristol** ist **Blithewold**, eine 1906 erbaute Villa, umgeben von einer fast noch beeindruckenderen Gartenanlage. Augustus Van Wickle aus Pennsylvania ließ nicht nur einen Bau in einem ungewöhnlichen Stilgemisch errichten, sondern legte zugleich eine der ersten Gartenanlagen in den USA an, mit 50.000 Tulpen, einem japanischen Garten, dem größten Giant Sequoia (Riesenmammutbaum) östlich der Rocky Mountains und einem wunderschönen Landschaftsgarten mit Meerblick. **Linden Place** ist dagegen ein typisches *Greek Revival*-Haus, wie man es sonst vor allem aus den Südstaaten kennt. George DeWolf hatte die Villa 1810 in Auftrag gegeben. Als er seine Schulden bezahlen sollte, setzte er sich 1825 nach Kuba ab. Das Haus wurde von Gläubigern geplündert und obwohl schließlich ein Onkel die Schulden beglich, stand es 1865 zum Verkauf. Ein Erbe der legendären Waffenfirma *Colt* erwarb den Bau, der 1988 in die Hände des Staates gelangte. Bekannt wurde das Haus als Drehort von „The Great Gatsby" mit Robert Redford und Mia Farrow. Wenige Meilen vor Newport lohnt ein Halt im Örtchen **Portsmouth**, berühmt für seine **Green Animals Topiary Gardens**, entstanden um 1880. Über 80 verschiedene Bäume und Hecken wurden hier kunstvoll in unterschiedlichste Tierformen geschnitten.

Lohnende Zwischenstopps

Blithewold, *101 Ferry Rd./Hwy. 114, ca. 3 km südl. Bristol, www.blithewold.org, April–Okt. Di–So 10–16, Mansion Di–So 11–15 Uhr, $ 18.*

Linden Place, *500 Hope St./Hwy. 114, Bristol, www.lindenplace.org, Mai–Okt. Di–Sa 10–16 Uhr, NS nur Di–Fr 10–16 Uhr, $ 12.*

Green Animals Topiary Gardens, *Cory's Lane, ab Hwy. 114, www.newportmansions.org/mansions-and-gardens/green-animals-topiary-garden, Mai–Okt. tgl. 10–17 Uhr, $ 25.*

Wie Providence, die Hauptstadt des kleinsten US-Bundesstaats Rhode Island, wurde auch **Newport** von Gefolgsleuten des Freidenkers Roger Williams gegründet. Das war 1639 und wie viele andere Hafenstädte Neuenglands waren auch hier zunächst Schiffsbau und Fischfang bestimmend. Doch schon vor dem Bürgerkrieg in den 1860ern mauserte sich der von drei Seiten vom Wasser umgebene Ort zur beliebten Sommerfrische der reichen Plantagenbesitzer aus dem Süden. Als sich in der zweiten Hälfte des 19. Jh. vermehrt reiche Industrielle aus dem Norden wie die Astors, Morgans, Fishers oder Vanderbilts für den Ort zu interessieren begannen, entwickelte sich Newport zu „**America's First Resort**".

Sommerfrische der Reichen

Rund 70 der Prachtbauten sind erhalten, daneben existieren im Städtchen über 200 Bauten aus der Zeit vor 1800, die **größte Ansammlung kolonialer Bauten** in den USA. Viele der Sommersitze, die eher „Paläste" als „Ferienhäuser" sind, können heute besichtigt werden. Sie befinden sich überwiegend inmitten großzügiger Parkanlagen, von außen kaum einsehbar, an der Bellevue Avenue und am Ocean Drive. Zwei oder drei dieser grandiosen Häuser sollte man unbedingt gesehen haben, wohingegen das volle Programm nur für wahre „Fans" mit großem Geldbeutel zu empfehlen ist.

Downtown Newport

Erster Anlaufpunkt sollte das **Newport Visitor Center** (**1**) (*23 America's Cup Ave./Long Wharf*) sein, das zugleich als Busbahnhof fungiert und zahlreiche Serviceeinrichtungen unter einem Dach vereint. Es gibt Informationen, Broschüren, Pläne und die Tickets für die Mansions und für Trolley- und andere Touren. Ein kurzer Spaziergang durch die Innenstadt, die prall gefüllt ist mit historischen Bauten und Kirchen, führt in der Thames St. zum **Museum of Newport History** (**2**) im Brick Market. Die Ausstellung gibt eine ausführliche und anschauliche Einführung zur Geschichte der Region und der Stadt.

Museum of Newport History, *127 Thames St., https://newporthistory.org, tgl. 10–16 Uhr, $ 5 (Spende).*

Älteste Synagoge Amerikas

Als Amerikas ältestes jüdisches Gotteshaus gilt die **Touro Synagogue** (**3**), 1763 im *Georgian Style* erbaut. Roger Williams Vorstellungen von Toleranz und Religionsfreiheit ist es zu verdanken, dass sich in Newport schon um 1658 jüdische Familien aus Holland ansiedelten und die zweite jüdische Gemeinde nach New York entstehen konnte.

Touro Synagogue, *85 Touro St., https://tourosynagogue.org, Details zu Touren (So–Fr) siehe Website, $ 14.*

Das weithin sichtbare Wahrzeichen der Stadt ist die 1726 am Queen Anne Square nach Plänen Christopher Wrens erbaute **Trinity Church** (**4**), ein Überbleibsel aus Newports Kolonialzeit. Im nahen Touro Park fällt die **Old Stone Mill** (*Mill St.*) auf, angeblich eine der ältesten Steinbauten Amerikas aus dem 16. oder 17. Jh.

Am Anfang der Bellevue Avenue geht es vorbei an der **Redwood Library and Athenaeum** (**5**) – zwischen 1748 und 1750 erbaut und damit der älteste noch benutzte Bibliotheksbau in den USA – und am **Newport Art Museum** (**6**). In diesem 1862 von Richard Morris Hunt erbauten Herrenhaus werden neben Werken von Künstlern wie Winslow Homer, Fritz Hugh Lane oder George Inness Wechselausstellungen gezeigt.

Newport Art Museum, *76 Bellevue Ave., https://newportartmuseum.org, Di–Sa 10–17, So 12–17 Uhr, $ 15.*

Interessant für Tennisfans ist die **International Tennis Hall of Fame** (**7**), die im ehemaligen *Newport Casino* untergebracht ist. Zur Zeit seiner Erbauung 1880 galt das Casino als exklusiver „Country Club". Auf dem immer noch benutzten Grün wurde 1881 das erste Turnier des amerikanischen Tennisverbands ausgetragen.

International Tennis Hall of Fame, *194 Bellevue Ave., www.tennisfame.com, tgl. 10–17 Uhr, $ 20.*

0 Sehenswürdigkeiten

1 Newport Visitor Center
2 Museum of Newport History
3 Touro Synagogue
4 Trinity Church
5 Redwood Library and Athenaeum
6 Newport Art Museum
7 International Tennis Hall of Fame
8 Beechwood Mansion
9 Belcourt Castle
10 Rough Point

0 Hotels/Restaurants

11 The Chanler at Cliff Walk mit Spiced Pear Rest.
12 Castle Hill Inn & Resort
13 Hilltop Inn
14 Artful Lodger
15 Diego's

Neben der Tennis Hall of Fame befindet sich das **Audrain Automobile Museum** in einem Bau von 1904. Drei Sammler stellen hier wechselweise eine Auswahl ihrer etwa 230 Automobile aus. Im Sommer 2017 wurde zusätzlich das **Newport Car Museum** außerhalb der Stadt eröffnet.
Audrain Automobile Museum, *222 Bellevue Ave., www.audrainautomuseum.org, tgl. 10–16 Uhr, $ 18.*
Newport Car Museum, *1947 W. Main Rd. (SR 114), Portsmouth, https://newport carmuseum.org, tgl. 10–17 Uhr, $ 20.*

Cliff Walk und Ten Mile Ocean Drive

Traumhafter Spaziergang

Einen ersten Eindruck von der Pracht der Villen an der Bellevue Ave. erhält man, wenn man sich quasi von der Rückseite dem **Cliff Walk** (*www.cliffwalk.com*) nähert. Dieser Küstenpfad folgt ab dem Memorial Blvd. (Easton's Beach) bis Lands End (ganz im Süden) der Küste und gibt auf 5,5 km bzw. in insgesamt rund eineinhalb Stunden Wegstrecke zum einen Gelegenheit, in die Hinterhöfe der Villen zu blicken und zum andern, traumhafte Ausblicke auf den *Rhode Island Sound* zu genießen. Wer nicht die ganze Strecke ablaufen möchte, kann erst am Ende der Narragansett Ave. über die **Forty Steps** den Cliff Walk beginnen.

Nach Besichtigung einiger der Villen (s. unten) sollte man sich mit einer Fahrt über den **Ten Mile Ocean Drive** von Newport verabschieden. Man passiert auf der Fahrt nach Westen erneut prächtige Villen, großteils in Privatbesitz und bewohnt, Yachtclubs sowie private Badeanstalten und genießt entlang der Küste atemberaubende Ausblicke. Es geht auch vorbei an der **Hammersmith Farm**, die 1887 an der Westseite Newports zur Narragansett Bay hin erbaut wurde und einst den Kennedys gehörte. Vorbei geht es am **Fort Adams State Park** (*Harrison Ave.*), ein Naturschutzgebiet um das 1842 bis 1857 erbaute Fort mit Strand und Picknickplätzen. Hier befindet sich auch **Sail Newport**, der öffentliche Segelclub. Newport gilt als Segelhauptstadt der Welt. Hier wurde z. B. zwischen 1851 und 1983 der berühmte **America's Cup** ausgetragen.

Segelhauptstadt

Idyllischer Pfad um Newports Villen: der Cliff Walk

Newports Mansions

Hinweis für Besucher

Neun Villen und ein Garten unterstehen der **Preservation Society of Newport County** (*424 Bellevue Ave., www.newportmansions.org*). Die Öffnungszeiten sind unterschiedlich (meist 10–17 Uhr), Einzeltickets kosten ab $ 25, das Kombiticket Newport Mansions Experience für 3 Häuser $ 46 ($ 70 für alle); es gibt weitere Ticketvarianten, diverse Veranstaltungen und Spezialtouren.
Separat verwaltet werden **Belcourt Castle** (*www.belcourt.com, Touren $ 20*) und **Rough Point** (*www.newportrestoration.org/roughpoint, $ 20*).
Besonders zu empfehlen sind *Rough Point, The Elms, Château-sur-Mer, The Breakers* und *Marble House*. Geparkt werden darf nur auf ausgewiesenen Parkplätzen. Die Häuser reihen sich an der Bellevue Ave. von *Kingscote* im Norden bis *Marble House* im Süden. Sie liegen zu Fuß maximal eine knappe Stunde auseinander. Es gibt den Bus # 67 ab VC, der an allen Mansions hält.

Beechwood Mansion (**8**): erbaut für Caroline Schermerhorn Astor, die „*Queen of American Society*“ und Mutter von John Jacob Astor IV, der bei dem Untergang der Titanic umkam. Derzeit finden keine Touren statt.
Belcourt Castle (**9**): 1894 von Richard Morris Hunt erbautes „Jagdschloss“ im Stil Louis XIII. in Versailles für Oliver Hazard Perry Belmont, den Sohn von August Belmont von der Rothschild Bank. Noch heute bewohnt (Tinney-Familie) und ausgestattet mit einer hervorragenden Kunstsammlung. Viel Holz, Waffen, Pferdemotive etc. in den 60 Zimmern. Derzeit keine Touren.
The Breakers (*Orchre Point Ave.*): nach dem Vorbild eines italienischen Renaissance-Palastes nach nur zwei Jahren Bauzeit von Hunt 1895 für Cornelius Vanderbilt II., Sohn des Eisenbahnmagnaten, fertiggestellt. Er ist der wohl herrlichste unter den Bauten mit viel Marmor, Alabaster, Vergoldungen, Mosaiken, Kristall und Buntglas in 70 extravaganten Räumen. Benachbart liegt der gepflegte, grüne Campus der **Salve Regina University**. Nur etwa 3.000 Studenten sind an dieser katholische Privatuni, 1939 von den Barmherzigen Schwestern gegründet und seit 1947 hier zu Hause, eingeschrieben.
Château-sur-Mer: das wohl auffälligste Gebäude, im viktorianischen Stil mit verschwenderischen architektonischen Details, Turm, Vorsprüngen und Erkern. 1852 für William S. Wetmore, tätig im Chinahandel, erbaut und 1862 von Hunt umfassend renoviert.
Chepstow (*120 Narranganset Ave.*): 1860 erbaute Residenz von Edmund Schermerhorn. Bis 1986 in Familienbesitz und sehr geschmackvoll, u. a. mit Morris-Gallatin-Möbeln, ausgestattet.
The Elms: 1898–1901 von Horace Trumbauer für den Kohlemagnaten Edward Julius Berwind (Berwind-White Coal Mining Co., Winberg/PA) erbautes Haus im Stil eines „französischen Loire-Schlosses“, das genau genommen verschiedene architektonische Stile vereint.
Isaac Bell House (*70 Perry St.*): schlichter Stil, doch wegweisende Architektur von *McKim, Mead and White* (New York), 1883 für den Baumwollhändler und Investor Isaac Bell erbaut.

Kingscote: 1841 im Gothic-Revival-Stil für einen Plantagenbesitzer aus Georgia als eines der ersten Ferienhäuser in Newport fertiggestellt. Gekonnter Umgang mit Asymmetrien und Materialkombinationen. Viel dunkles Holz im Inneren, Möbel und eine sehenswerte chinesische Porzellansammlung.
Marble House: nach Plänen Hunts 1892 für William K. Vanderbilt, den ältesten Sohn des Eisenbahnmagnaten, erbaut, strahlend weiß mit dominantem Eingangsportikus. Innen üppig mit mythologischen Szenen ausgemalt.
Rosecliff: 1902 für Mrs. Herman Oelrichs, die durch Silber reich geworden ist, von Stararchitekt Stanford White inklusive einer Kopie des Versailler Spiegelsaals erbaut. Auffällig weißer Bau mit vorspringenden Seitenflügeln und formaler Gartenanlage mit Brunnen.
Rough Point (**10**): Diese Villa gehörte Doris Duke, Tochter des Tabak-Magnaten aus North Carolina (Touren ab Gateway VC im eigenen Shuttle). Duke verbrachte bis zu ihrem Tod 1993 hier viel Zeit und hatte 1968 mit Jackie Kennedy Onassis die Newport Restoration Foundation gegründet, die über 400 der kolonialen Häuser der Stadt vor dem Verfall gerettet hat. 1887 war die Villa für Frederik Vanderbilt erbaut und 1925 von James Duke gekauft worden. Er beauftragte den an The Elms tätigen Architekten aus Philadelphia, Horace Trumbauer, mit einschneidenden Umbauten.

Reisepraktische Informationen Newport/RI

Information

Newport Visitor Information Center (**1**), *21 Long Wharf Mall, www.discovernewport.org, tgl. 10–17 Uhr; Infos, Karten, Tickets, Café, WCs, Busbahnhof und Parkplätze.*

Unterkunft

Neben B&Bs lohnen besonders verschiedene luxuriöse Inns im Stadtgebiet. Bei der Planung hilft folgende Website: www.InnsofNewport.com.
Artful Lodger (**14**) $$–$$$, *503 Spring St., www.artfullodgerinn.com; ein günstiger Tipp, nahe den Mansions, kleines B&B mit fünf unterschiedlichen und schönen Zimmern.*
Castle Hill Inn & Resort (**12**) $$$$$ *(inkl. Frühstück), 590 Ocean Dr., ☏ (410) 849-3800, www.castlehillinn.com; kleines Hotel (25 Zimmer), romantisch und in spektakulärer Lage, in viktorianischem Haus von 1825. Mit Privatstrand, Whirlpools, Kaminen u. a. Komfort, dazu eigenes Restaurant.*
The Chanler at Cliff Walk (**11**) $$$$$, *117 Memorial Blvd., ☏ (401) 847-1300, www.thechanler.com; Superluxushotel am Nordende des Cliff Walk, im ersten hier entstandenen Sommerhaus (1865). 14 unterschiedlich ausgestattete Zimmer im Haupthaus und dazu sechs Villen, alle höchst luxuriös; zugehöriges Restaurant Spiced Pear (s. unten).*

Extra-Tipp

Hilltop Inn (**13**) $$$$, 2 Kay St., ☏ (401) 619-0054, https://hilltopnewport.com; höchst stilvolles und gemütliches Inn, mitten in Downtown und dennoch ruhig. Das Haus erinnert an Architektur von F. L. Wright, die Zimmer sind groß und geschmackvoll eingerichtet, ein kleiner Garten und ein großes Frühstück sowie ein Abendsnack gehören dazu.

Restaurants

Castle Hill Inn Restaurant, *im gleichnamigen Inn (s. o.), ☏ (401) 849-3800; kreative Gerichte aus frischesten Zutaten, dazu Blick auf die Narragansett Bay.*

Cara Restaurant, *im Chanler Hotel, s. o., ☏ (401) 847-1300. Das Lokal ist bekannt für seine innovativen Gerichte und stolz auf einen gut sortierten Weinkeller.*

Einkaufen

Bannister's Wharf, *America's Cup Ave., www.bannistersnewport.com; ca. 20 kleine Souvenirläden, Lokale und Galerien am alten Hafen.*

Bowen's Wharf, *Fortsetzung der Bannister's Wharf, https://bowenswharf.com; hier fahren auch Boote zu Segelturns in die Bucht ab (Infos: s. unten).*

Thames Street, *hier befinden sich nicht nur unzählige Läden (viel Vintage), sondern auch Lokale wie* **Benjamin's Restaurant & Raw Bar** *(# 254).*

Newport Vineyards, *909 E. Main, (Hwy. 138), Middletown, www.newportvineyards.com; einer der kleinen Winzer Rhode Islands, Rebflächen gleich ans Weingut angrenzend, schöner Laden, berühmt für den Eiswein.*

Newport Craft Brewing & Destilling, *293 JT Connel Rd., https://newportcraft.com bzw. http://thomastewrums.com; neben ausgezeichnetem Bier kann man hier den Rum verkosten und kaufen. Man knüpft damit an die Vergangenheit der Stadt als Hochburg der Rumbrennerei an.*

Touren

Newport Classic Cruises, *https://sail-newport.com, Segeltouren ab Bowens Wharf; besonders schön sind die Sunset-Segeltörns mit dem klassischen Schooner Madeleine (90 Min.). Zu weiteren Touren und Booten s. Website.*

Viking Trolley Tours, *https://vikingtoursnewport.com; Trolleytouren ab Visitor Center, gut für den ersten Überblick!*

Nahverkehr: *In der HS kann man als Besucher den Bus #67 (ab VC) frei benutzen. Dann dient er auch als Shuttle zu den Mansions und Attrakionen, Infos: www.ripta.com/newport.*

Hinweis: Fähre nach Block Island

Vor Newport im Atlantik liegt **Block Island** (*www.blockislandinfo.com*), eine beschauliche Urlaubsinsel. Regelmäßige Fährverbindungen (ca. 2 Std. Fahrtdauer bzw. schneller per *high speed ferry)* bietet **Block Island Ferry**, s. www.blockislandinfo.com/getting-here. Infos zu Block Island in Iwanowski's USA-Nordosten.

New Bedford/MA

Über die Highways 114 (bis Portsmouth), 24 (bis Fall River) und Hwy. 6 erreicht man nach etwa 50 km die weiter im Osten gelegene Hafenstadt **New Bedford**. Die 1640 gegründete Stadt war bis Mitte des 19. Jh. der **bedeutendste Walfanghafen der Welt**. Übrig geblieben sind aus jener Zeit zahlreiche historische Bauten und backsteingepflasterte Gassen im Zentrum. Abgesehen von diesem attraktiven Stadtkern – zusammengefasst zum **New Bedford Whaling National**

Blick über die Altstadt und den Hafen von New Bedford

Historical Park – mit dem hervorragenden Wal-Museum im Zentrum, ist New Bedford heute einer der wichtigsten Fischereihäfen der USA (Jakobsmuscheln, Hummer) und Fährhafen (u. a. Martha's Vineyard). Die Innenstadt mit dem **Seaport Cultural District** präsentiert sich bunt und vielseitig.

Wie in „Moby Dick"

Neben dem Infozentrum des NHP sind das **US Custom House** (*William St.*), die **Public Library** mit der *Whaleman Statue* (*William St./Pleasant St.*) sowie die Kirche **Seamen's Bethel** und das **Mariner's Home** (*John Cake Hill*) sehenswert. Herman Melvilles Roman „Moby Dick" (s. S. 75) tritt bei diesem Spaziergang wieder ins Gedächtnis, scheint sich doch die Altstadt seither kaum verändert zu haben.

Geschichte des Walfangs

Den Eingangsbereich des sehenswerten **Whaling Museum** ziert ein riesiges Walskelett. In mehreren interessanten Abteilungen ringsum erhält man eine anschauliche Einführung in das Leben der Walfänger und Fischer sowie in die Geschichte der Stadt und des Walfangs. Highlight ist die Lagoda, die 1916 erbaute Replik eines Walfangbootes von 1826 in halber Originalgröße.
New Bedford Whaling NHP Visitor Center, *33 William St., www.nps.gov/nebe, Mi–So 10–16 Uhr, Eintritt frei; mit Buchladen und Ranger-Programmen und Touren*
New Bedford Whaling Museum, *18 Johnny Cake Hill, www.whalingmuseum.org, April–Dez. tgl. 9–17 Uhr, $ 22.*

Die Stadt war eine bedeutende Station an der **Underground Railroad**, dem landesweiten Hilfsnetz für entflohene Sklaven. Einer davon war Frederick Douglass (1818–1895), der ab 1838 in New Bedford lebte und wirkte. Dank des liberalen Klimas konnte in New Bedford schon Mitte des 19. Jh. ein afroamerikanisches Viertel mit hübschen Reihenhäuschen, die Abolition Row (7th *St.*), entstehen.

Reisepraktische Informationen New Bedford/MA

Information

Waterfront VC, *Pier 3/Fisherman's Wharf, https://destinationnewbedford.org, Mo-Fr 8–16 Uhr, HS auch Sa/So 9-16 Uhr.*
New Bedford Whaling NHP Visitor Center, *s. oben.*

Unterkunft / Restaurants

Fairfield Inn & Suites by Marriott $$$, *185 MacArthur Dr., ☎ (774) 634-2000, www.marriott.com/en-us/hotels/ewbfi-fairfield-inn-and-suites-new-bedford/overview; direkt am Hafen gelegenes neues Hotel mit geräumigen, modernen Zimmern, inkl. Frühstück.*
Moby Dick Brewing Co., *16 S. Water St., https://mobydickbrewing.com; die hausgebrauten Ales und Lagers sind die ideale Begleitung zu Fish & Chips oder lokalen Scallops (Jakobsmuscheln).*
Tia Maria's, *42 N. Water St., www.tiamariaseuropeancafe.com, ist mehr als nur eine Bäckerei und ideal zum Frühstück oder Lunch. An Wochenenden wird auch Dinner serviert, v. a. portugiesische Gerichte. Mehr portugiesische Spezialitäten gibt es im* **North End**, *entlang der Acushnet Ave.*

Cape Cod/MA

Von New Bedford führt der Hwy. 6 weiter ostwärts nach **Cape Cod** (45 mi/72 km). Es soll Zeiten gegeben haben, da lag Cape Cod „am Ende der Welt". Heute kann man sich das kaum mehr vorstellen, schon gar nicht im Sommer. Die 100 km lange (Halb-) Insel ist das **Ferien- und Naherholungsziel** Nummer 1 südlich von Boston.

Vom Fischer- zum Touristenparadies

Schon zu Anfang des 17. Jh. wussten europäische Fischer vom Reichtum des Atlantiks in dieser Region und die großen Mengen an Kabeljau *(cod)* waren es auch, die Cape Cod seinen Namen gaben. 1620 waren die Pilgrims zunächst beim heutigen Provincetown gelandet, hatten sich dann aber entschlossen, auf die andere Seite der Bucht überzuwechseln, um dort die Plimoth Plantation (s. S. 234) zu gründen. Lange Zeit nur von Fischern besiedelt, setzte um 1900 der Tourismus ein und sorgte für Veränderung.

Cape Cod gleicht einem angewinkelten Arm mit angespanntem Bizeps. Etwa 50 km ragt die Insel zunächst nach Osten in den Atlantik hinein, dann noch einmal dieselbe Strecke nordwärts. Die so entstandene **Cape Cod Bay** ist bekannt für ihre warmen und strömungsfreien Gewässer, weit angenehmer als die kalten Fluten und Strömungen auf der gegenüberliegenden Atlantikseite. Um das gefährliche Umschiffen der Halbinsel zu vermeiden, hatte man 1914 einen Kanal konstruiert, der Cape Cod zur Insel machte.

Kilometerlange Sandstrände

Hauptanziehungspunkt sind die langen, sauberen Sandstrände (v. a. Race Point Beach, Ridgevale Beach, Surfside Beach/Nantucket). Außerdem wurde 1961 ein 11.000 ha großes Naturschutzgebiet als **Cape Cod National Seashore** unter Schutz gestellt. **Upper Cape** ist der dem Festland nächstgelegene Abschnitt von Cape Cod. **Mid Cape** erstreckt sich dagegen vom Barnstable County ostwärts bis Chatham und Orleans – d. h. bis zur „Armbeuge". **Lower Cape** reicht von hier bis hinauf nach Provincetown.

Von Cape Cod nach Boston
Boston
Boston
Provincetown
CAPE COD
NATIONAL
SEASHORE
Pilgrims Heights
CAPE COD
Gurnet Point
Plymouth Bay
Plymouth
Plimoth Patuxet Museums
Myles Standish State Forest
Ellisville
CAPE COD BAY
Wellfleet
Wellfleet Harbor
Eastham
South Carver
Buzzards Bay
Sagamore
Cape Cod Canal
Sandwich
Orleans
Brewster
Dennis
Wareham
Bourne
Heritage Plantation
Yarmouth Port
Yarmouth
Nauset Beach
New Bedford
Barnstable
Chatham
Hyannis
South Yarmouth
Harwich Port
Mashpee
Hyannis Port
Buzzards Bay
Popponesset Bay
MONOMOY ISLAND
Falmouth
Woods Hole
ELIZABETH ISLANDS
NANTUCKET SOUND
MONOMOY NATIONAL WILDLIFE REFUGE
Vineyard Sound
Oak Bluffs
Vineyard Haven
MARTHA'S VINEYARD
Edgartown
CHAPPAQUIDDICK ISLAND
MUSKEGET ISLAND
TUCKERNUCK ISLAND
Nantucket
NANTUCKET ISLAND
N
0
20 km
Routenvorschlag
© igraphic

Hinweis: Cape-Cod-Route

Der US Hwy. 6 durchschneidet als Hauptachse Cape Cod bis nach Provincetown. Empfehlenswerter ist die Fahrt auf dem landschaftlich schöneren **Hwy. 6A**, der näher entlang der Nordküste verläuft, ehe er bei Orleans wieder auf den US Hwy. 6 trifft. Auf dem Rückweg von Provincetown empfiehlt es sich, bei Orleans auf den **Hwy. 28** abzubiegen um auf diese Weise die Südküste Cape Cods näher kennenzulernen. Bei Bourne, nach der Bourne Bridge über den Kanal, stößt die Nr. 28 dann wieder auf den US Hwy. 6.

Erste Station auf Cape Cod ist **Sandwich**. 1637 als erster Ort auf Cape Cod gegründet war er einst bekannt für seine florierende Glasindustrie. 1825 war die Glashütte „**Cape Cod Glass Works**" eröffnet worden, 1888 schloss sie. Informationen über den Industriezweig und etwa 5.000 Beispiele von Glasprodukten sieht man im **Sandwich Glass Museum**. Regelmäßig finden außerdem Vorführungen von Glasbläsern statt.

Sehenswert ist außerdem am südlichen Ortsrand die **Heritage Plantation**, ein mehrteiliger Komplex aus historischen Bauten und Botanischem Garten. Es gibt beispielsweise eine Nachbildung der *Round Stone Barn* der Shaker. Im Inneren befindet sich eine ungewöhnliche Sammlung alter Autos von Josiah K. Lilly III, der das Areal 1964 erworben hatte. Daneben gibt es eine Galerie mit Wechselausstellungen sowie die **American Art Gallery & Heritage Collection**, zudem ein historisches Karussell, einen Kindergarten und -spielplatz. Hauptattraktion ist die Gartenanlage selbst, die als einer der größten Rhododendrongärten der Welt gilt. In den 1920ern von Charles Owen Dexter gegründet, finden sich hier neben über 1.000 Taglilien- und Hosta-Sorten v. a. Prachtexemplare an Hortensien.

Sandwich Glass Museum, *129 Main St., Sandwich, https://sandwichglassmuseum.org, tgl. 9.30–17, Feb./März Mi–So bis 16 Uhr, im Jan. geschlossen, $ 12.*

Heritage Plantation, *67 Grove St., Sandwich, https://heritagemuseumsandgardens.org, Mitte April–Mitte Okt. tgl. 10–17 Uhr, sonst nur an ausgewählten Wochenenden, $ 22.*

In der knapp 40 km östlich gelegenen Ortschaft **Brewster** ist das **Cape Cod Museum of Natural History** besuchenswert, das mit Ausstellungen, *Nature Center* und Freiland einen Einblick in die Geschichte und Flora und Fauna der Region gibt.

Cape Cod Museum of Natural History, *869 Hwy. 6A, Brewster, www.ccmnh.org, HS tgl. 10–15 Uhr, $ 15.*

Sehenswertes an der Atlantikküste

Die **Cape Cod National Seashore** nimmt fast das gesamte Lower Cape ein. Sandstrände und hohe Dünen kennzeichnen die östliche Atlantikküste, während sich an der Westküste zur Bucht hin Marschregionen ausdehnen. Im Naturschutzgebiet gibt es vier sehenswerte Abschnitte, wobei erster Anlaufpunkt das **Salt Pond VC** bei Eastham sein sollte. Hier erhält man Karten und Infos und lernt anhand eines Films und durch Ausstellungen die lokalen ökologischen Gegebenheiten kennen. Vom Besucherzentrum führt eine Straße direkt zum **Nauset Light Beach** am gleichnamigen Leuchtturm. Auch in der etwas nördlich gelegenen *Marconi Station Area* erstreckt sich ein beliebter Badestrand. Außerdem bietet sich der *Atlantic White Cedar Swamp Trail* zum Spaziergang an. Die Ortschaft **Wellfleet**

liegt schön in der Bucht und ist berühmt für ihre Austernzucht. Ein Stück nördlich folgt North Truro mit dem **Highland Lighthouse**, einem fotogenen Leuchtturm.
Cape Cod National Seashore, *www.nps.gov/caco, $ 25;* **Salt Pond VC**, *Eastham, ab Hwy. 6, Feb.–Dez. tgl. 9–16.30 Uhr, sonst nur an Wochenenden;* **Province Lands VC**, *Provincetown, Race Point Rd., Mai–Ende Okt. tgl. 9–17 Uhr, mit Race Point Beach.*
Highland Lighthouse, *27 Highland Rd. (ab Hwy. 6), North Truro, www.highlandlighthouse.org, Mai–Okt. tgl. 9–17 Uhr, Museum und Lighthouse-Touren $ 8.*

Entspannter Ferienort

Ein lohnender Ort auf Cape Cod ist das kleine Hafenstädtchen **Provincetown**, von wo aus im Sommer Fähren nach Plymouth und Boston verkehren. Das einst verschlafene Nest haben erst Künstler, dann Homosexuelle für sich entdeckt und einen Ferienort geschaffen, dem eine heitere, tolerante und bunte Atmosphäre eigen ist. „**P'town**" war aufgrund seines geschützten Hafens bei Fischern beliebt und auch noch heute spielt die Fischerei eine Rolle, wie die Imbissbuden am Hafen belegen.

Hauptachse des Ortes ist die **Commercial Street**, die an Hafen und Strand vorbeiführt. Hier reihen sich viele kleine, teilweise ausgefallene Läden, Cafés und Restaurants auf. Das **Pilgrim Memorial** überragt den Ort. Anfang des 20. Jh. als Erinnerungsmal errichtet, gewährt es einen tollen Ausblick aus 77 m Höhe. Informative Ausstellungen kann man im Museum zu seinen Füßen sehen.
Provincetown Art Association and Museum, *460 Commercial St., www.paam.org, Mai–Okt. Mi–Mo 11–17, Fr bis 20 Uhr, Nov.–April Do–So 12–17 Uhr, $ 15.*
Pilgrim Memorial/Provincetown Museum, *79 Water St., April–Ende Nov. Mi–Mo 10–17 Uhr, $ 21, www.pilgrim-monument.org.*

Auf der Rückfahrt sollte man eine Pause östlich von **Orleans** am **Nauset Beach** einlegen, einem der schönsten Strände auf Cape Cod. Der Ort wurde 1797 nach dem *Duke of Orleans*, dem späteren König von Frankreich, benannt und erlangte Berühmtheit, als hier 1879 die Telegrafenlinie nach Brest entstand. Das kleine **French Cable Station Museum** informiert über dieses wegweisende Ereignis. Sehenswert in **Chatham** außer **Ridgevale Beach** ist das historische **Atwood House Museum** der Chatham Historical Society mit einer beeindruckenden Sammlung regionaler Kunst verschiedener Genres, von Fotos und Dokumenten.
Atwood House Museum, *347 Stage Harbor Rd., Mai–Okt. mind. Di–Sa 13–16, HS: 10–16 Uhr, $ 10, https://chathamhistoricalsociety.org.*
French Cable Station Museum, *41 S. Orleans Rd. (Hwy. 28), www.frenchcablestationmuseum.org, Juni–Sept. Fr–So 13–16, Spende.*

Sommerhaus der Kennedys

Hyannis ist der Hauptort und das infrastrukturelle Zentrum von Cape Cod. Unbedingt einplanen sollte man einen Besuch im **John F. Kennedy Museum** im alten Rathaus. Noch heute besitzt und nutzt die Kennedy-Familie ihr Sommerhaus in **Hyannisport** (nicht zugänglich), das 1925 von Joseph und Rose Kennedy gemietet und drei Jahre später gekauft worden war.
John F. Kennedy Museum, *397 Main St., www.jfkhyannismuseum.org, Juni–Aug. Mo–Sa 10–17, Sept./Okt. Mo–Sa 10–16 Uhr, $ 14.*

Westlich von Hyannis gewinnt die Natur wieder die Oberhand. Bei **Mashpee** befindet sich ein Reservat der Wampanoag-Indianer. Das **Old Indian Meeting**

House (*410 Meetinghouse Rd.*) von 1684 ist die älteste erhaltene Kirche – eine Art Versammlungshaus – der Wampanoag.

Ehe man Cape Cod auf dem Hwy. 28 verlässt, passiert man das Städtchen **Falmouth**, von dessen Hafen **Woods Hole** die Fähren nach Martha's Vineyard ablegen.

Reisepraktische Informationen Cape Cod/MA

Information

Visit Cape Cod, *www.allcapecod.com, www.visitcapecod.com sowie www.capecodchamber.org.*

Cape Cod Welcome Center, *5 Patti Page Way (Rte. 6/132), Centerville; HS Mo–So 9–17 Uhr; zudem* **Route 3 VC**, *Route 3, Plymouth (Exit 3).*

Hyannis Visitor Center, *397 Main St., www.hyannis.com, HS tgl. 10–16 Uhr.*

Touren

Massachusetts Cranberry Trail: *Cape Cod und die anschließende Region gelten als Hochburg des Cranberry-Anbaus. Wer während der Erntezeit von Mitte Sept. bis Nov. in der Region unterwegs ist, sollte Station an einigen der Farmen (meist mit Shops) machen. Infos unter: www.cranberries.org.*

Cape Flyer, *zwischen Boston (South Station) und Hyannis verkehrt im Sommer Fr–So jeweils ein Zug, Infos: https://capeflyer.com.*

Mehrere interessante **Whalewatch-Touren** *ab Barnstable Harbor und Provincetown, z. B. https://whales.net, https://whalewatch.com sowie https://whaletrips.org.*

Unterkunft

In **Provincetown**, *entlang Bradford und Commercial St. (Hwy. 6A) reihen sich zahlreiche kleine Inns/Hotels wie das* **Harbor Hotel Provincetown $$** *(698 Commercial, ☏ 508-487-1711, www.harborhotelptown.com) oder das* **Surfside Hotel $$** *(543 Commercial, ☏ (508) 487-1726, www.surfsideinn.cc) auf.*

Brass Key Guesthouse $$$–$$$$, *67 Bradford St., Provincetown, ☏ 508-487-9005, www.brasskey.com, besonders empfehlenswertes Hotel, bestehend aus mehreren Cottages mit luxuriösen Zimmern um einen idyllischen Innenhof mit Pool.*

ShoreWay Acres Resort Inn $$–$$$ *Historic Shore St., Falmouth, ☏ (508) 540-3000, www.shorewayacresinn.com, schön in grünem, historischem Ambiente gelegen, 80 Zimmer entweder im B&B oder im angeschlossenen Motel, nahe Strand und Ortskern mit Pools, Sauna und verschiedenen Freizeitangeboten.*

Chatham Bars Inn $$$–$$$$, *297 Shore Rd., Chatham, ☏ (508) 945-0096, www.chathambarsinn.com; seit 1914 existierendes, historisches Inn in Superlage am Atlantik unter Schweizer Leitung. Top Resort mit großem Freizeit- und Sportangebot, insgesamt 177 Zimmer/ Suiten, umgeben von einer gepflegten Parkanlage; mehrere Lokale und Spa.*

Restaurants / Einkaufen

Entlang der **Commercial St.**, *nahe Hafen und Strand, finden sich in* **Provincetown** *nicht nur Läden, sondern auch zahlreiche Lokale.*

Cape Cod Beer, *1336 Phinney's Lane, Hyannis, https://capecodbeer.com, Mo–Fr 10–18, Sa 11–15, Touren Mo–Sa 11 Uhr, Tastings $ 5, mit Shop.*

Spanky's Clam Shack, *138 Ocean St., Hyannis; preiswerter Imbiss am Wasser.*

Ausflug nach Nantucket und Martha's Vineyard

Walfängerinseln

Vor der Küste Cape Cods liegen in der Brandung des Atlantik zwei Inseln, die dank Herman Melvilles 1851 erschienenem Epos „Moby Dick" weltbekannt sind: **Nantucket** und westlich davon **Martha's Vineyard**. Berühmt geworden sind beide als Walfängerinseln. Heute handelt es sich um beliebte Urlaubsdestinationen.

Historische Altstadt

Nantucket, „Land in weiter Ferne", nannten die Indianer einst die Insel, die zwischen 1726 und Mitte des 19. Jh. das Walfangzentrum der Welt war. Die Insel ragt sichelförmig weit ins Meer hinaus und ist den Stürmen im Atlantik voll ausgesetzt. Einst bauten sich hier Kapitäne, Seeleute und Händler **prächtige Villen**, vor allem in der gleichnamigen Hafenstadt. Im Zentrum stehen die Waterfront und die dort mündende Main Street mit dem alten Hafenpier von 1846, um die sich die historische Altstadt mit rund 800 Häusern aus den Jahren 1820 bis 1850 erstreckt. Wer mehr über Geschichte und Bedeutung des Walfangs in Nantucket erfahren möchte, sollte das **Whaling Museum** (*13 Broad St., www.nha.org/sites, HS tgl. 10–17 Uhr, NS verschiedene Zeiten (s. Website), $ 20 inkl. Historic Sites*) nicht versäumen.

Nantucket ist jedoch nicht nur für Architektur und Walfang bekannt, sondern auch für seine endlosen weißen Sandstrände. Zu den bekanntesten gehören **Surfside** oder **Madaket Beach** an der flachen, aber windigen Südküste sowie die von sanften Wellen umspülten **Dionis** oder **Jetties Beach** im windgeschützten Norden.

Beschaulicher Charakter

Das westlich gelegene **Martha's Vineyard**, 1602 vom Forscher und Abenteurer Bartholomew Gosnold nach dem hier wachsenden wilden Wein und seiner Tochter benannt, hatte sich ebenfalls lange Zeit dem Walfang verschrieben. Wo einst reiche Schiffskapitäne und -eigner residierten, leben heute auf „**Vineyard**" oder „**MV**", wie die Einheimischen ihre Heimat nennen, bevorzugt Schauspieler, Musiker, Schriftsteller und Politiker. Und das ohne Pomp und Aufsehen, sodass sich die Insel ihren ruhigen und beschaulichen Charakter bewahrt hat.

Die drei Hafenstädte im Nordosten, „*down-island*" – **Vineyard Haven**, **Oak Bluffs** und das 1642 als erste Siedlung entstandene **Edgartown** – waren einst Zentren des Schiffsbaus und des Walfangs. Heute konzentriert sich hier der Fremdenverkehr, und viele kleine Läden und Lokale laden zum Bummeln ein.

Ruhiger geht es seit jeher „*up-island*" zu, in kleinen Orten wie **West Tisbury**, **Chilmark**, **Menemsha** und **Gay Head** im westlichen Hinterland. Auf der Ostseite liegen die Naturschutzgebiete **Wasque Reservation** und **Cape Poge Wildlife Refuge** sowie die kleine Insel „Chappy" (**Chappaquiddick Island**), die Südostspitze der Insel bei bei **Gay Head** ist berühmt für ihre Sonnenuntergänge.

Reisepraktische Informationen Nantucket und Martha's Vineyard/MA

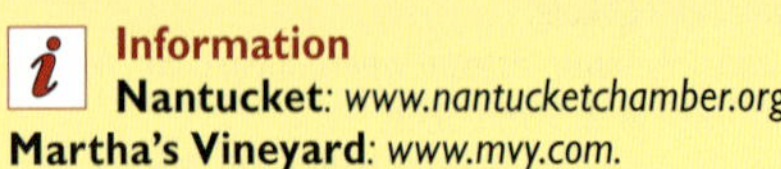

Information

Nantucket: *www.nantucketchamber.org.*
Martha's Vineyard: *www.mvy.com.*

Unterkunft/Restaurants

Infos: *https://nantucket.net/lodging.*

White Elephants Resorts, *☏ 1 (800) 475-2637, www.whiteelephantresorts.com; gutes Angebot in verschiedenen Kategorien, z. B.* **White Elephant** *oder* **The Cottages at the Boat Basin**.

Ein **besonderer Tipp** *ist das* **Hob Knob Boutique Hotel**, *128 Main St., Edgartown/MV, ☏ (508) 627-9510, www.hobknob.com; gemütliches Luxus-Inn mit perfektem Service und geräumigen Zimmern sowie Porch; es gibt „Afternoon Tea" mit Käse und Portwein und ein Gourmet-Frühstück à la carte.*

Offshore Ale Co. Brew-Pub, *30 Kennebec Ave., Oak Bluffs/MV, www.offshoreale.com; beliebte Bar mit schmackhaften Gerichten und gutem, selbst gebrautem Bier.*

Bad Martha's Beer, *270 Upper Main St., Edgartown/MV, www.badmarthabeer.com; ausgezeichnete, selbst gebraute Biere im Ausschank.*

In **Menemsha** *locken rustikale kleine Fischläden mit Imbisstheken.*

Fähren

Hy-Line Cruises, *Hyannis, Pier 1/Ocean Street Dock, https://hylinecruises.com; High-Speed- und normale Fähren nach Nantucket und Martha's Vineyard.*

The Steamship Authority, *www.steamshipauthority.com; High-Speed- u. a. Fähren von Cape Cod/Woods Hole nach Martha's Vineyards und von Hyannis/Cape Cod nach Nantucket.*

Seastreak Ferries, *https://seastreak.com; Schnellfähren zwischen New Beford und MV, aber auch NYC zu den Inseln.*

Plymouth/MA

Die Fahrt von Cape Cod nach Boston (Hwy. 3) gleicht einer Reise in die Vergangenheit, ist diese doch zwischen Plymouth, Cape Cod, Martha's Vineyard, Nantucket und New Bedford omnipräsent. **Plymouth** beispielsweise ist die älteste Siedlung Nordamerikas nördlich von Virginia (Jamestown). Hier war es den Pilgervätern 1620 gelungen, Fuß zu fassen. Dort, wo sie einst landeten, nahe dem *Plymouth Rock*, einem an sich unscheinbaren Felsen, befindet sich heute der **Plymouth Rock Memorial Park**.

Landungspunkt der Pilgerväter

Highlight in der Stadt ist die **Mayflower II** (*74 Water St./State Pier*, Teil des Plimoth Patuxet Museums, s. u.), ein Nachbau jenes Schiffs, auf dem gut 100 Puritaner, darunter 32 Kinder, als religiöse Flüchtlinge nach Amerika gekommen waren. In den 1950er-Jahren wurde das Segelschiff nach alten Beschreibungen und Bildern von Booten jener Zeit in England in Originalgröße nachgebaut. Vom 20. April bis zum 13. Juni 1957 segelte es dann von Plymouth in Großbritanien nach Plymouth/Massachusetts.

Zu den weiteren Sights der Stadt, deren Main Street und Waterfront mit Läden und Lokalen zum Bummeln einlädt, gehören die nachgebaute **Plimoth Grist Mill** und das **Pilgrim Hall Museum**. Zur 200-Jahr-Feier 1820 gegründet und seit 1824 in einem prächtigen Greek-Revival-Bau untergebracht, geht es um das Bild, das man sich einst von den Pilgrims machte, außerdem sieht man Originalstücke und erhält detaillierte Informationen zur ersten Siedlung, den Siedlern selbst und den Indianern.

Zu Besuch im Plimoth Patuxet Museum

Von der ursprünglichen Siedlung und der hier gelegenen Indianersiedlung Patuxet ist nichts mehr erhalten. Dafür hat man 5 km südöstlich des modernen Plymouth eine authentische Rekonstruktion des ersten Dorfes nach Beschreibungen der ersten Siedler und Grabungsfunden errichtet. Dazu gehört ein nachgebautes Indianerdorf, das von den Wampanoag betreut wird. Die Plimouth Patuxet Museen sind ein Musterbeispiel für ein Living History Museum mit „Akteuren", Veranstaltungen, Vorführungen und Programmen. Man hat beim Bau nicht nur auf historische Authentizität geachtet, sondern lässt es auch von Darstellern originalgetreu „bewohnen", um so das Alltagsleben der damaligen Zeit vor Augen zu führen.

Plimoth Patuxet Museums, *137 Warren Ave. (Rte. 3/Exit 4), https://plimoth.org, Mitte März–Ende Nov. tgl. 9–17 Uhr, inkl. Mayflower II und Grist Mill $ 45, nur Museum $ 34.*

Pilgrim Hall Museum, *75 Court St., https://pilgrimhall.org, April–Anf. Dez. Mi–So 9.30–17 Uhr, $ 15.*

Reisepraktische Informationen Plymouth/MA

Information

Waterfront VC, *130 Water St., April–Nov. 9–mind. 17 Uhr, https://seeplymouth.com.*

Unterkunft

Hotel 1620 Plymouth Harbor $$$–$$$$, *180 Water St., ☎ (508) 747-4900, www.hotel1620.com; modernes Hotel, ruhig und zentral gelegen, mit geräumigen Zimmern, Lokal und Bar.*

Extra-Tipp

Mirbeau Inn & Spa $$$$–$$$$$, 35 Landmark Dr., ☎ (508) 209-2626 bzw. (877) 647-2328, www.plymouth.mirbeau.com; dieses an ein Schloss erinnernde, von prächtigen Gärten umgebene Hotel mit Lokal und Spa verteckt sich in den Kiefernwäldern südlich der Stadt.

Restaurants

Rye Tavern, *517 Old Sandwich Rd., ☎ (508) 591-7515, https://theryetavern.com; eines der besten Lokale der Gegend. Regionale Produkte werden hier zu kreativen Gerichten verarbeitet.*

The Tasty, *42 Court St., https://thetastyplymouth.com; mitten im Zentrum gelegenes, gemütliches Lokal mit regionalen Spezialitäten, Craft Beers und Cocktails.*

Neuenglands puritanisches Erbe

info

Sie selbst nannten sich *The Chosen People*, die „Auserwählten", die im *Promised Land* Nordamerika ein „neues Jerusalem" bauen wollten. 1536 war das Hauptwerk von Johann Calvin (1509–64) in Genf entstanden, auf das sich nicht nur die reformierte Kirche und die Hugenotten stützten, sondern auch die **Puritaner**. Das war eine Gruppe, die sich in England in den 1560ern herausgebildet hatte. Sie lehnten die von König Heinrich VIII. 1534 gegründete *Church of England* vehement ab und forderten die Einhaltung strenger Regeln und die Reinigung der Kirche von „weltlichem Tand", eine „puristische" Religion.

Dass sich die Puritaner damit nicht beliebt machten, liegt auf der Hand. Viele Anhänger flüchteten um 1600 in die toleranteren Niederlande. Als sie dort von den Vorbereitungen zu einer Kolonie-Gründung in Nordamerika hörten, ergriffen sie die Gelegenheit beim Schopf. Schnell wurden einige puritanische Familien mit der **Plymouth Company** handelseinig und segelten im Frühjahr 1620 zunächst nach Southhampton und anschließend mit der **Mayflower** in die neue Welt, um dort ihre Vorstellungen vom rechten Leben und Glauben realisieren zu können. Auch wenn die ersten Jahre hart waren, wuchs die Kolonie mit Hilfe der Indianer und durch den steten Zuzug neuer Siedler.

1628 erhielt eine Gruppe von Puritanern um den charismatischen John Winthrop einen königlichen Freibrief als **Company of the Massachusetts Bay in New England**. Ein Jahr später gründete diese Salem und ein Jahr später Boston. Bis 1637 kamen jährlich etwa 2.000 neue Anhänger nach Neuengland. Angeführt von Winthrop starteten die Puritaner ihr religiöses Experiment: Als auserwähltes Volk wollte man in Boston „*A City upon a Hill*", eine Stadt auf dem Hügel, errichten, auf die die Augen aller gerichtet sein sollten. Ein Ausspruch, den sich seither viele Amerikaner, selbst Präsidenten, immer wieder zu eigen machten, wenn es um die Rolle der USA als „auserwählte Nation" ging. Obwohl die puritanische Religion als solche längst nicht mehr existiert, findet man immer noch die entsprechende **Geisteshaltung** und das „puritanische Gedankengut" vor.

Die puritanische Gemeinde basierte auf der Gemeinschaft und dem *Covenant*, dem Vertrag zwischen der Gemeinde und Gott. Das **Wohl der Community** stand über persönlichem Wohlergehen, denn der Vertrag zwang die einzelnen Mitglieder zur Übernahme von Pflichten und Verantwortung, zur Untergebenheit gegenüber Gott und der Regierung.

Einerseits waren Tugendhaftigkeit, Fleiß, Familie und Bildung – die Puritaner gründeten 1636 die erste Lateinschule, aus der sich die *Harvard University* entwickelte – wichtige Elemente. Andererseits war das angeblich „puritanische Leben" so puritanisch auch wieder nicht. Man legte, wenn auch maßvoll, Wert auf gute Kleidung, auf gutes Essen und Trinken. Wissenschaft und Bildung, Freiheitsliebe, Moral und Frömmigkeit zeichneten die Puritaner aus. So beschrieb zumindest 1796 Timothy Dwight, Präsident der Yale University, seine Landsleute. Es sind bis heute Eigenschaften, die das puritanische Erbe Neuenglands ausmachen und dafür gesorgt haben, dass ausgerechnet hier demokratische Ideen aufkeimten, womit die Industrialisierung Nordamerikas eingeleitet wurde.

Boston – die „Grand Old Lady"

„Diese Stadt hat Geschichte ... sie ist kein Zufallsprodukt, keine Windmühle, kein Bahnhof und keine Durchgangsstation, sondern ein Ort der Menschlichkeit, das Zuhause von Menschen mit Prinzipien, die ihren Gefühlen gehorchen und sie umsetzen ..."

Mit diesen Worten beschrieb der berühmte Literat und Philosoph Ralph Waldo Emerson (1803–1882) einmal seine Heimatstadt Boston.

Die **Metropole Neuenglands** ist in der Tat eine ungewöhnliche amerikanische Stadt. Sie ist stolz und nennt sich mit fast britischem Understatement „**The Hub**" (Drehscheibe oder Mittelpunkt). Nicht zu Unrecht: Keine andere amerikanische Stadt kann auf eine ähnlich lange Tradition zurückblicken, hat sich ihren europäischen Charme so gut bewahrt. Oliver Wendell Holmes (1809–1894), durch Gedichte wie „Old Ironside" berühmt geworden, ging sogar so weit zu behaupten: „Ich nehme für Boston in Anspruch, dass es das geistige Zentrum des Kontinents und damit unserer Erde ist."

Europäischer Charme ...

Redaktionstipps

- Den **Freedom Trail** (S. 239) ablaufen und sich mittags im **Faneuil Hall Marketplace** (S. 244, 246) stärken.
- Ein Spaziergang über den **Beacon Hill** (S. 249) und ein Bummel durch das In-Viertel **South End** (S. 254) oder das italienische **North End** (S. 246).
- Das **Museum of Fine Arts** (S. 254) und das **Isabella Stewart Gardner Museum** (S. 255) besichtigen.
- Sich ein Baseball-Spiel der **Boston Red Sox** im **Fenway Park** (S. 256) anschauen.
- Die **Harvard University** und ihre **Museen** erkunden (S. 263).
- In der Dichterstadt **Concord** (S. 268) auf den Spuren der Transzendentalisten wandeln und anschließend im **Colonial Inn** (S. 272) einkehren.
- Im **InterContinental Boston** (S. 259) obersten Luxus zu erschwinglichen Preise erleben (mit Restaurants, Spa, großen Zimmern und Ausblick aufs Wasser).

In der Tat avancierte die Stadt im 19. Jh. dank ihrer Verlagshäuser, Universitäten (v.a. *Harvard)* und literarischen Salons zum „**Athen Amerikas**", zum intellektuellen Zentrum. Damals lebten hier Literaten wie Ralph Waldo Emerson, Henry Wadsworth Longfellow, Henry David Thoreau oder Nathaniel Hawthorne. Es entstanden bis heute legendäre Institutionen wie die Public Library, das Massachusetts Institute of Technology (M.I.T.) oder das weltberühmte Symphony Orchestra.

Die Stadt hat ihre Vergangenheit weder geleugnet noch verdrängt, was rein äußerlich zu einem faszinierenden **Reichtum an Kontrasten** führte: hier das altehrwürdige Viertel Beacon Hill, daneben die protzige Goldkuppel des State House, dort die Natur und Ruhe des Boston Common, in unmittelbarer Nachbarschaft moderne Glaspaläste mit turbulenten Malls. Während andere Orte die Vergangenheit häufig in Living-History-Museen oder Vergnügungsparks verbannen, schlängelt sich in Boston der *Freedom Trail* unspektakulär und fast bescheiden vorbei an den historischen Stätten des Freiheitskampfes durch das bunte Treiben der geschäftigen Innenstadt.

Es gibt keine andere amerikanische Stadt, in der Alt und Neu, Tradition und Innovation eine derartig **faszinierende Symbiose** eingehen: Steht man vor der neoromanischen Trinity Church, die

Boston – attraktive Hafenstadt mit viel Geschichte

sich in der Glasfassade des modernen John Hancock Towers spiegelt, beginnt man dem Charme der **Grand Old Lady der Neuen Welt** zu erliegen. Und man versteht auch, warum Boston gerne mit London verglichen wird. Viel erinnert an die alte Hauptstadt des Commonwealth. So beispielsweise Beacon Hill mit seinem Kopfsteinpflaster und den alten Laternen, mit Pubs und Reihenhäuschen oder Prachtstraßen wie die Commonwealth Avenue in der Back Bay. Auf der anderen Seite ist Boston aber auch eine typische amerikanische Stadt und wie New York ein **ethnischer Flickenteppich**: Das italienische North Bay, Chinatown, die irischen Viertel Charlestown und South Boston oder das afroamerikanische Roxbury tragen dazu bei.

... und amerikanische Vielfalt

Historischer Überblick

Boston geht auf eine **Gründung** John Winthrops zurück, den die Puritaner 1630 aus Salem geschickt hatten, um in der geschützten Bucht einen Hafen anzulegen. Diesem war es auch zu verdanken, dass Boston rasch aufblühte: Um 1700 lag hier die drittgrößte Fischereiflotte der englischsprachigen Welt, und die Stadt selbst entwickelte sich nach Philadelphia zur dichtest besiedelten in Nordamerika.

Gerade der **wirtschaftliche Aufschwung** Bostons und anderer Städte in Neuengland brachte die englische Krone um 1750 auf die Idee, mit strengeren

Boston – Freedom Trail
U-Bahnstation /Tube)
0
300 m
Bunker Hill Monument
Warren Street
CHARLESTOWN
Water Street
USS Constitution
City Square
Boston Inner Harbor
Logan International Airport
Charlestown Bridge
Storrow Drive
Bridge
Battery Wharf
Sumner Tunnel
Callahan Tunnel
Commercial Street
Charter Street
NORTH END
TD Banknorth Garden
North Station
Hull St.
Sheafe St.
Salem St.
Bennet St.
Prince Street
North St.
Atlantic Avenue
Union Wharf
Sargents Wharf
John F. Fitzgerald Expressway
Washington St. North
Endicot St.
Margin St.
Lombard Place
Hanover Street
Fleet St.
Lewis Wharf
Causeway
Valenti Way
Canal St.
Portland St.
Friend St.
Richmond St.
WATERFRONT
Commercial St.
Commercial Wharf
Merrimac Street
GOVERNMENT CENTER
New Chardon St.
Blackstone St.
Boston Public Market
New Sudbury St.
Long Wharf
Columbus Park
Boston City Hall
Congress Street
North St.
Clinton St.
Quincy Market
Central Wharf
Cambridge Street
BEACON HILL
Joy Street
Somerset Street
Government Center
Faneuil Hall
State Street
New England Aquarium
Court Street
India Street
Atlantic Avenue
Myrtle Street
Milk Street
Broad Street
Indian Wharf
Rowes Wharf
MA State House
School St.
FINANCIAL DISTRICT
Mt. Vernon St.
Foster's Wharf
Bromfield St.
Pearl Street
Arch St.
Beacon Street
Boston Common
Winter St.
Tremont St.
Washington Street
Federal Street
Congress Street
Purchase Street
Northern Ave.
Atlantic Ave.
Fort Point Channel
N
Frog Pond
Temple St.
Downtown Crossing
© graphic

Freedom Trail, *www.thefreedomtrail.org (mit Links zu einzelnen Sights und Öffnungszeiten) oder www.nps.gov/bost, auch Touren, Kombiticket für Old South Meeting House und Old State House $ 15.*
Boston Common Visitor Information Center, *139 Tremont St. (Common), tgl. 9.30–16/17 Uhr; Plan und Infomaterial.*

Erste Station ist das **Massachusetts State House** mit der goldenen Kuppel. Der älteste Bau auf dem Beacon Hill wurde zwischen 1795 und 1798 nach Plänen des Architekten Charles Bulfinch (s. Infokasten) erbaut. Im Laufe der Zeit wurde er nach und nach erweitert: 1890 kam auf der Rückseite ein klotziger Anbau in manieristisch-barockisierendem Stil hinzu, 1914 zwei Seitenflügel. Das State House ist heute Sitz der Regierung und Verwaltung des Bundesstaats Massachusetts. Vor dem Bau, noch im Park, erinnert das **Shaw-Denkmal** (1) an das *54th Massachusetts Regiment*, die erste Einheit im Bürgerkrieg, die ausschließlich aus afro-amerikanischen Soldaten bestand und von dem weißem Colonel Robert Gould Shaw befehligt wurde.
Massachusetts State House, *24 Beacon St., www.sec.state.ma.us/trs/trsidx.htm, Mo–Fr 8.45–17 Uhr, Touren auf Anm. Mo–Fr 10–15.30 Uhr, gratis.*

0 Sehenswürdigkeiten

1 Shaw-Denkmal/State House
2 Park Street Church und Granary Burying Ground
3 King's Chapel und Burying Ground
4 Old City Hall
5 Old Corner Book Store
6 Old South Meeting House
7 Old State House
8 Custom House Tower
9 Rose Kennedy Greenway
10 Boston Tea Party Ship
11 Institute of Contemporary Art (ICA)
12 New England Holocaust Memorial
13 Paul Revere House
14 Old North Church
15 USS Constitution Museum
16 African Meeting House
17 Charles Street Meeting Houuse
18 Nichols House

0 Restaurants

1 Figs
2 Artú Boston
3 Mike's Pastry
4 Ye Olde Union Oyster House
5 Brueggers's Bagel Bakery

Goldene Kuppel des Massachusetts State House

Ein Meister seines Fachs: Charles Bulfinch

info

Der **Federal Style**, eine beliebte Architekturrichtung aus der Zeit des letzten Viertels des 18. bis ersten Viertels des 19. Jh., ist eng verbunden mit dem Namen des Architekten Charles Bulfinch (1763–1844). Mit ihm erlebte der Federal Style seinen Höhepunkt. Doch die Anfänge dieser Entwicklung gehen auf **Thomas Jefferson** (1743–1826) zurück. Er hatte den von englischen Baumeistern

info

und Traktaten geprägten strengen und nüchternen **Georgian Style** durch verstärkten Einsatz von klassizistischen bzw. antikisierenden Elementen belebt und damit der amerikanischen Architektur zu mehr Eigenständigkeit verholfen. Dies zunächst in der repräsentativen Architektur, dann im Wohnhausbau.

Charles Bulfinch stammte aus einer wohlhabenden Bostoner Familie und erwarb in Harvard einen Abschluss in Mathematik. Auf seinen Reisen durch Europa in den Jahren 1785 bis 1787 studierte er die europäische Architektur. Nach seiner Rückkehr richtete er in Boston ein Architekturbüro ein. Ein Meisterwerk gelang ihm mit dem **Massachusetts State House**. Andere erhaltenen Arbeiten sind die **Harvard University Hall** in Cambridge (1799), der Umbau der **Faneuil Hall** (1805), das **Massachusetts General Hospital** (1815) und das **Meeting House** in Lancaster (1815–17).

1818 zog Bulfinch nach Washington, um die Nachfolge Benjamin Henry Latrobes als Architekt des **U.S. Capitol** anzutreten, das 1814 abgebrannt war. Die Bauarbeiten dort sollten ihn bis 1830 beschäftigen. Bulfinch war einer der ersten namhaften Architekten, die dem privaten Wohnungsbau ähnliche Aufmerksamkeit wie dem öffentlichen zukommen ließen. Auf dem **Beacon Hill** errichtete der Architekt z. B. für Harrison Gray Otis gleich drei Häuser zwischen 1796 und 1806.

Interessanter Friedhof

Der Freedom Trail führt vom State House durch den Park parallel zur Park Street weiter zur **Park Street Church** (**2**). 1809 erbaut, gleicht die Kirche mit ihrem weißen Turm optisch eher einer Dorfkirche mitten in der pulsierenden Großstadt. Auch historisch ist die Kirche von Bedeutung: 1829 hielt William Lloyd Garrison hier die erste Rede gegen die Sklaverei. Der anschließende **Granary Burying Ground**, dessen Name auf den hier einst befindlichen Kornspeicher zurückgeht, ist nicht nur der älteste Friedhof der Stadt von 1660, sondern zugleich Ruhestätte großer Persönlichkeiten. Hier ruhen z. B. die Unterzeichner der Unabhängigkeitserklärung John Hancock, Samuel Adams und Robert Treat Paine, aber auch Paul Revere, Peter Faneuil und die Opfer des Boston Massacre.
Park Street Church, *1 Park St., www.parkstreet.org, Juli-Aug. Di–Sa 9–16 Uhr, sonst nur zu Gottesdiensten bzw. So geöffnet, Friedhof tgl. 9–17, im Winter –15 Uhr, Eintritt frei.*

Hinter dem Friedhof fällt das **Boston Athenaeum** (*Zugang: 10A Beacon St., https://bostonathenaeum.org/visit, Mo–Do 9–20, Fr/Sa 9–17 Uhr, $ 10*) ins Auge, eine altehrwürdige Bibliothek, die im 19. Jh. als kultureller Treff diente. Gegenüber der Park Street Church führt die Winter Street zum **Downtown Crossing**, an der Kreuzung mit der Winter Street. In dieser Fußgängerzone gibt es eine Vielzahl verschiedenster Einkaufsmöglichkeiten. Zudem liegt hier der **Ladder District** (die Gassen zwischen Tremont und Washington Street), derzeit eines der angesagten „Hipster“-Viertel der Stadt mit kleinen Läden, Boutique-Hotels, Cafés und Restaurants (*www.downtownboston.org*).

Nächste Stationen auf dem Freedom Trail sind die altehrwürdige **King's Chapel** (**3**) und der ihr angeschlossene **King's Chapel Burying Ground**. 1687 war das Gotteshaus als erste anglikanische Kirche gebaut und von verschiedenen Königen

im Laufe der Zeit mit wertvollem Inventar versehen worden – daher der Name. Der heutige Bau stammt aus dem Jahr 1754. Seit 1785 hat hier die erste Unitarische Kirche der USA ihren Sitz. Auf dem zugehörigen Friedhof liegen wichtige Personen aus der Kolonialzeit wie John Winthrop, der erste Gouverneur der Kolonie, begraben.
King's Chapel, *Tremont/School St., www.kingschapel.org, Mo–Sa 10–17, So 13.30–17 Uhr, im Winter unregelmäßig geöffnet, Friedhof tgl. 9–17/15 Uhr, $ 5.*

Eine von vielen Kirchen in Boston: die St. Stephen's Church in North End

Nur wenige Schritte von der King's Chapel entfernt liegt umgeben von einem kleinen Park die **Old City Hall** (**4**), die zwischen 1865 und 1969 als Rathaus diente. Vor dem Verfall gerettet, beherbergt der Bau im Second-Empire-Stil heute Büros und ein Lokal. Davor steht eine **Statue von Benjamin Franklin**. Er erblickte in Boston das Licht der Welt. Ebenfalls auf dem Grundstück stand einmal die 1635 gegründete erste Schule der Stadt (**First Public School Site**).

Der **Old Corner Book Store** (**5**) (*Washington/School St.*) war 1712 als Wohnhaus entstanden. 1828 zog eine Buchhandlung ein, die auch als Art Clubhaus für berühmte Literaten fungierte. Schräg gegenüber erhebt sich das **Old South Meeting House** (**6**). 1729 als Kirche errichtet, wurde der Bau, da er der größte weit und breit war, als Alternative zur kleineren *Faneuil Hall* auch zu Bürgerversammlungen genutzt. Heute beherbergt die Kirche ein **kleines Museum** mit einem interessanten Modell der Stadt im Jahr 1773. Auch der Bau an sich ist sehenswert: eine Mischung aus einfachem puritanischem *Meeting House* und eleganter anglikanischer Kirche. Am 16. Dezember 1773 drängelten sich hier an die 7.000 Menschen, um gegen die vom Mutterland neu erhobene Teesteuer zu demonstrieren. Nach der Versammlung zogen 60 als Indianer verkleidete Bostoner mit Kriegsgeheul zur Griffin's Wharf und veranstalteten die legendäre **Tea Party**.
Old South Meeting House, *310 Washington St., www.oldsouthmeetinghouse.org, tgl. 10–17 Uhr, $ 15 (inkl. Old State House).*

Sitz der Kolonialregierung

Zu den ältesten öffentlichen Gebäuden der USA zählt das **Old State House** (**7**) von 1713. Hier war nicht nur die Kolonialregierung zu Hause, hier befand sich auch das Zentrum des öffentlichen Lebens. Heute ist in die altehrwürdigen Gemäuer das sehenswerte Museum der *Bostonian Society* eingezogen. Der Anwalt und Politiker James Otis hatte 1761 an gleicher Stelle seine Rede gegen die britischen Zollgesetze gehalten, die John Adams als „die Geburtsstunde der Unabhängigkeitsbestrebungen" bezeichnete. Vor dem Old State House wurden am

5. März 1770 fünf demonstrierende Bürger von britischen Soldaten erschossen. Die Stelle wird heute „**Boston Massacre Site**“ genannt. Am 18. Juli 1776 bejubelte eine begeisterte Menge erst die vorgelesene **Declaration of Independence**, um danach zwei Relikte der britischen Macht – Löwe und Einhorn – vom Dach des State Houses zu werfen und sie zu verbrennen.
Old State House, *206 Washington St., www.oldsouthmeetinghouse.org, tgl. 10–17 Uhr, $ 15 (inkl. Old South Meeting House).*

Umgeben von modernen Bauten und dem unübersehbaren **Custom House Tower** (**8**) (*State St.*), einem Glockenturm von 1915, liegt direkt neben dem alten Zollhaus von 1847 das Herz der Stadt. Wenige Schritte vom Old State House erreicht man über die Congress Street den **Faneuil Hall Marketplace** mit dem Quincy Market und der **Faneuil Hall**, in deren Obergeschoss sich ein historisches **Meeting Room** befindet (*tgl. 9.30–16.30 Uhr, Eintritt frei*). Die Halle war von dem hugenottischen Händler Peter Faneuil 1742 gestiftet und 1805 von Bulfinch umgebaut worden. Sie gilt als „Wiege der Freiheit“, wie James Otis einmal schrieb, da hier die meisten Versammlungen stattfanden. Im Erdgeschoss befanden sich schon immer Läden und verschiedenste Imbissstände. Im Obergeschoss traf sich die Bürgerschaft. Die Faneuil Hall und der angrenzende Quincy Market mit **South** (v .a. Essen und Trinken) und **North Market** (v. a. Läden) sind Beispiele für eine gelungene Altstadtsanierung (1976) und touristischer Anziehungspunkt. Zur Pause lädt jedoch auch, nur wenige Schritte entfernt, der **Boston Public Market** (s. S. 246) ein.

„Wiege der Freiheit“

Faneuil Hall/Boston National Historical Park VC, *1 Faneuil Hall Sq., www.nps.gov/bost, Mi–So 11–17 Uhr, Eintritt frei.*
Faneuil Hall Marketplace, *zum Angebot s. https://faneuilhallmarketplace.com.*

Das Quincy-Market-Areal in Boston

Rose Kennedy Greenway, Harbor Walk und South Boston

Am Quincy Market bietet sich die Möglichkeit zu einem Abstecher in den **Wharf District** an der Waterfront sowie zu einem Spaziergang über den **Rose Kennedy Greenway** (**9**) (*www.rosekennedygreenway.org*). Dieser Parkstreifen fungiert als vielseitige Erholungsoase, als Spiel- und Marktplatz sowie als Veranstaltungsort, mit Food Trucks und Picknickplätzchen; hier ist immer etwas los. Nach wenigen Schritten auf dem **Walk-to-the-Sea** (*www.walktothesea.org*), einer Promenade zwischen City Hall, Quincy Market und Aquarium, erreicht man den **Columbus Park** und die benachbarte **Long Wharf**. Von hier starten Ausflugsboote zu Hafenrundfahrten oder Inseltrips sowie Fähren, u. a. zur Museum Wharf oder nach Charlestown.

Bostons grüne Promenade: der Rose Kennedy Greenway

An der südlich angrenzenden **Central Wharf** stellt das **New England Aquarium**, mit dem weltgrößten Becken für Seewasserfische (rund 800.000 l), einen Anziehungspunkt dar. Es erstreckt sich über drei Stockwerke und wird über eine Spiralrampe erschlossen.

New England Aquarium, *www.neaq.org, HS tgl. 9–18 Uhr, sonst verkürzt, $ 43, IMAX $ 10, Whale-Watch-Touren für $ 65 zur* **Stellwagen Bank National Marine Sanctuary**, *eine nährstoffreiche Region vor der Bucht, die ganzjährig viele Wale anlockt (Infos: www.cityexperiences.com/boston/city-cruises/whale-watch/, http://stellwagen.noaa.gov).*

Der bei schönem Wetter empfehlenswerte, vom Freedom Trail abgehende Spaziergang über den **Rose Kennedy Greenway** führt Richtung **Fort Point Channel** und **ICA** und zurück über den **Harbor Walk**, der dem Hafenverlauf vom *Institute of Contemporary Art* bis ins North End folgt. Lange Jahre verunstaltete eine Autobahn die Innenstadt Bostons, dann beherrschte die Baugrube des Big Dig das Bild. Heute ist die Straße in den Untergrund verlegt. Dafür befindet sich hier nun ein **Grünstreifen**, genannt „Rose Kennedy Greenway", der von den North End Parks über Wharf District und Dewey Square Parks bis zum Chinatown Park mit dem Chinatown Gate reicht. Er besteht aus einer Reihe von Parks mit Brunnen und Kunstwerken, Arboretum und Gärten.

Empfehlenswerter Spaziergang

Südlich der Dewey Square Parks und nahe der South Station liegt die **Museum Wharf** (*Fort Point Channel/Ende Congress St.*). Deren Hauptattraktion ist das vor der Congress Bridge im Fort Point Channel ankernde **Boston Tea Party Ship** (**10**). Besucher können bei den Touren vom Deck der „Beaver II." – ein Nachbau des Originalschiffes – Teekisten ins Wasser werfen, ein zweites nachgebautes Schiff, die „Eleanor", besichtigen und eine Art Multimedia-Show mit Re-enactments erleben.

Auf den Spuren der Rebellen

Boston Tea Party Ships & Museum, *Congress Street Bridge, www.bostonteapartyship.com, tgl. 10–17 Uhr, $ 34 (nur Touren), mit Shop und „Teestube".*

Folgt man dem **Harbor Walk** über die Northern Avenue Bridge auf die Südseite des Fort Point Channel – man befindet sich jetzt in dem derzeit angesagten **South Boston** – kann man in einem renovierten Lagerhaus das **Children's Museum** nicht übersehen. Weiter auf der Promenade um das **John Joseph Moakley United States Courthouse** stößt man auf Infotafeln zur Entwicklung des Hafens, ehe schließlich der moderne Bau des **Institute of Contemporary Art** (**ICA**) (**11**), der teilweise über dem Hafen zu schweben scheint, ins Blickfeld gerät. Im ebenfalls sehenswerten Inneren werden immer wieder viel diskutierte Wechselausstellungen und verschiedenste Veranstaltungen angeboten.

Südlich des Museums liegen das **World Trade Center** und, unübersehbar, das **Convention & Exhibition Center**. Letzteres verdeutlicht den Wandel von South Boston vom alten Arbeiter- und Hafenviertel zum neuen In-Viertel. Die Veränderung spürt man auch am **Boston Fish Pier** neben dem *World Trade Center*, wo alte Fischhändler Lokalen Platz gemacht haben.
Children's Museum, *308 Congress St., https://bostonchildrensmuseum.org, HS tgl. 9–12, 13.30–16.30 Uhr, $ 22.*
Institute of Contemporary Art, *100 Northern Ave., www.icaboston.org, Di–So 10–17, Do/Fr –21 Uhr, $ 20, mit ICA Wine & Coffee Bar.*

Auf dem Freedom Trail durch North End

„Atztekentempel in der Ziegelwüste"

Der zweite Teil des Freedom Trail führt ins **North End**, das älteste Stadtviertel Bostons. Vom Marktareal geht es vorbei am schräg gegenüber an der Congress Street gelegenen **Government Center**, das in den 1960ern nach Plänen des berühmten Architekten I. M. Pei entstanden ist. Als „Aztekentempel in der Ziegelwüste" bezeichnen die Einheimischen die neben dem Government Center liegende neue City Hall.

Der Trail folgt der Union Street (parallel zur Congress) und passiert dabei die sechs Glastürme des **New England Holocaust Memorial** (**12**). Die eingravierten Zahlenkolonnen erinnern an die während des Zweiten Weltkrieges ermordeten sechs Millionen Juden.

Gegenüber befindet sich in einem Büro/Parkgaragenbau der neue **Boston Public Market**. Hier gibt es regionale Produkte zum Kaufen oder als Imbiss, daneben auch Handwerk und Getränke (Bier und Wein aus Neuengland).

Das ethnische Herz der Stadt

Erneut den Rose Kennedy Greenway querend, gelangt man nach North End, das auf eine abwechslungsreiche Geschichte zurückblickt. Das Viertel war zunächst irisch, dann jüdisch und ist nun italienisch geprägt. Letzteres vor allem rund um die **Hanover Street**. Einst lebten hier fast 90 % Italiener, heute sind noch rund 40 % italienischstämmige Bostonians hier zu Hause. Viele davon betreiben Bäckereien, Cafés und italienische Lokale und geben dem Areal sein besonderes Gepräge.

Hauptattraktion in North End ist das **Paul Revere House** (**13**). Paul Revere (1735–1818), der hier lange mit seiner Familie wohnte, gilt als der erste Held der Nation. 1680 erbaut, ist das kleine Gebäude zudem das älteste erhaltene Haus der Stadt. Es ist eng und verschachtelt und im Stil des 17. und 18. Jh. ausgestattet. Außerdem sind etliche Gegenstände aus Familienbesitz ausgestellt.

Ältestes Haus Bostons

Paul Revere House, *19 North Square, www.paulreverehouse.org, tgl. 9.30–17.15/16.15 Uhr, Jan.–März Mo geschl., $ 6.*

Paul Revere – vom Silberschmied zum Nationalhelden

info

„One, if by land, and two, if by sea": Diesen Vers aus Henry W. Longfellows Gedicht „Paul Revere's Ride" von 1861 kennt in den USA jedes Kind. Damit wird an jene Nacht vom 18. auf den 19. April 1775 erinnert, in der Laternen im Turm der Old North Church den Unabhängigkeitskämpfern signalisieren sollten, ob die britischen Truppen auf dem direkten Landweg (eine brennende Laterne) oder von Süden über den Fluss (zwei) nach Lexington und Concord marschierten. Die Briten wollten dort die Waffenlager der Miliz in Beschlag nehmen und die Rädelsführer verhaften, um die explosive Stimmung in der Kolonie zu entschärfen.

Der Bostoner Paul Revere (1735–1818) hatte zusammen mit Freunden in Charlestown auf das Signal gewartet und war in jener Nacht losgeritten, um die Anführer der Unabhängigkeitsbewegung, Samuel Adams und John Hancock, zu warnen. Es gelang Revere tatsächlich, vor den Briten in Lexington anzukommen. Doch auf dem Weg nach Concord wurde er geschnappt und nach Boston zurückgeschickt. Zum Glück war einem Begleiter die Flucht gelungen, und so wusste man in Concord über den Anmarsch der Briten Bescheid.

Revere wäre eigentlich nur einer von vielen Helden des Unabhängigkeitskrieges gewesen. Doch 1861 machte Longfellow mit seinem Gedicht den Handwerker nicht nur unsterblich, sondern erhob ihn zum Nationalhelden.

Er selbst sah sich lediglich als einer unter vielen, die einen gerechten Kampf um die Freiheit führten, und war ein einfacher Mann geblieben. Er lebte bis 1800 zusammen mit seiner Frau und 16 Kindern in den beengten Verhältnissen des zu besichtigenden Hauses in North End (s. oben), ehe er sich etwas Besseres leisten konnte. Sein Geld verdiente er vor allem als Gold- und Silberschmied. Hierin war er ein Meister, wie einige seiner Stücke im Haus und in verschiedenen Museen, z. B. dem Museum of Fine Arts, belegen. Nebenbei arbeitete er auch als Glockengießer, Kaufmann, Künstler und Erfinder.

Der Freedom Trail führt zurück zur Hanover St., an deren Ende die **Paul Revere Mall** liegt, eine Grünanlage mit dem Reiterstandbild Paul Reveres von 1940. Überragt wird der Platz von Bostons ältester Kirche, der **Old North Church** (**14**), auch „Christ Church" genannt. Sie war 1723 nach Plänen von Sir Christopher Wren erbaut worden. Ihr 53 m hoher weißer Kirchturm dominierte einst das Stadtbild und ist bekannt für seine acht Glocken. Die größte wiegt 700 kg, die kleinste 280 kg. Sie wurde einst „königliches Geläut" genannt und trägt die Inschrift „Wir sind das erste Läutwerk, das für das britische Empire in Nordamerika gegossen

„Königliches Geläut"

wurde, Anno 1774“. Berühmt wurde der Kirchturm schließlich im Freiheitskrieg: Laternen signalisierten am Vorabend des Krieges den Revolutionären, dass die britischen Truppen Boston Richtung Lexington verlassen hatten.

Hinter der Kirche, zwischen Hull und Charter St., liegt **Copp's Hill Burying Ground** von 1659. In diesem zweitältesten Friedhof der Stadt hatten während der Schlacht von Bunker Hill die Briten ihre Geschütze in Stellung gebracht.
Old North Church, *193 Salem St., www.oldnorth.com, Di–Sa 10–17, So 12.30–17 Uhr, $ 5, Touren $ 10.*

Charlestown – Endpunkt des Freedom Trail

Nach dem Friedhof führt der Trail zur Charleston Bridge und über den Charles River in das irische **Charlestown**. Hier endet der Trail. Zuvor geht es noch hinauf zum **Bunker Hill Monument** und dem dort gegenüber befindlichen, sehenswerten **Battle of Bunker Hill Museum**. Der 67 m hohe Granit-Obelisk erinnert an die erste große Schlacht im Unabhängigkeitskrieg, die *Battle of Bunker Hill* am 17. Juni 1775. Zwar hatten die Briten aufgrund besserer Ausrüstung und Ausbildung die Schlacht gewonnen, aber nicht mit dem erbitterten Widerstand der Freischärler gerechnet. Die Verluste waren groß. Der „Pyrrhus-Sieg“ für die „Rotröcke“ ließ die Freiheitskämpfer neuen Mut fassen. Hat man die 294 Stufen zum Aussichtspunkt erklommen, bietet sich ein fantastischer Blick auf die Stadt.
Battle of Bunker Hill Museum, *43 Monument Sq. via Main St./Monument Ave., www.nps.gov/bost, Mi–So 11–17 Uhr, Eintritt frei.*

Endstation des Freedom Trail ist die „**USS Constitution**“ und das zugehörige **USS Constitution Museum** (**15**) auf dem Boden des historischen **Charlestown Navy Yard** von 1800. Noch heute steht die 1797 vom Stapel gelaufene Fregatte im Dienste der Navy und läuft einmal jährlich, am 4. Juli, zu einer Parade aus. Sie gilt als das älteste noch im Dienst stehende Kriegsschiff der Welt und war an 33 Seeschlachten (stets siegreich) beteiligt. Ihren Spitznamen „Old Ironside“ erhielt sie während des „**War of 1812**“ gegen die Briten.
USS Constitution Museum, *Charlestown Navy Yard, https://ussconstitutionmuseum.org, Museum tgl. 9–18, NS: tgl. 10–17 Uhr, Spende $ 10–15.*
USS Constitution, *www.navy.mil/USS-CONSTITUTION/Hours-Visitor-Info sowie https://ussconstitutionmuseum.org/visit/plan, Mi–So 10–16 Uhr, frei.*

„Old Ironside“, die „USS Constitution“

West End

Zurück in die Innenstadt gelangt man wieder zu Fuß, mit dem Water Shuttle (Stop „Long Wharf") oder per U-Bahn (T Green/Orange Line, „North Station"). Die **North Station** ist nicht nur U-Bahn-Station, sondern zugleich Nahverkehrsbahnhof für Züge in Richtung Norden. Der Bahnhof befindet sich in **West End**, im Viertel zwischen der Cambridge St. und Charles River. Über dem Bahnhof erhebt sich der **TD Garden**, eine Sporthalle, die seit 1995 den legendären alten *Boston Garden* ersetzt. Die moderne Sporthalle mit einem Fassungsvermögen von über 18.000 Zuschauern liegt zwischen Charles River Dam und der neuen Hängebrücke, auf der die I-93 verläuft. In der Halle tragen die **Boston Celtics**, die erfolgreichste Mannschaft der *National Basketball Association (NBA)*, und die **Boston Bruins**, die beliebte Eishockey-Profimannschaft *(NHL)*, ihre Heimspiele aus.

Baseball und Eishockey

Eine Attraktion für die ganze Familie befindet sich ebenfalls in West End: das direkt am Charles River Dam gelegene **Museum of Science**, das eine interessante Einführung in Naturwissenschaften und Technik vom Dinosaurier bis zum Raumschiff gibt. Neu sind die **Yawkey Gallery** am Charles River, genutzt für Ausstellungen und als Eventfläche, und ein 4-D-Theater.
Museum of Science, *Charles River Dam, T Green Line „Science Park", www.mos.org, HS tgl. 9–19, Fr –21 Uhr, sonst nur bis 17 Uhr, Basisticket $ 29.*

Beacon Hill

Günstiger Ausgangspunkt für die Besichtigung von **Beacon Hill** ist die Beacon Street am State House (T Red Line „Park Street"). Weit über die Grenzen Bostons hinaus ist dieser Stadtteil nördlich des Boston Common als **Viertel der High Society** bekannt. Mit seinen roten Backsteinbauten, zumeist in der ersten Hälfte des 19. Jh. im *Federal* oder *Greek Revival Style* entstanden, und seinen Gassen mit Kopfsteinpflaster und alten Gaslaternen hat es seinen eigenen Reiz. Mittlerweile steht das ganze Areal **unter Denkmalschutz**. Entsprechend hoch sind die Immobilien- und Mietpreise. Dabei hat alles weit weniger elitär begonnen: Beacon Hill war vor dem Bau des State House noch unbesiedelt. Wegen seiner drei Kuppen hieß die Region auch „Trimount". Der westliche Hügel galt als besonders verrufen: Hinter vorgehaltener Hand sprach man von „Mount Whoredome", dem „Hurenhügel". Erst 1798 mit dem Bau des State House wandelte sich das Viertel zum Wohnort für wohlhabende Bürger. Beacon Hill war aber stets mehr: ein **Viertel der Künstler und Schriftsteller**.

Beacon Hill

Hier lebte u. a. der Historiker Francis Parkman (1823–1893), dessen Buch „The Oregon Trail“ lesenswert ist. Auch freigelassene afro-amerikanische Sklaven fanden hier eine neue Heimat.

Afro-amerikanische Geschichte

In der **Charles Street** mit Cafés, Galerien, Antiquitäten- und Buchläden sowie kleinen Delis schlägt das Herz des Viertels. Die schönsten Häuser gruppieren sich um die Mount Vernon Street und den Louisburg Square. Mit einem Rundgang durch Beacon Hill kann man zwei Fliegen mit einer Klappe schlagen: ein altes Wohnviertel kennenlernen und dem **Black Heritage Trail** folgen. Auf dem Trail erfährt man viel über die afro-amerikanische Geschichte der Stadt. An der Nordflanke des Beacon Hill war im 19. Jh. eine blühende schwarze Gemeinde angesiedelt. 1796 war die *African Society* als Nachbarschaftshilfe- und Wohltätigkeits-Organisation gegründet worden. Selbstverwaltete „schwarze“ Läden und Kirchen sprossen aus dem Boden, deren Pfarrer als Wortführer im Kampf gegen die Sklaverei fungierten. Massachusetts war führend bei der Sklavenbefreiung.

Tipp: Black Heritage Trail & Boston African American NHS

Dieser Trail durch das „schwarze Boston“ am Nordabhang des Beacon Hill führt vorbei an 14 Stationen, die über afro-amerikanische Aspekte informieren: z. B. das **Museum of Afro American History** (*46 Joy St., www.maah.org/boston-location, Di–So 10–16 Uhr, $ 15*). Eine Rundgang-Broschüre ist im VC erhältlich oder bei der **Boston African American NHS** beziehbar (*14 Beacon St., www.nps.gov/boaf, auch Touren*).

In der vom Massachusetts State House westwärts abgehenden **Beacon Street** liegen die ersten sehenswerten Häuser: Nr. 40 (1818, Greek Revival Style), Nr. 43 (1819) oder Nr. 45 (1805 als drittes Haus für Harrison Gray Otis von Bulfinch erbaut). Hinauf geht es dann auf der Joy Street, vorbei am **George Middleton House** (*5 Pinckney St.*), dem ältesten noch stehenden Haus eines Afro-Amerikaners aus dem Jahr 1797. Das **African Meeting House** (**16**) (*46 Joy St./Smith Court*) von 1806 mit dem **Museum of Afroamerican History** gilt hingegen als die älteste existierende Kirche einer schwarzen Gemeinde.

Zu den wenigen zugänglichen Häusern im Viertel gehört das **Otis House Museum**, 1795 nach Plänen von Bulfinch erbaut. Das **Coburn Gaming House** (*Phillips/Irving St.*) von 1844 diente wohlhabenden Afro-Amerikanern als Treff, während das am anderen Ende der Phillips St. gelegene **Lewis and Harriet Hayden House** als eine Station der *Underground Railroad* (ein Hilfsnetzwerk für geflohene Sklaven) galt.
Otis House Museum, *141 Cambridge St., www.historicnewengland.org/property/otis-house, Juni–Okt. Fr–So 11–16 Uhr, stündl. Touren, $ 15.*

In der Charles Street, Ecke Mount Vernon St., steht das **Charles Street Meeting House** (**17**) (*Charles/Mount Vernon St.*). Von 1807–1876 hatte es die größte schwarze Gemeinde. Bis 1939 wurde es als Kirche genutzt. Von der Charles St. führt die

Mount Vernon Street zum **Louisburg Square**, der um 1840 zwischen Pinckney und Mt. Vernon als Musterbeispiel für gelungene Stadtplanung entstand. Besuchen kann man das **Nichols House** (**18**), ein weiteres der von Bulfinch erbauten Privathäuser.

Nichols House, *55 Mount Vernon St., www.nicholshousemuseum.org, Touren Do–So 10/11/12 Uhr, $ 16.*

Boston Common und Public Garden

Hinweis

Siehe auch Karte in der hinteren Umschlagklappe.

1634 angelegt, gilt der **Boston Common** als ältester öffentlicher Park der USA. Die etwa 3,5 ha große Fläche gehörte einst Reverend William Blaxton, einem der ersten weißen Siedler der Stadt, der 1625 eine Farm gebaut hatte. Als ausgerechnet vor seiner Haustür Boston gegründet wurde, verkaufte er 1634 sein Land für $ 150 an die Stadt und zog sich in die Wildnis zurück. Ihm war der Trubel zu groß. Das Land diente den Bürgern zunächst als Kuh- und Schafweide, fungierte aber auch als Exerzierplatz der Miliz und als Hinrichtungsstätte.

Bereits 1663 war in einem Bericht zu lesen, dass der Park mehr war als nur das. Er galt als *„Stolz und Zierde der Stadt. Er stand für die schöneren Seiten des Lebens“*. Schön ist der Park noch heute, eine **grüne Ruhe-Oase mitten in der Innenstadt** mit verschlungenen Pfaden, Bronzefiguren und Springbrunnen. Hier trifft man sich, treibt Sport auf den Wiesen, Kinder toben auf Spielplätzen, man sonnt sich, macht Picknick, füttert Enten oder schaut nur den Leuten zu.

Die westliche Grenze bildet die Charles Street und jenseits schließt sich der **Public Garden**, der älteste Botanische Garten der USA, an. Bis hinein in die heutige Back Bay hatte sich einst das Sumpf- und Überschwemmungsgebiet des Charles River befunden. 1825 hatte die Stadt ein Areal von etwa 10 ha erworben und zwölf Jahre später wurde im östlichen Teil der Botanische Garten eröffnet. 1867 erhielt der stets frei zugängliche *Public Garden* dann seine heutige Gestalt als „forma-

Boston Common: der älteste öffentliche Park der USA

ler" Park im Gegensatz zum eher „urwüchsigen" Common. Am Park-Eingang an der Commonwealth Ave. überragt ein bronzenes Reiterstandbild von George Washington, 1881 von Thomas Ball geschaffen, die Anlage und blickt in Richtung Prachtallee der Stadt.

Die Back Bay

Westlich des *Public Garden* beginnt die **Back Bay**, die sich entlang des Charles River bis hinunter zur Huntington Avenue zieht. Ortsfremde halten dieses Viertel oft für „Old Boston". Dabei entstand die Region wie der Public Garden auf Sumpfland und noch 1849 warnte die städtische Gesundheitsbehörde vor dieser „anstößigen und gesundheitsgefährdenden" Gegend. Dennoch begann man ab 1857 mit der Realisierung eines umfangreichen Bebauungsplans und errichtete elegante Reihenhäuser und einen breiten Boulevard nach französischem Muster mit Grünstreifen in der Mitte. Bis hinein in die 1880er-Jahre wurde dem Sumpf der Back Bay nach und nach über 240 ha Bauland abgerungen. Verkörpert Beacon Hill die Architektur der ersten Hälfte des 19. Jh., stehen die Bauten der Back Bay für dessen zweite Hälfte.

Prachtstraße

Hauptachse der Back Bay ist die breite **Commonwealth Avenue** (T-Station „Arlington"). Hier steht die **First Baptist Church** (*Ecke Clarendon St.*), deren Turm die Statuen berühmter Persönlichkeiten aus der Zeit der Erbauung schmücken: Ralph Waldo Emerson, Nathaniel Hawthorne oder Henry W. Longfellow. Zwischen Clarendon und Dartmouth St. befindet sich der wohl repräsentativste Abschnitt der „Comm Ave." mit noblen Geschäften, Cafés und Restaurants. Speziell dieser Teil hat dazu beigetragen, dass man sie auch als die „**amerikanische Champs-Elysées**" bezeichnet.

Statt ihr bis zum Ende an der Massachusetts Ave. zu folgen, sollte man die parallel im Süden verlaufenden beiden Straßen, die Newbury – auch als „**East Coast's Rodeo Drive**" bekannt – und die Boylston Street erkunden. Auch hier reihen sich Designerboutiquen, Galerien, teure Restaurants und Cafés in feinen Stadthäusern auf.

Unübersehbar überragt der blaugrün schimmernde Glasturm des **John Hancock Tower**, nach Plänen des Architekten I. M. Pei (*Pei Cobb Freed & Partners*) 1976 erbaut, die Back Bay. Der Turm – offiziell heißt er heute 200 Clarendon Street – gilt als der **höchste Bau Neuenglands** (241 m) und warf mit seiner ungewöhnlichen Glashaut zur Zeit der Erbauung erhebliche technische Probleme auf. Zu Füßen des Hochhauses breitet sich der **Copley Square** als zentraler Park aus.

Kontrastprogramm zur modernen Skyscraper-Architektur bietet die östlich davon liegende altehrwürdige **Boston Public Library**, 1895 von Charles McKim errichtet und 1972 von Philip Johnson erweitert. Mit rund 5 Mio. Bänden gehört sie zu den größten Bibliotheken der Welt, stellt aber auch Kunstwerke aus. Bei der **Trinity Church** hat man fast den Eindruck, dass sich diese 1877 erbaute neogotische Kirche bei Sonnenschein besonders fotogen im Hancock Tower nebenan spiegelt. Im Inneren eröffnet sich dem Besucher eine prächtige Ausstattung: Wandgemälde, Mosaiken, Holzschnitzereien und Buntglasfenster.

Um den Copley Square steht eine Reihe bedeutender Bauten, z. B. **Copley Place**. Dieser 4 ha umfassende Komplex mit Kinos, Restaurants und Geschäften wurde über dem im Untergrund verlaufenden *Massachusetts Turnpike* angelegt und ist mit Bostons erstem Wolkenkratzer, dem **Prudential Center** *(800 Boylston St.)* aus den frühen 1960ern (1994 renoviert) verbunden. Das gesamte Areal ist durch die Passagen zwischen beiden Einkaufszentren auch bei Regen ideal zum Bummeln. „**The Pru**" umfasst auch das 1988 konzipierte **John B. Hynes Veterans Memorial Convention Center**, ein Hotel, zwei Kaufhäuser sowie viele Geschäfte und Restaurants. Im 50. Stock des 52 Etagen hohen Prudential Tower können Besucher nicht nur die Bar oder das Restaurant besuchen, sondern zugleich vom **neu gestalteten View Boston** die grandiose Aussicht genießen.

View Boston, *https://viewboston.com, tgl. 10–22 Uhr, ab $ 30.*

John Hancock Tower am Copley Square

Südwestlich des Prudential Center handelt es sich bei der **First Church of Christ Scientist** *(175 Huntington Ave.)* um einen architektonisch interessanten Gebäudekomplex, bestehend aus der 1894 erbauten *Mother Church*, deren Anbau von 1904 und der *Publishing Society* (1933). In jüngerer Zeit kamen weitere Ergänzungen nach Plänen von I. M. Pei dazu. Sehenswert ist das zur Mary Baker Eddy Library gehörende **Mapparium**, ein überdimensionierter, von Ausstellungen umgebener Glasglobus.

Begehbarer Glasglobus

Gegründet worden war die Religionsgemeinschaft 1879 von Mary Baker-Eddy (1821–1910), die der Auffassung war, dass das ursprüngliche Christentum die „göttliche Wissenschaft vom wahren Sein ist, welche das Gesetz der universellen Harmonie darlegt". Für die Anhänger ist Gott das allmächtig Gute; zu dieser Erkenntnis gelangt, verliert das Böse, dazu gehören auch Krankheit und Tod, seinen Schrecken. Heute existieren Gemeinden in aller Welt, auch in Deutschland.

The Mapparium/The Mary Baker Eddy Library, *200 Massachusetts Ave., www.marybakereddylibrary.org, Mo–Sa 10–17, So 11–17 Uhr, $ 6.*

South End

An der Südseite der Huntington Ave. beginnt **South End**, einst das Viertel der armen Leute, dann Zentrum der Homosexuellen und heute gleichermaßen beliebt bei jungen Familien wie bei der *Gay Community* Bostons. Das bunte Gemisch junger

Menschen konnte den drohenden Verfall des Stadtteils abwenden. Zahlreiche der viktorianischen Reihenhäuser wurden renoviert. Das Viertel zeichnet sich heute durch multikulturelles Flair aus, besonders um **Worcester** oder **Union Park Square**. Das künstlerische Herz schlägt im **Boston Center for the Arts/BCA** (*539 Tremont St., www.bcaonline.org*) mit Botson Ballet, Künstlerateliers, Galerien, einem experimentellen Theater und einem Cyclorama in einem kuppelförmigen Bau von 1884 (*Mo–Fr 9–17 Uhr*). In diesem finden auch Antikmärkte, Ausstellungen und andere Veranstaltungen statt.

Multikulturelles Flair

Tipp: Bummel in South End

Man sollte sich unbedingt für einen Bummel in South End Zeit nehmen. Hier gibt es viele ausgefallene Läden und ungewöhnliche Boutiquen. Einen solchen Ausflug (Silver Line-Busse Richtung Dudley Square bis „Mass. Ave.“ oder Orange Line „Mass. Ave.“) kann man ideal mit einem Essen in einem der Lokale beschließen.

Beehive Restaurant (**9**), 541 Tremont St., www.beehiveboston.com; legendäres Bistro der lokalen Bohème-Szene, aber auch berühmt für Jazz-Konzerte.

The Butcher Shop (**11**), 552 Tremont St.; nicht nur eine Metzgerei mit tollen hausgemachten Würsten, sondern gleichzeitig eine Wein-Bar mit guten Appetizern und Wurstwaren.

Franklin Café (**13**), 278 Shawmut Ave.; Restaurant mit kleiner Bar, die berühmt für die leckeren Gerichte ist und daher von den Locals viel frequentiert wird.

Hudson, 12 Union Park St.; neben Wohnungseinrichtung ungewöhnliche Accessoires.

Foodie‘s Urban Market (**10**), 1421 Washington St.; Supermarkt in Familienbesitz, vieles aus regionaler/lokaler Produktion, *organic food*, große Getränkeauswahl und kalte/heiße Theken für den Imbiss.

Michele Mercaldo Jewelry, 276 Shawmut Ave.; Atelier und Laden der bekannten Schmuckdesignerin.

Picco (**8**), 513 Tremont St., www.piccoboston.com; hier gibt es eine der besten Pizzen der Stadt, aber auch andere kreative Gerichte mit mediterranitalienischem Touch.

Formaggio Kitchen (**12**), 268 Shawmut Ave.; die beste Käseauswahl der Stadt, dazu leckere Feinkost und Sandwiches.

(s. Karte hintere Umschlagklappe)

Boston Museum of Fine Arts

Museum der Extraklasse

Viele Besucher streifen South End nur auf dem Weg entlang der Huntington Ave. in südwestliche Richtung zu den großen Kunstinstitutionen Bostons: der **Symphony Hall** – Heimat der Symphoniker und des Boston Pops Orchestra – und dem **Boston Museum of Fine Arts**. Das „**MFA**“ wurde 1909 eingerichtet und gilt als eines der angesehensten und umfassendsten Museen der USA. Das MFA verfügt über eine der besten Sammlungen **amerikanischer Kunst des 18. und 19. Jh.** Abgesehen von qualitätsvollen Ausstellungsstücken aus dem Bereich der dekorativen Kunst (v. a. Möbel und Geschirr) sind die Gemälde von Künstlern wie John S. Sargent, Winslow Homer, der *Hudson River School* (u. a. Cole und

South End Boston – ideal zum Bummeln

Bierstadt), Fitz Hugh Lane oder J. Singleton Copley sehenswert. Von Gilbert Stuart signiert ist das unvollendete Porträt von George Washington, das der Ein-Dollar-Note als Vorlage diente, sowie jenes seiner Frau Martha. Charles Willson Peale ist ebenso vertreten wie Daniel Chester French, der die Statue im Lincoln Memorial in Washington schuf, von der hier ein Modell ausgestellt ist.

Das MFA bietet aber noch weit mehr: eine exzellente **Sammlung antiker Kunst** (griechische und römische Keramik, Skulpturen sowie Kleinkunst), die beste Kollektion ägyptischer Kunst des Alten Reiches außerhalb Kairos und eine der umfassendsten Sammlungen asiatischer Kunst weltweit. Nach dem Besuch – der leicht zwei bis drei Stunden dauern wird – lohnen abschließend ein Blick in den Museumsladen und eine Pause im Museumscafé oder -restaurant.
Boston Museum of Fine Arts, *465 Huntington Ave. (T Green Line „Museum"), www.mfa.org, Mi–Mo 10–17, Do/Fr bis 22 Uhr, $ 27.*

Isabella Stewart Gardner Museum

Nur wenige Schritte vom MFA entfernt liegt das **Isabella Stewart Gardner Museum**. Es ist ein ebenso fantasievoller wie prächtiger Palast einer exzentrischen Millionärin gleichen Namens. Inspiriert von venezianischen Palazzi des 15. Jh. ließ Gardner 1899 ein mehrstöckiges Gebäude um einen glasüberdachten Innenhof errichten. In den Galerien ringsum ist auf drei Etagen ihre umfangreiche Sammlung von Kunstwerken verschiedenster Genres und Epochen ausgestellt: über 2.500 Bilder, Skulpturen, Wandbehänge, Möbelstücke, Manuskripte und seltene Briefe, Bücher und Beispiele dekorativer Kunst.

Exzellente Privatsammlung

Der Schwerpunkt der Sammlung liegt auf **italienischer Renaissance-Malerei** und **amerikanischer Malerei des 19. Jh**. Bei der prunkvollen Eröffnung des

Museums am 1. Januar 1903 als „Fenway Court“ mit einem Konzert des Boston Symphony Orchestra legte die Gründerin fest, dass das Museum ein Ort der Inspiration für Künstler aller Genres sein solle. Seither gehören Konzerte u. a. Veranstaltungen zum festen Programm, aber auch Stipendien werden vergeben.
Isabella Stewart Gardner Museum, *280 The Fenway (T Green Line „Museum“), www.gardnermuseum.org, Mo, Mi–Fr 11–17, Do bis 21, Sa/So 10–17 Uhr, $ 20, Café, verschiedene Veranstaltungen sowie Gartenanlage.*

Fenway Park

Legendäres Baseball-Stadion

Nördlich des Museums breitet sich ein weiterer Park aus – **Back Bay Fens**. Dahinter liegt im Stadtviertel **Fenway** ein weiterer „Heiliger Gral“ der Bostonians, der **Fenway Park**. In dem 1912 erbauten Stadion sind die **Boston Red Sox** zu Hause, die legendäre Baseball-Mannschaft der Stadt. **Babe Ruth**, der berühmteste Baseball-Spieler aller Zeiten, trug bis 1920 stolz das Trikot der Red Sox bis er an den Erzrivalen aus New York, an die Yankees, verkauft wurde. Von da an lag ein Fluch auf der Mannschaft. Mit Babe hatten die Red Sox 1918 noch die Meisterschaft geholt. Doch dann verhinderte der „*Curse of the Bambino*“ – „Bambino“ war der Spitzname von Ruth – weitere Titel: Erst als 2004 die Red Sox nach vielen unglücklichen Finalteilnahmen endlich wieder Meister wurden, war der Fluch gebrochen. Das Team holte zur Freude der leidgeprüften, aber treuen Red Sox Nation seither gleich noch drei Titel – zuletzt 2018.
Fenway Park, *4 Yawkey Way (T Green Line „Kenmore“), Details zu Touren ($ 25) siehe www.mlb.com/redsox/ballpark/tours.*

Fenway Park, das älteste Baseballstadion der Welt

info

Mekka der Red Sox Nation: der Fenway Park

Das „**Green Monster**" kennt in Boston jedes Kind, und keines hat Angst vor ihm. Im Gegensatz zu manchen gegnerischen Baseballprofis, die beim Versuch, den Ball nach einem Schlag zu fangen, unliebsame Bekanntschaft mit dem „grünen Monster" gemacht haben. Gemeint ist die etwa 11 m hohe und 73 m lange Mauer, die seit 1934 die linke Außenwand des Outfields bildet.

Das Green Monster ist der bekannteste Teil des **Fenway Park**, des ältesten noch immer betriebenen Baseballstadions der Welt. Seit dem 20. April 1912 sind hier, mitten im Stadtviertel **Fenway**, die **Boston Red Sox** zu Hause. Bei Heimspielen – während der Saison immerhin 82 – steigt schon Stunden vor Beginn in den Kneipen und Straßen im Umkreis die Partystimmung. Für viele Fans der **Red Sox Nation** kommt der Besuch dieses Stadions einer Pilgerreise gleich: Ehrfürchtig durchschreitet man die altehrwürdigen Umgänge und setzt sich auf einen der alten Holzklappstühle aus den 1930ern. Auch wenn graduell Teile des Stadions modernisiert werden, sind viele Ecken des Baus noch original wie zu Entstehungszeiten. Den wahren Baseballfan stört es auch kaum, dass sich hier nicht selten Stützpfeiler im Blickfeld befinden, dazu ist die Stimmung viel zu gut: „**Go Red Sox!**" Fans und Spieler hängen an ihrem alten Stadion. Eine weitere Besonderheit ist der „**Lone Red Seat**" (rechtes Outfield, Section 42, Row 37, Seat 21): Er markiert den Punkt, an dem der längste jemals im Fenway Park geschlagene Home Run aufschlug. Das Kunststück gelang Ted Williams, der am 9. Juni 1946 den Ball 153 Meter weit in die Zuschauerränge schlug.

Seit die Red Sox gleich viermal – 2004, 2007, 2013 und 2018 – nach 1918 wieder den Titel gewinnen konnten, sind die Fans aus dem Häuschen. Bei manchem Heimspiel – besonders gegen die New York Yankees – scheint das alte Stadion aus allen Nähten zu platzen. Doch bisher hat der „alte Kasten" – seit 2006 wurde der Fenway Park in die aktualisierte Ausgabe des Spiels Monopoly gewählt und ist nach dem New Yorker Times Square der zweitteuerste Platz – jedem Sturm standgehalten – und das schon seit über 100 Jahren ...

Ausflug zur John F. Kennedy Library & Museum

Obwohl dieses Museum etwas abseits liegt, lohnt sich die Fahrt dorthin: Die **JFK Library & Museum**, im Süden der Stadt, wo auch das Government Center liegt, ist untergebracht in einem großen, modernen Bau und wartet außer mit einer Bibliothek und einem großen Shop mit interessanten Ausstellungen und Nachbauten auf. Im Untergeschoss des „Presidential Museum" erfährt der Besucher anschaulich und multimedial präsentiert viel über das Leben und das Wirken des Präsidenten John F. Kennedy, kann einen Film sehen und nachgebaute Räume wie das Oval Office, die Kleidung der First Lady oder ein Bankett bewundern.

JFK Library & Museum, *Columbia Point (T Red Line „JFK/UMass", ab hier alle 20 Min. freier Shuttle-Bus), www.jfklibrary.org, tgl. 9–17 Uhr, $ 18.*

Reisepraktische Informationen Boston/MA

Information

Das **Greater Boston CVB** *(www.meetboston.com) betreibt den* **Boston Common Visitor Information Desk**, *139 Tremont St., Mo–Fr 8.30–17, Sa/So 9–17 Uhr.*

Aktuelle Infos *liefern auch die Tageszeitung „Boston Globe“ und das „Boston Magazine“ (www.bostonmagazine.com). Interessant v. a. in Sachen Shops und Unterhaltung: www.downtownboston.org.*

Tipp

CityPASS, https://de.citypass.com/boston, $ 79 für vier Attraktionen (Aquarium, Museum of Science, View Boston, Zoo, Harvard Museum of Natural History oder Boston Harbor Cruises).
Go Boston Card, https://gocity.com/boston/en-us, zwei Passtypen für freie Eintritte: entweder für 1–7 Tage (ab $ 79) oder für 2–5 Attraktionen (ab $ 59).

Touren

Blue Bikes, *Fahrradverleih an rund 140 Stationen im Großraum, www.bluebikes.com, 24- oder 72-Stunden-Pässe erhältlich. Dank des gut ausgebauten Radwegenetzes eine Alternative zum ÖNV!*
Boston By Foot, *77 N. Washington St., https://bostonbyfoot.org; seit über 40 Jahren bietet das Unternehmen interessante Spaziergänge zu historischen und architektonischen Themen an.*
Boston Duck Tours, *https://bostonducktours.com, tgl. ab 9 Uhr halbstündig Touren, $ 40; im Amphibienfahrzeug inklusive „Abtauchen“ in den Charles River; Start und Ticketverkauf u. a. im Prudential Center (790 Boylston St.).*
Boston Harbor Cruises, *1 Long Wharf, www.cityexperiences.com/boston/city-cruises; verschiedene Hafenrundfahrten, Whale Watching u. a. Touren sowie regelmäßige Fährverbindungen u. a. nach Salem.*
Old Town Trolley Tours of Boston, *380 Dorchester Ave., www.trolleytours.com/boston, tgl. 9–17 Uhr; 90-min.-Touren mit mehreren Stopps und beliebigen Unterbrechungen, Infokiosk vor dem New England Aquarium, $ 69 (1 Tag, günstiger online!).*
The Swan Boats of Boston, *Boston Public Garden, https://swanboats.com; seit 1877 bestehende Tradition: 15-min. Paddelbootfahrten für Familien, $ 3,50, im Sommer 10–27 Uhr.*
Boston Harbor Islands NP, *Fähren, Touren und Infos: Long Wharf, www.bostonharborislands.org; Fähren $ 25, verschiedene Touren im Sommer. Die südöstlich Bostons gelegenen Inseln in der Massachusetts Bay – u. a. Long, Gallop's, Lovell's, George's und Peddock's Island – sind leicht erreichbar und bieten Naturerlebnis und Erholung, historische Forts und Leuchttürme.*
Fähren *von Boston nach Provincetown (Highspeed und reguläre Boote) z. B.* **Bay State Cruise Company**, *https://baystatecruisecompany.com, bzw. nach Salem* **Boston Harbor Cruises**, *s. oben.*

Tipp: Brauereitouren

Harpoon Brewery, 306 Northern Ave. (Silver Line-Waterfront Bus ab South Station bis „Harbor Street"), www.harpoonbrewery.com, Beer Hall tgl. ab 11 Uhr, Touren tgl. (s. Internet), Brewery Store (Bierverkauf) und Veranstaltungen.

Samuel Adams Brewery (Boston Beer Company), 30 Germania St. (T Orange Line bis „Stoney Brook"), www.samueladams.com, verschiedene Touren von $ 10 bis $ 50, mit Taproom und Shop.

Trillium Brewing Co., 47 Farnsworth St. (Fort Point); https://trilliumbrewing.com, Pub nahe dem Tea Party Ship, außerdem Biergartenbetrieb am Greenway.

Democracy Brewing, 35 Temple Pl. (Downtown Crossing), www.democracybrewing.com, „Bierhalle" mit Restaurantbetrieb.

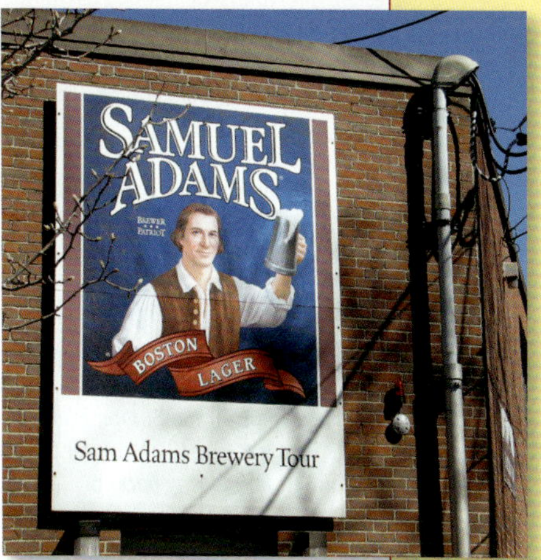

Samuel Adams Brewery

Unterkunft (s. Karte in der hinteren Umschlagklappe)

Wie in den meisten Großstädten und speziell in Neuengland sind auch in Boston die Übernachtungspreise (und die Parkgebühren) hoch. Wer sparen möchte, muss auf ein Kettenhotel, zumeist am Stadtrand, z. B. an der I-95, ausweichen.

B&B Agency of Boston, ☏ *(617) 720-3540, www.bbonline.com/united-states/massachusetts/boston/bnb.html; Zimmervermittlung in etwa 150 B&Bs in Boston, DZ ab $ 100.*

Found Hotel Boston Common $$$ (3), *78 Charles/Stuart St.,* ☏ *(617) 426-6220, www.foundhotels.com/cities/boston; günstig nahe dem Boston Common in einem typischen Brownstone-Haus und dazu für Bostoner Verhältnisse preiswert; neu renovierte Zimmer, Frühstück inklusive.*

InterContinental Boston $$$–$$$$$ (2), *510 Atlantic Ave.,* ☏ *(617) 747-1000, www.icbostonhotel.com; DZ ab $ 300, diverse Packages mit Touren, Bootstrips, Essen und anderen Vergünstigungen. Spektakulärer Bau an der Waterfront mit 424 geräumigen Zimmer und Suiten, geschmackvoll und modern eingerichtet mit großen Badezimmern, mit Spa und Restaurants.*

Hotel AKA Back Bay $$$$ (4), *154 Berkeley St.,* ☏ *(617) 266-7200, www.stayaka.com/hotel-aka-backbay; das ehemalige Loews Boston Hotel im ehemaligen Polizeihauptquartier aus den 1920ern wurde zum neuesten Boutiquehotel der Stadt mit 222 gut ausgestatteten Zimmern, Restaurant und Bar umgebaut.*

Park Plaza Hotel $$$$–$$$$$ (6), *50 Park Plaza,* ☏ *(617) 426-2000, www.bostonparkplaza.com; 1927 als Strater Hotel eröffnet, mit über 1.000 Zimmern. Neu renoviert und sehr gediegen mit empfehlenswertem Restaurant, Spa und Leica Gallery im Haus.*

Hotel AKA Boston Common $$$$$ (1), *90 Tremont St., ☎ (617) 772-5800, www.stayaka.com, luxuriöses Boutique-Hotel mit 190 Zimmern in ungewöhnlichem Design, mit Fitness-Center und allem Komfort, zu dem Better Sorts Social Club zugehörig.*
The Fairmont Copley Plaza Hotel Boston $$$$$ (5), *138 St. James Ave., ☎ (617) 267-5300, www.fairmont-copley-plaza.com, alteingesessenes, großes Top-Hotel am Copley Square, bekannt als „The Grande Dame of Boston“.*

Restaurants

„Up and coming“ ist das **South End Bostons**, *s. Tipp oben, S. 254.*
Artú Boston (2), *6 Prince St., nahe Paul Revere House; kleine italienische Trattoria mit schmackhaften Gerichten zum Mitnehmen oder Dortessen, preiswert und gute Portionen.*
Bruegger's Bagel Bakery (5), *www.brueggers.com, preiswerte Bäckerei mit mehreren Filialen, u. a. 7 School St., neben dem Old Corner Bookstore; frische Bagels mit diversen Cream Cheeses und Sandwiches nach Wunsch; dazu Kaffee aus eigener Rösterei.*
Cheers (6), *84 Beacon St., www.cheersboston.com; berühmt wegen der gleichnamigen Sitcom. Bekannt für die Burger, Filiale im Faneuil Hall Marketplace.*
Mike's Pastry (3), *300 Hanover St., tgl. 8–mind. 21 Uhr; italienische Spezialitäten, vor allem Süßes, im Haus gebacken.*
Figs (1), *67 Main St., Charlestown, ☎ (617) 242-2229; Chef Todd Englishs Restaurant gilt als eines der besten der Stadt (mediterrane Küche).*
Ye Olde Union Oyster House (4), *41 Union St., http://unionoysterhouse.com; seit 1826 eine Bostoner Institution, berühmt für Fisch und Meeresfrüchte, erschwingliche, große Portionen.*
Boston Public Market *(7), 100 Hanover St., https://bostonpublicmarket.org; Mischung aus Markthalle und Food Hall mit vielen kleinen Imbisslokalen, ideal zum Lunch, für einen Snack oder auf einen Drink!*

Einkaufen

Beliebte Shopping-Areale sind **Newbury** *und* **Boylston St.** *in Back Bay, um* **Downtown Crossing** *(Winter/Washington St.) sowie – trendig und schick:* **South End** *(Tremont, Shawmut, Washington). Auch* **Beacon Hill** *(Charles St.),* **North End** *(v. a. Hanover und Salem St., viele Italiener) oder das Areal um den* **Harvard Square** *in Cambridge bieten sich an.*
Copley Place, *100 Huntington Ave. (Back Bay), www.simon.com/mall/copley-place; mit zahlreichen Shops bekannter Marken.*
Faneuil Hall Marketplace, *4 South Market Bldg./Dock Square, www.faneuilhallmarketplace.com; bestehend aus North and South Market, Quincy Market (v. a. Imbissstände aller Art) und Faneuil Hall und S/N Market (v. a. Shops), sehr touristisch.*
Haymarket, *Gassen um Quincy North Market; Fr/Sa Wochenmarkt mit Obst, Gemüse, Fisch (auch Imbiss).*
The Shops at Prudential Center, *Boylston St., www.prudentialcenter.com; Kaufhäuser, Essensstände, Supermarkt sowie viele kleinere Läden und Lokale. Neueste Zufügung ist* „**Eataly**“ *(italien. Feinkost).*

Nachtleben

Clubs, Bars und Diskos finden sich gehäuft in **Back Bay** *und um den* **Fenway Park**, *z. B. in der Lansdowne St., an der Commonwealth Ave., in* **South End** *(Tremont St., Shawmut, Washington Ave.) und in* **Cambridge**, *z. B.:*

Paradise Rock Club, *967 Commonwealth Ave., https://crossroadspresents.com/pages/paradise-rock-club; wechselndes Programm, v. a. Rock live.*
Weitere Tipps *findet man unter www.meetboston.com/things-to-do/nightlife-and-entertainment.*

Unterhaltung

Boston bietet eine große Vielfalt an Theater und Konzerten. Weltberühmt sind nicht nur das **Boston Symphony Orchestra**, *sondern auch das* **Boston Philharmonic Orchestra** *und die* **Kammermusikkonzerte** *im Isabella Stewart Gardner Museum. Auch das Theaterleben ist mit klassischen und modernen Bühnenstücken, Broadway-Shows und Musicals vielseitig.*
BosTix, Infokiosk Copley Square *(Mo–Sa 10–18, So 11–16 Uhr) oder neben der* **Faneuil Hall** *(Di–Sa 10–18, So 11–16 Uhr); verbilligte Karten für verschiedenste Veranstaltungen (auch Museen und Sport) ab 11 Uhr des Veranstaltungstages; www.artsboston.org/sellbostix sowie www.todaytix.com/boston/category/all-shows; halbe Preise bei www.boston-discovery-guide.com/bostix.html.*
Boston Symphony Orchestra/Boston Pops, *Symphony Hall, 301 Massachusetts Ave., www.bso.org, Okt.–April Konzerte des weltberühmten Orchesters, im Sommer „Boston Pops" in der Symphony Hall bzw. Openair-Symphoniekonzerte in Tanglewood/Berkshires.*
Boston Center for the Arts, *539 Tremont St., https://bostonarts.org; verschiedenste Veranstaltungen in Bostons South End.*
Loeb Drama Center, *64 Brattle St., Cambridge, https://americanrepertorytheater.org; Aufführungen des American Repertory Theatre.*

Veranstaltungen

Boston Marathon, *www.baa.org/races/boston-marathon, der älteste Marathon der USA am Patriot's Day, Mitte April.*
Boston Harborfest, *www.bostonharborfest.com, großes Stadtfest Anf. Juli, mit verschiedenen Veranstaltungen am Hafen und in der Innenstadt.*
Boston Pops, *www.bso.org/pops, das berühmte Sommerorchester der Symphonie spielt Open-Air am Charles River im Juli und August.*

Zuschauersport

Boston Bruins, *www.nhl.com/bruins, die Eishockey-Profis der NHL spielen von Okt.–April im TD Banknorth Garden, Causeway St. (T Green oder Orange Line „North Center").*
Boston Celtics, *www.nba.com/celtics, das legendäre NBA-Team trägt seine Basketballspiele ebenfalls im TD Banknorth Garden von Nov.–April aus.*
Boston Red Sox, *www.mlb.com/redsox, die Baseballer der AL (American League) des MLB (Major League Baseball) spielen von April–Okt. im historischen Fenway Park (4 Yawkey Way, T Green Line „Kenmore").*
New England Patriots, *www.patriots.com, die American Footballer der NFL, fünfmaliger Meister (zuletzt 2016), spielen Sept.–Dez. im Gillette Stadium im Vorort Foxboro (I-95, etwa 40 km südwestl. Richtung Providence/RI).*
New England Revolution, *www.revolutionsoccer.net, die Profi-Fußballer des MLS (Major League Soccer) treten ebenfalls in Foxboro (Gillette Stadium), von Mai–Okt., an.*

Verkehrsmittel

Flughafen

Boston Logan International Airport *(BOS, www.massport.com/logan-airport), etwa 5 km östlich des Stadtzentrums, kostenlose Shuttle-Busse von und zu den einzelnen Terminals, zu Parkplätzen und T-Station sowie zum Rental Car Center. Infos: www.massport.com/logan-airport/to-from-logan/transportation-options, außerdem Taxis (kein Festpreis!).*

Blue Line *ab T-Station „Airport“ ins Stadtzentrum (Government Center), außerdem* **Silver Line SL1** *(Bus, kostenlos) zu Bostons South Station (Bahnhof); Info: www.massport.com/logan-airport/to-from-logan/transportation-options/taking-the-t*

Kostenloser Shuttle-Bus (Route 66) von den Terminals zum **Water Shuttle** *(Logan Dock), der werktags 8–18 Uhr im Viertelstundentakt, So alle 30 Min. zur Rowes Wharf/Harbor Front verkehrt ($ 12), Infos: www.massport.com/logan-airport/to-from-logan/transportation-options/water-transportation.*

Eisenbahn und Busse

South Station, Atlantic Ave./Summer St. (T Red Line „South Station“), www.amtrak.com, Amtrak-Bahnhof mit stündl. Schnell-Service (Acela oder Metroliner) nach New York, Philadelphia und Washington sowie Richtung Chicago, dazu Nahverkehrszüge nach Süden. Angrenzend ist der zentrale Busbahnhof der Stadt (Greyhound, Boltbus und lokale Busse).

North Station, *Causeway St. (T Green&Orange Line „North Station“),Amtrak-Züge „Downeaster“ nach Brunswick/ME – viermal tgl., Stopps in MA, NH und ME (u. a. Portland und Freeport), Infos: www.amtrakdowneaster.com; außerdem Nahverkehrszüge nach Norden (u. a. Salem und Newburyport).*

Zwei weitere, kleinere Amtrak-Bahnhöfe (Züge Richtung New York) sind **Back Bay** *und* **Route 128 Station**.

Nahverkehr

Boston verfügt über ein gut ausgebautes U-/S-Bahn-Netz, genannt „**Tube**“, *abgekürzt* „**T**“ *und unter der Ägide der Massachusetts Bay Transportation Authority (MBTA) stehend. Obwohl einige Linien in die Jahre gekommen sind, ist das Netz an U- bzw. Trambahn-Linien und Haltestellen dicht. Es gibt vier Linien auf Schienen –* **Blue**, **Green**, **Red** *und* **Orange** *– sowie die* **Silver Line** *(Bus), werktags 5–0.45, So ab 6 Uhr verkehrend. Zudem gibt es 12 S-Bahn-Linien in das Umland.*

Infos: *☏ (617) 222-3200, www.mbta.com.*

Tickets: *Ein CharlieTicket kostet im Stadtgebiet 2,40.*

Pässe für Besucher, *One Day: $ 11, 7 Tage $ 22,50 (in den Stationen Back Bay, Downtown Crossing, Harvard, North und South Station erhältlich).*

Cambridge/MA

Von Bostons Innenstadt ist es ein Katzensprung per U-Bahn nach **Cambridge**, Heimat der berühmten **Harvard University**. Der Ort liegt am Nordufer des Charles River, gegenüber des Bostoner Viertels Back Bay. Steigt man an der T Red Line Station „Harvard“ aus, steht man mitten im Uni-Städtchen und beginnt die Schriftstellerin Elizabeth Hardwick zu verstehen, die Boston und Cambridge einmal als die „zwei Enden eines Schnurrbarts“ bezeichnete.

Es handelt sich tatsächlich um zwei zwar nahe gelegene, aber höchst unterschiedliche Städte. Cambridge wurde als „**New Towne**“ **1630**, wie Boston, gegründet. Die Harvard University entstand sechs Jahre später als Priesterseminar. Im Laufe der Zeit entwickelte sich daraus eine allgemeine Hochschule und Eliteuniversität mit heute rund 21.000 Studenten und über 2.400 Lehrkräften. Schon immer galt der Ort als das geistige Zentrum der USA. Doch Harvard ist nicht die einzige „Denkfabrik“ in Cambridge.

Geistiges Zentrum

Der Ort ist zugleich Heimat des berühmten **M.I.T.**, des **Massachusetts Institute of Technology** (*77 Massachusetts Ave., T Red Line „Kendall“*). Seit seiner Gründung 1861 ist das M.I.T. Heimat vieler Wissenschaftseliten. Interessant auf dem Campus sind die Kapelle, das Kresge-Auditorium von Eero Saarinen mit charakteristischem Zeltdach und das Naturkundemuseum (*265 Massachusetts Ave.*). Im **MIT Museum** gibt es Ausstellungen zu wissenschaftlichen und technischen Themen sowie die wohl größte nautische Sammlung in den USA zu sehen.
MIT Museum, *314 Main St. (Gambrill Center), https://mitmuseum.mit.edu, tgl. 10–17 Uhr, $ 18.*

Old Cambridge

Am **Harvard Square** befinden sich nicht nur die U-Bahnstation und ein Info-Kiosk, sondern reihen sich auch etliche Läden und Kneipen auf. Besonders lohnt ein Blick in den **COOP**, ein Kaufhaus, das 1882 als Universitätsbuchhandlung gegründet worden war. Heute werden in mehreren Gebäuden und Abteilungen schwerpunktmäßig Universitätssouvenirs, Studienmaterial, Schreib- und Papierwaren, Computerausrüstung und Sport-/Freizeitkleidung verkauft.

Im Nordosten des Platzes beginnt der alte **Campus** der Harvard University. Westlich davon schließt sich **Cambridge Common**, der Stadtpark, an. Hier übernahm am 4. Juli 1775 George Washington das Kommando über die Continental Army. Drei Kanonen, die die Briten nach ihrem Rückzug 1776 zurückließen sowie das Bronzerelief „Washington zu Pferde“ erinnern an dieses Ereignis. An der Südseite des Parks erhebt sich die **Christ Church** von 1771, dahinter die **First Church** und der Eingang zum *Radcliffe College*. Einst eine reine Frauenhochschule, ist sie seit 1975 Teil von Harvard.

In der Brattle Street geben einige historische Häuser, wie das **Henry Vassal House** (Nr. 94), eine Vorstellung davon, wie es in jenen Tagen des Unabhängigkeitskampfes hier aussah. Dieser Straßenzug war als „**Tory Row**“, als Wohnort der Königstreuen, bekannt. Literaturfreunde sollten das **Longfellow House** nicht versäumen. 1843 bekam es der Dichter Henry Wadsworth Longfellow (1807–1882) zu seiner Hochzeit von seinem Schwiegervater geschenkt.
Longfellow House, *105 Brattle St., www.nps.gov/long, VC nur HS Fr–Mo 9.30–17 Uhr, Touren HS Mi–So stündlich, Eintritt frei.*

Die Eliteuniversität Harvard

Die 1636 gegründete **Harvard University** gilt als die reichste Hochschule der Welt. Sie zählt zu den renommiertesten. Wer hier studiert hat, hat beste Chancen, in die Führungselite der USA aufzusteigen. Allein **acht US-Präsidenten** absolvierten hier ihr Studium, über 150 Nobelpreisträger studierten, forschten oder lehrten hier. Bei der Auswahl kommt es weniger auf einen herausragenden Notendurchschnitt an als auf Qualitäten wie soziales Engagement, Führungsfähigkeiten, Charakterstärke und Reife.

Reichste Uni der Welt

Die Atmosphäre auf dem Campus ist noch puritanisch geprägt. Die Devise lautet „harte Arbeit unter strenger Aufsicht“. Man besucht einzelne „Schulen“ (statt Fakultäten), Professoren werden „Lehrer“ genannt und das Gemeinschaftserlebnis steht im Vordergrund. Das beginnt mit dem gemeinsamen Essen in der *Annenberg Hall* und endet in den obligatorischen Vierer-Wohngemeinschaften auf dem Campus, zu denen Studienanfänger bunt zusammengewürfelt werden, um soziale Kompetenz und Integrationsbereitschaft zu fördern.

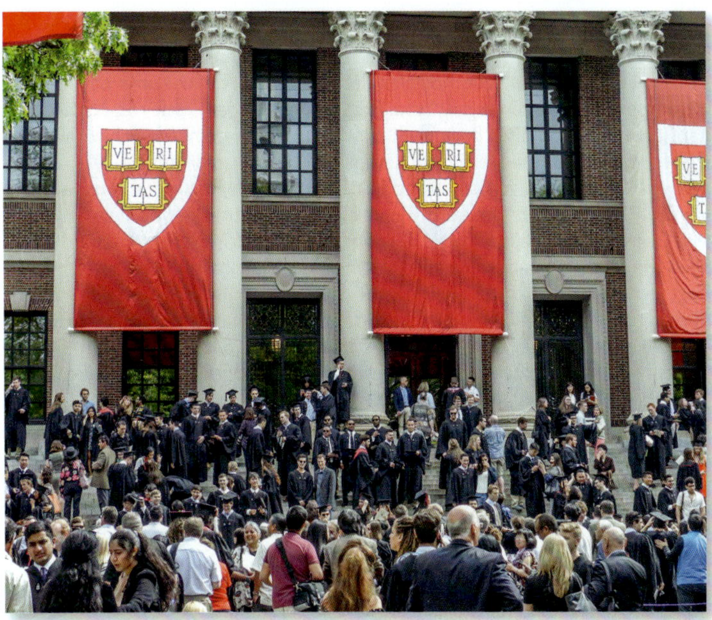

„Big Deal": Abschlussfeier an der altehrwürdigen Harvard University

Direkt im Nordosten des **Harvard Square** beginnt der alte **Campus**. Den Mittelpunkt bildet der **Harvard Yard**, um den herum sich die altehrwürdigen Bauten gruppieren. Man betritt den Campus durch ein breites Eisentor, über dem eine Inschrift – *„Enter to grow in Wisdom"* – Besucher, Studenten und Professoren willkommen heißt.

Der älteste erhaltene Bau ist die **Massachusetts Hall** von 1720, zunächst Studentenheim, während des Unabhängigkeitskrieges Unterkunft der Milizen, anschließend Hörsaal und Theater und seit 1939 Sitz des Universitätspräsidenten. In unmittelbarer Nachbarschaft steht die **Holden Chapel** von 1744. Das Zentrum der Anlage bildet die 1815 von Charles Bulfinch aus weißem Granit erbaute **University Hall**, vor der ein Denkmal John Harvards steht, das der Bildhauer Daniel Chester French (1884) gefertigt hat. John Harvard, ein Geistlicher, hatte nach seinem Tod 1638 sein ganzes Vermögen der Uni vermacht, die sich daraufhin ihm zu Ehren umbenannte. Östlich der University Hall liegen die **H. H. Richardson's Sever Hall** (1880), die **Memorial Church** (1932) und die **Widener Library**, ein Geschenk der Mutter von Harry Elkins Widener, der beim Untergang der „Titanic" umkam. Sie ist eine von zahlreichen Uni-Bibliotheken, die gemeinsam 12 Mio. Bände und damit den drittgrößten Buchbestand einer amerikanischen Bibliothek umfassen.

„Enter to grow in Wisdom"

Harvard Museums

Harvard hat mehrere hochkarätige Museen zu bieten. Diese sind zu zwei Komplexen zusammengefasst. Der neue Komplex der **Havard Art Museums** befindet sich gegenüber dem „Hinterausgang" vom Harvard Yard an der Quincy St. Nach erfolgter Renovierung der alten Bauten und Errichtung eines verbindenden Neubaus nach Plänen von Renzo Piano, eröffnete der neue Museumskomplex Ende 2014. Zu den *Harvard Art Museums* gehören **Fogg Museum, Busch-Reisinger Museum** und **Arthur M. Sackler Museum**. Rund 150.000 Kunstwerke von der Antike bis zur Gegenwart und aus Europa, Nordamerika, Nordafrika, dem Mittleren Osten, Südasien, Ostasien und Südostasien sind hier versammelt. Im Kunstmuseum **Fogg** liegt der Schwerpunkt auf europäischer und amerikanischer Kunst. Das **Bush-Reisinger Art Museum** widmet sich v. a. dem Design in Nordeuropa nach 1880 sowie dem deutschen Expressionismus. Das **Arthur M. Sackler Museum** schließlich beherbergt bedeutende Sammlungen römischer und griechischer Antiken sowie islamische und orientalische Abteilungen.

150.000 Werke aus allen Epochen

Harvard Art Museums, *32 Quincy St., https://harvardartmuseums.org, Di–So 10–17 Uhr, Eintritt frei.*

Südlich vom Fogg Art Museum fällt ein ungewöhnlicher Bau ins Auge: das **Carpenter Center for the Visual Arts (CCVA)**, das 1963 nach Plänen von Le Corbusier erbaut worden war.

CCVA, *24 Quincy St., https://carpenter.center, Do–So 12–18 Uhr, Eintritt frei. Ausstellungen und Filme im zugehörigen Harvard Film Archive.*

Weiter nordwärts folgt der zweite Museumskomplex: das **Harvard Museum of Natural History** und das **Peabody Museum of Archeology and Ethnology**. Teile des Erstgenannten sind das *Botanical Museum* – mit naturgetreuen Nachbildungen von über 700 Pflanzenarten –, das *Museum of Comparative Zoology* sowie das *Mineralogical & Geological Museum*. Das Peabody Museum beherbergt vor allem eine außergewöhnliche Sammlung von Alltags- und Kunstgegenständen der Indianer Amerikas. Auch die afrikanische und ozeanische Abteilung sind sehenswert.

Peabody Museum of Archeology & Ethnology, *11 Divinity Ave., https://peabody.harvard.edu, tgl. 9–17 Uhr, Kombiticket mit Harvard Museum $ 15.*

Havard Museum of Natural History, *26 Oxford St., https://hmnh.harvard.edu, tgl. 9–17 Uhr, Kombiticket mit Peabody Museum $ 15.*

Reisepraktische Informationen Cambridge/MA

(s. auch „Boston")

Information

Cambridge Office for Tourism/Visitor Information, *Harvard Sq.* **Infokiosk** *am Harvard Square (T Red Line „Harvard"), 1374 Massachusetts Ave., tgl. 9–17 Uhr,, www.cambridgeusa.org.*

Touren

Harvard Walking Tours, *von Studenten geführte Touren über den Campus, Infos: www.harvard.edu/visit/tours.*

Unterkunft

Kimpton Marlowe Hotel $$$$, *25 Edwin H. Land Blvd., ☏ (617) 868-8000, www.hotelmarlowe.com; günstig zu Bostons Innenstadt und zur CambridgeSide Galleria am Charles River gelegenes Boutique-Hotel mit ungewöhnlich gestalteten, superluxuriös ausgestatteten Zimmern. Abendliche Weinprobe, Fahrradverleih und hervorragender Service; zugehöriges Restaurant „Bambara" (American Brasserie).*

Restaurants

Rings um den Harvard Square gibt es mehrere Lokale, Imbisse und Cafés, z. B. **Zoe's (3)** *(1105 Massachusetts Ave.), ein 1950er-Jahre-Diner,* **Henrietta's Table (2)** *(1 Bennett St.) – regionale Bio-Küche – oder* **Veggie Galaxy (1)** *(450 Massachusetts Ave.), das als eines der besten vegetarischen Restaurants in Neuengland gilt.*

Einkaufen

Mehrere Buchläden und Shops um den Harvard Square; u. a.: **Harvard COOP**, *1882 als Universitätsbuchhandlung gegründet, inzwischen Uni-Kaufhaus (v. a. Schreibwaren, Bücher, Kleidung, Uni-Souvenirs) mit drei Filialen im Viertel.*

Die Wiege des Unabhängigkeitskampfes

Nur wenige Autominuten bzw. rund 10 km westlich von Cambridge – vom Cambridge Common auf der Massachusetts Ave. Richtung Nordwesten auf der Landstraße (Hwy. 2A) – erreicht man zwei historisch hochinteressante Orte: **Lexington** und **Concord**. Am 19. April 1775 war es hier zu den ersten militärischen Auseinandersetzungen zwischen den aufständischen Kolonisten und den britischen Ordnungskräften gekommen. **Hier begann der Unabhängigkeitskrieg**. Concord sollte auch aus einem weiteren Grund auf dem Besuchsprogramm stehen: Hier lebten im 19. Jh. die berühmtesten Literaten der jungen Nation.

Lexington

Folgt man der sogenannten **Battle Road** (*Massachusetts Ave. bzw. Hwy. 4/225*) weiter, passiert man die legendäre **Munroe Tavern** (Nr. 1332) von 1635. Der alte Gasthof diente während der militärischen Auseinandersetzungen am 19. April 1775 dem Kommandanten der „Rotröcke" (wegen ihrer Uniformjacken so genannt), dem englischen Brigadier General Earl Percy, als „Schaltzentrale".

Am **Battle Green** (*Massachusetts Ave./Bedford St.*) erinnert die Statue von Captain John Parker, dem Befehlshaber der „**Minute Men**", an den ersten Schuss, der am Morgen des 19. April 1775 fiel. Diese amerikanische Bürgermiliz war dafür bekannt, sofort einsatzbereit zu sein, da ihre Mitglieder die Waffen im eigenen Haus aufbewahrten – wohl versehentlich hatte ein nervöser Teenager beim Aufmarsch der britischen Truppen eher aus Versehen seine Flinte abgefeuert, was dann den Tod von acht *Minute Men* in den folgenden Auseinandersetzungen zur Folge hatte.

Am Patriots' Day im Minute Man NHP

An der Ostseite des Battle Green steht die **Buckman Tavern** von 1690 (*1 Bedford St.*). Hier saß Parker mit seinen 77 Freiwilligen am Abend vor dem Kampf beim Bier und wartete auf Paul Reveres Meldung, dass die Briten anrücken. John Hancock und Samuel Adams, beide engagierte, einflussreiche Kämpfer um die Unabhängigkeit, hatten sich in das nördlich gelegene **Hancock-Clarke House** (*36 Hancock St.*) zurückgezogen, ehe auch sie von Revere vom britischen Vormarsch hörten.
Munroe Tavern, *wie Buckman Tavern und Hancock-Clarke House Teil der* **Lexington Historical Society**, *www.lexingtonhistory.org, Details zu Touren siehe Website, Kombiticket: $ 25.*

Am westlichen Ortsrand von Lexington, jenseits der Autobahn I-95, erstreckt sich, durchschnitten von der Battle Road, der **Minute Man National Historical Park**. Die Straße folgt dem Weg der britischen Truppen am 19. April 1775, die im Begriff waren, in Concord die Waffenlager der Aufständischen auszunehmen. Den rund 400 Rotröcken traten im Lauf der Ereignisse über 100 Freischärler entgegen. Einen Überblick über die Ereignisse am 19. April 1775, besonders aber Informationen zu dem für die britischen Truppen verlustreichem Rückzugsgefecht nach Boston, liefert das Besucherzentrum anhand eines Films und Ausstellungen sowie einem ausgewiesenen Stück Weg auf der originalen Straße. Ein zweiter Teil des Minute Man NHP, mit einem weiteren VC, befindet sich in der Ortschaft Concord (s. unten).
Minute Man National Historical Park, *Minute Man VC, 250 North Great Road, Lincoln/MA, www.nps.gov/mima, April–Okt. tgl. 9–17 Uhr, Eintritt frei.*

Concord, das „Weimar der Neuen Welt“

New England wie aus dem Bilderbuch: weiß getünchte Kirchen, alte Häuser, ein überschaubares Zentrum mit Läden, Restaurants und Cafés: **Concord** ist eine beschauliche, wohlhabende kleine Stadt. Seine **Rolle im Unabhängigkeitskrieg** aber auch seine **Bedeutung als Literaturzentrum** machen das Städtchen zu einer gut besuchten Attraktion. Über eine Million Besucher drängeln sich alljährlich im Ort.

Concord war schon immer ein besonderes Pflaster: Freiheitsliebende Kolonisten, Literaten und Querdenker wie die Mitglieder der *Temperance Society* (Gegner des

Alkoholkonsums) oder des *Anti Slavery Movements* fühlten sich hier zu Hause. Erst nach dem Bürgerkrieg und mit einsetzender Industrialisierung veränderte sich die Bevölkerungsstruktur. Zuwanderer aus aller Welt fanden hier eine neue Heimat.

Heute steht Concord vor allem als „**Weimar der Neuen Welt**" im Mittelpunkt des Interesses. Der Ort war einst Zentrum des **Transzendentalismus**, der ersten amerikanischen Literaturbewegung, der zeitweise die bedeutendsten Schriftsteller der jungen Nation angehörten: Ralph Waldo Emerson, Henry David Thoreau, Nathaniel Hawthorne, Louisa May Alcott oder Margaret Fuller. Ihre Häuser locken auch heute noch viele Besucher.

Erste Station, von Lexington kommend, ist **The Wayside**. Dieses Haus verbindet die Ereignisse am 19. April 1775 mit der Zeit der großen Literaten. In dem 1687 erbauten Haus lebte zunächst Samuel Whitney, ein Offizier der *Concord Milizia*. Später erwarb die Familie Alcott das Haus und lebte hier von 1845 bis 1848. Ab 1852 war Nathaniel Hawthorne hier daheim. Der Bostoner Verleger Daniel Lothrop richtete im späten 19. Jh. ein privates Hawthorne-Museum ein, ehe das Gebäude in den Besitz des *National Park Service* gelangte.

Sehenswerte Dichterhäuser

The Wayside, *Teil des Minute Man NHP, 455 Lexington Rd., www.nps.gov/mima/learn/historyculture/thewayside.htm, $ 7, Do–Mo. 9.30–17.30 Uhr, vor Besuch checken: www.nps.gov/mima/learn/historyculture/thewayside.htm.*

Direkt benachbart ist das **Orchard House**, ein weiteres von insgesamt sieben Häusern, die die Alcott-Familie im Raum Concord bewohnte. In diesem Haus lebten die Alcotts am längsten, von 1858 bis 1877. In der Ruhe und Idylle dieser Umgebung verfasste **Louisa May Alcott** einige ihrer berühmten Romane, allen voran „Little Women" und „Little Men", die der Familie zu Geld und Ansehen verhalfen. Luisas Vater, Bronson Alcott, Teil der lokalen Literaturszene, gründete in einem Nebengebäude die **Concord School of Philosophy**, die bis zu seinem Tod 1888 bestand. Freunde und Familienmitglieder wandelten 1911 das Areal zum Museum um.

Orchard House, *399 Lexington Rd., https://louisamayalcott.org, Touren $ 15, im Internet anmelden (timed-entry admission).*

Transzendentalismus und Neuenglands Literaten

info

Amerikas erste **Literaturbewegung** ist ohne vielfältige philosophische Einflüsse nicht denkbar. Zwischen 1836 und 1860 verschmolzen im „Dichterclub" von Concord philosophische und literarische Ideen zu einer Einheit, zu einer ästhetischen Weltanschauung, die sich **Transzendentalismus** nannte.

Die Ideen Immanuel Kants und die in der europäischen Romantik spürbaren Auswirkungen des Platonismus und des deutschen Idealismus spielten ebenso eine Rolle wie ostasiatische Philosophien und mystische Vorstellungen. Die führenden Köpfe der Bewegung waren **Amos Bronson Alcott** (1799–1888), Vater von **Louisa May Alcott** (1832–1888), **Ralph Waldo Emerson** (1803–82) und **Henry David Thoreau** (1803–1862). Gerade Emersons Essay „Nature" von

info

1835 entwickelte sich zum Manifest der Transzendentalisten und schon bald diskutierte man auf dem Harvard-Campus ebenso wie in den renommierten literarischen Zirkeln Bostons die neuen Ideen.

Zwischen 1841 und 1847 versuchten Anhänger nahe West Roxbury (MA) auf der „**Brook Farm**“, sozialutopische Ideen in die Tat umzusetzen. Auch Thoreaus Rückzug an den Walden Pond 1845/46 muss in diesem Zusammenhang gesehen werden. Emerson und seine Anhänger wandten sich gegen das traditionelle und rationalistische Denken in Staat, Kirche und in der (puritanischen) Gesellschaft. Dafür predigten sie die **Hinwendung zur Natur und Individualität**. Die Transzendentalisten glaubten an die Existenz einer die gesamte Schöpfung vereinenden „**Überseele**“. Dennoch hatte aber die Erkenntnis von der Vernunft und damit die zwangsläufige Rechtschaffenheit der Menschheit Vorrang. Am Ende scheiterte das Experiment ebenso wie die Kommunen der Hippies in den 1970ern. Ihnen ist jedoch zu verdanken, dass Namen wie Emerson oder Thoreau weltbekannt sind.

Ralph Waldo Emerson, 1803 in Boston geboren, studierte zwischen 1814 und 1818 in Harvard, arbeitete dann zunächst als Lehrer, später als Pfarrer in Concord, wo er sich ab 1835 bis zu seinem Tod 1882 niederließ. Zwar schrieb er nicht viel, doch seine Persönlichkeit und seine Ideen machten ihn schon zu Lebzeiten zu einer einflussreichen und verehrten Legende.

Henry David Thoreau lebte immer wieder bei den Emersons und ging ihm als eine Art „Mädchen für Alles“ zur Hand. Thoreau war aber nicht nur ein „Selfmademan“, seine Ideen waren zudem die radikalsten der ganzen Gruppe. Bis heute gilt beispielsweise sein **Essay „Civil Disobedience**“ als eines der grandiosen politischen Manifeste für die Freiheit des Individuums. Es fordert jeden Bürger zum passiven Ungehorsam gegen den Staat auf, wenn dieser gegen den Willen der Bürger handelt. Ein Werk, das Männer wie Mahatma Gandhi oder Martin Luther King, Jr., beeinflusst hat. Bis zu seinem Tod an TBC – ein Viertel der Bevölkerung starb im 19. Jh. an dieser Krankheit – 1862 war Thoreau eng mit Emerson verbunden.

Nach der Blütezeit der Transzendentalisten setzte vor allem **Nathaniel Hawthorne** (1804–1864), der deren romantischen Optimismus nie richtig geteilt hatte, die literarische Tradition Concords fort. In seinem Roman „The Scarlet Letter“ thematisierte er den rigiden Puritanismus im damaligen Neuengland. Auch der Dichter **Henry Wadsworth Longfellow** (1807–82) lebte einige Jahre in Concord und beeinflusste die amerikanische Literatur maßgeblich. Gerade die Gedichte und Balladen von Longfellow, wie „Evangeline“ oder „The Song of Hiawatha“, zählen bis heute zu den herausragenden Beispielen amerikanischer Literatur und Poesie.

Das **Concord Museum** ist zwar klein, aber sehenswert und bietet zudem einen guten Einstieg in die **Geschichte der Stadt** und die hier lebenden Literaten. 1635 war der Ort als erste Inlandssiedlung der *Massachusetts Bay Company* gegründet worden und hatte sich langsam zum wichtigen Verkehrsknotenpunkt der frühen Kolonie entwickelt. Hier liefen einst wichtige Überlandstraßen zusammen, und die Straße von Boston ging hier vorbei. An diesem strategisch wichtigen Punkt hatten die unzufriedenen Kolonisten 1775 Waffen und Munition versteckt und den damals rund 1.500 EW zählenden Ort als Kommandozentrale genutzt.

Ralph Waldo Emerson House

Das Museum geht auf die **Privatsammlung von Cummings E. Davis** aus dem späten 19. Jh. zurück, der Sammlerstücke in einer Scheune auf dem Grund der Emersons zusammengetragen hatte. Außerdem werden die lokalen Literaten gewürdigt und man kann beispielsweise einen Blick in das Büro von Ralph Waldo Emerson mit Originalausstattung werfen – der Raum selbst befindet sich in seinem Wohnhaus gegenüber – oder eine interessante Abteilung zu Henry David Thoreau mit Manuskripten, Publikationen und persönlichen Memorabilien bewundern.
Concord Museum, *200 Lexington Rd., https://concordmuseum.org, Di–So 10–16 Uhr, $ 15.*

Gegenüber dem Museum lohnt das **Ralph Waldo Emerson House**. Der Dichter, Lehrer und Philosoph lebte hier von seiner zweiten Heirat an im Jahre 1835 bis zu seinem Tod 1882. Lässt man sich durch die Räume führen, hat man das Gefühl, der Dichter sei nur eben kurz mit seinem Schüler und Freund Thoreau spazieren gegangen und käme gleich zurück. Bis 1919 lebte Emersons Tochter Ellen hier, dann wandelte man das Haus in ein Museum um.

Zu Gast bei Emerson

Ralph Waldo Emerson House, *28 Cambridge Turnpike, www.ralphwaldoemersonhouse.org, Do–Sa 10–16, So 13–16 Uhr, $ 12 (Touren).*

Um den zentralen Platz in Concord, den **Concord Green**, gruppieren sich neben alten Bauten wie der **Wright Tavern** oder dem **Colonial Inn** – ein seit 1716 existierendes Gasthaus und Hotel – zahlreiche kleine Läden und Cafés. Ein Spaziergang über den ausgedehnten **Sleepy Hollow Cemetery** lohnt sich, denn hierbei stößt man auf viele der berühmten Autoren der Stadt, die hier ihre letzte Ruhe fanden.

Das letzte der Dichterhäuser, **The Old Manse**, befindet sich im zweiten Teil des *Minute Man NHP* im Norden der Stadt und verbindet erneut das Jahr 1775 mit der Tradition Concords als Dichterstadt. Um 1770 baute Pfarrer William Emerson, der Großvater Ralph Waldo Emersons, dieses Haus. Großvater Emerson galt als „Patriot Minister", da er sich aktiv am Unabhängigkeitskrieg beteiligte. **Ralph Waldo Emerson** lebte um 1813 kurzzeitig mit seiner Mutter und seinen Brüdern hier und kehrte 1834/5 in das großväterliche Haus zurück, um sein bis heute einflussreiches Essay „Nature" zu schreiben. Für die Zeit von 1842 bis 1845 mietete sich der frisch vermählte Nathaniel Hawthorne in dem Haus ein und verbrachte hier die schönsten

Jahre seines Lebens, wie sein Tagebuch belegt. Das Haus blieb bis 1939 im Besitz der Emersons, obwohl es ab 1893 nur noch als Sommerhaus genutzt wurde.
The Old Manse, *269 Monument St., https://thetrustees.org/place/the-old-manse, Mi–Mo 11–17 Uhr, $ 12 (Touren).*

Direkt neben der Old Manse befindet sich als Teil des **Minute Man NHP** ein Nachbau der **Old North Bridge**. Ein Obelisk vor der Brücke erinnert an den ersten gefallenen Briten im Unabhängigkeitskrieg. Auf der Suche nach den Waffenlagern der Aufständischen mussten die „Rotröcke" die enge Holzbrücke dicht gedrängt überqueren. Auf der anderen Seite erwarteten sie die *Minute Men*, die nach einem kurzen Feuergefecht die Briten in die Flucht schlugen. Beliebter Fotospot ist direkt vor der Brücke die Bronzestatue „*The Minute Man*" von Daniel Chester French, die anlässlich der Hundertjahrfeier der Schlacht 1875 aufgestellt wurde. Ein Pfad führt Besucher hinauf auf eine Anhöhe, zum North Bridge Visitor Center.
North Bridge VC, *174 Liberty St., www.nps.gov/mima, April–Anf. Nov. 10–17 Uhr, Eintritt frei.*

Literatenleben in der Wildnis

Am Schluss der Besichtigung lohnt, nicht nur für Literaturfreunde, ein kurzer Abstecher in den Süden von Concord (Hwy. 126). Dort befindet sich mitten in einem Naturschutzgebiet der **Walden Pond** (*915 Walden St., Hwy. 126*, Wanderungen, Baden und Bootsfahrten möglich). Hierher zog sich, inspiriert durch Emersons Essay „Nature", **Henry David Thoreau** 1845–1847 für 26 Monate zurück und lebte in einer kärglich ausgestatteten Hütte. Ein Nachbau davon befindet sich beim Parkplatz. Thoreau wollte im Selbstversuch die Überlebensfähigkeit des Menschen in der Wildnis studieren und den nahen Städtern zeigen, wie man im Einklang mit der Natur leben kann. Nachzulesen sind seine Ideen und Erfahrungen in dem anschließend publizierten Buch „**Walden; or: Life in the Woods**" (siehe Literaturliste).

Reisepraktische Informationen Lexington und Concord/MA

(s. auch Boston)

Information

Lexington: *www.lexingtonchamber.org*
Concord: *https://concordchamberofcommerce.org*

Unterkunft

Colonial Inn $$$$, *48 Monument Sq., Concord, ☏ (978) 369-9200, www.concordscolonialinn.com; über 50 schön und gemütlich ausgestattete Zimmer, vom einfachen DZ bis zur Suite, auf drei historische Bauten aus dem 18. Jh. verteilt, mit zwei Restaurants (s. u.).*

Restaurants

The Colonial Inn Restaurants, *☏ 1 (800) 370-9200, s. o. Die beiden Lokale* **Liberty** *und* **Merchants Row Restaurant** *sind berühmt für lokale Spezialitäten wie „Colonial Chicken Pot Pie" oder frisch zubereitete Fischgerichte.*

Die Küstenroute von Boston zum Acadia National Park

 Routenhinweis

Die Küstenregion zwischen Boston und Maine gehört landschaftlich zu den Highlights an der Ostküste. Die nachfolgend vorgeschlagene Route verläuft zwischen Boston und dem Acadia NP zum größten Teil auf dem **US Hwy. 1**. Dieser zieht sich entlang der Ostküste, von Key West im Süden Floridas bis hinauf in den Norden zur kanadischen Grenze. In Neuengland folgt diese Straße bzw. stellenweise ihr paralleler Ableger 1A direkt der Küstenkontur und ermöglicht grandiose Ausblicke auf die nach Norden zu immer zerklüfteter werdende Nordostküste.

North of Boston – Essex National Heritage Area

Unter dem Namen **Essex National Heritage Area** wurde die ganze Region nordöstlich von Boston bis hin zum Merrimack River bzw. bis zur Grenze des Bundesstaats New Hampshire zum Schutzgebiet für historische Denkmäler und Natur erklärt. Das Areal erstreckt sich über fast 1.300 km^2 und schließt rund 34 Städte und Ortschaften im Essex County ein. Der Landkreis ist damit eine **National Heritage Area**.

Die Hauptinformationsstelle befindet sich in Salem. Ehe man dorthin fährt, sollte man einen Besuch der **Saugus Iron Works NHS** einplanen. Bereits 1640 hatte John Winthrop die Company of Undertakers of the Iron Works in New England mit Schmelzofen, Schmiede und verschiedenen anderen Werkstätten eröffnet. Er war mit dieser modernen Fabrik seiner Zeit weit voraus. Wohl zu weit, denn wegen zu hoher Kosten und Mangel an Facharbeitern erwies sich das Unternehmen als wenig gewinnträchtig und musste schließen.

Redaktionstipps

- **Salem** abseits der „Hexen" (S. 275) erleben und dem **PEM Peabody Essex Museum** (S. 277) einen ausgiebigen Besuch abstatten.
- Im **Strawbery Banke Museum** in Portsmouth (S. 281) ein einzigartiges Konglomerat von Häusern verschiedener Epochen der Stadtgeschichte kennen lernen.
- Das **Seashore Trolley Museum** (S. 285) bei Kennebunkport an einem Wochenende besuchen und an einer Trolleyfahrt teilnehmen.
- Das **Maine Maritime Museum** in Bath (S. 292) besichtigen.
- Wandern im **Acadia NP** (S. 295) und **Bar Harbor** (S. 297) erkunden.
- Ein Besuch in Neuengland ohne **Clam Chowder** oder **Lobster** (S. 299) wäre unvollständig.
- Shoppingparadies für Freizeitkleidung, -schuhe und Sportzubehör: **L.L.Bean** in Freeport (S. 291), einem Ort, wo es auch sonst massig Schnäppchen gibt.

Essex National Heritage Area, *10 Federal St., Salem, https://essexheritage.org; Informationen auch bei North of Boston, https://northofboston.org.*
Saugus Iron Works NHS, *244 Central St., Saugus, ab US Hwy. 1, www.nps. gov/sair, Mi–So 9–16 Uhr, Eintritt frei.*

> **Tipp**
>
> Durch die Region führt der **Essex Coastal Scenic Byway** (*https://coastalbyway.org*).

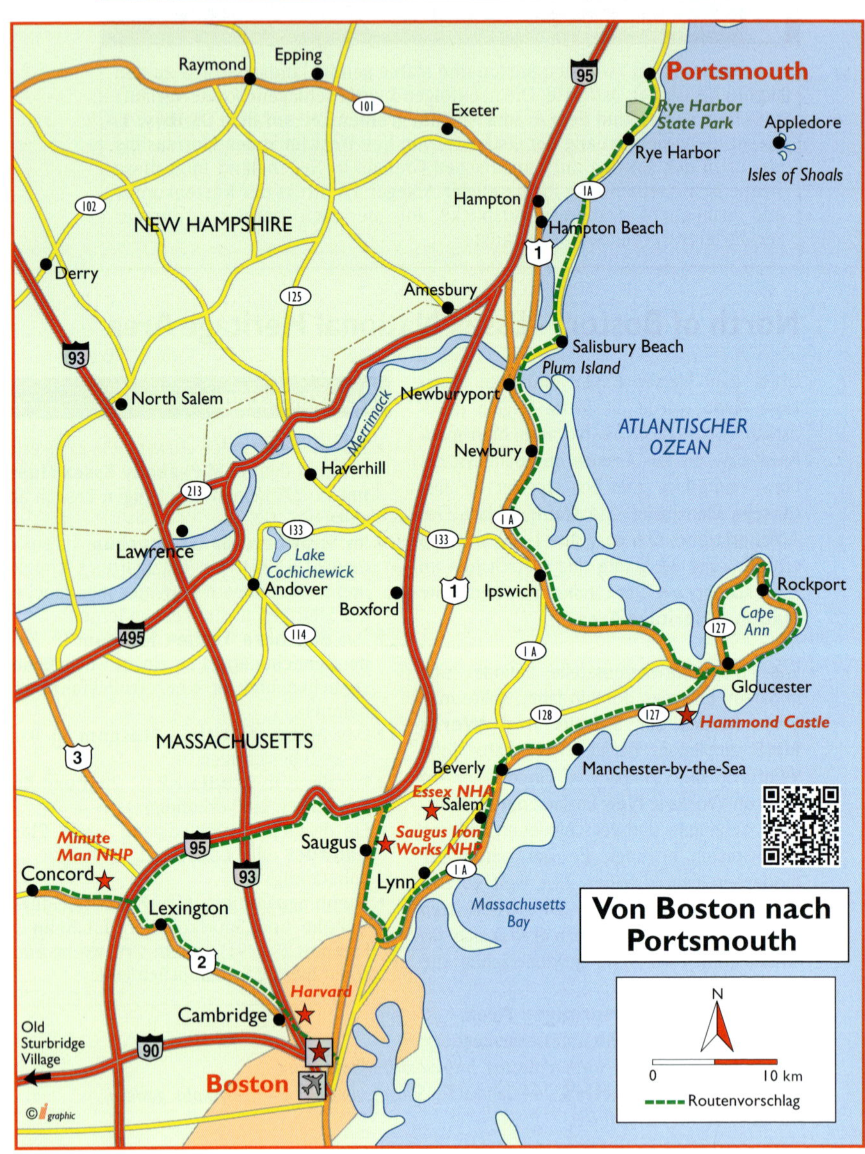

Salem, alte Hafenstadt mit dubiosem Ruf

Zentraler Teil der *Essex National Heritage Area* ist die Hafenstadt **Salem**, die in Bezug auf den Besucheransturm und die Infrastruktur eine Sonderstellung einnimmt. Wie in Boston gibt es auch hier eine rote Leitlinie zwischen den Attraktionen der Stadt, den etwa 2 km langen **Heritage Trail**.

Geschichte und Folklore

Hauptgrund für das Interesse an der Stadt ist die **Hexenverfolgung von 1692**. Viele der historischen Stätten befassen sich mit diesem dunklen Kapitel der Geschichte. Modern aufgemachte Grusel- und Wachsfigurenkabinette, die nicht viel mit der Realität zu tun haben, locken Besucher an. Dabei kann die Stadt auf ein beachtliches historisches Vermächtnis verweisen, in dem die Hexenprozesse nur ein Aspekt waren. Die beiden Hauptattraktionen der Stadt haben überhaupt nichts mit Hexen zu tun: die **Salem Maritime NHS** und das sehenswerte **Peabody Essex Museum** (**PEM**). Beide befassen sich mit der Geschichte der Stadt als Hafen- und Handelsmetropole zwischen den 1780ern und dem beginnenden 19. Jh.

Nachdem man das Auto auf einem der zahlreichen ausgewiesenen (und kostenpflichtigen) Parkplätze im Umfeld der Congress oder Essex St. abgestellt hat, lohnt als erste Anlaufstation das **National Park Service Regional VC** (*2 New Liberty St.*), das zugleich als Info-Stelle der *Essex National Heritage Area* fungiert. Hier gibt es einen Film zur Einführung sowie Broschüren und Stadtplan.

Die NHS umfasst eine Reihe besichtigbarer historischer Häuser sowie das Schiff „Friendship". Außerdem gehören drei Anlegestellen dazu: **Central** (1791), **Hatch's** (1819) und **Derby Wharf** (1762). Letztere mit der Nachbildung der „Republic", eines Handelsseglers aus dem 19. Jh. Auffälligster Bau des Komplexes ist das **Custom House** (*Derby St.*) von 1819. In diesem Zollhaus, hinter dem sich weitere Lagerhäuser befanden und teils noch befinden, arbeitete zeitweise Nathaniel Hawthorne. Er wohnte in einem kleinen Haus auf dem Grundstück seines Cousins an der Turner St. neben dem House of the Seven Gables (s. unten).

In der Umgebung des Zollamts finden sich weitere historische Bauten, beispielsweise das **Hawkes House** von 1780, das vom Reißbrett des berühmtesten Architekten der Stadt, Samuel McIntire, stammt. Das **Derby House** wurde 1761 als erstes Ziegelhaus für den betuchten Händler Elias Hasket Derby erbaut.

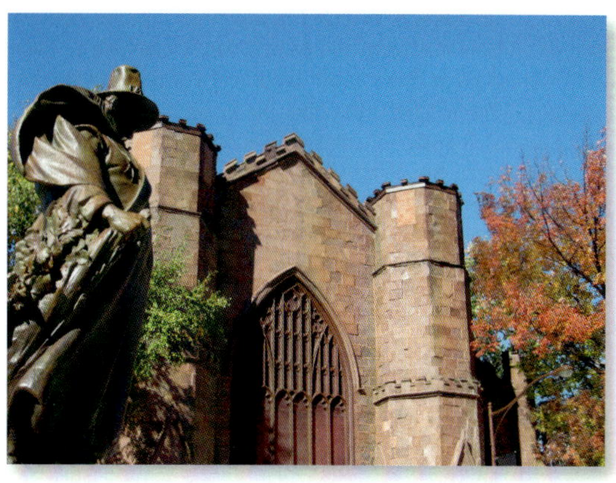

Über die Zeit der Hexenverfolgung informiert das Salem Witch Museum

Salem Maritime NHS Orientation Center/National Park Service Regional VC, *2 New Liberty St. und 193 Derby St., www.nps.gov/sama, Mi-So 10–17 Uhr, mit Filmvorführung, Eintritt frei, auch Touren. Variable Öffnungszeiten der einzelnen Gebäude.*

Haus der sieben Giebel

Eine besondere Attraktion ist das **House of the Seven Gables**, auch als *Turner-Ingersoll Mansion* bekannt, in dem der berühmte gleichnamige Roman von Nathaniel Hawthorne spielt. Das Gebäude stellt eine Mischung aus historischem Haus und Romanfiktion dar. 1668 erbaut, erwarb es 1908 Caroline Osgood Emmerton und ließ es nach der Romanvorlage renovieren. Auf dem schön bepflanzten Grundstück (mit Hafenblick) befinden sich weitere historische Bauten, z. B. der *Hawthorne Birthplace* von 1750, das *Hooper-Hathaway House* von 1682 oder das *Retire Beckett House* von 1655 (Store).
House of the Seven Gables, *54 Turner St., https://7gables.org, tgl. 10–17/19 Uhr, $ 25 (Kombiticket).*

Ob man will oder nicht, man kommt an den **Hexenverfolgungen von 1692**, bei denen 20 unschuldige Frauen und Männer als „Hexen" angeklagt und ermordet wurden, in Salem nicht vorbei. Auf vielfältige Art und Weise sind die Ereignisse verarbeitet worden, literarisch von so unterschiedlichen Autoren wie Nathaniel Hawthorne, Arthur Miller, Lion Feuchtwanger oder Stephen King, historisch in den Museen Salems oder touristisch in Wachsfigurenkabinetten und dubiosen Hexen-Attraktionen. Die Prozesse können weder allein als kollektive Hysterie noch als purer religiöser Eifer angesehen werden. Eine nicht unerhebliche Rolle spielte die politische Situation, da die Verurteilungen auf dem Höhepunkt scharfer Auseinandersetzungen zwischen der konservativen Oberschicht und einer Fraktion von Freidenkern stattfanden. Die Richter als Repräsentanten der Oberschicht benutzten dabei „bewährte" Methoden, um politische und gesellschaftliche Reformbestrebungen als moralische Fehlleistung zu diskreditieren. Der Spuk fand erst ein Ende, als die Frau des Gouverneurs angeklagt wurde. Daraufhin sah sich dieser gezwungen, ein Machtwort zu sprechen und die Affäre zu beenden.

Unbedingt besuchen!

Im **Salem Witch Museum** erfährt der Besucher anhand von 13 mit lebensgroßen Wachsfiguren gemäß den Prozessakten nachgestellten Szenen, einer audiovisuellen Show (auch Deutsch) sowie einer Ausstellung zum Thema „Hexen" (*Who are Witches*) alles über die Ereignisse und ihre Hintergründe. Das Museum befindet sich in der ehemaligen Second Church Unitarian von 1845. Sehenswert ist besonders die „Witch Hunt Wall", ein Panel, das erklärt, wie es zu Hetzjagden kommen konnte und dass sie immer wieder – auch heute noch – vorkommen.
Salem Witch Museum, *Washington Sq. N, www.salemwitchmuseum.com, tgl. 10–17, Juli/August –19 Uhr, $ 17,50.*

Der Besuch in diesem Hexen-Museum genügt an sich. Ergänzend sollte man sich dazu aber noch das **Witch Trials Memorial** (*Charter St.*), einen am ehemaligen Gerichtshof angelegten kleinen Park mit Gedenktafeln, die an die Ermordeten erinnern, anschauen. Dieser grenzt an den **Charter Street Burying Point** an, einen Friedhof, auf dem u. a. John Hawthorne, einer der Richter, der den Prozessen vorstand, begraben liegt. Er war ein Vorfahre des Dichters Nathaniel Hawthorne, der die Schuld seines Ahnen in seinem anklagenden Roman „Der scharlachrote

Buchstabe" zu verarbeiten versuchte. Interessant auch das **Witch House** (*310 1/2 Essex St., tgl. 10–17 Uhr, www.witchhouse.info*), das einzig erhaltene Haus aus der Zeit der Prozesse.

Beim **PEM – Peabody Essex Museum** handelt es sich um einen Gebäudekomplex, dessen Kern aus dem Jahr 1799 stammt. Damals hatten reiche Händler der Stadt die *East India Marine Society* gegründet, um einen Platz zu haben, an dem sie ihre von den Reisen mitgebrachten „Schätze" präsentieren konnten. Der Schwerpunkt des ungewöhnlichen Museums liegt auf **maritimer Kunst** und vor allem Kunst aus Neuengland.

Der angesehene Bostoner Architekt Moshe Safdie schuf 2003 einen architektonisch wegweisenden Neubau, der einige der alten Bauten, wie das Hauptgebäude der *East India Marine Society* oder ein chinesisches Haus der Yin-Yu-Tang-Dynastie (1644–1911), integrierte. Seit 2019 vergrößert ein dritter Bauteil die Ausstellungsfläche. Auf die verschiedenen Bauten verteilt sich eine hochkarätige Sammlung von Objekten, die mit der Seefahrt und dem Seehandel zu tun haben: von Galionsfiguren und Schiffsgemälden über Schiffsmodelle und -zubehör bis hin zu mitgebrachtem Porzellan und anderen Souvenirs. Abwechslung bietet die Kunstabteilung mit Gemälden und Kunsthandwerk aus Neuengland, aber auch mit afrikanischer, ozeanischer, asiatischer und indianischer Kunst.

Architektonisch wegweisendes Museum

PEM – Peabody Essex Museum, *161 Essex St. Pedestrian Mall, www.pem.org, Do–Mo 10–17 Uhr, $ 20.*

Reisepraktische Informationen Salem/MA

Information

Destination Salem Visitor Information Center, *245 Derby St. (in South Harbor Garage), tgl. 9–17 Uhr, www.salem.org.*

Unterkunft

Hawthorne Hotel $$–$$$$, *18 Washington Sq., ☏ (978) 744-4080, www.hawthornehotel.com; legendäres Hotel von 1925 mit eigenem Restaurant (Nathaniel's, s. u.), Pub und zugehörigem Fidelia Bridges Guest House mit vier Zimmern und dem Charme vergangener Zeiten!*

Amelia Payson House $$$, *16 Winter St., ☏ (978) 744-8304, www.ameliapaysonhouse.com; wunderschönes B&B in Greek-Revival-Haus von 1845 mit historisch eingerichteten Zimmern (eigenes Bad), nur Mai–Okt.*

Waterfront Hotel & Suites $$$$, *225 Derby St., ☏ (978) 740-8788, https://salemwaterfronthotel.com; 86 liebevoll ausgestattete Zimmer und Suiten, mit Pool und direkt am Hafen gelegen; The Regatta Pub (Burger und Fischgerichte!) zugehörig.*

Restaurants

Turner's Seafood at Lyceum Hall, *43 Church St., www.turners-seafood.com; ausgezeichnetes Seafood, fangfrisch und regional.*

Gulu Gulu Cafe, *247 Essex St.; eigentlich mehr gemütliches Lokal als Café, neben Frühstück gibt's auch Lunch, Dinner und Barbetrieb mit Livemusik.*

Notch Brewery Tap Room, *283 Derby St., www.notchbrewing.com; hier werden die lokal gebrauten Biere frisch ausgeschenkt.*
Nathaniel's Restaurant, *im Hawthorne Hotel (s. oben); beliebtes Top-Restaurant der Stadt, mit traditioneller amerikanischer Küche.*

Touren / Nahverkehr
Salem Depot, *Bridge St., www.mbta.com; ab hier fahren Nahverkehrszüge nach Boston (North Station) und Newburyport sowie Rockport.*
Salem Ferry, *10 Blaney St., www.cityexperiences.com/boston/city-cruises/salem-ferry; tgl. Verbindung nach Boston!*
Salem Historical Tours, *8 Central St., www.salemhistoricaltours.com; geführte Spaziergänge zu verschiedenen Themen (Friedhöfe, Hexen, Geister und History Tour).*

Umweg über Cape Ann

Ein „singender" Strand

Der direkte Weg entlang der Küste zum Acadia NP in Maine führt über den US Hwy. 1 bzw. den parallel durch Salem verlaufenden US Hwy. 1A. Allerdings lohnt auf dem Weg nach Newburyport der **Umweg nach Cape Ann** (Hwy. 127). Hier erhält man erstmals einen Eindruck von der malerischen und zerklüfteten Küste Neuenglands. Auf dem Weg dorthin geht es vorbei an kleinen Ferienorten wie **Manchester-by-the-Sea**, berühmt für seinen „singenden" Strand. Spaziert man barfuß über den grobkörnigen weißen Sand und spitzt dabei die Ohren, versteht man, was gemeint ist.

Auf halber Strecke zwischen Manchester und Gloucester passiert man **Hammond Castle**, das Traumschloss des Orgel-Erfinders John Hays Hammond Jr. aus den 1920er-Jahren. Das Haus ist prall mit wertvollen Kunstschätzen aus Europa gefüllt. Sogar eine mittelalterliche Hausfassade im Hallenbad, die um eine aus 8.200 Pfeifen bestehende Orgel herumgebaut wurde, gehört dazu.

Zentraler Ort der Region ist **Gloucester**, eine der ältesten Hafenstädte Neuenglands, 1623 gegründet und noch heute ein wichtiger Fischerhafen. An die Seefahrertradition erinnert das Denkmal **Gloucester Fisherman** von Leonard Craske. Es ist denjenigen, „die in ihren Schiffen im Ozean untergehen", gewidmet. Über den Alltag der Fischer und die lokale Kunstszene erfährt man mehr im renovierten **Cape Ann Museum**.
Hammond Castle, *80 Hesperus Ave., www.hammondcastle.org, Mai–Okt. tgl. 10–16 Uhr, NS verkürzt, $ 20.*
Cape Ann Museum, *27 Pleasant St., https://home.capeannmuseum.org, Di–Sa 10–17, So 13–16 Uhr, $ 15.*

Künstlerkolonie

Rockport, an der Spitze Cape Anns, hat ebenfalls als Fischerdorf begonnen. Inzwischen hat es sich zu einem viel besuchten Feriendomizil gemausert. Den Ruf als „Künstlerkolonie" hat der Ort dem Maler **Winslow Homer** (1836–1910) zu verdanken, der hier lebte und arbeitete. Wahrzeichen der Stadt ist eine rote Fischerhütte am Hafen, die als beliebtester Fotospot Neuenglands gilt.

Der Hwy. 127/ 127A führt um das Cape herum und zurück nach Gloucester. Von dort geht es auf dem Hwy. 133 weiter Richtung Norden.

Rockport Harbour

Ein kurzer Stopp auf der Fahrt nordwärts lohnt in **Ipswich**, an dessen Straßen sich restaurierte Häuser aus dem 17. und 18. Jh. aufreihen. Ungewöhnlich ist **The Crane Estate** mit **Castle Hill**, das der Industrielle Richard T. Crane 1927 als Landhaus im englischen Stil mit 59 aufwendig ausgestatteten Zimmern errichten ließ. Zum unter Naturschutz stehenden Areal gehört die **Crane Beach Memorial Reservation**, ein 8 km langer Sandstrand, der zu den schönsten Stränden Neuenglands zählt.

The Crane Estate, *290 Argilla Rd.,/Hwy. 133, https://thetrustees.org/place/castle-hill-on-the-crane-estate, Grund tgl. 9–17 Uhr, $ 10 für Park und EG des Hauses, ansonsten versch. Touren, Details s. Website.*

Reisepraktische Informationen Cape Ann/MA

Information

Cape Ann: *https://capeannvacations.com*

Unterkunft/Restaurants

Emerson Inn by the Sea $$–$$$, *1 Cathedral Ave., Rockport, ☏ (978) 546-6321, www.theemersoninn.com, eine Villa wie aus dem Bilderbuch: 1846 erbaut und 1912 hierher versetzt. Hervorragend ausgestattete Zimmer, viele mit Meerblick, zugehörig ist das mehrfach ausgezeichnete Restaurant „The Grand Cafe".*

Yankee Clipper Inn $$$$, *127 Granite St., Rockport, ☏ (978) 546-0001, www.yankeeclipperinn.com, Haus von 1929 in traumhafter Küstenlage, acht gemütliche Zimmer mit Blick auf Meer und Hafen.*

Top Dog of Rockport, *2 Doyles Cove Rd., Rockport, http://topdogofrockport.com, Eliza und Scott Lucas servieren hier ausgezeichnete Hot Dogs wie „Boston Terrier" oder „Italian Greyhound", außerdem gibt es fried clams (Muscheln).*

Touren

Cape Ann Whale Watch, *Rose's Wharf, 415 Main St., Gloucester, https://seethewhales.mobi; 3–4-stündige Touren begleitet von Fachleuten des Whale Conservation Institute, $ 60.*

Die „Clipper City" Newburyport

Etwa 30 km nördlich von Salem (US Hwy. 1A) liegt die alte Hafenstadt **Newburyport**. Berühmt war der am Mündungsdelta des Merrimack River gelegene Ort wegen seiner florierenden Schiffswerften. Erst Ende des 19. Jh. endete mit dem Aufkommen moderner Frachtschiffe die Blütezeit der „Clipper City", der „**Stadt der Schnellsegler**".

Ansprechende Innenstadt

Bei einem Brand 1811 wurde ein Großteil der Altstadt zerstört, dennoch ist heute die kleine Innenstadt um die State Street ansprechend und wenig überlaufen. Besonders das Areal um den Market Square lohnt wegen der Läden und Restaurants. Im **Custom House Maritime Museum,** im ehemaligen Zollhaus, erfährt man mehr über die Geschichte der Stadt und die Rolle der Schifffahrt.

Das Heimatmuseum untersteht wie der **Lowell's Boat Shop** im Nachbarort Amesbury am nördlichen Ufer des Merrimack Rivers der *Newbury Maritime Society.* Die Werft liegt schön am Fluss und im Inneren der seit 1793 betriebenen Werkstatt. Handwerker geben eine Vorstellung davon, wie viel Arbeit und handwerkliches Geschick für den Bau der begehrten kleinen Holzboote nötig sind.
Custom House Maritime Museum, *25 Water St., https://customhousemaritimemuseum.org, HS Di/Mi 12–17, Do–Sa 10–17, So 12–17 Uhr.*
Lowell's Boat Shop & Museum, *459 Main St., Amesbury, http://lowellsboatshop.com, Boat Shop: Mo–Fr 9–16, Museum: Di–Fr 11–15 Uhr, $ 5 (Tour $ 8).*

Kapitänsvillen

Was die Chestnut St. für Salem war, ist die **High Street** für Newburyport. Hier reihen sich die Villen der wohlhabenden Kapitäne im *Georgian* oder *Greek Revival Style* auf. Zugänglich ist **Cushing House**, ein dreistöckiges Herrenhaus, das Caleb Cushing im 19. Jh. erbauen ließ. Er war zeitweilig Bürgermeister von Newburyport und zudem erster Botschafter der USA in China. Im Inneren gibt es ein Sammelsurium exotischer Teppiche und Möbel sowie sonstige Mitbringsel des einstigen Besitzers.
Museum of Old Newbury/Cushing House, *98 High St., www.newburyhistory.org/cushing-house, Juni-Okt. Do–So 11–17 Uhr, $ 10, Touren $ 5.*

Östlich von Newburyport breitet sich das Mündungsdelta des Merrimack River aus, eine ausgedehnte Marschlandschaft. Entlang der Küste südwärts schließt das **Parker River National Wildlife Refuge** (*www.fws.gov/refuge/parker_river, $ 5* an, einer der letzten natürlichen Strandabschnitte der östlichen USA mit wunderschönen Sanddünen sich über fast 10 km.

Reisepraktische Informationen Newburyport/MA

Information

Greater Newburyport Chamber of Commerce & Industry, *38R Merrimac St., www.newburyportchamber.org. Info-Kiosk am Waterfront Park/Merrimack St. im Sommer.*

Unterkunft

Essex Street Inn $$$, *7 Essex St., ☏ (978) 465-3148, https://essexstreetinn.com. Komfortables Inn mitten in der historischen Altstadt mit 37 Zimmern/Suiten.*

Restaurants/Einkaufen

Bob Lobster, *49 Plum Island Turnpike, bei den Locals beliebter Fisch/Lobster-Imbiss.*

Michael's Harborside, *1 Tournament Wharf, https://michaelsharborside.com; das beste Fischlokal der Stadt, mit Terrasse direkt am Wasser.*

Tannery Historic Marketplace, *75 Water St., www.tannerymarketplace.com; Shoppingkomplex in einer alten Fabrik, zahlreiche Läden, Cafés, Kneipen sowie Wochenmarkt im Sommer.*

Portsmouth und die Küste New Hampshires

Am schnellsten nordwärts ginge es auf der I-95, doch lohnender ist die Fahrt auf dem US Hwy. 1, besser noch auf der parallel und küstennäher verlaufenden 1A. Auf beiden Routen erreicht man nach etwa 40 km das Städtchen **Portsmouth**, die größte Hafenstadt des Bundesstaates New Hampshire mit knapp 22.000 EW. Obwohl **New Hampshire** nicht einmal 30 km Küste aufzuweisen hat, gibt es auf dem Weg einige schöne Strände und State Parks wie **Hampton Beach** oder **Rye Harbor**.

Die vormalige Bedeutung von Portsmouth als Hafenstadt belegen die stattlichen Häuser der Kapitäne und Händler, aber auch der liebevoll restaurierte **Old Harbor District**. Nach Plymouth und Jamestown entstand 1623 hier am Piscataqua River die drittälteste britische Siedlung Nordamerikas. Der **Portsmouth Harbor Trail**, zu dem es im Infozentrum (*500 Market St.*) einen Plan mit Beschreibung gibt, führt an vielen historischen Häusern vorbei. Neun davon sind zur Besichtigung freigegeben.

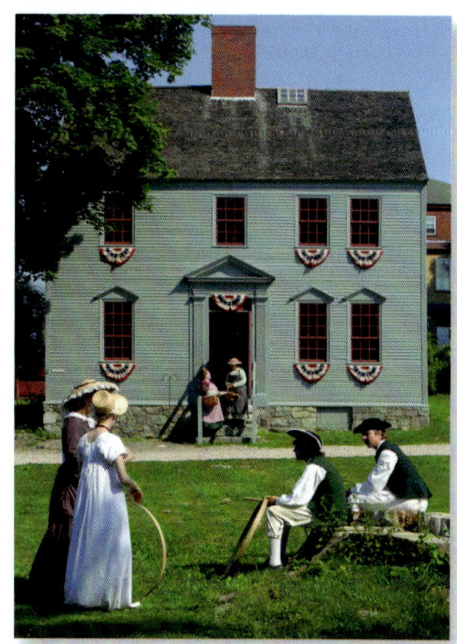

Auf historischem Grund: im Strawbery Banke Museum in Portsmouth

Highlight des Rundgangs ist das **Strawbery Banke Museum**. Der Name täuscht, es handelt sich nicht „nur" um ein Museum, sondern um ein ganzes Museumsdorf. In der einst hier befindlichen mittlerweile versandeten Bucht landeten 1623 die ersten Siedler. Da das Flussufer dicht mit Erdbeersträuchern überwachsen war, nannte man die Niederlassung „*Strawbery Banke*" (Erdbeerufer). Das zweite „r" entfiel im Laufe der Zeit. Heute hat man rund 40 Häuser (von ursprünglich rund 100), wovon die meisten vor den 1840ern erbaut wurden, an Ort und Stelle auf einer 4 ha großen Fläche restauriert. Eine Besonderheit ist, dass die rund 20 zu besichtigenden Häuser verschiedene Epochen der Stadtgeschichte, von den 1630ern bis in die 1950er, illustrieren. Daher weisen sie völlig verschiedene Baustile und eine unterschiedliche Innenausstattung auf. Werkstätten und Läden, darunter einer der ältesten Bootsbaubetriebe der USA, vertiefen den Einblick in die frühe Besiedelung.

Museumsdorf nicht versäumen!

Strawbery Banke Museum, *Hancock/Marcy St., www.strawberybanke.org, Mai–Okt. tgl. 10–17 Uhr, im Winter nur Sa/So, $ 23, mit TYCO VC.*

Etwas versteckt im Südosten der Stadt verbirgt sich in einem schönen State Park, eingefasst vom Piscataqua River, die **Wentworth Coolidge Mansion**. In der angeschlossenen **Coolidge Center for the Arts Gallery** direkt am Parkplatz finden regelmäßig Kunstausstellungen und Konzerte statt. Der alte „Palast" des ersten Gouverneurs von New Hampshire liegt hingegen etwas abseits, direkt am Wasser.

Benning Wentworth (1696–1770) war 1741 vom englischen König zum *Royal Governor* ernannt worden und hatte dieses Amt bis 1767 inne. Der in Portsmouth geborene Wentworth war damit der am längsten aktive königliche Kolonieverwalter in der Geschichte. Da die Kolonie New Hampshire ihrem königlichen Verwalter einen Amtssitz verweigerte, bezog Wentworth 1753 den alten Familiensitz, wo sein Sohn eine Farm betrieb. Nach dessen Tod ließ Wentworth verschiedene alte Nebengebäude zu einem Baukomplex zusammenfassen, weshalb das Haus heute so seltsam verschachtelt wirkt. Der Komplex setzt sich aus drei Teilen zusammen: dem Trakt für die Diener, dem zentralen Bereich für die Familie und dem offiziellen Teil mit Ballsaal und Empfangszimmer, in denen die wenigen erhaltenen originalen Möbel ausgestellt sind. 1886 hatte J. Templeman Coolidge das Anwesen als Sommerhaus für seine Familie und für Feste mit befreundeten Künstlern erworben. 1954 vermachte Coolidges Witwe das Anwesen dem Staat New Hampshire.

Wentworth Coolidge Mansion HS, *375 Little Harbor Rd., ab Hwy. 1A, www.nhstateparks.org/find-parks-trails/wentworth-coolidge-mansion, Gelände tgl. Sonnenauf- bis -untergang, Touren Ende Mai bis Anf. Sept. Fr–Mo 10–16 Uhr (letzte Tour 15 Uhr), $ 5; mit* **Coolidge Center for the Arts Gallery** *(Eintritt frei).*

Wer Zeit hat, sollte bei schönem Wetter eine Überfahrt zu den **Isles of Shoals**, etwa 10 km dem Festland vorgelagert, im Mündungsgebiet des Piscataqua River in den Atlantik erwägen. Als 1614 Captain John Smith hier vorbeisegelte, bezeichnete er die Inseln als „unfruchtbaren Felshaufen". Dieses Vorurteil nutzten Piraten, die die kleinen Inseln lange Zeit als geheime Schlupfwinkel nutzten. Der Dichterin Celia Thaxter ist es zu verdanken, dass um 1900 hier eine **Künstlerkolonie** entstand. Sie hatte im Ort Appledore einen ungewöhnlichen Garten angelegt, der den amerikanischen Impressionisten Childe Hassam und andere Künstler inspirierte.

Piratennest

Reisepraktische Informationen Portsmouth/NH

i Information

Greater Portsmouth Chamber of Commerce VC, *500 Market St., www.goportsmouthnh.com, VC: HS Di–Fr 10–16, Sa 10–15 Uhr, NS Mi–Fr 10–16 Uhr, außerdem im Sommer Kiosk Market Square.*

Fähre/Bootsausflüge

Isles of Shoals Steamship Company, *315 Market St., https://islesofshoals.com; regelmäßige Fahrten zu den Isles Of Shoals, aber auch Rundfahrten und Spezialtouren.*

Portsmouth Harbor Cruises, *Ceres Street Dock, https://portsmouthharbor.com; interessante Rundfahrten im Mündungsgebiet des Piscataqua River bis zu den Isles of Shoals, unterschiedlich lange Fahrten.*

Unterkunft

Port Inn $$–$$$, *505 US Hwy 1 Bypass, ☏ (603) 436-4378, www.portinnportsmouth.com; schönes, kleines, historisierendes Hotel mit 57 Zimmern, einige mit Kitchenette, dazu Pool und Shop.*

The Hotel Portsmouth $$–$$$$, *40 Court St., ☏ (603) 433-1200, www.larkhotels.com/hotels/the-hotel-portsmouth; mitten in der historischen Altstadt gelegenes Boutiquehotel mit 34 liebevoll und historisch ausgestatteten Zimmern.*

Wentworth by the Sea $$$$$, *588 Wentworth Rd. (New Castle), ☏ (603) 422-7322, www.opalcollection.com/wentworth; auf einer Insel vor dem Hafen von Portsmouth gelegenes altes Hotel von 1847. Über 160 Luxuszimmer, Wellness- und Spa-Einrichtungen.*

Restaurants

Moe's Italian Sandwiches, *22 Daniel St.; kleiner Imbiss, der bekannt ist für seine Sandwiches.*

Portsmouth Brewery, *56 Market St., https://portsmouthbrewery.com; Kleinbrauerei mit süffigem Bier und gutem und preiswertem Lokal, in dem „Pub-Kost" (Burger, Salate, Sandwiches u. a.) serviert wird.*

Sanders Family Seafood Stores, *54 Pray St., mit* **Sanders Fish Market**, *367 Marcy St., www.sandersfish.com; alteingesessener Familienbetrieb, berühmt für Frische und Qualität, mit Laden und Imbiss.*

Maines Südküste

Freizeitparadies

Malerische Dörfer, Sandstrände, *Factory Outlets* und Antiquitäten-Läden haben Maines Südküste zu einem beliebten Shopping- und Freizeitparadies werden lassen. Wo man einst von Fischfang und Bootsbau lebte und Piraten ihr Zuhause hatten, wartet man heute zu Beginn der warmen Monate sehnsüchtig auf die **Summer People**, die Urlauber aus den südlichen Regionen der Ostküste. Sie verbringen ihre Sommerferien in Maine und beleben die lokale Wirtschaft.

Verlässt man Portsmouth auf dem US Hwy. 1 Richtung Norden und überquert den Piscataqua River, befindet man sich in **Maine**. Von nun an ist der „Einser" die einzige Route, die sich entlang der gesamten Küste bis hinauf zum Acadia NP schlängelt. **Kittery** ist der erste Ort in Maine, am nördlichen Ufer des Flusses, gegenüber von Portsmouth gelegen. Dort gelten die **Kittery Outlets** (*www.thekitteryoutlets.com*) als Einkaufsparadies für Schnäppchenjäger.

York, ein Stückchen nördlich, war während des Unabhängigkeitskrieges ein Widerstandszentrum und veranstaltete 1774 eine eigene „Tea Party". Der Ort besteht heute aus vier Teilen: dem **York Village** aus der Kolonialzeit, **York Harbor**,

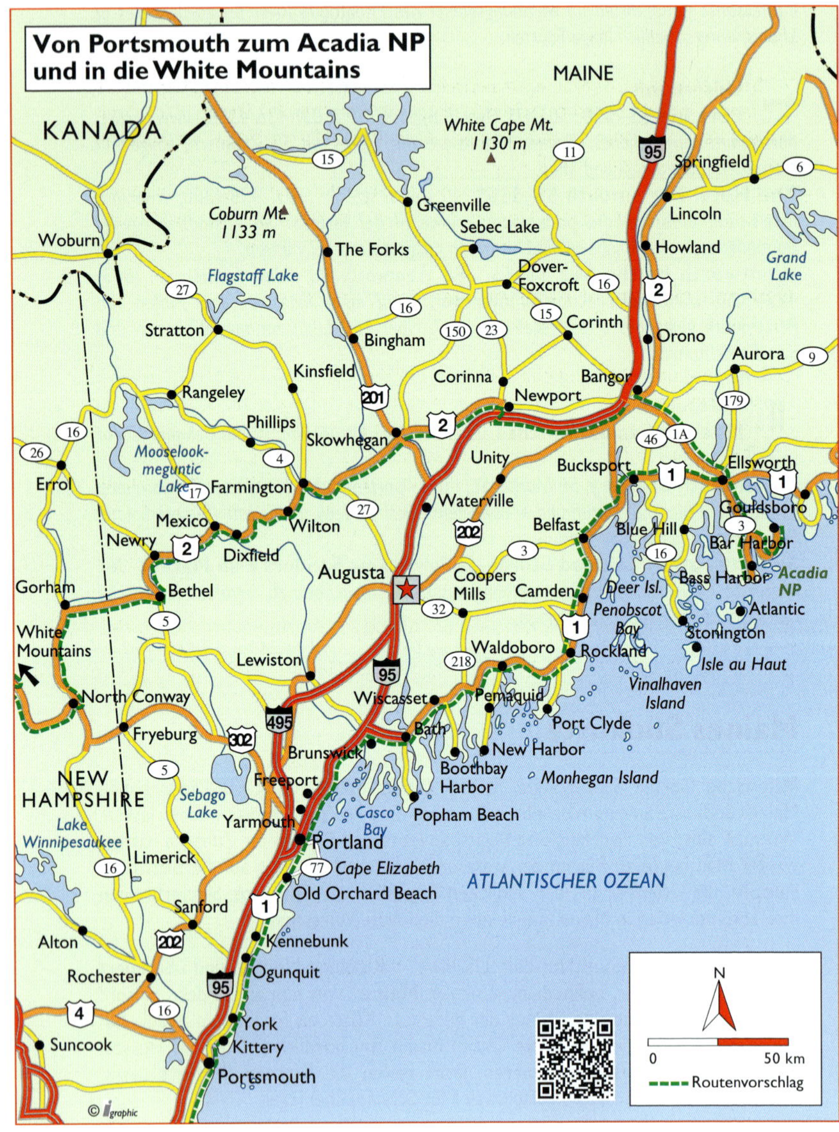

York Beach und **Cape Neddick**, mit dem 1879 erbauten **Nubble Light**, einem Leuchtturm. Bei einem Spaziergang durch die Altstadt (Plan und Infos bei der *Old York Historical Society*, s. unten) kann man sieben historische Gebäude besichtigen. Darunter das **John Hancock Warehouse**, die **Jefferds Tavern** von 1759 oder **Old Goal** von 1719, eines der ältesten öffentlichen Gebäude der USA.

Historisches in York

Museums of Old York, *207 York St., https://oldyork.org, HS Di–Sa 10–17 Uhr, Sept.-Dez. nur Do–Sa, Kombiticket für mehrere Gebäude $ 10.*

Vorbei an **Perkins Cove**, einem malerischen Fischerdorf, erreicht man **Ogunquit**, das in der Indianersprache „Schöner Platz am Meer" heißt. Dieses Bild untermauert der 5 km lange Strand und der 1,6 km lange Marginal Way, ein Rundweg um die Klippen. Hier hat Tourismus Tradition: Der Bostoner Maler Charles Woodbury hatte im späten 19. Jh. den Platz „entdeckt" und ihn auch für andere Künstlerkollegen wie Edward Hopper, Maurice Prendergast oder Reginald Marsh interessant gemacht. Das **Ogunquit Museum of American Art** zeigt einen Teil der hier entstandenen Kunstwerke.

Ogunquit Museum of American Art, *543 Shore Rd., https://ogunquitmuseum.org, Mai–Okt. tgl. 10–17 Uhr, $ 15.*

Von **Kennebunk**, im Landesinneren, am US Hwy. 1 gelegen, und dem zugehörigen Hafen **Kennebunkport** weiß man, dass es ein beliebter Ferienort der US-Präsidenten war. Nördlich der Ortschaft liegt die Hauptattraktion der Region, das **Seashore Trolley Museum**. Rund 200 alte Straßenbahnen aus aller Welt sind hier vereint. Sie wurden und werden liebevoll restauriert und wieder fahrtüchtig gemacht. Etwa 40 befahren im Sommer regelmäßig eine 3 km lange Strecke. Einst verband eine ganze Reihe von Straßenbahnen die einzelnen Orte an der Südküste von Maine und die hier entstandenen Fabriken. Erst mit der Zunahme der Privatautos

Hier entspannten die Präsidenten

Portland Head Light auf Cape Elizabeth

brach der Schienenverkehr in den 1970ern zusammen. Es drohte die Verschrottung der Bahnen. Einer Gruppe engagierter Leute gelang es jedoch, die Tradition hochzuhalten, die Bahnen zu restaurieren und das Museum einzurichten.
Seashore Trolley Museum, *Log Cabin Rd., nördl. Kennebunkport bzw. ab US Hwy. 1 nördl. Kennebunk, https://trolleymuseum.org, Juni–Okt. Mi–So, Mai und Nov.–Dez. Sa/So 9.30–16.30 Uhr, $ 13, auch Sonderfahrten!*

Ältester Leuchtturm der Ostküste

1630 gegründet, erlebte **Old Orchard Beach** als ein bei Frankokanadiern beliebter Badeort um 1900 eine Blüte. Noch heute zieht der 12 km lange Strand mit Motels und Apartmentgebäuden sowie Vergnügungs- und Wasserparks am **Ocean Pier** Touristen an. Bevor man Portland, die größte Stadt Maines, erreicht, lohnt ein Abstecher Richtung Osten (Hwy. 77) zum **Cape Elizabeth**. Hier befindet sich der älteste Leuchtturm der Ostküste, **Portland Head Light**. 1791 von Präsident George Washington in Auftrag gegeben, dürfte der Ausblick noch derselbe sein.

Ein Schiffsunglück hier vor der Küste im Jahr 1869 regte einst Henry Wadsworth Longfellow zu seinem Gedicht „Wreck of the Hesperus" an. Auch die Gemälde von Edward Hopper haben diesen Leuchtturm weltberühmt gemacht.
Portland Head Light, *1000 Shore Rd./Fort Williams Park, https://portlandheadlight.com, mit Museum, Juni–Okt. Mo–Fr 10–14, Sa/So 10–16 Uhr, Park frei, Museum $ 2.*

Reisepraktische Informationen Maines Südküste

Information
https://kennebunkport.org

Unterkunft
The Beachmere Inn $$–$$$$, *62 Beachmere Pl., Ogunquit, ☏ (207) 646-2021, https://beachmereinn.com; traumhaft am Meer gelegenes viktorianisches Inn mit mehreren Bauten, Zimmern und Suiten sowie eigenes Lokal..*
Cape Arundel Inn $$$–$$$$ *(inkl. Frühstück), 208 Ocean Ave., Kennebunkport, ☏ 1 (800) 514-0968, https://capearundelinn.com; kleines elegantes Hotel mit 16 Zimmern. Mit Tennisplatz und Pool, mit Meerblick.*

Restaurant
Flo's Hot Dogs, *1359 Rte. 1, Cape Neddick; seit 1947 berühmt für Steamed Hot Dogs; das Besondere ist die Sauce, die man auch in Flaschen kaufen kann.*

info

Maine, die Heimat der Lobster

Homarus americanus ist eine Spezialität Maines, ein teurer Leckerbissen, der einige Mühe beim Fangen und einige Geschicklichkeit beim Essen erfordert. Es handelt sich um den Gattungsnamen für Hummer bzw. Lobster, für jenes Krustentier, das von den Canadian Maritimes bis North Carolina gefangen wird und weltweit als Delikatesse gilt.

info

Beim **Maine** oder **American Lobster** handelt es sich um ein besonderes Exemplar, zwar mit dem europäischen *Homarus gammarus* verwandt, doch mit wesentlich stärkeren Fangscheren. Die großen Hummerscheren – bei Männchen größer als bei Weibchen – sind asymmetrisch: Die größere dient dazu, die Schalen der Nahrung aufzubrechen, die kleinere holt dann das weiche Fleisch aus dem jeweiligen Opfer.

Weltweit gibt es rund **30 Sorten** an Lobstern. Zur selben Familie gehört die große Gruppe der Spinnenlobster *Panulirus argus*, von denen es besonders im Süden an die 45 Sorten gibt, die Crayfish, Crawfish, Langusten oder Rock Lobster genannt werden. Anders als die eigentlichen Hummer haben sie keine Scheren, sondern lange Antennen.

Hummer sind **Krustentiere**, deren äußeres Skelett nicht wächst, weswegen sie die komplette harte Schale jedes Jahr abwerfen (und fressen) um innerhalb von vier bis sechs Wochen eine neue, größere auszubilden. Das geschieht meist bei sommerlichen Wassertemperaturen und birgt Vor- und Nachteile. Einerseits können dann die Soft Lobsters leichter gefangen werden, da sie, ihres „Panzers" beraubt, versuchen, ihren Hauptfeinden – Kabeljau und Hai – in küstennahen Gewässern aus dem Weg zu gehen. Andererseits liefert der **New Shell** oder **Soft Shell Lobster** im Unterschied zu den hartschaligen Exemplaren weniger Fleisch. Ist eigentlich ein Drittel essbar, ist es dann nur ungefähr ein Viertel Fleisch.

Lobster-Paradies Maine

Die farbenfrohen Holzbojen, die die **Hummerkäfige** markieren, begegnen einem an Maines Küste überall. In diesem Bundesstaat werden mehr Hummer gefangen und exportiert als in jedem anderen Ort. Man bekommt hier den Leckerbissen an den Piers auch direkt aus dem heißen Seewasser in holzgefeuerten Fässern. Trotz steigender Absatzmengen ist der **Lobsterfang** keine große Industrie geworden, sondern „Handarbeit" geblieben. Noch heute fangen rund 6.000 Fischer in Maine pro Jahr um die 45.000 Tonnen Lobster. Hummerfischer fahren frühmorgens hinaus, um alle Fallen – es können mehrere 100 sein – zumindest einmal wöchentlich zu kontrollieren. Obwohl die Käfige in Küstennähe versenkt werden, ist das an den rauen Felsküsten Neuenglands nicht ungefährlich. Vor allem nicht im Winter und bei hoher See.

Mit steigender **Nachfrage** begann man ab den 1840ern den Hummer einzudosen. Die erste Konservenfabrik, die weltweit versandte, war **The Burnham & Morrill Company** (**B&M**) in Portland/Maine. In der zweiten Hälfte des 19. Jh. war Dosenware wichtiger geworden als lebendige Tiere und die Nachfrage stieg bedrohlich. Heute sind **Fanggebiete** und **Quoten streng reglementiert**. Es gilt ein 3-mi-Radius für den Lobster-Fang und die Größe der gefangenen Tiere ist genauestens festgelegt. Eiertragende Weibchen müssen freigelassen werden, um die Nachzucht zu gewährleisten.

info

Die **Befruchtung der Weibchen** ist nur kurz nach dem Schalenwechsel möglich, die Vereinigung erfolgt meist mit dem größten verfügbaren Männchen. Ehe die Eiablage mit 10.000 bis 20.000 Eiern, von denen vielleicht nur zehn die ersten vier Lebenswochen überstehen, erfolgt, können Monate vergehen. Sind die Jungen erst einmal ausgeschlüpft, sind sie leichte Beute für Seevögel, da die Schale erst nach 15–30 Tagen einigermaßen hart ist. Die „Miniatur-Lobster" halten sich daher bis zum Erwachsenenalter v. a. am Meeresboden unter Felsen versteckt auf.

In den ersten fünf Lebensjahren wird der Panzer bis zu 25-mal gewechselt, dann findet der langwierige und Kraft raubende Prozess nur noch einmal im Jahr, bei großen Exemplaren sogar seltener statt. Die in Gemeinschaften lebenden Lobster ernähren sich von Krabben, Muscheln, Würmern, kleinen Fischen und gelegentlich von pflanzlicher Kost. Nach fünf bis sieben Lebensjahren im kühlen Atlantik haben die Tiere „market size" – rund ein Pfund Lebendgewicht – erreicht und gelten als ausgewachsen und reif für die Kochtöpfe.

Portland/ME und die Casco Bay

Ganz Maine gleicht einem Dorf: Jeder kennt jeden und ein Ort wie **Portland** mit über 68.000 EW ist gleich die größte Stadt im Staat. Und doch ist Portland mehr als nur ein verschlafenes Provinznest. Hier gibt es eine rege **kulinarische und künstlerische Szene**, und wie in Oregon gilt hier das Motto: „Keep Portland Weird!". Dabei ist es ein überschaubarer Ort, gerade groß genug, um auf Erkundungstour zu gehen, und klein genug, um sich zu Hause zu fühlen.

Kurzzeit-Hauptstadt

1631 als „Casco" gegründet, liegt Portland auf einer Halbinsel, die sich in die **Casco Bay** hineinschiebt. Zwischen 1820 und 1832 war Portland kurzzeitig Hauptstadt von Maine. Heute ist es Augusta. Da die Stadt 160 km näher zu Europa liegt als jeder andere Hafen in den USA, noch dazu geschützt in der Casco-Bucht, konnte sich ein bedeutendes Handelszentrum entwickeln. In moderner Zeit ist zur Bedeutung als Hafen, Handels- und Fischereizentrum die Industrie (Nahrungsmittel, Holz, Papier, Portland Pipeline, Ölpipeline nach Kanada) getreten, außerdem der Tourismus.

Blick auf den Hafen von Portland

Die Stadt hat schwere Zeiten durchgemacht. Dreimal ist sie völlig abgebrannt: 1675 zerstörten sie Indianer, 1775 die Briten und 1866 brach das letzte große Feuer durch Unachtsamkeit aus. Daher sieht man heute im Stadtkern vor allem spätere, viktorianische Bauten. Breite Straßen und Parks dominieren das Bild. Nur im **Old Port Exchange** hat sich der Charakter der Stadt vor 1866 um ein Gewirr aus Gassen mit Kopfsteinpflaster und alten Ziegelbauten erhalten. Das Hafenareal um die Commerce St. inklusive der Gassen, die zur Congress St. hinaufführen, ist idealer Startpunkt für einen Bummel, der zahlreiche Läden, Restaurants und Cafés streift.

Pittoreskes Hafenareal

Das **Portland Museum of Art** (**PMA**), geplant von keinem Geringeren als I. M. Pei, überrascht mit einer ungewöhnlichen Sammlung. Neben Werken amerikanischer Künstlern, z. B. Winslow Homer, Marsden Hartley, Edward Hopper und Andrew Wyeth, sind Meisterwerke europäischer Künstler ausgestellt.
Portland Museum of Art, *7 Congress Sq., www.portlandmuseum.org, HS Mi–So 10–18, Fr bis 20 Uhr, NS verkürzte Zeiten, $ 18, mit Café, Laden und Veranstaltungsprogramm.*

Nach dem Bummel zwischen der zentralen **Congress Street** und dem **Old Port**, dem alten Hafenviertel, lohnen zwei weitere Spaziergänge. Einmal entlang der **Eastern Promenade**, in **East End**. Man folgt dabei der Trasse einer historischen Schmalspurbahn um die Ostspitze der Halbinsel und genießt spektakuläre Ausblicke auf die Casco Bay. Das wohl beste Panorama bietet sich allerdings von der Aussichtsplattform des **Portland Observatory**, eines Leuchtturms.
Portland Observatory, *138 Congress St. (Munjoy Hill), www.portlandlandmarks.org/observatory. Details zu Öffnungszeiten/Touren s. Website, $ 10.*

Läuft man hingegen auf der **Western Promenade**, kann man eine Reihe von schönen viktorianischen Häusern bewundern. Zugänglich ist die **Victoria Mansion**, zwischen 1858 und 1860 im Italianate Style aus rotbraunem Sandstein erbaut und innen mit Deckengemälden und Stuck versehen.
Victoria Mansion, *109 Danforth St., https://victoriamansion.org, Mai–Okt. Touren tgl. 10–16 Uhr, $ 19,25, mit Shop.*

Schließlich gilt es, einem bedeutenden Dichter die Referenz zu erweisen. Im **Wadsworth-Longfellow House** wurde Henry Wadsworth Longfellow (1807–1882) geboren. Erbaut hatte es 1785 Longfellows Großvater, ein Offizier

Schön für einen Bummel: die zentrale Congress Street

im Unabhängigkeitskrieg. Die Schlichtheit des Baus steht in interessantem Gegensatz zu den verschnörkelten viktorianischen Häusern wie der Victoria Mansion (s. oben). Der dritte Stock, in dem Longfellow sein Zimmer hatte, wurde erst 1815 angebaut. Die Longfellows gehörten als Rechtsanwaltsfamilie zur gehobenen Mittelklasse des Ortes und lebten einst am Stadtrand. Heute steht das Haus im Zentrum. Bis 1821 lebte der Dichter – berühmt und unsterblich geworden durch seine Balladen „The Wreck of the Hesperus", „Paul Revere's Ride", „The Song of Hiawatha" oder „Evangeline" – hier und kehrte auch danach immer wieder zurück.

Geburtshaus Longfellows

Wadsworth-Longfellow House & Maine Historical Society Museum, *487 Congress St., www.mainehistory.org, Juni–Okt. Di–Sa 10–17 Uhr, $ 15 (House), $ 10 (Museum), Laden, Ausstellung sowie stündlich Touren.*

Vor den Toren Portlands, in der Casco Bay, liegen die **Casco Islands**, auch „Calendar Islands" genannt. John Smith, der zu Beginn des 17. Jh. hier vorbeisegelte, behauptete, es gäbe 365 Inseln. In Wahrheit sind es „nur" 136. Obwohl Portland von Wasser umgeben ist, existiert keine „Strandkommune", was die Inseln umso verlockender macht. „**On a mail boat run**" nennen die Portlander ihre Ausflüge dorthin. Vom Ferry Terminal am Maine State Pier verkehren regelmäßige kleine Fähren zu diesen Inseln. An Maines Küste soll es angeblich 4.613 Inseln geben, deren Größe von ein paar Quadratmetern Fels bis zu ganzen Siedlungen variiert. Trotz intensiver Suche hat allerdings noch niemand die angeblich auf den Inseln versteckten Piratenschätze gefunden.

Verborgene Schätze?

Reisepraktische Informationen Portland/ME

Information

Ocean Gateway Information Center, *14 Ocean Gateway Pier, HS Mo–Sa 9–16, So 10–15 Uhr, www.visitportland.com.*

Unterkunft

West End Inn $$$, *146 Pine St., ☏ (207) 772-1374, www.westendbb.com; elegantes B&B an der historischen Western Promenade mit sechs komfortablen Zimmern; üppiges Frühstück inklusive.*

Portland Regency Hotel $$$$, *20 Milk St., ☏ (207) 774-4200, www.theregency.com; mitten in der Stadt gelegenes altehrwürdiges Hotel mit geschmackvoll ausgestatteten Zimmern, teils mit Balkonen. Spa zugehörig.*

Restaurants

Public Market House, *28 Monument Sq., www.publicmarkethouse.com, Mo–Sa 8–19, So 10–17 Uhr; Markthalle zum Einkaufen mit verschiedenen Imbissstationen.*

Old Port Sea Grill, *93 Commerce St., www.oldportseagrill.com; gehobenes Lokal am Hafen, bekannt für hervorragende Fischgerichte.*

Portland Lobster Company, *180 Commercial St.; hier gibt es vor allem Lobster und Meeresfrüchte, mit Plätzen auf dem Deck und Gerichten zum Mitnehmen.*

DiMillo's On the Water, *25 Long Wharf, www.dimillos.com; bekannt und beliebt wegen der frischen Seafood- und Fischgerichte, aber auch wegen der Lage auf einer historischen Fähre.*

Eventide Oyster Co., *86 Middle St.; ein Paradies für Austern-Liebhaber!*

Street & Company, *33 Wharf St., www.streetandcompany.net; frisches Seafood in Hülle und Fülle, dazu lokale Spezialitäten.*
Portland gilt als Zentrum der **Craft-Beer-Szene** *von Maine. Legendär ist die* **Allagash Brewing Co**. *(www.allagash.com); weitere empfehlenswerte Kleinbrauereien sind* **Lone Pine Brewing Co**. *(http://lonepinebrewery.com) oder* **Rising Tide Brewing** *(www.risingtidebrewing.com).*

Fähre

Casco Bay Lines Ferry Service, *Commercial/Franklin St., Casco Bay Ferry Terminal, www.cascobaylines.com; Fähren zu den Casco Bay Islands; älteste aktive Fährlinie in den USA, seit 1845 in Betrieb; auch verschiedenste Hafenrundfahrten.*

Auf dem Hwy. I nach Bar Harbor und zum Acadia NP

Verlässt man Portland auf dem US Hwy. 1 Richtung Norden, beginnt die Küste – genau so, wie man sie sich vorstellt: wild zerklüftet mit Buchten und Sandstränden, Inseln und Fjorden, steilen Felsenklippen und dichtem Wald, der bis ans Wasser reicht. Dazwischen liegen Naturschutzgebiete und malerische kleine Orte mit Antiquitätengeschäften und Fischlokalen.

Vorbei an **Yarmouth**, 1636 gegründet und heute ein beliebtes Seebad 15 km nördlich von Portland, geht es nach **Freeport**. Dass der Ort historisch eine wichtige Rolle spielte, wissen die wenigsten. Hier wurde nämlich der Vertrag, der Maine als von Massachusetts unabhängige Kolonie bestätigte, unterzeichnet.

Outdoor-Imperium

Heute kommt man in erster Linie wegen der *Factory Outlets* her, der günstigen Shoppingmalls. Vor allem aber wegen **L.L.Bean**! 1912 begann ein gewisser Leon Leonwood Bean praktische Allzweckstiefel – die sogenannten „Duck Boots" – zu entwickeln. Endergebnis war der legendäre Gummi-Leder-Outdoorstiefel. Daraus entwickelte sich ein ganzes Outdoor-Imperium, das allein in Freeport vier unterschiedlich spezialisierte „Kaufhäuser" und einen *Outlet Store* (Fabrikverkauf) aufweist. Es gibt dort inzwischen weit mehr als Gummistiefel zu kaufen. Verschiedenste Outdoor-Touren stehen außerdem im Angebot der Firma.
L.L.Bean, *95 Main St., www.llbean.com, Hauptgeschäft tgl. 24 Std.; außerdem weitere Outlet Centers anderer Brands (Freeport Village Station) und Hunting & Fishing, Bike, Boat & Ski, Home Store.*

Spuren der Eiszeit

Die zweite Attraktion des Ortes ist das **Desert of Maine**, etwa 5 km westlich. Am Ende der letzten Eiszeit kam es an dieser Stelle zu Sand- und Mineralienablagerungen, die im Laufe der Zeit mit Erde bedeckt wurden. Ausgerechnet hier gründete 1797 William Tuttle eine Farm. Da er von Fruchtwechsel noch nichts gehört hatte, war der Boden schnell ausgelaugt. Es setzte Versteppung ein und die eiszeitlichen Ablagerungen traten wieder an die Oberfläche.
Desert of Maine, *95 Desert Rd., www.desertofmaine.com, Mai–Mt. Okt. tgl. 9–19 Uhr, $ 18, mit Farmmuseum; auch Touren.*

In der Ortschaft **Brunswick** wurde 1794 das **Bowdoin College** gegründet, da die Gründerväter in Portland zu viele *„Versuchungen zur Zerstreuung, Ausschweifung, Eitelkeit sowie diverse Übel von Hafenstädten"* befürchteten. Unter anderem studierten hier Nathaniel Hawthorne und Henry Wadsworth Longfellow. Einst lebte hier auch Harriet Beecher Stowe. In ihr Haus ist heute ein Restaurant eingezogen.

Maine genoss im 19. Jh. einen guten Ruf als Lieferant der größten und schnellsten Segler der Welt. Der Ort **Bath** war einst das **Schiffsbauzentrum** des Staates. Frisch geschlagenes Holz wurde aus dem dicht bewaldeten Hinterland über den Kennebac River geflößt und in Bath wurden daraus Segelschiffe gebaut. Die 1884 gegründete Firma **Bath Iron Works** entstand, nachdem die Holzbauweise schon an Popularität eingebüßt hatte; heute werden hier vor allem Frachtschiffe gebaut. Außer dieser Werft sind nur noch eine Handvoll kleine Bootsbauer übriggeblieben.

Schiffsbau- und Seefahrtmuseum

Über die Geschichte des Schiffsbaus und der Seefahrt informiert anschaulich das attraktiv aufgemachte **Maine Maritime Museum & Shipyard**. Es handelt sich um einen mehrteiligen Komplex mit dem modernen Hauptbau im Zentrum und Nebengebäuden. 1964 auf einem ehemaligen Werftgelände eingerichtet, entstand das Museumsgebäude 1989. 2004 kam ein Stahlgerippe hinzu, das auf dem Freigelände die Ausmaße eines Sechsmastschoners andeutet. Während sich im Museum v. a. maritime Kunstwerke, die die Schifffahrt zum Thema haben, und Modelle befinden, erfährt man im Freien mehr über die einzelnen Phasen des Bootsbaus von der Anlieferung der Holzstämme bis hin zur Fertigstellung eines Segelschiffes. Das Museum besitzt zudem verschiedene Schiffe: vom Ruderboot bis zum Großsegler namens „Sherman Zwicker", einem Schoner, der im Sommer Besucher auf Rundfahrt mitnimmt. Abgesehen von der Bootswerkstatt ist besonders eine Ausstellung in einer der alten Werfthallen interessant: Dort geht es um die Tradition des Fisch- und Lobsterfangs.
Maine Maritime Museum & Shipyard, *243 Washington St., www.mainemaritimemuseum.org, tgl. 9.30–17 Uhr, NS verkürzte Zeiten, $ 20.*

„Das schönste Dorf Maines"

Wiscasset bezeichnet sich selbst als das „schönste Dorf Maines". Es gibt prachtvolle Häuser wohlhabender Schiffskapitäne aus dem 19. Jh., wie das **Nickels-Sortwell House** – ein mächtiges Haus im *Federal Style* mit edler Ausstattung. So auch das **Castle Tucker House** in spektakulärer Hügellage, 1807 erbaut und ab Ende des 19. Jh. von der Tucker-Familie bewohnt. Im Südosten der Stadt liegt **Fort Edgecomb**, eine ungewöhnliche, hölzerne Befestigungsanlage mit oktagonalem Grundriss von 1808/09.
Nickels-Sortwell House, *121 Main St. (Rte. 1), www.historicnewengland.org/property/nickels-sortwell-house, Juni–Okt. Fr–So 11–15 Uhr, Touren $ 15..*
Castle Tucker House, *2 Lee St., www.historicnewengland.org/property/castle-tucker, Juni–Okt. Fr–So 11–15 Uhr, Touren $ 15.*
Fort Edgecomb SHP, *66 Fort Rd. Davis Island, ab US Hwy. 1, HS tgl. 9–17 Uhr, $ 4.*

Um nach **Boothbay Harbor** zu gelangen, eine kleine Hafenstadt, die auf der größten und am stärksten besiedelten Halbinsel zwischen Sheepscot und Damariscotta River liegt, muss man den US Hwy. 1 verlassen und der Nr. 27 folgen. Das immer noch wichtige Fischereizentrum entwickelt sich im Sommer zum beliebten

Ferienort. Abgesehen von der geografischen Lage gehört das **Boothbay Railway Village**, ein Freilichtmuseum mit einer Schmalspurbahn, alten Geräten und Autos, zu den Hauptattraktionen im Ort.
Boothbay Railway Village, *586 Wiscasset Rd./Hwy. 27, https://railwayvillage.org, Di–So 10–17 Uhr, NS verkürzt, $ 15.*

Einen weitereren malerischen Ort auf der benachbarten Halbinsel, **Pemaquid Point**, erreicht man über den „Einser" und dann ab Damariscotta auf dem Hwy. 130. *Pemaquid* heißt in der Indianersprache „langer Finger" und bezieht sich auf die Form der Halbinsel. Es gibt Hinweise, dass hier schon vor Plymouth eine Siedlung existierte: Die Einwohner von Pemaquid sollen während des ersten harten Winters die Pilgerväter mit Vorräten versorgt haben. Was aus diesem Ort dann geworden ist, ist jedoch unbekannt.

Ein schlechter Platz für Forts

Über die Ausgrabungen in Pemaquit informiert das Museum der **Colonial Pemaquid State Historic Site**, zu deren Areal auch **Fort William Henry** (nahe Pemaquid Beach), ein Nachbau von 1907, gehört. Das Original aus dem Jahr 1630 war von Piraten zerstört worden. Seinen Nachfolger, den die Briten für uneinnehmbar hielten, machten 1689 französisch-indianische Truppen dem Erdboden gleich. 1729 baute man **Fort Frederick**, das jedoch während der Revolution von den Bewohnern zerstört wurde, damit es nicht in die Hände der Briten fiel. Sehenswert an der Spitze der Halbinsel ist schließlich das 1824 erbaute **Pemaquid Point Lighthouse** (*Hwy. 130, HS tgl. 9–17 Uhr, $ 4*).
Colonial Pemaquid State Historic Site, *Colonial Pemaquid Dr., Pemaquid Point, https://friendsofcolonialpemaquid.org; HS tgl. 9–17 Uhr, $ 3.*

Ein Beispiel, wie man Neusiedler buchstäblich in die Wildnis schicken kann, ist der Ort **Waldoboro**, wieder am US Hwy. 1. Reiseberichte, in denen von blühenden Landschaften geschwärmt wurde, zogen 1748 besonders deutsche Auswanderer an. Sie fanden dann jedoch nichts als Wildnis vor, blieben aber dennoch. Eine weitere Reisegeschichte aus dem 18. Jh. über eine *„große Insel, die wie ein Walrücken gewölbt war"*, wollte schließlich niemand mehr so recht glauben. Doch sie war richtig: Die der Küste etwas östlich von Pemaquid Point vorgelagerte **Monhegan Island** ähnelt tatsächlich einem Wal. Besucher können per Fähre von Port Clyde aus das Naturparadies besuchen und hier übernachten (zahlreiche B&Bs!). Autos sind nicht erlaubt, und manche Häuser haben noch heute keinen Stromanschluss (Infos: *http://monheganwelcome.com*).

Hummerhauptstadt

Nächste Station: die **Penobscot Bay** – „PenBay" –, deren Hafen **Rockland** am Westrand der tief in die Küste einschneidenden Bucht liegt. Mit Stolz bezeichnen die Einwohner ihren Ort als „Hummerhauptstadt der Welt". Während des **Maine Lobster Festival** (*www.mainelobsterfestival.com*) kann man sich davon überzeugen. Anfang August werden anlässlich dieses seit mehr als 60 Jahren stattfindenden Festes zahlreiche Hummer gekocht und verzehrt. Doch auch die Kultur kommt im Ort nicht zu kurz: Lucy Farnsworth hatte nach ihrem Tod 1935 der Stadt $ 1,3 Mio. für den Bau des **Farnsworth Art Museum** vermacht.
Farnsworth Art Museum, *16 Museum St., www.farnsworthmuseum.org, HS tgl. 10–17, sonst Mi/Do–So 10–17 Uhr, $ 20.*

Vorbei an Rockport erreicht man **Camden**, einst ein vornehmer Badeort. Viele der alten Ferien-Cottages der reichen Sommerurlauber fungieren heute als luxuriöse Inns und Bed&Breakfast-Häuser. Am Ende der Penopscot Bay liegen **Belfast**, 1770 von Iren gegründet und ein Zentrum der Geflügelzucht, und **Searsport**, einst bedeutender Hafen, heute „Antiquitätenhauptstadt" von Maine.

Im **Penobscot Marine Museum**, einem mehrteiligen Komplex von Häusern aus dem 19. Jh., steht die Geschichte der Seefahrt im Mittelpunkt. Bei **Bucksport**, in dessen Nähe sich die Ruine des nie vollendeten **Fort Knox** (1844–69) befindet, endet schließlich die Bucht; hier führt eine neue, gigantische Brücke über die Penobscot Narrows nach Verona Island/Bucksport.
Penobscot Marine Museum, *Hwy. 1/Church St., https://penobscotmarinemuseum.org, HS Mo–Sa 10–17, So 12–17 Uhr, $ 15.*
Fort Knox, *ca. 3 km westlich Bucksport, ab US Hwy. 1, vor der Brücke ausgeschildert, www.fortknoxmaine.com, HS 9–17/18 Uhr, mit* **Penobscot Narrows Observatory** *($ 9, für Fort und Observatory).*

Reisepraktische Informationen Bath, Rockland und Boothbay Harbor/ME

Information

Penobscot Bay Regional Chamber of Commerce, *VCs in Camden (2 Public Landing) und Rockland (25 Park Dr.), https://camdenrockland.com*
Maine's Midcoast: *https://mainesmidcoast.com.*

Touren/Fähren

Rundfahrten und Whalewatch-Touren ab Boothbay Harbor, auch Fahrten nach Monhegan Island, z. B. mit
Balmy Bay Cruises, *https://balmydayscruises.com; ab Pier 8 (42 Commercial St.).*
Monhegan Boat Line, *Port Clyde, https://monheganboat.com; regelmäßige ganzjährige Fährverbindung (Postboot), außerdem diverse Cruises.*

Unterkunft

The Island Inn $$, *1 Ocean Ave., Monhegan Island, ☎ (207) 596-0371, https://islandinnmonhegan.com, seit 1907 betriebenes Insel-Hotel mit Café und Restaurant, von Mai–Okt. geöffnet.*
The Lindsey Hotel $$, *5 Lindsey St., Rockland, ☎ (207) 466-9015, www.lindseyguesthouse.com; Boutiquehotel mit 9 Zimmern in renoviertem altem Kapitänshaus von 1837 mitten in der Stadt.*
The Harborage Inn $$, *75 Townsend Ave., Boothbay Harbor, ☎ (207) 644-4640, www.harbourtowneinn.com; Haus von 1875 mit 12 unterschiedlich großen Zimmern und Suiten, hell und z. T. mit Hafenblick und Aussichtsterrasse; morgens Gourmet-Frühstück.*
Lord Camden Inn $$$$, *24 Main St., Camden, ☎ (207) 236-4325, https://lordcamdeninn.com, luxuriöses Boutiquehotel im Herzen der Ortschaft mit 36 Zimmern und Suiten.*

Restaurants

Lobster Wharf, *97 Atlantic Wharf, www.boothbaylobsterwharf.com; man sitzt an langen Tischen, isst fangfrischen Hummer und schaut den Hummerfischern bei der Arbeit zu.*

Kennebec Tavern, *119 Commercial St., Bath; bekannt für Fischgerichte und Hummer, mittags auch preiswerte Sandwiches (z. B. Lobster Roll), Salate und Suppen, außerdem Senioren- und Kindermenüs und Brunch.*

Veranstaltungen

Maine Lobster Festival, *https://mainelobsterfestival.com; Ende Juli/ Anfang Aug. fünf Tage lang vielerlei Veranstaltungen sowie kulinarische Stände und Kochwettbewerbe ganz im Zeichen des Hummers im Harbor Park/Rockland, teils gratis, teils Gebühr. Daneben Kunsthandwerksausstellung, Parade, Rennen und Kinderveranstaltungen.*

Acadia National Park

Jährlich pilgern über 3 Mio. Besucher in den **Acadia National Park**, den einzigen Nationalpark Neuenglands. Sein Hauptteil liegt auf der etwa 14.000 ha oder 26 x 34 km großen **Mount Desert Island**, die per Brücke (Hwy. 3) mit dem Festland verbunden ist. Der Hauptort **Bar Harbor** war, wie viele Küstenorte, bis etwa 1850 ein kleiner Fischerhafen. Dann entdeckte die Bostoner High Society, inspiriert durch Thomas Cole, einem Maler der Künstlergruppe *Hudson River School*, die Insel als Erholungsort.

Einziger Nationalpark Neuenglands

Bis zum Börsenkrach 1928 hatten reiche Unternehmer, die per Dampfschiff oder auf eigenen Jachten herkamen, mehr als 200 extravagante Sommerresidenzen erbaut. Bei einem verheerenden Brand 1947 wurden die meisten zerstört und nicht mehr aufgebaut. Charles W. Eliot, Präsident der Universität Harvard, hatte nämlich durchgesetzt, dass hier 1916 ein Naturpark, der erste östlich des Mississippi, eingerichtet wurde. Er konnte viele der reichen Grundstückseigner, allen voran John D. Rockefeller, überreden, Land zu stiften. Rockefeller sind nicht nur 4.400 ha Land, sondern zugleich rund 80 km an Fahr- und Wanderwegen zu verdanken.

Absolut lohnend: ein Besuch des Acadia NP

Mount Desert Island steht wie einige der Nachbarinseln an der Küste Maines zum Teil als **Acadia National Park** unter Schutz und ist ein ganz besonderer Fleck Erde. Hier rufen nicht spektakuläre Naturdenkmäler, reißende Wasserfälle oder tiefe Canyons, wie in den Parks im Westen des Kontinents, ehrfürchtiges Staunen hervor, sondern vielmehr die

Inselidylle

kleinen und verborgenen Landschaftserlebnisse, Ausblicke und idyllischen Plätze: Ruhe, Frieden und „Natur pur".

Besucher sollten noch vor Bar Harbor (Hwy. 3) das **Visitor Center** des Acadia NP in **Hulls Cove** ansteuern. Hier bezahlt man die fällige Parkgebühr, erhält Pläne, Broschüren, Tourhinweise und vielerlei Tipps. Außerdem kann man einen 15-minütigen Film ansehen. Durch den Nationalpark führt die 45 km lange **Park Loop Road**, die man mit dem Auto oder Fahrrad befahren kann. Im Sommer gibt es kostenlose Shuttlebusse, um von Bar Harbor zu den wichtigsten Punkten im Park zu gelangen. Von verschiedenen Parkplätzen führen Wanderwege in die

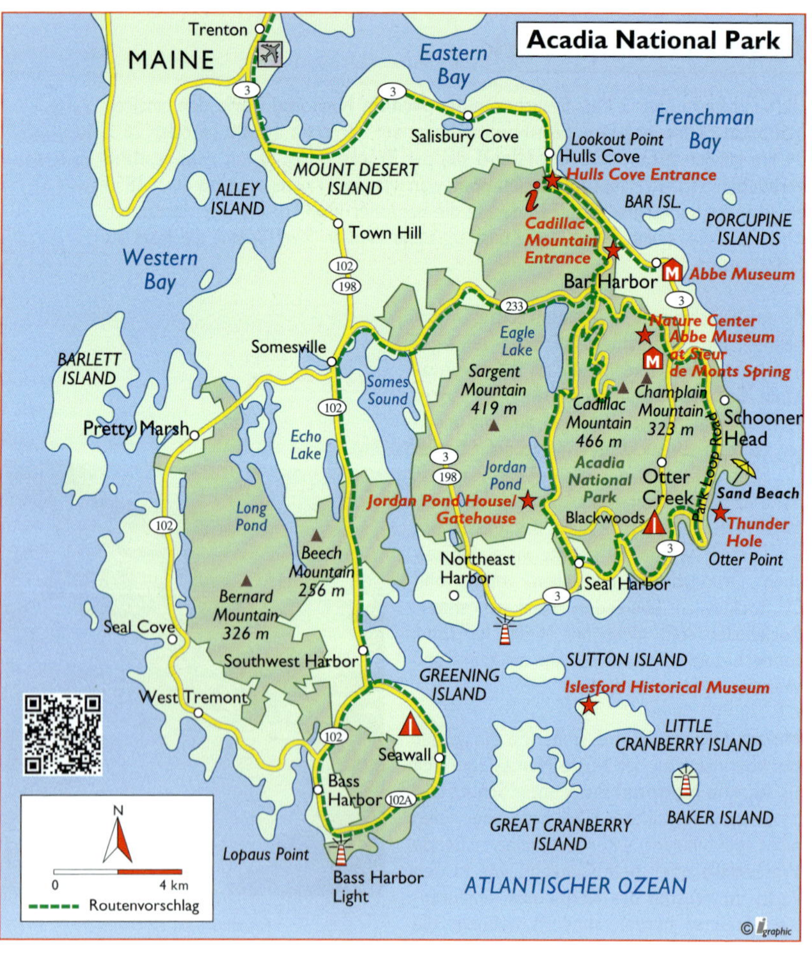

Wildnis, beispielsweise zu Long Pond oder Eagle Lake oder an die Küste nach Seawall, Sand Beach oder Otter Point. Einer der Höhepunkte ist die Fahrt auf den 466 m hohen **Cadillac Mountain**, von dem man einen spektakulären Ausblick auf die Küstenlandschaft genießt. Verschiedene Ranger-Programme wie Bootstrips, Diashows, Wandertouren, Nature Walks u. a. werden in der Hauptsaison darüberhinaus angeboten.

Bar Harbor – „Bah Hah Bah", wie die Einheimischen sagen – ist das infrastrukturell gut ausgestattete Touristenzentrum der Insel. Das Leben spielt sich an und um die Main St. ab, wo sich verschiedenste Läden, Cafés und Restaurants konzentrieren. Am kleinen Pier, an der Kreuzung von Main und West St., legen Tourboote und Fähren ab. Im Sommer ist es fast unmöglich, ohne Vorreservierung ein Zimmer zu bekommen, doch im Herbst kehrt Ruhe ein. Ende Oktober werden die Gehsteige hochgeklappt. Viele Hotels, Restaurants und Museen schließen bis zum Frühjahr.

Klein, aber fein: Das Robert Abbe Museum informiert über die Indianer in Maine

Sehenswert im Ortszentrum ist das **Robert Abbe Museum**, das sich ursprünglich in einem 1928 erbauten Pavillon direkt im Nationalpark, an der Zufahrt südlich Bar Harbor, befand. Heute heißt diese Filiale **Abbe Museum at Sieur de Monts Spring**. Das Museum im Zentrum , direkt am Village Green, basiert auf der Sammlung des Arztes Robert Abbe, die bis ins Jahr 1928 zurückreicht. Auch Abbe besaß auf der Insel ein Sommerhaus und interessierte sich besonders für die Hinterlassenschaften der Ureinwohner. Er sammelte diese und finanzierte Ausgrabungen. Bis heute werden von der Stiftung Grabungen in Maine organisiert, worüber im Museum informiert wird. Im Zentrum der Ausstellung stehen Korbwaren, deren Großteil auf die Sammlung von Anne Molloy Howells zurückgeht. Auch wurden die lokalen Indianer in das Museumskonzept einbezogen. In eigenen Ausstellungen erklären sie ihre Geschichte und Kultur. Heute leben etwa 7.200 Indianer in Maine (0,6 % der EW), die sich **Wabanki** (*People of the Dawn*) nennen und sich aus vier anerkannten Völkern, den Maliseet, Micmac, Penobscot und Passamaquoddy, zusammensetzen. Ungewöhnlich ist der **Circle of Four Directions** – ein zentraler Raum, in dem regelmäßig Veranstaltungen stattfinden. Zudem richtet das Museum in Kooperation mit der *Maine Indian Basketmaker's Alliance* jeweils am ersten Samstag nach dem 4. Juli ein großes **Native American Festival** mit Kunsthandwerkermarkt aus.

Interessantes Indianermuseum

Robert Abbe Museum, *26 Mt. Desert Rd., www.abbemuseum.org, Mai–Okt. Mo–Fr 10–17 Uhr, $ 10, Filiale Sieur de Monts Spring derzeit wegen Renovierung geschlossen.*

In **Southwest Harbor**, im Süden der Insel außerhalb des Parkareals, lohnt ein Besuch des **Wendell Gilley Museum** am Hwy. 102. 1981 eröffnet, widmet sich dieses Museum ganz dem lokalen Holzschnitzer Wendell Gilley (1904–83). Gilley, von Beruf Installateur, hatte 1931 begonnen, in seiner Freizeit Vögel zu schnitzen. Rund 10.000 Vögel sollen im Lauf seines Lebens entstanden sein, stark inspiriert vom „Vogelkünstler" A. Elmer Crowell (1862–1952).

Schon einmal in Southwest Harbor, sollte man gleich noch die wenigen Kilometer an die Südspitze der Insel fahren. Hier befindet sich in malerischer Lage das **Bass Harbor Head Lighthouse**. Bei klarem Wetter blickt man auf die ganze Inselwelt ringsum den Acadia NP.
Wendell Gilley Museum, *am Hwy. 102, Main St./Herrick Rd., www.wendellgilleymuseum.org; Juli–Okt. Di–Sa 10–16 Uhr, $ 10*

Reisepraktische Informationen Acadia National Park/ME

Information

Acadia NP – Hulls Cove VC, *ab Hwy. 3, www.nps.gov/acad, Mt. April–Ende Okt. tgl. 8.30-16.30 Uhr, Nov.–Mitte April geschlossen, Parkgebühr pro Auto $ 35 (für 1 Woche). Außerdem im Sommer:* **Sieur de Monts Nature Center** *und* **Islesford Historical Museum** *sowie* **Thompson Island Info Center***; verschiedene Rangerprogramme, Bootstrips, Diashows, Wanderungen, Nature Walks u. a. Es gibt eine Park Loop Road, die an den wichtigsten Punkten vorbeiführt.*
Bar Harbor Chamber of Commerce, *2 Cottage St., Bar Harbor, www.visitbarharbor.com.*

Touren

Kajak- und Kanu-Touren: **Coastal Kayaking Tours**, *www.acadiafun.com.*
Bar Harbor Whale Watch, *ab Harbor Place, 1 West St., www.barharborwhales.com; neben Rundfahrten auch Whale-Watching-Touren.*
Lulu Lobster Boat Ride, *55 West St., https://lululobsterboat.com; ab Bar-Harbor-Hafen neben Harborside Hotel & Marina. Verschiedene Touren auf einem Lobsterboot.*

Unterkunft

Bluenose Inn $$$, *90 Eden St. (Hwy. 3), Bar Harbor, ☏ (207) 288-3348, www.barharborhotel.com/bluenose-inn; traumhaft gelegenes, mehrteiliges Hotel mit modern ausgestatteten großen Zimmern. Toller Ausblick von den Balkonen der Zimmer im Hauptbau! Zugehörig ist das* **Looking Glass Restaurant**, *ebenfalls mit Ausblick und regionalen Spezialitäten.*
Cleftstone Manor $$$, *92 Eden St. (ab Hwy. 3), ☏ (207) 288-4951, www.cleftstone.com; viktorianische Villa von 1881 mit unterschiedlich großen und individuell eingerichteten Zimmern, teils Suiten mit Kamin und Wintergarten, Gemeinschaftsräume, inkl. Frühstück und Tee am Nachmittag. Im Winter geschlossen.*

Camping
Es gibt im Acadia NP mehrere Campgrounds: Details s. www.nps.gov/acad/planyourvisit/camping.htm.

Restaurants
Bar Harbor Lobster Bakes, *10 Hwy. 3/Hull's Cove; berühmt für Lobster- und Fischgerichte.*
Geddy's Pub, *19 Main St., Bar Harbor; urige Kneipe mit gelegentlichen Livekonzerten und Pubkost.*
Bar Harbor Beerworks, *119 Main St., Bar Harbor, https://barharborbeerworks.com; beliebtes Restaurant mit großer Bierauswahl und schmackhaften Gerichten – Burger, Salate und Sandwiches sind zu empfehöen – und Livekonzerten. Im Winter geschlossen.*
Atlantic Brewing Co., *12 Knox Rd., Bar Harbor, www.atlanticbrewing.com; Kleinbrauerei mit Shop, Touren und Tasting sowie neuer Brew Pub mitten in Bar Harbor (52 Cottage St.).*

Einkaufen
Ideal zum Einkaufen ist die ganze **Main St.** *mit kleinen Shops und Kneipen.*
Sherman's Book & Stationary, *56 Main St., Bar Harbor, „Tante-Emma-Laden" wie aus alten Tagen, viele Bücher.*

Die Inlandsroute zurück nach New York

Hinweis zur Route

Zurück Richtung New York könnte man der Küstenroute folgen, empfehlenswerter ist jedoch ein Umweg durchs Landesinnere. Hier lernt man eine andere Seite Neuenglands kennen. Man sieht dichte Wälder und fruchtbares Agrarland, passiert kleine Ortschaften und alte Industriestädtchen, erlebt schneebedeckte Berge und glasklare Seen. Von Bar Harbor auf Mt. Desert Island geht es zunächst auf dem Hwy. 3 zurück bis Ellsworth. Hier biegt man auf den US Hwy. 1A Richtung Bangor ab und folgt anschließend dem US Hwy. 2, der in die White Mountains führt.

Über Bangor in die White Mountains

Bangor, die „Queen City of Maine", mit etwa 32.000 EW die drittgrößte Stadt in Maine, war einst ein Zentrum der Holzindustrie und ein Verkehrsknotenpunkt. Im nördlich gelegenen Orono ist seit 1865 die Universität von Maine ansässig.
1769 war in der Heimat der Pensobscot-Indianer, deren Nachkommen noch in einem nahen Reservat leben, eine erste europäische Siedlung entstanden, die 1791 zur Stadt erklärt wurde. Schlendert man heute durch die beschauliche Innenstadt von **Bangor**, um Main, State und Central St., staunt man über die nach einem Brand 1911 in einheitlichem architektonischem Stil wiederaufgebauten Häuser.

Fahrt mit der **Conway Scenic Railway** von North Conway nach Conway oder Bartlett entlang dem Saco River Valley nicht entgehen lassen.

Mt. Washington Weather Discovery Center, *2779 Main St., www.mountwashington.org (zzt. geschl.), Touren zum Observatory auf dem Mt. Washington mit dem Sherman Adams VC (Details siehe: www.nhstateparks.org/find-parks-trails/mt-washington-state-park).*
Conway Scenic Railway, *Hwy. 16/302, www.conwayscenic.com, verschiedene 1–5 std. Fahrten April–Dez. North Conway nach Conway oder Bartlett entlang dem Saco River Valley, Tickets ab $ 23.*

Reisepraktische Informationen Mt. Washington & White Mountains/NH

Unterkunft/Restaurant

Merrill Farm Inn $$$, *428 White Mountain Hwy. (US Hwy. 302), Conway Village, ☏ (603) 447-3866, https://merrillfarminn.com; 60 unterschiedliche Zimmer in verschiedenen Bauten, mit rustikalem Touch und Restaurant.*
The Notchland Inn $$$$, *Hart's Location, US Hwy. 302, Crawford Notch (Bretton Woods–N. Conway), ☏ (603) 374-6131, https://notchland.com; im White Mountain NF gelegenes Inn mit individuell gestalteten Gästezimmern; ideal für Outdoor-Aktivitäten.*

Tipp: Märchenschloss im „Winter Wonderland"

Vor der mächtigen Kulisse der White Mountains in New Hampshire erhebt sich ein Märchenschloss, das sich bei näherem Hinsehen als eine der luxuriösesten Unterkünfte in Neuengland erweist. Joseph Stickney, ein Einheimischer, der mit Kohle und Eisenbahn reich geworden war, ließ 1900 den Grundstein für dieses Grand Hotel legen, das am 28.7.1902 eröffnet wurde. In der Folge fanden sich viele Prominente in der exklusiven Abgeschiedenheit ein: Winston Churchill, Thomas Edison und drei US-Präsidenten. 1944 tagte hier die Währungs- und Finanzkonferenz der UN und beschloss die Errichtung des internationalen Währungsfonds und der Weltbank. 1986 wurde das Hotel zum „National Historic Landmark" erklärt. 1991 erwarb es eine Gruppe lokaler Geschäftsleute, die es renovierten. Seit Ende 1999 ist es auch im Winter geöffnet und wird zusammen mit dem großen Skigebiet Bretton Woods vermarktet.
Omni Mount Washington Resort $$$–$$$$$, 310 Mount Washington Rd. (Hwy. 302), Bretton Woods, ☏ (603) 278-1000, www.omnihotels.comhotels/bretton-woods-mount-washington, um die 200 Zimmer, Fitness- und Wellnesszentrum, Golfplatz und andere Annehmlichkeiten sowie Top-Lokal.
Omni Bretton Arms at Mt. Washington $$$–$$$$, 173 Mount Washington Rd., ☏ (603) 278-3000, www.omnihotels.com/hotels/bretton-woods-bretton-arms; kleineres Historic Inn mit 34 Gästezimmern und Restaurant.

Freizeit

Wandern und Skifahren sind in den White Mountains die beliebtesten Freizeitbeschäftigungen. Infos und Tipps dazu bietet der **Appalachian Mountain Club**, *www.outdoors.org.*

Routenvariante durch die Lakes Region und das Merrimack River Valley

 Hinweis zur Route

Von Bretton Woods hat man zwei Möglichkeiten, Richtung New York zu fahren: Eine Variante führt durch Vermont nach Hartford/CT (S. 312, 320) bzw. ins Hudson River Valley (S. 315), die zweite – hier zunächst beschrieben – durch die Seen- und Hügellandschaft im Zentrum von New Hampshire, die **Lakes Region**. Etwa 270 Seen – im Zentrum der **Lake Winnipesaukee** als größter – kennzeichnen diese Landschaft, die sich vom Fuß der White Mountains südwärts bis vor die Tore Concords sowie im Osten vom Grenzgebiet Maines westwärts bis hinein nach Vermont erstreckt. Die Lakes Region gilt wie die White Mountains als **beliebtes Urlaubsgebiet**.

Am Lake Winnipesaukee

Der **Lake Winnipesaukee** ist mit rund 300 km Uferlinie und 274 Inseln der größte See in New Hampshire. Da er zudem schnell von den Großstädten Manchester und Boston erreichbar ist, hat sich die Region um den See zum **Ferienparadies** entwickelt. Während **Weirs Beach** als Versorgungsort fungiert, kann **Wolfeboro** auf eine lange Tradition als „Sommerfrische" verweisen: Schon der königliche Gouverneur Wentworth hat hier 1764 das erste Sommerresort in Nordamerika eingerichtet. Abgesehen von seinem Haus und einigen anderen alten Villen lohnt ein Blick in das **New Hampshire Boat Museum** oder das **Wright Museum**, ein informatives Museum über das Leben in Neuengland während des Zweiten Weltkrieges.

Eine weitere Attraktion ist das am Nordufer gelegene **Castle in the Clouds** bei Moultonborough. Der 1910 vom exzentrischen Millionär Thomas Gustave Plant hoch über der Seenlandschaft errichtete Bau ist von einem 2.100 ha großen Park umgeben. Je weiter man sich vom Lake Winnepesaukee Richtung Westen entfernt, umso ruhiger wird es.

New Hampshire Boat Museum, *395 Center St. (Rte. 109/28), www.nhbm.org, mit VC, HS Do–Sa 10–16, So 12–16 Uhr, $ 10.*

Am Lake Winnipesaukee

Wright Museum, *77 Center St., www.wrightmuseum.org, Mai–Okt. Mo–Sa 10–16, So 12–16 Uhr, $ 14.*
Castle in the Clouds, *Rte. 171, bei Moultonborough, am Nordufer des Sees, www.castleintheclouds.org, Ende Mai–Okt. Do–Di 9–17.30 Uhr, $ 20 ($ 30 mit Tour), mit Castle Café.*

Reisepraktische Informationen Lakes Region/NH

Information

Lakes Region Association, *61 Laconia Road, Tilton, www.lakesregion.org.*

Touren

M/S Mount Washington Cruises, *211 Lakeside Ave. Weirs Beach, Laconia, https://cruisenh.com. Außer der Mount Washington, einem Dampfschiff der 1930er, zwei weitere kleinere Schiffe, die tgl. Mai–Ende Okt. zu Rundfahrten starten. Auch Sonderfahrten.*
Winnipesaukee Scenic Railroad, *vom Pier in Weirs Beach nach Meredith fahrende Eisenbahn, https://hoborr.com/winnipesaukee-scenic-railroad, Ende Juni–Okt. (nur Wochenende), $ 25.*

Unterkunft/Restaurant

The Naswa Resort on Lake Winnipesaukee $$–$$$$, *1086 Weirs Blvd., Laconia, ☏ 1 (888) 556-2792, www.naswa.com; Familienbetrieb, großer Komplex mit Motel, Inn und Cottages, direkt am See, mit Blue Bistro, NazBar & Grill.*
The Inns at Mills Falls $$$–$$$$, *312 Daniel Webster Hwy., Meredith, ☏ (844) 745-2931, www.millfalls.com; drei renovierte Häuser (darunter eine ehemalige Kirche und eine Textilfabrik) und zwei Neubauten mit schönenZimmern sowie verschiedenene Lokalen in dem kleinen Ort Meredith (Shops, Restaurants und Cafés) am Lake Winnipesaukee.*

Einkaufen

Hampshire Pewter, *350 Rte 108, Somersworth, www.hampshirepewter.com; 1974 gegründete Zinngießerei, die die lange Tradition der Handfertigung von Zinngegenständen aufrechterhält. Schlichtes, elegantes Design der Produkte und hohe Qualität, dank „Queen's Metal", einer hochwertigen Zinnlegierung, die im 16. Jh. in England erfunden wurde. Auch Touren!*
Kellerhaus, *259 Endicott St./Rte. 43, Laconia, https://kellerhaus.com; seit 1906 werden hier Eis, Schokolade und Süßigkeiten selbst hergestellt, bunt-sortierter Laden – alles Erdenkliche von Kerzen und Kuckucksuhren über Bierkrüge, Weihnachtsdekor, Porzellanfiguren und Spielzeug bis zu Schokoladen und Süßwaren aller Art.*
Tanger Outlet Center, *120 Laconia Rd. (Hwy.11/US Hwy. 3, I-93, Exit 20), Tilton, www.tanger.com/tilton; Billigangebote in über 50 Einzelshops.*

Canterbury Shaker Village

Rund 25 km südlich von Weirs Beach (US Hwy. 3, dann Hwy. 106) liegt bei dem Ort **Canterbury Center** gut ausgeschildert das **Canterbury Shaker Village**

Besuch im Canterbury Shaker Village

(*Shaker Rd.*). Neben dem Parkplatz befindet sich das Besucherzentrum, in dem Tickets verkauft und Infos zu den Touren erteilt werden. Außerdem gibt es eine kleine Ausstellung zu sehen. Über das gegenüberliegende Gelände, von dessen ursprünglich rund 100 Bauten noch etwa 25 erhalten sind, werden Touren angeboten. Diese unterscheiden sich in erster Linie darin, welche Gebäude innen besichtigt werden. Einige Bauten und das Freigelände können nach Kauf einer Eintrittskarte auch auf eigene Faust besichtigt werden, allerdings versäumt man auf diese Weise einen Blick in interessante Häuser, wie *Meeting House, Dwelling House* oder *Laundry*. Am Ende der Besichtigung sollte der große Museumsshop stehen, wo es schöne Mitbringsel und Handwerksartikel, z. B. die legendären Shaker-Schachteln oder Garderobenleisten, Samen und Handarbeiten, Bücher und Ahornsirup, zu kaufen gibt.

Einblick in die Welt der Shaker

Der **Rundgang** durch das ehemalige Dorf gibt einen guten Einblick in die handwerklichen Fähigkeiten und die Geisteswelt der Shaker. Da jede der Siedlungen für sich selbst verantwortlich war, entschloss man sich in Canterbury in den 1950ern, keine neuen Mitglieder mehr aufzunehmen. 1964 wurde das Dorf bewusst von den letzten Shaker-Schwestern in ein „Denkmal" umgewandelt, das über das **Leben und Wirken der Shaker** berichten sollte, ohne dieses im Stil eines „Living History Museum" zu neuem Leben zu erwecken. 1939 war der letzte Bruder gestorben, 1992 die letzte Schwester, und seither wird das Dorf als *nonprofit museum* betrieben. Von einst 19 Shaker-Siedlungen gibt es heute nurmehr ein authentisches „belebtes" Dorf, nämlich in Sabbathday Lake/Maine *(www.maineshakers.com)*.

Canterbury Shaker Village, *288 Shaker Rd., südl. Belmont (Zufahrt: I-93 Exit 18 oder Lake W. via US Hwy. 3 und Hwy. 106, ausgeschildert), www.shakers.org, Gelände Sonnenauf- bis -untergang offen, Touren Di–So 11/13 Uhr, $ 25, Laden und Museum Di–So 10–16 Uhr, zahlreiche Veranstaltungen.*

info

Die Shaking Quakers

Um den Himmel auf Erden zu errichten, war **Ann(e) Lee** 1770 mit acht Anhängern nach Amerika aufgebrochen. 1736 in Manchester, England, geboren, hatte die couragierte Fabrikarbeiterin die Nase voll von Ausbeutung und Erniedrigung und ihrer Rolle als vielfache Mutter und Putzfrau ihres Ehemanns. Einer Eingebung folgend, wandte sie sich dem Glauben zu und war in den 1750ern zur geistigen Führerin einer Gruppe von Abtrünnigen der anglikanischen Kirche geworden. Diese **Religionsbewegung** machte sich Elemente der Vorstellungen von Quäkern, Hugenotten und Methodisten zu eigen. Wegen ihres Glaubens verfolgt und eingesperrt, hatte Ann Lee die Vision, dass sie eine neue Lebensweise verkünden müsse, bei der Männer und Frauen gleich waren, frei von Lust, Habgier und Gewalt, und ein (zölibatäres) Leben in materieller und geistiger Einfachheit führen sollten.

Shaking Quakers wurde die Glaubensgemeinschaft hämisch genannt, da für ihre Mitglieder der Tanz ein wesentlicher Bestandteil des Gottesdienstes war. Während der emotionalen Treffen warfen sich Mitglieder gelegentlich in zuckenden Bewegungen zu Boden. Offizieller Name der Gemeinschaft war **United Society of Believers of Christ's First and Second Appearance**, kurz **Believers**.

Das oberste Lebensmotto lautete frei übersetzt „Beten und Arbeiten". *Brothers* und *Sisters*, Männer und Frauen, pflegten keinerlei privaten Kontakte, bewohnten getrennte Gebäude bzw. -teile, gingen streng definierten Pflichten nach und betraten sogar die Kirche, das *Meeting House*, durch separate Eingänge.

Nach ihrer Ankunft in Nordamerika entstanden ab 1774 nach und nach mehrere **Shaker-Gemeinden** wie diejenige in Canterbury. Zur Blütezeit gehörten rund 300 Brüder und Schwestern sowie 100 Kinder der Gemeinschaft in Canterbury an, die die Funktion eines Waisenhauses bzw. Kinderheims übernahm. 1826 umfasste die Glaubensgemeinschaft insgesamt an die 6.000 Mitglieder in damals 18 Gemeinden und verteilt auf acht Bundesstaaten. Dies erlebte „Mother Ann" allerdings nicht mehr, sie starb 1783 nach einer Missionsreise durch Neuengland. Da das Prinzip des Zölibats galt, musste man durch Konvertiten und adoptierte Waisen Mitglieder rekrutieren. Das gelang bis zur Mitte des 19. Jh. recht gut. Doch mit zunehmender Industrialisierung sanken die Zahlen und heute gibt es nur noch wenige „Believers" in Sabbathday Lake (Maine).

Das **oberste Gebot** der Shaker lautete „*efficency of space and time*", was hieß, dass alles im Alltag seinen Sinn haben musste und bestmöglich zu funktionieren hatte. Bauten, Haushaltsgeräte, Kleidung etc. Gegenüber technischen Errungenschaften zur Arbeitserleichterung war man aufgeschlossen, und Erfindergeist und Genialität wurden großgeschrieben. Einfachheit und Nützlichkeit, **hohes handwerkliches Können** und Präzision paarten sich mit Disziplin und Geschäftssinn. Heute von vielen Handwerkern nachgeahmt, haben die **Handwerkskunst** (v. a. Möbel) und die **Architektur der Shaker** die Bewegung überlebt. Gerade die *Round Barn* in Hancock (Massachusetts), ein großes, rundes Steingebäude, höchst effizient und grandios in seinen schlichten Proportionen, zugleich aber eine Art Statussymbol, sowie die Wohnhäuser und Meeting Houses, die man beispielsweise in Canterbury sieht, haben den Shakern in der Architekturgeschichte einen besonderen Platz eingeräumt.

Im Merrimack River Valley

Am Südrand der Lakes Region liegt **Concord**. Die 1727 gegründete kleine Hauptstadt von New Hampshire am Merrimack River macht einen etwas verschlafenen Eindruck. Rings um das mit seiner goldenen Kuppel herausragende **State House** (*Main St.*), das älteste immer noch benutzte der USA von 1819, pulsiert entlang der Main Street in kleinen Läden und Lokalen jedoch das Leben. Sehenswert ist das **Museum of New Hampshire History**, mit den historischen Sammlungen der *New Hampshire Historical Society*. Hier steht auch eine der originalen Concord-Kutschen, die jeder aus Western als „Postkutschen" kennt.

Originale „Postkutsche"

Museum of New Hampshire History, *Eagle Square/Main St., Concord, www.nhhistory.org, Do–Sa 9.30–17, $ 7.*

Etwa 25 km südlich der Hauptstadt, erreichbar über den US Hwy. 3 am Ostufer des Merrimack River oder der I-93 am Westufer, liegt die ehemalige Industriestadt **Manchester**. Aufgrund ihrer Vergangenheit als reiche Textilstadt wird sie auch als **New Hampshires „Queen City"** bezeichnet und ist heute die größte Stadt des Bundesstaates. Einst nutzten die Abenaki-Indianer die hier befindlichen Wasserfälle des Merrimack River zum Fischen und nannten den Ort deshalb „Amoskeag" – „Platz der vielen Fische". In den 1720ern tauchten die ersten weißen Siedler auf und gründeten „Derryfield". Da zunächst der Fluss der wichtigste Transportweg war, baute man im 18. Jh. einen Kanal, der die Wasserfälle umging, die Anbindung der nördlich gelegenen Region ermöglichte und aus Derryfield einen Handelspunkt machte. Ideale Voraussetzungen also für einige Bostoner Geschäftsleute, die zu Beginn des 19. Jh. einen Standort für eine Textilfabrik suchten. Derryfield wurde deshalb 1810 zum „**Manchester of America**". Um die Textilfabrik der **Amoskeag Manufactoring Company** entstand schnell eine selbstversorgende Industriestadt, die im späten 19. Jh. ihren Höhepunkt erlebte. Während die Arbeiter in einfachen Wohnblöcken lebten – einige davon sind noch erhalten –, lebten die reichen Unternehmer in **prächtigen viktorianischen Villen** in North End oder auf dem Hanover Hill. Die Elm St. entwickelte sich dagegen zum wirtschaftlichen Zentrum der neu entstandenen Siedlung. Zu Beginn des 20. Jh. war Amoskeag die

Das State House in Concord

größte Textilfabrik der Welt. Arbeiter aus ganz Europa waren hier beschäftigt, und um 1910 produzierten 16.000 Menschen Tag für Tag über 750 km (!) Stoffbahnen.

Anschließend ging es rapide bergab mit der Textilindustrie und 1935 schloss die letzte Fabrik. Auch der Verfall der Innenstadt Manchesters schien unaufhaltsam. Doch dank eines Revitalisierungsprogramms sind in viele der alten Ziegelbauten Büros, Apartments, Künstlerateliers, Läden und Restaurants eingezogen, und das Zentrum von Manchester ist zur Topadresse geworden. In einem der alten Fabrikbauten ist das **Millyard Museum** zu Hause, das einen hervorragenden Überblick über die Geschichte der Stadt gibt. Schautafeln, Modelle und Originalstücke aus den alten Produktionsstätten sowie ein Teil eines Wasserkanals zeugen von der Blütezeit der Textilindustrie, der Industrialisierung im Allgemeinen und der Stadtentwicklung Manchesters im Besonderen.

Sehenswertes in Manchester

Millyard Museum, *Commercial/Pleasant St., Mill Nr. 3, Manchester, https://manchesterhistoric.org/millyard-museum, Di–Sa 10–16 Uhr, $ 10.*

Wie zu alten Zeiten befindet sich das lebhafte Stadtzentrum im Bereich der Elm Street, wo sich Läden und Cafés aufreihen. Die **Currier Gallery of Art** ist zwar nicht allzu groß, dafür aber ist die Gemäldesammlung europäischer und amerikanischer Meister hochkarätig und exquisit ausgewählt. Besonders sehenswert unter den über 11.000 Kunstwerken sind die Möbel-, Foto- und Glassammlungen. Zum Museum gehörig und von dort mit Kleinbussen angefahren werden das **Zimmerman House** sowie das **Kalil House**. Dieses 1950 von **Frank Lloyd Wright** entworfene Privathaus hatten der Arzt Isadore J. Zimmerman (1903–84) und seine Frau Lucille (1908–88), eine Krankenschwester und seine Sekretärin, in Auftrag gegeben. Wright selbst hatte den Ort niemals besucht, sondern lediglich anhand von Fotos und topografischen Karten ein Meisterwerk der modernen Architektur, oder genauer: des **Prairie Style**, kreiert. Auch das **Kalil House** ist architektonisch wegweisend, es gilt als beispielhafter Usonia-Bau, eines jener kleineren, in die Umgebung eingepassten Wohnhäuser in zweckmäßiger Bauweise.

Currier Gallery of Art, *150 Ash St., Manchester, https://currier.org, Mi–So 10–17 Uhr, Do bis 20 Uhr, $ 20, mit FLW Houses $ 35.*

Auf dem Hwy. 28 geht es weiter Richtung Boston nach **Derry**, in die Heimat des Dichters **Robert Frost**, dessen Farm dort zu besichtigen ist. Ein Stückchen südlich davon, kurz vor dem Ort North Salem, liegt ein ungewöhnlicher Platz: **America's Stonehenge**. Dieser nur etwa meterhohe Steinkreis hat mit dem britischen Stonehenge wenig gemeinsam. Außer, dass er ebenfalls unterschiedlichste Theorien hervorgerufen hat: Wer hat ihn aufgestellt? Griechen, Phönizier, Kelten, Indianer, frühe Siedler oder nur ein humorvoller Anwohner, der sich einen Spaß erlaubte?

Robert Frost Farm, *122 Rockingham Rd., Derry, Mai–Sept. tgl.10–16 Uhr, Okt. Mi–So 10–16 Uhr, $ 5.*

America's Stonehenge, *105 Haverhill Rd., North Salem, www.stonehengeusa.com, tgl. 9–17 Uhr, $ 16.*

Über die Autobahn I-93 gelangt man wieder in den Staat Massachusetts. Erster größerer Ort, keine 25 km nordwestlich von Boston, ist **Lowell** am Merrimack

River. Wie bei Manchester und Nashua handelt es sich um eine ehemalige Textil-Metropole, die 1842 schon Charles Dickens beschrieben hat. Einblick in die industrielle Vergangenheit gewährt der **Lowell National Historic Park**. Hier wurden zahlreiche Fabrikgebäude renoviert, durchzogen von kompliziert angelegten Kanälen und mit den Wohnheimen der Arbeiter und Arbeiterinnen.
Lowell National Historic Park, *246 Market St., www.nps.gov/lowe, tgl. 10–17 Uhr, Park frei, Boott Cotton Mills Museum ($ 6) sowie Kanal-Touren ($ 12).*

Reisepraktische Informationen Merrimack River Valley/NH&MA

Information

Concord, *https://concordnhchamber.com;* **Manchester**, *https://manchester-chamber.org.*
Greater Merrimack Valley CVB, *https://merrimackvalley.org.*

Unterkunft/Restaurant

Hilton Garden Inn $$$, *101 S. Commercial St., Manchester, ☏ (603) 669-2222, www.hilton.com/en/hotels/mhtdtgi-hilton-garden-inn-manchester-downtown; alles andere als ein übliches Kettenhotel! Direkt am Baseballstadium der lokalen Profimannschaft Fisher Cats (Eastern League, Nachwuchsteam der Toronto Blue Jays) gelegen, können viele Gäste von den großen Zimmern aus das Baseballspiel verfolgen. Top-Service mit Restaurant und Bar sowie Schwimmbad.*
Cotton Restaurant, *75 Arms St., Manchester, ☏ (603) 622-5488, www.cottonfood.com; Chefkoch und Besitzer Jeffrey Paige setzt auf regionale Küche. Neben Seafood und Fisch gibt es gute Steaks. Die Weinkarte ist exzellent, aber bekannter ist das Restaurant für seine Martini-Kreationen.*

Einkaufen

Merrimack Premium Outlets, *80 Premium Outlets Blvd., Merrimack, 20 mi. südlich von Manchester, www.premiumoutlets.com/outlet/merrimack.*

Hinweis zur Route

Auf der I-93 sind es kaum 40 km von Lowell zurück nach Boston. Von dort kann man der oben beschriebenen Küstenroute zurück nach New York folgen. Hat man Boston und die Küste schon auf der Hinfahrt gesehen, kann man die Stadt umfahren: Ab Lowell folgt man der I-495 bzw. I-90 südwestwärts bis Marlborough um dann auf der I-84 südwärts abzubiegen. Nach ca. 170 km ist Hartford/CT erreicht, wo man auf die unten beschriebene Routenvariante durch Vermont trifft. Zwischen Marlborough und Hartfort lohnt ein Stopp am **Old Sturbridge Village** (*Old Sturbridge Village Rd., Sturbridge, I-84, Exit 3A, www.osv.org*). Anders als in Plymouth, wo es um die ersten Kolonisten geht, geht es hier um das Leben in Neuengland zwischen 1790 und 1840/50. Auf etwa 80 ha Fläche wurden rund 40 Bauten, teilweise Originale aus dem ganzen Bundesstaat, teilweise Nachbauten, aufgestellt.

Routenvariante durch Vermont und die Berkshire Hills

Hinweis zur Route & Tipp

Von Bretton Woods aus folgt man dem Hwy. 302 westwärts bis Montpelier, der kleinen Hauptstadt Vermonts. Dann geht es ein kurzes Stück über die I-89 nach Burlington zum Lake Champerlain, von dort südwärts auf dem Hwy. 7 in die Berkshire Hills (s. unten).
Detailliertere Routenbeschreibungen durch Vermont finden sich im ständig aktualisierten Iwanowski's Reisehandbuch **USA-Nordosten** (M. Brinke, P. Kränzle).

„Green Mountain State" Vermont

Der „Green Mountain State" Vermont, **Neuenglands grünes Hinterland**, ist so etwas wie der **„Wilde Westen" des Nordostens**, das „Land dazwischen" – ein Fleckchen Wildnis jenseits der geschäftigen Küstenregion. Heute zieht der Staat vor allem Naturfreunde an. Doch Orte wie Manchester oder Montpelier, die kleinste US-Bundeshauptstadt, haben ebenfalls ihren Reiz, und **Vermonts Bioprodukte** von Ahornsirup über Käse und Bier bis hin zu Fair-Trade-Kaffee sind heiß begehrt. Der Trend zu ökologischem Anbau und Bioprodukten hilft besonders den zahlreichen Kleinbauern, und „Agritourism" ist inzwischen zum guten Geschäft geworden: Selbstpflückfarmen und Urlaub auf dem Bauernhof, kombiniert mit verschiedenen Freizeitaktivitäten, sichern kleinen Farmbetrieben ihr Auskommen.

Für Natur- und Öko-freunde

Die **Green Mountains**, Teil der Appalachen, mit ihren 223 Erhebungen von über 600 m Höhe, prägen den Bundesstaat ebenso wie die scheinbar endlosen Wälder – die besonders im Herbst attraktiv sind – und machen Vermont zum „grünen" Staat. Ein weiteres Element prägt die Landschaft Vermonts: das Wasser. Im Osten sind es der **Connecticut River** und seine Zuflüsse, an der Westgrenze erstreckt sich mit dem **Lake Champlain** der immerhin sechstgrößte See der USA! Der französische Abenteurer Samuel de Champlain war als erster Europäer im Sommer 1609 hier im Land der Abenaki, einem zur Sprachgruppe der Algonkin gehörenden Indianerstamm, aufgetaucht, um den See zu erkunden.

Kleinste Hauptstadt der USA

Nur rund 8.000 EW zählt **Montpelier** und ist damit die kleinste Hauptstadt der USA. Im Westen erhebt sich die Bergkette der Green Mountains, ein Refugium für Skifahrer, Bergsteiger und Mountainbiker. Inmitten der Skigebiete haben sich im Umkreis der Ortschaft **Waterbury** eine Reihe von Gourmetfirmen niedergelassen, z. B. die **Keurig Green Mountain Coffee Roasters** oder **Ben & Jerry's Homemade Ice Cream Factory**.

Im Umfeld des fast 1.400 m hohen **Mount Mansfield** hat sich die kleine Ortschaft **Stowe** zum **Top-Skizentrum des Ostens**, aber auch mehr und mehr zur Spa- und Wellness-Oase gemausert. Von hier sind es nurmehr wenige Meilen zu

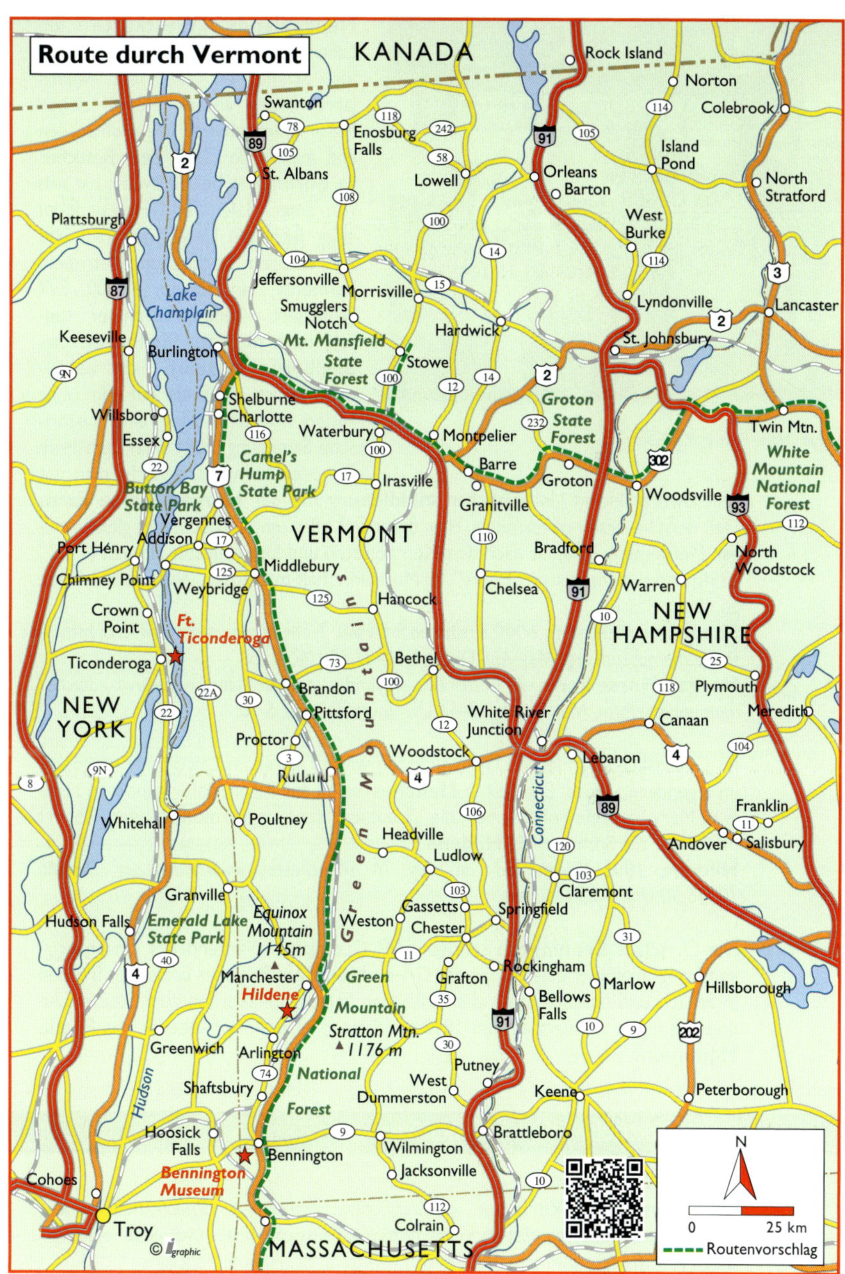
Route durch Vermont
KANADA
VERMONT
NEW YORK
NEW HAMPSHIRE
MASSACHUSETTS
Lake Champlain
Burlington
Montpelier
St. Albans
Swanton
Stowe
Waterbury
Middlebury
Rutland
Woodstock
Bennington
Manchester
Brattleboro
St. Johnsbury
Plattsburgh
Ticonderoga
Troy
Mt. Mansfield State Forest
Camel's Hump State Park
Groton State Forest
White Mountain National Forest
Green Mountain National Forest
Ft. Ticonderoga
Hildene
Bennington Museum
Equinox Mountain 1145 m
Stratton Mtn. 1176 m
0
25 km
Routenvorschlag
© igraphic

Morgan Horse Farm in Middlebury

Neuenglands „Westküste" am Lake Champlain. Einst ein Eldorado für Schmuggler, sind die wilden Jahre längst vorbei. Heute ziehen Naturschutzgebiete, Uferpromenaden und malerische Orte viele Besucher an. **Burlington** beispielsweise hat sich von einer Hafen- und Holzstadt zu einer lebhaften Universitätsstadt und zur einzigen städtischen Metropole Vermonts mit knapp 45.000 EW gemausert. Wenige Kilometer südlich darf man in **Shelburne** das **Shelburne Museum** nicht versäumen. Es ist mehr als nur ein *Living History Museum* oder eine historische Sammlung. Folgt man dem Hwy. 7 weiter südwärts, erreicht man das sehenswerte kleine Uni-Städtchen **Middlebury** mit der **Morgan Horse Farm** (Teil der University of Vermont). Hier dreht sich alles um die Zucht der gleichnamigen Pferderasse, benannt nach dem Komponisten und Lehrer Justin Morgan (1747–1798) und seinem Hengst „Figure". Im Museum erhält man zusätzliche Informationen zu dieser Rasse.

Shelburne Museum, *6000 Shelburne Rd./Hwy. 7, Shelburne (ausgeschildert), https://shelburnemuseum.org, Mai–Anf. Okt. tgl. 10–17.30 Uhr, $ 25.*

Pferdefarm

Morgan Horse Farm, *74 Battell Dr., Weybridge (ausgeschildert), www.uvm.edu/cals/morganhorsefarm, Mai-Okt. tgl. 9–16 Uhr, (auch Touren), $ 10.*

Im Gegensatz zu anderen US-Präsidenten war es Abraham Lincoln nie vergönnt, im legendären Hotel Equinox in **Manchester** zu nächtigen, dafür genossen seine Frau Mary und sein Sohn Robert die „Sommerfrische" in Vermonts Süden. Robert baute hier die Sommervilla **Hildene**.

Hildene, *1005 Hildene Rd., an Hwy. 7A, Manchester, www.hildene.org, Do–Mo 10–16.30 Uhr, $ 23 (Touren).*

Die Ortschaft **Bennington** schrieb 1777 Geschichte: Während des Unabhängigkeitskriegs hielt hier eine Truppe der **Green Mountain Boys** die britischen Truppen in Schach und brachte damit den britischen Feldzug im Norden zum Stocken. An dieses Ereignis erinnert ein um 1890 errichteter 93 m hoher Obelisk, das **Battle Monument**.

Reisepraktische Informationen Vermont

Information

Zum Staat Vermont: *www.vermontvacation.com, zu* **Spezialitäten aus Vermont**: *www.vermontbrewers.com, https://vtcheese.com, https://vermontmaple.org.* **Stowe**: *https://gostowe.com;* **Waterbury**: *https://discoverwaterbury.com.*

Unterkunft/Restaurants

Middlebury Inn $$–$$$, *6 Court Square, Middlebury, ☏ (802) 388-4961, www.middleburyinn.com; rund 70 Zimmer in renoviertem Historic Inn von 1827 sowie in der nebenan gelegenen Porter House Mansion (1825), preiswerter ist es im modernen Motel-Annex; Bar und eigenes Restaurant.*

Waybury Inn $$$, *457 East Main, Rte 125, East Middlebury, ☏ (802) 388-4015, www.wayburyinn.com, romantisches Inn in einem 1810 als Postkutschenstopp erbauten Gasthaus, 15 renovierte und geschmackvoll eingerichtete Zimmer und Suiten; zugehöriger beliebter Pub und Gourmet-Restaurant, in dem frische lokale Produkte verarbeitet werden.*

Trapp Family Lodge $$$–$$$$, *700 Trapp Hill Rd., Stowe, ☏ 1 (800) 826-7000, www.trappfamily.com, Haupthaus mit Zimmern im Alpenstil, eigenes Restaurant und vielseitiges Freizeitangebot. Gegründet von der österreicherischen Trapp-Familie, die durch das Musical „Sound of Music" berühmt geworden ist. Im Sommer auch Konzerte und Reitvorführungen und im Winter lockt ringsum das älteste Loipennetz Amerikas.*

Topnotch Resort & Spa $$$$, *4000 Mountain Rd., Stowe, ☏ (802) 253-8585, www.topnotchresort.com; 68 gut ausgestattete, große Gästezimmer und Suiten sowie 40 exklusive Resort Häuser, angeschlossenes Restaurant, Spa sowie Fitness Center, Tennis, zwei Pools, Reitzentrum, Skitrails, Wassersport, Flyfishing u. v. a.*

Einkaufen

Ben & Jerry's Homemade Ice Cream Factory, *Rte. 100 Richtung Stowe, www.benjerry.com, Shop und Touren mind. 10–18 Uhr (saisonal unterschiedlich, s. Website), $ 4.*

Hinweis zur Route

Von Bennington aus kann man alternativ auch durch das Hudson Valley nach New York fahren. Diese lohnende Alternative wird im folgenden Abschnitt beschrieben. Die Fortsetzung der Routenvariante durch die Berkshire Hills findet sich ab S. 320.

Alternative: Routenvariante durch das Hudson River Valley nach New York City

Hinweis zur Route

Von Bennington/VT geht es südwestwärts auf der SR 9, dann NY State SR 7, nach Albany. Von der Hauptstadt New Yorks folgt man der SR 9J entlang dem Ostufer des Hudson River flussabwärts. Nördlich Columbiaville geht es dann auf den Hwy. 9. Auf halber Strecke zwischen Albany und New York City lohnt ein Stopp in der Region Rhinebeck/Hyde Park/Poughkeepsie. Von hier verläuft der Hwy. 9 weiter nach Yonkers, wo er zum Broadway wird und durch die Bronx nach Manhattan führt.

Gesamtstrecke: etwa 190 mi/305 km.

Das prächtige New York State Capitol in Albany

Albany, seit 1797 die Hauptstadt des Bundesstaates New York, geht auf einen 1540 eingerichteten Posten der Franzosen zurück. Nachdem der englische Kapitän Henry Hudson im Auftrag der Niederländischen Ostindien-Kompanie 1609 das Flusstal erkundet hatte, richtete diese ab 1624 die Kolonie Nieuw Nederland ein; Hauptstadt wurde, mit Nieuw Amsterdam, das heutige New York City. Das Tal mit (dem späteren) Albany wurde besiedelt und fiel 1667 als Teil der Kolonie an Großbritannien.

Die günstige Lage machte Albany schon früh zu einem wichtigen Handels- und Verkehrsknotenpunkt. Heute fungiert die Stadt vor allem als Verwaltungszentrum des Bundesstaats New York. Einen guten ersten Überblick erhält man vom **Observation Deck** im 42. Stock des **Corning Tower Building**, das an der zentralen **Empire State Plaza**, im Regierungs-, Kongress- und Kulturzentrum zwischen Madison Ave. und State St., liegt. Am Platz befinden sich zudem das interessante **New York State Museum** sowie das **New York State Capitol**, 1867–98 im Stil eines französischen Renaissanceschlosses erbaut.

Blick vom 42. Stock

Corning Tower Observation Deck, *Empire State Plaza, https://empirestateplaza.ny.gov/corning-tower-observation-deck, Mo–Fr 10–16 Uhr, Eintritt frei; mit Empire State Plaza VC (North Concourse), Mo–Fr 8.30–15 Uhr, Infos & Touren.*

New York State Capitol, *State St., https://empirestateplaza.ny.gov, Mo–Fr 7–19 Uhr, frei.*

New York State Museum, *Empire State Plaza, www.nysm.nysed.gov, Di–So 9.30–17 Uhr, Eintritt frei.*

Reisepraktische Informationen Albany

Information
Albany Heritage Area Visitors Center, *25 Quackenbush Sq. (Ecke Broadway/Clinton Ave.), www.albany.org, Mo–Fr 9–14, Sa 10–14 Uhr.*

Hudson River Valley

Im **Hudson River Valley**, südlich Albany, warten prächtige Villen, Weinberge und malerische Dörfer mit niederländisch-deutscher Vergangenheit. Schon im 19. Jh. hatte sich mancher deutsche Reisende an die Heimat erinnert gefühlt. So schrieb z. B. Maximilian Prinz zu Wied („Reise in das innere Nordamerika"), dass die bewaldeten und hügeligen Ufer „den Rheinbergen an vielen Stellen gleichen".

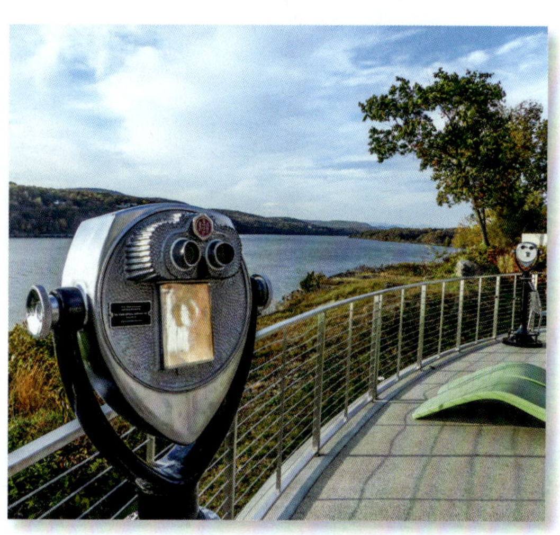

Blick auf das Hudson River Valley

Eine der Ortschaften heißt **„Rhinebeck"**; hier hatten sich die ersten Siedler 1686 niedergelassen, nachdem sie den Irokesen Land abgekauft hatten. Seine deutsche Prägung erhielt der Ort 1715 durch Zuwanderer aus der Pfalz, 1788 entstand dann die „Town of Rhinebeck" aus dem Zusammenschluss mehrerer kleiner Gemeinden.

Sommeridyll für solvente Städter

Heute ist v. a. das **Village of Rhinebeck** bei den wohlhabenden New Yorkern als Sommerfrische beliebt. Rings um die zentrale Market Street laden Boutiquen und Lokale zum Bummeln ein. Rhinebeck ist jedoch nur eine von mehreren idyllischen Ortschaften im **Dutchess County**, jenem Landkreis, der sich etwa 120 km nördlich von New York City am Ostufer des Hudson River ausbreitet. Auch hier weist der Name auf die ersten europäischen Siedler hin: Unter „Dutch" sind jedoch nicht allein die Niederländer gemeint, der Name ist in den USA zugleich eine Verballhornung für „deutsch".

Auch das Städtchen **Hyde Park**, südlich von Rhinebeck, geht auf einen dieser ersten Siedler zurück, der auf den schönen Namen Jacobus Stoughtenburg hörte. Im Laufe des späteren 19. Jh. entwickelte sich der Ort zum beliebten Wohn- und Sommersitz der reichen New Yorker. Drei prächtige Villen aus dieser Zeit stehen zur Besichtigung offen, eine davon gehörte der Roosevelt-Familie.

Skulpturen von Eleanor und Franklin D. Roosevelt im Garten ihrer Villa

1866 hatte der Vater des späteren Präsidenten **Franklin Delano Roosevelt** (1882–1945, im Amt 1933–1945) die Springwood Estates erworben, heute Teil der **Franklin Delano Roosevelt Presidential Library & Museum**. Im **Henry A. Wallace Visitor & Education Center** gibt es einen Film zu sehen, außerdem beginnen hier die Touren zum Wohnhaus. Nach dessen Besichtigung lädt die Library mit Museum ein. „FDR" hatte hier als erster Präsident überhaupt eine Presidential Library einrichten lassen und sie der Öffentlichkeit zugänglich gemacht. Seither etabliert jeder Präsident seine Bibliothek ein, anders als Roosevelt allerdings erst *nach* seiner Amtszeit.

Auf den Spuren des Rekord-Präsidenten

Das **Museum** gibt einen hervorragenden Einblick in das Leben und Wirken von „FDR", der nicht nur mit dem New Deal die Wirtschaftskrise der 1920/30er-Jahre meisterte, sondern auch die Weichen für einen Neuanfang der Weltgemeinde nach dem 2. Weltkrieg stellte, dessen Ende er allerdings nicht mehr erlebte. Er verbarg seine poliobedingte Lähmung in der Öffentlichkeit perfekt und wurde als einziger Präsident gleich viermal gewählt; seit 1951 sind nur noch zwei Amtszeiten erlaubt. Sehenswert ist auch das nahe **Val-Kill**, Wohnsitz von FDR's Ehefrau **Eleanor**, der wohl bedeutendsten First Lady der US-Geschichte, über die das Museum ebenfalls ausführlich informiert.

Franklin Delano Roosevelt Presidential Library & Museum, *4097 Albany Post Rd. (Hwy. 9), Hyde Park, https://fdrlibrary.org bzw. www.nps.gov/hofr/index.htm, $ 10, tgl. 9–18 Uhr (in der NS verkürzte Zeiten).*

Eleanor Roosevelt NHS – Val-Kill, *106 Valkill Park Rd. (ab Hwy. 9), Hyde Park, www.nps.gov/elro/index.htm, frei, Mi–So 9.30–16.30 Uhr (in der NS verkürzte Zeiten).*

Nachbar von FDR war Frederick William Vanderbilt, einer der Erben des berühmten Vanderbilt-Eisenbahn-Imperiums. Er hatte sich hier mit seiner Frau Louise Ende des 19. Jh. einen Sommersitz errichten lassen. Die **Vanderbilt Mansion** gleicht einem französischen Schloss, verfügte jedoch schon zu ihrer Entstehungszeit über allen erdenklichen modernen Luxus.
Vanderbilt Mansion, *119 Vanderbilt Park Rd. (ab Hwy 9), Hyde Park, www.nps.gov/vama/index.htm, $ 10, tgl. 10–16 Uhr (in der NS verkürzte Zeiten).*

Die dritte sehenswerte Villa in Hyde Park liegt im **Staatsburgh State Park**. Hier hatte sich 1792 Morgan Lewis, einst Gouverneur von New York, eine Villa bauen lassen. Sie brannte 1832 ab und wurde durch die heute noch erhaltene Mansion im *Greek Revival Style* ersetzt.
Staatsburgh SHS, *Old Post Rd. (ab Hwy. 9), Staatsburg, https://parks.ny.gov/historic-sites/25/details.aspx, Touren nur auf Anmeldung, $ 8.*

Das **Culinary Institute of America**, eine der angesehensten Ausbildungsstätten weltweit, residiert seit Gründung 1946 in Hyde Park. Weitere Filialen gibt es in Kalifornien und Texas, bald auch in Singapur. Für rund $ 45.000 Studiengebühr im Jahr kann man sich hier zum Spitzenkoch ausbilden lassen. Touren führen durch den Hauptbau, ein ehemaliges Kloster von 1903, vorbei am prächtigen Speisesaal und an Schulküchen. Lohnend sind die von Studenten als Übungsfelder genutzten Restaurants auf dem Campus, u. a. The Egg.

Das Culinary Institute of America in Hyde Park

Culinary Institute of America, *1946 Campus Dr. (ab Hwy. 9), Hyde Park, Touren Mo, Fr und Sa 14.30 Uhr, $ 15, Anm.: ☏ (845) 451-1588, www.ciafoodies.com/new-york-campus-visitor-tours-and-events.*

Das sich südlich anschließende **Poughkeepsie** ist dank guter Infrastruktur ein günstiger Standpunkt für den Besuch der Region und hat dazu ein ungewöhnliches Highlight zu bieten: den **Walkway over the Hudson** (*https://walkway.org, frei zugängl.*). Dabei wurde eine alte Eisenbahnbrücke, die zwischen 1889 und 1974 genutzt wurde, 2009 zu einem 2 km langen Fuß- und Radweg umgebaut, der atemberaubende Ausblicke auf dem Hudson River und das ganze Tal ermöglicht.

Atemberaubende Ausblicke

Auf dem weiteren Weg nach NYC für einen Bummel lohnt sich für einen kurzen Bummel-Stopp die südlich gelegene Ortschaft **Beacon** mit ihren zahlreichen kleinen Läden und Lokalen entlang der Main Street.

Reisepraktische Informationen Hudson River Valley

Informationen

Hudson Valley Tourism: *https://travelhudsonvalley.com;* **Dutchess County**: *https://dutchesstourism.com*

Unterkunft

Residence Inn Poughkeepsie $$$, *2525 South Rd. (ab Hwy. 9), Poughkeepsie, ☏ (845) 463-4343, www.marriott.com/en-us/hotels/pouri-residence-inn-poughkeepsie/overview; günstiges Motel mit gemütlichen und geräumigen Suiten, Frühstück inklusive.*
Beekman Arms – Delamater Inn $$$–$$$$, *6387 Mill St., Rhinebeck, ☏ (845) 876-7077, www.beekmandelamaterinn.com; 1766 eröffnet und damit das älteste immer noch betriebene Hotel Nordamerikas.*

Essen und Trinken

Terrapin Restaurant, *6426 Montgomery St., Rhinebeck, www.terrapinrestaurant.com; ausgezeichnetes Lokal mit kreativer Küche aus regionalen Produkten im ungewöhnlichen Ambiente einer ehemaligen Kirche.*
Culinary Institute of America *(www.ciafoodies.com/cia-restaurants/#new-york) mit Restaurants wie Bocuse Restaurant, American Bounty Restaurant, Ristorante Caterina oder The Egg (Cafeteria der Uni). Infos: www.ciarestaurantgroup.com*

Einkaufen

Das Hudson River Valley gilt als **Top-Weinregion**. *Zur* **Hudson River Region AVA** *(American Viticultural Area) gehören ca. 30 Weingüter, z. B.* **Millbrook Vineyards and Winery** *(www.millbrookwine.com). Südlich des Weinguts liegt* **Crown Maple**, *einer der größten Ahornsirup-Produzenten der USA, der hochwertige Bio-Sirups herstellt (www.crownmaple.com).*

Von Vermont durch die Berkshire Hills und Connecticut

Von den Berkshire Hills nach Springfield/MA

Die südlich an Bennington/VT (s. S. 314) anschließenden landschaftlich schönen **Berkshire Hills** gehören nicht mehr zu Vermont, sondern liegen bereits im Westen von Massachusetts. Man sollte in **Tanglewood** bei einem Picknick einem der Sommerkonzerte des Boston Symphony Orchestra lauschen. Im nahen **Pittsfield** erfährt man im **Hancock Shaker Village** Wissenswertes über diese religiöse Gemeinschaft. Das **Norman Rockwell Museum** in **Stockbridge** ist ganz dem berühmten Illustrator gewidmet.
Hancock Shaker Village, *34 Lebanon Mountain Rd., Hancock/MA, https://hancockshakervillage.org, tgl. 10–17 Uhr, NS nur Wochenende, $ 20.*
Norman Rockwell Museum, *9 Glendale Rd./Rte. 183, Stockbridge/MA, www.nrm.org, tgl. 10–16/17 Uhr, $ 20.*

Von den Berkshire Hills erreicht man über die Autobahn I-90 in nur einer Stunde **Springfield/ MA**. Direkt an der Autobahn (Exit 4 bzw. 7) liegt in der alten Industriestadt am Connecticut River ein Muss für jeden Basketballfan: die **Naismith Memorial Basketball Hall of Fame**. Schon 1959 war die Ruhmeshalle des Basketball-Sports eingeweiht worden, doch erst der Neubau 2002 zieht jährlich Millionen von Besuchern an. In dem Gebäude geht es von oben nach unten über drei Stockwerke quer durch die Geschichte des Sports. Im Zentrum blickt man von den Galerien auf riesige Bildschirme sowie auf ein Spielfeld.

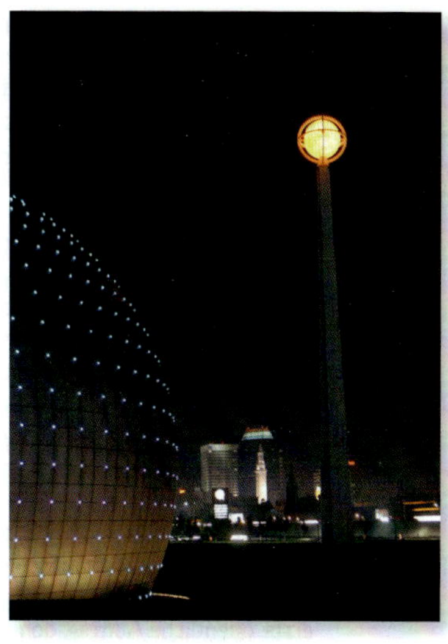

Basketball Hall of Fame in Springfield/MA

Im **Honor Ring** (OG) werden die bedeutendsten Akteure und Persönlichkeiten des Basketballs vorgestellt. Neben dem „Erfinder" der Sportart, dem Lehrer **James Naismith** aus Springfield (1891), wird an legendäre Stars wie Bill Russell, Kareem Abdul-Jabbar, Magic Johnson, Larry Bird oder Michael Jordan erinnert. Jährlich wird neu von einem Gremium entschieden, welche der Personen, die sich um die Sportart verdient gemacht haben, neu aufgenommen werden. Auf der nächsten Ebene ist unter dem Motto „The Game, The Players, The Game through the Media, The Coaches, The Teams" alles gesammelt worden: Neben Gedenktafeln und Büsten, Fotos und Dokumenten sind Ausrüstungsgegenstände wie Schuhe und Trikots und andere Utensilien der Stars und Teams zu bewundern. Außerdem werden Videos gezeigt. Im EG gibt es Gelegenheit, sich selbst als Akteur zu versuchen. Regelmäßig finden verschiedene Wettbewerbe statt. Zum Schluss gibt es im Laden Souvenirs über Souvenirs und im Café Erfrischungen.

Naismith Memorial Basketball Hall of Fame, *1150 W. Columbus Ave., I-91 Exit 4 bzw. 7, ausgeschildert, www.hoophall.com, tgl. 10–17 Uhr, $ 27.*

Information

The Berkshires Visitor Bureau, *66 Allen St., Pittsfield/MA, https://berkshires.org.* **Greater Springfield CVB**, *1441 Main St., Springfield/MA, https://explorewesternmass.com.*

Hartford, Connecticuts Hauptstadt

Keine 30 Minuten braucht man auf der I-91 von Springfield nach **Hartford**, der Hauptstadt von Connecticut. 1633 war am Connecticut River eine **holländische Poststation** eingerichtet worden, um die herum zwei Jahre später eine puritanisch-englische Siedlung entstand. Einer der ersten Siedler gab ihr den Namen seiner Heimatstadt in England: Hartford. Aufgrund ihrer Lage am schiffbaren Connecticut River spielte die Stadt stets eine wichtige Rolle in der politischen, wirtschaftlichen und sozialen Entwicklung der Region. 1662 vereinte eine königliche Charta die Kolonien Hartford und New Haven und garantierte ihnen Unabhängigkeit. Sir Edmund Andros,

Ein Rundgang durch das Haus zeigt den Haushalt einer Priesterfamilie, die zu Geld gekommen war. Ab den 1860ern verdiente Harriett dank ihrer 31 Bücher recht gut und konnte sogar ein Ferienhaus in Florida (bei Jacksonville) unterhalten. Besucher können auch das danebenliegende *Day House*, 1884 im *Queen Anne Style* erbaut, besichtigen. Es gehört ebenfalls der Stiftung und beherbergt eine Ausstellung zu Werk und Leben von Harriett Beecher Stowe.
Harriett Beecher Stowe Center, *77 Forest St., www.harrietbeecherstowecenter.org, Touren Fr 12–17, Sa/So 10–17 Uhr (letzte Tour 16 Uhr), $ 20.*

info

Mark Twain – Humorist, Gesellschaftskritiker und Volksschriftsteller

Mark Twain

Tom Sawyer und Huckleberry Finn kennt jedes Kind. Wer weiß aber schon, dass hinter dem Künstlernamen Mark Twain eigentlich Samuel Langhorne Clemens steckte? Man kennt ihn von Fotos als gutmütig blickenden, älteren Herrn im zumeist weißen Leinenanzug, mit wirrer weißer Haarmähne und Schnurrbart.

Mark Twain – diesen Spitznamen hatte er während seiner Ausbildung zum Mississippi-Lotsen nach einer Maßbezeichnung beim Loten der Flusstiefe erhalten. Geboren am 30.11.1835 in Florida, Missouri, kam er schon in jungen Jahren nach Hannibal, Missouri, und absolvierte dort eine Ausbildung zum Drucker. Bereits als Jugendlicher verfasste er unter dem Pseudonym W. Epaminondas Adrastus Blab politische Satiren für die Lokalzeitung. Seine **Ausbildung zum Mississippi-Lotsen** von 1857 bis 1859 war ein wichtiger Lebensabschnitt, und die Erfahrungen hielt er in dem lesenswerten Bericht „Leben auf dem Mississippi" (1883) fest.

Twain hielt es nie sehr lange an einem Ort oder in einer Stellung aus. So zog er 1861 nach Nevada (Virginia City), wo er zunächst dem Traum vom großen Geld anhing. Diese **Zeit unter Gold- und Silbersuchern** schilderte er in der Erzählung „Roughing it" von 1872 („Durch Dick und Dünn"). Die Suche nach dem Edelmetall war jedoch ebenso wenig erfolgreich wie seine Versuche als Immobilienspekulant und Erfinder. In Virginia City und anschließend in San Francisco **als Reporter tätig**, schrieb er teils groteske, teils mythische Wildwest-Erzählungen und politische Satiren, ohne zunächst groß beachtet zu werden.

Erst 1865 verhalf ihm „**Der berühmte Springfrosch von Calaveras**" zu überregionalem Ansehen. Von da an wurde sein volkstümlicher Erzählstil zum Renner. Er wurde erstmals 1867 nach Europa eingeladen, ging häufig auf **Vortragsreisen** und hielt die im Ausland gewonnenen Eindrücke und Erlebnisse in **humoristischen Reisebüchern** mit sozialkritischem Unterton fest, so zum Beispiel in „Die Arglosen im Ausland" (1869) oder „Bummel durch Europa" (1880).

Die Heirat mit Olivia Langdon 1870 brachte eine Wende. Sie sorgte für Ordnung, lektorierte seine Schriften und kultivierte seine „Vulgärsprache". Und sie hatte Geld. Man war ein Jahr nach der Hochzeit nach Hartfort umgezogen, wo die eigentlich **goldenen Jahre** des Autors begannen. Der (Jugend-)Roman „Die Abenteuer des Tom Sawyer" (1876) und dessen Fortsetzung „Die

Abenteuer des Huckleberry Finn“ von 1884 verhalfen ihm zu ungeahnter **Popularität**. Aufgrund der scharfen **Gesellschaftssatire** und der gelungenen Charakterdarstellungen, vor allem des dunkelhäutigen *Jim*, gilt „Huck Finn“ als das literarische Meisterwerk Twains. In den 1880er-Jahren konzentrierte sich der Autor auf **historische Romane**. Sein wohl berühmtestes Buch aus dieser Zeit ist „Ein Yankee aus Connecticut an König Artus' Hof“ (1889). In „Wilson, der Spinner“ („Pudd'nhead Wilson“, 1894) prangerte er die Sklavenhaltung an.

1895 zwang seine hohe Verschuldung durch Fehlinvestitionen – wie in die Paige-Schriftsetzmaschine, die Gründung eines Verlags oder die von ihm neu erfundenen Notizbücher – den inzwischen 60-jährigen Twain zu einer 13-monatigen **Vortragsreise** durch Neuseeland, Australien, Indien und Südafrika. Während dieser wurde er frenetisch gefeiert. Diese Erlebnisse hielt er im Reisetagebuch „Dem Äquator nach“ (1897) fest.

Die letzten zehn Jahre seines Lebens waren trotz drei verliehener Ehrendoktortitel seine schwersten: 1896 starb seine 14-jährige Tochter, acht Jahre später, 1904, seine Frau und kurz vor seinem eigenen Tod am 21. April 1910 noch seine jüngste Tochter Jean.

Lesetipp

Im Aufbau-Verlag ist die lesenswerte Autobiografie Mark Twains, die erst 100 Jahre nach seinem Tod veröffentlicht werden durfte, in mehreren Bänden erschienen. Details siehe Literaturliste im Anhang.

Reisepraktische Informationen Hartford/CT

Information

Hartford: *https://hartford.com.*

Unterkunft

Inn at Middletown, *70 Main St., Middletown (ca. 27 km südlich von Hartford, Hwy. 9), ☏ (860) 854-6300, www.innatmiddletown.com; schönes, historisches Boutique-Hotel mit gemütlichen, modern ausgestatteten Zimmern und eigenem Restaurant.*

Restaurants

Max Downtown, *185 Asylum St., www.maxdowntown.com; hervorragende Steaks in unterschiedlichsten Variationen, dazu eine gute Weinauswahl.*

Trumbull Kitchen, *150 Trumbull St., www.trumbullkitchen.com, ausgeflipptes Dekor und kreative Küche. Ein unvergleichliches Erlebnis!*

Hinweis zur Route

Von Hartford braucht man auf der I-91 keine ganze Stunde nach New Haven, wo man wieder auf die Küstenroute zwischen New York und Boston stößt (s. S. 208).

6. DIE ZENTRALE OSTKÜSTE

Von New York nach Philadelphia

Eliteuniversität Princeton

Sobald der Hudson River durch Lincoln- oder Holland-Tunnel (beide gebührenpflichtig!) unterquert ist, gelangt man auf den ebenfalls gebührenpflichtigen **New Jersey Turnpike** – als Alternative bietet sich nach dem Holland-Tunnel der altbekannte US Hwy. 1 an – und befindet sich im Bundesstaat **New Jersey** (NJ), benannt nach der englischen Kanalinsel Jersey und auch „**Garden State**" genannt. Südöstlich von East Brunswick hat man dem Großraum New York endgültig den Rücken gekehrt. Zunehmend gewinnt die Landschaft die Oberhand. Fährt man bei Hightstown vom Turnpike herunter bzw. verlässt bei Penn's Neck den US Hwy. 1 und biegt auf den Hwy. 571 ein, findet man sich in einer englischen Parklandschaft mit altehrwürdigen efeuumrankten Gemäuern wieder: auf dem Uni-Campus von **Princeton**. Das Städtchen selbst liegt ein paar Kilometer weiter.

Das Areal um **Princeton** wurde bereits 1685 besiedelt. Am 3. Januar 1777 kam es in der Nähe zu einer entscheidenden Schlacht, bei der die Truppen unter George Washington die Briten besiegten. Von Juni bis November 1783 war Princeton – heute knapp 30.000 EW zählend – sogar kurzzeitig die Hauptstadt der Vereinigten Staaten. Bereits 1746 war das **College of New Jersey** aus dem Städtchen Elizabeth, wo es zehn Jahre vorher gegründet worden war, hierher umgezogen. Im 150. Gründungsjahr – 1896 – erlangte das Institut den Status einer Universität und Woodrow Wilson, US-Präsident von 1913 bis 1921, fungierte als erster Präsident der **Princeton University**.

Weltberühmte Dozenten

Viele große Köpfe waren fortan auf dem Uni-Campus zu Hause, darunter **Albert Einstein**, der im *Institute for Advanced Study* (heute „Einstein-Archiv") forschte, oder **Thomas Mann**, der von 1938 bis 1940 als Gastprofessor lehrte. Princeton zählt zu den renommiertesten Universitäten des Landes. Altehrwürdige Gebäude im neogotischen Stil – spaßhaft „Collegiate Gothic" genannt – umgeben von gepflegten Rasenflächen mit schattigen Baumriesen und begrenzt durch efeuüberrankte Mauern, prägen das Bild von Princeton. Als eine der renommiertesten Universitäten des Landes sind hier in rund 180 Gebäuden insgesamt 40 verschiedene Lehrstühle vereint, wobei Naturwissenschaften und Mathematik, Geistes- und Sozialwissenschaften, Ingenieurwesen, Architektur und Politikwissenschaften die Aushängeschilder der Universität sind, die mit knapp 8.500 Studenten zu den Hauptarbeitgebern der Region zählt.

Ein Rundgang über das weitläufige Gelände führt vorbei an der renommierten **Woodrow Wilson School of Public and International Affairs** (Politologie) in einem Gebäude von Minoru Yamasaki. Der Reflecting Pool sowie der **Fountain of Freedom** wurden von James FitzGerald gestaltet. Das älteste Gebäude auf dem Grund, 1756 errichtet, ist die **Nassau Hall**. Vom 16. Juni bis zum 4. November 1783 – als Princeton Hauptstadt war – tagte hier der 2. Kontinentalkongress. Während des Bürgerkriegs fungierte der Bau als Kaserne.

Das **Princeton University Art Museum** ist bis 2025 wegen Umbau geschlossen. Sonderausstellungen und seltene Manuskripte gibt es in der **Harvey S. Firestone Library** zu sehen, Historisches bietet die *Princeton Historical Society.*
Frist Campus Center, *Faculty Rd. (ab Washington Rd.), www.princeton.edu/frist, Infozentrum (meist Mo–Fr 8–18 Uhr). Es werden auch einstündige Walking-Touren (gratis) angeboten.*

Reisepraktische Informationen Princeton/NJ

Information

Princeton-Mercer Regional CVB, *www.visitprinceton.org.*

Unterkunft/Restaurants/Einkaufen

The Nassau Inn $$$$, *Palmer Square, ☏ (609) 921-7500, https://nassauinn.com; seit 1756 betriebenes Inn, neu renoviert mit 203 Zimmern, direkt gegenüber dem Unicampus gelegen, elegante und dennoch gemütliche Atmosphäre, mit Lokal* **Yankee Doodle Tap Room**.
Alchemist & Barrister *(„A&B"), 28 Witherspoon St., ☏ (609) 924-5555; nahe dem Palmer Square gelegenes Restaurant in historischem Gebäude, beliebt und viel besucht; lokale amerikanische Küche.*
Princeton University Store, *36 University Place, kostenloser „Campus Guide", zudem Uni-Souvenirs wie T-Shirts, Caps oder Schreibwaren.*

Über Trenton nach Philadelphia

Sehenswerter Regierungssitz

Die direkte Strecke von Princeton nach Philadelphia beträgt gerade einmal 100 km – ein Katzensprung für amerikanische Verhältnisse! Am US Hwy. 1, dem schnellsten Weg nach Philadelphia, liegt die Hauptstadt von New Jersey, **Trenton**. 1679 gegründet, handelt es sich um ein bedeutendes Industrie- und Handelszentrum, denn nur bis hierher ist der Delaware River schiffbar. Historisch spielte Trenton ebenfalls eine bedeutende Rolle: Hier besiegten am 26. Dezember 1776 George Washington und seine Armee britische Truppen. Sehenswert ist das **New Jersey State House** (*State St.*), Amerikas drittältestes Kapitol, das noch immer in Gebrauch ist. Es wurde 1792 errichtet. Unter seiner goldenen Kuppel arbeiten Parlament und Regierung von New Jersey.

Der **Delaware River** markiert die Grenze zwischen New Jersey und Pennsylvania. Pennsylvania ist benannt nach William Penn und ratifizierte 1787 als zweiter Staat nach Delaware die Unions-Verfassung. Hauptstadt von Pennsylvania ist **Harrisburg**, ein wichtiger Industriestandort (Eisen/Stahl). Berühmte Firmen aus dem Staat sind bzw. waren der Feuerzeughersteller *Zippo* (Bradford), *Heinz* (Ketchup, Pittsburgh) oder der Schokoladenfabrikant *Hershey's* (Hershey). Der Tourismus konzentriert sich auf Philadelphia und das Pennsylvania Dutch Country um Lancaster.

Philadelphia, die „Stadt der brüderlichen Liebe“

Philadelphia zählt rund 1,6 Mio. EW im Stadtbereich bzw. 6,2 Mio. im Großraum und steht damit bzgl. der Einwohnerzahl derzeit an sechster Stelle in den USA. Vor allem aber ist sie die „**Wiege der Nation**“, da hier 1776 die **Unabhängigkeitserklärung** der Vereinigten Staaten ausgearbeitet, unterzeichnet und verkündet wurde. Zwischen 1790 und 1800, als Washington neu gebaut wurde, fungierte Philadelphia sogar kurzzeitig als US-Hauptstadt.

Vielseitige Metropole

Obwohl Philadelphia 2015 zur *World Heritage City* erklärt wurde, lebt die Stadt nicht allein von der Vergangenheit, sondern bietet ein interessantes **Nebeneinander von Alt und Neu** und ist eine bunte, lebendige und kulturell vielseitige Metropole. Historische Gebäude, hübsch restaurierte Wohnviertel und ultramoderne Wolkenkratzer stehen nebeneinander. Dazu gibt es Märkte und Shoppingcenter, Spitzenrestaurants und Brewpubs. An die 50 Museen verschiedenster Genres sowie das weltberühmte *Philadelphia Orchestra* sind hier zu Hause. Philadelphia ist auch eine **Stadt der Kirchen**, da hier von Anfang an die unterschiedlichsten Religionsgruppen ihren Glauben frei praktizieren konnten – ganz im Sinne des Stadtgründers William Penn und dessen Vorstellung von religiöser Toleranz. „**City of Brotherly Love**“, die „Stadt der brüderlichen Liebe“, wird Philadelphia ebenfalls genannt – nach den beiden griechischen Wörtern *philos* (Liebe) und *adelphos* (Bruder). Philadelphia liegt an zwei Flüssen: dem **Delaware River**, der die Grenze zu New Jersey bildet und wo sich der größte Süßwasserhafen der USA befindet, und dem **Schuylkill River**.

Philadelphias Skyline von der City Hall aus gesehen

1 Independence Visitor Center
2 Independence Hall
3 American Philosophical Hall
4 Liberty Bell Center
5 National Constitution Center
6 National Liberty Museum
7 Franklin Court
8a Carpenters' Court
8b Museum of the American Revolution
9 Bishop White House
10 Todd House
11 City Tavern
12 AME Church
13 Old Pine Street Presbyterian Church
14 St. Peter's Church
15 Independence Seaport Museum
16 Christ Church
17 Elfreth's Alley
18 Fireman's Hall
19 Betsy Ross House
20 Arch Street Meeting HouseC
21 Burial Ground
22 Free Quaker Meeting House
23 Graff House
24 Philadelphia History Museum
25 African American Museum
26 Pennsylvania Academy of the
27 Cathedral of St. Peter & Paul
28 Academy of Natural Sciences
29 Franklin Institute Science Mus

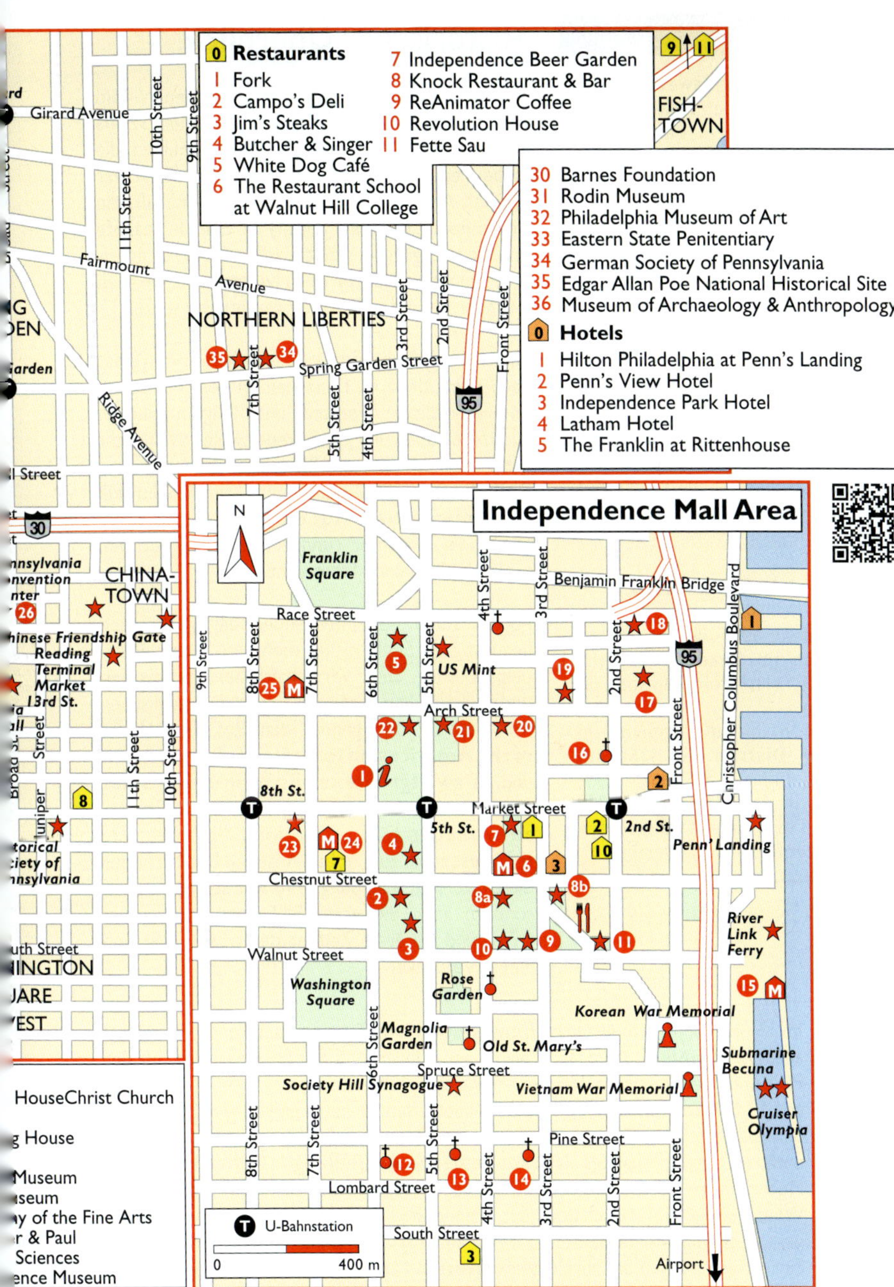
Restaurants
1 Fork
2 Campo's Deli
3 Jim's Steaks
4 Butcher & Singer
5 White Dog Café
6 The Restaurant School at Walnut Hill College
7 Independence Beer Garden
8 Knock Restaurant & Bar
9 ReAnimator Coffee
10 Revolution House
11 Fette Sau
30 Barnes Foundation
31 Rodin Museum
32 Philadelphia Museum of Art
33 Eastern State Penitentiary
34 German Society of Pennsylvania
35 Edgar Allan Poe National Historical Site
36 Museum of Archaeology & Anthropology
Hotels
1 Hilton Philadelphia at Penn's Landing
2 Penn's View Hotel
3 Independence Park Hotel
4 Latham Hotel
5 The Franklin at Rittenhouse
Independence Mall Area
FISHTOWN
NORTHERN LIBERTIES
CHINATOWN
Girard Avenue
Fairmount Avenue
Spring Garden Street
Ridge Avenue
Franklin Square
Benjamin Franklin Bridge
Race Street
US Mint
Arch Street
Market Street
Chestnut Street
Walnut Street
Washington Square
Rose Garden
Magnolia Garden
Old St. Mary's
Spruce Street
Society Hill Synagogue
Vietnam War Memorial
Korean War Memorial
Pine Street
Lombard Street
South Street
Penn' Landing
River Link Ferry
Submarine Becuna
Cruiser Olympia
Christopher Columbus Boulevard
Chinese Friendship Gate
Reading Terminal Market
8th St.
5th St.
2nd St.
13th St.
U-Bahnstation
0 400 m
Airport
HouseChrist Church
Museum
of the Fine Arts
Sciences
ence Museum

Redaktionstipps

Sehens- und Erlebenswertes

- Rundgang durch den **Independence National Historical Park** (S. 334) und Besuch des **National Constitution Center** (S. 336).
- Einen Museumstag einlegen und unbedingt neben dem **Philadelphia Museum of Art** (S. 344) das **Philadelphia History Museum** (S. 340) und die grandiose **Barnes Foundation** (S. 343) besuchen. Auch das **Museum of the American Revolution** (S. 337) lohnt.
- Vom Turm der **City Hall** (S. 341) den Ausblick genießen und sich anschließend im Dilworth oder Love Park ausruhen.
- Durch **Midtown**, um die 13th St., oder über den **Society Hill** und die **South Street** bummeln.

Essen & Trinken, Einkaufen

- Ein Eis bei *Bassett's*, ein *Philly Cheese Steak* oder die Spezialitäten der Amish im **Reading Terminal Market** (S. 341) probieren und dort Einkaufen.
- Zum Einkaufsbummel gehen: im **Old City District** (S. 338) mit Boutiquen, Cafés u. a. Shops.
- Shopping in der **King of Prussia Mall** (S. 346) – dem zweitgrößten Einkaufszentrum Nordamerikas.

Historischer Überblick

1681 hatte König Charles II. dem 37-jährigen William Penn (1644–1718) eine Landparzelle von rund 520 ha zugestanden, um damit 16.000 Pfund Schulden, die er bei Penns Vater hatte, zu begleichen. Penn war Quäker, Anhänger jener Religionsgemeinschaft, die sich offiziell „Religious Society of Friends“ nannte und die in England verfolgt worden war. 1701 arbeitete Penn die **Charter of Privileges** aus, die allen Gruppen **religiöse Freiheit** garantieren sollte.

Penns „**Holy Experiment**“, seine Vision vom Staat nach revolutionären Prinzipien, in dem Menschen unterschiedlicher Herkunft und Religion friedlich zusammenleben und jeder Steuerzahler Wahlrecht haben sollte, führte **1682** zur **Gründung von Philadelphia** am Zusammenfluss vom Schuylkill und Delaware River. 1701 erhielt die damals 4.500 Einwohner, darunter rund ein Drittel Deutsche, zählende Gemeinde Stadtrecht.

Fortan stand der Entwicklung der geografisch begünstigten Stadt nichts mehr im Wege: Philadelphia stieg zum wirtschaftlichen, politischen und militärischen Zentrum unter den englischen Kolonien auf und genoss den Ruf als **Athens of the Americas**, als tolerantes **Kulturzentrum** und als **zweitgrößte englischsprachige Stadt** der Welt nach London. **Benjamin Franklin**, der als 17-Jähriger 1723 aus Boston hergezogen war, trug wesentlich zum hohen Ansehen bei: Nicht nur die Universitätsgründung 1740 war sein Verdienst, sondern auch die erste Bibliothek des Landes (1731) und die erste Zeitung der USA (1728) sind ihm zu verdanken.

Lebendiges deutsches Erbe

Im 17. und 18. Jh. kamen zuhauf **Einwanderer aus Europa** nach Pennsylvania, vor allem Religionsflüchtlinge aus England, der Schweiz und den Niederlanden, aus der Pfalz und dem Rheinland. 1683 war Franz Daniel Pastorius aus Franken als Anführer von 13 Quäker-Familien aus Krefeld eingetroffen. Er hatte Land erworben, das er per Los verteilte. „**Germantown**“, heute 10 km vom Stadtzentrum Philadelphias entfernt, entstand damals als **erste deutsche Ansiedlung in Amerika**. Bei der Mehrzahl der frühen deutschen Zuwanderer handelte es sich um Mitglieder der Wiedertäufer-Gemeinschaften der Mennoniten und Amischen, die noch heute die „pennsylfaanische Sprache“, einen altpfälzischer Dialekt mit amerikanischen Einschlägen pflegen und ihre Gottesdienste in (altem) Deutsch abhalten.

Im September 1774 kam in der Carpenters' Hall der **1. Kontinentalkongress** zusammen. Zwei Jahre später, am 4. Juli, erklärten im damaligen State House beim 3. Kontinentalkongress die 13 amerikanischen Kolonien ihre Unabhängigkeit vom britischen Mutterland und verlasen die **Declaration of Independence**. Bis zum Frühjahr 1778 besetzten die Briten die Stadt, doch dann ging es Schlag auf Schlag: Vom 25. Mai bis zum 17. September 1778 trat in der Independence Hall die *Constitutional Convention* zu Beratungen zusammen und arbeitete unter Ägide von Thomas Jefferson eine demokratische Verfassung aus. 1787 wurde diese bis heute noch gültige Verfassung der Vereinigten Staaten, unterzeichnet von allen 13 Kolonien, verabschiedet.

Benjamin Franklin gilt als eine der herausragenden Persönlichkeiten der US-Geschichte

Hinweis: Orientierung

Die **Center City** (Innenstadt) wird begrenzt durch den Delaware River im Osten, den Schuylkill River im Westen, die Vine Street im Norden und die South St. im Süden. Dank rechtwinkliger Anlage und Blocksystem mit durchnummerierten Nord-Süd-Achsen ist dieser Stadtteil gut überschaubar.

Den Kern der Stadt – markiert durch eine Ansammmlung moderner Wolkenkratzer, wie *One* und *Tow Liberty Place* von Helmut Jahn – bildet der **Penn Square** mit der City Hall und dem *Terminal Market*. Nördlich angrenzend an diesen einst bedeutenden Bahnhof und heutigen Markt befinden sich das Convention Center und **Chinatown**. Südlich der City Hall liegt **Midtown**, wo sich um die 13th St. ein neues Zentrum des Nachtlebens und der LGBT-Szene etabliert hat. Ringsum liegen **vier Plätze**, die die Innenstadt wie ein Quadrat umschließen: der Franklin Square im NO, der Logan Square im NW, der Rittenhouse Square im SW und der Washington Square im SO. Die Innenstadt gliedert sich in mehrere **Stadtviertel**, die z. T. sehr unterschiedlich sind: Als **Historic** oder auch **Waterfront District** wird das Areal östlich der Independence Mall bzw. 6th St. bis hinunter zum Fluss mit Penn's Landing und südwärts bis zur South St. bezeichnet.

Nördlich der Market St. liegt der alte Kern der Stadt: **Old City**, einst das Handelszentrum mit historischen Häusern, alten Kirchen und engen Straßen, heute ein Vergnügungsviertel mit Restaurants, Cafés und Clubs, Theatern und Studios. Ebenfalls perfekt zum Bummel mit Nachtleben und Restaurants ist **Society Hill** und die South Street (Front–10th St.). Die **Avenue of the Arts** (Broad St.), ist bekannt für ihr Nachtleben mit mehreren Theatern und Kultureinrichtungen. Weiter im Westen bis zum Schuykill River erstreckt sich das Viertel um den **Rittenhouse Square**, dank seiner hochklassigen Lokale und ausgefallenen Shops und Boutiquen prädestiniert zum Bummeln.

Gegenüber dem Schuykill River liegt der **University City District**. Nördlich davon erstreckt sich der **Parkway/Museum District** mit dem Benjamin Franklin Parkway als Hauptachse – besuchenswert für seine Museen. Von hier zieht sich der **Fairmount Park** nordwestwärts entlang des Flussufers in Richtung **Chestnut Hill**, **Manayunk** und **Germantown**.

Rundgang im historischen Zentrum

 Hinweis: INHP-Besichtigung

Der erste Gang am Morgen sollte zum VC führen, um ein „frühes“ Ticket (Zeitaufdruck!) für eine Gratistour durch die **Independence Hall** zu bekommen. Das ist besonders in der HS und an Wochenenden bzw. Feiertagen empfehlenswert. Hinzu kommt, dass die Areale um Liberty Bell Center und Independence Hall als „Sicherheitszonen“ ausgewiesen sind, und Kontrollen durch Park Ranger bei großem Andrang zeitaufwendig sein können.
In diesem großen VC gibt es Informationen über Stadt und Umland, werden Unterkünfte und verschiedenste Tickets verkauft, Reservierungen vorgenommen und können Fahrkarten für den öffentlichen Nahverkehr erworben werden. Es gibt WCs, Verpflegung und Gratis-WLAN.
Independence VC, *599 Market St., www.nps.gov/inde bzw. www.phlvisitorcenter.com, tgl. 8.30–18/19 Uhr, erste Tour ab 9 Uhr alle 15 Min., gratis. Infos zu Öffnungszeiten und evtl. Eintrittsgeldern aller zugehörigen Sights gibt es auf: www.nps.gov/inde/planyourvisit/index.htm.*

Independence National Historical Park (INHP)

Erster Anlaufpunkt ist das **Independence VC** (**1**, s. oben) am Nordrand des **Independence National Historical Park**. Meist gibt es zwischen Sicherheitskontrolle und Einlass in die Independence Hall eine Wartezeit, die man sinnvoll überbrücken kann, indem man sich im **West Wing** der **Independence Hall** (eigener Zugang) historische Dokumente und Druckausgaben der *Declaration of Independence* und der *Constitution* anschaut. Die originalen Handschriften befinden sich in den *National Archives* in Washington. Ein paar Schritte weiter folgt die ebenfalls frei zugängliche **Congress Hall**. Hier kamen während der Zeit, als Philadelphia Hauptstadt war, die Vertreter der Staaten im Repräsentantenhaus im

Erdgeschoss bzw. im luxuriöser ausgestatteten Senatssaal im Obergeschoss zusammen. Am anderen Ende des Areals, im Osten, bietet sich ein Blick in die **Old City Hall** an, das Rathaus, das während der zehn Jahre als Hauptstadt als Sitz des US Supreme Court fungierte.

Das Independence Visitor Center

Independence Hall (2)

Nach einer Einführung im Vorraum der **Independence Hall** beginnt die Tour durch das Erdgeschoss. Die Tatsache, dass hier am 4. Juli 1776 die Unabhängigkeitserklärung der Vereinigten Staaten ausgearbeitet wurde und 1787 die verfassungsgebende Versammlung tagte, macht die Halle zu einem „nationalen Pilgerort". Der Bau war zwischen 1732 und 1748 als Parlamentsgebäude (State House) der Kolonie Pennsylvania errichtet und ab 1735 von der Legislative Pennsylvanias genutzt worden. Zwischen 1750 und 1753 kam ein Glockenturm hinzu, in dem ursprünglich die legendäre *Bell of Liberty* (s. unten) hing.

Man betritt zunächst den Obersten Gerichtshof Pennsylvanias, die **Supreme Court Chamber**. Historisch bedeutender ist das anschließende **Assembly Room**, wo am 4. Juli 1776 Abgesandte der 13 Kolonien über die von Thomas Jefferson entworfene *Declaration of Independence* abstimmten. Nach ihrer öffentlichen Verkündung am 8. Juli wurde sie hier am 2. August unterzeichnet. 1787 trafen sich erneut Abgesandte – die *Constitutional Convention* –, um die Verfassung auszuarbeiten. Nach der Tour lohnt ein Blick in das neue **Faith & Liberty Discovery Center** (FLDC). Hier geht es in sechs Ausstellungsräumen interaktiv um den Einfluss des Glaubens auf die Geschichte und Freiheit des Landes (*tgl. außer So 10–17 Uhr, $ 10, www.faithandliberty.org*).

Hier wurde die Unabhängigkeitserklärung unterzeichnet

American Philosophical Hall (3)

Die **American Philosophical Hall** ist von der 5th St. aus zugänglich. Diese wissenschaftliche Gesellschaft, der der Bau gehört, war 1743 von Benjamin Franklin gegründet worden. Er hatte den renommierten Porträtmaler Charles Willson Peale (1731–1827) beauftragt, hier ein Museum einzurichten – das erste in den USA! Franklin wollte seine vormals in der *Long Gallery* (im OG der Independence Hall)

In der Independence Hall entstand die Unabhängigkeitserklärung

untergebrachten Kunst- und naturkundlichen Schätze adäquat ausstellen. Heute finden vor allem Wechselausstellungen statt.

Die zugehörige Bibliothek liegt im Bau gegenüber. Ein Blick in den Eingangsbereich lohnt. Dort findet man eine kleine Ausstellung von Originalmanuskripten wie William Penn's *Charter* sowie einen Entwurf der *Declaration of Independence* von Jefferson.

American Philosophical Hall, *104 S. 5th St., www.amphilsoc.org, Mitte April–Dez., Do–So 10–17 Uhr, $ 2.*

Liberty Bell Center (4)

Das **Liberty Bell Center** (Zugang gegenüber Independence Hall, 5th St., Sicherheitskontrollen!) steht an jener Stelle, wo zur Zeit, als Philadelphia Landeshauptstadt war, das Wohnhaus der ersten beiden US-Präsidenten, George Washington und John Adams, stand. Auf dem Weg zu der berühmten Glocke – dem wohl meist verehrten Freiheitssymbol der Welt – erhalten Besucher ausführliche Erläuterungen zu deren Geschichte und Bedeutung. In England gegossen, war sie 1752 nach Philadelphia gelangt, bekam jedoch schon während des Probeläutens einen Sprung und noch einen weiteren, vermutlich, als sie 1786 zum Geburtstag von George Washington ertönte. 1753, zum 50. Jahrestag der Verfassung von Pennsylvania, hängte man sie im Turm des damaligen **Pennsylvania State House** (der späteren Independence Hall) auf. Das auf der Glocke eingravierte Zitat aus dem 3. Buch Mose – „*Verkündet die Unabhängigkeit im ganzen Land allen Bewohnern*“ – sollte sich bewahrheiten: Am 8. Juli 1776 begleitete ihr Geläut die erste öffentliche Verlesung der Unabhängigkeitserklärung. 1835 sprang die Glocke während der Beisetzungsfeierlichkeiten vom Obersten Bundesrichter John Marshall erneut und ist seither verstummt.

Eine Glocke mit Symbolcharakter

National Constitution Center (5)

Das **National Constitution Center** ist mit rund $ 130 Mio. Baukosten das teuerste und architektonisch auffälligste Projekt im *Independence National Historical Park*. Im kreisrunden **Kimmel Theater** wird jede halbe Stunde eine Multimedia-Liveshow namens „*Freedom Rising*“ gezeigt. Auf ungewöhnliche Weise wird hier „*The Story of ‚We the People‘*“ erzählt, wobei Besucher ins Jahr 1787 versetzt und mit der **Bedeutung der Unabhängigkeitserklärung** für die Menschheit vertraut gemacht werden.

Vom Theater geht es in den Ausstellungsbereich, der sich in einzelnen Abteilungen und mit interaktiven Exponaten mit der Geschichte der Verfassung von der ame-

rikanischen Revolution bis heute beschäftigt. In der **Signers' Hall** schließlich stehen die 42 lebensgroßen Bronzen jener Männer, die am 17. September 1787 die Verfassung unterzeichnet haben.
National Constitution Center, *525 Arch St., https://constitutioncenter.org, Mi–So 10–17 Uhr, $ 14,50, mit Wechselausstellungen, Laden und Café.*

Liberty Bell Center

Weitere Attraktionen im und um den INHP

An der 5th St., gegenüber der Liberty Bell, erhebt sich die **Bourse**, die erste Börse der USA. An der Chestnut zwischen 5th und 4th St. steht die im Greek-Revival-Stil erbaute **Second Bank of the U.S.** mit einer **Portrait Gallery** berühmter Amerikaner und Ausländer. Hier sind u. a. die Bilder von „*People of Independence*", Porträts u. a. von Charles Willson Peale (1741–1827) und Gilbert Stuart (1755–1828) zu sehen.
Second Bank of the U.S., *425 Chestnut St., www.nps.gov/inde/planyourvisit/secondbankportraitgallery.htm, Fr–So 11–17 Uhr, Eintritt frei.*

Schräg gegenüber folgt das **National Liberty Museum** (**6**), das „*Home for Heroes*". Anhand von rund 1000 „Helden", d. h. ungewöhnlichen Persönlichkeiten verschiedener Ethnien, wird hier in acht Ausstellungssälen Amerikas Freiheitsgedanke mit interaktiven Ausstellungsstücken und Videos nachgezeichnet. Hinter dem Museum liegt der **Franklin Court** (**7**) (Zugang über Market St.), jener Platz, auf dem Benjamin Franklins Wohnhaus stand. Sein Grundriss ist farbig markiert und die Kontur des Hauses in Gestalt eines Stahlgerüstes wiedergegeben. Sehenswert ist das **Benjamin Franklin Museum** mit Film und Ausstellungen zu Franklin. **Franklin Court Printing Office & Bindery**, eine Druckerei aus dem 18. Jh. wurde rekonstruiert, außerdem sind ein altes Postamt sowie eine archäologische Ausgrabungsstätte zu sehen.

Franklins Wohnhaus

National Liberty Museum, *321 Chestnut St., www.libertymuseum.org, Do–Mo 10–17 Uhr, $ 12.*
Benjamin Franklin Museum, *Franklin Court (Zugang: Market o. Chestnut St., 3rd–4th St.), tgl. 9–17 Uhr, $ 5, www.nps.gov/inde/planyourvisit/benjaminfranklinmuseum.htm.*

Wieder auf der Chestnut St. führt der Rundgang vorbei am **Carpenters' Court** (**8a**) mit der **Carpenters' Hall** und dem **New Hall Military Museum**, wo 1791/92 das Verteidigungsministerium saß. Heute informiert hier eine Ausstellung über die frühe Geschichte des US-Militärs. Die folgende **First Bank of the U.S.** war 1791 von Alexander Hamilton gegründet worden. Dahinter liegt die kürzlich neu renovierte **Carpenters' Hall**. In diesem 1770 bis 1774 von der Zimmermannszunft errichteten Bau tagte 1774 der 1. Kontinentalkongress.

Carpenters' Hall, *320 Chestnut St., www.carpentershall.org, Di–So 10–16 Uhr, Eintritt frei. Military Museum derzeit geschlossen. Details dazu und zu anderen Bauten: www.nps.gov/inde/learn/historyculture/places.htm.*

Ein weiteres Highlight der Stadt ist das **Museum of the American Revolution** (**8b**). Der von *Robert A.M. Stern Architects* stammende Komplex widmet sich als erstes Museum der USA ganz dem Unabhängigkeitskrieg. Neben Originalstücken wie George Washingtons Zelt, Zeitungen oder Briefen kann man im *Battlefield Theater* die Auseinandersetzungen hautnah miterleben. Die Rolle der deutschen Soldaten auf Seiten der Briten wird ebenso behandelt wie die Bedeutung des preußischen Offiziers Friedrich Wilhelm von Steuben (s. S. 347) für Washingtons Armee. Neben der Dauerausstellung gibt es regelmäßig Sonderausstellungen.
Museum of the American Revolution, *101 S. 3rd St., tgl. mind. 10–17 Uhr, $ 24 (online $ 21), www.amrevmuseum.org, mit Café und Shop.*

Essen wie die Gründerväter

An der Walnut Street liegen schließlich noch nur wenige Schritte entfernt das **Bishop White House** (**9**) und das **Todd House** (**10**). Das östliche Ende des INHP markiert die **City Tavern** (**11**), ein „historisches“ Restaurant, in dessen architektonischem Vorgänger schon die Gründerväter der USA speisten.

Society Hill und South Street

Spaziergang durch das „alte Philadelphia“

Ein Spaziergang durch **Society Hill** – südlich der City Tavern – und die **South Street** bedeutet, ein Stück „altes Philadelphia“ kennenzulernen. Essen, Entertainment, Bummeln verschmelzen in diesem alten Wohnviertel mit seinen Ziegelhäusern und Pflasterstraßen. Der Name hat nichts mit „High Society“ zu tun, obwohl diese die Gegend schon vor 200 Jahren als Wohnsitz bevorzugte. Vielmehr geht die Bezeichnung auf die *Free Society of Traders* zurück, eine Gruppe von Geschäftsleuten, die sich auf Anraten von William Penn hier niederließ und bis 1725 bestand.

Die Häuser waren und sind eng und klein. Da aber bereits den ersten Siedlern genügend Lehm und Ton aus dem Delaware-Tal zur Verfügung stand, sind alle massiv mit Ziegeln erbaut. Einen Eindruck von der herrschenden religiösen Freiheit erhält man angesichts der zahlreich erhaltenen historischen Kirchen, z. B. die **AME Church** (**12**) (*Lombard/6th St.*), die **Old Pine Street Presbyterian Church** (**13**), (*Pine/4th St.*), die zentrale **St. Peter's Church** (**14**) (*Lombard/3rd St.*), die **Society Hill Holy Trinity Church** von 1789, die erste katholische deutsche Kirche **Holy Trinity** von 1789 (*Spruce/6th St.*) oder die **Society Hill Synagogue** von 1830 (*418 Spruce St.*).

Old City und Waterfront

Im Zentrum von **Old City**, wo einst die ersten Siedler die Stadt gründeten, liegt die **Market Street**. Ihre ausgefallenen Geschäfte, Restaurants, Cafés und Bars laden zum Bummeln ein. Beliebt ist sie auch bei Nachteulen und Gourmets, die sich gerne hier treffen. Die Straße endet am Delaware River bzw. bei **Penn's Landing** (Fußübergang über die I-95). Nahe der *City Tavern* führt ein Fußgängerüberweg (über I-95) ebenfalls dorthin.

Penn's Landing ist jener Ort, an dem William Penn im Jahr 1682 angelegt haben soll. Der Blick wird jedoch zunächst auf die **Benjamin Franklin Bridge** aus dem Jahr 1926 gelenkt, die erste Hängebrücke der Welt, die zudem bis zur Eröffnung der Golden Gate Bridge 1937 auch die längste war. Entlang des Flussufers zieht sich der **Penn's Landing Festival Pier** hin, ein vor allem an Wochenenden lebhaftes Vergnügungsviertel mit Entertainment, Geschäften und Restaurants in alten Piergebäuden sowie mit einem Bootshafen. Im Sommer finden auf der **River Stage at Penn's Landing** regelmäßig Gratis-Konzerte (*Summer Concert Series*) statt (s. *www.delawareriverwaterfront.com/events*).

Vergnügungsviertel

Das **Independence Seaport Museum** (**15**) vereint unter einem Dach interaktive Ausstellungen mit Modellen und zahlreichen Ausstellungsstücken und lädt im Freien überdies zur Erkundung des Cruisers „Olympia" und des U-Boots „Becuuna" ein. Nördlich davon befindet sich der Anlegeplatz der **RiverLink Ferry** hinüber nach New Jersey. Die Boote halten vor dem **Adventure Aquarium** an der Camden Waterfront.

Independence Seaport Museum, *211 Columbus Blvd./Walnut St., www.phillyseaport.org, tgl. 10–17 Uhr, ab $ 18 (online).*

Adventure Aquarium, *1 Riverside Dr., Camden/NJ, www.adventureaquarium.com, tgl. 9.30–17 Uhr, ab $ 28; erreichbar mit RiverLink.*

RiverLink Ferry: *www.riverlinkferry.com.*

Kommt man von Penn's Landing über den Walkway an der Market St. zurück in die Old City, fällt der Blick zunächst auf die **Christ Church** (**16**) (*Market/2nd St.*). Sie wurde 1727 bis 1754 im *Georgian Style* erbaut und diente der bereits 1695 in Philadelphia gegründeten anglikanischen Gemeinde als Gebetsort. Im Jahr 1789, nachdem man sich der britischen Vorherrschaft entledigt hatte, wurde die *Protestant Episcopal Church* als Nachfolgerkirche gegründet. Der Kirchengemeinde gehörten 15 Unterzeichner der Unabhängigkeitserklärung an, wovon sieben auf den beiden zugehörigen Friedhöfen bestattet sind. In „*The Nation's Church*" beteten schon Betsy Ross, Benjamin Franklin, George Washington und Thomas Jefferson.

Elfreth's Alley, die älteste Wohnstraße der USA

Ein Stück weiter auf der 2nd St. gilt es aufzupassen, damit man die nur knapp 5 m breite **Elfreth's Alley** (**17**), zwischen Arch und Race St., nicht übersieht. Das kopfsteingepflasterte Gässchen ist nach dem Schmied Jeremiah Elfreth benannt. Es gilt, da seit über 200 Jahren permanent bewohnt, als **älteste Wohnstraße in den USA**. Die 32 kleinen Häuschen im *Colonial* und *Federal Style*, die in den

1930er-Jahren gerade noch vor dem Abriss bewahrt werden konnten, sind heute Topadressen. Das älteste Gebäude ist das Doppelhaus Nr. 120/122 an der Südseite, um 1724–1728 erbaut. Die meisten anderen stammen aus der zweiten Hälfte des 18. Jh. Sie sind allesamt sehr schmal und zwei- bis dreistöckig. Das Innere der meist aus Werkstatt oder Laden im EG und Wohnung im OG bestehenden Häuschen kann man in den Museumshäusern Nr. 124–126 betrachten.
Elfreth's Alley, *Museum in Nr. 124/126, www.elfrethsalley.org, April–Okt. Fr–So 12–16 Uhr, $ 3.*

Ein kleines Stück weiter, an der 2nd St., steht mit der **Fireman's Hall** (**18**) ein Relikt der **ältesten Feuerwehr der USA**. Sie wurde von Benjamin Franklin gegründet. Das Haus an der Ecke Arch/3rd St. ist fast immer umlagert: das **Betsy Ross House** (**19**) war die Wohnung jener Quäkerin, die die erste amerikanische Flagge genäht haben soll.
Betsy Ross House, *239 Arch St., https://historicphiladelphia.org/betsy-ross-house, März–Nov. tgl. 10–17 Uhr, Dez.–Feb. Mi–Mo 10–17 Uhr, $ 10.*

Ein wenig zurückversetzt, an der nächsten Straßenkreuzung stadteinwärts, steht ein weiterer historischer Bau von 1804: Das **Arch Street Meeting House** (**20**), ein bis heute als solches genutztes Quäker-Versammlungshaus. Wenige Schritte weiter: ein Friedhof, der Teil der *Christ Church* ist, aber wegen der Flussnähe stadteinwärts verlegt wurde. Hier auf dem **Christ Church Burial Ground** (**21**) liegt Benjamin Franklin begraben. Sein schlichtes Grab befindet sich am Zaun (Ecke Market/5th St.). Die Grabplatte ist ständig von Pennies bedeckt, denn Franklins Motto lautete: „*A penny saved is a penny earned*“. Jenseits der 6th St. blickt man auf einen weiteren Quäker-Bau, das **Free Quaker Meeting House** (**22**).

Franklins Grab

Arch Street Meeting House, *320 Arch St., www.historicasmh.org, Mi–So 10–16 Uhr, $ 5.*

City Center – „Downtown“ Philadelphia

Die Market St. führt ins moderne Stadtzentrum. Dabei passiert man an der 7th St. das **Graff House** (**23**), den Nachbau jenes Hauses, in dem Thomas Jefferson den Entwurf der *Declaration of Independence* verfasste.

Schräg gegenüber befand sich in einem Greek-Revival-Bau von 1826 das **Philadelphia History Museum at Atwater Kent** (**24**). Das Museum ist jetzt geschlossen und die Sammlung wurde der Drexel University übergeben. Dort soll sie in naher Zukunft wieder öffentlich zugänglich gemacht werden.

Stadtgeschichte

An der Ecke Market/8th St. bietet sich Gelegenheit zu einem Abstecher zum **African American Museum** (**25**) – einem Ableger der Smithsonian Institution, in dem vor allem Wechselausstellungen zu „schwarzen“ Themen stattfinden. Es befindet sich hinter **Chinatown**, mit dem auffälligen **Friendship Gate** an der Ecke Arch/10th St.
African American Museum, *701 Arch St., www.aampmuseum.org, Do–So 10–17 Uhr, $ 14.*

Der **Reading Terminal Market** (Zugang Arch/Filbert St. oder durch das Convention Center) in einer großen quadratischen Halle gilt als einer der bestsortierten Märkte der USA. Besonders lohnend sind die Spezialitäten der *Amish People* aus dem Dutch County, die hier an vier Tagen in der Woche ihre Produkte verkaufen. Nicht versäumen sollte man, bei „*Bassett's*“, einem 1861 in Philadelphia gegründeten Milchladen, ein Eis zu essen (Details s. unten).

Prächtige Architektur: die City Hall von Philadelphia

City Hall und Umgebung

Im Zentrum zwischen Franklin, Washington, Rittenhouse und Logan Square, am Schnittpunkt der verschiedenen Stadtviertel und an der Kreuzung der beiden Hauptachsen Market und Broad St., erhebt sich einer Festung gleich die **City Hall**. Bevor man das Rathaus erreicht, passiert man *Macy's*, das sich im ehemaligen **Wanamaker's Department Store** (1902) befindet. Ein Blick ins Innere lohnt allein wegen der **Wanamaker Grand Court Organ**, mit 28.522 Pfeifen die größte spielbare Orgel der Welt. Der weithin sichtbare Rathausturm – er kann bestiegen werden – wird von einer über 10 m hohen Bronzestatue des Stadtgründers William Penn aus der Werkstatt von Alexander Calder gekrönt. Zwischen 1871 und 1901 erbaut, war es das größte Rathaus im Lande, reich ausgestattet mit über 100 Statuen. Mit 167 m ist es sogar höher als das Kapitol in Washington und somit der höchste Bau der Stadt. Erst zwischen 1984 und 1987 wuchsen dann **One Liberty Place** (mit Observation Deck und Shopping Mall), gefolgt von Liberty Place 2 (*Chestnut/16–17th St.*), von Stararchitekt Helmut Jahn in den Himmel und überragten fortan Penn.

Höchster Bau Philadelphias

One Liberty Observation Deck, *1650 Market St., war bei Redaktionsschluss geschlossen, https://phillyfromthetop.com.*

Direkt westlich ans Rathaus angrenzend hat sich der **Dilworth Park** (*https://centercityphila.org/parks/dilworth-park*) zu einem beliebten Treff und Veranstaltungsplatz mit *Great Lawn*, einem Freiluftcafé (Dilworth Park Café), einem „tanzenden Brunnen“, Platz für Märkte, Konzerte und Eisbahn entwickelt. Ebenfalls hier liegt der Zugang zu SEPTA, dem Nahverkehrsknoten.

Nur Schritte davon entfernt liegt der **Love Park** (offiziell „JFK Plaza“) mit dem viel fotografierten Wahrzeichen der Stadt, der Love-Skulptur des Künstlers Robert Indiana.
City Hall, *Penn Sq./Broad/Market St., www.phlvisitorcenter.com/CityHall, VC Mo–Fr 10–16 Uhr, Touren möglich (siehe Website).*

Beliebtes Fotomotiv und Wahrzeichen: der Love Park

Die **Broad Street** ist mit etwa 30 km die längste schnurgerade Straße in einer Stadt. In ihrem Südabschnitt trägt sie wegen zahlreicher Kultureinrichtungen und Theater den Beinamen „**Avenue of the Arts**": die **Academy of Music** (*Broad/ Locust St.*) – Sitz des Balletts und der Oper –, das **Wilma Theater** (*265 S. Broad St.*), das **Kimmel Center for the Performing Arts** (*260 S. Broad St.*) – Heimat des *Philadelphia Orchestra* u. a. Ensembles –, und die **University of the Arts** (*320 Broad St.*), um nur einige zu nennen, reihen sich hier auf.

Viele Theater

Westlich der Broad St., bis zum Schuykill River, erstreckt sich der **Rittenhouse Square District** oder, kurz, die **Rittenhouse Row** (*www.rittenhouserow.org*). Der Platz erhielt seinen Namen von dem deutschstämmigen Wilhelm Rittenhausen, der 1690 bei Wissahickon Creek die erste Papiermühle in den USA gegründet hat. Rings um den Anfang des im 20. Jh. nach französischen Vorbildern angelegten Platz mit Grünanlagen stehen repräsentative alte Häuser.

info

„Mural Capital of the World"

Philadelphia gilt als „*Mural Capital of the World*": Mittlerweile über 3.000 Wandbilder sind das Resultat einer vom Museum of Art 1984 ins Leben gerufenen Aktion namens „Mural Arts Program". Beispiele finden sich an der Ecke 13th/Locust, 22nd/Walnut oder 12th/Vine und Broad/Vine St. Es gibt verschiedene Touren, zu Fuß, per Trolley oder Bahn (ab $ 25). Das Programm findet sich unter www.muralarts.org/tours.

Der Museum District

Nördlich der City Hall geht es vorbei am **Masonic Temple**, dem 1873 eingeweihten Haus der Freimaurer, zur altehrwürdigen **Pennsylvania Academy of the Fine Arts** (**26**), einer 1805 gegründeten Institution mit herausragender und vor allem angenehm überschaubarer Sammlung amerikanischer Kunst vom 18. Jh. bis zur Moderne. In dem 1876 anlässlich der *Centennial Exhibition* eröffneten Bau liegt der Fokus auf einheimischen Künstlern. Eines von Gilbert Stuarts Portraits von George Washington ist hier ebenfalls zu sehen wie Bilder von Winslow Homer, John Singer Sargent oder Edward Hopper. Zu dem historischen Hauptbau von 1876 kam 2005 ein luftiger Neubau, das **Samuel M.V. Hamilton Building**. Noch jünger ist die **Lenfest Plaza** als vorgelagerter Platz.
Pennsylvania Academy of the Fine Arts, *118–128 N. Broad/Cherry St., www.pafa.org, Do/Fr 10–16, Sa/So 11–17 Uhr, $ 18.*

Vom Kunstmuseum aus, das offiziell bereits Teil des Museum District ist, lässt sich der Weg leicht nach Nordwesten fortsetzen. Hier warten gleich mehrere Museen im Umkreis des Logan Square. Der Weg führt vorbei an der monumentalen **Cathedral of St. Peter & Paul** (**27**) (*18th St./Franklin Pkwy.*), einer 1864 erbauten katholischen Kirche. Hier befindet sich an der Westseite der **National Shrine of Saint John Neumann**, der an Johann Nepomuk Neumann, den ersten Heiligen der USA, erinnert.

Amerikanische Kunst

Am **Logan Square** angelangt, gilt es sich zu entscheiden, wie viele und welche Museen man besucht. Südwestlich des Platzes kann man zunächst unter zwei naturkundlichen Museen wählen: der **Academy of Natural Sciences of Drexel University** (**28**) – interessant ist besonders die *Dinosaur Hall* – sowie dem **Franklin Institute Science Museum** (**29**), eines der besten Technikmuseen an der Ostküste. 1821 gegründet, wurde es zu Ehren Franklins benannt. An ihn erinnert in der Lobby des 1934 eröffneten Baus auch eine gut 6 m hohe Marmorstatue.
Academy of Natural Sciences of Drexel University, *1900 Ben Franklin Pkwy., https://ansp.org, Di–Fr 10–16.30, Sa/So 10–17 Uhr, $ 27 (online $ 25).*
Franklin Institute Science Museum, *222 N. 20th St./Benjamin Franklin Pkwy., www.fi.edu, tgl. 9.30–17 Uhr, $ 25, Sonderausstellungen extra.*

Barnes Foundation und Rodin Museum

Auf der nördlichen Seite des alleeartigen Benjamin Franklin Parkway geht es vorbei am imposanten Bau der **Free Library of Pennsylvania**, der Stadtbücherei, zur **Barnes Foundation** (**30**). Seit 2012 ist die sehenswerte Kunstsammlung mitten in Philadelphia in einem Neubau von Tod Williams und Billie Tsien zu Hause. Der Chemiker Dr. Albert C. Barnes, der durch ein Augenmedikament berühmt geworden war, machte seine Sammlung von über 2.500 Kunstwerken der Impressionisten und Nachimpressionisten schon 1925 der Öffentlichkeit in seiner Villa außerhalb der Stadt, in Merion, zugänglich. Schwerpunktmäßig hatte Barnes Bilder von Renoir (181), Cézanne (69) und Matisse (60) gesammelt. Außerdem gibt es Werke von Picasso (44), Seurat, Rousseau, Modigliani, Monet, Manet oder Degas zu sehen.

Vor allem französische Meister

Das neue Gebäude der Barnes Foundation

Seine Villa in Merion und der 1940 von Laura Barnes angelegte Park, ein Musterbeispiel für Gartenarchitektur mit großem Arboretum, sind ebenfalls zu besichtigen.
Barnes Foundation, *2025 B. Franklin Pkwy., www.barnesfoundation.org, Do–Mo 11–17 Uhr, $ 25.*
The Barnes Arboretum in Merion, *300 N. Latch's Lane, Merion Station, Do–Mo 11–17 Uhr, Spende, www.barnesfoundation.org/whats-on/arboretum.*

Gleich nebenan liegt das **Rodin Museum** (**31**), bestehend aus einem historischen Gebäude und einem Neubau. Es birgt die größte Sammlung von Skulpturen des französischen Bildhauers Auguste Rodin außerhalb von Paris, in verschiedenen Herstellungsstadien bzw. Ausführungen, darunter Hauptwerke wie „Die drei Grazien“, „Johannes der Täufer“, „Der Denker“ (vor dem Eingang), „Adam und Eva“ oder „Die Bürger von Calais“. Das kleine Museum mit Skulpturengarten ist ein Geschenk des lokalen Geschäftsmanns Jules E. Mastbaum und wurde nach dessen Tod im Jahr 1926 eröffnet.
Rodin Museum, *22nd St./Franklin Pkwy., https://rodinmuseum.org, Fr–Mo 10–17 Uhr, $ 15, $ 30 für 2 Tage inkl. Museum of Art.*

Philadelphia Museum of Art (32)

Sammlung der Extraklasse

Die meistbesuchte Attraktion im **Fairmount Park**, der am Rodin Museum beginnt, ist das **Philadelphia Museum of Art**. Mit über 300.000 Objekten ist sie die drittgrößte Kunstsammlung der USA. Der mit rund 3.600 ha größte städtische Park der Welt verfügt über mehrere spezielle Gartenanlagen, über Museen, den ältesten **Zoo** (*www.philadelphiazoo.org*) der USA und zahlreiche historische Häuser entlang des ausgeschilderten **River Drive Recreational Loop**.

Diese etwa 15 km lange Route beginnt nordwestlich des Kunstmuseums und zieht sich wie der Park entlang des Ost- und Westufers des Schuylkill River. Sein Startpunkt liegt bei den **Fairmount Water Works**, einem Wasserwerk. Hier wurde im 19 Jh. Trinkwasser für die Stadt gewonnen.

Zahlreiche Wechselausstellungen finden jedes Jahr im **Philadelphia Museum of Art** statt, dazu viele Veranstaltungen. Der mächtige Bau im Stil eines griechischen Tempels mit zwei Seitenflügeln erhebt sich im Grünen, in der Achse des Franklin Pkwy, hinter dem Eakins Oval (mit Parkplatz). Die Gründung des Museums hängt mit der Weltausstellung 1876 zusammen: Damals wurde die Memorial Hall

im Fairmount Park als Ausstellungshalle erbaut. Schenkungen vergrößerten die Sammlung. 1924 wurde mit einem neuen Museumsbau begonnen, der sich aufgrund der Wirtschaftskrise jedoch bis 1928 hinzog. Den Schwerpunkt der Sammlung bildet europäische Malerei vom 14. bis 19. Jh., Bildhauerei und Kunsthandwerk. Architektonische Entwürfe aus Europa, Asien und Amerika sind ebenfalls zu sehen. Kunst deutscher Auswanderer bietet die **German Gallery** (American Wing). Eine **Museumserweiterung** (teils unterirdisch), für die Stararchitekt Frank Gehry gewonnen werden konnte, brachte kürzlich mehr Platz für Ausstellungen.
Philadelphia Museum of Art, *26th St./B. Franklin Pkwy., www.philamuseum.org, Fr–Mo 10–17, Fr bis 20.45 Uhr, $ 30 (2 Tage gültig, inkl. Rodin Museum).*

Weitere Sehenswürdigkeiten

Eine eher ungewöhnliche Sehenswürdigkeit ist das **Eastern State Penitentiary** (**33**). Das 1829 eröffnete Gefängnis, das einer mittelalterlichen Festung gleicht, fungiert heute als Museum. Hier kann man u. a. die Zelle von Al Capone besichtigen.

Al Capones Zelle

Eastern State Penitentiary, *2027 Fairmount Ave., www.easternstate.org, versch. Touren siehe Website, ab $ 21.*

Wer genügend Zeit hat, sollte im Nordosten der Stadt der **German Society of Pennsylvania** (**34**) (*611 Spring Garden St., www.germansociety.org*) einen Besuch abstatten. Dieser 1764 gegründete gemeinnützige Hilfsverein für deutsche Einwanderer ist die älteste deutsche Organisation in den USA und bietet ein vielseitiges Sprach-, Informations- und Kulturprogramm sowie eine sehenswerte alte Bibliothek. In Sichtweite der Deutschen Gesellschaft steht das Haus, in dem der 1809 in Boston geborene Edgar Allan Poe von 1842 oder 1843 bis 1844 lebte: die **Edgar Allan Poe National Historical Site** (**35**). Ein Film gibt einen guten Einblick in das Leben des Autors, denn beim Rundgang durch das Haus, das komplett unmöbliert ist, braucht es etwas Fantasie.
Edgar Allan Poe NHS, *532 N. 7th/Spring Garden St., www.nps.gov/edal, Fr–So 9–12, 13–17 Uhr, Eintritt frei.*

West Philadelphia ist ein bunter Stadtteil mit zahlreichen Lokalen und Shops. Mehrere Museen, darunter das beeindruckende **Museum of Archaeology and Anthropology** (**36**), 1887 gegründet, sind Teil der **Pennsylvania University**. Im archäologischen Museum sind abgesehen von einer mehrere Tonnen schweren Sphinx und ägyptischer Architektur, Mumien und sumerischen Texten auch die griechischen und römischen Antiken sehenswert.
Penn Museum – University of Pennsylvania Museum of Archaeology and Anthropology, *3260 South St., www.penn.museum, Di–So 10–17 Uhr, $ 18.*

In **South Philly**, am Philadelphia Navy Yard, befindet sich der größte Park der Stadt, der **FDR Park**, von den Olmsted-Brüdern (wie der Central Park NY) geplant. Mit Seen und Boot House, Skate Park, Spielplätzen, Gazebo und American-Swedish Museum, Picknickarealen und viel Grün ist er ideal zum Erholen.
FDR Park Gateway, *1500 Pattison Ave./S Broad St., www.fdrparkphilly.org; neues, gut ausgestattetes Welcome Center im alten Wächterhaus des Parks.*

Ausflug zur King of Prussia Mall und nach Valley Forge

Von Philadelphia sind es auf der I-76 rund 25 km bis zur Abfahrt (Exit 228) zur **King of Prussia Mall** (*www.simon.com/mall/king-of-prussia*). Es ist angeblich das **zweitgrößte Einkaufszentrum** Nordamerikas nach der *West Edmonton Mall* mit über 400 (!) Läden und neun großen Kaufhäusern sowie unzähligen Imbissständen und Restaurants. Eine Abfahrt weiter (Exit 227) führt der Hwy. 422 direkt zum **Valley Forge National Historic Park**.

Über 400 Läden

Valley Forge wird jedes Jahr von über einer Million Menschen besucht. Erster Anlaufpunkt für eine Besichtigung des Winterlagers der Revolutionsarmee von 1777/78 sollte das **Visitor Center** (*Hwy. 23/N. Gulph Rd.*) sein. Dort gibt es eine interessante Einführung in die Ereignisse mittels Film und Ausstellungen. Ausgestellt werden u. a. General Washingtons Schlafzelt, Relikte von Soldaten, wie Knöpfe, Gürtelschnallen, Knochen, außerdem Dokumente, wie die fünf „*Orderly Books of Valley Forge*" von Washington, Gewehre, Kleidung und persönliche Dinge.

Valley Forge, Washingtons Militärlager im Unabhängigkeitskrieg

Auf dem Gelände selbst, über das eine Rundstraße führt, wurden einfache Holzhütten der Soldaten nachgebaut. Die verschiedenen Stationen und Aufstellungen der Truppen 1777/78 mit Markern und Kanonen, Wällen und Gräben sind ebenfalls nachgestellt. Die Route geht vorbei an der **Muhlenberg Brigade**, dem primitiven Winterlager der Soldaten bestehend aus (rekonstruierten) Holzhütten, die an Wochenenden von „Soldaten" bewohnt werden. Sie führt weiter zum triumphbogenartigen **Memorial Arch**, der 1917 zu Ehren aller, die in Valley Forge gedient haben, errichtet wurde, und der Statue von General Anthony Wayne.

Washington's Headquarters sind original erhalten, wobei die Innenausstattung – die Büros und Schlafräume des Chefs und seiner Mitstreiter – „zeitgenössisch" nachgebaut wurde. Es handelt sich um das Haus, das Washington als seine „Zentrale" von Isaac Potts angemietet hatte. **Redoubt 3** und **4** sind Erdwälle, die die Verteidigungslinien markierten.

Artillery Park war der strategisch günstige Ort, an dem die Artillerie unter General Henry Knox ihre Kanonen aufgestellt hatte, um sie einerseits zu überholen und andererseits an ihnen zu trainieren.

In den **Varnum's Quarters** (*Stephens Farmhouse*) hatte sich vorübergehend General James Varnum aus Rhode Island eingemietet. Von hier hatte er einen Blick auf den Paradegrund. In der Nähe wird **General von Steuben** mit einem Denkmal gewürdigt. Die gotisierende **Washington Memorial Chapel** *(Episcopal Church)* war 1903 eröffnet und als „Theodore Roosevelt Chapel" bezeichnet worden, da der Präsident sie 1904 besuchte. Zur Kirche gehört der **Washington Memorial National Carillon**, ein Turm mit Glockenspiel, der 1953 eröffnet wurde und allen amerikanischen Patrioten gewidmet ist.

Turm der Patrioten

Valley Forge National Historic Park, *1400 N. Outer Line Dr., ab Hwy 422 über Hwy. 23/N. Gulph Rd., www.nps.gov/vafo, Eintritt frei; Visitor Center tgl. 9–17 Uhr, ganzjährig zugängliches Gelände von 7 Uhr–Sonnenuntergang, v. a. an Wochenenden regelmäßig Veranstaltungen im Park.*

Infos zur Stadt: *www.valleyforge.org. Neu und sehenswert, nördlich von Valley Forge, ist das* **Audubon Center** *in Mill Grove. Hier geht es auf vielseitige Weise um Natur, Vögel und den legendären JJ Audubon.*

The John James Audubon Center, *1201 Pawlings Rd, Audubon, https://johnjames.audubon.org, Mi–So 10–16 Uhr, $ 14 (frei So 10–12 Uhr).*

Friedrich Wilhelm von Steuben oder „Wie man aus einem wilden Haufen eine schlagkräftige Armee macht"

info

Es war am 19. Dezember 1777, zu Beginn des Unabhängigkeitskrieges, als 12.000 Soldaten der aufständischen Kolonien in Valley Forge ihr Winterlager aufschlugen. Die Truppen unter **George Washington**, Oberbefehlshaber der Freischärler, hatte nicht verhindern können, dass die Briten Philadelphia besetzten. In strategisch günstiger Lage am Schuylkill River und mit Mount Joy und Misery als Erhebungen schlugen Washingtons Truppen bei eisigen Temperaturen, mit wenig Proviant und unzureichender Bekleidung, das Lager auf. Bis zum Ende des Winters waren aufgrund fehlenden Nachschubs, durch Seuchen und Krankheiten 2.000 Männer gestorben.

Um die Moral der Soldaten zu stärken und vor allem ihre militärischen Fähigkeiten effektiv zu schulen, war der ehemalige preußische Offizier aus der Armee Friedrichs des Großen, **Friedrich Wilhelm Baron von Steuben**, im Februar 1778 mit einem Empfehlungsschreiben von Benjamin Franklin zur Armee der Aufständischen gestoßen.

1730 in Magdeburg geboren, hatte von Steuben schon 17-jährig beim preußischen Militär angeheuert und rasch seine strategischen Fähigkeiten unter Beweis gestellt. 1763 schied von Steuben im Rang eines Hauptmannes aus der preußischen Armee aus. Warum er entlassen wurde und ein Jahr später als Kammerherr des Prinzen von Hohenzollern-Hechingen in den Adelsstand erhoben wurde, bleibt unklar. Dem enttäuschten von Steuben gelang es 1777 in Paris, Franklin von seinen Fähigkeiten zu überzeugen. So tauchte er im Februar in Valley Forge auf.

info

Washington ernannte von Steuben zum „**Inspector General**“. Dieser begann sofort mit der Ausbildung der Freiheitskämpfer, indem er eine Musterkompanie von hundert Soldaten ausbildete. Es gelang ihm so nicht nur, die Kampfmoral zu heben, sondern er erzeugte zugleich Katalysatorwirkung, da die hundert Soldaten der ganzen Armee als Ausbilder dienten. In kürzester Zeit entstand eine schlagkräftige Armee, die in der Folgezeit die Briten mehrmals besiegte. Auch in der entscheidenden Schlacht bei Yorktown 1781 erlebten die „Rotröcke“ ihr „blaues Wunder“. Aus einem vormals „wilden Haufen“ war eine schlagkräftige Truppe geworden, die den Freiheitskampf für die USA entscheiden konnte.

Für seine Leistung wurde von Steuben mit dem Rang eines Generalmajors gewürdigt und erlangte 1784 Anerkennung als amerikanischer Staatsbürger. Er verfasste die „*Regulations for the Order and Discpline of the Troops of the United States*“, ein Handbuch, das bis ins 19. Jh. hinein verwendet wurde. Als von Steuben 1794 im Staat New York starb, war er zu einer Legende geworden, obwohl er bis zum Lebensende mit seinen Adjutanten William North und Benjamin Walker nur in Französisch kommunizierte und seine Order übersetzen ließ.

Reisepraktische Informationen Philadelphia

Information

Philadelphia Convention & Visitors Bureau *(PCVB), c/o Wiechmann Tourism Service, Scheidswaldstr. 73, 60385 Frankfurt, ☏ (069) 255-38250.*
Bester Anlaufpunkt vor Ort ist das **Independence VC**, *599 Market St. (1 N. Independence Mall West), www.phlvisitorcenter.com, tgl. 9–mind. 18 Uhr; Informationen aller Art zu Stadt und Region, Unterkunftsvermittlung und Reservierungen, Ausstellungen, Film und Video sowie Veranstaltungstickets; März–Dez. werden hier Gratistickets für Independence-Hall-Touren verteilt. Filialen sind:*
LOVE ParkVC, *1569 John F. Kennedy Blvd., Mi–So 10–15 Uhr, www.phlvisitorcenter.com/lovepark. Kiosk, der Informationen, Eintrittskarten und Führungen durch die City Hall anbietet.*
City Hall VC, *Broad/Market St., Room 121, Mo–Fr 9–17 Uhr, in der HS auch Sa.*
Infos im Internet: *www.discoverphl.com, zudem: www.visitphilly.com (Greater Philadelphia) sowie https://historicphiladelphia.org und www.discoverphl.com/international.*

Tipp

Der **CityPass** für derzeit ab 56 € gilt 9 Tage lang für drei, vier oder fünf Attraktionen (u. a. Museum of the American Revolution, The Franklin Institute, Zoo oder Adventure Aquarium, One Liberty Observation Deck, Philadelphia Trolley Works/Big Bus Company). Der Pass ist u. a. im VC oder im Internet (https://de.citypass.com/philadelphia) erhältlich.

Touren

Philadelphia Tours, *www.we-venture.com/philadelphia, breites Angebot unterschiedlichster Touren, zu Fuß, per Fahrrad oder zu Spezialthemen, ab $ 59*
Philadelphia Trolley Works, *www.phillytour.com; Hop-on, hop-of-Touren, z. B. 1 Tag $ 36, u. a. in 90 Min. durch die Stadt mit Aus- und Einsteigen an verschiedenen Stationen.*

Unterkunft

Independence Park Hotel (3) $$$, *235 Chestnut St., ☏ (215) 922-4443, www.independenceparkhotel.com; das „Great Little Hotel" der Stadt, ein renoviertes altes, zentral gelegenes Hotel mit 36 geräumigen Zimmern (zu Best Western gehörig).*
Hilton Philadelphia at Penn's Landing (1) $$$–$$$$, *201 Columbus Blvd., ☏ (215) 521-6500, www.hilton.com/en/hotels/phlpnhh-hilton-philadelphia-at-penns-landing; das einzige Hotel der Stadt direkt am Delaware River, tolle Ausblicke von vielen der insgesamt 350 Zimmern, mit Pool, Sauna und Fitnesscenter sowie Restaurant Keating's Rope & Anchor.*
Latham Hotel (4) $$$–$$$$, *135 17th, ☏ (215) 563-7474, https://latham.hotels-pennsylvania.com/en; elegantes Traditionshotel mit persönlichem Service in zentraler Lage. Dazu nette Bar sowie gediegenes Restaurant Bogart's.*
Motto by Hilton at Philadelphia Rittenhouse Square $$, *31 S. 19th. St., ☏ (267) 494-0440, www.hilton.com/en/hotels/phlriua-motto-philadelphiarittenhouse-square. 252 kompakt und gemütlich eingerichtete Zimmer, dazu große Gemeinschaftsräume.*
Penn's View Hotel (2) $$$–$$$$, *14 N. Front St., ☏ (215) 922-7600, www.pennsviewhotel.com; mit Blick auf den Delaware River mitten in Old Town gelegenes kleines Boutique-Hotel mit 52 unterschiedlichen, historisch ausgestatteten Zimmern, inkl. Frühstück und mit italienischem Restaurant im Haus.*
The Franklin at Rittenhouse (5) $$$$$, *1715 Rittenhouse Sq., ☏ (215) 546-9544, www.thefranklinonrittenhouse.com; 20 elegante Zimmer mit viel Luxus in einer Mansion von 1911, frische Backwaren am Morgen, Wein am Abend.*

Essen & Trinken

Philadelphias Spezialitäten sind **Philly Cheese Steaks** *– klein geschnittenes Steak in einer Sandwichsemmel mit Käse und Zwiebeln –,* **Hoagies** *(Fleisch, Käse, Salat, Tomate mit Öl oder Mayonnaise als Sandwich) und* **Soft Pretzels** *mit Senf, alles an zahlreichen Ständen in der Innenstadt zu haben. Mehrere empfehlenswerte Restaurants (und Bars) konzentrieren sich an der* **Restaurant Row/Walnut St.** *nahe dem Rittenhouse Square (S. 18th/Walnut-Spruce St.), in* **Old City** *(Market St., www.oldcitydistrict.org, mit Trendlokalen wie Fork) und an der* **South St.** *im Bereich Front–10th bzw. Lombard–Bainbridge St. An Werktagen lohnt sich ein Abstecher zum* **Reading Terminal Market** *(https://readingterminalmarket.org), preiswerte asiatische Küche gibt's in* **Chinatown** *und Italienisches rings um den* **9th Street Italian Market** *(www.italianmarketphilly.org).*
Butcher & Singer (4), *1500 Walnut St./Rittenhouse Row, ☏ (215) 732-4444, https://butcherandsinger.com; Steaks & Chops und hervorragender Service in gediegener Old-Hollywood-Ballhausatmosphäre.*
Campo's Deli@Market Street (2), *214 Market St.; klassischer Sandwichshop, bekannt für die lokale Spezialität Philly Hoagies, aber auch vielerlei Salate; relativ preiswert.*
City Tavern, *138 S. 2nd/Walnut St., www.nps.gov/inde/planyourvisit/citytavern.htm; derzeit geschlossen, nachdem der deutsche Chefkoch Walter Staib aufgehört hat.*
Fork (1), *306 Market St., ☏ (215) 625-9425, https://forkrestaurant.com; eines der 20 besten Restaurants der Stadt mit kreativen Gerichten und großer Weinauswahl. Günstiger Lunch und Sonntagsbrunch!*
Independence Beer Garden (7), *100 S. Independence Mall W.; gemütlicher Biergarten mit Blick auf das Liberty Bell Center.*

Jim's Steaks (3), *400 South St., ☎ (215) 928-1911; Steaks in allen Variationen, v. a. Philadelphia Cheese Steak! Gemütliche Atmosphäre in der hippen South Street.*
The Restaurant School at Walnut Hill College (6), *4207 Walnut St., ☎ (215) 222-4200, www.walnuthillcollege.edu; Di–Sa abends werden in den vier unterschiedlichen Restaurants der Culinary School, Italian Trattoria, American Heartland, International Bistro und Great Chefs of Philadelphia Restaurant, zu günstigen Preisen tolle Menüs serviert.*
White Dog Café (5), *3420 Sansom St., www.whitedog.com/universitycity; Country-Inn in zwei viktorianischen Brownstones im University District. Serviert wird kreative amerikanische Küche unter Verwendung biologischer Produkte.*
Pizza Brain Restaurant & Museum, *2313 Frankford Ave., www.pizzabrain.org; Gourmet-Pizzeria mit dem einzigen Pizza-Museum der Welt!*
Knock Restaurant & Bar (8), *225 S 12th St., www.knockphl.com; beliebte Neighborhood-Kneipe und angesagt in der LGBT-Szene.*
ReAnimator Coffee (9), *310 W. Master St. (Kensington) und 1523 E. Susquehanna Ave. (Fishtown), www.reanimatorcoffee.com; lokale Kaffeerösterei mit hervorragendem Kaffee in sehenswertem Ambiente.*
Revolution House (10), *200 Market St., ☎ (215) 625-4566, www.revolutionhouse.com; schickes Lokal mit Bar und kreativen kleinen Gerichten, ideal zum Lunch oder am Abend.*
Die **Fette Sau (11)** *(1208 Frankford Ave., https://fettesauphilly.com) und, direkt daneben, die* **Frankford Hall** *(www.frankfordhall.com) lohnen einen Abstecher nach* **Fishtown** *(Market-Frankford-Line „Girard“), das im Begriff ist, sich wie das benachbarte* **Northern Liberties** *zum neuen In-Viertel zu entwickeln. Die Fette Sau bietet BBQ und Bier, in der Frankford Hall fühlt man sich kulinarisch nach Bayern versetzt.*

Gut zum Einkaufen oder Essen: der Reading Terminal Market

Nachtleben

Zentren sind die **Restaurant Row/Walnut St.** *(www.rittenhouserow.org), die* **13th St.** *zwischen Walnut und Locust in* **Midtown** *(www.visitphilly.com/areas/philadelphia-neighborhoods/midtown-village), auch als* **Gayborhood** *bekannt (mit Lokalen/Bars wie Time Whiskey Bar & Tap Room, Graffiti Bar @ Sampan, Opa Restaurant & Drury Beer Garden, Brü Craft & Wurst, El Vez oder McGillin's Olde Ale House, die älteste Kneipe der Stadt von 1860) oder der* **Old City Arts District** *mit seinen Galerien, Bars und Clubs (www.oldcitydistrict.org, vor allem um die Kreuzung Market/2nd, Lokale wie Revolution House (s. o.), Drinker's Tavern oder The Gaslight. Die* **South St.** *(Front–10th, Lombard–Bainbridge St.), z. B. Brauhaus Schmitz (718 South St.), wird nicht ohne Grund „the hippest street in town" genannt (www.visitphilly.com/nightlife).*

Cuba Libre Restaurant & Rum Bar, *10 S. 2nd St., ☎ (215) 627-0666; immer volle Bar und bestes kubanisches Restaurant der Stadt.*

Einkaufen

Beliebte Bummelareale sind das Areal um **Rittenhouse Square** *(Walnut St.),* **South St.** *(10th–Front St.),* **Chestnut Hill** *(https://chestnuthillpa.com, 6500–8700 Germantown Ave.). und der* **Old City District** *(www.oldcitydistrict.org) mit Boutiquen wie* **Art in the Age** *(116 N. 3rd St., www.artintheage.com).*

The Gallery at Market East, *Market/8th–11th St., Haupteingang: 9th/Market St.; größtes Shoppingcenter in Downtown mit 120 Ständen/Läden und Kaufhäusern auf vier Ebenen, dazu Imbissstände.*

The Bourse at Independence Mall, *111 S. Independence Mall E; zentral gelegen und dank der* **Food Hall** *auch ideal für den Imbiss zwischendurch.*

Macy's Center City, *1300 Market St., Filiale des berühmten New Yorker Kaufhauses im historischen Wanamaker's Dept. Store (1902) mit der weltgrößten bespielbaren Orgel.*

Reading Terminal Market, *11th–12th, Filbert–Arch St., Mo–Sa 8–18, So 9–17 Uhr (Amish-Stände: nur Di–Sa), www.readingterminalmarket.org; empfehlenswert sind vor allem Bassett's Icecream, Beiler's Bakery, Termini Brothers Bakery, Fisher's Soft Pretzels, Wursthaus Schmitz oder der Dutch Eating Place (Frühstück). Außer Lebensmitteln auch Souvenirs und Geschenkartikel.*

9th Street Italian Market, *9th/Wharton–Christian St. (South Philadelphia), Di–Sa 9–17, So 9–14 Uhr, https://italianmarketphilly.org; v. a. italienische Produkte und Frischwaren, Käse, Fleisch/Wurstwaren, Fisch, Gebäck, Gewürze, Kaffee und Tee, aber auch Kochutensilien und Haushaltswaren. Mehrere Cafés und Imbissstände.*

Di Bruno Brothers, *834 Chestnut St. u. a. Filialen in der Stadt, www.dibruno.com; exquisiter Deli Store mit Vielfalt an Feinkost, zum Kaufen oder Dortessen.*

Mitchell & Ness Flagship Store, *1306 Walnut St., www.mitchellandness.com; der Shop für Freunde von caps und Retro-Sportkleidung.*

King of Prussia Mall, *160 N. Gulph Rd., King of Prussia (25 km nordwestlich), I-76 Exit 327/328 (ausgeschildert), www.simon.com/mall/king-of-prussia; eines der größten Einkaufszentren mit acht Kaufhäusern und über 400 Läden, Restaurants sowie Food Court.*

Veranstaltungen & Unterhaltung

First Friday: *jeweils am 1. Fr im Monat, 17–21 Uhr, bieten in Old City (nördlich Market/um die 3rd St.) viele Galerien und Shops sowie Bars (südlich Market/2nd St.) Sonderaktionen. Im Sommer Straßenfest mit Konzerten und Veranstaltungen. Details s. www.visitphilly.com/events/philadelphia/first-friday.*

I. Sept.-Hälfte: **Philadelphia Fringe Festival – Performing Arts Festival**, *https://phillyfringe.org; zwei Wochen über die Stadt verteilt Theater, Tanz, Musik, Literatur, Puppenspiel und Pantomime.*
Im Sommer verschiedene **Re-enactments und Vorführungen** *von* **Historic Philadelphia**, *www.historicphiladelphia.org; z. B. Liberty 360 3D Show & Lights of Liberty, Sound&Light-Spektakel im PECO Theater des INHP.*
Die **Broad St.**, *genannt* **Avenue of the Arts**, *bietet über 20 Bühnen u. a. Kultureinrichtungen, Infos unter www.avenueofthearts.org.*
Kimmel Center for the Performing Arts, ☏ *(215) 893-1999 (Tickets), www.kimmelculturalcampus.org; Heimatbühne von Philadelphia Orchestra, Kammerorchester und Philly Pops.*
Ein renommiertes Theater in Old City ist das **Arden Theater** *(https://ardentheatre.org/), in der Delancey St., außerdem empfehlenswert sind* **Plays and Players** *(www.playsandplayers.org) und in der University City das* **Annenberg Theater** *(https://pennlivearts.org).*

Zuschauersport

Die Sportarenen befinden sich alle im Süden der Stadt, an der Broad St. und sind leicht mit der U-Bahn zu erreichen (Endstation Orange Line „Patterson/ Broad St.“).
Philadelphia Eagles *(Am. Football – NFL), www.philadelphiaeagles.com, Spiele im Lincoln Financial Field.*
Philadelphia Flyers *(Eishockey – NHL), www.nhl.com/flyers, Spiele im Wells Fargo Center.*
Philadelphia Phillies *(Baseball – MLB), www.mlb.com/phillies, Citizens Bank Park Stadium.*
Philadelphia 76ers *(Basketball – NBA), www.nba.com/sixers, Wells Fargo Center.*
Philadelphia Union *(Fußball – MLS), www.philadelphiaunion.com, Talen Energy Stadium, liegt im Vorort Chester, südwestl. des Flughafens (S-Bahn-Anschluss).*

Verkehrsmittel

Flughafen

Der **Philadelphia International Airport** *(www.phl.org) liegt etwa 13 km südwestlich der Stadt und ist leicht erreichbar in 20 Min. per* **Airport Line** *(halbstündl. zwischen Center City und Airport, $ 6,75) oder* **Taxi** *(Festpreis derzeit $ 32 plus je $ 1 Aufschlag für 2.–4. Person).*
Allg. Infos: *www.phl.org („Parking & Transport“).*

Der Flughafen (PHL) wird u. a. von American Airlines in Kooperation mit British Airways und von Lufthansa nonstop angeflogen. Wer einen Weiterflug plant, sollte genügend Zeit einplanen.

Nahverkehr

SEPTA *(Southeastern Pennsylvania Transportation Authority) ist das Nahverkehrssystem der Stadt mit* **Bussen** *und* **zwei U-/sowie mehreren S-Bahnen** *(O-W: Market-Frankford Line; N-S: Broad St. Line). Zudem verkehren in der Innenstadt* **sechs Straßenbahnlinien** *(Trolley, Routes 10, 11, 13, 15, 34 und 36).*
Infos: ☏ *(215) 580-7800, www.septa.org bzw. https://iseptaphilly.com; Informationszentrum: 15th/Market St.; Pläne und Tickets hier erhältlich, ebenso im Independence VC (6th/Market St., s. oben)*

Tickets *im Stadtgebiet: $ 2,50 pro Fahrt; Independence Pass für 1 Tag $ 13, Familienpass $ 30.*

PHLASH, *Shuttle-Bus im Zentrum, $ 2 bzw. $ 5 (Tagespass), https://www.visitphilly.com/features/philly-phlash-downtown-loop, Mai–Anf. Sept. tgl. 10–18 Uhr, sonst nur an Wochenenden außer Januar bis Ende März. Tickets im Infozentrum.*
RiverLink *verbindet von Mai–Okt. 10–19 Uhr die Delaware River Front (Penn's Landing) und das Adventure Aquarium ($ 10 H/R, www.riverlinkferry.com).*

Eisenbahn/Bus
Die **30th St. Station**, *der Hauptbahnhof, liegt jenseits des Schuylkill River. Außer Nahverkehrszügen halten hier Fernzüge von Amtrak (u. a. von/nach Chicago sowie Richtung New York/Boston bzw. Washington/Baltimore).* **Infos**: *www.amtrak.com.*
Auch Überlandbusse, z. B. von **FlixBus**, *verbinden Philadelphia mit Baltimore, Boston, New York, Washington.* **Infos & Tickets**: *www.flixbus.com.*

Von Philadelphia nach Washington

Hinweis zur Route

Von Philadelphia sind es auf direktem Weg (I-95) nach Baltimore nur ca. 120 km. Da diese Autobahn aber erstens kostenpflichtig und zweitens vom Streckenverlauf her eher langweilig ist, sollte man auf den weitgehend parallel verlaufenden US Hwy. 1 ausweichen. Dieser erlaubt eine idyllischer Fahrt durch das **Brandywine Valley** im Südwesten Philadelphias. Dort, wo Delaware und Pennsylvania aufeinandertreffen, stößt man auf schöne Landschaft, Weingüter, Farmen und andere Sehenswürdigkeiten.

Zudem kann man auf diese Weise einen empfehlenswerten Umweg ins **Pennsylvania Dutch Country** (Lancaster County) einbauen. Von dessen Hauptort, Lancaster, ist es quasi ein Katzensprung nach **Gettysburg**, zu einem der bedeutendsten Schlachtfelder des Bürgerkrieges. Von hier aus gelangt man dann auf dem US Hwy. 140 in rund 1 1/2 Stunden (etwa 80 km) nach Baltimore.

Im Brandywine Valley

Entlang des malerischen Delaware River, südlich von Philadelphia, befinden sich zahlreiche **Kriegsschauplätze des Unabhängigkeitskrieges**. Immer wieder stößt man auf Reenactments (nachgestellte Schlachten), z. B. in Fort Mifflin am Delaware, im Brandywine Battlefield Park, in Chadds Ford, Brandywine Park oder auf der Colonial Pennsylvania Plantation. Der Brandywine selbst ist ein Nebenfluss des Delaware, sein Tal beginnt nahe der westlichen Vororten Philadelphias und endet knapp 60 km südlich bei **Wilmington**, wo er in den Delaware mündet.

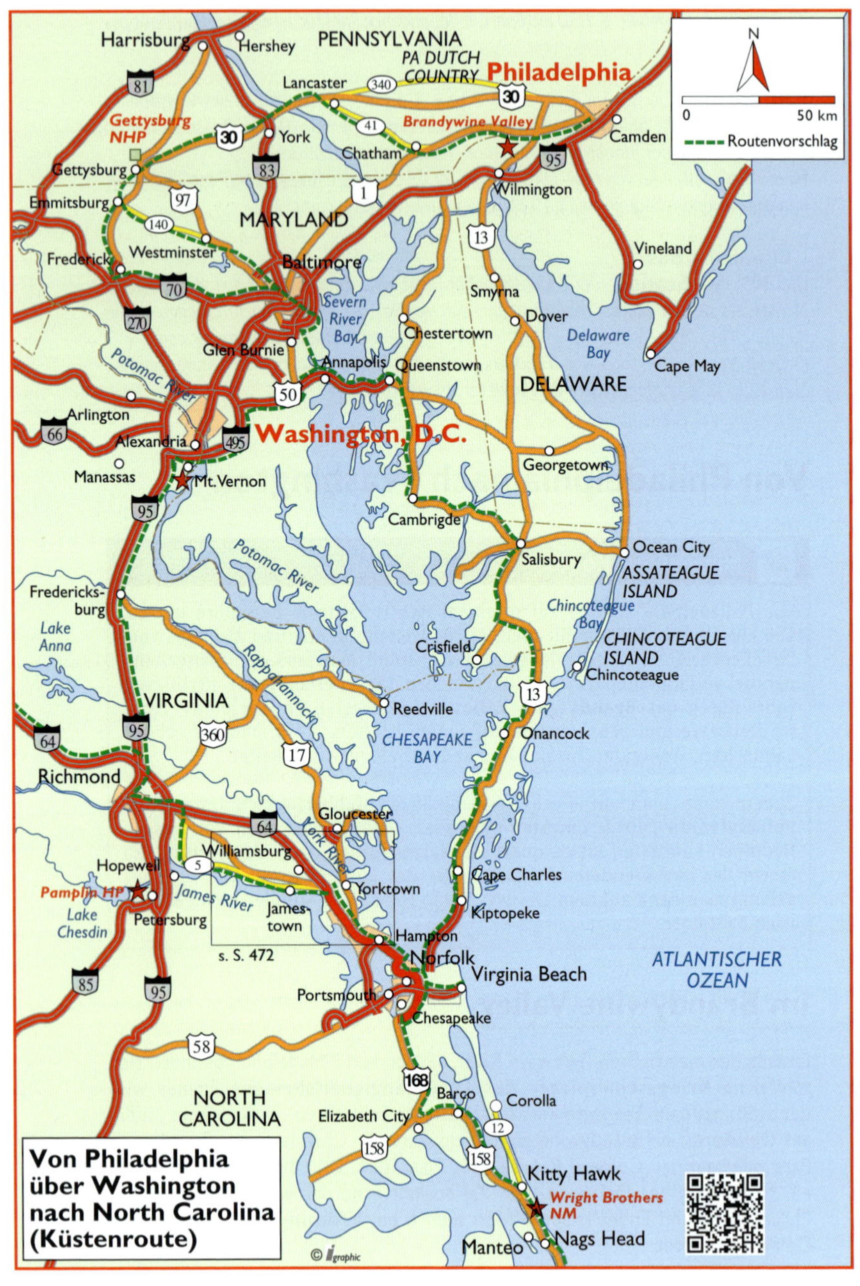
Harrisburg
Hershey
PENNSYLVANIA
PA DUTCH COUNTRY
Philadelphia
Lancaster
Gettysburg NHP
York
Brandywine Valley
Camden
Chatham
Gettysburg
Emmitsburg
Wilmington
MARYLAND
Vineland
Westminster
Frederick
Baltimore
Smyrna
Severn River Bay
Dover
Chestertown
Delaware Bay
Glen Burnie
Cape May
Potomac River
Annapolis
Queenstown
DELAWARE
Arlington
Alexandria
Washington, D.C.
Manassas
Mt. Vernon
Georgetown
Cambrigde
Potomac River
Salisbury
Ocean City
ASSATEAGUE ISLAND
Fredericks-burg
Chincoteague Bay
Lake Anna
Crisfield
CHINCOTEAGUE ISLAND
Chincoteague
Rappahannock
VIRGINIA
Reedville
Onancock
CHESAPEAKE BAY
Richmond
Gloucester
York River
Williamsburg
Hopewell
Cape Charles
Pamplin HP
James River
Yorktown
Lake Chesdin
Petersburg
James-town
Kiptopeke
s. S. 472
Hampton
Norfolk
Virginia Beach
ATLANTISCHER OZEAN
Portsmouth
Chesapeake
NORTH CAROLINA
Barco
Corolla
Elizabeth City
Kitty Hawk
Wright Brothers NM
Manteo
Nags Head
0
50 km
Routenvorschlag
Von Philadelphia über Washington nach North Carolina (Küstenroute)
© igraphic

Das **Brandywine Museum of Art** in **Chadds Ford** befindet sich in einer alten Getreidemühle aus dem 19. Jh. direkt am Brandywine River, inmitten der **Brandywine Conservancy**, einem Naturschutzgebiet (*www.brandywine.org/conservancy*). Dieses wird erschlossen durch Trails und umfasst verschiedene naturbelassene Teile mit Wildblumen, Sträuchern und Bäumen.

In dem geschickt umfunktionierten Mühlenbau wird auf drei Etagen eine außergewöhnliche Sammlung **amerikanischer Kunst aus dem 19. und 20. Jh**. gezeigt. Außerdem bieten sich durch die großen Glaswände hervorragende Ausblicke auf die Landschaft, die schon vor vielen Jahren Maler inspiriert hat. Der Großteil der Kunstwerke stammt aus drei Generationen der **Wyeth-Familie** – N. C., Andrew und Jamie. Besonders sehenswert sind die Buchillustrationen von N. C. Wyeth zu Werken wie „Die Schatzinsel" oder „Der Letzte Mohikaner". Vom Museum aus können Touren zum 1 km entfernten Haus und Studio von N. C. Wyeth (1882–1945) arrangiert werden.

Museum mit Aussicht

Brandywine Museum of Art, *1 Hoffman's Mill Rd., Chadds Ford, www.brandywine.org/museum, Apr.–Nov. Mi–Mo. 9.30–16.30 Uhr, $ 20, mit Museumsshop und Café.*

Nur wenige Kilometer südwestlich (ausgeschildert am US Hwy. 1) liegt die **Chaddsford Winery**, eine der derzeit über 140 Weingüter in Pennsylvania. Die Grundlagen für den Weinbau soll schon William Penn mit einem Weingarten im Fairmount Park gelegt haben. Gegründet wurde die Chaddsford Winery 1982 von Eric und Lee Miller. Das Weingut gehörte zu den ersten in Pennsylvania und hat sich – speziell mit Pinot Noir – Ansehen erworben.

Chaddsford Winery, *Chadds Ford, 632 Baltimore Pike/US Hwy. 1, www.chaddsford.com, hier auch Infos zum Besuch; Shop, Picknickplatz sowie Touren und Tastings.*

Weitere Informationen *zu Weingütern in PA: https://pennsylvaniawine.com, https://pennsylvaniawine.com/find-wineries.*

Information

Brandywine-Region und zu Delaware: *www.visitwilmingtonde.com bzw. www.thebrandywine.com.*

Für historisch Interessierte gibt es in nächster Nähe das **Brandywine Battlefield**, ein State Park mit mehreren historischen Bauten und VC. Am 11. September 1777 hatte die britische Armee unter General William Howe am Brandywine River Stellung bezogen, um Washingtons Truppen, die hier lagerten, von zwei Seiten anzugreifen und zum Rückzug zu zwingen. Obwohl die Amerikaner unterlagen, konnten sie durch ihre mutige Haltung letztlich die Franzosen davon überzeugen, mit ihnen eine Allianz zu bilden.

Brandywine Battlefield, *1491 Baltimore Pike, ab US Hwy. 1, Chadds Ford, www.brandywinebattlefield.org, VC Juni–Aug. Fr/Sa 10–16 Uhr, sonst saisonal variable Zeiten (s. Website), $ 8.*

Letzter Stopp am US Hwy. 1 sind die besonders bei schönem Wetter sehenswerten **Longwood Gardens**. „*America's Versailles*" besteht aus mehreren Gartenteilen im englischen, französischen und italienischen Stil und ist durchsetzt von Springbrunnen und Gewächshäusern. Dieser **Botanische Garten** befin-

„America's Versailles"

info

Die Pennsylvania Dutch

Die **Amish People** bilden die kleinste und bekannteste, da äußerlich auffälligste Gruppe unter den ehemaligen deutschsprechenden Siedlern in Pennsylvania, den Pennsylvania-Deutschen bzw. **Pennsylvania Dutch**. Ihre Geschichte beginnt in der Reformationszeit zu Anfang des 16. Jh. in der Nachfolge des Schweizer Reformators Zwingli. Vom Rat von Zürich verfolgt, verlagerte sich die Bewegung nach Deutschland, die Niederlande und Österreich.

Ein Holländer namens Menno Simons schloss sich 1536 ihr an und wurde zum charismatischen Anführer einer Splittergruppe, deren Mitglieder sich nach ihm „**Mennoniten**" nannten. Ihre speziellen Vorstellungen in Sachen Familie, Trennung von Kirche und Staat, gewaltloses Leben und Selbstverantwortlichkeit des Einzelnen, machten die **Anabaptisten** (Wiedertäufer) zu Außenseitern. Verfolgt und verachtet, fanden sie Ende des 17. Jh. im neu gegründeten Staat **Pennsylvania** einen toleranten Zufluchtsort. Unter dem elsässischen Mennonitenbischof Jacob Amann bildete sich ab 1693 eine konservative Splittergruppe, die nach ihm „**Amische**" hieß und ebenfalls nach Pennsylvania auswanderte. Sie propagierten eine bescheidene, einfache Lebensweise und lehnten moderne Errungenschaften ab.

Heute existieren noch **drei große Gruppen** der deutschstämmigen Wiedertäufer: Neben den **Amish** und **Mennoniten** – etwa 1,7 Mio. Gläubige weltweit – zählen die weniger bekannten **Brethren** zu ihnen. Letztere, Religionsflüchtlinge aus Schwarzenau/Deutschland, die sich 1708 unter Alexander Mack zusammenschlossen und in die USA einwanderten, gelten wie die Mennoniten eher als fortschrittlich. Etwa 250.000 Amische leben in den USA. Abgesehen von Pennsylvania gibt es größere Gemeinden in Ohio, Indiana oder Kanada (Ontario).

Gerade die Amischen gingen und gehen schon immer ihren **eigenen Weg**. Sie schufen ihr eigenes einklassiges Schulsystem mit achtjähriger Schulpflicht für Mädchen und Jungen. Disziplin wird großgeschrieben, in der Schule wie auch danach, wenn mit etwa 15 Jahren das „Praktikum" beginnt. So werden **amische Handwerker** – besonders Zimmerleute und Schreiner – als hervorragende Fachleute geschätzt. Ihre Produkte, Möbel, Kutschen oder auch Bauten werden ebenso wie Quilts oder Handarbeiten viel bewundert und sind – ebenso wie ihre Lebensmittel – heiß begehrt. Bis zum Alter von rund 18 Jahren und der Taufe werden den Jungen größere Freiheiten zugestanden. Als „**Rumspringer**" haben sie Gelegenheit, sich darüber klar zu werden, ob sie wie ihre Eltern leben möchten – was angeblich 90 % tun – oder aber aus der Gemeinschaft aussteigen wollen.

Bibel, Gemeinschaft und Familie, harte Arbeit, Land und Natur bestimmen **das Leben der Amischen**. Die Einstellung zu materiellen Gütern unterscheidet sich vom Rest der Welt: das Recht des Bedürfnisses hat Vorrang vor dem Recht auf Eigentum. In ihrer Strenggläubigkeit lehnen sie Errungenschaften der modernen Zivilisation weitgehend ab und pflegen bis heute einen Lebensstil, der im Einklang mit der Natur steht. Auf schönen Schein und Luxusartikel wird kein Wert gelegt. Das äußert sich auch an der **Kleidung**. Männer und Frauen tragen schlichte Anzüge bzw. züchtige Kleider. Während sich unverheiratete Männer rasieren, sind nach der Hochzeit Bärte üblich. Frauen tragen ihr Haar meist lang und zum Knoten gebunden, von einer weißen – vor der Heirat schwarzen – Haube bedeckt. Schmuck ist ebenso verpönt wie oder Porträtfotos.

info

Technik und Elektronik aller Art – Anschluss an das öffentliche Stromnetz, die Gasversorgung oder das Telefonnetz sind tabu, ebenso Fernsehen oder Internet. Man verwendet Propangas oder Dieselgeneratoren zur Stromerzeugung und ist bezüglich der Nutzung alternativer Stromquellen einfallsreich, ebenso im Umrüsten der Geräte. Der Besitz von Autos ist nicht erlaubt, das Fahren in Autos oder Bussen, wenn unvermeidlich, hingegen schon. Buggies, Tretroller oder Skates dienen der Fortbewegung über kleinere Distanzen. Man setzt moderne Farmgeräte ein, die jedoch von Pferden oder Ochsen, nicht von Traktoren gezogen werden.

Der **Glaube der Amischen** basiert einerseits auf der Bibelinterpretation, andererseits auf der mündlich überlieferten Amish-Ordnung, die Verhaltensweisen, Auftreten u. a. festlegt. Es gibt keine Gotteshäuser wie bei den Mennoniten. Stattdessen findet alle zwei Wochen ein Sonntagsgottesdienst reihum bei einem Mitglied statt, das die Gäste nach dem Gottesdienst mit einem einfachen Mahl verköstigt.

Die Amische(n) und die Mennoniten sind vollkommen demokratisch in ihrer religiösen Organisation. Die Gemeinde ist in Kirchendistrikte von 150 bis 200 Mitgliedern aufgeteilt. Jede örtliche Gruppe entscheidet selbst über ihre Angelegenheiten. Zuschüsse und „Almosen" seitens des Staates werden abgelehnt, sei es für Schulen, öffentliche Einrichtungen oder andere gute Zwecke. Nur die eigene kleine Gruppe zählt.

Tipp zur Besichtigung

An den Highways. 30 und 340 sowie an den sie verbindenden Nebenstrecken liegen zahlreiche **Sehenswürdigkeiten**, die allerdings nicht alle gleich interessant sind. In letzter Zeit machen sich mehr und mehr dubiose Touristenattraktionen breit, bei denen immer häufiger die *Amish People* zum Klischeebild stilisiert werden. Die nachfolgend vorgeschlagenen Punkte sollen lediglich als **Anregungen** dienen. Die Liste erhebt keinen Anspruch auf Vollständigkeit.
Mehr Anregungen und Details gibt es unter: **www.discoverlancaster.com** oder **https://lancasterpa.com**.
Bei den Besichtigungen ist **zu beachten**, dass *Amish People* nicht fotografiert werden möchten und man Privatgrund niemals ungefragt betreten sollte.

„The Amish Experience"

Am Hwy. 340, in der Ortschaft **Bird-in-Hand**, liegt eine Sehenswürdigkeit, die einen guten Einstieg in die Geschichte und das Leben der Amische(n) gibt: Bei **The Amish Experience** handelt es sich um einen **mehrteiligen Farmkomplex** mit Restaurant und Hotel, großem Shop, Theater und Farmhaus. Im *Amish Experience Theater* gibt es stündlich eine 3-D-Filmvorführung mit Spezialeffekten über das Leben der Amish mit dem Titel „Jacob's Choice". Im Farmhouse, dem *Fisher Family Homestead*, lernt man während einer Tour das Leben einer amischen Familie, Möbel, Kleidung und Ausstattungsgegenstände, kennen. Es wird Wert auf Authentizität und Aktualität gelegt. In der *Plain & Fancy Farm* gibt es am großen Tisch Essen *family-style*.

Einblick in das Leben der Amischen

The Amish Experience, *3121 Old Philadelphia Pike/Rte. 340, Bird-in-Hand, https://amishexperience.com, tgl. 9.30–17 Uhr, So erst ab 11.30 Uhr; umfassende Farmland Tours, Details und Zeiten s. Website, in der NS nur an Wochenenden, Kombi-Ticket $ 20,95, VIP-Tour $ 59,95.*

Lancaster/PA

US-Hauptstadt für einen Tag

Das kleine Provinzstädtchen (60.000 EW) mit konstant wachsendem Umland hat eine bewegte Vergangenheit, nicht nur hinsichtlich der Besiedelung. Während des Unabhängigkeits- und Bürgerkriegs eine Waffenschmiede, fungierte der Ort für einen Tag sogar als die Hauptstadt der USA, und zwar, als der Kongress am 27. September 1777 aus Philadelphia fliehen musste. Von 1799 bis 1812 Hauptstadt von Pennsylvania, ist der Ort heute nur noch das **Zentrum des Pennsylvania Dutch Country**.

Im Zentrum informiert das **Mennonite Life Visitors Center** ausführlich über Leben und Geschichte der Amischen und Mennoniten. Außerdem erhält man Tipps zu den verschiedenen Touren und Sehenswürdigkeiten im Umkreis, z. B. den **Central Market** (*120 N. Duke St./Penn Sq.*), 1742 gegründet. Auf diesem ältesten öffentlichen Markt in den USA hört man noch den altdeutschen Dialekt der Amish und bekommt farmfrische Produkte, aber auch Kunstgewerbe und Handarbeiten. Das **Lancaster History Museum** umfasst das ehemalige Wohnhaus des Präsidenten James Buchanan, *Wheatland*, und ein historisches Museum umgeben von einem Park (*Tanger Arboretum*).

Lancaster History Museum, *230 N. President Ave., www.lancasterhistory.org, Mo–Sa 9.30–17 Uhr, Kombiticket $ 15. Ein Teil davon ist:*

President James Buchanan's Wheatland, *April–Okt. Touren Mo–Sa 10–16 Uhr.*

Mennonite Life Visitors Center, *2209 Millstream Rd., https://mennonitelife.org/visit/visitors-center, Di–Sa 9.30–16 Uhr, Eintritt frei. Film, Ausstellung, Touren.*

Landis Valley Village & Farm Museum

Museumsdorf

4 km nördlich von Lancaster geht es in diesem **Freilichtmuseum** um die deutsche Zuwanderung zwischen 1740 und 1940, v. a. um das Alltagsleben, die Traditionen und Gebräuche. Kostümierte Führer und Dozenten erwecken das 18./19. Jh. zu neuem Leben, während man durch das Dorf mit seinen insgesamt rund 50 Bauten, von denen etwa 25 zugänglich sind, spaziert.

Dort, wo 1750 bereits ein kleiner Ort an der Kreuzung zweier Durchgangsstraßen entstanden war, stehen heute teils an ihrem ursprünglichen Platz befindliche, teils von anderen Orten umgesetzte Häuser, teils Nachbauten. Die meisten stammen aus dem frühen 19. Jh., einige aus den 1930er- und 40er-Jahren. Dazu gehören Bauernhof, Schmiede, Hotel, Schule, Country Store, Feuerwehrhaus, Töpferei, Scheune, Wirtshaus, Geräteschuppen jeweils mit passenden Ausstellungen bzw. Vorführungen im Inneren. Zu Weihnachten kommt der *Belsnickel* (Knecht Ruprecht), und auch sonst wird fast ganzjährig etwas geboten. Das Museum geht auf eine Idee von George und Henry Landis zurück, die schon Ende des 19. Jh. das Erbe der *Pennsylvania Dutch* (einst 40 % der Bewohner des Staates) zu wahren versuchten und alle möglichen Erbstücke zusammentrugen.

Landis Valley Village & Farm Museum, *2451 Kissel Hill Rd./Hwy. 272, 4 km nördl. Lancaster, www.LandisValleyMuseum.org, Mi–Sa 9–16, So 12–16 Uhr, $ 12; mit Shop und Restaurant, Programmen, Touren und Veranstaltungen.*

Im Landis Valley Museum

1719 Museum

In dem Örtchen **Willow Street**, ca. 11 km südlich von Lancaster, gibt es ein authentisches Relikt deutscher Zeiten von 1719. In idyllischer Landschaft steht das **Hans Herr House**, ein gutes Beispiel für **alte deutsche Bauernhofarchitektur**. Es ist ein schlichtes Steinhaus mit Giebel und Mittelkamin, gilt als ältestes Haus in Lancaster County und zugleich als eines der wenigen erhaltenen Häuser früher deutscher Siedler in den USA. Wie schon der Name sagt war es das Wohnhaus einer Mennonitenfamilie namens Herr und bis in die 1860er in Familienbesitz. Zu dem **Museumskomplex** gehören einige Nebengebäude, darunter eine Schmiede und ein Schuppen sowie das **Lancaster Longhouse**, das die ursprüngliche indianische Bevölkerung der Zeit vor Penn würdigt.

Im Jahre 1710 hatte eine Gruppe von Mennoniten unter Führung von Hans Herr die Pfalz verlassen, um sich in der Neuen Welt neu anzusiedeln. Das Haus war als erster Bau auf dem Grundstück entstanden, das die neun mennonitischen Männer zugewiesen bekommen hatten. Man legte Felder an, rodete Wälder und nutzte das Holz zum Hausbau. Keine zehn Jahre später war die Siedlung auf über 50 Familien angewachsen. 1719 baute Christian Herr für sich, seine Frau Anna, die sieben Kinder – die im Speicher schliefen – sowie die Großeltern das erste Steinhaus mit Schindeldeckung. Es gab eine Stube, eine Küche, einen Kachelofen und andere typisch europäische Errungenschaften. Der Bau diente zugleich als Gemeindetreff, da Vater und Sohn Prediger waren. Somit handelt es sich um die **älteste Mennoniten-Kirche Amerikas**. Auf dem Gelände wurde zudem ein *longhouse*, das an die lokalen Indianer erinnert, erbaut.
1719 Museum/Hans Herr House, *1849 Hans Herr Dr./ Willow St., via Hwy. 222, https://mennonitelife.org/1719-museum, Apr.–Okt. Fr./Sa. 10–16 Uhr, $ 15, nur Touren, verschiedene Veranstaltungen.*

Weitere Sehenswürdigkeiten

Das **Amish Farm and House** ist eine Working Farm mit Bauernhaus von 1805, in deren verschiedenen Räumen es ebenfalls um die Lebensweise der Amish geht. Auf der Farm gibt es Tiere und Anbauprodukte zu sehen, sowie Werkzeuge und Gefährte, ein Wasserrad, eine Windmühle, das Quellhaus u. v. m.

Das Hans Herr House von 1719

Amish Farm and House, *2395 Lincoln Highway East, East Lancaster, www.amishfarmandhouse.com, tgl. 9–18 Uhr, im Winter bis 16 Uhr, $ 9,25, auch kombiniert mit Bustour ($ 22,95).*

Im **Railroad Museum of Pennsylvania** sind über 100 historische Lokomotiven, Wagons und Modellzüge zusammengetragen. Sie sind ein Relikt der 1832 gegründeten *Strasburg Railroad*, die auch heute noch Touristen in restaurierten Wagons mit Holzausstattung und Dampflok in alte Zeiten zurückversetzt.

Railroad Museum of Pennsylvania, *Hwy. 741, östl. Strasburg, www.rrmuseumpa.org, Mo–Sa 10–16, So 12–16 Uhr, $ 10 (Museum), in der HS 3x tgl. 45-Min.-Fahrten in historischen Zügen von Strasburg nach Paradise, s. www.strasburgrailroad.com.*

Sehenswert ist eine gute halbe Fahrstunde nördlich das bis heute aktive **Ephrata Cloister** (*632 W. Main St., Ephrata, https://ephratacloister.org*). Es ist ein mittelalterlich anmutender Komplex aus neun Bauten im deutschen Baustil. Gegründet wurde dieses Kloster von Georg Konrad Beissel 1732 als Führer einer deutschen Pietisten-Gemeinde. Sie war bekannt für ihre Leistungen in den Bereichen Musik, Kalligrafie und Druckkunst.

Berühmte Schokoladenfabrik

Schokoladen-Liebhaber sollten von Lancaster über den Hwy. 283 und 743 (ab Elizabethtown) bzw. auf dem Hwy. 222 oder Ephrata westwärts nach **Hershey** fahren. Dort kann man in **Hershey's Chocolate World** die Produkte der berühmten Schokoladenfabrik kennenlernen und sich anschließend in den zugehörigen Läden mit Leckereien eindecken. Für Familien bietet sich in nächster Nähe der **Hersheypark** an, ein riesiger Vergnügungspark mit zugehörigem Hotel. Dazwischen liegt das **Hersheypark Stadium**, eine Openair-Veranstaltungsbühne. Über Harrisburg und den US Hwy. 15 erreicht man von dort nach rund 50 km Gettysburg.

Hershey's Chocolate World, *251 Park Blvd., www.chocolateworld.com, tgl. 9–mind. 17 Uhr, Gratistouren, Shops, Imbissstände, Proben und Souvenirs.*

Hersheypark, *100 W. Hersheypark Dr., www.hersheypark.com, saisonal variable Öffnungszeiten, z. B. Mai–Sept. 10–18, an Wochenenden bis 22 Uhr, Tagesticket $ 65.*

Reisepraktische Informationen Pennsylvania Dutch Country (Lancaster County/PA)

Information

Discover Lancaster VC, *501 Greenfield Rd., Lancaster (ausgeschildert an US Hwy. 30), www.discoverlancaster.com, Mo–Sa 9–16 Uhr. Siehe auch: https://lancasterpa.com.*

Mennonite Information Center, *s. oben.*

Mehr Background und Informationen gibt es in der monatlich erscheinenden Zeitschrift **Amish Country News** *(https://amishcountrynews.com).*

Unterkunft

Die Zahl der Unterkünfte ist riesig und die Palette reicht von preiswerten Kettenmotels bis hin zu Luxushotels. Besonders empfehlenswert sind **B&Bs** *und* **Farmhouses**, *die konzentriert entlang dem Hwy. 284 zwischen East Petersburg und Marietta, außerdem am Hwy. 741 um Strasburg, zu finden sind.*

Allgemeine Infos und Buchungsmöglichkeiten:

Lancaster County Reservation Center, *https://lancasterpa.com/lodging.*

Authentic B&Bs of Lancaster County, *https://lancasterpa.com/bed-and-breakfasts/authentic-bed-breakfasts.*

Lancaster County Farm Stay Association, *www.afarmstay.com („Urlaub auf dem Bauernhof").*

Spezielle Tipps

Landis Farm $$$, *2048 Gochlan Rd., Manheim, ☏ (717) 283-7648, https://landisfarm.com; auf dem Milchvieh-Hof wurde ein altes Steinhaus zu einem gemütlichen Gästehaus mit zwei Zimmern und Garten umgebaut.*

Lititz Springs Inn $$$, *14 E. Main St., Lititz, ☏ (717) 626-2115, https://lititzspringsinn.com; kleines Viersternehotel im ehemaligen „Zum Anker"; 17 schöne Zimmer in traumhaftem Hotel, mit empfehlenswertem Restaurant. Auch der pittoreske Ort lohnt den Besuch.*

Amish View Inn&Suites $$$–$$$$, *3125 Old Philadelphia Pike (Hwy. 340), Bird-in-Hand, ☏ 1 (866) 735-1600, www.AmishViewInn.com; 50 neue große Zimmer und Suiten auf dem Grund der Plain&Fancy Farm mit Pools, Fitness-Zentrum und einigem Luxus.*

Restaurants

Lancaster Brewing Co., *302 N. Plum/Walnut St., Lancaster, Kleinbrauerei mit eigener Kneipe, auch Touren (www.lancasterbrewing.com).*

Plain & Fancy, *3121 Old Philadelphia Pike, Bird-in-Hand, www.plainandfancyfarm.com; Teil von The Amish Experience (s. oben) mit Essen „family-style" oder à la carte, sehr preiswert und reichlich!*

Einkaufen

Adamstown *mit dem* **Stoudtburg Village** *gilt als Amerikas Antiquitätenhauptstadt – Details s. www.antiquescapital.com.*

Tanger Outlet Center *am US Hwy. 30 im Osten von Lancaster (311 Stanley K. Tanger Blvd.), www.tangeroutlet.com/lancaster. Schnäppchen in über 60 Läden!*

Sturgis Pretzel Bakery, *219 E. Main St., Lititz, https://juliussturgis.com, Touren $ 5, Laden Mo–Sa 10–17 Uhr; hier wurden die amerikanischen (harten) Pretzels 1861 erfunden.*
Farmstände, *die Obst, Gemüse u. a. Farmprodukte verkaufen, gibt es in den Sommermonaten entlang der Straßen, außerdem existieren „Pick-Your-Own-Farms" und Verkauf ab Bauernhof.*
Lancaster Central Market at Penn Square, *23 N. Market St., https://centralmarketlancaster.com; ganzjährig Di, Fr/Sa 6–15 Uhr Marktbetrieb mit vielen Verkaufsständen unter Dach.*
Bird-in-Hand Farmers' Market, *2710 Old Philadelphia Pike (Hwy. 340), https://birdinhandfarmersmarket.com; bunte Vielfalt zum Einkaufen und Dort-Essen. Ganzjährig Fr/Sa, im Sommer auch Mi/Do.*
Cherry Hill Orchards Outlet, *400 Long Lane, Lancaster, https://cherryhillorchards.com; Obst, Cidre, Backwaren, Käse, Gemüse.*
Country Barn Farm Market, *211 S. Donneville Rd., Lancaster, https://countrybarnmarket.com; Laden mit Farmprodukten wie Obst, Gemüse, Konserven, Cidre, Gebäck und Milchprodukte. Ähnlich:*
Kauffman's Fruit Farm&Market, *3097 Old Philadelphia Pike, Hwy. 340, Bird-in-Hand, https://kauffman.farm; Früchte Konserven, Feinkost, Cidre.*

Touren

Aaron & Jessica's Buggy Rides, *3121A Old Philadelphia Pk., Hwy. 340, Bird-in-Hand, www.amishbuggyrides.com; verschiedene Touren Mo–So 10–16 (ohne Anm.) in typischen Amish-Buggies ab $ 18.*
Yuengling Brewery, *5th/Mahantongo St., Pottsville, www.yuengling.com, Laden Mo–Sa 9–17 Uhr, Gratis-Touren durch die älteste noch bestehende Brauerei der USA (von 1829), Mo–Sa 10–15 Uhr (stdl.).*

Gettysburg/PA

Von Lancaster auf dem US Hwy. 30 westwärts sind es knapp 60 km nach **Gettysburg** – ein Provinzstädtchen, das davon lebt, dass sich hier das bedeutendste Schlachtfeld der USA befindet. Am Ortsrand hatte während des Bürgerkrieges vom 1. bis 3 Juli 1863 eine der entscheidenden Schlachten, die **Battle of Gettysburg**, stattgefunden. Jenes als „*Three Days of Destiny*" in die Chroniken eingegangene Ereignis markierte zugleich einen Wendepunkt: Von der hier erlittenen Niederlage sollten sich die Südstaaten nie mehr erholen.

Erinnerungsstätte

An die Geschehnisse damaliger Zeit erinnert der **Gettysburg National Military Park**. Das **Gettysburg National Military Park Museum and Visitor Center** und das **Cyclorama Center**, in dem eine *Light & Sound Presentation* in einer Rotunde mit einem über 100 m langen Wandgemälde den Schlachtverlauf erklärt, sollten die ersten Anlaufpunkte sein. Nach diesem Parcours geht es entlang einer rund 30 km langen Route über das Schlachtfeld, wo 16 wichtige Stationen der Schlacht durch Marker und Texttafeln ausgewiesen sind. Man passiert entlang der Strecke verschiedene Monumente, Schlachtstellungen und -aktionen, Friedhöfe und Denkmäler. Im Verlauf dieser Schlacht starben über 40.000 Menschen.

„(...) diese Toten sollen ihr Leben nicht umsonst verloren haben (...)" – mit einer nur zweiminütigen, aber als **Gettysburg Address** in die Geschichtsbücher eingegangenen Rede hatte Präsident Abraham Lincoln im November 1863 den Friedhof von Gettysburg eingeweiht. Schon damals schlug er versöhnliche Töne gegenüber den Südstaaten an, zwei Jahre vor Ende des verheerenden Bürgerkriegs am 9. April 1865.

Gettysburg Battelfield

Gettysburg National Military Park Museum & VC, *1195 Baltimore Pike (ausgeschildert), www.nps.gov/gett, tgl. 8–17/18 Uhr, Gelände frei, $ 19 für Museum und Film „A New Birth of Freedom" (mit Morgan Freeman) sowie Cyclorama. Zugehörig ist das* **David Wills House**, *8 Lincoln Sq., www.nps.gov/gett/planyourvisit/david-wills-house.htm, Mai–Aug. tgl. 10–17 Uhr, sonst saisonal unterschiedlich, s. Website, frei.*

Oft wird übersehen, dass es in Gettysburg noch eine zweite Attraktion gibt: die **Eisenhower National Historic Site**, die Farm des Präsidenten Dwight D. Eisenhower (1890–1969, 34. Präsident 1953–1961), die er sich 1950 als Ruhesitz gekauft hatte.

Eisenhower National Historic Site, *Zugang über Gettysburg NMP, VC am Hwy. 134, von dort Shuttlebusse, www.nps.gov/eise, tgl. SA-SU, Haus nur in Touren besichtigbar (s. Webseite).*

Reisepraktische Informationen Gettysburg/PA

Information

Destination Gettysburg, *571 W. Middle St., tgl. 8–17 Uhr,* **Infokiosk** *auch im VC des National Military Park (s. oben), https://destinationgettysburg.com.*

Veranstaltungen

Battle of Gettysburg *Re-enactment immer um den 1.–3. Juli, Infos: https://thepcwa.org.*

Außerdem April–Okt. **Living History Encampments**. *Infos: www.gettysburgmuseum.com/living-history.html.*

Unterkunft/Restaurants

Baladerry Inn $$$, *40 Hospital Rd., ☏ (717) 337-1342, https://baladerryinn.com; kleines Hotel in einem Haus von 1812, das im Bürgerkrieg als Hospital genutzt wurde. Schöner Garten und Tennisplatz, 9 gemütliche Zimmer.*

Gettysburg Hotel $$$–$$$$, *Lincoln Square, ☏ (717) 337-2000, www.hotelgettysburg.com; nach dem Vorbild einer historischen Herberge von 1797 wurde das neue Hotel mit 96 geräumigen Zimmern mit allem Komfort errichtet; eigenes Restaurant* **One Lincoln**.

Union Hotel $$$, *27 Chambersburg St., ☏ (717) 337-1334, www.unionhotelgettysburg.com; historisches Haus von 1804 in dem elf kleine Suiten zur Verfügung stehen.*

info

„... these dead shall not have died in vain ..."

„... diese Toten sollen ihr Leben nicht umsonst verloren haben ..." – lange hing dieser Satz der aus nur 272 Worten bestehenden und lediglich zwei Minuten dauernden Rede von **Präsident Abraham Lincoln** in der Luft. An jenem trüben 19. November 1863 hatte man sich auf dem Friedhof von Gettysburg versammelt, und Lincoln hatte in seiner legendären **Gettysburg Address**, zwei Jahre vor Kriegsende, versöhnliche Töne gegenüber den Südstaaten angeschlagen. Diese hatten sich nur wenige Monate zuvor, vom 1. bis 3. Juli 1863, mit den Unionstruppen eine der blutigsten Schlachten des Bürgerkriegs geliefert.

Jene „**Three Days of Destiny**" markierten den Wendepunkt im Bruderkrieg zwischen Nord- und Südstaaten, Union und Konföderierten. Von der hier erlittenen Niederlage erholten sich die Südstaatler nicht mehr und mussten schließlich am 9. April 1865 im Appomattox Court House (Virginia) kapitulieren. Der militärische Konflikt hatte am 12. April 1861 mit der Beschießung von **Fort Sumpter** vor Charleston seinen Lauf genommen und die folgenden vier Jahre sollten als erster „moderner" Krieg in die Geschichtsbücher eingehen. Bis 1865 lieferten sich beide Parteien über 10.000 Gefechte, besonders am Mississippi und in den Bundesstaaten Virginia, Tennessee und Georgia. Am Ende hatte das Gemetzel 620.000 Menschen das Leben gekostet und das Land nachhaltig verwüstet.

Bis zur **Schlacht von Gettysburg im Juli 1863** hatten es die Konföderierten unter ihrem Oberkommandieren **General Robert E. Lee** der Union schwer gemacht und etliche Schlachten für sich entschieden. Im Juni 1863 ging General Lee zum ersten Mal in die Offensive und marschierte mit seinen Truppen nordwärts nach Maryland und Pennsylvania, ohne, wie geplant auf eine weitere kampfstarke Kavallerie-Einheit zu warten. Ein taktischer Fehler, wie sich später herausstellen sollte.

Der Zufall wollte es, dass am 30. Juni 1863 die Konföderierten und eine sie verfolgende Unionstruppe unter General George Gordon Meade bei **Gettysburg** aufeinandertrafen. Drei Tage lang lieferte man sich erbitterte Kämpfe. Dann griffen am 3. Juli nach zweistündigem Kanonenfeuer 12.000 Südstaatler auf offenem Feld die Verteidigungsgräben der Union an. Diese als **Pickett's Charge** in die Geschichtsbücher eingegangene Attacke kostete innerhalb einer Stunde nicht nur über 5.000 Soldaten das Leben, sondern endete für die Südstaatler desaströs: Die Konföderierten zogen sich am 4. Juli geschlagen und demoralisiert nach Virginia zurück.

Ein Wendepunkt, zumal sich die materielle und personelle Unterlegenheit der Südstaatenarmee immer deutlicher bemerkbar machte. Keine 20 Monate später mussten sich die Konföderierten geschlagen geben. Beide Seiten hatten insgesamt **über 51.000 Tote**, Verwundete und Vermisste zu beklagen. Der Schock saß tief. Wohl deshalb ordnete bereits Tage nach der Schlacht der Gouverneur von Pennsylvania an, das Schlachtfeld zur Gedenkstätte und zum Soldatenfriedhof umzufunktionieren, zu dessen Eröffnung er Präsident Lincoln einlud.

Sehenswertes Frederick County

Die Route nach Baltimore führt auf dem US Hwy. 15 durch das südlich von Gettysburg in Maryland gelegene **Frederick County**. Das namensgebende Städtchen **Frederick** erreicht man nach etwa 60 km. Von hier sind es 80 km nach Baltimore (I-70) bzw. 75 km in die Hauptstadt Washington D.C. (I-270).

Der Landkreis liegt zwischen dem Catoctin Mountain, zur östlichsten Bergkette der Blue Ridge Mountains gehörig, und dem Piedmont Plateau. Was Wenige wissen: Hier befindet sich das berühmte **Camp David**, der Erholungsort des US-Präsidenten. Er liegt, für Besucher unzugänglich, im **Catoctin Mountain Park** (*www.nps.gov/cato*), der zusammen mit dem angrenzenden **Cunningham Falls State Park** *(https://dnr.maryland.gov/publiclands/pages/western/cunningham.aspx)* ein beliebtes Outdoor-und Erholungsziel ist. Zudem ist die Region bekannt für Wein- und Obstanbau und es gibt zahlreiche Farm-Verkaufsstände und Hofläden am Weg.

Keine 20 km südlich von Gettysburg erreicht man im kleinen Städtchen **Emmitsburg** Maryland. Hier lohnt ein Blick in den **National Shrine of Saint Elizabeth Ann Seton**. 1809 hatte hier Elizabeth Anna Bayley Seton (1774 –1821) ein Frauenkloster gegründet, das zur Föderation der Barmherzigen Schwestern in der Tradition des Hl. Vinzenz von Paul gehört. Im VC & Museum lernen Besucher über das Leben der 1975 heiliggesprochenen Frau und können anschließend ihr Grab in der großen Basilika besuchen. In dem Park ringsum befinden sich zwei Bauten aus der Gründerzeit: das „White House" von 1810 und das „Stone House" von 1780.
National Shrine of Saint Elizabeth Ann Seton, *339 S. Seton Ave., Emmitsburg, https://setonshrine.org; Mo–So 10–17, Mi bis 19.30 Uhr, frei.*

Historisch höchst interessant ist die **Catoctin Furnace Historic Area** südlich der Ortschaft Thurmont (ca. 15 km von Emmitsburg). Alte Bauten sowie Ruinen erinnern an die hier zwischen 1774 und 1903 betriebene Hochofenanlage, die neben Roheisen auch Munition herstellte. Anfangs schufteten und lebten hier afroamerikanische Sklaven – an sie erinnern Trails mit Erläuterungstafeln und der Friedhof. Die 1973 gegründete Catoctin Furnace Historical Society hat nicht nur das Gelände unter Denkmalschutz stellen lassen, sondern führt auch umfangreiche Grabungen und Forschungen durch, besonders zum Thema „industrial slavery". Das **Museum of the Ironworkers** informiert hierüber anschaulich.

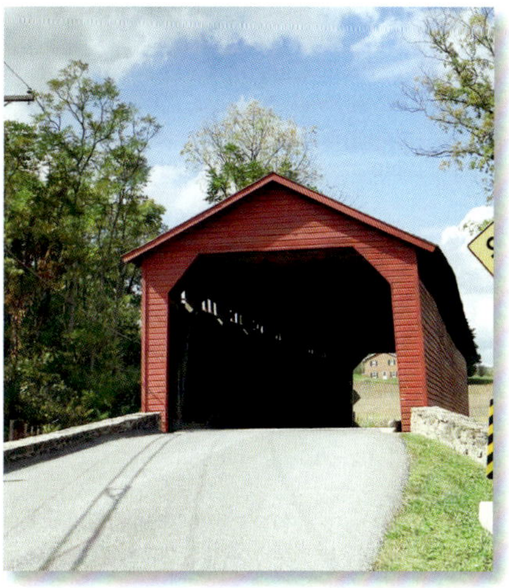

Covered Bridge

Catoctin Furnace Historic Area, *12610 Catoctin Furnace Rd., Thurmont, https://catoctinfurnace.org, mit* **Museum of the Ironworker** *(Mi–So 10–14 Uhr, im Winter nur Sa/So), Gelände frei zugänglich; Übernachtung in einem renovierten historischen Bau möglich (https://catoctinfurnace.org/forgeman).*

Neben der malerischen Berglandschaft gehören drei historische **Covered Bridges** zu den Attraktionen der Gegend. Zwischen Thurmont und Utica stößt man auf der Old Frederick Road auf die **Roddy Road Covered Bridge** (1856), die **Loy's Station Covered Bridge** (ca. 1880, nach Brand von 1991 wieder aufgebaut) und die **Utica Mills Covered Bridge** (ca. 1850, 1889 bei einer Flut zerstört und wiederaufgebaut)
Infos: *www.visitfrederick.org/things-to-do/history-museums/covered-bridges*

Die oben genannten Attraktionen können auf der Fahrt von Gettysburg nach Frederick „mitgenommen" werden. Für das 1745 gegründete Städtchen selbst (ca. 80.000 EW) sollte man lieber eine Übernachtung einplanen. Das älteste erhaltene Haus der Stadt von 1758, das sog. Schifferstadt, erinnert an die vielen deutschen Siedler, die hier im späten 18. Jh. ein Zuhause fanden. Darin befindet sich das Schifferstadt Architectural Museum *(1110 Rosemont Ave., www.frederick landmarks.org/schifferstadt).* Damals war Deutsch Umgangssprache und der Name könnte auf den preußischen König Friedrich II. zurückgehen. Deshalb wurden auch nach dem Unabhängigkeitskrieg die gefangenen hessischen Soldaten, die unter britischer Flagge gekämpft hatten, hierher gebracht und in den erhaltenen **Hessian Barracks** *(101 Clarke Place)* von 1781 am südlichen Stadtrand untergebracht. Viele blieben nach Friedensschluss und um 1800 war die Hälfte der Bevölkerung im County deutschstämmig.

Im attraktiven Stadtzentrum sind im **Frederick Historic District** um Market, Patrick und East Streets Läden und Lokale in historische Bauten eingezogen. Hier befindet sich auch das **Visitor Center** (s.u.), wo ein Film gezeigt wird und es Parkplätze gibt – ein idealer Ausgangspunkt! Von hier ist es nicht weit ins Zentrum um den **Carroll Creek Park**, der mit seiner Promenade an den San Antonio River Walk erinnert. Angelegt wurde der Park in den 1970ern. Unter dem malerischen Creek mit Wasserpflanzen und Promenade befindet sich ein Kanal, der bei Hochwasser Wasseraufnimmt und in den Baker Park als „Überlaufbecken" leitet.

Drei Attraktionen lohnen in der Innenstadt besonders: **Heritage Frederick,** die 1892 gegründete Historical Society, widmet sich der Geschichte der Region und befindet sich in einem herrschaftlichen Gebäude, 1824 von Dr. John Baltzell errichtet. Nach seinem Tod diente es von 1882–1956 als Wohnheim für verwaiste Mädchen. An ein dunkles Kapitel erinnert das **National Museum of Civil War Medicine**. Wie hat man während des Bürgerkriegs die Verletzten versorgt? Frederick fungierte damals als Lazarettstadt, die Region war lange hart umkämpft (*u.a. Schlachten von Antietam, Gettysburg oder Monacacy*).

Das kommunale Kunstzentrum **Delaplaine Arts Center** (Ausstellungen, Kurse, Shop) befindet sich in der ehemaligen Mountain City Mill, die ab 1958 von der lokalen Zeitung als Lager benutzt wurde. Dessen Besitzer George Delaplaine Jr. stiftete 1986 den Bau der Stadt, um daraus einen Kunst- und Kulturtreff zu machen.

Heritage Frederick, *24 E. Church St. Mi–Sa 10–16 Uhr, https://frederickhistory.org.*
National Museum of Civil War Medicine, *48 E. Patrick St., www.civilwarmed.org, Mo–10–17, So 11–17 Uhr, $ 9,50.*
Delaplaine Arts Center, *40 S. Carroll St., https://delaplaine.org, Mo–Sa 9–17, So 11–17 Uhr, frei.*

Etwa 10 km südlich der Stadt erstreckt sich das **Monacacy National Battlefield.** Auch wenn hier eine Konföderierten-Armee unter Jubal A. Early mit 14.000 Mann die nur etwa 5.800 Soldaten umfassende Unions-Truppe unter Lew Wallace am 9. Juli 1864 mühsam bezwingen konnte, ging die Schlacht als **„The Battle that Saved Washington“** in die Geschichtsbücher ein. Abgesehen davon, dass Verluste und der lange andauernde Kampf Earlys Soldaten geschwächt hatten, war der Zeitverlust ausschlaggebend. Sie erreichten die Hauptstadt verspätet und Unions-Truppen hatten längst Verteidigungspositionen bezogen. Early zog sich zurück – der geplante Coup, die Hauptstadt der Union einzunehmen, war gescheitert.
Monacacy National Battlefield, *5201 Urbana Pike (SR 355), www.nps.gov/mono, VC tgl. 9–17 Uhr, frei.*

Reisepraktische Informationen Gettysburg/PA

Information

Frederick VC, *151 S. East St., tgl. 9–17/17.30 Uhr, www.visitfrederick.org, https://downtownfrederick.org.*

Unterkunft/Restaurants

Inn on Market $$$$, *5 W. 3rd St., ☏ (240) 831-4846, www.uponmarket301.com; vier Zimmer in einem liebevoll renovierten Bau aus den 1770ern, im Haus befindet sich auch das Up on Market Bistro (301 N. Market St.).*
Fairfield Inn & Suites Frederick $$–$$$, *5220 Westview Dr., ☏ (301) 631-2000, www.marriott.com/en-us/hotels/wasfr-fairfield-inn-and-suites-frederick/overview; vor den Toren der Stadt gelegen und daher idealer Standort für Erkundungen der Region, zudem günstig und mit Frühstück.*

The Wine Kitchen, *50 Carroll Creek Way, Suite 160, www.thewinekitchen.com; idyllisch direkt am Creek gelegen, v. a. aber bekannt für die Steaks und für kreative, saisonale und regionale Küche.*
Pistarro's, *221 N. East St., https://pistarro.com; beliebt sind hier die Pizzen.*
Brewer's Alley Restaurant, *124 N. Market St., https://brewers-alley.com; am Ort der ältesten Kneipe der Stadt, 1996 wiederbelebt, eigenes Bier und moderne Küche.*
McClintock Distilling, *35 S. Carroll St., https://mcclintockdistilling.com; große Bar im UG, Touren und Tasting (ab $ 5). Man setzt die Brenntradition (v.a. Rye Whiskey!) in MD erfolgreich fort: Gin, Wodka, Whiskey sowie kreative Cocktails.*
Im County gibt es zahlreiche **Weingüter** und **Craft Breweries** (Infos: *www.visitfrederick.org/eat-drink/wine-beer-spirits*), z. B. **Idiom Brewing Co.** oder **Steinhardt Brewing Co.** (*beide 340 E. Patrick St., www.steinhardtbrewing.com bzw. www.idiombrewing.com*) sowie **Attaboy Beer** (*400 Sagner Ave., www.attaboybeer.com*).

Abstecher

Südlich von Frederick (ca. 25 mi) liegt das **Loudoun County** mit dem netten Städtchen **Leesburg** im Zentrum. Man befindet sich hier mitten im **Virginia Wine Country,** und ein exzellenter Beleg dafür ist die **Stone Tower Winery** in Leesburg. Auf höchstem technologischen Standard werden in diesem idyllisch gelegenen Weingut v.a. erlesene Weine im Bordeaux-Stil hergestellt.
Infos: *www.visitloudoun.org, www.virginiawine.org, www.loudounwine.org, www.stonetowerwinery.com.*

Baltimore/MD

Von Gettysburg geht es auf dem US Hwy. 140 direkt nach Baltimore (knapp 100 km/90 Min. Fahrtzeit). **Baltimore** besitzt den **fünftgrößten Hafen der USA** und nennt sich selbst **„Charm City"**. Dieser Charme wurde jedoch durch die Unruhen im April 2015 überschattet, die auf den Tod eines afro-amerikanischen Jugendlichen in Polizeigewahrsam folgten. Mit einem Schlag kamen die Probleme der dieser Bevölkerungsgruppe auf den Tisch. Immerhin haben über 60 % der rund 590.000 EW afro-amerikanische Wurzeln.

Baltimores Innenstadt breitet sich um die **Historic Charles Street** als dominante Nord-Süd-Achse aus. Herz der Stadt ist der **Inner Harbor** mit seinen Sehenswürdigkeiten. Die Innenstadt lässt sich gut zu Fuß erkunden: Im Osten,

1 American Visionary Art Museum (AVAM)
2 Maryland Science Center
3 Harborplace
4 Baltimore Maritime Museum
5 Top of the World Observation Level
6 National Aquarium
7 Power Plant
8 Port Discovery Children's Museum
9 Reginald F. Lewis Museum of Maryland African American History & Culture
10 Phoenix Shot Tower
11 Historic Charles Street
12 Oriole Park at Camden Yards
13 Babe Ruth Birthplace
14 B&O Railroad Museum
15 City Hall
16 Basilica of the Assumption
17 Lexington Market
18 Washington Monument
19 Walters Art Gallery
20 Maryland Historical Society
21 Eubie Blake Cultural Center
22 John Hopkins University
23 Baltimore Museum of Art
24 Druid Hill Park & Lake
25 Hampden
26 Fort McHenry

Hotels
1 Fairfield Inn
2 Renaissance Harborpalace
3 Admiral Fell Inn
4 The Inn at Henderson's Wharf

Restaurants
1 Miss Shirley´s Café
2 The Abbey Burger Bistro
3 The Black Olive
4 Ministry of Brewing

„landeinwärts", liegen **Little Italy** (um Pratt, östlich President St.), das neue **Harbor East** und **Fell's Point**, das alte Hafenviertel. Historisch aufgeputzt, ist Fell's Point besonders beliebt bei Nachtschwärmern.

Westlich des Inner Harbor liegt **Camden Yards**. Hier kommen Sportfans beim Besuch der beiden Sportstadien auf ihre Kosten. **Downtown Baltimore** – das *City Center* um das Rathaus – erstreckt sich nördlich des Convention Center (*Pratt St.*) und geht nach Westen in die **Westside** über, die von der Howard St. durchzogen wird. Dort stellt das historische **Fort McHenry** die Hauptattraktion dar. Weiter nach Norden folgt **Mount Vernon** mit dem *Washington Monument* als markantem Punkt. Es handelt sich um den „Kultur-Strip" der Stadt aber auch um jene Region, in der sich im 18./19. Jh. die besten Adressen befanden.

Zweitgrößter Park der USA

Ganz im Norden, jenseits der *Amtrak Penn Station*, erstreckt sich im **Charles Village** der Campus der renommierten **John Hopkins Universität**. Der **Druid Hill Park** von 1688 im Nordwesten ist der zweitgrößte Park der USA und die grüne Lunge der Stadt. In der Nähe liegt **Hampden**, eines der lebendigsten Viertel Baltimores.

Historisches

Das am 8. August 1729 gegründete Baltimore blühte dank des Naturhafens rasch als **Handelsmetropole** auf. Die britischen Restriktionen in den 1760er- und 70er-Jahren trafen den Handel hart, weswegen die Beteiligung an den Befreiungskriegen besonders rege war. Als der wichtige Hafen von den Briten attackiert wurde, konnte man dank *Fort McHenry*, ganz an der Spitze der Landzunge im Süden des Hafens gelegen, diesen Angriff im September 1814 im „*War of 1812*" abwehren. Dies war ein erster Schritt in Richtung Friedensschluss zwischen beiden Nationen.

Baltimore blieb ein **bedeutender Handelspunkt**. Vor allem der Warenumschlag mit den Karibischen Inseln und Südamerika florierte. Ein wichtiges Handelsgut war Mehl: 1825 gab es an die 60 Mühlen im Großraum Baltimore, das damals zur zweitgrößten Stadt in den USA aufgestiegen war. Zudem entwickelte sich Baltimore zum wichtigen Industrie- und Handelsstandort. Doch auch das Streben westwärts dauerte an: Erst wurde der **Chesapeake & Ohio Canal** eingeweiht, der ab 1836 die Verbindung zwischen Potomac und Ohio River Valley herstellte. Dann entstand die **B&O** (**Baltimore & Ohio**) **Railroad**, die 1842 Cumberland und 1874 Chicago erreichte. Nach dem Bürgerkrieg avancierte Baltimore zum zweitwichtigsten **Einwandererhafen** nach New York.

Brand und Wiederaufbau

Ein verheerender Brand am 7./8. Februar 1904 – „**Baltimore Ablaze**" – zerstörte 86 Häuserblocks und damit fast die komplette Innenstadt. Allerdings gab es keine Toten und es kam zum schnellen Wiederaufbau, der nur kurzzeitig durch Depression und Zweiten Weltkrieg gebremst wurde. In den 1970ern setzten Programme zur städtischen Erneuerung an und die **Revitalisierung** der Innenstadt wurde thematisiert. Man funktionierte Werften und Lagerhäuser zu Entertainment-Komplexen und Wohnarealen um. Der Shoppingkomplex *Harborplace* öffnete 1980, gefolgt von anderen Attraktionen sowie den beiden Sportstadien. Heute ist der **Inner Harbor Baltimores Aushängeschild**.

Stadbesichtigung – Inner Harbor

Topsight: Hafenareal

Der **Inner Harbor** wird durch Pratt (N) und Light St. (W) begrenzt. Rings um das Hafenbecken reihen sich Einkaufszentren, Cafés, Restaurants, Hotels, das Convention Center und einige Attraktionen und Museen auf. Hier ist dank Straßenmusikanten oder Open-Air-Konzerten immer etwas los. Wassertaxis verkehren und Boote starten zu Hafenrundfahrten.

Zunächst lohnt der „Aufstieg" zum **Federal Hill** am Südufer des Inner Harbor. Von hier hat man einen schönen Überblick über die Stadt. Das **American Visionary Art Museum (AVAM)** (**1**) ist kein gewöhnliches Kunstmuseum. Es fällt allein schon wegen des Baus und der ungewöhnlichen Gestaltung ins Auge. Innen findet sich höchst fantasievolle Kunst (*fantastic art*) in Dauer- und Wechselausstellungen

– lustig, skurril, verrückt, autodidaktisch, hochqualitativ oder zusammengebastelt, aber immer sehenswert.
American Visionary Art Museum (AVAM), *800 Key Hwy., www.avam.org, Mi–So 10–17 Uhr, $ 15,95, mit Café und Shop.*

Nur wenige Schritte von *AVAM* und Federal Hill entfernt, befindet sich auch am Hafenbecken gelegen eine der Hauptsehenswürdigkeiten der Stadt: das **Maryland Science Center** (**2**). In diesem naturwissenschaftlichen Museum mit IMAX-Kino und Planetarium sind die Dinosaurier-Halle und die neue Chesapeake-Bay-Abteilung besonders sehenswert. Zum Komplex gehören ferner das **Davis Planetarium** und das **National Visitors' Center for the Hubble Space Telescope**.
Maryland Science Center, *601 Light St., www.mdsci.org, Di–Fr 10–16, Sa/So 10–17 Uhr, $ 26,95, $ 31,95 mit Sonderausstellungen und IMAX.*

Ein Stück weiter, vorbei am Infozentrum und am Einkaufszentrum **Harborplace** (**3**), liegen die Boote des **Baltimore Maritime Museum** (**4**) vor Anker. An Pier 1 kann man das 1854 vom Stapel gelaufene Segelkriegschiff „USS Constellation" und den kleinen Museumsbau besichtigen. Außerdem an Pier 3 das *U-Boot USS Torsk* und das Lightship *116 Chesapeake* (Pier 3) sowie das Küstenwachschiff *USCGC Taney* und das *Seven-Foot Knoll Lighthouse* an Pier 5. Der gesamte Inner Harbor steht als **National Historic Seaport of Baltimore** unter Denkmalschutz. Bei schönem Wetter lohnt anschließend die Fahrt auf den benachbarten **Top of the World Observation Level** (**5**) im 27. Stock des World Trade Center, erbaut von dem Stararchitekten I. M. Pei.

Toller Blick aus dem 27. Stock

Baltimore Maritime Museum, *301 Pratt St., Piers 1, 3 & 5 Inner Harbor, https://historicships.org, tgl. 10– mind. 16.30 Uhr, $ 19,95.*
Top of the World Observation Level, *401 E. Pratt St., www.viewbaltimore.org, Mo–Do 10–18, Fr/Sa 10–19, So 11–18 Uhr, in NS Mo/Di geschl., $ 8.*
Nur Schritte neben dem WTC liegt auf einem Pier das National Aquarium (**6**). Im Zentrum steht ein mehrstöckiges Salzwasserbecken (Atlantic Coral Reef & Open Ocean). Dazu gibt es riesige, mit Pflanzen und Tieren hinter Glas über verschiedene Ebenen gestaltete Abteilungen wie den Tropical Rain Forest oder den Animal Planet Australia.
National Aquarium Baltimore, *Pier 3/4, 501 E. Pratt St., https://aqua.org, Mo–Do 9–17, Fr/Sa bis 20, So 9–18 Uhr, $ 49,95.*

In das **Power Plant** (**7**), ein ehemaliges Kraftwerk an Pier 5, sind Cafés und Läden eingezogen. Nebenan im **Pier Six Concert Pavilion** finden im Sommer verschiedenste Veranstaltungen statt. Im ehemaligen **Baltimore Fishmarket Building** ein Stück nördlich lädt mit dem **Port Discovery Children's Museum** (**8**) eines der besten Kindermuseen der USA zum Besuch ein.
Port Discovery Children's Museum, *35 Market Place, www.portdiscovery.org, Öffnungszeiten variieren mind. 10/11–17 Uhr, $ 23,95.*

Östlich davon liegt das **Reginald F. Lewis Museum of Maryland African American History & Culture** (**9**). Das Museum befasst sich sich mit der Geschichte und dem Erbe Amerikaner afrikanischer Herkunft über die letzten 350 Jahre. Hier wird deutlich, warum Baltimore stolz auf seine afro-amerikanischen

Geschichte der Afro-Amerikaner

Wurzeln ist. Daneben lohnt ein Blick ins **Star-Spangled Banner Flag House**, das sich der Auseinandersetzung zwischen Briten und USA während des „*War of 1812*“ und der Produktion der Nationalflagge widmet.

Reginald F. Lewis Museum of Maryland African American History & Culture, *830 E. Pratt St., www.lewismuseum.org, Mo, Do–Sa 10–17, So 12–17 Uhr, $ 12; mit Kino, Shop, Café und Archiv.*

Star-Spangled Banner Flag House, *844 E. Pratt St., www.flaghouse.org, Di–Fr 10–15, Sa 10–16 Uhr, $ 9.*

Phoenix Shot Tower und Carroll Museum

Markantes Wahrzeichen der Stadt an der Ecke Fayette/Front St., nahe Inner Harbor, bereits in Historic Jonestown gelegen, ist der **Phoenix Shot Tower** (**10**). 1782 hatte ein Engländer namens William Watts den Herstellungsprozess von Bleikugeln rationalisiert, indem er geschmolzenes Blei durch ein Sieb ins Innere eines hohen Ziegelturmes goss. Abgekühlt wurden daraus die Tropfen zu perfekt geformten Kugeln. Im Schatten des Turms steht das Haus von Charles Carroll, einem der Unterzeichner der Unabhängigkeitserklärung, mit dem **Carroll Museum**, das über die frühe Geschichte der Stadt informiert.

Carroll Museum – *bestehend aus* **Phoenix Shot Tower**, *801 E. Fayette St., Sa/So 10–12 Uhr frei zugänglich, 16 Uhr Tour ab Carroll Mansion;* **Carroll Mansion**, *800 E. Lombard St., www.carrollmuseums.org, Sa/So 12–16 Uhr, $ 5 stündl. Touren.*

Unterwegs nach Fell's Point

Historisches Hafenviertel

Das sich an den Inner Harbor östlich anschließende **Fell's Point** (*www.fellspoint.us*) gilt als eines der ältesten Viertel Baltimores. Die alten Pflasterstraßen des ehemaligen Hafenviertels, das um 1730 entstanden war, rahmen Gebäude aus dem 18. Jh. ein, in die inzwischen sind Pubs, Galerien und Kneipen eingezogen sind. Fell's Point repräsentiert das vibrierende, junge Baltimore, das Völkchen bunt, die Kulisse vielseitig, mit ausgefallenen Shops, Pubs und Kneipen. **Upper Fell's Point** ist eher ein Wohngebiet mit Community Gardens und Murals.

Zwischen Hafen und Fell's Point befindet sich im Bereich der Fawn St. **Little Italy** (*www.littleitalymd.com*). Das Viertel ist für seine italienische Gastronomie bekannt. Südlich angrenzend hat sich als boomendes Viertel am Hafen **Harbor East** (*www.harboreast.com*) entwickelt, mit teuren Wohnungen, Läden und Lokalen.

Camden Yards, City Center und Mount Vernon

Nördlich an den Inner Harbor schließt sich Downtown Baltimore an, mit der **Historic Charles Street** (**11**) als Hauptachse. Hier reihen sich Geschäfte, Restaurants, Galerien, Museen und Kirchen aneinander. Südwestlich liegen die beiden riesigen Sportstadien der Stadt: **Oriole Park at Camden Yards** (**12**) – die Heimat der Profibaseballer *Baltimore Orioles* – und das Stadion der American Footballer *Baltimore Ravens*, das **M&T Bank Stadium**.

Babe Ruth Birthplace (**13**), das Haus, in dem Babe Ruth geboren wurde, würdigt einen der berühmtesten Baseballspieler aller Zeiten anhand von Fotos und Memorabilien sowie Videos.

An der Pratt St. befindet sich westlich davon im ehemaligen Roundhouse, der Mount Clare Station, das **B&O Railroad Museum** (**14**). Beeindruckend ist nicht nur das Gebäude selbst, sondern v. a. die zahlreichen Loks und Wagen in Topzustand. Dazu geht es in den Ausstellungen um die Geschichte der amerikanischen Eisenbahn im Allgemeinen und speziell zur Baltimore & Ohio RR (1827–1987).
Babe Ruth Birthplace & Museum, *216 Emory St., https://baberuthmuseum.org, tgl. 10–16 Uhr, an Spieltagen bis 19 Uhr, Nov.–März Mo geschl., $ 13.*
B&O Railroad Museum, *901 W. Pratt St., www.borail.org, Mo–Sa 10–16 Uhr, $ 20.*

Die **City Hall** (*100 N. Holliday St.*) (**15**) mit ihrer mächtigen Kuppel markiert das Stadtzentrum. Ein Stück weiter, bereits in Mount Vernon, erhebt sich an der Ecke Cathedral/W. Mulberry St. die **Basilica of the Assumption** (**16**), die erste katholische Kirche der USA, erbaut nach Plänen von Benjamin Henry Latrobe, der u. a. für das United States Capitol in Washington verantwortlich zeichnet.

Bunter Markt

Ein Stück weiter westlich bereits im afro-amerikanischen Stadtteil **Westside**, der touristisch sonst wenig zu bieten hat, befindet sich seit 1782 der **Lexington Market** (**17**) (*https://lexingtonmarket.com, 112 N. Eutaw St., tgl. außer So. 6/7–17/18 Uhr*): rund 140 Marktstände unter einem Dach, günstige Imbissgelegenheiten und Lebensmittel aller Art. 2023 wurde er renoviert und noch attraktiver.

Das **Washington Monument** (**18**) (*N. Charles St./Mount Vernon Pl.*) markiert das Stadtviertel **Mount Vernon**. Über 228 Stufen gelangt man zur Spitze der rund 60 m hohen Säule. Sie ist damit niedriger als ihr 169 m hohes Pendant in Washington D.C., das vom selben Erbauer, Robert Mills, stammt. Allerdings wurde das Denkmal in Baltimore früher, nämlich schon 1815, gebaut.

Die **Walters Art Gallery** (**19**) genießt unter Kunsthistorikern und Archäologen den Ruf eines der renommiertesten Museen der USA und ist für spektakuläre Wechselausstellungen bekannt. Auf fünf Stockwerken umfasst es über 20.000 Exponate, darunter Werke der Ur- und Frühgeschichte (Ägypten, Griechen, Römer, Byzantiner u. a.), des Mittelalters, der Renaissance und des Barock. Außerdem gibt es asiatische Kunst, französische Gemälde des 19. Jh. und moderne Kunst des 20. Jh.
Walters Art Gallery, *600 N. Charles St., https://thewalters.org, Mi–So 10–17, Do 13–20 Uhr, Eintritt frei, mit Café und Shop.*

Denkmal für den berühmten Sohn der Stadt: Babe Ruth

Zwei Blöcke westlich davon steht das Gebäude der **Maryland Historical Society** (**20**) mit dem *Carey Center for Maryland Life* sowie einer Gemäldegalerie mit Bildern von Maryland im Laufe der Jahrhunderte. Dazu sind Kunsthandwerk, Möbel und historische Dinge zu sehen.
Maryland Historical Society Museum, *201 W. Monument St., Zugang 610 Park Ave., www.mdhistory.org, Mi–So 10–17 Uhr, Do bis 20 Uhr, $ 19.*

An der nördlich gelegenen Antique Row informiert das **Eubie Blake Cultural Center** (**21**) auf vier Etagen nicht nur über den großen Jazzpianisten Eubie Blake, sondern auch über andere Jazzlegenden der Stadt wie Billie Holiday oder Chick Webb.
Eubie Blake Cultural Center, *847 N. Howard St., www.eubieblake.org, siehe Website zu Besuch und Veranstaltungen.*

Weitere Attraktionen in Baltimore

Die im Norden gelegene **Johns Hopkins University** (**22**) wurde 1876 gegründet und ist Heimat von über 6.000 Studenten. Sie liegt im Viertel Charles Village um die Charles St. Am Südrand des Campus befindet sich das aufgrund seiner modernen Kunstsammlung berühmte **Baltimore Museum of Art** (**23**) mit Werken von Matisse, Picasso, Monet, van Gogh, Cézanne u. a. großen Künstlern.

Westlich des Campus schließt die grüne Lunge der Stadt an, der **Druid Hill Park & Lake** (**24**) mit Zoo und Botanischem Garten. Zwischen Park und Uni erstreckt sich das Viertel **Hampden** (**25**) mit kleinen Läden und Lokalen um die Kreuzung W. 36th St./Chestnut Ave. Die 34th St. ist berühmt geworden durch die aufwendige Dekoration in der Vorweihnachtszeit.
Baltimore Museum of Art, *10 Art Museum Dr., https://artbma.org, Mi–So 10–17 Uhr, Do bis 21 Uhr, Eintritt frei außer Sonderausstellungen. Zugehöriger Sculpture Garden.*
Maryland Zoo, *Beachwood Dr./Druid Hill Park, www.marylandzoo.org, tgl. 10–16 Uhr, $ 24.*

Entscheidungsort des „War of 1812"

Das im Süden der Stadt, direkt an der Hafeneinfahrt gelegene **Fort McHenry** (**26**) gehört zu den historischen Schätzen der USA. 1798 erbaut, widerstand das Fort im „*War of 1812*" unter dem Kommando von Major George Armistead dem 25-stündige Bombardement der britischen Flotte am 13. und 14. September 1814. Zuvor hatten die Briten schon die Hauptstadt Washington zerstört. Nun sollte die Einnahme von Baltimore den Krieg zugunsten der Briten beenden. Doch diese konnten weder das Fort noch die Stadt einnehmen und zogen wieder ab. So entschied sich hier der Krieg und Ende Dezember kam es zum Friedensschluss.

Das Fort ging aber auch aus einem anderen Grund in die Geschichtsbücher ein: Die während der Beschießung über dem Fort wehende Flagge – sie befindet sich im National Museum of American History in Washington D.C. – wurde vor Ort von Mary Young Pickersgill angefertigt und inspirierte Francis Scott Key zum Gedicht „**The Star-Spangled Banner**", dem Text der heutigen Nationalhymne.
Fort McHenry NM, *2400 E. Fort Ave., www.nps.gov/fomc, Gelände und VC tgl. 9–17 Uhr, $ 15.*

Reisepraktische Informationen Baltimore/MD

Information

Baltimore VC *(BACVA), 401 Light St., https://baltimore.org, Di–So 10–15 Uhr; großes VC direkt am Inner Harbor, Broschüren, Auskünfte, Ticketverkauf u. a.*
Capital Region, dt. Vertretung s. Washington D.C., S. 406.

Unterkunft

Admiral Fell Inn (3) $$$, *888 S. Broadway, ☏ (410) 522-7377, www.admiralfell.com; renoviertes historisches Hotel an der Waterfront mit gemütlich ausgestatteten Zimmern und Ausblick.*
Fairfield Inn & Suites Baltimore Inner Harbor (1) $$$, *101 President St., ☏ (410) 837-9900, www.marriott.de; das erste „grüne“ Hotel der Stadt liegt günstig und bietet Zimmer mit allem Komfort.*
The Inn at Henderson's Wharf (4) $$$–$$$$, *1000 Fells St., ☏ (410) 522-7777, www.hendersonswharf.com; 38 schöne Zimmer in denkmalgeschütztem Haus mit Garten, inkl. Frühstück.*
Renaissance Harborplace Hotel (2) $$$$, *202 E. Pratt St., ☏ (410) 547-1200, www.marriott.de; direkt am Inner Harbor gelegenes Hotel mit neu renovierten, geräumigen und modern ausgestatteten Zimmern; von den Südzimmern Blick auf den Hafen.*

Restaurants

Das Viertel **Fell's Point** *ist bekannt für Dining und Nightlife, Antiquitätenshops und Boutiquen. Um die blühende Bierszene der Stadt kennenzulernen, bietet sich eine* **City Brew Tour** *(www.citybrewtours.com/baltimore) an.*
Ein Unikat unter den Brewpubs ist das **Ministry of Brewing** *(4) (1900 E. Lombard St., https://ministryofbrewing.com). Die Brauerei mit Bar befindet sich in der ehemaligen St. Michael's Church, 1851 im einstigen deutschen Viertel von Baltimore erbaut. Einst heruntergekommen, wurde sie 2020 umfunktioniert und so vor dem Verfall gerettet.*
The Black Olive (3), *814 S. Bond St., ☏ (410) 276-7141; mediterrane Küche mit Schwerpunkt griechische Spezialitäten, frischer Fisch und organische Produkte.*
The Abbey Burger Bistro (2), *1041 Marshall St.; in Federal Hill gelegen – hier gibt's die besten Burger der Stadt, Filiale in Fell's Point (811 S. Broadway).*
Miss Shirley's Café (1), *750 E. Pratt St.; nur bis nachmittags geöffnet, ideal zum Frühstück (große Auswahl!) oder Mittagessen, üppige, groß proportionierte Gerichte mit Südstaaten-Touch und Baltimore-Twist.*

Einkaufen

Harborplace & The Gallery at Harborplace, *200 E. Pratt St., www.harborplace.com; u. a. viele Restaurants wie Five Guy's Burgers oder Lenny's Deli, dazu ca. 100 Shops und Verkaufsstände sowie Food Court. Ein Teil des Einkaufszentrums liegt direkt am Inner Harbor, der andere jenseits der Pratt St.*
Lexington Market, *400 W. Lexington St., www.lexingtonmarket.com; großer Marktbau mit vielen Imbissständen (Seafood und Südstaatenküche); das Viertel ist abends nicht unbedingt empfehlenswert!*

Unterhaltung/Veranstaltungen

Veranstaltungskalender s. https://baltimore.org/events, z. B. **Free Fall Baltimore**

(www.freefallbaltimore.org) mit Ausstellungen, Workshops und Ausstellungen oder **Fell's Point Fun Festival** *(Anf. Okt., www.fellspointfest.com).*
Power Plant Live!, *601 E. Pratt St., Pier 4, www.powerplantlive.com; Entertainment-Komplex gegenüber des historischen Kraftwerks mit Restaurants und Bars. Gratiskonzerte auf der Plaza Mai–Okt.*

Zuschauersport
Baltimore Ravens *(Am. Football – NFL), Spiele im zentral gelegenen M&T Bank Stadium, www.baltimoreravens.com.*
Baltimore Orioles *(Baseball – MLB), Spiele im Oriole Park at Camden Yards, www.mlb.com/orioles.*

Verkehrsmittel

Flughafen
Baltimore-Washington International Airport *(BWI), s. „Reisepraktische Tipps Washington D.C." bzw. www.bwiairport.com.*

Eisenbahn
Baltimore liegt an der Hauptbahnstrecke zwischen Washington und New York. Hauptbahnhof (Amtrak) ist die **Baltimore Penn Station** *(1500 N. Charles St.), am nördlichen Innenstadtrand (kostenloser Circulatur-Bus Richtung Inner Harbor).*

Nahverkehr
Ideal für Besucher sind die vier kostenlosen Buslinien des **Charm City Circulator**:
Purple Line *zwischen Penn Station und Federal Hill (Charles/Light St.);*
Orange Line *zwischen Westside und Little Italy (Pratt/ Lombard St.);*
Green Line *zwischen City Center und Fell's Point und*
Banner Route, *verbindet den Inner Harbor mit Fort McHenry.*
Der **Harbor Connector** *stellt die Verbindung auf dem Wasser von Harbor East zu Harbor View (Federal Hill) bzw. zwischen Maritime Park, Tide Point und Canton Waterfront Park her.*
Circulator: *https://transportation.baltimorecity.gov/charm-city-circulator, kostenlos, Mo–Do 7–20, Fr 7–24, Sa 9–24, So 9–20 Uhr.*
Mass Transit Administration *(MTA): https://mta.maryland.gov; die Metrolinie quert die Stadt von W nach O, Light Rail (Straßenbahn) fährt in N-S-Richtung; Einzelticket $ 2, Day Pass $ 4,60; außerdem Busse.*
Baltimore Water Taxi: *www.baltimorewatertaxi.com, drei Routen: Downtown Loop, Local Line und im Sommer Fort McHenry Line, Tageskarte $ 20.*

Annapolis und die Chesapeake Bay

Der Hwy. 2 führt über Glen Burnie nach **Annapolis**, etwa auf halbem Weg zwischen Baltimore und Washington (je ca. 50 km) gelegen und **Hauptstadt des Bundesstaats Maryland**. Der *Old Line State*, der 1788 der Union beitrat, wurde nach Henriette Maria, der Gemahlin Charles' I. von England, benannt.

Annapolis ist eine gemütliche Stadt, mit hübsch restaurierten historischen Häuschen von der Kolonialzeit bis ins 20. Jh. in verschiedensten architektonischen Stilen, verteilt auf enge, verwinkelte Gässchen, erinnert fast ein wenig an New England. Der **malerische Hafen** liegt an der *Severn River Bay*, die in die **Chesapeake Bay** übergeht. Diese geografische Lage hat Annapolis zur „Segelhauptstadt Amerikas" gemacht. Alljährlich Anfang Oktober findet die **US Sailboat Show** (*https://annapolisboatshows.com/sailboat-show*) statt, die größte Segelschiff-Ausstellung der Welt. Die Stadt ist Sitz der berühmten **U.S. Naval Academy** und ist zudem eine der traditionsreichsten Städte an der amerikanischen Ostküste.

Segelhauptstadt Amerikas

Die Hauptstadt wurde **1649 als „Providence" gegründet** und dann nach der Frau von Cecilius Calvert, dem zweiten Lord of Baltimore, der die ersten Siedler dieser Gegend mit Geld unterstützte, „Anne Arundel Town" genannt. Im Jahr 1694 erhielt der Ort seinen heutigen Namen von Prinzessin Anne, der späteren Königin von England. Ein Jahr später begann man mit der Anlage eines Straßennetzes, das noch heute durch Church und State Circle bestimmt wird. Von dort aus gehen die Straßen radial aus.

Wirtschaftlichen Aufschwung erfuhr Annapolis zwischen 1750 und 1790 als **Umschlagplatz für Tabak**. Es entwickelte sich damals zum wirtschaftlichen, sozialen und politischen Zentrum von Maryland. Die erste Bibliothek und das erste Theater in den Kolonien, die erste öffentliche Schule und das St. John's College entstanden. Zwischen November 1783 und August 1784 war Annapolis **die erste Hauptstadt der USA** zu Friedenszeiten und **Ort der Unterzeichnung des Friedens von Paris**, der offiziellen Bestätigung der Unabhängigkeit der 13 amerikanischen Kolonien.

Sehenswürdigkeiten in Annapolis

Das **Maryland State House** erhebt sich auf einer Anhöhe im Stadtzentrum und ist von einem ansehnlichen Altstadtviertel umgeben. Der älteste Regierungssitz der USA, der bis heute in Funktion ist, wurde 1772 bis 1779 erbaut und fungierte von November 1783 bis August 1784 als Kapitol. Heute ist das *State House* Sitz der Regierung von Maryland und steht der Öffentlichkeit zur Besichtigung offen. Sehenswert sind *The Old Senate Chamber*, wo 1783/84 der Kongress tagte und der *Treaty of Paris* am 17. Januar 1784 ratifiziert wurde.

Hübsches Altstadtviertel

Maryland State House, *State Circle, https://msa.maryland.gov/msa/mdstatehouse/html/home.html, tgl. 8.30–17, Eintritt frei, auch Touren.*

Der Campus der **U.S. Naval Academy** (*1845) ist nach West Point (1802) die zweitälteste der fünf staatlichen Militär-Hochschulen und wird als „Yard" bezeichnet. „*Welcome on board*" heißt der standesgemäße Gruß unter Kadetten und Offiziersanwärtern, die diese 1845 von George Bancroft gegründete Marineschule auf dem Gelände von *Fort Severn* (1845) besuchen. Gut 4.500 junge Männer und Frauen – „*midshipmen*" genannt – durchlaufen jeweils die vierjährige Ausbildung an der Eliteschule. Ein Rundgang über das Gelände lohnt, besonders sehenswert ist die Naval Academy Chapel (eher eine Kathedrale!), die Captains' Row und die riesige Bancroft Hall (Studentenwohnheim).

U.S. Naval Academy, *Zugang: Gate 1, King George/Randall St., tgl. 9–16/17 Uhr, www.usna.edu/visit, frei; Ausweiskontrolle, Zugang nur zu Fuß. Im* **Armel-Leftwich**

VC *gibt es eine Ausstellung, Filmvorführung, Gift Shop und Snackbar, außerdem stündl. Führungen (Gebühr) sowie Paradeaufmärsche.*

Die *Historic Annapolis Foundation* verwaltet nicht nur das **Historic Annapolis Museum**, sondern auch mehrere historische Häuser wie das **Waterfront Warehouse** und das **Shiplap House** (nicht zu besichtigen). Das **William Paca House & Garden** ist das wohl sehenswerteste Gebäude, 1764/65 im *Georgian Style* erbaut. Der Unterzeichner der Unabhängigkeitserklärung und spätere Gouverneur von Maryland, William Paca, legte Wert auf einen formal angelegten Garten mit kleinen Bächen, einer chinesischen Brücke und Terrassen.
Ebenfalls einen Besuch wert ist das ab 1774 erbaute **Hammond-Harwood House**, v. a. aufgrund seiner Sammlung von dekorativer Kunst und Bildern.
Historic Annapolis Museum, *99 Main St., www.annapolis.org, Fr–Di 10–16 Uhr, $ 5.*
William Paca House&Garden, *186 Prince George St., www.annapolis.org, Ende März–Dez. Mo–Sa 10–17, So 12–17 Uhr, Haus und Garten $ 12.*
Hammond-Harwood House, *19 Maryland Ave., www.hammondharwoodhouse.org, April–Dez. Mi–Mo 12–17 Uhr, Tour $ 12, Architektur-Tour $ 20.*

Reisepraktische Informationen Annapolis/MD

Information

Annapolis and Anne Arundel County CVB, *26 West St., www.visitannapolis.org.*

Unterkunft

Loews Annapolis Hotel $$$$, *126 West St., ☏ (410) 263-7777, www.loewshotels.com/annapolis; modernes Hotel etwas außerhalb des historischen Stadtkerns mit über 200 Zimmern.*
Historic Inns of Annapolis $$$–$$$$$, *58 State Circle, ☏ (410) 263-2641, www.historicinnsofannapolis.com; nach jahrelangen Bemühungen eines lokalen Unternehmers um die Rettung historischer Gebäude in der Innenstadt, stehen diese nun Gästen zur Verfügung. 128 verschiedene Zimmer, z. B. im* **Maryland Inn $$$$$** *(16 Church Circle) von 1776, mit dem erstklassigen Restaurant „Treaty of Paris"; im* **Governor Calvert House $$$$** *(58 State Circle) oder im* **Robert Johnson House $$$** *(23 State Circle) aus dem Jahr 1765, gegenüber des Maryland State House.*

Restaurants

Carrol's Creek, *410 Severn Ave. (Eastport), ☏ (410) 263-8102; am Hafen gelegenes bekanntes Fischlokal.*
Middleton Tavern, *2 Market Space, City Dock, ☏ (410) 263-3323; in einem 1750 erbauten Haus mit Blick auf den Hafen, v. a. für Fischgerichte und Meeresfrüchte bekannt.*

Alternativroute nach Virginia Beach

Von Annapolis aus könnte man auch direkt zur Küste bei Virginia Beach (Route s. S. 479) bzw. Colonial Virginia (s. S. 472) fahren. Der US Hwy. 50 führt dabei über die William Preston Lane Jr. Memorial Bay Bridge auf die **Delmarva Peninsula** (Delaware/Maryland/Virginia teilen sich die Halbinsel), eine etwa 275 km lange und 20 bis 115 km breite Halbinsel zwischen Chesapeake Bay und Atlantik. Über Cambridge/MD erreicht man Salisbury und folgt dem US Hwy. 13 südwärts. Der Chesapeake Bay Bridge-Tunnel ist mit 37 km Länge eine der beeindruckendsten und längsten Brücken-Tunnel-Bauten der Welt. Wieder auf dem Festland geht es westlich nach Norfolk, östlich nach Virginia Beach (insgesamt ca. 230 mi/370 km).

Bei Durchquerung der Eastern Shore, wie dieser Teil Marylands genannt wird, sollte man im Hafenstädtchen Cambridge Station machen. Die Region ist Heimat von **Harriet Tubman**. Sie kam 1822 hier als Sklavin zur Welt, wuchs hier auf und floh 1849 über Delaware nach Philadelphia in die Freiheit. Bis zu ihrem Tod 1913 setzte sie sich für den Freiheitskampf der Afroamerikaner ein, wurde zu einer der bedeutendsten Kräfte der sog. Underground Railroad und half rund 70 Sklaven bei der Flucht. Die Underground RR war ein loses Netzwerk von Stationen, an denen Menschen Sklaven auf der Flucht in den Norden bzw. nach Kanada unterstützten. Auch nach dem Bürgerkrieg, an dem sie auf Seiten der Unionstruppen als Krankenschwester und Informantin teilnahm, setzte sie sich für die Belange schwarzer Menschen ein. Das **Harriet Tubman Underground Railraod State Park & VC** (*Di–So 10–16 Uhr, 4068 Golden Hill Rd., Church Creek/MD*), südlich von Cambridge, führt Besucher eindrucksvoll in Tubmans Leben und Lebenswerk ein, dazu in die Geschichte und Bedeutung der Underground Railroad. Wer Zeit hat, sollte unbedingt den Spuren Tubmans und der Underground RR auf einigen Stationen der gut ausgeschilderten Harriet Tubman Bayways durch die Eastern Shore folgen.

Von Annapolis führt der Hwy. 50 – oder die idyllischere Nebenstrecke 450 – etwa 50 km nach Westen und damit direkt in die US-Hauptstadt Washington D.C.

Hinweis zur Route

Infos

- https://visitdorchester.org
- https://harriettubmanbyway.org
- www.nps.gov/hatu
- www.nps.gov/subjects/undergroundrailroad

Lesetipp: Colson Whitehead, The Underground Railroad (2016, dtsch. 2017)

7. US-HAUPTSTADT WASHINGTON D.C.

Die US-Hauptstadt **Washington D.C.** mit ihren knapp 670.000 Einwohnern (6,4 Mio. im Großraum), wovon rund 40% Afro-Amerikaner sind, ist Schaltzentrale der Weltpolitik, einzigartiges Kulturzentrum und Heimat der modernen Demokratie. „**D.C.**", wie man die Hauptstadt kurz nennt, ist keine typisch amerikanische Stadt: Es gibt keine Hochhäuser – Bauten mit mehr als 13 Etagen sind untersagt –, sondern stattdessen eine Menge funktionaler Verwaltungs- und Bürogebäude. Teils repräsentative Bauten im historisch-klassizistischen Stil, teils modern und architektonisch wenig aufregend. Ungewöhnlich in D.C. sind die ausgedehnten Grünflächen, die breiten Alleen und die Ballung von Museen und Monumenten rings um eine Rasenfläche der „**National Mall**".

Keine Wolkenkratzer

 Hinweis

Das **Nahverkehrssystem** ist hervorragend ausgebaut. Mit Metro und Bussen (s. „Reisepraktische Informationen") kommt man schnell und gut durch die Stadt. Wer auf der Durchreise ist, sollte das Auto auf dem **Hotelparkplatz** stehenlassen, zumal Staus auf der Tagesordnung stehen, Parken in der Innenstadt schwierig und Parkhäuser teuer sind.

Washington ist verwaltungstechnisch ein **Unikum**, denn Stadt und Bundesbezirk, **District of Columbia**, sind identisch. Erst seit 1964 dürfen die bis dahin einem Sonderstatus unterliegenden Bewohner von D.C. an den Präsidentschaftswahlen teilnehmen, seit 1970 auch an den Kongresswahlen. Allerdings sitzt bis heute kein Vertreter der Stadt im Senat. Seit 1974 verfügt Washington über eine eigenständige Verwaltung mit einem Bürgermeister, der zusammen mit dem 13-köpfigen Stadtrat direkt gewählt wird.

Stadt und Bundesbezirk

Blick über Washingtons National Mall

Redaktionstipps

Sehens- und Erlebenswertes

- **Kapitol** (S. 398) und **Library of Congress** (S. 399) besichtigen, dazu aus der langen Museumsliste auswählen, z. B. das **National Museum of the American Indian** (S. 397) oder das **National Museum of American History** (S. 395). Neueren Datums sind das **NMAAHC**, das **African American Museum** (S. 396), das **Rubell Museum** (S. 400) und das **International Spy Museum** (S. 401)).
- Unter den Denkmälern beeindruckt das **Lincoln Memorial** (S. 392), vom **Washington Monument** (S. 394) bietet sich ein spektakulärer Ausblick, und der Weg um das Tidal Basin zum **Jefferson Memorial** (S. 393) ist idyllisch.

Shoppen, Essen & Unterhaltung

- Das Viertel **Adams Morgan** (S. 404) ist bekannt für zahlreiche internationale Läden und Restaurants sowie Nachtleben, ebenso der östlich davon gelegene **Shaw District/U Street** (9th–17th St. NW). Besonders entlang der 14th St. hier konzentriert sich das Leben.
- Up & coming sind zudem **H Street Corridor** östlich des Bahnhofs. Nördlich daran schließt sich **NoMA** (North of Massachusetts) an, mit dem **Union Market** als Zentrum.
- Durch **Capitol Hill** führt ein schöner Spaziergang zur **Barracks Row** (S. 400) und weiter zum **Navy Yard** und zur neuen **Wharf** (S. 400).
- Der Besuch eines Spiels der **Nationals** (Baseball, S. 408) oder der **Washington Wizards** (Basketball, S. 408) ist ein besonderes Erlebnis.
- Ein Imbiss in **Ben's Chili Bowl** (S. 407) oder Essen in einem der tollen neuen Restaurants an **The Wharf**, z. B. bei **Mia Vida**. Eine bunte kulinarische Vielfalt bieten auch **Eastern** und **Western Market**, beides Foodhalls (S. 400).

Unterkunft

- Zentral und elegant: das **Willard InterContinental Washington**; gut für Familien: **Embassy Suites by Hilton Washington DC Convention Center** (S. 407).

Das Staatsgebiet bildet ein Karree von rund 16 km Seitenlänge und 160 km² Fläche und wird von Maryland und Virginia umschlossen. Die Stadt liegt am Ostufer des **Potomac River**, der rund 30 km südöstlich in die Chesapeake Bay mündet. Als Industriestandort spielt die Stadt keine Rolle. Wohl aber sind Organisationen, Forschungsinstitute und Laboratorien, die im Auftrag der Regierung arbeiten, zahlreich vertreten. Außerdem gibt es hier eine große Rüstungsindustrie sowie zahlreiche Telekommunikationsfirmen. Daneben ist der Tourismus von großer wirtschaftlicher Bedeutung, wobei der Schwerpunkt auf nationaler Ebene liegt.

!!! Wichtig für die Reiseplanung

Je nach Interesse, Kondition, Zahl und Dauer der Museumsbesuche sind für die Besichtigung der Mall **mindestens zwei Tage** nötig. Berücksichtigt man die sonstigen Sehenswürdigkeiten, ist ein Aufenthalt von **drei Tagen** für Washington sinnvoll.

Historischer Überblick

Im Jahr der Unabhängigkeitserklärung, 1776, verfügten die 13 Unionsstaaten noch über keine permanente Hauptstadt. Man tagte einmal in Baltimore, einmal in Philadelphia, insgesamt an acht verschiedenen Orten. Als in Philadelphia 1783 die Truppen wegen ihres Solds meuterten, entschlossen sich die schutzlos ausgelieferten Kongressmitglieder, eine Hauptstadt zu gründen, die zentral zu den 13 Gründerstaaten liegen sollte. Washington war eine **Notlösung**, denn die Gründerväter der USA konnten sich auf keine Stadt einigen. George Washington höchstpersönlich wählte daraufhin ein Stück bis dato weitgehend unbesiedelten Lands am Potomac River aus, das man „*District of Columbia*" nannte. Maryland stellte dafür insgesamt 179 km², Virginia 80 km² zur Verfügung.

1791 beauftragte man den auf Seite der Revolutionstruppen kampfbewährten, aus Frankreich stammenden Offizier und gelernten Architekten **Pierre L'Enfant** mit der **Stadtplanung**. Er entwarf eine weitläufige Stadt für 100.000 Einwohner, obwohl um 1800 gerade einmal rund 3.000 Menschen in der neuen Hauptstadt lebten. Der Plan sah ein rechtwinkliges Straßennetz – ein Raster mit klar gekennzeichneten Straßen, eingeteilt in vier Quadranten – vor. Hauptachse, Prachtmeile und Aushängeschild sollte die 500 m breite Grand Avenue, vom Kapitol zum Potomac, genannt **The National Mall**, sein. Sie war ursprünglich als grüne Erholungsoase vorgesehen, allerdings kamen im Laufe der Zeit Museen und Monumente dazu. Zwischen Kapitol und Weißem Haus als Ankerpunkten entstand die **Pennsylvania Ave.**, eine von mehreren Diagonalstraßen, die nach den 13 Gründerstaaten benannt wurden.

Rechtwinkliges Straßennetz

Um 1800 standen die ersten Gebäude. Das **Weiße Haus** und das **Kongressgebäude** waren fertig, und im November 1800 konnte der Kongress erstmals tagen. Die Realisierung der Bauvorhaben schritt voran, bis 1814 die Briten die Hauptstadt im „*War of 1812*" zu großen Teilen niederbrannten. In den folgenden Jahren ging der Wiederaufbau nur zögerlich voran und löste sich immer stärker von den ursprünglichen Plänen. Als dann der Bundesstaat Virginia monierte, dass die Union den zur Verfügung gestellten Virginia-Teil vernachlässige, verzichtete der Kongress 1846 auf dieses Stück Land (heute Arlington/VA).

In den 1860er-Jahren erlebte die Stadt während des Bürgerkriegs dank der florierenden Rüstungsindustrie und als Armeestützpunkt einen neuerlichen Aufschwung. Nach Kriegsende zogen viele befreite Sklaven nach Washington, was den heute großen afro-amerikanischen Bevölkerungsanteil erklärt. Um 1900 erinnerte man sich wieder an die Originalpläne, realisierte Mall und Regierungsbereich wie vorgesehen und riss dafür eine quer über die geplante Mall verlaufende Eisenbahnlinie wieder ab.

1961 wurde mit der 23. Verfassungszufügung D.C. erlaubt, sich mit drei Stimmen an der Präsidentenwahl zu beteiligen. Zwölf Jahre später erhielt D.C. mit dem „*District of Columbia Home Rule Act*" das Stadtrecht, nachdem es vorher nur ein von Beamten verwalteter Federal District war. Unvergessen bleibt der August 1963: Mit dem „*March on Washington for Jobs and Freedom*" und der legendären Rede von Martin Luther King Jr. vor dem Lincoln Memorial erlebte die Bürgerrechtsbewegung ihren Zenit. Ein Tiefpunkt in der jüngsten Geschichte war hingegen der 9. September 2001: Während das World Trade Center von zwei Flugzeugen zerstört wurde, steuerten Terroristen ein Flugzeug ins Pentagon. Der Bau wurde beschädigt und neben 59 Menschen an Bord starben 125 Bedienstete.

„March on Washington"

Hinweis zur Orientierung

Die Nord-Süd-Achse Capitol Street und die Mall als Ost-West-Achse gliedern die Stadt in **vier Sektoren**: NW, NO, SO und SW – Bezeichnungen, die den Straßennamen als Zusatz beigefügt werden. Straßen in Ost-West-Richtung tragen Buchstaben, jene in Nord-Süd-Richtung sind von der Capitol St. aus durchnummeriert. Ferner gibt es diagonal verlaufende Avenues, benannt nach den 13 Gründerstaaten.

R Street
Wisconsin Avenue
R Street
35th Street
34th Street
33rd Street
31st Street
Q Street
P Street
O Street
O Street
GEORGETOWN
N Street
30th Street
29th Street
M Street
M Street
Sherid
Dupont Circle
Dupont Circle
P Street
Massachusett
Connecticut Avenue
N Street
New Hampshire Avenue
M Street
19th Street
18th Street
Farragu North
Pennsylvania Avenue
C & O Canal
Francis Scott Key Mem. Bridge
Whitehurst Freeway
Washington Circle
21th Street
K Street
Farragut West
H Street
FOGGY BOTTOM
Foggy Bottom-G.W.U.
H Street
Pennsylvania Avenue
G Street
F Street
THEODORE ROOSEVELT
Virginia Avenue
E Street
18th Street
Rosslyn
23rd Street
C Street
Theodore Roosevelt Bridge
Constitution Avenue
Reflecting Pool
Constitution Gardens
Arlington Memorial Bridge
Arlington National Cemetery
Arlington Cemetery
Jefferson Davis Highway
Potomac River
Tidal Bassin
N
U-Bahnstation
0
500 m
© igraphic
Hotel
1 Windsor Inn
2 Hay-Adams Hotel
3 Hotel Harrington
4 Embassy Suites
5 Phoenix Park Hotel
6 Willard InterContinent
7 Melrose Georgetown H

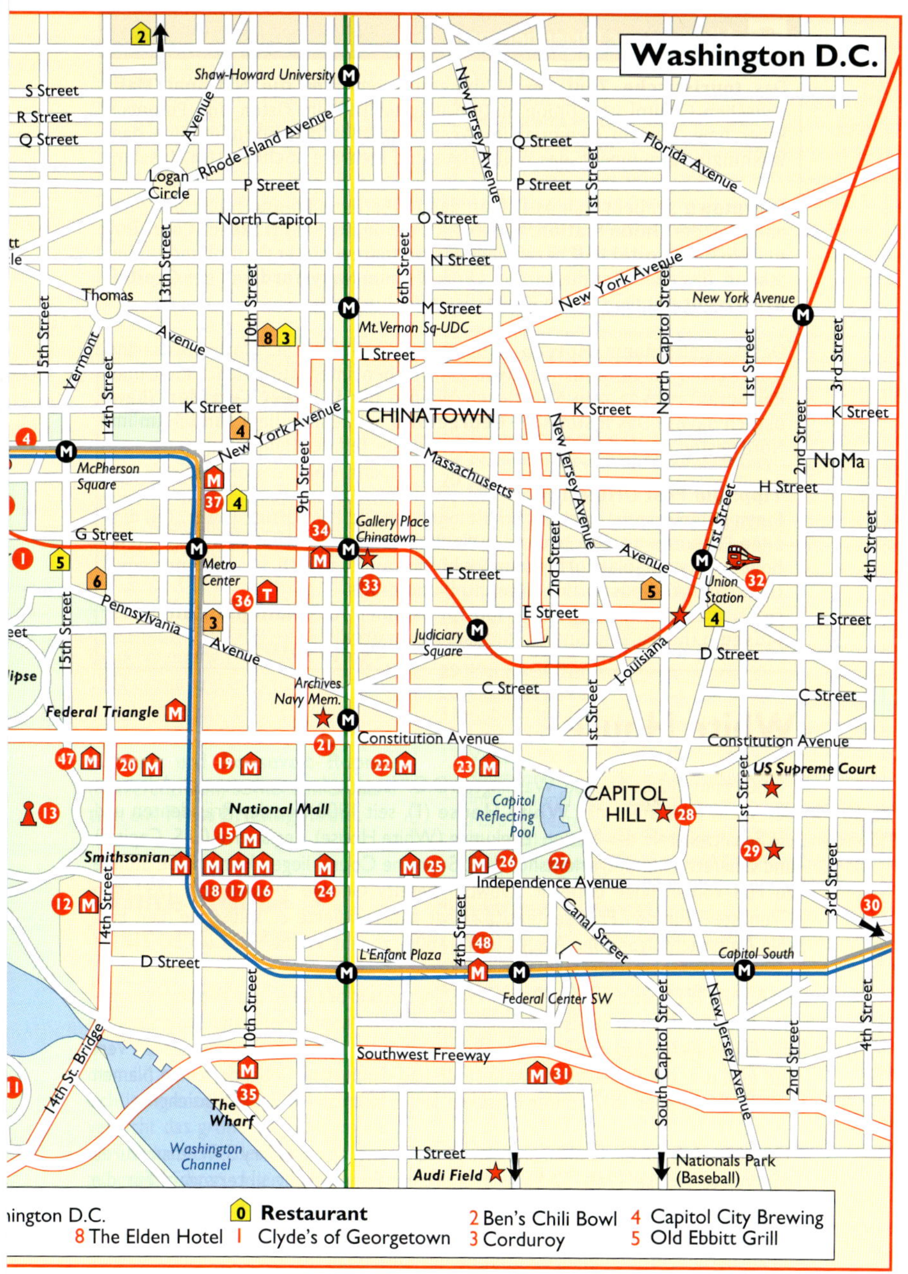
Washington D.C.
Shaw-Howard University
S Street
R Street
Q Street
Avenue
Rhode Island Avenue
Logan Circle
P Street
North Capitol
New Jersey Avenue
Q Street
P Street
O Street
N Street
1st Street
Florida Avenue
13th Street
10th Street
6th Street
Thomas
Avenue
15th Street
Vermont
14th Street
M Street
Mt. Vernon Sq-UDC
L Street
New York Avenue
New York Avenue
North Capitol Street
1st Street
3rd Street
K Street
New York Avenue
CHINATOWN
K Street
K Street
2nd Street
NoMa
H Street
McPherson Square
9th Street
Massachusetts
New Jersey Avenue
G Street
Gallery Place Chinatown
Metro Center
F Street
2nd Street
1st Street
Avenue
Union Station
4th Street
Pennsylvania
Avenue
15th Street
Judiciary Square
E Street
E Street
D Street
Louisiana
C Street
C Street
Federal Triangle
Archives Navy Mem.
Constitution Avenue
Constitution Avenue
1st Street
US Supreme Court
CAPITOL HILL
1st Street
National Mall
Capitol Reflecting Pool
Smithsonian
Independence Avenue
3rd Street
14th Street
Canal Street
4th Street
L'Enfant Plaza
D Street
Capitol South
Federal Center SW
10th Street
14th St. Bridge
South Capitol Street
New Jersey Avenue
2nd Street
4th Street
Southwest Freeway
The Wharf
Washington Channel
I Street
Audi Field
Nationals Park (Baseball)
ington D.C.
8 The Elden Hotel
0 Restaurant
1 Clyde's of Georgetown
2 Ben's Chili Bowl
3 Corduroy
4 Capitol City Brewing
5 Old Ebbitt Grill

Das Weiße Haus: seit 1800 der Amtssitz der US-Präsidenten

deren Familien. In Abteilungen wie „*White House as an Office*", „*White House as a Home*", „*Stage & Ceremony*" oder „*Events & Celebration*" werden der Alltag und die Abläufe im Präsidentensitz dargestellt. Anhand eines **großen Modells** mit interaktiven Monitoren kann man auf **virtuelle Tour** durch das Gebäude gehen. Im Film „White House: Reflections from Within" erzählen Präsidenten und ihre Familien über ihre Zeit im Weißen Haus. Auf dem dem VC vorgelagerten Pershing Square steht das **World War I Memorial.** Es soll 2024 mit der Skulpturengruppe „A Soldier's Journey" vollendet werden.
White House Visitor Pavilion, *1450 Pennsylvania Ave., 15th/E St. NW, www.nps.gov/whho/planyourvisit/hours.htm; an der NO-Ecke des White House, tgl. 7.30–16 Uhr, Eintritt frei, mit Shop (Bücher und Souvenirs).*
Infos zum Weißen Haus: *www.whitehouse.gov*

Um das White House

Statuen über Statuen

Nördlich an das Weiße Haus anschließend, jenseits der Pennsylvania Ave., liegt der parkähnliche **LaFayette Square** (**2**). In der Mitte steht das 1853 geschaffene Reiterdenkmal von Andrew Jackson, dem siebten Präsident der USA (1829–37). Er war 1815 erfolgreich aus der letzten großen Schlacht gegen die Engländer hervorgegangen. An den Platzecken erinnern vier Statuen an Europäer, die sich im Verlauf des Unabhängigkeitskriegs gegen England verdient gemacht haben: Friedrich Wilhelm von Steuben, 1730 in Magdeburg geboren, hatte unter George Washington in Valley Forge die Armee neu organisiert und war maßgeblich am Sieg gegen die Briten beteiligt. Er befehligte die Armee bei der großen Entscheidungsschlacht bei Yorktown (1781). Der Pole Tadeusz Kosciusko (1746–1817) verbesserte die Qualität der Ausbildung der Streitkräfte, während

Marquis de La Fayette (1757–1834) ab 1777 am Unabhängigkeitskampf der 13 Kolonien teilnahm. Er trug entscheidend zur Kapitulation der Briten bei Yorktown 1781 bei, galt als leidenschaftlicher Verfechter des Freiheitsgedankens und legte 1789 der französischen Nationalversammlung einen Entwurf zur Erklärung der Menschenrechte vor. Auch sein Landsmann Comte de Rochambeau war Truppenoberbefehlshaber und half ebenfalls im Oktober 1781 George Washington, die Briten bei Yorktown zu schlagen.

Kirche der Präsidenten

Das **Blair House** zwischen Jackson Place und 17th St. fungiert als offizielles Gästehaus für die Staatsgäste der US-Regierung. Beinahe ebenso gediegen kann der (betuchte) Normalsterbliche im **Hay-Adams Hotel** (**3**), 16th/H St. NW, gegenüber des White House, nächtigen. Gegenüber liegt die **St. John's Church** (**4**) aus dem Jahr 1815, die aufgrund ihrer Nähe zum Weißen Haus auch „Church of the Presidents" genannt wird. Ein Platz in Reihe 54 gehört dem jeweils amtierenden Staatsoberhaupt.

Umrundet man das Weiße Haus, blickt man auf dessen Südseite in den Garten und auf die **Ellipse**, ein großes Oval, das das White-House-Areal mit der National Mall verbindet und außerdem Aufstellungsort des „National Christmas Tree" ist.

Sehenswertes um die National Mall

Zwischen U.S. Capitol im Osten und Lincoln Monument im Westen erstreckt sich die **National Mall**. Schon Washingtons erster Stadtplaner, Pierre Charles L'Enfant, hatte eine parkähnliche „Grand Avenue" im Zentrum der neuen Hauptstadt vorgesehen. Allerdings sollte es bis zur Verschönerungskampagne „City Beautiful" um 1900 dauern, bis der heute als „National Mall" bekannte etwa 5 km lange und 500 m breite Grünstreifen zwischen U.S. Capitol und Lincoln Memorial angelegt wurde.

Prächtiges Memorial zu Ehren Präsident Abraham Lincolns

Zunächst sollte man den Westteil der Mall – *die Constitution Gardens*, mit dem *Reflecting Pool* – besichtigen. Hier erinnern mehrere **Denkmäler** an verschiedene Kriege sowie an vier der bedeutendsten Präsidenten. Der Rundgang führt vom Weißen Haus Richtung Lincoln Memorial, mit Abstechern zum Roosevelt Memorial und Jefferson-Denkmal und zurück zum Washington Monument. Der zweite Teil des Rundgangs führt in den östlichen Bereich der National Mall bis zum Kapitol, mit den **Smithsonian Museen**. Obwohl die einzelnen Denkmäler sich häufig in Sichtweite zueinander befinden, sollte man die Strecken nicht unterschätzen.

Memorials im Westteil

Im Westteil der Mall erinnern mehrere Memorials an den Zweiten Weltkrieg, an Vietnam- und Korea-Krieg, aber auch an die vier bedeutenden Präsidenten Abraham Lincoln, Franklin D. Roosevelt, Thomas Jefferson und George Washington sowie an Martin Luther King Jr. Aus dem Rahmen fällt das **Albert Einstein Memorial** (**5**) am Nordwestrand der Mall (*Constitution Ave./21st St.*), vor der Akademie der Wissenschaften. Die rund 2 m große Bronzefigur stammt von Robert Berks, der auch King, Hemingway, Kennedy und Lincoln nachgeformt hat.

Gegenüber liegt das 1982 errichtete **Vietnam Veterans Memorial** (**6**), ein schlichtes, aber eindrucksvolles Denkmal der Künstlerin Maya Lin. Schwarze Granitplatten bilden eine ca. 75 m lange, sanft geschwungene Linie und tragen über 58.000 Namen von im Krieg gefallenen oder vermissten US-Bürgern. Südlich davon sind zwei Skulpturengruppen zu sehen: eine mit drei Soldaten – einem Latino, einem Weißen und einem Afro-Amerikaner; eine zweite mit Frauenfiguren von Glenna Goodacre (1993), die an den Dienst von Frauen in der Armee erinnert.

„Tempel" für einen der größten Präsidenten

An prominenter Stelle, am Potomac River, genau auf einer Achse mit Washington Monument und Kapitol, steht, einem riesigen Tempel gleich, das **Lincoln Memorial** (**7**). 1867 geplant, begann der New Yorker Architekt Henry Bacon 1914 mit der Ausführung. Er orientierte sich am Athener Parthenon und verwendete eine Vielzahl unterschiedlicher amerikanischer Marmorsorten. Hinauf zum Bau führen 58 Stufen, symbolisch für Lincolns Alter. Die 36 gut 13 m hohen dorischen Säulen stehen für die 36 Bundesstaaten, die es zu Lincolns Zeit gab. Bei Vollendung des Baus im Jahr 1922 waren es bereits 48, und man entschloss sich, die Namen aller in die Treppenwangen einzuritzen. Die letzten beiden – Alaska und Hawaii – stehen auf einer Extraplatte am Fuß der Treppe. Bis 2026 soll unterhalb der Statue ein neues Museum eröffnen – rechtzeitig zum 250. Geburtstag der Freiheitserklärung!

Im Inneren sieht man das 6 m hohe und fast ebenso ausladende **Sitzbild von Abraham Lincoln** von Daniel Chester French (1850–1931) sowie eine kleine Ausstellung. Die Präsidentenstatue setzt sich aus insgesamt 28 nahtlos aneinandergefügten Blöcken weißen Tennessee-Marmors zusammen und wird gerahmt von Wandgemälden, die die Haupttugenden Freiheit, Gerechtigkeit, Einigkeit, Brüderlichkeit und Fürsorge zeigen. Auf zwei großen Steinplatten an der Wand sind Inschriften zu lesen: auf der linken Seite Lincolns berühmte Gettysburg Address von

1864, der Wendepunkt im amerikanischen Bürgerkrieg, und auf der rechten Seite Auszüge seiner Antrittsrede von 1865, als er zum zweiten Mal Präsident wurde.

1995 wurde das nur wenige Schritte südöstlich gelegene **Korean War Veterans Memorial** (**8**) eingeweiht. Das Zentrum der runden Anlage stehen 19 Bronze-Statuen, die auf Patrouille durch ein Minenfeld sind. Sie sind überraschend individuell gestaltet und spiegeln sich in einer Granitwand, die die Künstlerin Louise Nevelson (1899–1988) mit sandgestrahlten Kriegsszenen und den Namen der am Krieg beteiligten 22 UN-Nationen versehen hat.

Südöstlich des Korea Memorial wurde im Sommer 2011 als neuestes Denkmal das **Martin Luther King Jr. Memorial** (**9**) eingeweiht. In dem Park stehen Wasser, Stein und Bäume symbolisch für Gerechtigkeit, Demokratie und Hoffnung. Zentraler Punkt ist der rund 10 m hohe „Stone of Hope" mit dem Porträt Kings, geschaffen von dem chinesischen Künstler Lei Yixin. Neben dem „Path of Hope", der den Reflecting Pool und das Martin Luther King Jr. Memorial verbindet, wurde im Sommer 2023 das **U.S. Park Police Horse Stables & Education Center** neu eröffnet. Für die Stallungen und Büros der berittenen Park-Polizei entstand ein schlichter, nach neuesten ökologischen und energetischen Standards erbauter Komplex. Ein Teil der Einheit – und 14 Pferde – sind hier eingezogen. Es gibt eine eigene veterinärische Krankenstation und ein Besucherzentrum, in dem es Infos zur berittenen Polizei gibt, zur Geschichte und den Aufgaben dieser Spezialeinheit, zu Ausbildung und Pferden, aber auch zum NP Trust, einer Organisation, die Spenden für Projekte wie dieses sammelt.
U.S. Park Police Horse Stables & Education Center, *https://nationalmall.org/content/horse-stables, Zeiten s. Website.*

Roosevelts „Four Rooms"

Das King Memorial liegt direkt am **Tidal Basin**, einer Bucht des Potomac River. Hier befindet sich auch das 1997 erbaute **Franklin D. Roosevelt Memorial** (**10**), ein Konglomerat verschiedener Räume. Jeder der *Four Rooms* beschäftigt sich mit einer Präsidentschaftsperiode des insgesamt zwölf Jahre, von 1933–45, regierenden Franklin D. Roosevelt (1882–1945) und zeichnet sein Leben und Wirken nach.

Am Südufer der Bucht, jenseits des Tidal Basin, erhebt sich das **Jefferson Memorial** (**11**). Es steht in engem Bezug zum Weißen Haus und zum Lincoln Memorial und bildet eine Ecke eines zwischen diesen Punkten geschlagenen gleichschenkligen Dreiecks. Besonders attraktiv präsentiert sich das Ufer, wenn im Frühjahr die 650 Kirschbäume, ein Geschenk der Stadt Tokio von 1912, zartrosa blühen und dabei Ruderboote das Becken bevölkern.

Das weiße Marmormonument – auf den ersten Blick eine architektonische Mischung aus Athener Parthenon und römischem Pantheon – wurde am 13. April 1943 zum 200. Geburtstag des 3. US-Präsidenten eingeweiht. Vier Jahre nach seiner Grundsteinlegung durch Franklin D. Roosevelt. John Russell Pope hatte sich bewusst an Jeffersons architektonischen Vorlieben orientiert und die vom Präsidenten erstmals in Monticello eingesetzte Rotunde als Bauform gewählt. Der Präsident (1743–1826, im Amt 1801–09) – ein geniales und vielseitiges Multitalent – wurde im Inneren durch eine überlebensgroße Bronzestatue auf schwarzem Granitsockel verewigt.

Bevor man mit dem Washington Monument den ersten Teil des Rundgangs beendet, lohnt ein Besuch des **US Holocaust Memorial Museum** (**12**). Allein die Architektur des Baus, der 1993 nach Plänen von James Ingo Freed die Tore eröffnete, ist außergewöhnlich. Zum einen aufgrund der Farb- und Materialkontraste, zum anderen aufgrund der nachempfundenen Wachttürme eines Konzentrationslagers. Ebenso eindrucksvoll werden innen auf fünf Etagen unter Einsatz verschiedenster Medien die Stationen der systematischen Vernichtung der Juden nachgezeichnet.
US Holocaust Memorial Museum, *100 Raoul Wallenberg Place SW, Zugang: 14th St., www.ushmm.org, tgl. 10–17.30 Uhr, Eintritt frei, März–Aug. zeitgebundene Tickets müssen im Voraus reserviert werden, mit Shop.*

Weithin sichtbar, etwa im Zentrum der National Mall: das **Washington Monument** (**13**). Dieser 169 m hohe Obelisk aus weißem Maryland-Marmor ist dem ersten Präsidenten der USA, George Washington, gewidmet. Obwohl das Monument 1833 vom Kongress genehmigt und bereits 1848 mit dem Bau begonnen wurde, kam es erst 1884 zur Fertigstellung. Der Grund: während des Bürgerkrieges war das Geld ausgegangen. Seit 1888 ist das Denkmal der Öffentlichkeit zugänglich. Mit einem zeitgebundenen Gratisticket geht es nach Sicherheitskontrolle in Gruppen unterteilt mit Park Rangern im Aufzug hinauf auf die 153 m hohe Aussichtsplattform. Die im Treppenhaus mit 897 Stufen befindlichen *Commemorative Stones*, 193 großteils aus der Mitte des 19. Jh. stammenden Steintafeln mit Widmungen von Bundesstaaten und Städten an George Washington, kann man heute nur noch während gelegentlicher Sonderführungen bewundern.
Washington Monument, *www.nps.gov/wamo, 15th St. NW, Constitution Ave. NW–Independence Ave. SW (Kiosk) tgl. 9–17 Uhr, Online-Bestellung Gratisticket außerdem begrenztes Budget an Tagestickets, Ausgabe ab 8.45 Uhr.*

Gedenken an gefallene Soldaten

Das 2004 eingeweihte **National World War II Memorial** (**14**) westlich vom Washington Memorial stammt vom Reißbrett des aus Österreich stammenden Architekten Friedrich St. Florian. Es besteht aus einer kreisförmigen Wasserfläche von ca. 100 m Durchmesser, die von Säulen, zwei Pavillons und den beiden *Freedom Walls* eingefasst wird. Es erinnert an die 400.000 US-Soldaten, die im Zweiten Weltkrieg in Europa und im Pazifik getötet wurden.
Infos *zu allen dem National Park Service (NPS) unterstehenden* **Ehrendenkmälern** *(alle Eintritt frei): www.nps.gov/nama.*

Museen an der Mall

Bei den Museen entlang der National Mall gilt es nach Zeit und persönlichem Interesse auszuwählen. Ausführliche Informationen zu allen Museen und einen ersten Überblick erhält man im zentral gelegenen **Smithsonian Institution Building** (**15**). Der auffällige rote Sandsteinbau mit seinen Türmchen ist das älteste Gebäude an der Mall und ist bis voraussichtlich 2028 für eine Komplett-Renovierung geschlossen. Es wurde 1855 von James Renwick Jr. erbaut und aus offensichtlichen Gründen *The Castle* genannt. Das nebenan liegende *Arts & Industries Building* von 1880 ist seit 2004 mit unklaren Zukunftsaussichten geschlossen.

Beide Bauten verbindet ein schöner Garten. Von ihm aus ist das **National Museum of African Art** (**16**) mit einer sehenswerten Sammlung afrikanischer Kunst und Kultur zugänglich. Durch die Grünanlage erreicht man auch die **Arthur M. Sackler Gallery** (**17**) – eine eindrucksvolle Sammlung asiatischer Kunst und Kultur mit spektakulären Wechselausstellungen und gut sortiertem Museumsshop. Direkt damit verbunden, auch durch einen unterirdischen Gang, ist die **Freer Gallery of Art** (**18**), wo neben orientalischer Kunst aus dem Nahen und Fernen Osten amerikanische Kunst des 19. und 20. Jh., darunter die größte Sammlung von Werken des Malers James McNeill Whistler (1834–1903), ausgestellt ist.

Kunst für jeden Geschmack

Smithsonian Institution

info

Die **Smithsonian Institution** geht auf eine Spende des britischen Chemikers und Gelehrten James Smithson zurück, der bei seinem Tod 1829 den USA Geld für die Erweiterung und Verbreitung von Wissen testamentarisch vermachte. 1846 wurde die Smithsonian Institution offiziell gegründet. Sie umfasst heute neben 21 Museen und Galerien neun Forschungseinrichtungen. Der Großteil konzentriert sich an der National Mall, sieben Sights, darunter der Zoo, sind in der Washington Metro Area zuhause und zwei in New York (**American Indian Museum Heye Center** und **Cooper-Hewitt Museum**). Die Institution finanziert sich bis heute über ihre Mitglieder und aus Spenden.
Smithsonian Institution Building/The Castle, *Jefferson Dr./19th St. SW, www.si.edu, derzeit geschlossen.*
Infos bzw. Links zu den einzelnen Museen *(meist tgl. 10–17.30 Uhr, Eintritt frei) finden sich unter www.si.edu/museums.*

Gegenüber dem *Castle* auf der Nordseite der Mall liegt das **National Museum of Natural History** (**19**), mit über 120 Mio. naturwissenschaftlichen Objekten aus den Gebieten der Geologie, Biologie, Anthropologie und Archäologie. Hier gibt es einen afrikanischen Elefanten, den berühmten Hope-Diamanten, Modelle von Walen, Dinosauriern und anderen prähistorischen Lebewesen, nachgebildete Meeresökosysteme und einen *Discovery Room* für Kinder.

Spannend auch für Kinder

Auf das Museum of National History folgt in westliche Richtung das **National Museum of American History** (**20**), eines der meistbesuchten Museen an der Mall. Es zeigt eine bunte Vielfalt an Ausstellungsstücken wie Möbel, Haushaltwaren, Silber, Porzellan und Münzen, die Zeugnis über die sozialen, kulturellen, wissenschaftlichen und technischen Errungenschaften in der über 200-jährigen US-Geschichte ablegen. Highlight ist das **Star-Spangled Banner**, eine der ältesten US-Flaggen, die die Beschießung von Fort McHenry (s. S. 376) vor Baltimore im September 1814 überstand und Francis Scott Key anregte, ein gleichnamiges Gedicht zu schreiben, das heute der Text der Nationalhymne ist. Eine sehenswerte neue Abteilung ist die **Molina Family Latino Gallery** zur Latino-Bevölkerung in den USA. Die erste Ausstellung heißt „Presente! A Latino History of the United States“ (*https://latino.si.edu/exhibitions/presente*). Es geht v. a. um „Latino-Identität“ („Latino“ ist nicht gleich „Latino“), um Immigration, um historische Persönlichkeiten und um die Verdienste von „Latinx“ für die USA. Immigranten erzählen ihre Geschichten.

Auf dem letzten freien Grundstück an der Mall zwischen diesem Museum und dem Washington Memorial wurde im September 2016 das **National Museum of African American History and Culture** (**47**) eröffnet. Schon seine Architektur ist auffällig: ein Baukörper mit bronzener, durchbrochener Metallfassade. Auf mehreren Ebenen, großteils unterirdisch, geht es um Sklaverei und Civil Rights, Segregation, Gesellschaft und Kultur der Afroamerikaner früher und heute. Nachbauten eines Sklavenschiffs und einer Sklavenhütte, der Cadillac von Chuck Berry oder ein Schal von Harriet Tubman, dazu Tondokumente, Fotos und Kunstwerke machen den Besuch höchst informativ und abwechslungsreich.
NMAAHC, *Constitution Ave./14th St. NW, http://nmaahc.si.edu, tgl. 10–17.30, Mo ab 12 Uhr, Eintritt frei, aber zeitgebundenes Ticket vorab besorgen! Mit Café und Shop.*

Um Dokumente aus der Geschichte geht es nordöstlich vom *Natural History Museum* in der *Exhibition Hall* der **National Archives** (**21**) (*700 Pennsylvania Ave. NW, www.archives.gov, derzeit Renovierung*). Hier sind u. a. die Unabhängigkeitserklärung, die Verfassung, die *Bill of Rights* und eine Kopie der *Magna Charta* von 1297 ausgestellt.

Durch den **Sculpture Garden** erreicht man die **National Gallery of Art** mit ihrer sehenswerten Kunstsammlung, die sich auf zwei durch einen Tunnel miteinanderverbundene Gebäude verteilt. Mit rund 40.000 Ausstellungsstücken vom 13. bis zum 21. Jh. zählt sie zu den bedeutendsten der Welt. Den Kern der Sammlungen bildete eine Schenkung des Bankiers Andrew W. Mellon, darunter Werke von Raffael und Tizian. In dem älteren **West Building** (**22**) befinden sich die europäischen Sammlungen, während im moderneren **East Building** (**23**) von I. M. Pei – mit Dachterrasse und Towers – moderne Kunst zu sehen ist und vielbeachtete Wechselausstellungen stattfinden. Beide Gebäude wurden kürzlich durch einen lichterfüllten Tunnel, eine Installation von Leo Villareal namens „Multiver Multiverse", verbunden. Auch die Bestände der früheren **Corcoran Gallery of Art** – v. a. amerikanische Malerei und Skulptur vom 18. Jh. bis zur Gegenwart – gehören dazu.

Raffael, Tizian und moderne Kunst

Nächste Station für Kunstfreunde ist das gegenüber an der Mall-Südseite gelegene **Hirshhorn Museum** (**24**). Die hochkarätige Kunstsammlung des Finanziers Joseph H. Hirshhorn (1899–1981) mit über 4.000 Gemälde und 2.000 Skulpturen aus dem 19. und v. a. 20. Jh. befindet sich in einem auffälligen Marmor-Rundbau von 70 m Durchmesser auf Säulen. Im vorgelagerten Skulpturengarten sind Werke von Rodin, Moore, Calder, Hopper, de Kooning, Dubuffet, Matisse oder Warhol zu sehen.

Östlich schließt das **National Air and Space Museum** (**25**) an, besonders etwas für Fans der Luft- und Raumfahrt. In 23 Ausstellungsräumen beschäftigt es sich mit der Entwicklung des Fliegens. Ein Highlight ist das erste Motorflugzeug der Gebrüder Wright (1903) aber auch Charles Lindberghs „Spirit of St. Louis", mit der er 1927 erstmals den Atlantik überquerte. Ende 2022 wurde der erste Teil der Renovierung des National Air & Space Museum abgeschlossen und seitdem sind acht neu gestaltete Galerien zur Besichtigung offen. Interessant sind u. a. die Ausstellungen zur Geschichte der Passagierluftfahrt, „America by Air" oder „We all fly". 2025 soll die Renovierung abgeschlossen sein (*https://airandspace.si.edu, zeitgebundene Tickets notwendig!*). In der Filiale des Museums, im **Steven F. Uvar-Hazy Center** (*https://airandspace.si.edu/visit/udvar-hazy-center*) am *Washington Dulles International Airport* steht die „Discovery", das ausgemusterte Weltraum-Shuttle. Daneben kann man

Heimat der „Discovery"

eine *Gemini VII*-Kapsel bewundern und den *Donald D. Engen Observation Tower* besteigen, von wo aus man einen hervorragenden Ausblick genießt.

Gegenüber dem National Air & Space Museum befindet sich das **Dwight D. Eisenhower Memorial,** ein Denkmal von Frank Gehry zu Ehren des deutschstämmigen 34. Präsidenten der USA, (Amtszeit: 1953– 1961). Er war zunächst Oberbefehlshaber der Alliierten im 2. Weltkrieg und ging wegen der Gründung der NASA in die Geschichte ein. Das Monument besteht aus drei Statuengruppen: Eisenhower als Junge in seiner Heimat, Abilene/Kansas, als Kommandant der Allierten mit der Normandie-Einheit (D-Day 1944) und als US-Präsident im Oval Office. Ein reliefartiges Bild im Hintergrund zeigt die Küste der Normandie und Inschriften mit Eisenhower-Zitaten (*www.nps.gov/ddem, mit Shop und VC*).

Weltgrößtes Indianermuseum

Das **National Museum of the American Indian (NMAI)** (**26**) ist ein absolutes Muss im Besuchsprogramm. 2004 eröffnet, gilt das NMAI als größtes Indianermuseum der Welt. Die Sammlung des New Yorkers George Gustav Heye (1874–1957) wird von einer gelungenen Architektur eingerahmt, die ebenso wie die Ausstellungskonzeption von einem indianischen Komitee mitgestaltet wurde. Vielerlei Aspekte wie die Hinterlassenschaften der Plains Indianer über die Navajos bis hin zu den Volksgruppen Mittel- und Südamerikas und der Karibik werden beleuchtet. Gleichzeitig werden verschiedenste Genres an Kunst und Kunsthandwerk wie Kleidung, Keramik, Korbwaren, Holzschnitzkunst, Federschmuck vorgestellt. Ein Laden, ein Café mit indianischen Leckerbissen sowie Veranstaltungen wie Kunsthandwerksausstellungen oder *Powwows* illustrieren die indianische Kultur.

Letzte Station an der Mall ist der **U.S. Botanic Garden** (**27**) (*www.usbg.gov*) an der Südostecke, bestehend aus Gewächshaus (*Conservatory*), *National Garden* und *Bartholdi Park*. Im Garten stößt man vor allem auf regionale Pflanzen der USA, während im Glashaus Pflanzen in ihren jeweiligen Ökosystemen wachsen.

Drei Blocks südlich eröffnete 2017 das **Museum of the Bible** (**48**), ein massiver Ziegelbau mit großen Bronzetüren. Es geht auf fünf Etagen rund um die Bibel, zudem gibt es einen „biblischen Garten", ein Theater und ein Lokal.
Museum of the Bible, *400 4th St. SW, https://museumofthebible.org, tgl. 10–17 Uhr, Eintritt: $ 19,99 (online), sonst $ 24,99.*

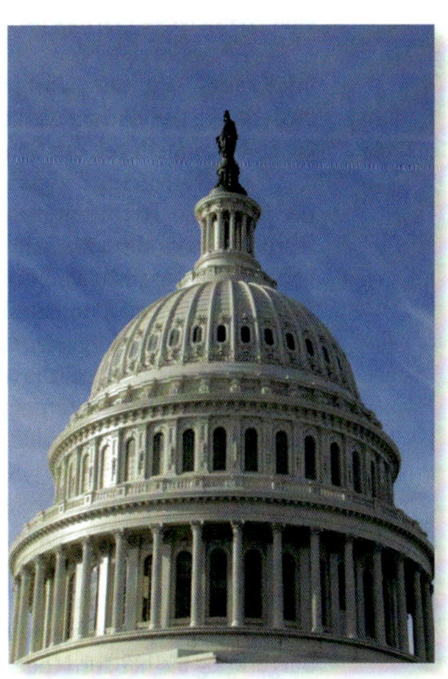

Das U.S. Capitol, Sitz von Senat und Repräsentantenhaus

Capitol Hill

Die Bezeichnung **Capitol Hill** leitet sich vom wichtigsten der sieben Hügel Roms, dem *Capitolium*,

Eastern Market

1873 wurde an der Ecke C und 7th Street eine **Markthalle** (**30**), genannt „Eastern Market", eingerichtet. Nachdem der historische Hauptbau 2007 durch ein Feuer zerstört worden war, entstand ein originalgetreuer Nachbau. In der Markthalle findet man heute wieder Produkte aus der Region, Imbisse und am Sonntag rings um die Halle Stände mit weiteren regio- nalen Spezialitäten sowie einen Kunsthandwerker- und Flohmarkt.

Eastern Market, *225 7th St., https://easternmarket-dc.org, Di–Sa 8–18, So 8–17 Uhr; Metro „Eastern Market", auch Stop des DC Circulator.*

An der Waterfront

Nur wenige Schritte vom Eastern Market entfernt beginnt die **Barracks Row**. Den Beinamen erhielt die 8th St. aufgrund der *Marine Corps Barracks* – noch heute Heimat der *U.S. Marine Band* (*www.marines.mil*) – und des *Commandant's House*. An der 8th Street hatte sich nach 1798 das erste Geschäftszentrum der Hauptstadt entwickelt (Infos: *www.barracksrow.org*).

Capitol Riverfront

Vom späten 19. Jh. bis zum Zweiten Weltkrieg befand sich auf dem Areal am Anacostia River der industrielle **Washington Navy Yard**. Während sich im Osten noch heute Militäranlagen und das National Museum of the U.S. Navy befinden, wurden die Industrieanlagen im Westen in Parks, Wanderwege und neue Gebäude mit empfehlenswerten Lokalen umgewandelt. Der **1th Street Bridge Park**, eine parkartige Fußgängerbrücke, soll ab 2025 die Riverfront mit Anacostia verbinden (*https://bbardc.org/project/11th-street-bridge-park*).

Im Bereich der Capitol Riverfront wurde 2022 das sehenswerte **Rubell Museum DC (31)** eröffnet. In der historischen Randall Junior High School, die auch Soulsänger Marvin Gaye besucht hat, werden in Wechselausstellungen Teile der zeitgenössischen Kunstsammlung – Bilder, Skulpturen, Fotos, Videos, Installationen – der Familie Rubell gezeigt (*65 I St. SW, Street SW, https://rubell museum.org/dc, Mi/Do/So 11–17, Fr/Sa 10–18, $ 15*).

Läuft man westwärts durch das Viertel **Capitol Riverfront** Richtung The Wharf, stößt man auf das Baseballstadion **Nationals Park** (*Touren s. www.mlb.com/nati onals/ballpark/tours*), von wo aus sich ein guter Ausblick auf das Capitol und das Washington Monument bietet. Dann geht es vorbei an der Frederick Douglass Memorial Bridge zum **Audi Field**, dem neuen Fußballstadion für D.C. United und Washington Spirit (Frauen).

The Wharf

Nach Umrundung von Fort McNair stößt man auf den Washington Channel, einem Seitenarm des Potomac River, wo sich einst der Hafen der Stadt befand. Die Region, **„The Wharf"** genannt, wurde in den letzten Jahren zur attraktiven Waterfront umgestaltet. Am Nordende des Areals, nicht weit vom **International Spy Museum** entfernt, ist der Maine Avenue Fish Market als ältester noch aktiver Fischmarkt Amerikas geblieben. Ansonsten fallen Jachthafen und Hausboote, spektakuläre moderne Architektur, Veranstaltungsflächen, Piers und Parks, Clubs, Lokale und Hotels ins Auge (*www.wharfdc.com*).

International Spy Museum (35)
In einem Glas-Stahl-Bau mit schräger Fassade und aufgesetztem „Container" nahe dem Fischmarkt befindet sich auf drei Ebenen die größte Sammlung von Spionage-Artefakten weltweit. Es geht um einzelne Persönlichkeiten und Geheimdienste, Missionen, Werkzeuge und Techniken, Spionageflugzeuge und Filme. Jeder kann sogar selbst auf „Undercover Mission gehen". *(700 L'Enfant Pl. SW, www.spymuseum.org, Mi–Fr 10–18, Sa–Di 9–19 Uhr, $ 29,95, Metro L'Enfant Plaza).*

Die Washingtoner Profibaseballer spielen im Nationals Park

Sehenswürdigkeiten in Downtown

Am östlichen Ende des Zentrums liegt der prachtvolle Bau der **Union Station** (**32**), 1909 im klassizistischen Stil erbaut. Er ist ein Musterbeispiel gelungener Restaurierung. Nahverkehrszüge, Amtrak-Fernzüge und die Metro fahren hier ab. Man findet Einkaufsarkaden, Restaurants und im UG ein großes Imbissareal, den *Food Circle* vor. Nordöstlich des Bahnhofs erlaubt eine neue Straßenbahnlinie entlang der **H Street,** die bunte Vielfalt des Viertels mit äthiopischen Lokalen und Cafés sowie der historischen Jazzbühne Atlas Theatre von 1938 zu erkunden. Nördlich der H Street erstreckt sich **„NoMa"**, kurz für „North of Massachusetts Avenue". Die kleinen Häuschen wurden liebevoll renoviert und dazu entstand um den zentralen historischen **Union Market** ein beliebtes Ausgehviertel mit Läden, Galerien, Kneipen und Restaurants.

Geschichte deutscher Einwanderer

Um die etwas weiter im Westen gelegene Sporthalle, **Verizon Center** (**33**), wo u. a. die Eishockeymannschaft *Washington Capitals* und die Basketballer *Washington Wizards* zuhause sind, breitet sich das kleine **Chinatown** aus. Ebenfalls klein, aber interessant ist das nebenan gelegene **German-American Heritage Museum**, das informativ mit Hörproben, Filmen und Fotos, Dokumenten und Memorabilien über die deutsche Einwanderung und die Deutschamerikaner erzählt.
German-American Heritage Museum, *719 6th St., https://gahmusa.org, Di–Fr 11–17 Uhr, Spende erbeten.*

Westlich der Sporthalle birgt das empfehlenswerte **Smithsonian American Art Museum** (**34**), eine Sammlung von rund 40.000 Werken amerikanischer Kunst

vom 19. Jh. bis in die Moderne. Darunter finden sich große Namen wie Bierstadt, Homer, Cassatt, Rauschenberg oder Hopper. In der angeschlossenen **National Portrait Gallery** im historischen *Patent Office Building* kann man Porträts der US-Präsidenten bewundern, daneben Darstellungen von Martin Luther King, Marilyn Monroe oder Babe Ruth und anderer Berühmtheiten. Sehenswert ist auch die Porträtgallerie indianischer Häuptlinge von George Catlin und die großzügig weite, bunte *Lincoln Gallery* mit zeitgenössischen Kunstwerken und Installationen. Im Zentrum befindet sich der **Robert and Arlene Kogod Courtyard**, ein überdachter Innenhof, nach Plänen von Sir Norman Foster.
Smithsonian American Art Museum, *8th/F St. NW, https://americanart.si.edu, tgl. 11.30–19 Uhr; Dependance:* **Renwick Gallery**, *1661 Pennsylvania Ave. NW/17th St., tgl. 10–17.30 Uhr, https://americanart.si.edu/visit/renwick;* **National Portrait Gallery**, *https://npg.si.edu/, tgl. 11.30–19 Uhr – alle Eintritt frei.*

Das **Ford's Theatre** (**36**) erlangte zweifelhafte Berühmtheit, als hier am 14. April 1865 Präsident Abraham Lincoln erschossen wurde. Heute erstrahlt das altehrwürdige Theater wieder im Glanz der 1860er-Jahre und steht zur Besichtigung (mit kleinem Museum im Untergeschoss) sowie zu Aufführungen offen. Zur Besichtigung gehören neben Theater und Museum das gegenüberliegende **Peterson House**, in dem der Präsident nach dem Attentat verstarb, und die sog. **Aftermath Exhibits.**
Ford's Theatre NHS, *511 10th St. NW, www.fords.org, tgl. 9–16 Uhr, Eintritt frei, aber zeitgebundenes Ticket nötig (Audiotour $ 5).*

Frauen in der Kunstgeschichte

Ein paar Blocks nordwestlich liegt ein weiteres ungewöhnliches Museum: das **National Museum of Women in the Arts** (**37**), in dem ausschließlich Künstlerinnen aus aller Welt mit über 1.500 Werken vertreten sind.
National Museum of Women in the Arts, *1250 New York Ave. NW, https://nmwa.org, Mo–Sa 10–17, So 12–17 Uhr, $ 10.*

Jüngere Geschichte Amerikas

Westlich des Weißen Hauses erstreckt sich das Viertel **Foggy Bottom**, Heimat der **George Washington University**, einer Reihe von Ministerien, wie dem *Department of State*, und dem **John F. Kennedy Center for the Performing Arts** (**38**), dem größten Kulturzentrum der Stadt und gleichzeitig einer Kennedy-Gedenkstätte. Das legendäre **Watergate Building** nördlich ist untrennbar mit der gleichnamigen Affäre verbunden, die Präsident Richard Nixon 1974 zum Rücktritt zwang. Vom Kennedy Center fällt der Blick auf eine Insel im Potomac River: **Theodore Roosevelt Island**. Hier ehrte man mit dem **Theodore Roosevelt Memorial** (**39**) Teddy Roosevelt, den Schöpfer der Nationalparks. Die Insel ist nur über eine Fußgängerbrücke von Westen (Arlington) her erreichbar.

Weitere Attraktionen in D.C.

Georgetown

Mit dem Bus ist es nur ein Katzensprung in das alte nordwestliche Stadtviertel **Georgetown**. Es weist einen völlig eigenständigen und andersartigen Charakter auf. Das erklärt sich allein daraus, dass Georgetown viel älter ist als Washington: Es entstand 1789 als Universitätssitz und Hafen, als Umschlagsplatz für Getreide und Tabak.

Georgetowns C&O Canal erinnert an die Zeiten als Hafen

Die angesehene **Georgetown University** (**40**) (*37th/O St., www.georgetown.edu*), war im selben Jahr gegründet worden und gilt als älteste katholische Hochschule der USA mit sehenswertem Campus. Als es in Folge des amerikanischen Bürgerkrieges wirtschaftlich bergab ging und die Hauptstadt wuchs, schwand die Bedeutung Georgetowns. Erst in den 1930er-Jahren entdeckte die Washingtoner Elite den Ort als Wohnadresse wieder. Nach Jahren des Niedergangs und etlichen Sanierungs- und Restaurierungsprojekten präsentiert sich Georgetown heute wieder attraktiv mit grünen Alleen und engen kopfsteingepflasterten Gassen.

Viele Shops und Cafés

Bummelt man durch das geschäftige Zentrum um **die Kreuzung M St. und Wisconsin Ave.**, findet man Shops und Cafés in Hülle und Fülle. Einige hübsche Häuschen aus der Kolonialzeit wie das **Old Stone House** (**41**) (*3051 M St.*) – ältestes existierendes Privathaus von 1765 – lassen das Viertel wieder in altem Glanz erstrahlen. Auch am Hafen, am schmalen **Chesapeake & Ohio Canal**, der vom Potomac River abgezweigt wurde, hat man alte Lagerhallen in Läden und Apartments, Kneipen und Cafés umgestaltet.

Old Stone House, *3051 M St., NW, www.nps.gov/rocr/planyourvisit/old-stone-house-visitor-center.htm, Fr–Mo 11–19 Uhr, frei.*

Chesapeake & Ohio Canal National Historical Park, *1057 Thomas Jefferson St. NW, www.nps.gov/choh.*

Northwest

Im **Nordwesten** der Hauptstadt warten einzelnene Attraktionen wie National Cathedral, National Zoo oder Woodrow Wilson House darauf, entdeckt zu werden. Vor allem aber steht diese Ecke der Hauptstadt für lebhafte, bunte Viertel. Neben Georgetown gehören vor allem Adams Morgan und der U Street Corridor dazu.

Am **Dupont Circle** treffen mehrere Avenues zusammen. Eine davon ist die Massachusetts Ave., eine Prachtallee, an der sich rund 100 monumentale Botschaftsgebäude aufreihen. Deshalb nennt man die Straße, an der viele Politiker und wohlhabende Leute wohnen, auch „**Embassy Row**". Hier liegt eine wenig bekannte Sehenswürdigkeit, das historische **Heurich House** (**42**). Es liegt nur wenige Schritte südwestlich des Dupont Circle. 1892 bis 1894 wurde das schlossartige Wohnhaus im Auftrag des Deutschen Christian Heurich errichtet. 1842 in Thüringen geboren, war der gelernte Bierbrauer nach dem Tod der Eltern 1866 in die USA gelangt und hatte 1873 in Washington eine **Brauerei** eröffnet. Diese wuchs zur größten der Stadt heran und überlebte auch die Prohibition. Bis zu seinem Tod 1945 im Alter von 102 Jahren war Heurich in die Brauereigeschäfte involviert. Das Haus war in der Stadt als „**Brewmaster's Castle**" bekannt.

Das „Schloss des Braumeisters"

Heurich House, *1307 New Hampshire Ave. NW, https://heurichhouse.org, Touren Do–Sa, Zeiten s. Website, $ 10, mit 1921 Biergarten (Mi–Fr 16–20, Sa 12–20 Uhr).*

Zwei Blocks westlich des Platzes werden in der **Phillips Collection** (**43**) Werke des 19. und 20. Jh., u. a. von Renoir, Klee und Rodin, ausgestellt. Das erste amerikanische Museum für moderne Kunst ist berühmt für seine Sammlung impressionistischer und nachimpressionistischer Kunst und auch für ein vielseitiges Veranstaltungsprogramm.

Erstes US-Museum für moderne Kunst

The Phillips Collection, *1600 21st St. NW, www.phillipscollection.org, Di–So 11–18 Uhr, $ 20, Veranstaltungen und Konzerte, s. Website. Metro „Dupont Circle".*

Nordwestlich davon befindet sich das **Woodrow Wilson House Museum** (**44**). Das äußerlich unscheinbare Haus nutzte Woodrow Wilson (im Amt von 1913 bis 1921), der 28. Präsident der USA, als Altersruhesitz.

Woodrow Wilson House, *2340 S. St. NW, https://woodrowwilsonhouse.org, Ausstellungen Mo–Fr 10–16, Sa 13–15 Uhr, versch. Touren, u.a. Haustouren Do/Sa $ 15.*

Der **U Street Corridor**, mit Kern um die Kreuzung 14th St./U St., war einst das **Zentrum der afro-amerikanischen Kultur**, sogar früher als das berühmte New Yorker Stadtviertel Harlem. Die U Street wurde „*Black Broadway*" genannt. Bars, Klubs und Institutionen wie der „Club Bali", einer von wenigen nicht nach Rassen getrennten Etablissements, reihten sich hier auf. Zudem erblickte in diesem Viertel Duke Ellington (1899–1974), einer der größten Jazzmusiker, das Licht der Welt. Legendär ist **Ben's Chili Bowl**, ein Imbiss, in dem auch der frühere Präsident Barack Obama gerne mal isst.

„Black Broadway"

Greater U Street Neighborhood Visitor Center, *1211 U St. NW (neben Ben's Chili Bowl), www.culturaltourismdc.org/portal/u-street-vistor-center, tgl. 10–20 Uhr, Plan zum „Greater U Street Heritage Trail".*

An den U Street Corridor schließt sich im Westen **Adams Morgan** – „**AdMo**" (**45**) an, eines der multikulturellsten und pulsierendsten Viertel der Stadt. Die Hauptachse ist die 18th St. NW um die Kreuzung mit der Columbia Rd. NW. Eine Reihe von ausgefallenen Lokalen und Bars sowie kleine Läden lohnen einen Bummel.

Eine der Sehenswürdigkeiten in **Upper Northwest** ist die mächtige **Washington National Cathedral**, offiziell: *Cathedral Church of St. Peter and St. Paul*. 1907 war mit dem Bau im neugotischen Stil begonnen worden. Es sollte bis 1990 dauern, ehe die gegenwärtig sechstgrößte Kathedrale der Welt und zugleich die zweitgrößte der USA fertiggestellt wurde. Die Kathedrale ist Sitz des obersten Bischofs der Episkopalen Kirche der USA und wird auch bei Staatsbegräbnissen genutzt. Beerdigt wurden hier z. B. Präsident Woodrow Wilson und seine zweite Frau Edith.

Washington National Cathedral, *Wisconsin & Massachusetts Ave. NW, https://cathedral.org, Sa/Mo/Mi/Do 10–17, Fr 11.30–17 Uhr, $ 15, versch. Touren, Turmbesteigung,, Konzerte u. a., Metro „Cleveland Park“.*

Abstecher nach Arlington

Jenseits des Potomac River, bereits in Virginia, liegt die Stadt Arlington. Dort stehen die einzigen Wolkenkratzer der Hauptstadt. Der Soldatenfriedhof **Arlington National Cemetery** ist Ruhestätte vieler berühmter amerikanischer Persönlichkeiten. Er wurde 1864 auf dem Grund der Custis-Lee-Familie angelegt, zu der der Oberbefehlshaber der Südstaatenarmee, Robert E. Lee, gehörte. Ihm zu Ehren wurde ein **Memorial** errichtet, das wie die ehemalige Custis-Lee Mansion, das **Arlington House**, im Friedhof zur Besichtigung offensteht.

Berühmter Soldatenfriedhof

Erste Soldatengräber entstanden schon während des Bürgerkriegs in den 1860ern. Heute verteilen sich rund 250.000 Gräber auf 250 ha Fläche. Eine riesige Totenstadt ist entstanden (Plan im Besucherzentrum). Es sind in erster Linie Soldaten und deren Angehörige, die auf diesem nationalen Gedenkfriedhof der USA ihre letzte Ruhe fanden und finden, dazu Militärangehörige, die 20 Jahre gedient und ehrenvoll entlassen worden sind und einige Privatleute wie Joe Louis oder Lee Marvin. Am **Grab des Unbekannten Soldaten**, das 1921 unter Woodrow Wilson entstanden ist, findet stündlich bzw. April bis Sept. sogar halbstündlich (s. *www.arlingtoncemetery.mil/Explore/Changing-of-the-Guard*) ein eindrucksvoll exakter **Wachwechsel** statt. Die *3rd US Infantry* – „The Old Guard“ – mit rund 1.300 Soldaten begleitet jährlich etwa 3.500 offizielle Zeremonien.

Hauptanziehungspunkt auf dem Friedhof ist das schlichte, mit einem Ewigen Licht geschmückte **Grab von John F. Kennedy**, der 1963 einem Attentat zum Opfer fiel. Vor dem Aufgang zum Grab sind wichtige Zitate von Kennedy auf einer geschwungenen Mauer zu lesen. Neben John F. sind zwei seiner Kinder begraben, außerdem sein Bruder Robert F. Kennedy (1925–68), der ebenfalls ermordet wurde, seine Frau Jacqueline Kennedy Onassis (1929–1994) und Ex-Senator Ted Kennedy (1932–2009).

Arlington National Cemetery *mit* **Arlington Welcome Center** *am Friedhofszugang, 1 Memorial Dr., Arlington/VA (Metro Blue Line „Arlington“), www.arlingtoncemetery.mil, tgl. 8–17 Uhr, Eintritt frei, Touren über den Friedhof (s. www.arlingtontours.com) sowie ANC Explorer (Smartphone App).*

Arlington House, *www.nps.gov/arho, Touren April–Sept. tgl. 9.30–16 Uhr, self-guided Tours, Eintritt frei.*

Arlington National Cemetery mit dem Arlington House im Hintergrund

In unmittelbarer Nähe, etwas nördlich des Friedhofs, befindet sich das **United States Marine Corps War Memorial** (früher: **Iwo-Jima-Denkmal**, *https://home.nps.gov/gwmp/learn/historyculture/usmcwarmemorial.htm*).

Monument für die Eliteeinheit

Es ist ein eindrucksvolles Monument für die Eliteeinheit der U.S. Marines, die von George Washington 1775 ins Leben gerufenen „Ledernacken". Von den hier dargestellten sechs Soldaten sind drei während des Zweiten Weltkrieges gefallen. Bei der Person im Hintergrund handelt es sich um einen Pima-Indianer, der stellvertretend für die Ureinwohner und ihre wichtige Rolle bei der Nachrichtenübermittlung im Kampf gegen die Japaner steht. Die Japaner konnten die Indianersprache nicht entschlüsseln.

Südlich des Friedhofs, in einem burgartigen Fünfecksbau, befindet sich das **Pentagon** (**46**), das Verteidigungsministerium, 1941–43 erbaut, *derzeit keine Touren, s. www.defense.gov/Contact/Help-Center/Article/Article/2762696/pentagon-tours.*

Hinweis

Ein lohnender Tagesausflug (mit Metro) führt nach **Alexandria** (S. 461). Dem Städtchen gegenüber, per Fähre erreichbar, liegt am Ostufer des Potomac das Shopping- und Eventareal **National Harbor** mit dem **Capitol Wheel** (Riesenrad), dem Torpedo Factory Art Center und dem neuen Spirit Park.
Infos: *www.nationalharbor.com, kostenloser Trolley-Bus zwischen Metro und Zentrum/Waterfront (www.dashbus.com/trolley).*

Reisepraktische Informationen Washington D.C.

Information

Capital Region U.S.A., *c/o Claasen Communication, Breslauer Str. 10, 64342 Seeheim-Jugenheim, ☏ 06257 68781*
Destination DC: *☏ 1 (800) 422-8644 oder (202) 789-7000, http://washington.org.*
Washington Welcome Center, *1005 E St. NW, www.downtowndc.org/go/washington-welcome-center, tgl. 8–19 Uhr. Infostelle von „Downtown DC", außerdem:*
White House Visitor Center *(s. oben) und* **Cultural Tourism DC**, *Union Station (Bus Deck), 700 12th St. NW. Infostelle im Bahnhof.*

Lesetipp

Detaillierte Infos zu Washington gibt es in dem regelmäßig aktualisierten Band **CityTrip Washington D.C.** von M. Brinke – P. Kränzle, ISBN: 978-3-8317-2596-0.

Touren

Mehrere Walkingtouren, auch durch Georgetown, veranstaltet **Washington Walks**: *www.washingtonwalks.com.*
DC Metro Food Tours, *https://dcmetrofoodtours.com. Interessante kulinarische Touren durch verschiedene Viertel der Stadt. Programm s. Website.*
Old Town Trolley Tours, *☏ 1 (888) 910-8687, www.trolleytours.com/Washington-DC. Tgl. ab 9 Uhr stoppen rote Busse halbstündlich an 15 Haltepunkten, Gesamtfahrtdauer ca. 2 Std. Beliebiges Ein- und Aussteigen für 1 Tag mit einem Ticket.*

Unterkunft

Reservierungen *sind auch über folgende Seiten möglich: https://washington.org/de/find-dc-listings/all-places-to-stay.*

Hotel Harrington (**3**) **$$–$$$**, *11th/E St. NW, ☎ (202) 628-8140, www.hotel-harrington.com; zentral gelegenes Hotel in historischem Bau.*

Windsor Inn (**1**) **$$–$$$**, *1842 16th St., ☎ (202) 662-0300, https://dcembassyinn.wixsite.com/windsor1; gute Lage zwischen DuPont Circle und Adams Morgan in historischem Bau. 46 Zimmer, Gratis-WiFi und -Frühstück.*

Embassy Suites by Hilton Washington DC Convention Center (**4**) **$$$**, *900 10th St. NW, ☎ (202) 739-2001, www.hilton.com/en/hotels/wascces-embassy-suiteswashington-dc-convention-center. Familienfreundlich: große Zimmer mit meist zwei großen Betten und/oder Extra-Schlafcouch, Gratisfrühstück und abends kostenlose Snacks/Getränke.*

The Eldon Hotel (**8**) **$$–$$$$**, *933 L St. NW, ☎ (209) 540-5000, www.thehoteleldon.com; kein gewöhnliches Hotel, sondern eine gut ausgestattete Wohnung in einem renovierten Apartmentbau von 1929. 50 Suiten mit 1–3 Schlafzimmern.*

Phoenix Park Hotel (**5**) **$$$–$$$$**, *520 N. Capitol St. NW, neben der Union Station, ☎ (202) 638-6900, www.phoenixparkhotel.com; historisches Hotel mit 150 Zimmern mit altehrwürdigem, irisch angehauchtem Charme.*

The Melrose Georgetown Hotel (**7**) **$$$–$$$$**, *2430 Pennsylvania Ave., NW, ☎ (202) 955-6400, www.melrosehoteldc.com; nahe dem Fairmont zentral gelegen.*

Hay-Adams Hotel (**2**) **$$$$$**, *One Lafayette Square (16th/H St. NW), ☎ (202) 638-6600, www.hayadams.com; superteures, edles Luxushotel in denkmalgeschütztem Haus mit Blick aufs Weiße Haus; zugehörig: Top-Restaurant Lafayette.*

Willard InterContinental Washington D.C. (**6**) **$$$$$**, *1401 Pennsylvania Ave. NW, ☎ (202) 637-7318, https://washington.intercontinental.com; Historic Hotel of America im pompösen Beaux-Arts-Stil nahe Weißem Haus und Mall. Beherbergte alle US-Präsidenten seit den 1850ern, dazu viele Prominente. 335 Zimmer versch. Kategorien (Classic, Premium, Deluxe) und Suiten mit Ausblick in den oberen Etagen. Spa, Fitnesscenter, Café du Park und Bar.*

Tipp

Reston liegt nur rund 15 min. vom Dulles Airport entfernt, ist nett und attraktiv mit Town Center und verfügt über eine Vielzahl, teils preiswerterer Hotels, z. B. **Hyatt Regency Reston** (www.hyatt.com). Auch **Open Road Distilling** – Restaurant, Sportsbar, Fine dining und Speak-easy sowie Destillerie (Gin, Whiskey, Wodka) in einem – mit hervorragendem Essen lohnt! Das überaus sehenswerte **Steven F. Udvar-Hazy Center**, (Teil des Smithsonian Air & Space Museum) liegt ebenfalls in nächster Nähe!

Restaurants

Das Stadtviertel **Capitol Hill** *mit der Barracks Row ist bekannt für gutes Essen, Bummeln und Nightlife. Ein weiterer attraktiver Treff ist* **Georgetown**, *wo es neben Studentenkneipen auch feine Lokale gibt, besonders um die M St./Wisconsin Ave. Ethnische Lokale und Bars/Kneipen finden sich im Viertel* **Adams Morgan**, *im* **U Street Corridor** *sowie im* **Union Market District** *oder der* **Capitol Riverfront**.

Ben's Chili Bowl (**2**), *1213 U St. NW (Metro „U Street"); seit 1958 bekannt für „chili half-smokes" und „chili dogs"; durch Bill Cosby und Präsident Obama berühmt geworden.*

Capitol City Brewing Co. (4), *2 Massachusetts Ave. NW und 1100 NY Ave. NW, https://capcitybrew.com; die älteste Hausbrauerei der Stadt, gutes Bier und schmackhafte Gerichte.*
Clyde's of Georgetown (1), *3236 M St. NW, ☎ (202) 333-9180, www.clydes.com/location/georgetown; nettes, erschwingliches Restaurant und Bar mit Atmosphäre.*
Corduroy (3), *1122 9th St. NW, ☎ (202) 5898-0699, www.corduroydc.com; nicht billig, dafür aber ausgezeichnete Gerichte mit leichtem asiatischem Touch, in ungewöhnlichem Ambiente – einem renovierten Reihenhaus –, mit kleiner Bar im OG.*
Old Ebbitt Grill (5), *675 15th St. NW, ☎ (202) 347-4801, www.ebbitt.com; der älteste Saloon der Stadt wurde 1856 gegründet, pittoresk; zwanglose Atmosphäre und gutes Frühstück!*
Aufgrund des hohen äthiopischen Bevölkerungsanteils in Washington gibt es tolle **äthiopische Restaurants** *wie* **Dukem** *(1114–1118 U St.) oder* **Ethiopic** *(401 H St. NE).*
Baked & Wired, *1052 Thomas Jefferson St. NW., nicht nur Kaffee und Tee, sondern auch ungewöhnliches hausgemachtes Gebäck werden hier serviert.*
Food Trucks *sind verbreitet, z. B. um den McPherson Square (13th/K) oder an der Massachusetts Ave., neben der Union Station (https://roaminghunger.com/food-trucks/washington-dc).*

Nachtleben/Unterhaltung

Ein hippes Viertel ist der **Shaw District/U Street** *(9th–17th St. NW). Besonders entlang der 14th St. Die U Street im Shaw ist bekannt als „Washington's Black Broadway". Hier sind das Howard oder das Lincoln Theatre zu Hause und Tanzclubs wie Black Cat.*
Als musikalisch kreativ gilt auch der 18th Street Strip in **Adams Morgan** *zwischen Columbia Rd und Florida Ave, mit dem Songbyrd Music House. „Up & coming" sind zudem der* **H Street Corridor und NoMa** *mit einer Vielzahl an Lokalen, Bars und Lounges. Im angrenzenden* **Northeast DC** *befinden sich einige größere Dance Clubs,* **Georgetown** *gibt sich eher gemütlich und an der neuen* **Wharf** *laden gleich mehrere Venues – Pearl St. Warehouse, Union Stage oder The Anthem ein.*
Infos: *https://washington.org/de/visit-dc/entertainment-nightlife*
John F. Kennedy Center for the Performing Arts, *2700 D St. NW/Rock Creek Pkwy., www.kennedy-center.org; u. a. Sitz des National Symphony Orchestra.*

Einkaufen

Nach D.C. fährt man zum Sightseeing und nicht unbedingt zum Shoppen. Teile **Georgetowns** *(teure Boutiquen und Lokale/Cafés entlang der M St.) sowie* **Adams Morgan** *sind dennoch geeignet. Lohnend sind auch die unterschiedlich sortierten* **Museums-Shops** *an der Mall. Besondere Buchshops in D.C. sind:*
Kramerbooks & Afterworks Café, *1517 Connecticut Ave. NW, www.kramers.com, unabhängiger Buchladen mit und stadtbekanntem zugehörigen Café & Grill.*
Politics and Prose Bookstore & Coffeehouse, *5015 Connecticut Ave., www.politics-prose.com, Buchladen mit Veranstaltungen und beliebtem Modern Times Coffeehouse.*

Zuschauersport

DC United *(Soccer/Fußball – MLS), Spiele im RFK Stadium (Metro „Stadium Armory"), www.dcunited.com; neues Stadion (Audi Field) an der Waterfront.*
Washington Nationals *(Baseball – MLB), Spiele im Nationals Park (im SO direkt am Anacostia River, Metro „Navy Yard"), www.mlb.com/nationals.*
Washington Capitals *(Eishockey – NHL), Spiele im Verizon Center (Downtown, Metro „Gallery Place/Chinatown"), www.nhl.com/capitals.*
Washington Wizards *(Basketball – NBA), ebenso Verizon Center, www.nba.com/wizards.*
Washington Commanders *(Am. Football – NFL), Spiele im FedExField im östlich gelegenen Vorort Landover/Maryland, www.commanders.com.*

Verkehrsmittel

Flughäfen

Der **Washington Dulles International Airport** *(www.flydulles.com) ist Hauptknotenpunkt von United Airlines und liegt ca. 40 km im Nordwesten der Hauptstadt in VA.* **Verbindung zur Stadt**: *Der* **Washington Dulles International Airport** *ist durch die Metrolinie Silver Line mit der Stadt verbunden, außerdem gibt es den IAD Airport Shuttle. Meist teurer als Uber oder Lyft ist ein Taxi (ca. $ 70), (www.flydulles.com/parking-transportation/ground-transportation).*

Vom **Ronald Reagan Washington National Airport** *verkehrt die Metro (Blue/Yellow Line) in die Stadt (www.flyreagan.com/parking-transportation).*

Der **Baltimore-Washington International Thurgood Marshall Airport** *ist an die Bahnlinie Washington–Baltimore–Philadelphia–New York angeschlossen (MARC Penn Line und Amtrak). Zur BWI Rail Station fährt vom Flughafen ein kostenloser Pendelbus, von dort dann der Zug zur Union Station (www.bwiairport.com/to-from-bwi/transportation, www.mta.maryland.gov/schedule/marc-penn).*

Eisenbahn & Bus

Amtrak *verbindet Washington mit allen großen Städten an der Ostküste (Acela- und Metroliner-Service) sowie Chicago, Atlanta und New Orleans. Der sehenswerte und renovierte Bahnhof, die* **Union Station** *liegt nahe beim Capitol, 50 Massachusetts Ave. NE (Metro „Union Station"). Infos: www.amtrak.com.*

Nahverkehr

Die Washington Metropolitan Area Transit Authority betreibt **Busse** *(Metro-Bus) und* **Metro** *(Metrorail). Es gibt sechs farblich unterschiedene U-Bahn-Linien, die zwischen zwischen 5 (werktags) bzw. 7 (Sa/So) und 24 Uhr verkehren. Bei mehreren Fahrten lohnt sich die* **Tageskarte** *(nur in der Metro gültig) oder eine* **SmarTrip Card** *(für U-Bahn, Bus, Circulator).*

Der sog. **DC Circulator** *(www.dccirculator.com, $ 1 Einzelticket), sechs Buslinien, sorgt in der Innenstadt für schnelle Verbindungen. Die* **neue Straßenbahn** *(H/Benning Line), www.dcstreetcar.com, bedient den H Street Corridor. 2016 feierte die Straßenbahn ihr Comeback. Die erste Linie, die H/Benning Road Line, wurde auf einem ca. 4 km langen Stück eröffnet. Ein Ausbau ist geplant (Infos https://dcstreetcar.com).*

Metrotickets *gibt es an jeder Station an Automaten. Die Fahrpreise sind nach Entfernung und Tageszeit gestaffelt ($ 2,25–6). Zu beachten ist, dass das Ticket am Ausgang wieder benötigt wird, ggf. muss am Automaten nachgelöst werden (additional fare). Bei längerem Aufenthalt empfiehlt sich der Kauf einer* **SmarTrip Card**. *Sie ist für $ 10 in allen Metro-Stationen erhältlich, wobei einmalig $ 2 für die Plastikkarte anfallen, die dann mit $ 8 Guthaben geladen ist und wiederaufgeladen werden kann.*

Bei mehreren Metro- bzw. Bus-Fahrten lohnt sich der **One Day Pass** *zu $ 13 oder der 3-Day-Pass zu $ 28. Bustickets für Metrobus kosten einzeln $ 2 bzw. $ 4,25 (Express).* **Infos**: *www.wmata.com oder https://godcgo.com.*

Water Taxi

Potomac Water Taxis verkehren The Wharf–Georgetown–Alexandria–NationalHarbor. Das Einzelticket kostet ab $ 14, es gibt auch Tagestickets (www.cityexperiences.com/washington-dc).

8. DER SÜDOSTEN – INLANDSROUTE

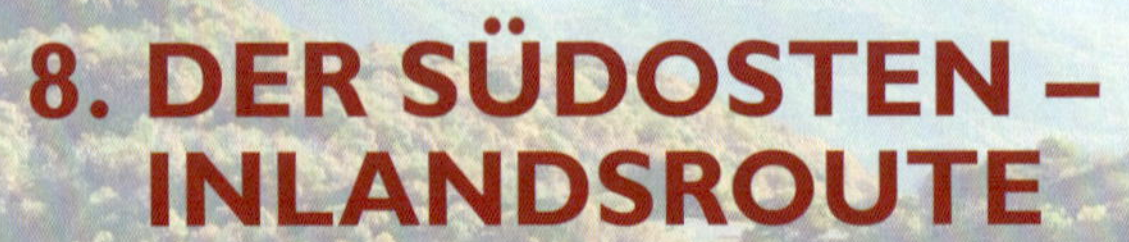

Überblick

Die Bundesstaaten an der Ostküste südlich der Hauptstadt Washington D.C. laufen unter dem Begriff „**Südstaaten**". Im weiteren Sinne gehören alle ehemals sklavenhaltenden Bundesstaaten der USA dazu, nach allgemeinem Sprachgebrauch jedoch nur die elf Staaten, die sich während des Bürgerkriegs zu den *Confederate States*, den Konföderierten Staaten von Amerika, zusammengeschlossen haben: Virginia, North und South Carolina, Tennessee, Georgia, Florida, Alabama, Mississippi, Arkansas, Louisiana und Texas. Bestandteil dieses Reisehandbuchs sind Virginia (VA), North und South Carolina (NC/SC), Georgia (GA), Ost-Tennessee (TN) und NO-Florida (FL).

Neben dem Westen hat wohl keine andere Region der USA für derart viele **Mythen und Legenden** gesorgt wie der Süden. Viele Klischees haben lange den Blick auf eine Region getrübt, die eine wechselvolle und schmerzhafte Geschichte, v. a. einen verlorenen Bürgerkrieg, hinter sich hat, und sich erst Mitte des 20. Jh. zu neuen Höhen aufschwang.

Hinweis: Routen im Südosten

Die **Hauptroute** führt von Washington D.C. nach Atlanta/Georgia. Dabei wird zwischen einer **Inlands**- und einer **Küstenroute** unterschieden. Die **Inlandsroute** führt durch die Bergwelt der Appalachen, durch Virginia und North Carolina zum Great Smoky Mountains NP und von dort durch Ost-Tennessee nach Atlanta. Die **Küstenroute** durchquert den Osten Virginias vorbei an Richmond, Colonial Williamsburg und der Chesapeake Bay zu den Outer Banks, den der Küste North Carolinas vorgelagerten Inseln. Entlang der Küste erreicht man Atlanta südwärts über die berühmten Südstaatenmetropolen Charleston und Savannah.

Wer die Gesamtroute fahren möchte, kann die Strecke sowohl von Washington als auch von Atlanta aus abfahren. Wer jedoch keine Zeit für die ganze Route hat, könnte eine **Verbindungsroute** wählen: Zwischen New Bern und Winston-Salem lassen sich die Routen in North Carolina **abkürzen** und in zwei Abschnitte einteilen: Die **Nordroute** verläuft von Washington D.C. entlang der Appalachen bis Winston-Salem, dann zur Küste nach New Bern und zurück entlang der Küste nach D.C. Die **Südroute** führt von Atlanta zur Küste Georgias und nordwärts über Charleston nach New Bern. Von dort aus geht es ins Landesinnere nach Winston-Salem und entlang der Appalachen über Asheville, Cherokee, Knoxville und Chattanooga zurück nach Atlanta.

Von Washington D.C. zum Blue Ridge Parkway

Manassas/VA

Der Ort, gut 50 km von Washington entfernt (Hwy. 29 bis Centreville, dann Hwy. 28), ist aus zwei Gründen besuchenswert: Erstens aufgrund des **Manassas**

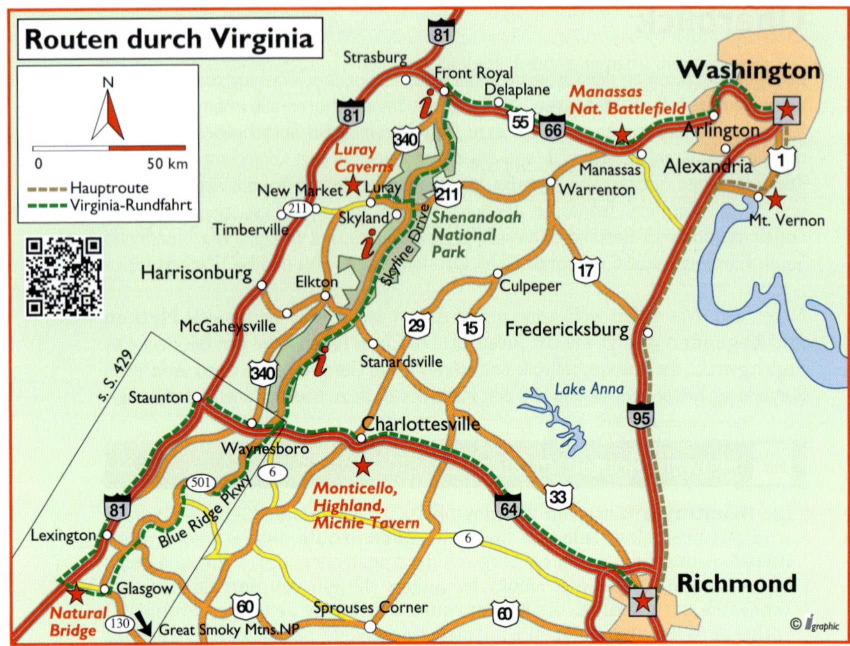

National Battlefield und zweitens aufgrund der gut erhaltenen Altstadt, der **Old Town**. Die Architektur dort stammt großteils aus der Jahrhundertwende. An den Hauptachsen der Innenstadt, an Center und Battle St., reihen sich hübsche Antiquitätenshops, Galerien und Lokale auf. Besonders sehenswert sind das **County Courthouse** und das **Manassas Railroad Depot** von 1911/14, heute S-Bahnhof für Washington-Pendler.

Schlacht vor Publikum

Aufgrund seiner Lage an den Flüssen Bull Run und Occoquan River im Norden, Potomac im Osten und Chopawamsic Creek im Süden war Manassas im Bürgerkrieg von strategischer Bedeutung. Außerdem lag hier ein Eisenbahnknotenpunkt. Die **First Battle of Manassas** am 21. Juli 1861 war das erste Aufeinandertreffen der Unions- und der konföderierten Truppen. Ziemlich überheblich hatten die Yankees aus dem Norden die Begegnung zum „Event" hochstilisiert, und halb Washington war am Schlachtfeld „live" dabei. Als jedoch die Südstaatler dank strategischer Glanzleistungen von Offizieren wie „Stonewall" Jackson einen überraschenden Sieg errangen, suchten Zuschauer wie Soldaten schnell das Weite. Auch als sich im August 1862 Union und Konföderierte hier erneut gegenüberstanden, gingen am Ende die Südstaatler als Sieger hervor.

Ein Besuch lohnt sich besonders im Sommer, wenn die beiden Schlachten, 1st und 2nd Manassas – von den Nordstaaten „**Battles of Bull Run**" genannt – in Reenactments nachgestellt werden. Die Besichtigung des 2.000 ha großen

Schlachtfelds beginnt man am besten am **Henry Hill Visitor Center**. Dort führt eine elektronische Karte in die Geschehnisse ein. Bei einem Rundgang durch die Ausstellung sollte man sich das Modell ansehen. Wer möchte, kann den 1,5 km langen Fußweg über das Schlachtfeld wählen oder eine knapp 20 km lange PKW-Rundroute, die an mehreren rekonstruierten Stellungen und Monumenten vorbeiführt.

Manassas National Battlefield Park, *Henry Hill VC, 6511 Sudley Rd., ab I-66 Exit 47B dann Hwy. 234 (ausgeschildert), www.nps.gov/mana, tgl. 8.30–17 Uhr, Ausstellung mit instruktivem Modell, außerdem Touren.* **Brawner Farm Interpretive Center** *(tgl. 9.30– mind. 17 Uhr, nur in der HS) und* **Stone House** *(6511 Sudley Rd.).*

Reisepraktische Informationen Manassas/VA

Information

VC at the Train Depot, *9431 West St., https://visitmanassas.org, tgl. 9–17 Uhr.*

Unterkunft

Hampton Inn $$$, *7295 Williamson Blvd., I-66 Exit 47, ☎ (703) 369-1100, www.hilton.com/en/hotels/mnzhahx-hampton-manassas; günstig zwischen Innenstadt und Schlachtfeld gelegen und dazu relativ preiswert.*

Olde Towne Inn $$$, *9403 Main St., ☎ (703) 368-9191, https://theoldetowneinn.com; in der Innenstadt gelegenes kleines historisches Motel mit zweckmäßig eingerichteten Zimmern.*

Blick auf das Manassas Battlefield

Shenandoah National Park Lodging $$–$$$, *☏ 1 (877) 847-1919, www.goshenandoah.com/lodging; besonders zu empfehlen:* **Skyland Resort** *(mi 42), am höchsten Punkt des Skyline Drive gelegen (Zimmer und Cabins, Restaurant, Ausritte, Wanderwege u. a.);* **Big Meadows Lodge** *(mi 51), Zimmer in einer denkmalgeschützten Stein-Lodge von 1939 (Restaurants und Wandermöglichkeiten) sowie* **Lewis Mountain Cabins** *(mi 58), die rustikalste der drei Lodges.*

Lafayette Inn $$$–$$$$, *146 Main St., Stanardsville (am Ostrand des NP, ca. 45 km nordwestl. Charlottesville), ☏ (434) 985-6345, www.thelafayette.com; kleines Inn mit fünf schönen Zimmern und einem Cottage sowie Restaurant.*

Camping

Über die **fünf Campingplätze** *(Mathews Arm, Big Meadows, Lewis Mountain und Loft Mountain) entlang der Route gibt es Infos auf www.nps.gov/shen/planyourvisit/camping.htm oder in den VCs (s. o.). Reservierung erfolgt unter www.recreation.gov. Alle Plätze sind wetterabhängig von ca. Mai–Okt. geöffnet.*

Restaurants

Hank's Grille, *49 Bloomer Springs Rd. (Rte. 33), McGaheysville (Westrand des NP, östl. Harrisonburg), www.hanksgrilleandcatering.com; alteingesessener BBQ-Place mit leckeren Südstaatenspezialitäten vom Grill, v. a. Rippchen!*

Wandern

Wanderfreunde finden im Park etwa 800 km an **Trails** *und können aus verschiedenen Ranger-Programmen wählen. Infos gibt es auf: www.nps.gov/shen/planyourvisit/hiking.htm.*

Beschauliches Staunton

Historische Bausubstanz

Die kleine Stadt **Staunton** im **Shenandoah Valley** (ca. 25.000 EW) liegt abseits der Touristenpfade und ist Geburtsort des US-Präsidenten Woodrow Wilson. Es ist ein beschaulicher Ort mit viel historischer Bausubstanz und dank etlicher netter B&Bs und Restaurants ideal zum Übernachten. Wie Manassas spielte Staunton im Bürgerkrieg eine bedeutende Rolle. Auch hier fanden **etliche Bürgerkriegsschlachten** statt. Aufgrund seiner Lage im Süden des Shenandoah-River-Tals fungierte der Ort als Zentrum des **Breadbasket of the Confederacy**, des Nachschublagers der Südstaatler. Beim Einmarsch der Unionstruppen am 6. Juni 1864 gelang es mit Hilfe vieler hier lebender Unions-Sympathisanten, die Stadt vor der Zerstörung zu bewahren. Auf diese Weise blieb die Altstadt mit zahlreichen Antebellum-Gebäuden, in die inzwischen Antiquitätenshops und Galerien, Boutiquen und Cafés, Pubs und Kneipen eingezogen sind, intakt.

Hauptattraktion des Orts ist das **Woodrow Wilson Birthplace & Museum & Presidential Library**, das Geburtshaus des 28. Präsidenten der USA aus dem Jahre 1846. Hier erblickte Wilson als Pfarrerssohn am 28. Dezember 1856 das Licht der Welt. Das Haus wurde liebevoll restauriert und vermittelt ein gutes Bild vom

Leben einer Familie vor dem Bürgerkrieg. An den eher bescheidenen Bau mit zeitgenössischer Möblierung schließt sich ein prächtiger Garten an.

Woodrow Wilson Birthplace & Museum, *18-24 N. Coalter/Frederick St., www.woodrowwilson.org, Mo–Sa 10–17, So 12–17 Uhr, NS Di/Mi geschl., $ 20 (tgl. Touren); Gift Shop.*

Die German Farm, Teil des Frontier Culture Museum

Im Osten des Ortes befindet sich das **Frontier Culture Museum**, ein Freilicht- oder *Living History Museum*, in dem das Leben der ersten Siedler im fruchtbaren Shenandoah River Valley durch Bauten und *Reenactors* nachgestellt wird. Zum weitläufigen Museumskomplex gehören außer dem Besucherzentrum (mit Museum und Film) verschiedene Originalbauten aus Europa, die hierher verschifft und wieder aufgebaut wurden: die **German Farm** (Haus und Scheune von 1688–1730) aus Hördt am Rhein, die **Ulster Farm** aus Irland um 1800 (ein Haus mit angebautem Schuppen, Schweine/Hühnerhaus und Kuhstall), die **Ulster Forge** (eine Schmiede aus Irland), eine **English Farm** (Fachwerkbau aus dem spätem 17. Jh. aus Worcestershire) und eine **American Farm** aus Virginia aus den 1850ern. Alle Bauten legen Zeugnis von der Arbeit und Lebensweise der frühen „Grenzland"-Siedler ab. Unterschiedliche Herkunft und Traditionen der Siedler werden ebenso thematisiert wie deren Zusammenleben in der Neuen Welt. Im **Ganatastwi Village** erfährt man dann, wie die lokalen Indianer um 1730 gelebt haben.

Frontier Culture Museum, *Zufahrt ab I-81 Exit 222, Hwy. 250 W., https://frontiermuseum.org, tgl. 9–17, Dez.–Mitte März 10–16 Uhr, $ 12, außer im Winter tgl. Vorführungen und Veranstaltungen.*

Reisepraktische Informationen Staunton/VA

Information

Staunton VC, *35 S. New St., https://visitstaunton.com, Mo–Mi 10–15, Do–Sa 10–17, So 12–17 Uhr; Infos, Broschüren u. a., Filiale im Frontier Culture Museum.*
Zum touristischen Angebot im **Shenandoah Valley**: *www.visitshenandoah.org.*

Unterkunft

Frederick House $$$, *28 N. New St., ☏ (540) 885-4220, https://frederickhouse.com; kleines, historisches Hotel mit 20 gemütlichen Zimmern und inklusive Frühstück; mitten in der Altstadt gelegen.*

Restaurant
Kathy's Restaurant, *1705 Greenville Ave., https://kathys-restaurant.com; Hausmacherküche, legendär wegen des Frühstücks, tgl. 8–15 Uhr.*

Charlottesville – Thomas Jeffersons Heimat

Jeffersons Geburtsort

Von Staunton erreicht man auf der I-64 etwa 65 km ostwärts **Charlottesville**. Einst war **C'ville** die Hauptstadt Virginias. Heute ist der Ort mit seinen rund 47.000 Einwohnern ein lebhaftes, aber insgesamt etwas provinzielles **Studentenstädtchen**. Zum Bummeln lohnt die zur Fußgängerzone umgestaltete **E. Main Street** mit Läden und Lokalen. Bereits Mitte des 18. Jh. war die fruchtbare Region besiedelt worden. Berühmtheit erlangte man aber als Geburtsort Thomas Jeffersons und als prächtiger Sitz der von ihm gegründeten **University of Virginia**, die fast den ganzen Westteil der Stadt einnimmt.

Die **University of Virginia** (**UVA**) wurde 1819 als Central College von Thomas Jefferson gegründet und nach dessen eigenen Plänen zwischen 1822 und 1826 erbaut. Nach seinen Vorstellungen sollte eine akademische Kleinstadt mit Unterbringung aller Beteiligten in nächster Nähe zum Lehrinstitut entstehen. Als Grundlage für seinen Entwurf dienten ihm klassische Vorbilder, besonders die Renaissance-Bauten des italienischen Architekten Andrea Palladio und das Pantheon in Rom.

Klassizistischer Musterbau

Im Zentrum des Universitätscampus steht unübersehbar die **Rotunde**, ein Musterbeispiel klassizistischen Bauens in den USA. Der als Bibliothek und Vorlesungsstätte genutzte Bau (frei zugänglich!) steht am Kopfende von Kolonnadengängen, die hufeisenförmig um eine große Rasenfläche, den **Lawn**, angeordnet sind. Sie beherbergen kleine Studentenwohnungen (noch heute heißbegehrt!) und „Pavilions" für Lehrkräfte bzw. gemeinschaftlich genutzt. Ursprünglich hatte Jefferson geplant, dass das der Rotunde gegenüberliegende Ende unbebaut bleiben sollte, damit der Blick auf die Bergwelt der Appalachen frei bliebe. Nach seinem Tod entstand hier jedoch die Cabell Hall (Music Library).
University of Virginia VC, *Ivy Road (Hwy. 250 Buss.), www.virginia.edu, Rotunde (https://rotunda.virginia.edu) tgl. 9–17 Uhr, Touren während des Unibetriebs 11, Sa 11/15 Uhr.*

info

Monticello – Jeffersons „Essay on Architecture"

Monticello ist nicht nur der herrschaftliche Wohnsitz des 3. US-Präsidenten **Thomas Jefferson** (1743–1826), sondern wurde auch von ihm höchstpersönlich entworfen. Jefferson war nur zwei Meilen von Monticello (altitalienisch für „kleiner Berg") entfernt aufgewachsen und hatte 1764 das Grundstück seines Vaters, die rund 2.000 ha große **Plantage Poplar Forest**, geerbt. Vier Jahre später wurde mit der Abtragung der Bergkuppe begonnen, um ein Plateau für den geplanten Landsitz zu schaffen. Ein Feuer in seinem vormaligen Wohnhaus beschleunigte das Vorhaben und Jefferson bezog zunächst ein schlichtes Einraum-Haus auf dem Hügel. Dort lebte er auch noch nach seiner Hochzeit 1772 mit Martha Wayles Skleton. Als diese zehn Jahre später starb und sich Jefferson mehr und mehr der Politik widmete, stagnierten die Arbeiten am neuen Haus.

Er reiste viel, u. a. nach Frankreich, wo er als Handelsbeauftragter und Diplomat der USA fungierte. Die repräsentativen Bauten in Paris ebenso wie die *Maison Carrée* in Nimes prägten sich ein und als er 1789 mit seinen beiden Töchtern Martha und Maria aus Frankreich zurückkehrte, war sein Kopf voller neuer Ideen. Er begann, die Pläne zu ändern und sah ein größeres Haus vor, beeinflusst von der **klassisch-römischen Architektur** wie von den Ideen des italienischen **Renaissance-Baumeister** Andrea Palladio. 1792 waren die Bauarbeiten wieder voll im Gange und Jefferson ließ nicht nur neues Material herschaffen, sondern engagierte auch geschickte Handwerker und Künstler, zumeist aus Europa, und beschäftigte mehr Sklaven als Arbeiter.

Als „**Essay on Architecture**" bezeichnete Jefferson Monticello, Ausdruck seines Architekturverständnisses und seiner Vorliebe für Innovationen. In Europa kennengelernte Baudetails, z. B. hohe Räume, Kuppeln, Alkoven, Oberlichter oder Wendeltreppen, wurden hier realisiert. Dazu gehörten auch **ungewöhnliche Errungenschaften** wie ein Aufzug zwischen Weinkeller und Speisezimmer, extravagante Wanddurchbrüche, Fenster und Grundrisse, die damals in den USA noch unbekannten, Platz sparenden Wandschränke und die höchst effektiven Rumford-Kamine aus England. Das **Universalgenie Jefferson** war jedoch nicht nur als Baumeister tätig, sondern auch als **Designer und Gärtner**. Er entwarf Vorhänge und Möbel, erwarb Kunstwerke und Ausstattungsgegenstände in Williamsburg, Paris, London, New York und Philadelphia. Nach seinen Entwürfen entstanden Dekorationen und Stuckornamente an Decken oder Kamin-Ummantelungen. Dabei waren die Details vielfach römischen Bauten ab-

Monticello, Thomas Jeffersons herrschaftliches Haus

info

geschaut. Jefferson verstand sich auf **geschickte Inszenierungen** von Kunstwerken und Sammlerstücken. So entwickelte sich Monticello Stück für Stück zum geschmackvollen und für seine Zeit **revolutionären Gesamtkunstwerk**.

Selbst während seiner Präsidentschaft, die er 1800 antrat, überwachte er die Bauarbeiten in Monticello vom Weißen Haus aus. Als er 1809 in „Pension" ging, war das Haus weitgehend fertig. Er zog 1809 zusammen mit seiner Tochter Martha Jefferson Randolph und ihrem Ehemann Thomas Mann Randolph und deren elf Kindern ein. Doch Jeffersons Leidenschaft für Architektur war damit nicht erloschen: Ab 1819 plante er die **University of Virginia**, die kurz vor seinem Tod fertiggestellt wurde. Jefferson starb am 4. Juli 1826 in Monticello, auf den Tag genau 50 Jahre nach der Verkündung der Unabhängigkeit. Das Gut erwarb schließlich der Marineoffizier Uriah Levy (1792–1862), der Jefferson bewunderte und Monticello vor dem Verfall rettete.

1923 erwarb schließlich die **Thomas Jefferson Memorial Foundation** das Anwesen und Teile seiner Ausstattung und machte es der Öffentlichkeit zugänglich.

Rundgang durch Monticello

Monticello fällt optisch schon äußerlich durch den Kontrast von dunklem Ziegel und weiß abgesetzten Stuckaturen und Säulen auf. Jefferson wählte den klassischen **Grundriss eines Kreuzes** mit einer Hauptachse, die beidseitig in einen Säulenportikus endet und als prägnantes Merkmal eine Kuppel im Zentrum aufweist. Beidseitig an diese Rotunde schließen sich zwei Seitenflügel mit jeweils vier Räumen unterschiedlicher Grundrisse an. Das zweistöckige Haus besitzt insgesamt 45 Räume, davon zwölf im Kellergeschoss. Besichtigt werden kann nur das Erdgeschoss. Der Großteil der Hausausstattung stammt von Jefferson.

Präsidiales „Privatmuseum"

Die Eingangshalle, **Entrance Hall**, die der Besucher durch den *Northeast Portico* betritt, hatte Jefferson als Art Museum geplant. Über der Tür befindet sich eine von ihm selbst entworfene 7-Tage-Uhr mit sechs kanonenkugelartigen Gewichten, rechts an der Wand, die Wochentag und ungefähre Tageszeit durch ihr Hinabgleiten markierten. Da kein Platz mehr für den Samstag war, wurden Löcher in den Boden gebohrt und die Markierung für diesen Tag an der Kellerwand angebracht. In der Eingangshalle befinden sich auch **Erinnerungsstücke von Jeffersons Reisen** und Relikte der berühmten Lewis&Clark-Expedition, die zwischen 1804 und 1806 den Westen Nordamerikas erschloss. Hinter dem Eingangsraum öffnet sich der Parlor – Familientreff, Musikzimmer und offizieller Empfangsraum. Der mit Kunstwerken, vor allem zeitgenössischen Porträts, angefüllte Salon hat einen damals ungewöhnlichen Parkettfußboden aus Kirsch- und Buchenholz und sich simultan öffnende Türen.

Auf der Südseite liegen die **Privaträume**, u. a. das Wohnzimmer (*Sitting Room*) der Familie – mit einem Porträt von Martha Mann Randolph, die nach dem Tod ihrer Mutter die Hausfrauenpflichten übernommen hatte, über dem Kaminsims – und die Bibliothek (**Book Room**). Jefferson war eine Leseratte und seine mehrere Tausend Bände umfassende **Bibliothek** bildet seit 1815 den Kern der *Library of Congress* in Washington (s. S. 399).

In dem hellen **Wintergarten** (*Greenhouse*) soll die Familie gelegentlich gefrühstückt haben, ehe sich Jefferson in sein **Arbeitszimmer**, das *Cabinet*, zurückzog, um getreu seinem Motto „*Knowledge is Power*" (Wissen ist Macht) seiner Beschäftigung mit Literatur und Naturwissenschaften nachzugehen. Im Arbeitszimmer soll er **rund 20.000** Briefe geschrieben haben, wobei er in den späteren Jahren eine bequeme Kombination von Drehstuhl, Drehtisch und Liege benutzte. Ein manuelles Kopiergerät – ein von Jefferson verbesserter Polygraph – erleichterte das Vervielfältigen von Briefen und ein Teleskop erlaubte die Sternenbeobachtung. Um keine Zeit zu verlieren, stand Jeffersons Bett in einer Alkove zwischen Arbeitszimmer und angrenzendem **Schlafzimmer** (*Jefferson's Bedroom*); darüber befinden sich Platz sparende Wandschränke.

„Knowledge is Power"

Im Westtrakt liegt der **Dining Room** mit seinem ungewöhnlichen Speiseaufzug, der vor allem zum Transport von Wein aus dem darunter liegenden Weinkeller benutzt wurde. Jefferson war bekanntlich Feinschmecker und Weinkenner, der sogar einen seiner Sklaven, James Hemings, in Frankreich zum Koch ausbilden ließ. An das mit Doppelfenstern und Doppelschiebetüren isolierte Speisezimmer schließt sich ein heller, mehreckiger **Tea Room** für Drinks und Zigarren sowie Diskussionen nach dem Mahl an. Jefferson selbst bezeichnete diesen Raum als seine „ehrenwerteste Suite" und ließ sie mit Büsten von ihm verehrten Persönlichkeiten, amerikanischen Helden und befreundeten Größen seiner Zeit dekorieren. Im Westtrakt gibt es ferner zwei Gästezimmer, von denen der oktagonal geformte (*North Octagonal Room*) für seinen Freund James Madison und seine Frau Dolley reserviert war. Unter der Kuppel fällt der gelb ausgemalte *Dome* oder *Sky Room* ins Auge. In den nicht mehr zugänglichen **Upper Floors** befanden sich weitere Gästezimmer und Räume für die Familie seiner Tochter.

Über eine Terrasse am Hauptbau erreicht man den South Pavilion, in dem Jefferson zu Anfang seiner Ehe in den 1770ern lebte. Passend dazu wurde 1809 der **North Pavilion** erbaut. Lebensmittellager, Weinkeller und drei andere Räume zur Herstellung und Abfüllung von Bier und Cidre befanden sich direkt unter dem Haus. Die perfekt ausgestattete Küche, der **Cook's Room**, das **Smoke House** (Räucherhaus) und die **Dairy** (Molkerei) lagen unter der Südterrasse, Eishaus, Pferdeställe und Kutschenhaus unter der Nordterrasse. Diese Wirtschaftsräume waren durch überdachte Passagen mit dem Haus verbunden. Hier wurden einige neue Ausstellungen eingericht, z. B. über das Oral History Project, das Leben von Sally Hemings oder die Jefferson-Hemings Controversy.

Außenanlagen

Auch das Gelände rings um das Haus ist nach Jeffersons Plänen angelegt worden. Rund 200 Sklaven, aber auch freie Arbeiter, waren einst für die Bewirtschaftung des fast autonomen Gutsbetriebes zuständig. Sie lebten in Hütten entlang der **Mulberry Row** im Südwesten des Haupthauses. Außerdem befanden sich hier zahlreiche **Werkstätten**, z. B. eine Nagel- und Kupferschmiede, ein Waschhaus,

Nach Jeffersons Plänen

eine Schreinerei und eine Sattlerei. Obwohl Jefferson die Sklaverei „ein scheußliches Verbrechen" nannte, war er ein Kind seiner Zeit und baute darauf, dass sich das Problem von selbst lösen würde. Das Verhältnis, das er mit seiner Haussklavin Sally Hemings unterhielt und überhaupt seine Haltung zur Sklaverei, wird bis heute kontrovers diskutiert. Immerhin entließ er sie und drei ihrer gemeinsamen Kinder in seinem Testament schließlich in die Freiheit.

Garten als Experimentierfeld

Fast genauso berühmt wie das Wohnhaus ist **Jeffersons Garten**, Ausdruck seines Experimentiergeistes und seiner umfassenden biologischen Interessen. Dank seiner genauen Wetter- und Pflanzenaufzeichnungen ab 1770 war es möglich, einen Teil der historischen Pflanzen neu zu kultivieren. Interessant sind vor allem *Vegetable* und *Fruit Garden*, die als Nahrungslieferant, aber auch als Experimentierfeld für unzählige verschiedene Sorten derselben Gemüse- bzw. Obstarten dienten. 20 Bohnensorten, 18 Apfel-, 38 Pfirsich- und 14 Kirschsorten sind hier zu finden, dazu Rebflächen.

Eher formal, im Stil englischer und französischer Gärten präsentiert sich der Teil der Anlage nahe dem Haus. Am Westrand des Geländes befindet sich schließlich der **Friedhof**, wo neben Familienmitgliedern und Freunden auch Jefferson seine letzte Ruhe fand.

Monticello, *1050 Monticello Loop, Charlottesville (Hwy. 53, ab I-64, Exit 121, dann Hwy. 20, ausgeschildert), www.monticello.org, Touren mind. 10–16.30 Uhr (saisonal verschieden), ab $ 32 (Audio). Lohnend ist die Highlights Tour ($ 42), weitere Touren zu spezifischen Themen (z.B. Sklaverei, Archäologie, Behind-the-Scenes), Gardens & Grounds Pass (Details s. www.monticello.org/visit/tickets-tours). Ticketvorbestellung ist sinnvoll!*
Erster Anlaufpunkt ist das **Rubenstein Visitor Center** *(Infos, Tickets, Shop und Café). Dort gibt es zur Einführung einen Film und zwei Etagen voll mit interessanten Ausstellungsstücken zu Jefferson als Multitalent und Staatsmann sowie zur Planung von Monticello zu sehen. Zurück zum Parkplatz am VC geht es per Bus oder zu Fuß (ca. 0,5 km) durch den Garten und vorbei am Friedhof.*

info

Thomas Jefferson – ein Mann der Visionen und Talente

Geboren am 13. April 1743 als Sohn eines Plantagenbesitzers in Shadwell, Virginia, schlug **Thomas Jefferson** nach seinem Studium die Laufbahn eines Rechtsanwalts ein. Sein Aufstieg zu einem der einflussreichsten Politiker in der Geschichte der USA begann 1769 bis 1775 als Mitglied des Abgeordnetenhauses von Virginia. 1775 folgte die Wahl in den First Continental Congress.

In Philadelphia oblag ihm die Verfassung der **Declaration of Independence**, die am 4. Juli 1776 verabschiedet wurde. 1779 bis 1781 fungierte Jefferson als Gouverneur von Virginia, dann wurde er in den Kongress gewählt. Er zog als Nachfolger von Benjamin Franklin als US-Gesandter nach Frankreich, und 1790 berief ihn Präsident George Washington zum ersten *Secretary of State*. 1796 kandidierte Jefferson erstmals für das Präsidentenamt, unterlag jedoch gegen John Adams. Vier Jahre später setzte er sich dann in einer denkbar knappen Wahl durch und wurde als **dritter Präsident** vereidigt. Zwei Amtsperioden lang, 1801–1809, leitete Jefferson die Geschicke der USA. Danach zog er sich auf seinen Landsitz in Monticello zurück.

info

Jefferson gilt als einer der **Gründerväter der USA**, als **Verfasser der Unabhängigkeitserklärung** und **Demokrat der ersten Stunde**, als **Verfechter der Menschenrechte** und Vorreiter des Erziehungssystem von der Elementary School bis State University. Darüber hinaus war er ein **Universaltalent**, vielseitig interessiert an Natur und Landbau, Technik und Naturwissenschaften, Architektur, Literatur und Philosophie – und alles andere als ein Theoretiker. Seiner wissenschaftlichen Neugier und politischen Weitsicht war es auch zu verdanken, dass sich das Tor zum „**Wilden Westen**" öffnete.

Jefferson ist letztlich zu verdanken, dass das französische Einflussgebiet westlich des Mississippi mit dem **Louisiana Purchase** von 1803 Napoleon zum Spottpreis abgekauft werden konnte. Auf seine Initiative hin war nach gründlicher Vorbereitung am 14. Mai 1804 ein Trupp von St. Louis aus aufgebrochen, angeführt von Jeffersons persönlichem Adjutanten Meriwether Lewis und dessen Offiziersfreund William Clark. Ziel dieser gut zweijährigen Forschungsexpedition war, einen schiffbaren Weg vom Mississippi an den Pazifik zu finden, Informationen über Ressourcen und Bewohner, über Flora und Fauna zu sammeln, Kontakte mit den Indianern zu knüpfen und so die Inbesitznahme und Öffnung des Westens einzuleiten.

Weitere Sehenwürdigkeiten im Umkreis von Monticello

Nur wenige Kilometer westlich von Monticello liegt **Highland**, der Wohnsitz des 5. US-Präsidenten, James Monroe (1758–1831). Er war ein enger Freund und Nachbar von Jefferson, stammte allerdings nicht wie dieser aus wohlhabender Familie, sondern hatte sich aus einfachen Verhältnissen hochgearbeitet. Jefferson überredete den geschätzten Freund, sich in seiner Nähe niederzulassen.

Und noch ein Präsidentenhaus

Das bescheidene Innere spiegelt das Wesen Monroes wieder, der sich eher dem einfachen Farmleben verbunden fühlte als dem Luxus. Er wohnte hier von 1799 bis zur Präsidentenwahl 1817. Nach dem Ende der zweiten Präsidentschaft im Jahre 1826, zwangen Geldnot und Gesundheitsprobleme die Monroes, ihr „*Cabin Castle*" zu verkaufen. Monroes Präsidentschaft ging als „*Era of Good Feelings*" in die Geschichtsbücher ein. Berühmt wurde vor allem seine Rede 1823, die **Monroe Doctrine**. Sie legte den Grundstein für Amerikas Außenpolitik und umfasste u. a. den Grundsatz strikter Nichteinmischung in die Angelegenheiten europäischer Staaten.
Highland, *James Monroe Parkway/Hwy. 795, https://highland.org, tgl. 9.30–16.30 Uhr, $ 18, VC mit Ausstellungen.*

Über den Hwy. 53 ist es nur ein Katzensprung zur **Michie Tavern**. Es handelt sich um einen bis heute betriebenen Gasthof aus dem späten 18. Jh., der auf den in Valley Forge kämpfenden Corporal William Michie zurückgeht und in dem schon *Jefferson* eingekehrt sein soll. Der Pub neben dem eigentlichen Dining Room gleicht einem Museum und ist sehenswert. Außerdem lohnt ein Blick in den benachbarten General Store, ehe man sich am Buffet anstellt, um sich an Fried Chicken, Pulled Pork BBQ und vielen Beilagen satt zu essen (Nachschub wird vom Buffet an den Tisch gebracht).
Michie Tavern, *683 Thomas Jefferson Parkway/Hwy. 53, www.michietavern.com; Shop tgl. 11–16 Uhr, Dining Room 11.30–15 Uhr, 1784 Pub: Do–Sa 15.30–19 Uhr.*

Reisepraktische Informationen Charlottesville/VA

Information

Charlottesville, *März–Dez. Mi–So mobile Infostände im Stadtzentrum, www.visitcharlottesville.org.*

Unterkunft

Little Mod Motel $$$, *207 14th St. NW, ☎ (434) 443-3207, www.littlemodhotel.com; 20 bestens ausgestattete Zimmer (u.a. mit Plattenspieler!) in einem toll renovierten Motel aus den 1960ern – ein Erlebnis für Retro-Fans! Foodtruck Mod Pog (tgl. 7.30–14 Uhr) vor dem Haus zu Frühstück oder Lunch.*

Quirk Hotel $$$$, 499 W. Main St., ☎ (434) 365-3890, www.quirkhotels.

Quirk Hotel $$$$, *499 W. Main St., ☎ (434) 365-3890, www.quirkhotels.com; schickes, modernes Boutique-Hotel in historischem Gebäude.*

Restaurants

Zahlreiche Lokale und Cafés (sowie Shops) reihen sich entlang der **Downtown Mall** *(rund um E. Main/W. Water St., www.downtowncharlottesville.net) auf.*

Dank der Universität ist die Kneipenszene lebhaft, v.a. um **„The Corner"** *(University Blvd.). Dazu gibt es zahlreiche Craft Breweries (https://charlottesvillealetrail.org) wie* **Devils Backbone** *(1000 W. Main St., www.dbbrewingcompany.com/location/thebackyard) oder* **South Street Brewery** *(106 W. South St., www.southstreetbrewery.com).*

Dairy Market *(946 Grady Ave., https://dairymarketcville.com) ist eine lebhafte Food Hall mit Imbissständen von Burger und Pizza über Bowls zu Fried Chicken oder Sandwiches. Teil davon ist die* **Starr Hill Brewery** *(https://starrhill.com/charlottesville) im historischen Bau der Monticello Dairy.*

Zuschauersport

Die Teams der University of Virginia, die **Cavaliers**, *bieten hochklassigen Collegesport (Amer. Football, Baseball und Basketball), https://virginiasports.com.*

Hinweis zur Route

In Albemarle County – wo Charlottesville liegt – gibt es über 40 Weingüter am **Monticello Wine Trail**. Eine besondere ist die **Eastwood Farm & Winery** (https://eastwoodfarmandwinery.com) nahe Monticello. 2020 gegründet, wird sie von drei Frauen betrieben: Athena Eastwood und Töchtern. Außer den ausgezeichneten Weinen – z.B. Petit Manseng, Viognier (weiß), Petit Rosé (rosé), Petit Verdot (rot) – wird auch Bier und Cider hergestellt. Auch das Essen ist sehr gut und es finden Events statt! Von Charlottesville sind es rund 100 km auf der I-64 nach Richmond, der Hauptstadt Virginias – hier trifft man auf die Küstenroute zwischen Washington und Atlanta (S. 466).

Lexington, kleiner Ort mit berühmten Bewohnern

Von Charlottesville geht es auf der I-64 zurück Richtung Staunton und weiter südwärts (I-64/81) nach **Lexington** (ca. 115 km). Die übersichtliche Innenstadt mit Zentrum um Main und Washington St. ist attraktiv und zeugt vom Status als Uni-Städtchen. Der Ort war zudem Heimat eines der legendären Helden der Konföderierten: **„Stonewall" Jackson**, der in einer der beiden Hochschulen des Ortes, dem **Virginia Military Institute** (**VMI**), lehrte. Die zweite Hochschule ist die ältere **Washington & Lee-Universität**.

Das **VMI** (*www.vmi.edu*) wurde 1839 gegründet und ist damit die älteste Militär-Hochschule der USA. Der Universitätscampus ist frei zugänglich, nicht so die festungsartige Kadettenkaserne, *The Barracks*, die wie andere wichtige Bauten am *Parade Ground* steht. Obwohl man Uniform trägt und es militärisch diszipliniert zugeht, mündet das (teure) Studium nicht zwangsläufig in eine Militärlaufbahn. Abgesehen von einem halbjährigen militärischen und sportlichen Drillprogramm studieren die Kadetten, auch Frauen, die verschiedensten Fächer. Nicht einmal ein Fünftel schlägt die Karriere des Berufssoldaten ein. Berühmtester Professor am VMI war „Stonewall" Jackson, der 1851–61 Naturphilosophie und Ballistik lehrte, ehe er sich im Bürgerkrieg einen Namen machte. Über die Geschichte des Instituts und seine berühmtesten Abgänger informiert das **VMI Museum**.

Heimat einer Bürgerkriegs-Legende

Die nahe **George C. Marshall Foundation** (*www.marshallfoundation.org*) erinnert an einen anderen berühmten Absolventen des VMI: George Marshall, ranghöchster General und später Friedensnobelpreisträger, berühmt geworden durch den **Marshall-Plan**. 1880 in Pennsylvania geboren, errang er im 1. wie im 2. Weltkrieg große Verdienste, u. a. bei der Invasion in der Normandie. 1944 war er zum ersten 5-Sterne-General befördert worden. Nach dem Krieg fungierte er als Außenminister der Vereinigten Staaten. Um dem sich ausbreitenden Kommunismus in Osteuropa zu begegnen, entwarf er einen *European Recovery Plan*, der später als „Marshall-Plan" bekannt wurde. Für dieses Konzept erhielt er 1953 zusammen mit Albert Schweitzer den **Friedensnobelpreis**.

VMI Museum, *415 Letcher Ave., www.vmi.edu/museums-and-archives/vmi-museum, tgl. 9–17 Uhr, Eintritt frei.*

Gleich angrenzend an das VMI liegt der Campus der privaten **Washington & Lee University** (*www.wlu.edu*), die bereits 1749 gegründet wurde. Ihren Namen verdankt sie George Washington, der 1786 ein Aktienpaket stiftete, sowie dem legendären Südstaatengeneral Robert E. Lee, der ihr als Präsident vorstand und hier begraben liegt (Kapelle mit kleinem Museum).

In ganz anderem Licht erscheint der im Kampf draufgängerische Südstaatenoffizier „Stonewall" Jackson, wenn man sein bescheidenes, gemütliches Haus in der E. Washington St. besichtigt. Das 1801 gebaute **Stonewall Jackson House**, in das der Offizier nach seiner Heirat 1859 eingezogen war und wo er bis zum Kriegsbeginn 1861 lebte, zeugt von einem bescheidenen und sehr disziplinierten

Mann, der seiner Tätigkeit am VMI gewissenhaft nachging. Begraben ist Jackson auf dem **Stonewall Jackson Memorial Cemetery** (*314 S. Main St.*).
Stonewall Jackson House, *8 E. Washington St., www.vmi.edu/museums-and-archives/jackson-house-museum, Di–Sa 9–17 Uhr, $ 10.*

info

„There stands Jackson like a stonewall!"

Thomas Jonathan Jackson (1824–1863) war nicht zum Helden geboren und wollte auch nie einer sein. Es war vielmehr ein zurückhaltender Mann, der am 10. Mai 1863 recht unspektakulär an den Folgen einer Schussverletzung, die ihm ein eigener Soldat zugefügt hatte, starb. Dennoch wurde „**Stonewall" Jackson**, wie der Südstaaten-General schon zu Lebzeiten genannt wurde, als Held verehrt und später zusammen mit Oberbefehlshaber **Robert E. Lee** und Konföderierten-Präsident **Jefferson Davis** am **Stone Mountain** bei Atlanta in einem überdimensionalen Monument verewigt. Zwei Jahre als Offizier im Bürgerkrieg hatten genügt, um den unscheinbaren Lehrer am VMI unsterblich zu machen. 1851 hatte Jackson nach Abschluss der Military Academy in West Point und Einsatz im mexikanisch-amerikanischen Krieg eine Professur für *Natural Philosophy und Artillery Tactics* am VMI übernommen und lebte zehn Jahre lang friedlich in Staunton. Seine Naturphilosophie-Vorlesungen an der Hochschule waren als langweilig bekannt, anders seine nachmittäglichen Artillerietaktik-Übungen, bei denen er voll in seinem Element war.

Ordnung und Disziplin waren für den introvertierten und wortkargen Mann von großer Wichtigkeit. Jackson leitete eine Sonntagsschule für Afroamerikaner, gehörte dem lokalen Literatur- und Politik-Club an und folgte einem stets gleichbleibenden Tagesablauf. Der Gesundheit wegen achtete er auf seine Ernährung und legte Wert auf Spaziergänge und Wasserkuren.

Als er sich am 21. April 1861 von seiner Frau Mary Anna verabschiedete, um seiner Pflicht als Berufsoffizier in der Armee von Robert E. Lee nachzukommen, sollte er in nur zwei Jahren **Militärgeschichte** schreiben. Mit eiserner Disziplin und taktischer Finesse – *„There stands Jackson like a stonewall!"* – gelang es ihm, mit seinen Truppen den Ansturm der Nordstaaten im Shenandoah Valley 1862 vorübergehend aufzuhalten.

Natural Bridge

Fast ein noch größerer „Rummelplatz" als die *Luray Caverns* (s. oben) – mit Restaurants und Hotels, diversen, etwas skurillen kleineren Museen und Shops, abendlichen *Light & Sound Shows* und Bibellesungen – ist die **Natural Bridge**. Bei diesem Naturdenkmal, 20 km südlich von Lexington (Hwy. 11), handelt es sich um eine 65 m hohe, rund 40 m starke und etwa 100 m breite natürliche Felsbrücke über den Cedar Creek, eine **Kalksteinformation**, die dadurch entstand, dass sich über Jahrtausende der Strom in den Fels grub und so einen Durchbruch in Form eines Torbogens schuf.

Felsbrücke über den Cedar Creek

Bei den Ureinwohnern galt der Ort als heilig und hieß „**Bridge of God**". George Washington verewigte sich 1750 mit einer Inschrift im Fels auf der gegenüberliegenden Seite unterhalb der Brücke. Thomas Jefferson kaufte das Land um die Natural Bridge dem englischen König George II. 1774 für ein paar Groschen ab. Neben der Natural Bridge befinden sich die **Natural Bridge Caverns**, das tiefste Höhlensystem im Osten mit großer Fledermauspopulation.

Natural Bridge SP, *ab US Hwy. 11 ausgeschildert, www.dcr.virginia.gov/state-parks/natural-bridge, tgl. 9–17 Uhr, $ 8.*

Natural Bridge Caverns, *US Hwy. 11, https://naturalbridgecaverns.com; tgl. 9–17 Uhr, versch. Touren (s. Website) ab $ 27.*

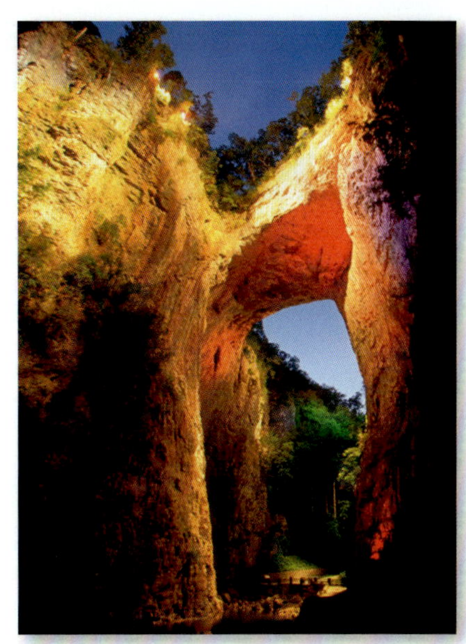

Die Natural Bridge

Reisepraktische Informationen Lexington/VA

Information

Lexington VC, *106 E. Washington St., https://lexingtonvirginia.com, tgl. 11–15 Uhr.*

Unterkunft

Natural Bridge Historic Hotel $$–$$$, *15 Appledore Lane, ☏ (540) 291-2121, https://naturalbridgeva.com; zwischen Lexington und Roanoke gelegenes Hotel mit 118 Zimmern, teils mit Veranden oder Balkonen.*

Steeles Tavern Manor $$$–$$$$, *8400 N. Lee Hwy., nordöstl. der Stadt, via US Hwy. 11, ☏ (540) 377-9494, https://steelestavern.com; grandioses Landhaus mit fünf Zimmern und Cottages inmitten einer idyllischen Parklandschaft (inkl. Frühstück).*

Hinweis zur Route

Auf dem Hwy. 60 sind es von Lexington nur rund 15 km ostwärts zum Blue Ridge Parkway und hinein in die Appalachen. Auf dem **Blue Ridge Parkway** geht es südwärts nach North Carolina. Wer nur Naturerlebnis sucht, kann auf dem Parkway bis zum Great Smoky Mountains NP (S. 445) fahren. Es empfiehlt sich jedoch, einen Schlenker über Winston-Salem und Charlotte einzuplanen.

Unterwegs zum Great Smoky Mountains National Park

Redaktionstipps

Sehens- und Erlebenswertes

- Stimmungsvolle Fahrt – auch nur in Abschnitten lohnend – auf dem **Blue Ridge Parkway** (S. 428).
- Das Leben der Moravier in **Old Salem** (S. 432).
- Besuch der **NASCAR Hall of Fame** in Charlotte (S. 435).
- Die 255 Zimmer und Gärten von **Biltmore Estate** (S. 441) bei Asheville bestaunen.
- Die **Great Smokies** (S. 445) erkunden.
- Im **Museum of the Cherokee Indian** (S. 444) die Geschichte und Tradition dieses Stammes kennenlernen.

Restaurants/Übernachten

- In **Old Salems** Lokalen „moravisch" speisen und im Augustus T. Zevely Inn „historisch" nächtigen (S. 434). Fast „majestätisch" nächtigt man dagegen im **Biltmore** in Ashville (S. 441).

Der Blue Ridge Parkway

Der **Blue Ridge Parkway** ist die 750 km lange Fortsetzung des *Skyline Drive* Richtung Südwesten. Präsident Franklin D. Roosevelt hatte im Rahmen des New Deal in den 1930ern mit dem Bau der Straße begonnen, die jedoch erst 1987 mit der Passage beim Grandfather Mountain in North Carolina fertig gestellt wurde.

Der Parkway, Teil des Nationalpark-Systems, schlängelt sich **durch die Appalachen**, vom Shenandoah NP im Norden bis zum Great Smoky Mountains NP bei Cherokee im Süden und durchquert dabei Teile von Virginia und North Carolina. Die zweispurige Straße führt durch fast unberührte Natur- und Agrarlandschaft und besticht nicht durch spektakuläre Städte oder Attraktionen, sondern gilt vielmehr als **Mekka für Naturfans und Wanderfreunde**. State Parks, Aussichtspunkte, historische Marker, informative Besucherzentren und eine nicht sehr stark ausgeprägte touristische Infrastruktur kennzeichnen das Areal.

Um den gesamten Parkway abzufahren, sollte man mindestens drei Tage einplanen, wobei der Herbst mit seiner Laubfärbung die **beste Reisezeit** ist. An sich ist die **Landstraße mit 45 mi/h** (70 km/h) Höchstgeschwindigkeit ganzjährig befahrbar, allerdings sind krasse Wetterumschwünge aufgrund der Höhenlage nicht auszuschließen. Besonders im Sommer und Frühherbst kann es aufgrund der rund 15 Mio. Besucher jährlich zu „stop&go" kommen. Es gibt an der Straße selbst nur eine Hand voll Läden, Tankstellen, einige Lodges und einfache Campgrounds.

Gelegenheiten zum Wandern

Wenige Kilometer südlich des Parkway-Anfangs bei **Waynesboro** (Zufahrt I-64, Exit 99) liegt das **Humpback Rocks VC**, in dem man sich mit Infos über Route und Umgebung eindecken kann. Beim **Cumberland Knob VC** befindet sich der Reisende auf etwa 860 m Höhe und bereits in North Carolina. Nun beginnt der bergigste Teil der Route, mit Gelegenheiten zum Wandern. Erfahrene Wanderer können auch die gesamte Strecke ablaufen, da entlang dem Parkway der von Massachusetts nach Alabama reichende **Appalachian Trail** verläuft. Der Parkway passiert vor Asheville den **Mount Mitchell** (steile Zufahrt), den mit über 2.000 m höchsten Berg östlich des Mississippi. Vorbei an Asheville erreicht man

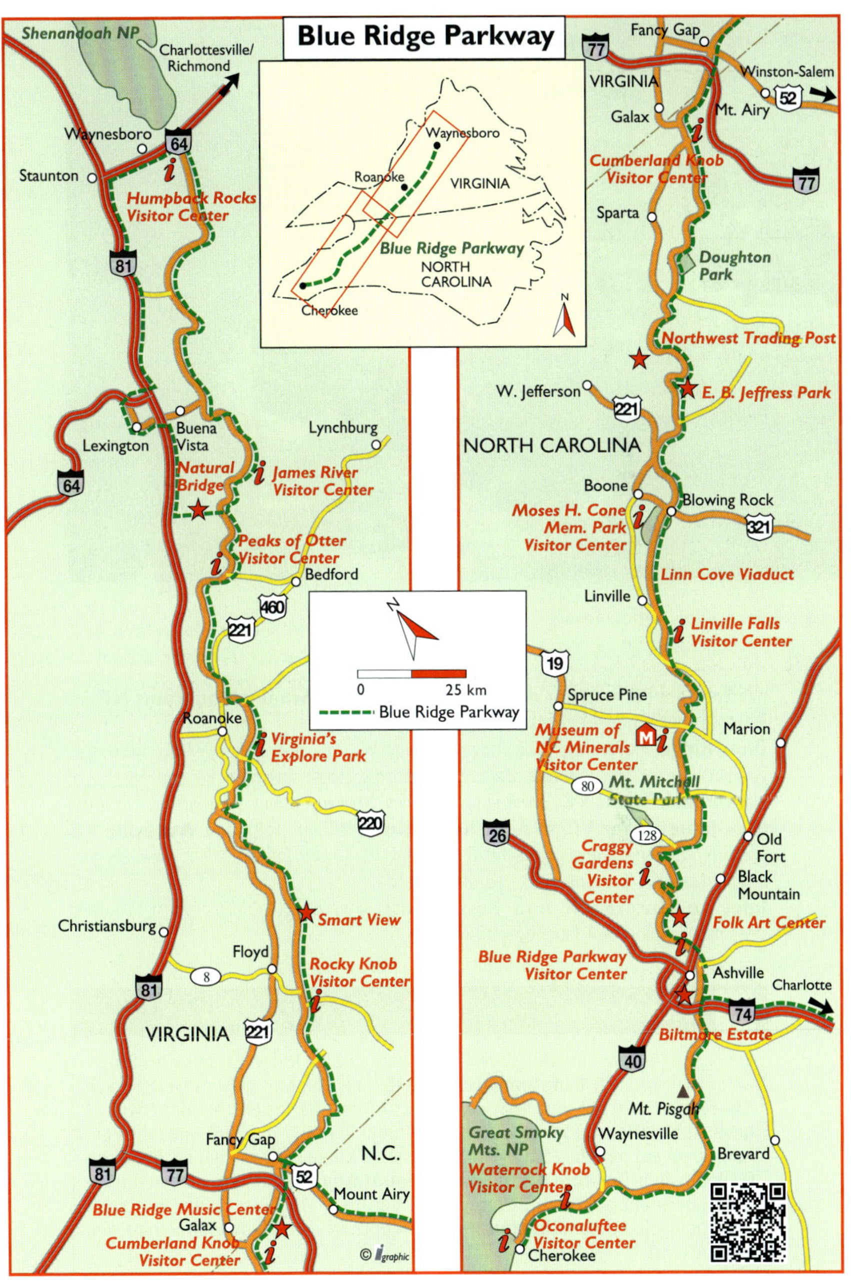
Blue Ridge Parkway
Shenandoah NP
Charlottesville/
Richmond
Waynesboro
Staunton
Humpback Rocks
Visitor Center
Lexington
Buena
Vista
Natural
Bridge
James River
Visitor Center
Lynchburg
Peaks of Otter
Visitor Center
Bedford
Roanoke
Virginia's
Explore Park
Smart View
Christiansburg
Floyd
Rocky Knob
Visitor Center
VIRGINIA
Fancy Gap
N.C.
Mount Airy
Blue Ridge Music Center
Galax
Cumberland Knob
Visitor Center
Waynesboro
Roanoke
VIRGINIA
Blue Ridge Parkway
NORTH
CAROLINA
Cherokee
N
0
25 km
Blue Ridge Parkway
Fancy Gap
VIRGINIA
Winston-Salem
Galax
Mt. Airy
Cumberland Knob
Visitor Center
Sparta
Doughton
Park
Northwest Trading Post
W. Jefferson
E. B. Jeffress Park
NORTH CAROLINA
Boone
Blowing Rock
Moses H. Cone
Mem. Park
Visitor Center
Linn Cove Viaduct
Linville
Linville Falls
Visitor Center
Spruce Pine
Museum of
NC Minerals
Visitor Center
Marion
Mt. Mitchell
State Park
Craggy
Gardens
Visitor
Center
Old
Fort
Black
Mountain
Folk Art Center
Blue Ridge Parkway
Visitor Center
Ashville
Charlotte
Biltmore Estate
Mt. Pisgah
Great Smoky
Mts. NP
Waynesville
Brevard
Waterrock Knob
Visitor Center
Oconaluftee
Visitor Center
Cherokee
© igraphic

Stimmungsvolle Fahrt auf dem Blue Ridge Parkway

das Ende des Parkway vor der Zufahrt in den **Great Smoky Mountains NP**, im Reservat der Cherokee-Indianer.

Blue Ridge Parkway, *Blue Ridge Parkway VC, mi. 384, Asheville/NC, www.nps.gov/blri, Eintritt frei; mehrere weitere VCs an der Route zwischen VA und NC, u. a.* **Humpback Rocks VC**, *am Anfang des Pkwy. bei Waynesboro (Zufahrt I-64 Exit 99, mi 6),* **James River VC** *(mi 63,6),* **Rocky Knob VC** *(mi. 169) sowie* **Asheville VC** *(mi. 384). Zeiten saisonal unterschiedl, meist tgl. 10–17 Uhr, Infos zu allen: www.nps.gov/blri/planyourvisit/basicinfo.htm, „Visitor Centers".*

Infos zu Unterkunft und Restaurants: *www.nps.gov/blri/planyourvisit/eating sleeping.htm oder www.blueridgeparkway.org.*

 Routenhinweis

Bei Fancy Gap/VA (mi 199,5) verlässt man den Blue Ridge Parkway und folgt dem Hwy. 52 nach **Winston-Salem** (ca. 80 km). Von hier geht es weiter nach **Charlotte** (Hwy. 52 und I-85, ca. 130 km). Von Charlotte führt der Hwy. 74 nach **Asheville** und zurück zum Blue Ridge Parkway (ca. 200 km). Hier gelangt man auf dem letzten Teilstück des Blue Ridge Parkway nach **Cherokee** (130 km), dem Tor zum **Great Smoky Mountains NP**. Hat man diesen durchquert, befindet man sich in Tennessee. Der Hwy. 411 führt an der Westseite der Appalachen nach **Chattanooga**. Von dort ist die I-75 der schnellste Weg nach Atlanta.

Deutsche Wurzeln in North Carolina

North Carolinas Piedmont-Region zwischen den Appalachen und dem Küstentiefland wurde lange Zeit vom Tabak regiert. Heute dominieren Textilindustrie und Tourismus. Die historischen Wurzeln von Winston-Salem, im Zentrum des Areals, sind **deutsch-mährisch**, denn das alte **Salem** war 1766 von Moraviern aus Pennsylvania gegründet worden. **Winston**, der zweite Teil der Doppelstadt, entstand über 80 Jahre später und schloss sich 1913 mit Salem zusammen.

Im **Reynolda House – Museum of American Art** wird die bedeutende Kunstsammlung des Firmengründers der *R. J. Reynolds Tobacco Company*, Richard Joshua Reynolds (1850–1918) und seiner Frau Katharine Smith (1880–1924) aufbewahrt. Das an die Landschaft angepasste Gebäude mit 64 Räumen und einer repräsentativen zweistöckigen Empfangshalle war 1918 bezugsfertig. Ein künstlicher See, Weingärten, Golf- und Tennisplätze sowie ein Swimmingpool und eine Gartenanlage gehörten ebenfalls zum Anwesen. Daran angeschlossen war das **Historic Reynolda Village**, eine Arbeitersiedlung mit Postamt, zwei Kirchen, zwei Schulen und mehr als 20 Häusern sowie einem Bauernhof für die Lebensmittelversorgung. Heute sind in die Bauten Shops, Galerien und Restaurants eingezogen. Reynolds Enkelin, Barbara Babcock Millhouse, setzte sich in den 1960ern für die Einrichtung eines Museums ein, das eine herausragende Sammlung amerikanischer Kunst von 1755 bis heute birgt.

Alte Arbeitersiedlung

Reynolda House – Museum of American Art, *2201 Reynolda Rd., https://reynolda.org, Di–Sa 9.30–16.30, So 13.30–16.30 Uhr, $ 18.*

Nahe dem Reynolda House befindet sich das **Southeastern Center for Contemporary Art** (**SECCA**), ein vielseitiges Zentrum für zeitgenössische Kunst aller Sparten, schwerpunktmäßig des Südostens. Hier finden vor allem Wechselausstellungen, aber auch vielerlei verschiedene Veranstaltungen statt. Das 1956 gegründete Kunstzentrum ist in einem Haus im Tudor-Stil von 1929 sowie in einem architektonisch sehenswerten Neubau (1977) untergebracht.

Southeastern Center for Contemporary Art (**SECCA**), *750 Marguerite Dr., https://secca.org, Mi/Fr 13–17, Do 13–20, Sa/So 10–17 Uhr, Eintritt frei.*

Historic Bethabara Park

Der **Historic Bethabara Park** führt Besucher in die Zeit der frühen Moravier-Siedlung ins Jahr 1753 zurück. Diese Glaubensgemeinschaft basierte auf den Ideen des böhmischen Predigers Jan Hus (1370–1415) und prangerte die Verweltlichung der katholischen Kirche an. Die Moravier sahen ihr oberstes Ziel in der Verbreitung ihrer Religion. So trafen im April 1753 zehn Missionare unter Führung des sächsischen Fürsten **Nicholas Ludwig von Zinzendorf** (1700–1760), der zum Bischof dieser Bewegung ernannt worden war, in Nordamerika ein, mit dem Ziel, Indianer und weiße Siedler zu bekehren.

Um die damalige frontier urbar zu machen, wurde eine Gruppe von 120 Moraviern, die für ihre handwerklichen Fähigkeiten und ihren ausgeprägten Gemeinschaftssinn bekannt waren, in die Wildnis von North Carolina geschickt. Das **House of Passage** war nur als Durchgangslager geplant, da Salem die Hauptsiedlung werden sollte, wozu es allerdings erst Ende des 18. Jh. kam.

Der Park ist seit 1970 zugänglich. Auf einem Rundgang, allein oder mit Führung, gewinnt man einen Eindruck vom Leben der Moravier in der Wildnis. Auf dem weitläufigen Freigelände, das teilweise zum Naturschutzgebiet erklärt wurde, kann das „**Gemeinhaus**" von 1788 besichtigt werden. Es ist die einzige deutsche Kirche aus der Kolonialzeit (bis 1950 in Gebrauch) mit Pfarrerswohnung und Schulraum. Außerdem sollte man sich das **Brewer's House** von 1803 und das **Potter's House** von 1782, eines der ältesten Ziegelhäuser im Umkreis, ansehen. Bei Ausgrabungen sind die Grundmauern des **French and Indian War Fort** ans Tageslicht gekommen, die Reste einer alten Befestigungsanlage der Moravier von 1756. Sehenswert sind zudem der wieder angelegte Gemeindegarten von 1759 und die nachgebaute Ursiedlung von 1754.

Historic Bethabara Park, *2147 Bethabara Rd., https://historicbethabara.org, Park Sonnenauf- bis -untergang, Eintritt frei; VC und Bauten April–Dez. Di–Fr 10.30–16.30, Sa/So 13.30–16.30 Uhr, $ 4 (Tour).*

Rundgang durch Old Salem Museum & Gardens

Lebendiges Museumsdorf

Von den 90 Bauten von **Old Salem** (Zufahrt ab I-40 ausgeschildert), die zwischen 1766 und 1850 entstanden sind, zeugen etwa ein Dutzend als „Museumshäuser" von der damaligen Zeit. Viele weitere alte Bauten auf dem frei zugänglichen Grund zählen zu den gefragtesten Wohnadressen der Stadt. Da Old Salem **autofreie Zone** ist (Ausnahmen gelten für Anwohner und Hotelgäste), muss man auf den großen Parkplätzen vor dem **Old Salem VC** (*900 Old Salem Rd.*) parken. Nach einem Film

und versorgt mit Informationen und ggf. Tickets für Innenbesichtigungen, kann der Rundgang beginnen. Jedes der zugänglichen Häuser steht unter einem bestimmten Motto und gemäß diesem finden tageweise wechselnde Vorführungen statt.

Erste Station auf dem Rundgang ist das **Single Brothers House** (*600 S. Main/ Academy St.*) von 1769, in dem Jungen ab 14 Jahren und unverheiratete Männer lebten. 1794 wurde schräg gegenüber die **Boys School** erbaut, die heute als Heimatmuseum (**Wachovia Museum**) fungiert. Folgt man der Main St. weiter nordwärts, erreicht man den **Miksch Tobacco Shop** von 1771 und kann sich schräg gegenüber in der **Winkler Bakery** (*525 S. Main St.*) an frischen Backwaren nach altem Rezept laben. Biegt man rechts in die Bank St. ein, steht man an deren Ende vor dem **Vierling House**, der Privatwohnung des Arztes Dr. Benjamin Vierling mit angeschlossener Apotheke. Das **Fourth House** daneben (*450 S. Main St.*) von 1768 gilt als ältestes Haus im Ort.

Im Norden der Church St. erstreckt sich **God's Acre**, der alte Friedhof von 1771. Weiter südwärts folgt das 1772 als Mädchenschule gegründete **Salem College**, noch heute ein vornehmes Privat-College für Frauen. Benachbart ragt der Turm der **Home Moravian Church** himmelwärts, das traditionsreiche religiöse Zentrum von 1800. Vor Kirche und College, zwischen College und Main St., breitet sich der **Salem Square** aus. An der Main St., an der NW-Ecke des Platzes, schließen sich an das schon erwähnte *Single Brothers House* nach Süden hin mehrere historische Gebäude an: ein Nachbau des **Market-Fire House** von 1803, der Laden **T. Bagge Merchant**

(*Main/West St.*), das **John Vogler House** des Silberschmids und Uhrmachers gleichen Namens von 1819, der **Shoemaker Shop von** 1827 und das **Augustus T. Zevely Inn**, ein empfehlenswertes B&B.

Abgesehen von diesen und weiteren besichtigbaren historischen Bauten ist das **Museum of Early Southern Decorative Arts/MESDA** (*924 S. Main St., https://mesda.org*), Teil des **Frank L. Horton Museum Center**, das sich ganz der dekorativen Kunst von 1690 bis 1820 – Möbeln, Gemälden, Textilien, Keramik, Metallwaren – verschrieben hat, sehenswert. Schön sind auch die vielen **Gärten** um die einzelnen Häuser, die unterschiedliche Stile und Schwerpunkte zeigen.
Old Salem Museums & Gardens, *900 Old Salem Rd. (Zufahrt ab I-40 ausgeschildert), www.oldsalem.org, VC, hist. Bauten und Museen: Feb.–Dez. Mi–Sa 10–16 Uhr. Einführungsfilm, Ausstellung und Shops sowie Café; Gelände und Shops sowie VC frei zugänglich, für Häuser sind Tickets nötig, Kombitickets: All-in-One $ 27).*

Reisepraktische Informationen Winston-Salem/NC

Information

Winston Salem VC, *200 Brookstown Ave., www.visitwinstonsalem.com, Mo–Fr 8.30–17, Sa 10–16 Uhr, Infomaterial und Auskünfte sowie Einführungsfilm.*

Unterkunft/Restaurant

Augustus T. Zevely Inn $$$, *803 S. Main St., ☏ (336) 748-9299, https://zevelyinn.com; einst Haus des Arztes, Sattlers und Bürgermeisters Augustus Theophilus Zevely (1816–72) mitten in Old Salem. 12 unterschiedlich große und geschmackvoll ausgestattete Zimmer, Garten und große Veranda, inkl. Frühstück.*
In Old Salem gibt es mehrere Lokale wie das **Muddy Creek Café**, *das* **Refectory** *und* **Café at Salem College** *oder die* **Winkler Bakery**. *Siehe hierzu: www.oldsalem.org/eat-shop-stay.*

Einkaufen

Zum Shopping lohnen v. a. das **Reynolda Village** *(Reynolda Rd., www.reynoldavillage.com) und die frei zugänglichen Läden in* **Old Salem**.

Unterwegs nach Charlotte

Von Winston-Salem südwärts stößt der US Hwy. 52 auf die I-85, die direkt nach Charlotte führt. Ehe man jedoch in die moderne und boomende Südstaatenmetropole eintaucht, lohnen zwei Attraktionen einen Stopp: Die erste Sehenswürdigkeit ist die **Reed Gold Mine State Historic Site** in Stanfield, ca. 24 km südlich von Concord. Sie erinnert an die ersten Goldfunde in den USA, 1799 entdeckt durch den deutschen Einwanderersohn John Reed, sowie das harte Geschäft der frühen Goldgewinnung.

Der erste Goldrausch

Charlotte Motor Speedway: Pilgerstätte für NASCAR-Fans

Reed Gold Mine State Historic Site, *9621 Reed Mine Rd., Stanfield, ab I-85 Exit 58, dann Hwy. 601 und 200, https://historicsites.nc.gov/all-sites/reed-gold-mine, Di–Sa 9–17 Uhr, VC mit Ausstellung, Trails, Gift Shop und stündl. Touren in die Mine ($ 2), Eintritt frei, Gold Panning April–Okt. $ 3.*

Eine zweite Sehenswürdigkeit ist der **Charlotte Motor Speedway**. Er befindet sich etwa 20 km im Nordosten von Charlotte und 5 km südwestlich Concord am US Hwy. 29 (ab I-85 ausgeschildert). Der Speedway gehört zu den legendären Rennstrecken des *NASCAR*-Rennzirkus. Er ist eine „Stadt in der Stadt" mit Apartments, Hospital, Polizei, Clubhaus, Speedway Club Restaurant und Campingplatz für Fahrer, Familien und Begleitpersonal. Hier gibt es auch ein Besucherzentrum. Wer über die Rennen Genaueres erfahren möchte, sollte die **NASCAR Hall of Fame** in Charlotte besuchen (s. unten).

Charlotte Motor Speedway, *US Hwy. 29, ca. 10 km nordöstlich von Concord, www.charlottemotorspeedway.com, tgl. mehrere verschiedene Touren, ab $ 15 (Details s. www.charlottemotorspeedway.com/experiences/speedway-tours/), Shop und Film.*

Die „Queen City" Charlotte

Finanz- und Handelszentrum

Charlotte hat sich zum bedeutenden Finanz- und Handelszentrum an der Ostküste entwickelt. Größenmäßig stellt Charlotte mit knapp 900.000 Einwohnern (2,7 Mio. im Großraum) nach Washington und Atlanta die **drittgrößte Metropole an der Südostküste** dar. Zudem ist Charlotte ein wichtiges Service- und Verteilerzentrum und Sitz von über 300 ausländischen Firmen. Den Anspruch als **Wirtschaftsmetropole** verdeutlichen auch die seit den 1990ern aus dem Boden geschossenen Wolkenkratzer. Dabei waren die **Anfänge** eher bescheiden: Charlotte war von irischen und schottischen Einwanderern am Kreuzungspunkt alter Handelswege der *Catawba*-Indianer 1768 gegründet worden. Der Name der Stadt geht auf die Gemahlin des englischen Königs George III., Sophia Charlotte von Mecklenburg-Strelitz, zurück. In der deshalb auch als „**Queen City**" bezeichneten Stadt, Teil des Mecklenburg County, legte man schon am 31. Mai 1775, also ein Jahr vor der Unabhängigkeitserklärung, mit der „*Mecklenburg Declaration of Independence*" den Grundstein für die Loslösung von der Kolonialmacht. Noch heute gibt es Stimmen in Charlotte, die behaupten, Thomas Jefferson hätte diese Erklärung als Vorlage benutzt. Als der britische Oberbefehlshaber Lord Cornwallis die Stadt im Jahr 1780 besetzte, war er über den unerwartet heftigen Widerstand

Sehenswertes außerhalb von Charlottes Innenstadt

Ein Highlight Charlottes ist das **Mint Museum Randolph**, wenige Kilometer südöstlich des Loop im Vorort Eastover gelegen. Dieses erste Kunstmuseum North Carolinas befindet sich in der ehemaligen Münzprägeanstalt im Greek-Revival-Stil von 1835/36. Im Bürgerkrieg diente der Bau als Hospital und nach 1913 als Postamt, ehe er 1933 von der Innenstadt hierher versetzt und 1936 zum **Kunstmuseum** umfunktioniert wurde. Europäische Malerei ab dem 15. Jh. und amerikanische vom 18. Jh. bis heute bilden zusammen mit spanischer Kolonial- und präkolumbianischer Kunst und der beachtlichen Keramiksammlung Schwerpunkte.
Mint Museum Randolph, *2730 Randolph Rd., www.mintmuseum.org, Di–Sa 11–18, Mi bis 21, So 13–17 Uhr, $ 15 (inkl. Mint Museum Uptown).*

300 Jahre Geschichte

Historisch und volkskundlich Interessierte sollten unbedingt das **Charlotte Museum of History and 1774 Alexander Rock House**, rund 5 km östlich vom Zentrum, besuchen. Das Steinhaus von 1774 gehörte Hezekiah Alexander (1721–1801), Politiker und Unterzeichner der „*Mecklenburg Declaration of Independence*". Das hier eröffnete historische Museum erweckt auf eindrucksvolle Weise 300 Jahre Geschichte von Southern Piedmont zu neuem Leben.
Charlotte Museum of History, *3500 Shamrock Dr., www.charlottemuseum.org, Di–Sa 11–17 Uhr, stdl. Touren, $ 10.*

Reisepraktische Informationen Charlotte/NC

Information

Visit Charlotte Visitor Info Center, *501 S. College St., www.charlottesgotalot.com, Mo–Sa 11–17, So 12–16 Uhr; Filialen im Flughafen sowie im Convention Center (501 S. College St., nur geöffnet bei Messen und Events).*

Unterkunft

The Dunhill Hotel $$$, *237 N. Tryon St., ☏ (704) 332-4141, www.dunhillhotel.com; liebevoll renoviertes historisches, kleines Hotel in der Innenstadt mit 60 Zimmern unterschiedlicher Typen und einer Suite sowie dem* **Restaurant The Ashbury**.
The Morehead Inn $$$–$$$$, *1122 E. Morehead St. (South End), ☏ (704) 376-3357, www.moreheadinn.com; historisches Hotel von 1917, das zu den besten Inns im Süden zählt. Zwölf luxuriöse Zimmern und großer Gemeinschaftsraum, üppiges Frühstück.*

Restaurants/Nightlife

Mehr Infos zur lebendigen Restaurant- und Bar-Szene finden sich unter: www.charlottesgotalot.com/eat-drink.
The Ashbury, *237 N. Tryon St., im Dunhill Hotel (s. oben), ☏ (704) 342-1193; moderne Südstaatenküche.*
Mert's Heart & Soul, *N. College St., ☏ (704) 342-4222; eines der besten Soul Food-Lokale weit und breit – wer Südstaatenküche kennenlernen will, der ist hier richtig.*
Auch Charlotte hat längst eine interessante **Craft Beer-Szene**, *mehr Infos unter: www.charlottesgotalot.com/eat-drink/breweries. Durch das angesagte Viertel* **NoDa** *gibt es sogar einen eigenen Beer Trail (www.charlottesgotalot.com/trails/noda-craft-beer-trail).*
Beliebte Viertel zum Bummeln, Essen und Vergnügen befinden sich in **NoDa** *– dem*

North End Arts & Entertainment District (www.charlottesgotalot.com/neighborhoods/noda) oder in **Plaza Midwood** *(The Plaza/Central Ave., www.charlottesgotalot.com/neighborhoods/plaza-midwood).*

Einkaufen

7th Street Public Market, *225 E. 7th St.; etliche Shops und Lokale mit Frisch- u. a. regionalen Produkten zum Kaufen oder Gleichessen.*
Concord Mills, *8111 Concord Mills Blvd., Concord (I-85 Exit 49, ausgeschildert), www.simon.com/mall/concord-mills; Shopping-Zentrum mit über 200 Läden, Vergnügungseinrichtungen, Restaurants u. v. a.*

Zuschauersport

Charlotte Hornets, *Spiele der NBA-Basketballer im Spectrum Center, www.nba.com/hornets bzw. www.spectrumcentercharlotte.com (auch Konzerte u. a. in der Halle).*
Carolina Panthers, *Spiele der Profi-Footballer der NFL (National Football League) Bank of America Stadium, www.panthers.com.*
Charlotte FC, *die Spiele des Fußballclubs (MLS) finden ebenfalls im Bank of America Stadium statt, www.charlottefootballclub.com.*
Charlotte Motor Speedway, *s. oben.*

Flughafen

Charlotte/Douglas International Airport (CLT), *5501 Josh Birmingham Pkwy., www.cltairport.com; im Westen der Stadt zwischen I-85 und I-77; Drehkreuz von* **American Airlines** *(www.americanairlines.de), wird von American Airlines und Lufthansa/UA nonstop ab Frankfurt bzw. München angeflogen. Shuttlebusse und Taxis (ca. $ 25–30) sowie CATS-Busse verbinden Flughafen und Stadt, s. www.cltairport.com/to-and-from.*

Von Charlotte nach Asheville in die Blue Ridge Mountains

Hinweis zur Route

Von Charlotte aus führt die Route in die Bergwelt der südwestlichen Appalachen (**Blue Ridge Mountains**) und in den hier befindlichen **Great Smoky Mountains NP**. Anfangs auf der I-85 unterwegs, biegt man bei Gastonia auf den US Hwy. 74/64 ab, der nach Asheville führt.

Der Luftkurort Asheville

Ungefähr 40 km vor Erreichen des Bergorts Asheville lohnt eine Pause am **Chimney Rock State Park**. Von der per Aufzug erreichbaren „**Sky Lounge**" reicht die Sicht bei gutem Wetter bis zu 120 km weit Richtung Blue Ridge Mountains. Die umgebende Berg- und Waldlandschaft wird durch verschiedene Trails erschlossen.
Chimney Rock State Park, *Hwy. 74A, Chimney Rock, www.chimneyrockpark.com, tgl. 8.30–16.30/17.30 Uhr, $ 17.*

Renommierte Kunstschule

Die Gründung von **Asheville**, einem Städtchen mit rund 94.000 EW, reicht ins Jahr 1794 zurück. Doch erst zu Beginn des 20. Jh. entwickelte es sich zum Fremdenverkehrsort in den Blue Ridge Mountains und wird seither als **Luftkurort** oder „*The Quiet Pleasure*" mit einem breiten Angebot an Freizeitaktivitäten – wie Skifahren, Reiten, Golfen, Fischen oder Wandern –vermarktet. Mit Stolz verweist man auf mehrere **berühmte Bewohner**: Thomas Wolfe, Gail Godwin, F. Scott Fitzgerald oder O. Henry. Hier befand sich mit dem **Black Mountain College** wenige Kilometer östlich auch eine der renommiertesten Kunstschulen. 1933 von John Rice begründet, war sie nach 1941 als unorthodoxe, jedoch einflussreiche Lehranstalt berühmt geworden. Während ihrer nur 24-jährigen Existenz traf sich hier die Avantgarde: Literaten, Künstler und Wissenschaftler, darunter Josef Albers (später Bauhaus), Thornton Wilder, Albert Einstein und Henry Miller. Der Tänzer Merce Cunningham, Musiker John Cage oder Pop-Art-Künstler Robert Rauschenberg studierten oder lehrten hier.

Am VC kann man parken und sich mit Infos eindecken, ehe man sich zu Fuß südwärts auf die Haywood St. begibt. Das Zentrum, der **Pack Square**, an der Kreuzung Patton Ave. und Biltmore Ave., war einst Eisenbahnknotenpunkt, Handelszentrum und Treff. Shops und Restaurants, Kultureinrichtungen und Museen, darunter das **Asheville Art Museum** mit einer Dauerausstellung zu amerikanischer Kunst des 20. und 21. Jh., laden zu einer schöpferischen und/oder kulinarischen Pause ein.
Asheville Art Museum, *2 S. Pack Sq., www.ashevilleart.org, Mi–Mo 11–18, Do bis 21 Uhr, $ 15.*

Ein Besichtigungs-Muss ist die **Thomas Wolfe Memorial State Historic Site** im Nordosten der Innenstadt. Im Besucherzentrum gibt es eine Fülle von Infos sowie einen Film über den Autor. Dann sollte man das benachbarte Haus von 1883, in dem er aufwuchs, besichtigen. Begraben wurde Wolfe auf dem **Riverside Cemetery** (*53 Birch St.*), wo auch der Schriftsteller O. Henry seine letzte Ruhe fand.
Thomas Wolfe Memorial, *52 N. Market St., http://wolfememorial.com, Di–Sa 9–17 Uhr, $ 5 Haustouren.*

Reisepraktische Informationen Asheville/NC

Information
Asheville VC, *36 Montford Ave., www.exploreasheville.com, Mo–Fr 8.30–17, Sa/So 9–17 Uhr, mit Souvenirshop.*

Unterkunft
Cedar Crest Inn $$–$$$, *674 Biltmore Ave., ☏ (828) 252-1389, www.cedarcrestinn.com; schmucke Villa von 1890 mit zehn elegant ausgestatteten Zimmern und großer Veranda sowie Cabin und Carriage House (für bis zu acht Gäste). Frühstück und Wein am Abend inklusive.*
Beaufort House Inn $$$, *61 N. Liberty St., ☏ (828) 254-8334, www.beauforthouse.com; elf helle Zimmer in denkmalgeschütztem viktorianischen Haus von 1894, inkl. mehrgängigem Frühstück.*
Inn on Biltmore Estate, *s. rechts*

Restaurants

The Market Place Restaurant, *20 Wall St., https://marketplace-restaurant.com; nettes zentral gelegenes Lokal, wo kreative Gerichte aus frischen Zutaten auf der Karte stehen; dazu gute Weinauswahl.*

Luella's Bar-B-Que, *501 Merrimon Ave., bzw.* **12 Bones Smokehouse**, *5 Foundy St., www.12bones.com, sind beide ein Beleg, dass es auch in North Carolina leckeres BBQ gibt.*

Auch in Ashville sind in den letzten Jahren zahlreiche **Kleinbrauereien** *mit eigenen Pubs entstanden. Empfehlenswert sind u. a.* **Thirsty Monk** *(92 Patton Ave.) oder* **Wicked Weed Brewing** *(91 Biltmore Ave.).*

Early Girl Eatery, *8 Wall St.; ideal zum Frühstück (wochentags ab 7.30, Sa/So ab 9 Uhr), die Backwaren sind ein Gedicht!*

Einkaufen

Folk Art Center, *Blue Ridge Parkway, mi 382 (nördl. Asheville), tgl. 9–17/18 Uhr, www.southernhighlandguild.org/folkartcenter; Mitglieder der Southern Highland Craft Guild stellen hier aus. Verkauf von lokaler Kunst und Handwerkskunst wie Schnitzereien, Handarbeiten, Schmuck, Kunstwerke etc.*

Biltmore Estate, Schloss in den Bergen

Vanderbilts privater Palast

Im Süden von Asheville thront an einem Berghang der Blue Ridge Mountains gut ausgeschildert und unübersehbar ein monumentales und prunkvolles „Schloss": **Biltmore Estate**. Hier wohnte eine der reichsten Familien der USA, die Vanderbilts. Der Palast wurde für George Washington Vanderbilt II. 1890–95 mit über 250 Zimmern erbaut. Ein Teil davon kann samt Originalausstattung besichtigt werden. Der Eisenbahnmagnat galt als leidenschaftlicher Sammler von antiken Möbeln und Raritäten. Die Außenanlagen gleichen mit ihren verschieden gestalteten Teilen und Gewächshäusern, Brunnen und verschlungenen Pfaden einem Botanischen Garten.

Den sagenhaften Reichtum des Vanderbilt-Clans begründete der am 27. Mai 1794 in Richmond (Staten Island/NY) geborene „**Commodore**", Cornelius Vanderbilt, ein Nachfahre holländischer Siedler. Den Grundstock seines Vermögens erwirtschaftete er zunächst mit dem Bau und Betrieb von Dampfschiffen, v. a. der Einrichtung eines geregelten Fährverkehrs von Staten Island nach Manhattan, dann stieg er ins Eisenbahngeschäft ein. Als er am 4. Januar 1877 starb, hinterließ er ein Vermögen von $ 105 Mio.

Eisenbahnmagnat

Cornelius' Sohn William Henry Vanderbilt (1821–1885) wurde dann zum „New Yorker Eisenbahnmagnaten". In seine Fußstapfen trat einer seiner Söhne, Cornelius Vanderbilt II., während der andere, George Washington Vanderbilt II. (1862–1914) – Biltmore Estate baute. Noch heute befindet sich das Haus in Familienbesitz: ein Urenkel, William Amherst Vanderbilt Cecil, ist Vorstandsvorsitzender der Biltmore Company.

Biltmore Estate: Schloss in den Bergen

Stararchitekt Richard Morris Hunt hatte 1888 von George Washington Vanderbilt II. den Auftrag erhalten, ein Haus nach dem Vorbild französischer Loire-Schlösser im Renaissance-Stil zu bauen. Mit der Gartengestaltung wurde der berühmte Landschaftsarchitekt Frederick Law Olmsted beauftragt, der bereits den Central Park in New York geplant hatte und von 1890 bis zu seinem Tod 1903 hier tätig war. Kein Aufwand wurde gescheut an Baumaterial, Arbeitern und Künstlern. Zeitweise waren bis zu 1.000 Leute am Bau beteiligt. Tonnen von Kalkstein aus Indiana wurden mithilfe einer speziell eingerichteten Eisenbahnlinie herbeigeschafft. Nach fünfjähriger Bauzeit veranstaltete Vanderbilt 1895 auf dem „Landsitz eines großen Gentleman" erstmals eine Weihnachtsfeier in ganz großem Stil.

Schloss mit modernem Komfort

Biltmore Estate – zusammengesetzt aus „*Bildt*" (holländisch: Region) und „*more*" (altenglisch: Hügelland) – gilt als das **größte Privathaus der USA**. Auch wenn von den insgesamt 255 Zimmern nur 22 von den Vanderbilts selbst bewohnt wurden standen 65 Kamine, 43 Badezimmer, 34 Schlafzimmer und drei große Küchen zur Verfügung. Das herausragendste Merkmal ist jedoch der für die Zeit ungewöhnlich hohe Komfort: Das ganze Haus war voll elektrifiziert und wurde zentral beheizt. Es gab fließend Heiß- und Kaltwasser, Rufanlagen, Aufzüge und Telefone. In den **Bibliotheken** standen rund 23.000 Bände und Möbel aus 13 Ländern. Kunstschätze aus unterschiedlichsten Epochen und Regionen zeugten von Kenntnis und Geschmack. Im Erdgeschoss und den oberen Etagen wurde residiert, die rund 80 Bediensteten waren hingegen im Untergeschoß, in ebenfalls modern ausgestatteten Wirtschaftsräume und Küchen tätig. Sie verfügten über einen eigenen Speisesaal und moderne Dienstbotenräume. Ebenfalls im „Keller" untergebracht war ein „Fitness-Center" bestehend aus Turnhalle, Pool, Kegelbahn und 17 Umkleideräumen.

Das Schloss umgeben verschiedene Nationengärten, Wasserbecken, Brunnen und eine üppige Pflanzenvielfalt mit hauptsächlich Azaleen, Rosen und Palmen. Auf dem Grund steht außerdem ein Jugendstil-Gewächshaus. Es gab mehrere Nebengebäude, denn Vanderbilt hatte großen Wert auf ein sich selbstversorgendes „Dorf" mit Landwirtschaft gelegt. So gab es beispielsweise eine Molkerei.

Heute lagern dort jedoch statt Milchflaschen edlere Tropfen. Biltmore Estate ist eines der meistbesuchten Weingüter an der Ostküste.

Biltmore Estate, *ca. 7 km südl. Asheville, US Hwy 25 (I-40 Exit 50), www.biltmore.com, Gate House (Tickets und Shop) tgl. 8.30–17.30 Uhr, Daytime Tickets (self-guided Haus- und Gartentour) je nach Saison/Tag ab $ 85 (Anlage ohne Haus ab $ 55), außerdem Touren wie Rooftop- oder Behind-the-Scenes-Tour. Zum Komplex gehören ein Weingut (www.biltmore.com/visit/winery), mehrere Restaurants, Hotels u. a.*

Inn on Biltmore Estate $$$$–$$$$$, *1 Antler Hill Rd., ☏ 1 (866) 336-1245, www.biltmore.com/stay; traumhaft gelegenes 213-Zimmer-Luxushotel; außerdem Village Hotel (moderatere Preise) und Cottages on Biltmore Estate.*

In der Heimat der Cherokee-Indianer

Am Ende des Blue Ridge Parkway, noch vor der Zufahrt in den Great Smoky Mountains NP, erstreckt sich das Reservat von rund 10.000 **Cherokee-Indianern**. Einst lebten sie zwischen dem Ohio River und den Appalachen. Man verstand sich gut mit den europäischen Siedlern und übernahm sogar viele „weiße" Ideen. So entwickelte 1821 Sequoyah (ca. 1763–1843) eine eigene Schrift – eine Lautschrift, deren Silbentabelle die phonetische Umschreibung von Wörtern und das einfache Erlernen der Schrift ermöglichte. Wenig später, ab 1828, erschien darüber hinaus eine eigene Indianer-Zeitung mit dem Titel „*Cherokee Phoenix*".

Die Schrift des Sequoyah

Doch der Frieden währte nicht lange. Im 19. Jh. wuchs der Siedlungsdruck und 1835 unterzeichnete Präsident Andrew Jackson den *Removal Treaty Act*, der die Cherokee zur **Umsiedelung** nach Westen zwang. Unter dem Kommando von

Cherokee-Indianer vor eindrucksvoller Kulisse

Geschichte der Cherokee

General Winfield Scott schaffte man bis Herbst 1838 mindestens 16.000 Indianer mit Wagen, Booten und zu Fuß in Richtung Oklahoma. Nur etwa zwei Drittel überlebten den vier bis sechs Monate dauernden **Trail of Tears** über fast 2.000 km. Lediglich eine kleine Gruppe von Indianern entging der Zwangsumsiedlung. Sie hatten es geschafft, sich in den Bergen zu verstecken. Deren Nachkommen leben heute im Reservat um Cherokee. Zur Erinnerung an die Vertreibung wurde 1987 der **Trail of Tears National Historic Trail** (*www.nps.gov/trte*) zwischen Tennessee und Oklahoma eingerichtet.

Rekonstruiertes Indianerdorf mit Theater

Der Ort **Cherokee** ist das Zentrum der **Qualla Boundary Cherokee Indian Reservation**. Hier befindet sich das didaktisch hervorragend aufgebaute **Museum of the Cherokee Indian**, vor dem eine weithin sichtbare, über 6 m große Holzbüste von Sequoyah thront. Die Geschichte der Cherokee-Indianer bis zum *Trail of Tears* wird mittels verschiedenster Medien anschaulich geschildert: ein Highlight, das man sich nicht entgehen lassen sollte.
Museum of the Cherokee Indian, *Drama Rd./Tsali Blvd. (US Hwy. 441 N), https://mci.org, tgl. 9–17 Uhr, $ 12; mit Shop.*

Thematisch gut passt ein anschließender Besuch im rund 4 km nördlich gelegenen **Oconaluftee Indian Village**. In diesem rekonstruierten Indianerdorf demonstrieren Amerikas Ureinwohner ihre handwerklichen Fähigkeiten und führen die Besucher in die Welt des 18. Jh. ein. Im zugehörigen Freilufttheater wird im zweistündigen historischen Drama „**Unto These Hills**" die Geschichte der Cherokee von 1540–1839 gezeigt. In den Sommermonaten muss hier mit viel Andrang gerechnet werden.
Oconaluftee Indian Village, *778 Drama Rd., ab US Hwy. 441 N ausgeschildert, https://cherokeehistorical.org/oconaluftee-indian-village, Anf. Mai–Mitte Okt. Mo–Sa 9.30–16.30 Uhr, $ 25.*
„**Unto These Hills**" **Outdoor Drama**, *https://cherokeehistorical.org/unto-these-hills, Ende Mai–Mitte Aug. Mo–Sa 19.30 Uhr, ab $ 25; Freiluft-Theater-Aufführung.*

Reisepraktische Informationen Cherokee/NC

Information

Cherokee Welcome Center, *498 Tsali Blvd., https://visitcherokeenc.com, tgl. 9.30–16.30 Uhr.*
Oconaluftee VC – Great Smoky Mountains NP, *US 441/Newfound Gap Rd., 2 mi nördl. Cherokee, www.cherokeesmokies.com; VC (8–mind. 16.30 Uhr) mit Ausstellungen, Broschüren, Büchern und Souvenirs. Auch Infos über Veranstaltungen wie Cherokee Indian Fair (https://visitcherokeenc.com/events/detail/cherokee-indian-fair1). Angeschlossen ist das* **Mountain Farm Museum**, *und nicht weit entfernt liegt die* **Mingus Mill**, *eine Getreidemühle von 1886. Ausgangspunkt zweier kurzer Trails. Infos: www.nps.gov/grsm/planyourvisit/mfm.htm*

Unterkunft

Über 50 relativ gleichartige Motels auf Reservatsgrund, v. a. entlang US Hwy. 19 und 441 N, wobei Zimmer ab ca. $ 60 zu bekommen sind. Infos: https://visitcherokeenc.com/stay

Der Great Smoky Mountains National Park

Das südliche Zentrum der in Ost-West-Richtung verlaufenden Appalachenkette nimmt der **Great Smoky Mountains NP** ein. „*Shaconage*", „Ort des ewig blauen Rauches", nannten die Cherokee-Indianer ihre alte Heimat. Wer an einem sonnigen Herbstmorgen auf einem der Hügel steht, versteht warum: Bläulich schimmernd steigen die Nebelschwaden langsam aus den Tälern auf, um sich über den bewaldeten Bergen, wie von Zauberhand weggewischt, im Sonnenlicht aufzulösen. Der Great Smoky Mountains NP zählt zu den **meistbesuchten Nationalparks** der Vereinigten Staaten. Quer durch den Park verläuft die Staatsgrenze zwischen North Carolina (NC) und Tennessee (TN). Das 2.107 km² große Parkareal liegt zu etwa gleichen Teilen in beiden Bundesstaaten. **Ganzjährig geöffnet** und durch gute Bergstraßen erschlossen, werden jährlich über 12 Mio. Gäste registriert. Im Sommer und besonders im Herbst bei Laubfärbung herrscht großer Andrang, und der Park stößt an die Grenzen seiner Belastbarkeit.

Artenreiche Flora und Fauna

Der Nationalpark besteht aus einem der größten zusammenhängenden Waldgebiete der USA. Seine Lage an der Grenze zwischen südlicher und nördlicher Vegetationszone sowie sein höchster Berg, der 2.000 m hohe **Clingsmans Dome** machen den Park besonders attraktiv. Die *Great Smokies* in den südlichen Appalachen sind die Heimat von mehr als 200 Vogel- und 27 Salamanderarten und bieten für die über 125 Baum-, 1.300 Pflanzen- und 200 Pilzsorten ideale Wachstumsbedingungen. Trails laden zu Wanderungen ein, bei denen man die verschiedenen Baumarten (Fichten-, Tannen-, Pinien- und Laubwälder) und die

In den Great Smoky Mountains

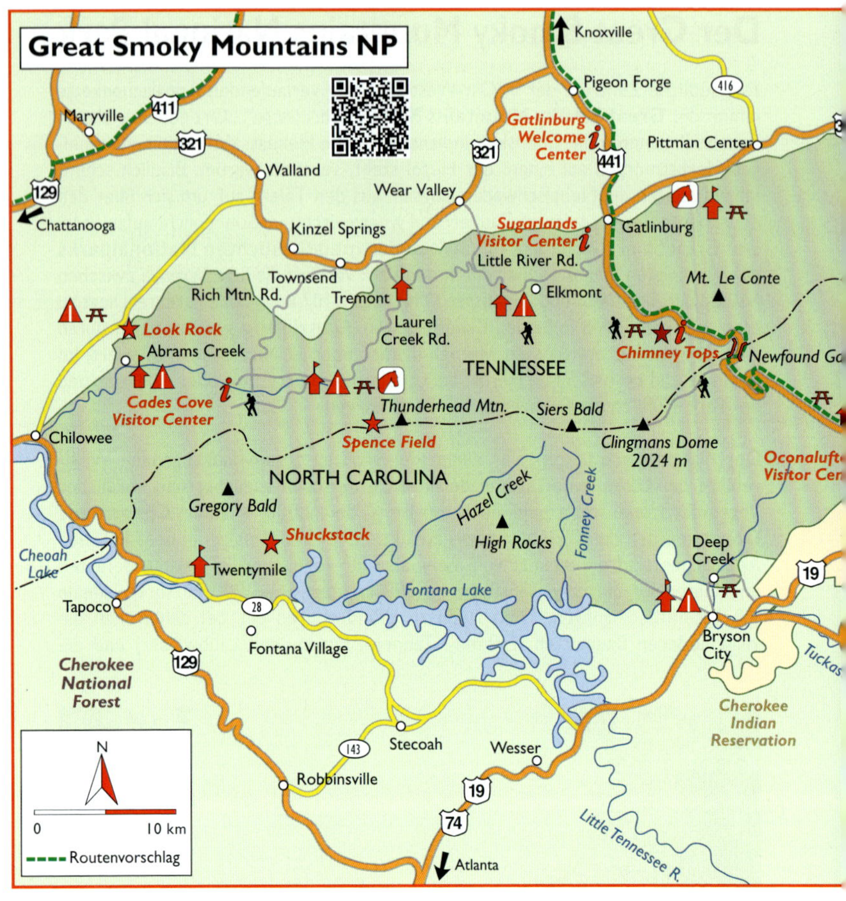

Tierwelt (Schwarzbären, Füchse, Raubkatzen, Schildkröten, Truthähne) kennenlernen kann. Eine blühende Holzwirtschaft hatte im frühen 20 Jh. fast zur Rodung des einzigartigen Waldbestands der Appalachen geführt. Am 15. Juni 1934 wurde dank Spenden – $ 5 Mio. allein von John D. Rockefeller – und Landgeschenken der beiden involvierten Bundesstaaten NC und TN der Nationalpark gegründet.

Die **New Found Gap Road** (US Hwy. 441) verbindet als Hauptachse des Parks Cherokee/NC im Süden mit Gatlinburg/TN im Norden. Sie führt über den **New Found Gap** (1.539 m) und bietet von dort spektakulären Ausblick auf Berge und Wälder. Von der Hauptachse zweigen Nebenstrecken ab, z. B. die Little River Rd. (ab Sugarlands VC), die zur Cades Cove, einem malerischen Bergtal, führt und an deren knapp 20 km langer Loop Road die Historic Grist Mill liegt (*April–Okt. 9–17 Uhr*).

Reisepraktische Informationen Great Smoky Mountains NP

Information

Great Smoky Mountains NP, *www.nps.gov/grsm, Eintritt frei. In vier Besucherzentren (meist 9/10–mind. 16.30 Uhr) – dem* **Oconaluftee VC** *(s. oben Cherokee) am Südzugang in NC, dem* **Sugarlands VC** *an der Nordzufahrt (TN),* **Clingmans Dome VC** *(nur April–Nov. 10–18 Uhr),* **Cades Cove VC** *im Westen (TN) – erhält man kostenlos Kartenmaterial sowie Informationen und Hinweise zu Sights wie historische Mühlen, Veranstaltungen, Touren, Camping, Wanderungen und sonstigen Aktivitäten sowie zu Straßensperrungen.*

Unterkunft

Auf dem Parkareal befindet sich **Le Conte Lodge** *$$, rustikale Cabins aus den 1920ern auf dem Mount Le Conte, über 2.000 m hoch gelegen, lediglich zu Fuß erreichbar (ca. 8–10 km) und nur Ende März–Ende Nov. auf Vorreservierung: www.lecontelodge.com.*

Außerhalb des Parkareals gibt es Übernachtungsmöglichkeiten in **Cherokee**, *an der S-Zufahrt zum NP (s. oben) sowie in* **Gatlinburg** *und* **Pigeon Forge** *am N-Eingang (s. unten).*

Blackberry Farm $$$$ *(inkl. VP), 1471 W. Millers Cove Rd., Walland/TN (ca. 15 km westl. Pigeon Forge, US Hwy. 321), ☎ (865) 984-8166, www.blackberryfarm.com; Luxus-Resort im New-England-Stil mit Farmbetrieb mitten in den Appalachen gelegen. Ruhig und abgeschieden mit Restaurant.*

Camping

Auf dem Parkgelände stehen 10 unterschiedlich hoch gelegene, einfache Campgrounds zur Verfügung, schön sind z. B. Cataloochee und Elkmont. Detaillierte Auskünfte unter: www.nps.gov/grsm/planyourvisit/carcamping.htm und in den VCs. Reservierung ist für die größeren Plätze möglich (und teils nötig), sonst gilt „first-come, first serve“.

Wandern u. a. Touren

Über 1.000 km Wanderwegen durchziehen den Park. Der Großteil ist identisch mit dem **Appalachian Trail**, *der von Maine in den Südteil der Appalachen führt. Daneben gibt es eine Vielzahl kurzer Trails, die meist durch dichten Wald und an Bächen entlang zu Wasserfällen führen.*

Infos: *www.nps.gov/grsm/planyourvisit/hiking.htm sowie https://hikinginthesmokys.com.*

Durch East Tennessee nach Atlanta

 Hinweis zur Route

Vom Great Smoky Mountains NP lohnt zunächst ein Abstecher nach **Knoxville** (Hwy. 441). Von dort folgt man dem Hwy. 411 entlang der Westflanke der Berge Richtung Süden durch die **Tennessee Overhill Region**. Kurz vor der Grenze zu Georgia geht es auf dem Hwy. 64 nach **Chattanooga**. Auf den Spuren des Bürgerkriegs geht es von dort auf der I-75 in die Südstaatenmetropole **Atlanta**.

Im Westen der Great Smokies

Direkt am Nordausgang des Great Smoky Mountains NP, am Hwy. 441, liegt **Gatlinburg** mit gut 3.500 Einwohnern. Der Ort ist im Sommer Anlaufstelle von bis zu 50.000 Parkbesuchern. Nachdem das Städtchen Ende des 18. Jh. gegründet worden war, eröffnete hier bereits 1916 das erste Hotel. Mit der Fertigstellung des Hwy. 441 im Jahr 1926 bzw. der Teerung 1936 trat der Tourismus in Gatlinburg seinen Siegeszug an und machte die Stadt zum „*Favorite Mountain Getaway in the South*". Zu den lokalen Attraktionen gehören mehrere von **Ripley's** betriebene Vergnügungsparks (Details und Tickets: *www.ripleys.com/gatlinburg*), vor allem aber bietet die **Space Needle Gatlinburg,** ein 124 m hoher Aussichtsturm, einen tollen Ausblick (www.gatlinburgspace needle.com). Ebenfalls Aussicht (und dazu Shopping, Lokale und Vergnügen) bietet der Adventure Park mit dem Turm **AnaVista** (https://anakeesta.com).

Touristenziel

Ober-Gatlinburg (*https://obergatlinburg.com*) ist dagegen ein per Seilbahn (*Aerial Tramway, tgl. zumeist 9.40–19 Uhr, Hin/Rück $ 29*) erreichbares, skurriles **Alpen-Vergnügungsdorf** mit allerlei Wasser-, Ski- und sonstigen Attraktionen und Unterhaltung (*Einzelpreise und Zeiten s. Website*).

Etwas weitläufiger wirkt das wenige Meilen nördlich gelegene (US Hwy. 441) **Pigeon Forge**, das ansonsten Gatlinburg ähnelt. Während Gatlinburg über ein kleines Zentrum verfügt, erstreckt sich Pigeon Forge entlang des Highways. Pigeon Forge ist ebenfalls ein **Erholungs- und Outdoor-Zentrum** und wird vor allem von Familien geschätzt. Mit Entertainment aller Art, von *Bungee Jumping* über Go-kart-Fahren bis hin zu Outlet Malls ist es eine ideale Destination für Familien mit Kindern. Anders als in Gatlinburg setzte der Tourismusboom hier erst 1986 ein, als die vollbusige, blonde Country-Music-Sängerin Dolly Parton aus der ehemaligen „*Silver Dollar City*" das neue **Dollywood** machen ließ. Der Erlebnis- und Musikpark mit *Theme Park* (Fahrgeschäfte u. a.), *Water Park* sowie Hotel und Cabins, Shops, Imbissbuden, Ausstellungen, Veranstaltungen und Vorführungen, stellt eine Verbindung zu den verschiedenen Aspekten des Lebens und den Traditionen der Appalachians her und informiert gleichzeitig über Leben und Werk der Künstlerin. Country- und Blue-Grass-Musikern treten auf und Kunsthandwerksstände laden zum Geldausgeben ein. Eine weitere Attraktion im Ort ist **Titanic Museum Attraction**, ein Nachbau des legendären, 1912 gesunkenen Ozeanriesen mit Ausstellungen zum Schiff, zu Passagieren und zur Katastrophe.

Dolly-Parton-Themenpark

Dollywood, *1020 Dollywood Ln., www.dollywood.com, saisonal wechselnde Öffnungszeiten, mind. tgl. 10–18 Uhr, ab $ 89 für den Theme Park. Konzerte und Veranstaltungen s. Website.*
Titanic Museum Attraction, *2134 Parkway, https://titanicpigeonforge.com, saisonal unterschiedl. Öffnungszeiten, $ 35 ($ 115 Familienticket).*

Reisepraktische Informationen Gatlinburg und Pigeon Forge/TN

Information

Gatlinburg CVB, *811 East Parkway, www.gatlinburg.com; Herumkommen mit verschiedenen* **Trolley-Linien**, *s. www.gatlinburg.com/trolley.*
Pigeon Forge Welcome Center, *3107 Parkway (Hwy. 441/321), www.mypigeonforge.com, derzeit geschlossen.*

Unterkunft/Restaurants

Hotels und Motels v. a. verschiedenster Ketten reihen sich in beiden Orten entlang der Hauptstraße (US Hwy. 441) auf, z. B.:
Rocky Waters Motor Inn $–$$, *333 Parkway (US Hwy. 441), Gatlinburg, ☏ 1 (800) 824-1111, www.rockywatersmotorinn.com; schön gelegen am Little Pigeon River, Zimmer und Cabins mit Balkonen/Terrassen mit Aussicht zum Fluss, neu renoviert.*
Dollywood's Dreammore Resort & Spa $$$, *www.dollywood.com/Resort, 2525 DreamMore Way, Pigeon Forge; das Tophotel der Region, mit diversen Lokalen und Spa.*

Einkaufen

Great Smoky Arts & Crafts Community, *Hwy 321 N, 5 km von Downtown Gatlinburg, https://greatsmokyartsandcrafts.com, unterschiedl. Zeiten. An einer Rundroute liegen Läden, Studios, Galerien, in denen es lokale Kunst und Kunsthandwerk zu kaufen gibt.*

Knoxville – „Gateway to the Smokies"

Vor 200 Jahren galt **Knoxville** noch als das Tor der weißen Siedler zum „Wilden Westen". Heute nennt sich die über 190.000 Einwohner zählende Stadt „Gateway to the Smokies" und ist Sitz der **University of Tennessee** und der **TVA** (*Tennessee Valley Authority*). 1791 ließ der erste Territorial-Gouverneur, William Blount, am Ostrand von Downtown **James White's Fort** errichten. Der Ort diente bis 1811 als Hauptstadt des Territoriums und des späteren Bundesstaats Tennessee. Danach versank die Stadt in einen Dornröschenschlaf, aus dem sie erst zur Weltausstellung 1982 wieder erwachte. Von da an verwandelte sich das Provinznest in eine moderne und ansehnliche Stadt.

„Gateway to the Smokies"

Knoxville gilt als Heimat der **Country** und **Bluegrass Music** – als „*Training ground before Nashville*". Viele Stars, die später in Nashville ihr großes Geld verdienten, taten in Knoxville ihre ersten Schritte. Dazu gehören Roy Acuff oder Dolly Parton. Für die Verbreitung der lokalen Musikszene sorgt seit 1991 der legendäre, lokale Country-Sender **WDVX** (*https://wdvx.com*).

vorragenden Einblick in das Leben der Bergbewohner Tennessees. Die oft als „Hinterwäldler" Belächelten sind in letzter Zeit aufgrund ihrer **Bluegrass-Musik** bekannt geworden. Gebäude aus dem 18. Jh. und Vorführungen aller Art (Musik, Handwerkstechniken, Leben auf dem Bauernhof etc.) führen in ihre Kultur ein.
Museum of Appalachia, *2819 Andersonville Hwy., I-75 Exit 122/US Hwy 61, Clinton, www.museumofappalachia.org, tgl. 9– mind. 17 Uhr, $ 18, mit Shop und Restaurant.*

Reisepraktische Informationen Knoxville/TN

Information

Visit Knoxville Downtown VC, *301 S. Gay St., www.visitknoxville.com, Mo–Fr 8.30–17, Sa 9–17, So 12–16 Uhr, mit empfehlenswertem Shop (lokale Produkte und Souvenirs).*

Touren

Star of Knoxville, *300 Neyland Dr., Mai–Dez., www.tnriverboat.com, Raddampfer-Rundfahrten auf dem Tennessee River, April–Okt., Tickets ab $ 25, auch Dinner und Lunch Cruises.*

Unterkunft

Preiswertere Hotels/Motels, v. a. der großen Ketten, gibt es genügend. Infos unter: www.visitknoxville.com/places-to-stay/hotels.
Maple Hurst Inn $$–$$$, *800 W. Hill Ave., ☏ (865) 851-8383, www.maplehurstinn.com; B&B in einer über 90 Jahre alten Villa in Downtown und Uni-Nähe, dennoch ruhig gelegen, 13 unterschiedlich ausgestattete, teils etwas altmodische Zimmer.*
Maple Grove Inn $$$, *8800 Westland Dr., ☏ (865) 951-2315, www.maplegroveinn.com; sieben liebevoll und elegant ausgestattete Zimmer in renoviertem Haus von 1799, einem der ältesten der Stadt, inmitten einer Parkanlage; mit eigenem Restaurant.*
The Oliver Hotel $$$–$$$$, *407 Union Ave., ☏ (865) 521-0050, www.theoliverhotel.com; Boutiquehotel in einem historischen Bau der Innenstadt mit 28 eleganten Zimmern.*
The Tennessean $$$$, *531 Henley St., ☏ (865) 232-1800, www.thetennesseanhotel.com; oberster Luxus in modernem Gebäude mitten in Downtown.*

Restaurants

The Strip, *wie die Cumberland Ave. genannt wird, führt vom Universtitäts-Campus nach Norden und bietet preiswertes Essen, Cafés, Shops und Studententreffs.*
Kleinbrauereien *(Infos: www.visitknoxville.com/restaurants/breweries-taprooms-/) lohnen einen Besuch. Über den* **Ale Trail** *kann man sich schon im Vorfeld informieren: www.visitknoxville.com/aletrail.*
Calhoun's, *400 Neyland Dr. (Tennessee River) sowie andere Niederlassungen, https://calhouns.com; die wohl besten BBQ-Rippchen im Süden!*

Zuschauersport

UT Volunteers, *College Football-Heimspiele (Sept./Okt.) im* **Neyland Stadium** *(100.000 Fassungsvermögen), Basketballspiele (Dez.–Feb.) der Frauen und Männer in der* **Thompson-Boling Arena** *(24.535 Zuschauer), beide Neyland Dr., Infos und Tickets: https://utsports.com.*

College Football – „Nationalsport“ der Südstaaten

info

Wenn an Samstagen im Herbst die Volunteers, die American-Football-Mannschaft der Universität Tennessee, ihre Heimspiele im Neyland Stadion austragen, leuchtet ganz Ost-Tennessee in Orange. 100.000 Zuschauer im Stadion, Fans und Studenten vor TV- und Radio-Geräten feuern ihre Mannschaft mit orange-bemalten Gesichtern und orangefarbenen Trikots an. Die Farben der großen Universitäten sind für die jeweiligen Staaten farbbestimmend. In Knoxville ist es Orange, in Alabama Burgunderrot, in Florida Blau, in Georgia Rot, in Louisiana Violett und Gold. Sind auch die Farben unterschiedlich, Tatsache ist, dass der gesamte Süden aus dem Häuschen gerät, wenn Studenten **College Football** spielen.

American Football gilt neben Baseball als der zweite US-Nationalsport. Studenten hoben den American Football vor über 100 Jahren aus der Wiege, entwickelten ihn weiter und verhalfen ihm zum Durchbruch. Der Name **College Football** hat sich eingebürgert, um die von Colleges und Universitäten betriebene höchste Amateurklasse von den Profiteams der NFL (National Football League) zu unterscheiden. In ihrer Popularität stehen die Studenten den Profis allerdings keinesfalls nach. Auch an Professionalität können sie es mit ihnen fast aufnehmen – mit einem „kleinen“ Unterschied: Die Studenten erhalten keinen Cent, sondern werden mit Stipendien abserviert.

In der Tradition britischer Hochschulen dem Motto folgend *„mens sana in corpore sano“* begann bereits in der zweiten Hälfte des 19. Jh. ein regelmäßiges sportliches Kräftemessen zwischen den Universitäten in den USA. Ein Hauptcharakteristikum des Hochschulsports ist seither, dass Studenten nur während ihrer **vier Studienjahre** – *Freshman*, *Sophomore*, *Junior* und *Senior* – aktiv sein dürfen. Danach geht es mit ein bisschen Glück ins Profilager. Im American Football wie im Basketball, den beiden wichtigsten College-Sportarten, fungieren die Universitäten als Nachwuchsreservoir für die Proficlubs.

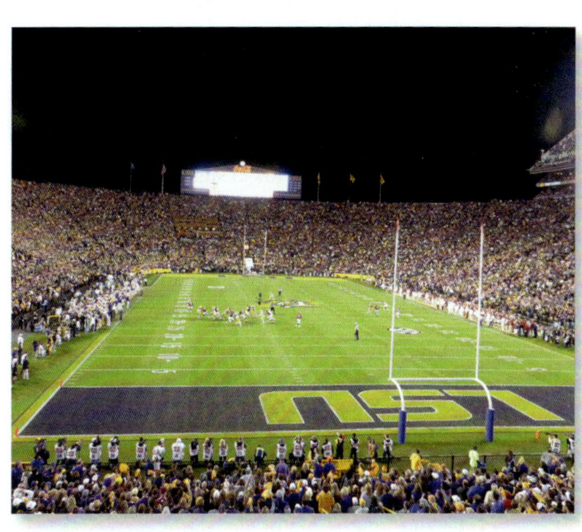

College Football muss den Vergleich mit den NFL-Profis nicht scheuen

In den 1920ern schlossen sich die Hochschulen regional zu Ligen zusammen und begannen einen geregelten Spielbetrieb. Sport wurde damit zu einem wichtigen Faktor bei der **Selbstdarstellung der Hochschulen**: Eine erfolgreiche Mannschaft wirkt sich positiv auf das Image aus, lässt Spendengelder fließen und verhilft zu Einnahmen in Millionenhöhe aus Preisgeldern und TV-Übertragungsrechten. Auf einem Uni-Campus sind daher die riesigen Sporthallen, Stadi-

info

en und Trainingsanlagen nicht zu übersehen. Welch wichtige Rolle der College Football spielt, zeigen die zwischen 50.000 und 100.000 Zuschauer fassenden Footballarenen auf dem Campus größerer Universitäten.

Ein **College-Football-Spiel** ist ein Erlebnis der besonderen Art. Zu den Stimmungsmachern gehören die **Tailgate Party** vor dem Spiel, die Auftritte von *Marching Bands* und *Cheerleaders* sowie die Schlachtgesänge der in Vereinsfarben gekleideten Studenten und Fans auf den Rängen. Über 120 Universitäten sind in **regionale Ligen** eingeteilt, wie der SEC (Southeastern Conference), Big 12, Big Ten, ACC (Atlantic Coast Conference) oder Pacific 12. Sie bilden die **oberste Klasse im College Football** und tragen von September bis Anfang November Spiele aus. Die besten Unis werden zwischen Weihnachten und Neujahr zu *College Bowls* (Pokalspielen) eingeladen. Die vier Topteams bestreiten die Finalrunde (Halbfinale und Endspiel) um die Meisterschaft.

Tennessee Overhill

Reizvolle Berglandschaft

Die nachfolgend beschriebene Nebenstrecke zwischen Knoxville und Chattanooga, abseits der I-75, gehört zu den schönsten Routen Tennessees. Auf Landstraßen geht es durch die reizvolle Berglandschaft am Westabhang der Appalachen und vorbei an kleinen Ortschaften durch die Region **Tennessee Overhill**. Man folgt dabei dem US Hwy 411 in südwestlicher Richtung. Im kleinen Ort **Vonore** am Little Tennessee River lohnt ein Besuch des **Sequoyah Birthplace Museum**. Dem gleichnamigen Cherokee-Indianer (ca. 1763–1843) war es gelungen, für die Cherokee-Laute einprägsame Zeichen zu finden und eine Schrift zu entwickeln. Infolgedessen entwickelten sich die Cherokee zwischen 1821 und 1825 zur westlichen Kulturnation mit eigener Zeitung, Staatsverfassung und Bibelübersetzung.
Sequoyah Birthplace Museum, *576 Hwy. 360, https://sequoyahmuseum.org, Mo–Sa 9–17, So 12–17 Uhr, $ 5.*

info

Sequoyah – Sprachgelehrter und Allround-Genie

Dass die Cherokee als erstes indianisches Volk eine **eigene Schrift** entwickelt haben, ist einem Mann namens **Sequoyah** (ca. 1763–1843), auch bekannt als George Guess oder Gist, zu verdanken. Er hatte nach 12-jährigem Studium seiner Muttersprache im Jahre 1821 eine Lautschrift entwickelt und eine Silbentabelle entworfen, die die phonetische Umschreibung von Wörtern und das einfache Erlernen der Schrift ermöglichte.

Ein Resultat seiner Bemühungen war der „Cherokee Phoenix", die erste indianische Zeitung. Bereits ein Jahr nach Einführung der Schrift konnten 90 % des Volkes lesen und schreiben, eine bis heute kaum erreichte Bildungsrate. Noch jetzt beherrschen trotz der Zwangseinschulung im frühen 20. Jh. über 10.000 Cherokee ihre Muttersprache und geben sie an den Nachwuchs weiter.

Sequoyah, geboren im heutigen Ost-Tennessee, war nicht nur ein Sprachgelehrter, sondern ein vielseitig interessierter, handwerklich geschickter und künstlerisch begabter Mann. Er arbeitete als Silberschmied, Händler, Lehrer,

Unternehmer, Künstler und Politiker. Sieben Mal verheiratet, scharte er eine riesige Familie um sich. 1818 zog es Sequoyah wie viele andere in den Westen. Er begann in Arkansas, Salz abzubauen und eine Schmiede zu betreiben. Nach einer Reise mit Cherokee-Gesandten nach Washington, D.C., im Jahre 1828 erkannte er die Zeichen der Zeit, verkaufte seinen Besitz in Arkansas und ließ sich im *Indian Territory* (heute Oklahoma) nieder. Bereits hochbetagt, wandte er sich der **Erforschung der Stammesgeschichte** zu, um den Gerüchten, dass eine Sippe der Cherokee schon im 18. Jh. in den Südwesten gezogen sei, auf den Grund zu gehen. So starb er 1843 auf einer Forschungsreise irgendwo im Südwesten.

Sequoyah, Sprachgelehrter der Cherokee-Indianer

Von **Vonore** lohnt ein Abstecher (SR 360) in den nur wenige Kilometer entfernten **Fort Loudoun State Historic Park**. Hier war in den Jahren 1756 bis 1760 ein Fort als westlichster Außenposten des Britischen Weltreichs mitten im Cherokee-Siedlungsgebiet errichtet worden.
Fort Loudoun SHP, *338 Fort Loudoun Rd., ab TN Hwy. 360 ausgeschildert, http://tnstateparks.com/parks/about/fort-loudoun, VC tgl. 8–16.30 Uhr, Eintritt frei.*

Nächste Station auf dem US Hwy. 411 Richtung Chattanooga ist **Etowah**, mit dem vorbildlich restaurierten Bahnhof der **Louisville & Nashville Railroad** von 1906 (*727 Tennessee Ave.*).

Hotspot des Wildwassersports

Wenige Meilen südlich, nahe der Kreuzung der US Hwys. 411 und 64 bei der Ortschaft **Ocoee** (*https://ocoee.com*), erreicht man eines der Top-Wildwasserzentren der USA. Es liegt am Hiwassee und Ocoee River. Die hervorragenden Rafting-Bedingungen sind durch die hier ausgetragenen olympischen Wettkämpfe im Jahre 1996 bekannt geworden. Seither treffen sich hier jeden Sommer Wildwasserfans aus aller Welt. Empfehlenswert ist z. B. das **Ocoee Rafting Center & Café** in Ducktown am Hwy. 64 (*http://ocoeeraftingcenter.com*).

Chattanooga – „Tor zum Süden"

Bereits die Cherokee hatten die strategisch günstige Lage von **Chattanooga** (181.000 EW) am Tennessee River, inmitten eines von den Appalachen gebildeten Kessels und mit einem wichtigen Pass nach Süden zu, erkannt. Wichtige Verbindungswege der Ureinwohner, darunter der *Great Indian Warpath*, und die letzte Hauptstadt der Cherokee vor ihrer Deportation ab 1838 befanden sich einst hier. 1815 hatte ein gewisser Daniel Ross einen Handelsstützpunkt mit Fährverbindung ins Leben gerufen. Doch eine richtige Stadt war erst nach der Indianerdeportation entstanden. Sie entwickelte sich schnell zum **Eisenbahnknotenpunkt**.

Zankapfel im Bürgerkrieg

Die strategische Bedeutung machte das „**Tor zum Süden**" während des Bürgerkriegs 1863/64 zum Zankapfel zwischen Nord und Süd und führte zu einigen der blutigsten Schlachten mit rund 34.000 Toten. Aus der *Battle of Chickamauga* waren die Konföderierten als Sieger hervorgegangen. Doch die massiv aufgerüsteten Unionstruppen ließen nicht locker. In mehreren **Battles for Chattanooga** eroberte Unionsgeneral Bill Sherman die Stadt und begann von hier seinen berühmt-berüchtigten **March to the Sea**. Ausschlaggebend war dafür u. a. die *Battle Above the Clouds*, nach der die Union den Lookout Mountain einnehmen konnte. Der **Chicamauga and Chattanooga National Military Park** (s. unten), 1895 von Bürgerkriegsveteranen gegründet, erinnert an jene Ereignisse. Langsam erholte sich Chattanooga wieder, wurde zum Stahl- und Kohlezentrum und schließlich, im Rahmen des *New Deal*-Programms, zum Standpunkt des Energieversorgers **Tennessee Valley Authority**. TVA ist heute neben Tourismus, Transportindustrie und Dienstleistungsgewerbe Hauptarbeitgeber der Region.

Downtown Chattanooga

In der Innenstadt lässt man sein Auto besser stehen. Am besten am Choo-Choo-Bahnhof (*1400 Market St.*), von wo aus ein kostenloser Shuttlebus zur Riverfront verkehrt. Glenn Millers Song „Chattanooga Choo-Choo" (1941) für den Film „Sun Valley Serenade" rief die frühere Bedeutung der Stadt als Eisenbahnknotenpunkt ins allgemeine Bewusstsein. Schon 1850 hatte die *Western & Atlantic Railroad* eine Eisenbahnverbindung von Atlanta nach Chattanooga betrieben. Wenig später war die **Nashville & Chattanooga Railroad** fertiggestellt. In der Glanzzeit des Eisenbahnzeitalters verkehrten hier täglich 68 Züge. Seit 1970 herrscht Stille.

Für Eisenbahnfans

Die **Chattanooga Choo-Choo & Terminal Station** (*1400 Market St., www.choochoo.com*) konnte vor dem Verfall gerettet werden. Heute beherbergt sie ein Hotel, Restaurants und Shops. Das Bahnhofsgebäude war zwischen 1906 und 1909 erbaut worden. Man kann eine Rundfahrt mit einer *New Orleans Trolley* (Straßenbahn) von 1924 machen und alte Wagen und Loks besichtigen. Im Sommer fahren von hier Touristenzüge der **Tennessee Valley Railroad** (s. unten).

Teil des Choo Choo Hotel (s. S. 458) ist das **Songbirds Guitar & Pop Culture Museum**, eine einzigartige Sammlung von Gitarren aller Art aus den 1930ern bis 1970ern: von Gibson bis Les Paul und Fender.
Songbirds Guitar & Pop Culture Museum, *35 State St., https://songbirdsfoundation.org, Mi/Do/So 12–18, Fr/Sa 10–18 Uhr, $ 15. Dauer- und Wechselausstellungen sowie Touren und Konzerte.*

Der Endstopp des Shuttlebusses befindet sich an **Ross's Landing Park and Plaza**, direkt am **Tennessee River**. Die Parkanlage ist ungewöhnlich. Die Geschichte des Staates wird anhand verschiedener Mikrokosmen, durch unterschiedliche Pflasterungen und Bodenniveaus erläutert. Über den Fluss führt die **Walnut Street Bridge** von 1891, heute mit 720 m die längste Fußgängerbrücke der Welt, zur „**North Shore**". Hier reihen sich Restaurants, Shops und die Anlegestelle des Chattanooga Star Riverboats aneindander. Ross's Landing und Brücke sind Teile des **Tennessee River Park**, ein attraktives Erholungsgebiet, das sich rund 30 km östlich entlang des Flusses und westlich von *Ross's Landing* erstreckt. Hauptattraktion von *Ross's Landing* ist das **Tennessee Aquarium**. Allein aufgrund seiner ungewöhnlichen Architektur gilt es als modernes Wahrzeichen der Stadt. Die Besichtigung dieses größten Süßwasseraquariums der Welt beginnt im Hauptbau, unter dem Dach, im Wintergarten. Von dort wird der Besucher über mehrere Etagen durch verschiedene Regionen des rund 1.000 km langen Tennessee River bis in die Mündungsregion des Mississippi geführt. Ein zweites Gebäude heißt *Ocean Journey* und widmet sich der Salzwasser-Flora und -Fauna. Hier gibt es auch einen Bereich, in dem Pinguine unter naturnahen Bedingungen leben sowie einen *Butterfly Garden* (Schmetterlinge).

Weltgrößtes Süßwasser-aquarium

Tennessee Aquarium, *Broad St., https://tnaqua.org, So–Fr 10–17, Sa 9–17 Uhr, Aquarium $ 40, IMAX Theater $ 10, $ 40 Kombiticket.*

Nicht weit vom Aquarium entfernt, im **Bluff View Art District** (*https://bluffviewartdistrictchattanooga.com*), befindet sich neben Restaurants, einem Inn und Cafés auch das **Hunter Museum of American Art**. Eindrucksvoll in einer *Classical Revival*-Villa und in einem spektakulären Neubau von Randall Stout von 2005 eingebettet, verfügt es über eine beachtliche **Sammlung amerikanischer Kunst** des 19. und 20. Jh. Es wurde 1904 für Ross Faxon errichtet. Danach hatte die Witwe des Betreibers der ersten Coca-Cola-Abfüllanlage 1920 den Bau erworben. Ihr Neffe und Erbe George Thomas Hunter vermachte ihn zusammen mit dem Kern der Sammlung 1950 der *Chattanooga Art Association*.

Hunter Museum of American Art, *10 Bluff View, www.huntermuseum.org, Mi–Mo 10–17, Do bis 20 Uhr, $ 20.*

Auf dem Lookout Mountain

Der Lookout Mountain mit dem Point Park gilt als Wahrzeichen der Stadt. Von hier oben bietet sich ein atemberaubender Blick auf die Stadt, das Tennessee-River-Tal und die Appalachen. Nach dem Besuch des VC und des kleinen Museums wird einem die strategische Bedeutung dieses Platzes und seine Rolle im Bürgerkrieg klar.

Auf den Lookout Mountain gelangt man sowohl über eine Zufahrtsstraße als auch mit der **Incline Railway**. Diese Zahnradbahn von 1895 überwindet auf 1,6 km Strecke 72,7 % Steigung und gilt als steilste Strecke der Welt.

Incline Railway, *Parkplatz und Startpunkt: St. Elmo Ave. bzw. 827 E. Brow Rd., https://ridetheincline.com, Mo–Fr 9–18, Sa/So bis 19 Uhr, Roundtrip $ 15.*

Wahrzeichen der Stadt: Chattanoogas Lookout Mountain

Über die Bürgerkriegsschlachten im Umland informiert neben dem **Lookout Mountain Battlefield VC** im Point Park auch das **Battles for Chattanooga Electric Map & Museum** anschaulich mit einem dreidimensionalen Modell. Der Lookout Mountain ist aber auch ein Naturgebiet mit Attraktionen wie den **Rock City Gardens**, den **Ruby Falls** oder dem **Reflection Riding Arboretum & Nature Center** (ausgeschilderter *Scenic Highway, Infos zu einem Besuch: https://reflectionriding.org).*

Chickamauga & Chattonooga National Military Park, *Park tgl. 6 Uhr–Sonnenuntergang, $ 10;* **Point Park/Lookout Mountain Battlefield VC**, *110 Point Park Rd., www.nps.gov/chch, tgl. 8.30–17 Uhr; Infos, Film zur „Battle of Lookout Mountain" und Cravens House.*

Battles for Chattanooga Electric Map & Museum, *1110 E. Brow Rd., www.battlesforchattanooga.com, tgl. 9–18 bzw. 10–17 Uhr im Winter, $ 8.*

Rock City Gardens, *1400 Patten Rd., www.seerockcity.com, tgl. 8.30–17/18 Uhr, $ 30.*

Ruby Falls, *1720 S. Scenic Hwy., www.rubyfalls.com, einstünd. Touren 8–20 Uhr, ab $ 26, versch. Touren und Tickets, s. Website.*

Reisepraktische Informationen Chattanooga/TN

Information

Chattanooga VC, *215 Broad St. (neben Aquarium), www.visitchattanooga.com, tgl. 10–17 Uhr; Infos und Hilfe aller Art.*

Nahverkehr/Touren

Kostenloser **Shuttle-Busverkehr** *zwischen Chattanooga Choo-Choo (Parkplätze) und Riverfront, www.gocarta.org/using-carta/services/downtown-shuttle/, Mo–Fr 6.30–23, Sa 9.30–23 und So 9.30–20.30 Uhr.*

Tennessee Valley Railroad, *4119 Cromwell Rd. (Chattanooga Grand Junction/TVR Museum), www.tvrail.com; tgl. im Sommer unterschiedliche Fahrten mit historischen Zügen nach/von Etowah, Details s. Website.*

Unterkunft

The Read House Historic Inn & Suites $$, *107 W MLK Blvd., ☏ (423) 266-4121, www.thereadhousehotel.com; vorbildhaft restauriertes elegantes Hotel, das 1926 als solches eröffnete. Hier stiegen schon Berühmtheiten wie Winston Churchill, Gary Cooper oder Al Capone ab; gute Downtown-Lage.*

Bluff View Inn $$$, *411 E. 2nd St., ☏ (423) 321-0235, https://bluffviewartdistrictchattanooga.com/bluff-view-inn; malerisch am Fluss im Art District gelegene Unterkunft, 16 Zimmer in drei schönen Gebäuden von etwa 1900.*

Chattanooga Choo-Choo Hotel $$$–$$$$, *92 Choo Choo Ave., ☏ (423) 266-5000, https://choochoohotel.com; außer normalen Hotelzimmern im umgebauten, ehemaligen Bahnhof werden Schlafwagenabteile in alten Eisenbahnwaggons angeboten.*

Restaurants

Im angesagten Bluff View Art District (https://bluffviewartdistrictchattanooga.com) befinden sich empfehlenswerte Lokale wie **Rembrandt's Coffee House** *oder*

die **Bluff View Bakery**. *Viele* **Tipps** *zur Restaurant- und Bar-Szene finden sich unter: www.visitchattanooga.com/restaurants.*
Big River Grille & Brewing Works, *222 Broad St., www.bigrivergrille.com; nahe des Aquariums gelegenes gemütliches Lokal mit hausgebrautem Bier und gutbürgerlicher Küche.*

Einkaufen

Hamilton Place, *2100 Hamilton Place Blvd. (I-75 Exit 4A oder 5); größte Shopping Mall in Tennessee: www.hamiltonplace.com.*
Warehouse Row, *1110 Market St./12th St., https://warehouserow.com; mehrere Shops und Lokale in einem alten Lagerhaus.*

In den Georgia Mountains

An der südlichen Stadtgrenze von Chattanooga, auf dem Lookout Mountain, beginnt Georgia. Im Norden dieses Staates erstrecken sich die Ausläufer der Appalachen, die **Georgia Mountains**. Die Bergregion gliedert sich in einen östlichen und einen westlichen Teil. Der Osten ist eher Erholungsgebiet, besonders um das „**bayerische**" **Helen** (*https://helenga.org*). Früher war dieser Teil stark von der Holzindustrie abhängig. 1828 erlebte er um Dahlonega den ersten Goldrausch der USA. Der Westteil war das Siedlungszentrum der Creek- und Cherokee-Indianer. Mitten durch das Gebiet verlief seit jeher eine wichtige Verbindungstrecke nach Atlanta bzw. in den Süden. Heute entspricht diese der Autobahn I-75.

Start des „March to the Sea"

Kaum hat man Tennessee verlassen, stößt man im südlichen Teil des **Chickamauga & Chattanooga National Military Park** mit dem *Chickamauga Battlefield* erneut auf Spuren des Bürgerkriegs. Es handelt sich um den größten und ältesten Militärpark der USA. An dieser Stelle nahm der Vernichtungszug von Unionsgeneral Sherman seinen Ausgang. Er führte über Atlanta an die Küste und ging als „March to the Sea" in die Geschichte ein.
Chickamauga Battlefield VC, *3370 LaFayette Rd., südl. Fort Oglethorpe/GA (Hwy 27, I-75, Exit 141), www.nps.gov/chch, tgl. 8.30–17 Uhr, $ 10; verschiedene Veranstaltungen im Sommer.*

Nur rund 40 km nordwestlich von Atlanta liegt mit dem **Kennesaw Mountain National Battlefield Park** ein weiterer Militärpark. Er erinnert ebenfalls die durch Sherman verursachten Verwüstungen sowie an die Verteidigung der Südstaatenmetropole Atlanta. Am **Kennesaw Mountain** hatten die Südstaatentruppen im Sommer 1864 ein Bollwerk errichtet, um den Vormarsch der Unionstruppen unter General William „Tecumseh" Sherman zu stoppen. Trotz erbitterten Widerstands vermochten die Konföderierten die überlegenen Unionstruppen am Ende nicht aufzuhalten. Atlanta konnte gerade noch evakuiert werden, ehe die Union die Stadt in Schutt und Asche legte.
Kennesaw Mountain NBP, *I-75, Exit 116/Hwy 41, 900 Kennesaw Mountain Dr., www.nps.gov/kemo, VC tgl. 9–17 Uhr, $ 5.*

9. DER SÜDOSTEN – KÜSTENROUTE

Von Washington D.C. zur Chesapeake Bay

siehe Karte S. 354

Der erste Abschnitt der **Küstenroute** führt von der Hauptstadt Washington D.C. durch den Osten Virginias, vorbei an Alexandria, Fredericksburg, Richmond und Colonial Williamsburg und der Chesapeake Bay. Auf der historisch geprägten Fahrt wandelt man auf den Spuren der Indianer und der ersten Siedler, des Unabhängigkeitskriegs und vor allem des Bürgerkriegs.

Redaktionstipps

- Ein Besuch bei Präsident George Washington in **Mt. Vernon** (S. 462).
- Auf dem **Colonial Parkway**, in den Fußstapfen der ersten Siedler, Williamsburg, Jamestown und Yorkville erkunden (S. 473).
- Auf den **Outer Banks** (S. 482) den „Flugplatz" der Wright-Brüder in Kittihawk besichtigen und die **Cape Hatteras National Seashore** (S. 486) erkunden.
- Durch **New Bern** (S. 489) bummeln und den *Tryon Palace* und einige historische Häuser besichtigen.
- In Williamsburg oder New Bern sich einmal den Luxus eines B&Bs oder Historic Inns gönnen und im **Williamsburg Sampler** (S. 478) oder im **Meadows Inn** (S. 490) absteigen.

Alexandria/VA

Alexandria, leicht per Metro (Station „King Street", Blue/Yellow Line) von Washington aus erreichbar, ist sehenswert. Die alte Hafenstadt am Potomac River wurde um 1730/40 von schottischen Kaufleuten gegründet. Sie gehörte in den Jahren 1791 bis 1846 ursprünglich zum ausgewiesenen 10-Meilen-Quadranten für die neu geplante Hauptstadt, doch wurde dieser „Virginia-Anteil" 1846 auf Kongressbeschluss wieder an den Staat zurückgegeben. Alexandria wurde gleich zu Beginn des Bürgerkriegs, am 24. Mai 1861, von Unionstruppen besetzt, als Material- und Nachschubbasis genutzt und daher nicht zerstört.

Besonders attraktiv ist der alte Stadtkern um die **King St.**, außerdem die **Riverfront** am Potomac River. In viele der historischen Gebäude sind Galerien, Boutiquen, nette Restaurants, Cafés und Bars eingezogen. Sehenswert sind neben der **Christ Church** (*Cameron/N. Washington St.*) von 1767 einige der historischen Häuser wie das **Gadsby's Tavern Museum** (*www.alexandriava.gov/GadsbysTavern*), bestehend aus einem Gasthaus (ca. 1785) und dem City Hotel von 1792. Im späten 18. Jh. gingen zahlreiche Politiker hier ein und aus. Das **Carlyle House** ist die 1751–1753 erbaute prächtige Villa des Händlers John Carlyle, eines der Gründer von Alexandria. In die im Bürgerkrieg entstandene Munitionsfabrik am Ufer sind das **Torpedo Factory Art Center** und das **Archaeology Museum** eingezogen. Die neueste Attraktion ist der **Spirit Park** von 2022. Hier wird an die amerikanische Flagge erinnert und dazu gibt es auch sehenswerte Skulpturen wie „The Journey": eine Bison-Familie aus Schrott und Neumetall, gefertigt von dem Künstler John Lopez aus South Dakota..

Attraktiver Stadtkern

Carlyle House Historic Park, *121 N. Fairfax St., www.novaparks.com/parks/carlyle-house-historic-park, Di–Sa 10–16, So 12–16 Uhr, Mi geschl., $ 7.*

Torpedo Factory Art Center, *105 N. Union St., https://torpedofactory.org, tgl. 10–18, Eintritt frei.*

Archaeology Museum, *www.alexandriava.gov/Archaeology, Di–Fr 11–16, Sa 11–17, So 13–17 Uhr, Eintritt frei.*

Mit der Fähre erreicht man das auf der anderen Seite des Potomac River gelegene **National Harbor**, ein Einkaufs- und Vergnügungsviertel mit dem **Capital Wheel**, einem Riesenrad, von wo aus man einen spektakulären Blick auf Fluss und Hauptstadt genießt. Eine große Outletmall (s. unten) gehört ebenfalls zum Komplex. **National Harbor**, *mit* **Capital Wheel** *(https://thecapitalwheel.com, tgl. 10–22 Uhr, $ 17. Weitere Infos: www.nationalharbor.com, Water Taxi: www.cityexperiences.com/washington-dc/city-cruises/water-taxi/washington-dc-water-taxi) sowie* **Torpedo Factory Art Center** *und im neuen* **Spirit Park**.

Reisepraktische Informationen Alexandria/VA

Information

Alexandria VC at Ramsay House, *221 King St., https://visitalexandria.com, tgl. mind. 10–17 Uhr, in der NS verkürzt; Auskünfte, Broschüren, Stadtplan sowie Hilfe bei der Hotelsuche.*

Unterkunft

Morrison House $$$–$$$$, *116 S. Alfred St., ☏ (703) 838-8000, https://morrisonhouse.com; elegantes, luxuriöses kleines Hotel in einem Haus aus dem 18. Jh., 45 Zimmer, inkl. Frühstück und mit zugehörigem Restaurant „Elysium".*

Restaurants/Nightlife

Fish Market, *105 King St., ☏ (703) 836-5676, www.fishmarketva.com; tgl. frischer Hummer, Krabben, Langusten, am Abend Ragtime-Musik, bekannt für crab cakes.*

Taverna Cretekou, *818 King St., https://tavernacretekou.com; schmackhafte Mischung kretischer und amerikanischer Küche.*

The Birchmere, *3701 Mt Vernon Ave., www.birchmere.com; Bluegrass- u. a. Musikstile live!*

Einkaufen

Potomac Mills, *2700 Potomac Mills Circle, I-95 Exit 156 bzw. 158-B, Prince William, www.simon.com/mall/potomac-mills; südlich der Stadt gelegenes Einkaufszentrum mit über 200 Geschäften und Restaurants.*

Tanger Outlets National Harbor, *6800 Oxon Hill Rd., National Harbor/MD, www.tangeroutlet.com/nationalharbor.*

Mount Vernon

Etwa 10 km südlich von Alexandria (via George Washington Memorial Pkwy.) liegt **Mount Vernon**, die **Heimat von George Washington**. Das Anwesen befindet sich in prominenter Lage über dem Potomac River, umgeben von großen Gärten und an einer Flusspromenade. Der erste Präsident der USA hatte seinen Besitz nach Admiral Vernon, seinem vormaligen Militärchef bei der britischen Flotte, benannt. Schon nach damaligen Maßstäben galt der Besitz als groß: Über 300 Sklaven arbeiteten für den gestrengen Herrn, rund 90 wohnten in unmittelbarer Nähe in schlichten Backsteinhäusern bzw. in Hütten in der Nähe der Tabak- und Weizenfelder. Washington ließ nach dem Unabhängigkeitskrieg alle frei und war damit seiner Zeit voraus. 1674 hatte Washingtons Urgroßvater John Washington das Land per Zuteilung erhalten und ein erstes Haus erbaut. Im Jahr 1726 übernahm Augustine Washington, der Vater des späteren ersten Präsidenten, den Besitz. Nach dessen Tod 1743 wohnte Georges älterer Halbbruder Lawrence auf Mount Vernon. Als dieser 1754 starb, pachtete der Präsident in spe das Gut seiner Schwägerin und begann mit Umbauarbeiten. Nach ihrem Tod 1761 erbte George Washington Mount Vernon und ließ sich hier mit seiner Frau Martha Dandridge Custis auf Dauer nieder. 1799 wurde er in der alten Familiengruft auf dem Grundstück begraben. Martha kam über den Tod ihres Gatten nie hinweg und betrat das gemeinsame Schlafzimmer bis zu ihrem Tod im Jahre 1802 nie wieder.

Mount Vernon, das Haus des ersten US-Präsidenten

1858 erwarb die *Mount Vernon Ladies' Association* das Landgut und machte es als Denkmal der Öffentlichkeit zugänglich. Das **Haupthaus** kann man im Rahmen von Touren besichtigen. Beim Rundgang durch Bibliothek, Speise-, Schlaf- und Sterbezimmer gewinnt man eine Vorstellung von der damaligen Zeit und erhält Einblicke in die Privatsphäre der Washingtons. Das Haus und sein Interieur können als „gutbürgerlich", aber nicht als „luxuriös" bezeichnet werden. Porzellan, Silber und geschmackvolle Möbel zeugen von einer gediegenen Atmosphäre, in der viele Gäste empfangen wurden. Das zugehörige **Museum** gewährt einen tieferen Einblick in das Privatleben von George und Martha Washington. Neben interessanten Memorabilien und mehreren Filmen ist eine vom Bildhauer Jean Antoine Houdon (1741–1828) gefertigte Büste zu sehen, die als bestes Abbild des ersten US-Präsidenten gilt. Anschließend lohnt ein Spaziergang durch die Gärten vorbei an den Nebengebäuden, dem Friedhof und der Pioneer Farm.

Gepflegte Atmosphäre bei Washingtons

George Washington's Mount Vernon Estate & Gardens, *3200 Mount Vernon Memorial Hwy. (ab US Hwy 1, ausgeschildert), www.mountvernon.org, tgl. 9–16/17 Uhr, Touren, $ 28 (Estate/Mansion sowie Distillery & Gristmill, letztere nur April–Okt. Sa/So), diverse Tourkombinationen s. Website;* **Ford Orientation Center** *(VC) und* **Donald W. Reynolds Museum & Education Center** *mit Theatern und Ausstellungen bilden einen sehenswerten unterirdischen Museumskomplex.*

George Washington: Held wider Willen

info

Der erste Präsident der USA wurde am 22. Februar 1732 in Pope's Creek/Virginia als Sohn englischer Kolonisten geboren. George Washingtons Karriere begann als Landvermesser. Zu Geld und Besitz gelangte er als Tabakpflanzer, durch

info

Erbschaft, Heirat und erfolgreiche Spekulationen. Zwischen 1753 und 1758 kämpfte er im French-Indian War als Milizoberst der britischen Kolonie Virginia im Ohio-Tal gegen die Franzosen. Seit 1759 gehörte er dem Abgeordnetenhaus der Kolonie Virginia an und engagierte sich bereits früh gegen die Bevormundung aus dem Mutterland. 1774/75 zog Washington als Delegierter Virginias in den 1. Kontinentalkongress nach Philadelphia und erhielt dort überraschend den **Oberbefehl über die amerikanischen Revolutionstruppen**. Trotz geringer Truppengröße und schlechter materieller Ausrüstung war der „**Held wider Willen**" rasch erfolgreich. Washington galt als charakterstarker, organisatorisch begabter General, der mithilfe europäischer Offiziere wie von Steuben oder Lafayette eine schlagkräftige Armee aufbaute. 1783, nach dem Vertrag von Paris und der offiziellen Anerkennung der USA, trat Washington aus der Armee aus und zog sich ins Privatleben zurück. 1787 überredeten ihn dann Freunde zur Präsidentschaftskandidatur. Nach einer überwältigend eindeutigen Wahl 1789 zog der **erste Präsident** der Vereinigten Staaten nach New York, in den damaligen Amtssitz. Innerhalb von zwei Amtsperioden baute er mit politischen Freunden wie Hamilton und Jefferson ein funktionierendes, staatenübergreifendes Verwaltungssystem auf, führte die einheitliche nationale Währung ein, gründete die Staatsbank sowie die Post und reorganisierte Heer und Flotte.

Während der Französischen Revolution kam es im Kontext der britisch-französischen Auseinandersetzungen zu Spannungen unter Washingtons Gefolgsleuten: Alexander Hamilton schlug sich auf die englische Seite, Jefferson auf die französische. Sie avancierten zu Anführern verschiedener Parteien, den „Federalists" (Hamilton) und den „Republicans" (Jefferson). Washington ist es zu verdanken, dass beide wieder auf eine gemeinsame politische Linie gebracht werden konnten.

Der Kontroversen müde, zog er sich 1796, nach seiner zweiten Amtsperiode, endgültig aus der Politik zurück und verbrachte seine letzten Lebensjahre auf seinem Landsitz Mount Vernon, wo er am 14. Dezember 1799 starb.

Fredericksburg/VA

Im Bürgerkrieg gebeutelt

An der I-95, kaum 80 km südwestlich von Alexandria, liegt das Städtchen **Fredericksburg**. Es stand im Bürgerkrieg mehrfach im Zentrum von Auseinandersetzungen. In die Geschichte ging die **Battle of Fredericksburg** im Dezember 1862 ein, während der die Unionstruppen eine empfindliche Schlappe erlitten. Darüber erfährt man mehr im **Fredericksburg and Spotsylvania National Military Park**, der Hauptattraktion der Stadt.
National Military Park VC, *1013 Lafayette Blvd., www.nps.gov/frsp, tgl. 9–17 Uhr, tgl. mehrmals Sunken Road Walking Tour über das Battlefield.*

Die Stadt war auch Heimat George Washingtons, und mehrere Gebäude erinnern an ihn und seine Familie. **Old Town Fredericksburg** ist nicht allzu groß, lohnt jedoch einen Stopp. Hauptachse ist die **Lower Carolina St.**, deren Bauten zum Teil noch aus dem späten 18. Jh. stammen. Parallel dazu verlaufen im Süden bzw. Norden Princess Anne und Sophia St. An Letzterer befand sich einst das **City Dock**, die Anlegestelle von Sklavenschiffen auf der Fahrt nach Süden. Interessant ist ein Blick in den **Hugh Mercer Apothecary Shop**, der eine Einführung in Medizin und Pharmazie des 18. Jh. bietet.

An die Familie Washington erinnern das **Mary Washington House**, das als Altersruhesitz der Präsidentenmutter fungierte, sowie die **Rising Sun Tavern**, die ein Bruder von Washington 1760 erbaute. Von der **Kenmore Plantation** ist nur das Haus von Betty Washington (*1201 Washington Ave.*), seiner Schwester, erhalten. Ihr Ehemann, Colonel Fielding Lewis, hatte dieses elegante Plantation Home 1752 in Auftrag gegeben. Das Ergebnis gilt als Musterbeispiel für die Kolonialarchitektur Virginias.

Die Rising Sun Tavern

Auf George Washingtons **Ferry Farm** im Osten der Stadt, jenseits des Rappahannock River, verbrachte das spätere Staatsoberhaupt von 1738 bis 1752 seine Jugend. Es gibt für Besucher der sog. **Washington Heritage Museums** ein **Kombiticket**, den **Heritage Pass** (*$ 24*), für die erstgenannten drei Sights:
Hugh Mercer Apothecary Shop, *1020 Caroline St., www.washingtonheritagemuseums.org, tgl. Mo–Sa 10–16, So 12–16 Uhr, $ 10, Heritage Pass für alle 3 Museen $ 24.*
Mary Washington House, *1200 Charles St., www.washingtonheritagemuseums.org, Mo–Sa 10–16, So 12–16 Uhr, $ 10 bzw. Heritage Pass.*
Rising Sun Tavern, *1304 Caroline St., www.washingtonheritagemuseums.org, Mo–Sa 10–16, So 12–16 Uhr, $ 10 bzw. Heritage Pass.*
Kenmore Plantation, *1201 Washington Ave., https://kenmore.org, Mrz.-Okt. Mo–Sa 10–17, So 12–17 Uhr, ltz. Tour 16.15, Nov.–Dez. Mo–Sa 10–16, So 12–16 (ltz. Tour 15.15) Uhr, $ 12, mit Washington's* **Ferry Farm** *(268 Kings Hwy.) Kombiticket $ 22.*

An den Politiker James Monroe erinnert das **James Monroe Museum**. Er war Minister unter Washington und Jefferson, Staatssekretär unter Madison, Kriegssekretär 1814/15 und schließlich zwischen 1817 und 1825 der fünfte US-Präsident. Der Unterzeichner des *Louisiana Purchase* im Jahre 1803, wurde bekannt durch die *Monroe Doctrine*. Jene Rede an den Kongress vom 2. Dezember 1823 regelte zum ersten Mal die amerikanische Außenpolitik. Darin wurde festgelegt, dass der amerikanische Kontinent in Zukunft für die europäische Kolonialisierung tabu sei und fremde Versuche, andere Systeme einzuführen, als Gefährdung zu betrachten seien. Im Gegenzug wollten sich die USA künftig aus europäischen Auseinandersetzungen heraushalten. Zahlreiche Dokumente, persönliche Gegenstände und Möbel im Haus reflektieren das Leben des Präsidentenehepaars. Geboren 1758 im Westmoreland County, hatte Monroe am *College of William & Mary* in Williamsburg studiert, war Offizier in den Revolutionskriegen und heiratete im Jahre 1786. Er zog 1799 nach Ash Lawn-Highland bei Charlottesville und siedelte nach dem Tod seiner Frau zu seiner Tochter nach New York um, wo er am 4. Juli 1831 starb.

Vater der Monroe Doctrine

James Monroe Museum, *908 Charles St., https://jamesmonroemuseum.umw.edu, Mo–Sa 10–17, So 13–17 Uhr, Dez.–Feb. bis 16 Uhr, $ 6.*

Wohnhaus des deutschstämmigen Malers

Eine ungewöhnliche Attraktion der Stadt ist **Gari Melchers Estate & Memorial Gallery** im nördlich gelegenen Vorort Falmouth. 1916 erwarb der deutschstämmige Maler Gari Melchers (1860–1932) das Landgut Belmont und ließ sich hier mit Ehefrau Corinne nieder. Er galt damals schon als renommierter Porträtmaler der High Society, der sich in der ländlichen Idylle jedoch stärker impressionistischen Landschaften und Alltagszenen zuwandte. Zu besichtigen sind das Wohnhaus aus dem späten 18. Jh., das von den Melchers liebe- und geschmackvoll umgebaut, modernisiert und mit einer schönen Gartenanlage versehen wurde. Auch das Studio in einem Steinbau von 1924 lohnt einen Blick.

Gari Melchers Home & Studio, *224 Washington St., Falmouth/VA, www.garimelchers.org, tgl. 10–17/NS tgl. 10–16 Uhr, $ 12.*

Reisepraktische Informationen Fredericksburg/VA

Information

Fredericksburg VC, *706 Caroline St., https://visitfred.com bzw. https://fxbg.com, tgl. 9–16.30 Uhr, XPass $ 36 für 2 Tage bzw. $ 24 für 1 Tag für reduzierten Eintritt zu allen Hauptattraktionen.*

Unterkunft

Inn at the Olde Silk Mill $$, *1707 Princess Anne St., ☏ (540) 371-5666, www.InnAtTheOldeSilkMill.com; etwas in die Jahre gekommen, strahlt es das Flair vergangener Zeiten aus, 30 Zimmer und Suiten.*

Richard Johnston Inn $$–$$$, *711 Caroline St., ☏ (540) 899-7606, www.therichardjohnstoninn.com; schönes B&B in einem Haus aus dem 18. Jh., mitten in der Altstadt, mit acht eleganten Zimmern und üppigem Frühstück.*

Restaurants

Zahlreiche Restaurants und Cafés in Old Town, z. B.:

Soup & Taco, *813 Caroline St.; leckere hausgemachte Suppen und mexikanische Spezialitäten. Mo geschlossen. Weitere Tipps: https://fxbg.com/restaurants*

The Log Cabin, *1749 Jefferson Davis Hwy., https://thelogcabinrestaurant.com; feines Seafood- und Steak-Restaurant in historischem Lokal mit Dance Hall von 1942.*

Richmond, Virginias Hauptstadt

Richmond, ca. 90 km südlich von Fredericksburg (I-95 oder US Hyw. 1), wurde bereits 1737 gegründet und ist seit 1780 Hauptstadt von Virginia. Während des amerikanischen Bürgerkriegs war es die **Hauptstadt der Südstaaten**, was verheerende Zerstörungen zur Folge hatte. Daraus erklärt sich das attraktive Stadtzentrum rings um Capitol und Executive Mansion, wo heute die topmodernen Bauten des VCU Medical Center dominieren. Einige einige historische Viertel und Punkte blieben erhalten, wie **Newtowne West**, das alte afro-amerikanische **Jackson Ward**, die **Virginia Commonwealth University Area**, **Church Hill** (18./19. Jh.) mit der alten St. John's Church, der viktorianische **Fan District** oder **Shockoe Slip**, das alte Handelszentrum der Stadt. Die einstigen Lagerhäuser um den Bahnhof, die prächtige Main Street Station (Amtrak) sowie jene im anschließenden **Shockoe Bottom** werden heute vielfältig genutzt und sind attraktiv geworden. Das Herz der Stadt schlägt am **James River**, um Historic Tredegar und Shockoe Slip, verbunden durch den **Canal Walk,** eine begrünte und mit Murals versehene Promenade.

Sehenswürdigkeiten

Das klassizistische **Virginia State Capitol** gilt als erstes öffentliches Gebäude der USA und wurde 1788 eingeweiht. Drei Jahre zuvor hatte man Thomas Jefferson (damals Botschafter in Frankreich) gebeten, einen geeigneten Architekten zu nennen. Dieser entschloss sich jedoch, seine eigenen Ideen in Kooperation mit dem Architekten Charles-Louis Clérisseau zu verwirklichen. Die Entwürfe trafen 1786 zusammen mit einem Modell in Richmond ein und riefen Begeisterung hervor. 1904 und 1906, wurden dann die beiden Seitenflügel – im Osten das House of Delegates, im Westen der Senat – hinzugefügt.

Präsidentenbüsten

In der **Capitol Rotunda** steht eine lebensgroße Statue von George Washington aus Carrara-Marmor, die 1784 vom Parlament in Auftrag gegeben wurde. Jefferson konnte dafür den berühmten französischen Bildhauer Jean Antoine Houdon, der 1785 in die USA gekommen war, gewinnen. Zu sehen sind außerdem Büsten aller sieben in Virginia geborenen Präsidenten – Jefferson, James Madison, James Monroe, William Henry Harrison, John Tyler, Zachary Taylor und Woodrow Wilson.

Unterwegs auf dem Canal Walk in Richmond

Im **Old House of Delegates**, 1788 bis 1906 in Gebrauch, stehen ebenfalls verschiedene Statuen und Büsten, während im **Old Senate** vor allem die Monumentalbilder zur Besiedelung des Landes und zu politischen Ereignissen sehnswert sind. Die *Legislative Chambers* von 1906 in den Flügelbauten sind, sofern keine Sitzungen stattfinden, ebenfalls zu besichtigen. Im

Park um das Capitol sind weitere Statuen großer Persönlichkeiten verteilt, wie die von Edgar A. Poe. Außerdem steht hier die **Executive Mansion**, seit 1813 Gouverneurssitz, und der **Old Bell Tower** von 1824 (mit Infokiosk).
Virginia State Capitol, *10th/Bank St., https://virginiacapitol.gov, Mo–Sa 9–17, So 13–17 Uhr, Eintritt frei, regelmäßig einstündige Touren.*

Das nahe gelegene **The Valentine** ist ein interessantes Stadtmuseum, das auf die Sammlung der Familie Valentine zurückgeht. Diese gelangte durch den *Valentine's Meat Juice*, eine Art Allzweck-Medizin, ab 1870 zu Reichtum. Edward V. Valentine (1838–1930) hatte Kunst in Richmond und Deutschland studiert. Das an das Museum angrenzende **Wickham House**, 1812 vom reichsten Mann der Stadt erbaut und mit aufwendigen Stuckaturen und Holzschnitzarbeiten versehen, kann ebenso besichtigt werden wie das **E.V.V. Sculpture Studio** und das nahe **J. Marshall House**.
Valentine Richmond History Center, *1015 E. Clay St., https://thevalentine.org, Di–So 10–17 Uhr, Do bis 19 Uhr (frei), $ 10 inkl. der erwähnten Häuser.*

Neben The Valentine befindet sich das **White House of Confederacy,** Teil der **American Civil War Museums.** Die 1818 erbaute Villa diente während des Bürgerkrieges als „Confederate Executive Mansion".
Der Hauptteil der Sammlungen befindet sich heute im **American Civil War Museum at Historic Tredegar,** an der Stelle der einstigen Waffenschmiede, der Tredegar Gun Foundry, direkt am James River mitten in der Stadt. Hier wird multimedial der Bürgerkrieg aus verschiedenen Blickwinkeln erläutert. Auf dem historischen Tredegar Iron Works-Areal befindet sich auch das informative Besucherzentrum des **Richmond NBP** (s. unten). Teil 3 des Museums ist das **American Civil War Museum – Appomattox,** 150 km westlich Richmond.
White House of the Confederacy, *1201 E. Clay St., https://acwm.org/white-house-of-the-confederacy, tgl. Touren ab 10.30 Uhr (Details s. Website), $ 15.*
American Civil War Center at Historic Tredegar, *480 Tredegar St., https://acwm.org/historic-tredegar, tgl. 10–17 Uhr, $ 18.*
Infos zum ganzen Museumskomplex s. https://acwm.org

Tredegar vorgelagert ist das begrünte Ufer des James River, der Richmond zur **„River City"**, gemacht hat. Entlang dem parallel verlaufenden Stadtkanal, der einst die Industrieanlagen der Stadt versorgt hat, zieht sich ostwärts der **Canal Walk** *(https://venturerichmond.com/explore-downtown/riverfront-canal-walk)*. **Brown's Island** ist ein beliebter Erholungs- und Veranstaltungsort mitten in der Stadt.

Auch wenn man nicht im „**Jefferson**" (s. unten) übernachtet, sollte man einen Blick ins Innere dieses Luxushotels werfen. Außer etlichen US-Präsidenten haben hier schon viele illustre Gäste wie Elvis Presley, Gertrude Stein, Charlie Chaplin oder Sarah Bernhardt residiert. Das unter Denkmalschutz stehende „Traumhotel" wurde ab 1890 vom renommierten New Yorker Architekturbüro Carrère & Hastings erbaut und 1895 eröffnet.

Kontrastprogramm bietet das nahe **Jackson Ward**, der „*Birthplace of Black Capitalism*". In diesem alten afro-amerikanischen Stadtviertel, das unter Denkmalschutz steht (*www.visitblkrva.com*), waren in den erhaltenen historischen

Das historische E.A. Poe House

Gebäuden einst vor allem schwarze Unternehmer zu Hause. Dazu gehörte **Maggie L. Walker** (1864–1934). Als erste afroamerikanische Frau gründete und leitete sie eine Bank. Über ihr Leben und ihren Mut erfährt man mehr in der **Maggie L. Walker NHS** rings um ihr Wohnhaus. Interessant ist das **Black History Museum & Cultural Center of Virginia** in der historischen *Leigh Street Armory*, wo die Geschichte der Stadt erläutert wird.

Black History Museum, *Leigh Street Armory, 122 W. Leigh St., http://blackhistorymuseum.org, Mi–Sa 10–17 Uhr, $ 10* • **Maggie L.Walker National Historic Site**, *3215 E. Broad St., www.nps.gov/mawa, Di–Sa 9–16.30 Uhr, Eintritt frei, Museum, Film und Haustour.*

Besuchswert ist das **Edgar Allan Poe Museum** im Südosten, in Shockoe Bottom. Es befindet sich seit 1922 im **Old Stone House**, dem ältesten noch erhaltenen Haus der Stadt. Der Autor ist in Richmond aufgewachsen und hat auch später noch viele Jahre hier verbracht. Der schöne Garten wurde nach dem „Enchanted Garden" in Poes Gedichten „To One in Paradise" und „To Helen" gestaltet. Nach einem Film erfährt man während der Touren viel Wissenswertes über Poes Leben und Werk sowie über das alte Richmond.

Edgar Allan Poe Museum, *1914 E. Main St., https://poemuseum.org, Di–Sa 10–17, So 11–17 Uhr, stündl. Touren, $ 10.*

Ein weiteres Highlight der Stadt ist das **Virginia Museum of Fine Arts**, das mit einem breiten Spektrum von der Frühzeit bis zur Moderne zu den Top-Kunstmuseen des Südens gehört. Besonders sehenswert ist die *Mellon Collection* – englische, amerikanische und französische Malerei des 18. bis 20. Jh. – sowie die *Lewis Collection* mit moderner Kunst. Dazu gibt es eine bedeutende Jugendstil- und Art-déco-Sammlung, die *Pratt Collection* (u. a. russische Fabergé-Kunstwerke) und Abteilungen mit griechischen, römischen, ägyptischen und asiatischen Kunstwerken.

Jugendstil und Art déco

Virginia Museum of Fine Arts, *200 N. Arthur Ashe Blvd., https://vmfa.museum, tgl. 10–17, Mi–Fr bis 21 Uhr, Eintritt frei.*

Günstig nebenan liegt das neu gestaltete **Virginia Museum of History & Culture**. Neben Wechselausstellungen informiert es anschaulich und multimedial über Geschichte, Wirtschaft, Kultur und die Menschen Virginias.

Virginia Museum of History & Culture, *428 N. Arthur Ashe Blvd., https://virginiahistory.org, tgl. 10–17 Uhr, $ 10.*

Am südwestlichen Stadtrand, am Hochufer des James River, liegt **Maymont**, der ehemalige Wohnsitz von James H. Dooley und seiner Frau Sallie May. Der weit-

läufige Park mit verschiedenen Themengärten, einem Nature Center und einem Musterbauernhof ist allein sehenswert, die 1893 erbaute Villa aus dem „Gilded Age", dem goldenen Zeitalter, ebenfalls.
Maymont, *1700 Hampton St., https://maymont.org, tgl. 10–17/19 Uhr, frei, Haustouren und Nature Center jeweils $ 8, drei Zugänge (s. Website.).*

Richmond National Battlefield Park (NBP)

Der Ereignisse während des Bürgerkriegs wird in Richmond an zahlreichen historischen Stätten rund um die Stadt gedacht. Sie sind zum **Richmond NBP** zusammengefasst. Guter Ausgangspunkt, um die Bürgerkriegsorte und -geschehnisse zu verstehen, ist das Richmond National Battlefield Park Visitor Center am Historic Tredegar (s. oben). Ein insgesamt 130 km langer Rundkurs verbindet dann die Schlachtschauplätze und Befestigungswälle miteinander.

Hier kapitulierte der Süden

Einen Besuch lohnt das **Chimborazo Medical Museum**, von wo man zugleich einen spektakulären Ausblick auf die Stadt hat. Hier befand sich im Bürgerkrieg ein Militärkrankenhaus. Trotz großer Anstrengungen war es den Unionstruppen in zwei Vorstößen, 1862 und 1864, nicht gelungen, die Stadt einzunehmen. Es kam zu mehreren blutigen Zusammenstößen im Umkreis Richmonds. Erst als die Südstaatler nach vier Kriegsjahren nur noch zu Rückzugsgefechten in der Lage waren, gelang es dem Oberkommandierenden der Union, General Ulysses S. Grant, im April 1865 Robert E. Lee und die Reste der konföderierten Armee aus Richmond zu vertreiben. Zuvor setzten jene aber die Stadt selbst in Brand. Wenige Tage später unterzeichneten Lee und Grant im **Appomattox Courthouse**, westlich von Richmond, den **Kapitulationsvertrag** der Konföderierten.
Richmond NBP Visitor Center *(470 Tredegar St., www.nps.gov/rich, Eintritt frei, tgl. 9–17 Uhr), außerdem* **Chimborazo VC & Medical Museum** *(3215 E. Broad St., Mi–So 9–16.30 Uhr),* **Cold Harbor Battlefield VC** *u. a. Besucherzentren (s. Website).*

Tipp: Ausflug

Wer sich dafür interessiert und Zeit hat: Eindrucksvoll über die Ereignisse jener Tage berichtet im nur ca. 30 km entfernten **Petersburg** (I-95, südlich) das **National Museum of the Civil War Soldier**, zweifellos eines der besten Bürgerkriegsmuseen im Süden und Teil des **Pamplin Historical Park**.
Pamplin Historical Park & National Museum of the Civil War Soldier, *6125 Boydton Plank Rd., I-85/Exit 63 A, https://pamplinpark.org, März–Nov. Di–So 9–17 Uhr, $ 15.*

Plantation Road nach Williamsburg

Alte Plantagen

Am schnellsten gelangt man auf der I-64 oder dem dazu parallel verlaufenden Hwy. 60 nach **Williamsburg**. Empfehlenswerter ist aber die etwas längere Fahrt auf dem Hwy. 5 durch die idyllische Landschaft am James River. Die Straße heißt **Plantation Road**, da sich an ihr eine Reihe alter Plantagen aufreihen. Vom frühen 17. Jh. an hatte sich die Region als Tabakzentrum profiliert. Lange vor der Ankunft der Europäer befanden sich hier mehrere größere Indianersiedlungen, wie jene von Chief Powhatan. Dessen Tochter Pocahontas erlangte dank des gleichnamigen Disneyfilms nach über 350 Jahren auch internationale Berühmtheit.

Eine Reihe der alten **James River Plantations** können besichtigt werden. Sie liegen alle etwas abseits des Hwy. 5, sind jedoch gut ausgeschildert und leicht zu finden. Die **Shirley Plantation** (*501 Shirley Plantation Rd., Charles City, https://historicshirley.com*) gilt als älteste erhaltene Plantage Virginias und ist zugleich historisch bedeutend. Die Mutter des Südstaaten-Oberkommandierenden Robert E. Lee war hier geboren und aufgewachsen. Der Landsitz war 1613, kurz nach der Gründung von Jamestown, errichtet worden. Das zum größten Teil noch im Originalzustand erhaltene Haus aus den Jahren 1723–38 ist architektonisch sehenswert.
Als Signalposten diente die auf der Route als nächste gelegene, 1849 erbaute **Edgewood Plantation** (*4800 John Tyler Hwy., www.edgewoodplantation.com*). Heute fungiert sie als **B&B**.

Ein weiteres Highlight, wie die nachfolgend erwähnten Häuser in **Charles City**, ist **Berkeley** (*12602 Harrison Landing Rd., www.berkeleyplantation.com*), wo man 1619 das erste Thanksgiving feierte. Ebenso das **Benjamin Harrison House** *(https://bhpsite.org)*, in dem einer der Unterzeichner der *Declaration of Independence* – außerdem der Vater und Urgroßvater zweier US-Präsidenten – das Licht der Welt erblickte. Zu besichtigen sind das authentisch ausgestattete Haus von 1726 und formale Gartenanlagen, die schon George Washington bewundert haben soll. **Westover Plantation** (*7000 Westover Rd., www.historicwestover.com*) ist eines der elegantesten Herrenhäuser (nur Park zu besichtigen). Es wurde 1730 für William Byrd II., dem Gründer Richmonds, im Georgian Style erbaut. **Infos zu allen Häusern**: *www.jamesriverplantations.org.*

Reisepraktische Informationen Richmond/VA

Information

Richmond Region VC, *www.visitrichmondva.com. VC im Virginia Museum of Fine Arts (Robinson House) sowie am Flughafen. Außerdem Virginia VC im Amtrak-Bahnhof (1500 E. Main St.).*

Unterkunft

Linden Row Inn $$$–$$$$, *100 E. Franklin/First St., ☏ (804) 783-7000, www.lindenrowinn.com; kleines Hotel inmitten einer Reihe von Wohnhäusern, die ab 1847 erbaut wurden und 1950 vor dem Abriss gerettet werden konnten. In einem davon wuchs Edgar A. Poe auf. 70 elegante Zimmer, mit Restaurant.*
Quirk Hotel $$$–$$$$,, *201 W. Broad St., ☏ (804) 340-6040, www.quirkhotels.com/hotels/richmond; superschickes und ungewöhnliches Boutique-Hotel in historischem Kaufhausbau von 1916 mit Galerie, Bar und großen, loftartigen Zimmern.*
The Jefferson Hotel $$$$, *Franklin/Adams St., ☏ 1 (804) 788-8000, www.jeffersonhotel.com; historisches Grandhotel von 1895 mit 275 superluxuriösen Zimmern, hervorragendem Service, Restaurant, Pool, Fitness-Zentrum etc.*

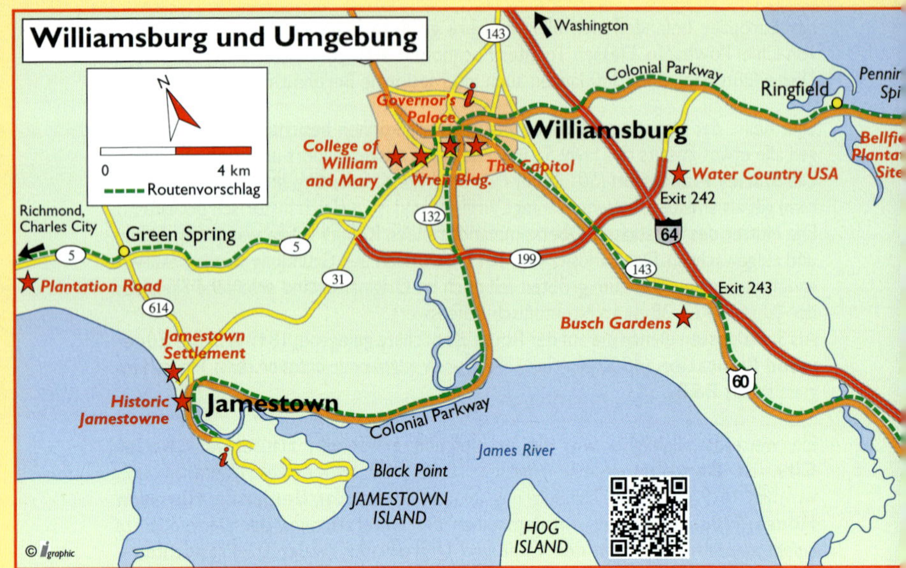

Restaurants

Alewife, *3120 E. Marshall St., Tel (804) 325-3426, www.alewiferva.com; Chef Lee Gregory ist bekannt für regionale Fischgerichte – das Lokal gehört zu den besten im Südosten!*

Zu den über 30 Craft Breweries der Stadt (www.visitrichmondva.com/drink/richmond-beer-trail) gehören z. B. die **Legend Brewing Co.** *(321 W. 7th St., www.legendbrewing.com mit BBQ, Burger, Salaten etc.) und* **Triple Crossing Beer Downtown** *(113 S. Foushee St., https://triplecrossing.com).*

Colonial Virginia: Williamsburg, Jamestown und Yorktown

Den Osten Virginias prägt die zerklüftete **Chesapeake Bay** mit ihren wie Tentakel weit ins Land hineinragenden Zuflüssen – Potomac, York und James River. Allerdings ist es weniger die Landschaft als die Geschichtsträchtigkeit des Landstrichs, die Besucher in den Bann zieht. Hier liegt **Colonial Virginia**, der Kern der ersten dauerhaften britischen Besiedelung des nordamerikanischen Kontinents Anfang des 17. Jh. Unter dem Begriff *Colonial Virginia* fasst man drei Orte zusammen und nennt sie zugleich **Virginia's Historic Triangle**: **Jamestown** als die älteste britische Siedlung an der Ostküste, **Williamsburg**, von 1699 bis 1776 Hauptstadt der britischen Kolonie Virginia, und **Yorktown**, wo 1781 die amerikanisch-französische Armee unter George Washington die Briten entscheidend besiegte.

Jamestown und Yorktown werden durch den **Colonial Parkway** verbunden. Etwa in der Mitte liegt Williamsburg. Der *Colonial Parkway* ist wie Jamestown und Yorktown Teil des **Colonial National Historical Park**. Die rund 40 km lange Straße wurde 1930 zur Verbindung der beiden historischen Orte ins Leben gerufen und 1957 fertiggestellt.

Leben der ersten Siedler

Das in einer schönen Flusslandschaft gelegene Parkareal vermittelt ein eindrucksvolles Bild vom Leben der **ersten Siedler im 17. Jh.**: 107 Briten waren am 24. Mai 1607 in Jamestown an Land gegangen und hatten anfangs mit erheblichen Problemen zu kämpfen. Das Leben in der Neuen Welt war hart und entbehrungsreich, dazu kam es zu Unruhen unter den Kolonisten. Hunger und Krankheiten trugen dazu bei, dass im Herbst nur 38 Siedler übrig waren. Erst Captain John Smith sorgte für Ordnung. Die Verhältnisse besserten sich etwas, als im Folgejahr neue Siedler aus England eintrafen. John Rolfe, einer der Siedler, hatte zudem bemerkt, dass die Wachstumsbedingungen für Tabak optimal waren. Schon 1617 exportierte man Rohtabak ins Mutterland. Die anfänglichen Auseinandersetzungen mit den Indianern flauten ab, als Rolfe die Tochter des Indianerhäuptlings Powhatan, Pocahontas, heiratete. Als der Vater starb und ihr Bruder regierte, kam es jedoch erneut zu Konflikten. Die Siedler errichteten quer über die Halbinsel zwischen York und James River einen Pfostenzaun. Derart gesichert, wuchs eine Siedlung heran, die man *Middle Plantation* nannte. Aus ihr entwickelte sich später Williamsburg.

Colonial Williamsburg

Einstiges Ostküsten-Zentrum

Als das State House von Jamestown einer Feuersbrunst zum Opfer fiel, wurde 1699 der Regierungssitz in das „sicherere" Williamsburg verlegt. 81 Jahre lang war Williamsburg neue **Hauptstadt der Kolonie Virginia** und ein bedeutender politischer, sozialer und kultureller Dreh-und Angelpunkt an der Ostküste. Nach König William II. benannt, war die Stadt dem britischen Mutterland zunächst stark verbunden. Doch bald wuchs das Verlangen nach Unabhängigkeit. 1775 floh der englische Gouverneur und im Oktober 1781 fand die entscheidende Schlacht um die Unabhängigkeit gegen die Engländer im nahen Yorktown statt: Die Briten mussten unter dem Kommando Cornwallis' kapitulieren, und der Unabhängigkeitskrieg war damit zu Ende.

Nach der **Verlegung des Regierungssitzes** 1780 nach Richmond fiel Williamsburg in einen Dornröschenschlaf. Die historische Bausubstanz kam herun-

Das Fife and Drum Corps erinnert an die koloniale Vergangenheit

ter. Es ist Reverend W.A.R. Goodwin zu verdanken, dass Williamsburg vor dem Verfall gerettet wurde. Er hatte John D. Rockefeller Jr. seine Vision von einer wiederhergestellten prächtigen Stadt des 18. Jh. nahegebracht. Der Großindustrielle unterstützte 30 Jahre lang, bis zu seinem Tod im Jahr 1960, den **Wiederaufbau von Colonial Williamsburg**. Alte, noch intakte Häuser wurden originalgetreu instandgesetzt und übernahmen wieder ihre alte historische Funktion. Neuere Häuser wurden abgerissen und originalgetreu wiederaufgebaut, 88 Originalgebäude restauriert und weitere 50 Gebäude rekonstruiert. Colonial Williamsburg ist heute ein riesiges **Freiluftmuseum**, ein städteplanerisches und architektonisches Kleinod des 17./18. Jh., das Einblick in das Leben in einer **frühen nordamerikanischen Kolonie** gewährt. Schuhmacher, Korbflechter, Buchbinder, Schmiedemeister, Instrumentenbauer und Küfer demonstrieren in zeitgenössischen Gewändern alte handwerkliche Tätigkeiten. Außerdem kann man bei *re-enactments* zusehen.

Hinweis zu Colonial Williamsburg

Colonial Williamsburg bezeichnet den historischen Stadtkern, die für den Verkehr gesperrte **Historic Area** von nicht einmal 4 km² Größe. An ihrem Westende liegt das **Capitol**, am Ostende das berühmte **College of William and Mary**. Gemäß dem alten Straßenplan von 1699 fungieren Francis, Nicholson und v. a. die Duke of Gloucester Street als Längsachsen. Tickets sind nur für einige Bauten und Museen sowie für die Benutzung der Shuttle-Busse notwendig, das Gelände ist hingegen – entgegen dem vermittelten Eindruck – frei zugänglich.

Colonial Williamsburg, *101 Visitor Center Dr./ Hwy 132Y, www.colonialwilliamsburg.org, VC tgl. 8.45–17 Uhr, mehrere Ticket-Typen, z. B. Tagesticket $ 50, Infos und Kauf im Besucherzentrum (mit Parkplatz und Shuttlebussen) oder auf der Website.*

Nach dem Besuch des VCs und dem Einführungsfilm geht es zu Fuß oder per Bus zum 1701 erbauten **Capitol**, das 1704 und 1780 Sitz der Kolonialregierung Virginias war. 1747 durch Feuer zerstört wurde es rasch wiederaufgebaut. 1832 richtete ein Brand erneut großen Schaden an. Erst 1934 wurde der Bau restauriert.

An der dorthin führenden Hauptachse, der Duke of Gloucester St., reihen sich einige interessante Bauten auf: Der **Pasteur & Galt Apothecary Shop** wurde um 1760 erbaut und im Stil einer Apotheke des 18. Jh. eingerichtet. In der **Shields Tavern** kann man noch heute „englisch" frühstücken. Auch die **King's Arms Tavern** ist für Spezialitäten wie *Peanut Soup* (Erdnusssuppe) oder *Virginia Ham* (Pökelschinken) bekannt. Die gegenüberliegende **Raleigh Tavern Kitchen** wurde nach alten Radierungen und archäologischen Funden nachgebaut.

Gleich hinter der *King's Arms Tavern* liegt der Laden eines Perückenmachers, während im weiteren Verlauf ein *Silver Smith* (Silberschmied), ein *Milliner* (Hutmacher), eine Druckerei und Buchbinderei Einblick in verschiedene Handwerke geben. Verstreut zwischen den Häusern befinden sich Gartenanlagen, die nach altem Muster und mit historischen Pflanzen angelegt wurden, außerdem Ziergärten in englischer Manier. Das **Magazine and Guard House** wurde 1715 für Waffen und Munition gebaut, während das **Courthouse** aus dem Jahre 1770 bis 1932 als Gerichtsgebäude fungierte. Ringsum fanden außerdem wichtige öffentliche Kundgebungen statt, wie 1776, als hier die Bürger von der Unabhängigkeitserklärung erfuhren.

Historische Gärten

Am **Palace Green** angelangt, sind es nur noch ein paar Schritte zum **Governor's Palace**. 1706 musste das Kolonialparlament 2.000 Pfund zum Bau dieses Gouverneurspalastes bereitstellen, der von Henry Cary, dem Architekten des Capitols (s. oben), entworfen wurde. In dem Gebäude im Stil eines englischen Herrensitzes residierten die Amtsträger der britischen Krone bis zur Flucht des letzten britischen Gouverneurs 1775. Das Gebäude brannte 1781 völlig ab und wurde ab 1930 an gleicher Stelle nach alten Plänen und Inventarlisten rekonstruiert. Beim Wiederaufbau halfen auch Zeichnungen von Thomas Jefferson, der zwei Jahre vor der Zerstörung alles säuberlich dokumentiert hatte.

Fast am westlichen Ende der Duke of Gloucester St. steht die **Bruton Parish Church**. Die Kirchengemeinde war 1674 gegründet worden. Der Bau stammt von 1715. W.A.R. Goodwin, jener Herr, der Rockefeller von der Notwendigkeit einer Restaurierung überzeugt hatte, war hier Pfarrer. Im **Public Hospital** von 1773 (*Francis/S. Henry St.*) befindet sich schließlich das **DeWitt Wallace Decorative Arts Museum** und das **Abby Aldrich Rockefeller Folk Art Museum** (Infos: *www.colonialwilliamsburg.org/explore/art-museums*).

Bereits außerhalb des Museumsareals, im Westen der Innenstadt, liegt das **College of William and Mary**. Dieses nach Harvard **zweitälteste College** der Vereinigten Staaten wurde 1693 gegründet und nach dem damaligen König William III. und seiner Frau Mary benannt. Das Erscheinungsbild entspricht dem der Jahre 1716–1859. Das imposante Hauptgebäude, das **Wren Building,** wurde nach seinem Architekten Sir Christopher Wren benannt.

Jamestown – Historic Jamestowne

„... where a nation began"

Jamestown – Historic Jamestowne – am Westende des Colonial Parkway, ca. 8 km südlich Williamsburg, steht unter dem Motto „... *where a nation began*" („wo eine Nation geboren wurde"). Hier befand sich die **älteste britische Siedlung Nordamerikas**. Von dem alten Jamestown steht lediglich noch der Kirchturm, der von der ersten anglikanischen Kirche von 1647 stammt. Auf dem Freigelände erinnern nurmehr Häuserruinen und Grundmauerreste an den Ort, den die ersten Siedler östlich des Forts von 1607 erbauten sowie aufgestellte Denkmäler für Pocahontas oder Captain John Smith. Noch immer finden unter der Ägide der *Preservation of Virginia Antiquities/APVA* (*https://preservationvirginia.org/historic-sites/historic-jamestowne*) Ausgrabungen statt. Seit in den 1950ern erste Siedlungsreste zu Tage getreten waren, bemüht sich die APVA, das originale **James Fort**, das sogenannte *Old Towne* von 1607, weiter zu untersuchen. Abgesehen von diesen Grabungsflächen, den Nachbauten und dem **Archaearium**, einem Museum zu den Ausgrabungen und Funden, lohnen das VC mit Ausstellungen an der Zufahrt zum Gelän-de und das *Glasshouse* (Glasbläser-Vorführungen). Eine 6 km lange Rundroute über **Jamestown Island** führt über die Insel und durch New Towne – den früheren Hafen – und durch Marschland und Wälder.

Historic Jamestown VC, *1368 Colonial Pkwy., James-town, https://historic-james towne.org, tgl. 9–17 Uhr.*

Jamestown Settlement

 **Colonial NHP**

Zum **Colonial National Historical Park** gehören neben Historic Jamestowne und Yorktown Battlefield auch der Colonial Parkway, welcher beide Areale verbindet. Es gibt in Jamestown und Yorktown Besucherzentren (tgl. 9–17 Uhr). Der Eintritt beträgt $ 15 (pro Person). Alle oben genannten Teile sind mit dem **Four-Site Value Ticket** für $ 62 abgedeckt. Im **America's Historic Triangle Ticket** ($ 119 für 7 Tage) ist zusätzlich der Besuch von Colonial Williamsburg enthalten.

Infos: *www.nps.gov/colo*und*www.colonialwilliamsburg.com*sowie*www.nps.gov/jame* und *www.nps.gov/york* sowie *www.jyfmuseums.org*.

An der Zufahrt nach Jamestown, außerhalb des Colonial NHP, liegt **Jamestown Settlement**, ein historisches Openair-Museum mit Nachbauten der Siedlung, der drei Schiffe, die die Europäer hergebracht hatten, sowie des Powhatan-Indianerdorfes. Belebt durch kostümierte Museumsangestellte soll das Leben zu Beginn des 17. Jh. dargestellt werden. In einem großen Ausstellungsgebäude gibt es ein Filmtheater sowie überaus sehenswerte Ausstellungen zu den Indianern, den ersten Siedlern und den ersten afroamerikanischen Sklaven zu sehen.
Jamestown Settlement, *Rte. 31 S, gegenüber Jamestown Original Site, www.jyfmuseums.org, tgl. 9–17 Uhr, $ 18 oder $ 30 (Kombiticket mit Yorktown), mit Einführungsfilm.*

Historic Yorktown und Yorktown Battlefield

Nach rund 45-minütiger Fahrt auf dem **Colonial Parkway** steht man vor dem **American Revolution Museum at Yorktown.** Ebenso gelungen wie die Ausstellungen im Jamestown Settlement zur frühen Besiedelung, sind jene im neu gestalteten **American Revolution Museum at Yorktown.** Hier werden die entscheidenden Tage der Amerikanischen Revolution – der Kampf der jungen Kolonien um die Unabhängigkeit – mit Filmen und eindrucksvoll gestalteten Ausstellungsräumen aus unterschiedlichsten Perspektiven geschildert. Auf dem zugehörigen Freigelände finden Re-enactments statt.

Entscheidende Schlacht gegen die Briten

Am Ostende des Parkways liegt das historische **Yorktown**, das unter dem Motto „*... where freedom was won*" („wo die Freiheit errungen wurde") steht. Vom 9.–19. Oktober 1781 fand hier die entscheidende Schlacht zwischen den Briten und den nach Unabhängigkeit strebenden Kolonisten statt. Unter Führung von George Washington, dem deutschen Generalmajor Friedrich Wilhelm von Steuben sowie den französischen Generälen Marquis de LaFayette und Rochambeau erlitten die Briten eine endgültige Niederlage. Ihre Truppen unter Oberbefehlshaber Lord Charles Cornwallis mussten kapitulieren. Somit war das Ende des Unabhängigkeitskrieges besiegelt.

Historic Yorktown, 1691 als Ableger von Jamestown gegründet, kann man leicht zu Fuß besichtigen. Vom Parkplatz am VC, ebenfalls mit informativen Ausstellungen, gelangt man vorbei am Yorktown Victory Center zum „Dorf" mit alten Bauten, in die Läden und Lokale eingezogen sind. Hauptanziehungspunkt ist jedoch das **Yorktown Battlefield**, für das eine *Battlefield Driving Tour* mit Erläuterung zu verschiedenen Aufstellungen, Lagern, Gräben und Wällen etc. konzipiert wurde.
American Revolution Museum at Yorktown, *200 Water St./Rte. 1020, über Old SR 238 bzw. ab Colonial Parkway ausgeschildert, www.jyfmuseums.org, 9–17 Uhr, $ 18 (Kombiticket mit Jamestown Settlement $ 30).*

Reisepraktische Informationen Colonial Virginia (Williamsburg/Jamestown)

Information

Colonial Williamsburg VC, *101 Visitor Center Dr./Hwy 132Y, tgl. 8.45–17 Uhr, VC für den historischen Bezirk sowie die Region, www.visitwilliamsburg.com, www.colonialwilliamsburg.org, zahlreiche Veranstaltungen, Touren u. a. Events.*

Unterkunft

Williamsburg Sampler B&B Inn $$$, *922 Jamestown Rd., ☏ (757) 220-8011 oder 1 (800) 422-8011, www.williamsburgsampler.com; Haus mit original rekonstruiertem Kutschenhaus aus Colonial Williamsburg im Garten. Fünf Gästezimmer, davon zwei Suiten mit Balkon, Kühlschrank, Kamin, inkl. Frühstück und gastfreundlichen Besitzern.*

Colonial Williamsburg Inc. *☏ 1 (888) 965-7254, www.colonialwilliamsburg.com/stay) betreibt selbst teilweise historische Unterkünfte (zwischen* **$$** *und* **$$$$**) *im Umfeld der Historic Area, wie das elegante* **Williamsburg Inn** *und die noble* **Williamsburg Lodge** *(beide Francis St. am Südrand der Historic Area),* **Williamsburg Woodlands** *(am VC) oder die* **Colonial Houses**.

Restaurants

In Colonial Williamsburg gibt es mehrere Lokale, in denen authentische Gerichte der Zeit serviert werden (www.colonialwilliamsburghotels.com/dining):

Christiana Campbell's Tavern, *Waller St.; legendär, da hier schon George Washington dinierte.*

Shields Tavern, *Waller St.; gemütlich, auch moderne Südstaatenküche.*

Chowning's Tavern, *Duke of Gloucester St.; einfache Gerichte und leckere Ales.*

King's Arms Tavern, *Duke of Gloucester St.; eher elegant.*

Einkaufen

In der Historic Area von **Colonial Williamsburg** *befinden sich einige Läden, die hübsche Mitbringsel, Kunsthandwerk, Bücher u. a. anbieten.*

Williamsburg Premium Outlets, *5715-62A Richmond Rd. (Hwy. 60 W), www.premiumoutlets.com/outlet/williamsburg; Einkaufszentrum etwa 10 km nordwestl. der Stadt.*

Vergnügungsparks

Busch Gardens, *One Busch Garden Blvd, US Hwy 60 E. via I-64/Exit 242 A, https://buschgardens.com/williamsburg, tgl. mind. 10–16 Uhr, im Sommer länger, Tickets ab $ 70, auch Kombi mit Water Country mgl.*

Water Country USA, *I-64 Exit 57 B, Hwy. 199 E, https://watercountryusa.com, ca. Mai–Sept. tgl. 10–17, im Sommer –20 Uhr, ab $ 45, auch Kombi mit Busch Gardens; verschiedene Wasserattraktionen.*

Von der Chesapeake Bay zu den Outer Banks/NC

Von Yorktown folgt man dem US Hwy. 17 (von Williamsburg dem US Hwy. 60 oder der I-64) um nach **Hampton Roads** zu kommen. Hampton Roads ist eigentlich der Name eines Seitenarms der **Chesapeake Bay**, zugleich aber Sammelbegriff für ein Konglomerat aus neun Städten in sechs *counties* – u. a. **Hampton, Newport News, Norfolk, Portsmouth, Suffolk** und **Virginia Beach**.

Hampton Roads Area

Von Norden (I-64) kommend, ist die erste Stadt in der Hampton Roads Area **Newport News** am James River. Aufgrund der strategisch günstigen Lage an der Mündung der Chesapeake Bay in den Atlantik prägen Hafenanlagen und Navy, Wasser, Brücken und Tunnels das Bild. Zu den Attraktionen gehört das **Mariners' Museum**, eines der größten Seefahrtsmuseen. Auf dem Weg dorthin könnte man einen Stopp am **Virginia Living Museum** einlegen, v. a. lohnt aber in **Hampton** der Abstecher zum **Fort Monroe** aus dem 17. Jh. und zum **Virginia Air & Space Center**.

Großes Seefahrtsmuseum

Mariners' Museum & Park, *100 Museum Dr. (I-64 Exit 258), www.marinersmuseum.org, tgl. 9–17 Uhr, $ 1.*
Virginia Living Museum, *524 J. Clyde Morris Blvd. (I-64, Exit 258A), https://thevlm.org, tgl. 9–17 Uhr, $ 20, auch Kombitickets, z. B. mit Planetarium.*
Fort Monroe NM, *41 Bernard Rd. (I-64 Exit 268), www.nps.gov/fomr, tgl. 9.30–16.30 Uhr, Eintritt frei.*
Virginia Air & Space Center, *600 Settlers Landing Rd., https://vasc.org, Mo–Sa 10–17, So 12–17 Uhr, $ 22,50, IMAX $ 10.*

Norfolk

Norfolk (ca. 250.000 EW) liegt an der Mündung der Chesapeake Bay und am Elizabeth River und wurde 1682 gegründet. Die Stadt ist Zentrum der **Hampton Roads-Region**, die über 1.8 Mio. Menschen zählt. In der Bucht ist die weltgrößte Navy-Militärbasis (**Naval Station Norfolk,** Sewell's Point) zuhause, befindet sich das Hauptquartier der US-Atlantik- und Mittelmeerflotte und dazu erstreckt sich ringsum ein riesiger Frachthafen mit viel Industrie.

Sitz zweier Unis

In der Innenstadt lohnt das maritime Wissenschaftsmuseum **Nauticus**, dessen Bau in Gestalt eines am Kai liegenden Schiffes sofort ins Auge fällt. Das National Maritime Museum befasst sich mit verschiedenen maritimen und militärischen Aspekten, fast noch sehenswerter ist jedoch das Battleship **USS Wisconsin**. Dieses weltgrößte Kriegsschiff, der „Iowa-class" zugehörig, ca. 270 m lang und bis zu 3.000 Seeleute beherbergend, stach 1944 in See und war v. a. im Koreakrieg im Einsatz. Man benötigt etwas Fitness, um die vielen Decks über Leitern zu erklimmen und, teils gebückt, Maschinenräume, Schlafsäle und Messen zu erkunden.
Zu den Top 20-Museen in den USA zählt das **Chrysler Museum of Art.** 1933 gegründet, erhielt es 1971 die erlesene Sammlung des Auto-Erben Walter P. Chrysler Jr. (dessen Frau aus Norfolk stammte). Quer durch die Epochen, Kulturkreise und Genres, mit einer besonders sehenswerten Glassammlung, ist dieses Museum ein Muss!
Nauticus, *One Waterside Dr., www.nauticus.org, HS tgl. 10–17 Uhr, sonst außer Mo und So 12–17 Uhr, ab $ 18 Basisticket; mit kleinem VC für die Region.*
Chrysler Museum of Art, *One Memorial Place, https://chrysler.org, Di–Sa 10–17, So 12–17 Uhr, Eintritt frei.*

Nauticus, Museum im Norfolk

Virginia Beach

Hotels über Hotels

Im Osten von Norfolk, am Atlantik, liegt der Badeort **Virginia Beach** mit 500.000 Einwohnern. Ins Auge fällt sofort die lange Kette von Hotels, die den sauberen Sandstrand einfasst. Der rund 5 km langen **Boardwalk** zieht sich am Wasser entlang, mit „King Neptune" (Höhe 30th St.) und einem Fishing Pier (14th St.) als markanten Punkten. Spiel- und Sportplätze sind am Sandstrand vielfach zu finden.

Hinter der Hotelreihe, an der **Atlantic Ave.**, reihen sich hingegen Shops und Lokale, Surfshops und Souvenirs auf. Kreativ und modern gibt sich der **ViBe Creative District** (*VA Beach Blvd/20th St.*) mit vielen sehenswerten Wandbildern, Boutiquen und Werkstätten lokaler Künstler und Kunsthandwerker, Lokalen und Bars und dem Contemporary Art Center (*https://virginiamoca.org*).

Erste Landung der Briten

Hauptattraktion in Virginia Beach ist der Strand, doch einige Sights sollte man nicht versäumen: Das **Cape Henry Memorial** erinnert an die englischen Siedler, die 1607 erstmals auf nordamerikanischem Boden anlegten. Erst dann segelten sie in die Bucht und gründeten Jamestown. Auf der Militärbasis Fort Story stehen zwei Leuchttürme, einer, **Old Cape Henry Lighthouse**, kann bestiegen werden und bietet einen guten Ausblick. Es war der erste Leuchtturm, der von der US-Regierung, genauer von Präsident George Washington, 1792 in Auftrag gegeben worden war. Eine Mischung aus Heimatmuseum und Sammlung handgefertigter Entenattrappen zur Jagd ("decoys") bietet das charmante kleine **Atlantic**

Wildfowl Heritage Museum im historischen de Witt Cottage von 1895. Direkt am Strand zwischen Hotelhochhäusern, informiert in der Old Coast Guard Station das **VA Beach Surf & Rescue Museum** über Küstenschutz und Rettungskräfte, maritimes Erbe, Strand- und Wasservergnügungen.
Cape Henry Lighthouse, *583 Atlantic Ave., Fort Story/VA , https://preservationvirginia.org/historic-sites/cape-henry-lighthouse, tgl. 10–16 Uhr, $ 14 (Gelände+Leuchtturm), auf Militärgelände (daher strenge Regeln, Ausweis und Security-Check).*
Atlantic Wildfowl Heritage Museum, *1113 Atlantic Ave., https://awhm.org, Mi–So. 10–17 Uhr, frei.*
Virginia Beach Surf & Rescue Museum, *2401 Atlantic Ave. (24th St./Boardwalk), www.vbsurfrescuemuseum.org, saisonal geöffnet: Mi–Sa 10–16 Uhr, frei.*

Reisepraktische Informationen Norfolk & Virginia Beach/VA

Information

Norfolk Tourist Info Center, *232 E. Main St., www.visitnorfolk.com, Mo–Fr 8.30–17, Sa/So 11–14 Uhr. Durch Downtown Norfolk fährt eine* **Straßenbahn** *(Einzelticket $ 2, Tagesticket $ 4,50, https://gohrt.com/routes/light-rail.*
Virginia Beach VC, *2100 Parks Ave./21st St., www.visitvirginiabeach.com.*

Unterkunft

Zahlreiche M/Hotels reihen sich entlang der Oceanfront in **Virginia Beach** *(Atlantic Ave. und Seitenstraßen) auf, siehe: www.visitvirginiabeach.com/stay/hotels-resorts. Besonders empfehlenswert ist z. B.*
Hyatt House Virginia Beach/Oceanfront $$$, *2705 Atlantic Ave., ☏ (757) 428-4200, www.hyatt.com/en-US/hotel/virginia/hyatt-house-virginia-beach-oceanfront/orfxv; Hotel direkt am Strand, große, gemütliche Zimmer mit Balkon, Frühstück inklusive!*
In Norfolk empfiehlt sich das **Hilton Norfolk The Main $$$**, *100 E Main St., ☏ (757) 763-6200, www.hilton.com/de/hotels/orfwahh-hilton-norfolk-the-main; mit tollem Ausblick auf den Hafen von den oberen Etagen.*

Restaurants

In **Virginia Beach** *bieten sich zum Frühstück z. B. May's Parlor (2708 Pacific Ave., https://maysparlor.com) und Doc Taylor's Restaurant (207 23rd St., www.doctaylors.com) an. Für einen Drink:* **Smartmouth Brewing Pilot House**, *313 32nd. St., https://smartmouthbrewing.com; im ehemaligen Postamt gibt es gutes Bier und Pizza, dazu Veranstaltungen.*
In **Norfolks** *Freemason Historic District laden z. B. das Cure Coffeehouse (www.curecoffeehouse.com/norfolk) oder die VA Cheese Co. (www.virginiacheeseco.com) ein. Entlang der Granby St. bieten sich weitere Optionen.*

Touren

Naval Base Harbor Cruises, *1 Waterside Dr., Norfolk (bei Nautilus), www.navalbasecruises.com. Auf der „Victory Rover" geht es 2 Std. lang auf dem Elizabeth River zum Hafen und zur Navy Base.*

Hinweis zur Route

Von Virginia Beach kann man mangels Verbindung nicht direkt zu den in North Carolina gelangen. Man folgt deshalb zunächst dem Hwy. 168 S, der beim Ort Barco in den US Hwy 158 mündet. Dieser führt dann nach Kitty Hawk, Teil der Outer Banks.

Die Outer Banks in North Carolina

Strandidylle ...

Die **Outer Banks** sind der bekannteste Abschnitt der sogenannten **Barrier Islands**, einer Inselkette, die der Atlantikküste zwischen Maine und Florida vorgelagert sind. Es handelt sich geomorphologisch betrachtet um „Nehrungen", Landstreifen, die durch das Abdriften von Sand entstanden sind und eine Meeresbucht einschließen: im Falle der Outer Banks den **Pamlico Sound**. An der dem offenen Meer zugewandten Seite sind die Nehrungen von feinsandigem Strand gesäumt, während die der Bucht (Haff) zugewandte Seite eher Marschland ist.

Den Sammelnamen „Outer Banks" trägt diese Inselkette, die sich über knapp 200 km von der Südgrenze Virginias (Back Bay) bis etwa zur Mitte der Küste North Carolinas zieht, weil sie sich hier weiter ins Meer hinausschiebt als anderswo. Bis zu 50 km sind manche Inseln vom Festland entfernt und mit diesem entweder durch Brücken oder mittels Fähren verbunden. Die Namen der Inseln lauten (von N nach SW): **Knotts Island**, **Bodie Island**, **Roanoke Island**, **Pea Island**, **Hatteras Island**, **Ocracoke Island**, **Cedar Island**, **Portsmouth Island** und **Harkers Island**.

Die Outer Banks

Obwohl für die Inseln heiße Sommer und kalte Winter typisch sind, sorgt der Golfstrom für angenehme Temperaturen. Zudem wehen hier generell warme südliche Winde aus der Karibik. Fast jeden Herbst streift ein tropischer Sturm, vom Atlantik landeinwärts ziehend, die Barrier Islands und hat Evakuierungen und Verwüstungen zur Folge. **Hurricanes** stellen aber nicht die einzige Gefahr dar. Strömungen, Untiefen und Sandbänke bescherten der Region den wenig rühmlichen Beinamen „*Graveyard of the Atlantic*". Schon unzählige Schiffe sollen hier untergegangen sein, und noch heute sind **sechs Leuchttürme** auf dem gesamten 480 km langen Küstenabschnitt von North Carolina in Betrieb. Zudem betreibt der *U.S. Life-Saving Service*, der Vorläufer der *U.S. Coast Guard*, seit 1874 sieben Lebensrettungs-Stationen allein auf dem Abschnitt der Outer Banks.

... aber nicht ungefährlich

Wright Brothers National Memorial

In der windigen Dünenlandschaft am Atlantik unternahmen die Gebrüder **Wright** zu Beginn des 20. Jh. ihre ersten bahnbrechenden Flugversuche. In **Kitty Hawk**, einem etwas verschlafenen Ort direkt am Meer, vermag der Besucher die Leistung der Wrights nachzuvollziehen und versteht, warum man von der „**Geburtsstätte der motorisierten Luftfahrt**" spricht.

Das **Wright Brothers NM** liegt wenige Kilometer vor dem Ort **Kill Devil Hills** bei Kitty Hawk. Im VC gibt es Informationen, Schautafeln und Modelle, Fotos und historische Dokumente. Auf dem Freigelände sind zwei Schuppen zu besichtigen, zum einen der restaurierte Werkstattschuppen oder Hangar der Flugpioniere, zum anderen die Wohnhütte der Wrights. In Anschluss daran befindet sich das Flugfeld mit Markierungen der ersten Flugstrecken. Der **Wright Memorial Shaft**, ein imposantes, 18 m hohes Granit-Denkmal, steht auf jener Düne, von der aus die Brüder die ersten Gleitversuche unternahmen.

Hangar und Wohnung der Flugpioniere

Wright Brothers NM, *ausgeschildert ab US Hwy 158/SR 12 Bypass, mi 8, Kill Devil Hills, www.nps.gov/wrbr, tgl. 9–17 Uhr, $ 10.*

Die fliegenden Brüder

info

Die **Gebrüder Wright** waren keine studierten Maschinenbauer oder Ingenieure. Ihre Vorkenntnisse bezogen sich auf Fahrräder, denn sie hatten ihre technischen Fähigkeiten in einem Fahrradgeschäft in Dayton, Ohio, erprobt. **Wilbur** (1867–1912) – der introvertierte Ältere – und **Orville** (1871–1948) – wortgewandt und umgänglich – hatten 1899 begonnen, sich ernsthaft mit der Entwicklung von Fluggeräten zu beschäftigen.

Das erste Motorflugzeug entstand in eben diesem Fahrradladen in Ohio. Die ersten Flugversuche fanden in Kitty Hawk statt. Dieser Ort war wegen der herrschenden Windstärken für die ersten Gleitversuche optimal, zudem bot sich der sandige Untergrund für weiche Landungen an und die baum- und strauchlosen Hügel und Dünen reduzierten die Gefahr beim Experimentieren.

Es gab Vorgänger, Flugpioniere wie den Deutschen **Otto Lilienthal** (1848–96), der die ersten Gleitflüge unternahm, oder **Gustav Weißkopf**, „Whitehead", der noch vor den Brüdern im August 1901 mit einem selbst gebastelten Motorflug-

gerät abgehoben sein soll. Diese Versuche sind allerdings nicht belegt. Daher gelten die Wrights offiziell als die Ersten, die Kontrolle über das Fluggerät hatten und es über längere Zeit in der Luft halten konnten.

Am 14. Dezember 1903 war der erste Versuch aufgrund der Windverhältnisse gescheitert und das Flugzeug beschädigt worden. Nur drei Tage später, am **17. Dezember 1903**, glückten dann die Flugversuche: Um 10.35 Uhr flog Orville erstmals in 12 Sekunden 37 m weit. Drei weitere Flüge folgten, wobei sich beim letzten Versuch um 12 Uhr mittags Wilbur 59 Sekunden in der Luft halten konnte und 260 m weit flog. Die Freude der „fliegenden" Brüder und ihrer Beobachter war groß, die Sensationsmeldung ging durch die Zeitungen. Längerfristig jedoch war der Erfolg beschränkt: Die Wright-Brüder boten ihr Fluggerät zunächst erfolglos der US Army an. Aber erst 1908 kam ein Vertrag zu Stande.

Das erste motorisierte Fluggerät der Wright Brothers

Auf der Suche nach der „Lost Colony"

Historisches Schiffswrack

Der Ort **Nags Head** (*www.outerbanks.com/nags-head.html*) südlich des Wright Memorial ist in erster Linie eine Ferienkolonie mit entsprechender Infrastruktur und ein wichtiges Versorgungszentrum. Hauptsehenswürdigkeit ist bei Ebbe das historische Schiffswrack der **USS Huron**, die 1877 auf der Fahrt von Virginia vor der Küste in einem schweren Sturm versank und 98 Männer mit in den Tod riss (*Zufahrt ausgeschildert via Bladen St.*).

In Nags Head lockt mit dem **Jockey's Ridge State Park** (*mi. 12, Hwy 158 Bypass, https://friendsofjockeysridge.org, mind. 8–18 Uhr, VC 9–17/18 Uhr*) ein idyllisches Naturschutzgebiet mit seltener Flora und Fauna und den größten natürlichen Sanddünen an der Ostküste mit rund 42 m Höhe.

Auch wer plant, weiter auf dem Hwy. 12 auf den Outer Banks südwärts zu fahren, sollte bei Whalebone Junction einen Abstecher nach **Roanoke Island** einplanen. Beim dortigen Hauptort **Manteo** hatten die Briten im späten 16. Jh. erstmals versucht, Fuß zu fassen. Unter dem Namen „**Roanoke Island Festival Park**" firmiert dort ein mehrteiliger Komplex aus Freilufttheater (Konzerte u. a. Veranstaltungen im Sommer), VC (45-Min.-Film „The Legend of Two Path" über die Indianer) und *Roanoke Adventure Museum* (mit Shop und Café). Die Ausstellungen widmen sich den Neusiedlern und dem ersten am 18. August 1587 in Nordamerika geborenen Kind namens Virginia, außerdem den Ureinwohnern und der späteren Entwicklung von Manteo/Roanoke zum Seaside Resort und Fischereizentrum.

Auf dem Freigelände ist ein Dorf (*Settlement Site*) nachgebaut. Außerdem liegt die *Elizabeth II.* vor Anker, ein Nachbau des Schiffes der englischen Siedler, die 1585 hier die erste Kolonie einrichteten. An Wochenenden stellen kostümierte Museumsangestellte das harte Leben im 16. und 17. Jh. nach. Es gibt außerdem eine *American Indian Town* und das *Roanoke Island Maritime Museum* mit einem Leuchtturm in nächster Nähe.
Roanoke Island Festival Park, *ausgeschildert ab Hwy 64 E, www.roanokeisland.com, März–Dez. tgl. 9–17 Uhr, $ 11.*

Die Elizabeth II. als Teil des Roanoke Island Festival Park

Malerisch am **Roanoke Sound** liegt etwas weiter westlich das **Fort Raleigh National Monument**, der Nachbau einer Befestigung mit Wall, Graben und Schautafeln. Hier sollen Ende des 16. Jh. über 100 Menschen für immer verschwunden sein. Im nebenan liegenden **Waterside Theatre** wird seit 1937 von Mitte Juni bis Ende August die Geschichte der Kolonialisation in einer aufwendigen Aufführung nach der Vorlage von Paul Greens *The Lost Colony* gezeigt. Auch ein Film im Besucherzentrum widmet sich dem Thema. Außerdem sind im zugehörigen kleinen Museum Zeugnisse aus dem Leben der Kolonisten ausgestellt.

Neben Fort Raleigh erstrecken sich die **Elizabethan Gardens**, ein sehenswerter Botanischer Garten, der von einem früheren britischen Botschafter ins Leben gerufen worden ist. Neben einem englischen Garten gibt es u. a. Rosen-, Kräuter- und Senkgarten sowie verschiedene Gewächshäuser.

Botanischer Garten

Fort Raleigh NM, *1401 National Park Dr., ab US Hwy 64, westlich Manteo, www.nps.gov/fora, mit Lindsay Warren VC, tgl. 9–17/18 Uhr, Eintritt frei.*
Waterside Theatre, *1409 National Park Dr., westl. Manteo, www.thelostcolony.org, Aufführungen im Sommer Fr–So 19 Uhr (2 Std.), ab $ 25, auch Backstage Tours.*
Elizabethan Gardens, *National Park Dr., westl. Manteo, http://elizabethangardens.org, tgl. 9–17/18 Uhr außer Januar, $ 12.*

„The Lost Colony"

info

1562 begannen die Briten damit, die nordamerikanische Küste zu erkunden. Nachdem 1564 wieder eine Expedition euphorisch nach London zurückgekehrt war, beschloss **Sir Walter Raleigh** (1552–1618) eine Kolonistengruppe zusam-

info

menzustellen. 1585 machten sich also 500 Siedler auf sieben Segelschiffen auf den Weg in die „**Virginia**“ genannte Kolonie, um auf Roanoke Island ein Fort und eine Siedlung zu gründen.

Die Anfänge verliefen friedlich, und man verstand sich zunächst gut mit den Ureinwohnern. Erst als die Versorgung knapp wurde, kam es zu Konflikten. Bald hatten die Siedler die Nase voll von dem ungastlichen Land. Der Großteil packte eine sich bietende Gelegenheit beim Schopf und heuerte auf dem vorbeisegelnden Schiff von **Sir Francis Drake** an. Als endlich das von Raleigh geschickte, sehnlichst erwartete Nachschubschiff auf Roanoke Island anlegte, fand man nur noch jene 15 Männer vor, die zur Bewachung der Siedlung zurückgeblieben waren. 1586 wurden 100 neue Siedler unter Führung von **John White**, der bereits beim ersten Mal dabei gewesen war, entsandt, um die Kolonisierung diesmal erfolgreicher zu betreiben. Ursprünglich war nur ein Zwischenstopp auf Roanoke Island vorgesehen gewesen, dann wollte man auf dem Festland nach einem besseren Siedlungsplatz suchen. Doch man fand die 15 zurückgelassenen Männer massakriert vor. Hinzu kam, dass der Wintereinbruch die Siedler zum Bleiben zwang.

White musste sich mangels Nachschub erneut auf die Reise ins Mutterland begeben. Die Rückkehr in die Kolonie zog sich hin. 1590 kehrte White dann endlich mit Waren beladen auf die Insel zurück. Außer einer Inschrift an einem Baumstamm „**CRO**“ fand er allerdings keinerlei Spuren von den Siedlern. White nahm zunächst an, dass die Nachricht auf den Umzug auf eine benachbarte Insel hinwies, doch eine groß angelegte Suche blieb erfolglos. Der **Mythos der „Lost Colony**“ war geboren. Vor Kurzem fanden Forscher im Hinterland Spuren, die auf Überlebende der ersten Siedlung hinweisen könnten. Die Suche geht also weiter ...

Cape Hatteras National Seashore

Von Roanoke Island geht es zurück auf **Bodie Island** und damit wieder auf die Outer Banks. Auf der Fahrt Richtung Süden auf dem Hwy. 12 passiert man noch vor dem *Oregon Inlet* das **Coquina Beach Bathhouse** und das **Bodie Island Lighthouse** mit altem Leuchtturmwärterhaus und *Nature Trail* durch die **Body Island Marshes**. Südlich von Nags Head beginnt die **Cape Hatteras National Seashore**, die sich fast 100 km südwärts bis zum Ocracoke Inlet hinzieht. Über eine Brücke erreicht man **Hatteras Island** und das **Pea Island National Wildlife Refuge** (*www.fws.gov/refuge/pea_island*), ein Vogelschutzgebiet, in dem über 250 Arten beobachtet werden können. Am „Knie“ von Hatteras Island, dort wo die Insel nach Westen umbiegt, befindet sich bei Buxton der höchste Leuchtturm der amerikanischen Küste: das 63 m hohe **Cape Hatteras Lighthouse**, 1870–1936 in Betrieb. Man kann den Leuchtturm über 260 Stufen besteigen und den herrlichen Ausblick genießen.

Höchster Leuchtturm

Bodie Island Lighthouse, *8210 Bodie Island Lighthouse Rd., www.nps.gov/caha/planyourvisit/lighthouseclimbs.htm, 2024 wegen Renovierung geschlossen, mit Bodie Island VC.*

Cape Hatteras National Seashore – Hatteras Island VC, *Hwy. 12, www.nps.gov/caha, tgl. 9–18 Uhr, Eintritt frei.*

Bodie Island Light Station

Cape Hatteras Light Station, *46375 Lighthouse Rd., Buxton, www.nps.gov/caha/planyourvisit/chls.htm, wegen Renovierung 2024 geschl., $ 10.*

Im nahen Ort **Hatteras** endet die Straße und eine kostenlose Autofähre bringt Besucher in rund 40 Minuten über das Hatteras Inlet nach **Ocracoke Island**. Obwohl diese Insel eines der ersten Erholungsgebiete auf den Outer Banks war, ist sie naturverbunden geblieben und mit Ausnahme des netten **Ocracoke Village** als *National Park* ausgewiesen. Im VC (s. u.) erfährt man Wissenswertes über die Insel sowie zu Flora und Fauna.

Seeräuberunterschlupf

Sehenswert ist das östlich des Ortes am Meer gelegene **Ocracoke Island Lighthouse** von 1823 (Turm selbst nicht zu besichtigen). Ocracoke war im 18. Jh. ein beliebter Unterschlupf von Piraten wie **Blackbeard** („Schwarzbart"). Vor allem in den Jahren 1713 bis 1718 hatte die Piraterie Hochkonjunktur, und regelmäßig wurden Handelsschiffe überfallen. Flache Küstengewässer und eine bestechliche Beamtenschaft begünstigten das Unwesen. Erst als der Gouverneur von Virginia Blackbeard 1718 dingfest machen konnte, wurde der Piraterie ein Ende gesetzt.
Hatteras Island VC & Museum of the Sea, *Hwy. 12, Buxton, www.nps.gov/caha, VC tgl. 9–18, Museum nur saisonal Mt. Apr.–Anf. Okt.*
Cape Hatteras National Seashore – Ocracoke Island VC, *49 Pilot Town Circle (Hwy. 12), Ocracoke, www.nps.gov/caha, tgl. 9–18 Uhr.*
Ocracoke Village: *www.visitocracokenc.com.*

Im Sommer ließe sich noch ein **Abstecher zur Cape Lookout National Seashore** einplanen. Kleine Ausflugsboote verbinden im Sommer Ocracoke Island mit dem südlich gelegenen **Portsmouth Island** und den **Core Banks**.

Auf diesem unbewohnten und unerschlossenen Naturgebiet sind u. a. die bedrohten *Loggerhead Turtles*, eine Meeresschildkrötenart, noch zahlreich vertreten. Das Freizeitangebot ist vielseitig. An der äußersten Südspitze befindet sich ein weiterer Leuchtturm, **Cape Lookout**, der mit einer Personenfähre von **Harkers Island** (ab US Hwy. 70) aus erreichbar ist (*www.nps.gov/calo/planyourvisit/ferry.htm*).

Bedrohte Schildkröten

Cape Lookout National Seashore – Harkers Island VC, *www.nps.gov/calo, tgl. 9–17 Uhr, Eintritt frei; Fähren ($ 22 pro Person H/R), außerdem* **Beaufort VC**, *701 Front St., Beaufort.*

Cape Lookout Lighthouse, *derzeit wegen Renovierung geschl., www.nps.gov/calo/planyourvisit/lighthouse-climbs.htm sowie Light Station VC & Keepers' Quarters Museum, April–Nov. 9.30–16.30 Uhr.*

Hinweis zur Route

Von Ocracoke gelangt man per Fähre in gut zwei Stunden über das Ocracoke Inlet nach Cedar Island. Von dort führen Hwy. 12 und anschließend US Hwy 70 über das sehenswerte Hafenstädtchen Beaufort und Morehead City nach New Bern.

Reisepraktische Informationen Outer Banks/NC

Information

Sarah Owens Welcome Center, *1 Visitors Circle (Hwy. 64), Manteo, www.outerbanks.org, tgl. 9–17.30 Uhr; Karten und Infos sowie Hotelverzeichnis.*

Unterkunft

Sea Ranch Resort $$–$$$, *1731 N. Virginia Dare Trail, MP 7, Kill Devil Hills, ☏ (252) 441-7126, www.searanchresort.com; einfaches, aber ordentliches Motel mit 50 geräumigen Zimmern, direkt am Strand.*

The Captain's Landing Waterfront Inn $$$$, *324 Irvin Garrish Hwy., Ocracoke, ☏ (252) 928-1999, https://thecaptainslanding.com; schön am Silver Sea gelegene Cottages und Suiten in kleinem Gebäude, mit Terrasse und Seeblick.*

Sanderling Inn Resort&Spa $$$$, *1461 Duck Rd., Duck (ca. 16 km nördl. Kitty Hawk), ☏ (833) 201-6871, www.sanderling-resort.com; Strand, Sanddünen und große, geschmackvolle Zimmer, mit Restaurant und Freizeit- und Wellness-Angebot.*

Roanoke Island Inn $$$$–$$$$$, *305 Fernando St., Manteo, ☏ (252) 473-5511, https://roanokeislandinn.com; seit 1937 in Familienbesitz und als Gästehaus betrieben, schön an einer Bucht, nahe dem Roanoke Island Festival Park gelegen. Zimmer gut ausgestattet und inkl. Frühstück sowie Gratisgetränken und Snacks.*

Restaurants

Lost Colony Tavern, *208 Queen Elizabeth Ave., Manteo, https://lostcolonytavern.com; gutbürgerliche amerikanische Küche zu angemessenen Preisen.*

Kimball's Kitchen, *empfehlenswertes Lokal im Sanderling Inn (s. o.), preisgünstiger ist im gleichen Haus die Livesaving Station (Imbiss und Bier vom Fass).*

Coastal Cravings, *1209 Duck Rd., Duck , https://cravingsobx.com; beliebter Seafood-Diner in ehemaliger Tankstelle, ausgezeichnete Fischgerichte und Meeresfrüchte.*

Fähren

Zwischen Hatteras Island und Ocracoke Island verkehrt über das Hatteras Inlet eine kostenlose Fähre (stündl. 5–24 Uhr, in der HS alle 30 Min.). Von Ocracoke, an der Südspitze, gehen regelmäßig Schiffe Richtung Festland, nach Swan Quarter sowie Cedar Island (New Bern). **Infos** *zu Fahrplan und Tickets: www.ncdot.gov/travel-maps/ferry-tickets-services/Pages/default.aspx.*

New Bern, erste Hauptstadt der Carolinas

Rund 120 km von der Fährstation auf Cedar Island entfernt, nordwestlich, im Landesinneren, liegt am Neuse River das sehenswerte Städtchen **New Bern**. Der Ort befindet sich an der Grenze zwischen der Küstenregion und dem agrarisch genutzten **Low Country**, in dem vor allem Baumwolle, Getreide, Mais und Erdnüsse angebaut werden. New Bern gilt nach Williamsburg als die **bedeutendste restaurierte alte Siedlung** an der Südostküste mit sehenswerten historischen Bauten und Kirchen. Das Städtchen wurde 1710 von deutschen und Schweizer Siedlern – daher der Name – gegründet und war zwischen 1766 und 1776, vor Raleigh, **Hauptstadt der Kolonie North Carolina**. Seit 1896 ist der Ort offizielle Partnerstadt der gleichnamigen Schweizer Hauptstadt.

Schweizer und deutsche Wurzeln

Die Hauptattraktion der Stadt, die auch „**Little Charleston**" genannt wird, ist **Tryon Palace Historic Sites & Gardens** am südwestlichen Altstadtrand. Es ist sinnvoll, zunächst im VC den Film anzusehen, ehe man sich in dem aus Haupthaus und Nebengebäuden sowie Gartenanlagen bestehenden Komplex umsieht. Der Palast war nach Plänen des englischen Architekten John Hawks, nach palladianischen Vorbildern, zwischen 1767 und 1770 errichtet worden. Er galt gleich nach Fertigstellung als **schönstes Regierungsgebäude im kolonialen Amerika** und war Sitz der englischen Gouverneure. Zunächst von William Tryon, dann von dessen Nachfolger, der 1775 vertrieben wurde. Während der Revolutionskriege fan-

Tryon Palace House & Gardens in New Bern

den hier Treffen der Generalversammlung statt. 1798 brannte der Bau vollständig ab und in den 1950ern begann man mit dem ehrgeizigen Projekt, Architektur und Innenausstattung anhand von Inventarlisten, Zeichnungen u. a. Zeugnissen originalgetreu wiederherzustellen. Die umgebenden Gärten sind prächtig, teils formal im europäischen Stil des 18. Jh., teils parkartig im englischen Stil.

Historische Häuser besichtigen

Im Umkreis des Palastes befinden sich mehrere zu besichtigende historische Häuser. Dazu zählt das **John Wright Stanly House** (*307 George St.*) von 1779, in dem schon Präsident George Washington übernachtete. Schräg gegenüber dem Besucherzentrum lädt im **Jones House** ein Museumsshop zum Zwischenstopp ein. An der Eden St. im **Hay House** aus dem frühen 19. Jh. lebte ein schottischer Kutschenmacher. Heute finden hier Vorführungen verschiedener Handwerkstechniken und Kochdemonstrationen statt. Nächster Besichtigungspunkt könnte das **Dixon Stevenson House** (*619 Pollock St.*) sein, von 1826 bis 1833 erbaut für einen Händler. Im sehenswerten **North Carolina History Center** (*529 S. Front St.*) schließlich wird die Stadtgeschichte von der Gründung 1710 über Bürgerkrieg und Rekonstruktionszeit bis zur Moderne anschaulich und sehenswert illustriert. Zugleich dient es als VC. Vier Blocks entfernt, in einem Schulhaus von 1809, informiert das **New Bern Academy Museum** mit Ausstellungen über den Bürgerkrieg und die lokale Architektur.
Tryon Palace, *529 S. Front St., www.tryonpalace.org, mit mehreren zu besichtigenden historischen Häusern;* **VC im North Carolina History Center**, *529 S. Front St., Mo–Sa 9–17 und So 12–17 Uhr, ltz. Tour 16 Uhr, One-Day Pass $ 20 (für alle Bauten und Garten), mit Film , auch Touren.*

New Bern ist nicht nur historisch interessant, sondern gilt auch als **Birthplace of Pepsi-Cola**. Hier wurde das Brausegetränk 1898 erfunden. Ein Apotheker namens Caleb Bradham (1867–1934) mixte aus Kolanuss, Vanille und verschiedenen Ölen ein neues Heil- und Erfrischungsgetränk. Koffein wurde erst später zugefügt, schließlich wollte man mit der etwas früher, 1886, in Atlanta erfundenen Coca-Cola mithalten. „**Brad's Drink**" wurde als Pepsi-Cola vermarktet und 1902 entstand die erste Fabrik. Bis zu einem Brand in den 1930ern unterhielt Bradham seine Apotheke. Danach stand der Bau lange leer. Erst 1998, zum 100. Geburtstag des Getränks, wurde der Gründungsort entsprechend gewürdigt und empfängt heute als Museum mit Souvenirshop und Soda-Bar zahlreiche Besucher.
Birthplace of Pepsi-Cola, *256 Middle St., https://pepsistore.com, Mo–Sa 10–18, So (März–Dez.) 12–16 Uhr, Eintritt frei; Shop und Museum.*

Reisepraktische Informationen New Bern/NC

Information

New Bern CVB, *316 S. Front St., https://visitnewbern.com, Mo–Fr 9–17, Sa 10–16 Uhr.*

Unterkunft

Meadows Inn $$$, *212 Pollock St., ☏ (252) 638-1776, https://meadowsinn-nc.com; in einem Gebäude von 1847 stehen neun geräumige, gemütliche Zimmer mit Kamin und historischer Möblierung zur Verfügung; inkl. Frühstück.*

Harmony House Inn (Benjamin Ellis House) $$$, *215 Pollock St., ☏ (252) 259-2311, https://benjaminellishouse.com; historisches Haus mit liebevoll ausgestatteten Zimmern und gutem Frühstück.*

Restaurants

The Chelsea Restaurant, *335 Middle St., ☏ (252) 637-5469 , www.thechelsea.com; hervorragende Küche mit Südstaatentouch.*
Es gibt in New Bern empfehlenswerte Brewpubs, z. B. **Freshwater Beer Co.** *(904 Pollock St., www.freshwaterbeerco.com) – Bier, Wein, Cocktails, daneben Konzerte und Food Trucks – oder* **Brewery 99** *(1030 Pollock St., https://brewery99.com).*

Feste/Veranstaltungen

New Bern Spring Homes & Gardens Tour, *am zweiten Wochenende im April können rund zehn Privathäuser und einige Gärten für $ 23 besichtigt werden. Infos im VC (s. o.) oder unter https://newbernhistorical.org/homes-tour.*

Verbindungsroute durch NC zu den Appalachen

Hinweis zur Route

Die nachfolgend vorgeschlagene Strecke dient als **Verbindung** zwischen der Inlands- und der Küstenroute zwischen Washington D.C. und Atlanta. Verlässt man New Bern westwärts auf dem US Hwy. 70, ist nach etwa zweistündiger Fahrt (ca. 170 km) die Hauptstadt North Carolinas, **Raleigh**, erreicht. Die I-40 führt von hier durch das *Research Triangle* nach **Winston-Salem** (ca. 165 km) und stößt dort auf die im vorhergehenden Kapitel beschriebene **Inlandsroute** (S. 411).

siehe Karte S. 432

Raleigh – die Hauptstadt North Carolinas

Der Gartenarchitekt Frederik L. Olmsted war entzückt, als er 1840 **Raleigh** sah, und lobte die breiten Alleen und die schönen Gärten. Die 1792 gegründete **Hauptstadt North Carolinas** hat sich mittlerweile zu einem Verwaltungszentrum mit etwa 480.000 Einwohnern entwickelt. Zusammen mit dem 40 km nordwestlich gelegenen Durham und dem benachbarten Chapel Hill ist ein prosperierendes Wirtschaftszentrum, das sog. **Research Triangle** entstanden. Der Grundstein für einen solchen Zusammenschluss wurde 1936 durch die *University of North Carolina (UNC)* gelegt. *UNC* bildet seither mit der *North Carolina State University* in Raleigh und der *Duke University* in Durham die Eckpunkte dieses „**Forschungsdreiecks**".

Wirtschaftszentrum

Auf Geheiß der *North Carolina General Assembly*, der Generalversammlung, wurde Raleigh 1792 innerhalb von zehn Meilen Umkreis der historischen *Isaac Hunter's Tavern* als neue Hauptstadt aus dem Boden gestampft. Benannt ist die Stadt nach **Sir Walter Raleigh**. Um 1554 geboren, war er ein berühmter Seefahrer und Schriftsteller. 1584 in den Adelsstand erhoben, galt Raleigh als Günstling von Queen Elizabeth I., die ihn beauftragte, Entdeckungsfahrten nach Nordamerika zu unternehmen, um die Vormachtstellung der Spanier zu brechen. 1603, nach dem Tod seiner Gönnerin, wurde er wegen Hochverrats zum Tode verurteilt. Doch seine Strafe wurde zunächst ausgesetzt. Erst am 29. Oktober 1618 wurde das Todesurteil vollstreckt.

Rundgang

Die meisten **Sehenswürdigkeiten** liegen in nächster Nähe zum *State Capitol*, auf das die *Fayetteville Street Mall* von Süden und die *Bicentennial Plaza* von Norden zuführen. Lediglich die Universität und das *Museum of Art* liegen etwas abseits. Einen Rundgang beginnt man am **City Market** (*Martin St.*) von 1914, mit **Big Ed's** (s. unten). Von dort gelangt man nach ein paar Schritten zum **Marbles Kids Museum**, einem von Architektur, Idee und Konzeption her ungewöhnlichen Kindermuseum.
Marbles Kids Museum, *201 E. Hargett St., www.marbleskidsmuseum.org, tgl. 10–17, Do bis 19 Uhr, Museum $ 9/12 (Kombi), IMAX $ 7/12.*

Ein paar Blocks weiter steht man mitten im Regierungsviertel und blickt auf das **State Capitol**. Es wurde 1833 bis 1840 als Nachfolger eines 1831 abgebrannten, kleineren Baus (1792–96) im *Greek Revival*-Stil erbaut. Im Zentrum der überwölbten Rotunde, am Schnittpunkt des kreuzförmigen Grundrisses, steht eine 1970 angefertigte Replik der 1831 durch einen Brand zerstörten Washington-Statue des italienischen Künstlers Canova (1821).

Raleigh ist die Hauptstadt von North Carolina: hier das State Capitol Building

State Capitol, *Capitol Sq., www.ncstatecapitol.org, wegen Renovierung geschlossen.*
Gerahmt wird das Capitol von zwei Museen: zum einen vom sehenswerten **North Carolina Museum of History**, in dem anhand unterschiedlichster Medien in verschiedenen Abteilungen und mit Wechselausstellungen Geschichte, Kultur und Bevölkerung North Carolinas zur Sprache kommt. Zum anderen vom **North Carolina Museum of Natural Sciences**, wo es außer Dinosauriern interessante Abteilungen wie *Coastal Carolina* oder *Mountains to Sea* gibt. In ihnen sind verschiedene Landschaften North Carolinas authentisch nachgebildet.
NC Museum of History, *5 E. Edenton St., www.ncmuseumofhistory.org, Mo–Sa 9–17, So 12–17 Uhr, Eintritt frei, mit Premier Cakes Diner.*
NC Museum of Natural Sciences, *11 W. Jones St. (Bicentennial Plaza), https://naturalsciences.org, Di–So 10–17 Uhr, Eintritt frei.*

In der Nähe des Museums eröffnete im August 2023 der **North Carolina Freedom Park** (*218 N. Wilmington St., https://aahc.nc.gov/north-carolina-freedom-park*). Denkmäler und Kunstwerke beschäftigen sich mit der Geschichte North Carolinas, v. a. mit dem Freiheitskampf der afroamerikanischen Bevölkerung und ihrem Streben nach Gleichberechtigung.

Im Westen der Innenstadt, auf dem Campus der **NC State University**, bietet in der Historic Chancellor's Residence das **Gregg Museum of Art & Design** eine Vielfalt an Ausstellungen zu Keramik, Textilien, Fotografie, Design u. a. Kunstgattungen.
Gregg Museum, *1903 Hillsborough St., https://gregg.arts.ncsu.edu, Di-Sa 10–17 Uhr, Eintritt frei.*

Hochkarätiges Kunstmuseum

Das **North Carolina Museum of Art** (**NCMA**) im Westen der Innenstadt überrascht mit einem ungewöhnlich breiten Spektrum an Kunststilen und -gattungen. Abgesehen von Sonderschauen wird in der Dauerausstellung eine Spanne von über 5.000 Jahren abgedeckt. Von der Antike über präkolumbianische Kunst und Judaica, über eine hochkarätige europäische Sammlung bis hin zu Beispielen der amerikanischen Kunst vom 18. bis zum 20. Jh. Zum zweiteiligen Museum gehören der *Museum Park* und ein Amphitheater.
NC Museum of Art, *2110 Blue Ridge Rd., https://ncartmuseum.org, Mi–So 10–17 Uhr, Eintritt frei (außer bei Sonderausstellung), mit NCMA Café und East Café.*

Reisepraktische Informationen Raleigh/NC

Information

Raleigh VC, *500 Fayetteville St. (nahe Convention Center), www.visitraleigh.com, Mo–Fr 8.30–17, Sa 9–17 Uhr.*

Unterkunft

Holiday Inn Raleigh Downtown $$-$$$, *320 Hillsborough St., ☏ (919) 832-0501, www.ihg.com/holidayinn/hotels/us/en/raleigh/rdusc/hoteldetail; empfehlenswertes Hotel in einem Turm und daher mit herrlichem Ausblick von fast allen Zimmern, besonders in den oberen Etagen.*

Restaurants

Angus Barn, *9401 Glenwood Ave. (Hwy. 70/Aviation Pkwy.), ☏ (919) 781-2444, www.angusbarn.com; tgl. Dinner, Bar und Shop. In rustikaler Scheunenatmosphäre gibt's die besten Steaks weit und breit.*

Big Ed's City Market Restaurant, *220 Wolfe St., www.bigedsnc.com, Di–So 8–14 Uhr; günstige Südstaaten-Hausmannsküche in einem Gastraum, der einem Museum gleicht.*

42nd Street Oyster Bar & Seafood Grill, *508 W. Jones St., www.42ndstoysterbar.com; das beliebteste Lokal in der Stadt, wo sich in Bierhallen-Ambiente „Normal-Bürger", Prominente und Politiker treffen. Seit 1931 bekannt für Austern und Fisch.*

Morgan Street Food Hall & Market, *411 W. Morgan St., www.morganfoodhall.com; neu eröffnete Imbiss-Location mit buntem Essensangebot.*

Einkaufen

Im Umkreis des **City Market** *(Martin/Blount St.) gibt es außer Kneipen und Cafés auch ausgefallene Läden, Boutiquen und Galerien (https://citymarketraleigh.com).*

Zuschauersport

Carolina Hurricanes, *Mitglied der Eishockey-Profiliga NHL (National Hockey League, Meister 2006), Spiele in der* **PNC Arena**, *Wade Blvd., Edwards Mill/Arena Exit, Infos und Tickets: www.nhl.com/hurricanes.*

Durham – „City of Medicine" und einstiges Tabakzentrum

Zwei Dinge prägten **Durham**, etwa 40 km nordwestlich von Raleigh an der I-40 gelegen und mit über 295.000 Einwohnern die viertgrößte Stadt North Carolinas: einst die Tabakindustrie, heute die **Duke University**, die mit ihrer berühmten medizinischen Fakultät der Stadt zum Beinamen „**City of Medicine USA**" verhalf.

Elite-Uni

Die Stadt war ab 1869 um einen Bahnhof herum entstanden, was das Tabakgeschäft ankurbelte. Washington Duke war nach dem Bürgerkrieg 1865 auf seine unversehrt gebliebene Tabakfarm zurückgekehrt und hatte den Tabakhandel in der Region maßgeblich gefördert. Es begann in einer Scheune, die heute als **Duke Homestead State Historic Site & Tobacco Museum** Wissenswertes zu den Anfängen des Duke-Imperiums und über die Geschichte des Tabakanbaus liefert. Erst Sohn Brodie Duke eröffnete 1870 eine richtige Produktionsstätte. Durham entwickelte sich zum **Tabakzentrum der USA**, und die Dukes zählten zu deren reichsten Familien.

Duke Homestead, *2828 Duke Homestead Rd., http://dukehomestead.org, Di–Sa 9–17 Uhr, Eintritt frei, Touren und Film.*

In der Innenstadt, um Main St. und Five Points, steht der **Historic District** (*Morgan/Peabody St./Loop*) stellvertretend für das erste Handelszentrum der Stadt, mit alten, teilweise renovierten Tabak-Lagerhäusern. Der ebenfalls hier befindliche alte **Durham Athletic Park** (*The DAP*) von 1926 war die Heimat des 1902 gegründeten Traditions-Baseballclubs **Durham Bulls**. Dort, wo 1988 der Film

„Bull Durham" mit Kevin Costner gedreht wurde, wird heute nicht mehr gespielt. Das Baseballteam ist im etwas weiter nördlich gelegenen Durham Bulls Athletic Park (*409 Blackwell St.*) zu Hause.

James B. „Buck" Duke hatte dem 1892 gegründeten *Trinity College* die Summe von $ 6 Mio. gespendet. Aus Dankbarkeit wurde die Hochschule in **Duke University** umbenannt (*http://duke.edu*). Noch heute fließt der Hochschule Geld aus dem Duke'schen Familienvermögen zu. Die *Medical School* mit eigenem Krebszentrum und die *Fuqua School of Business* sorgen für den Weltruf der exklusiven Elite-Privatuniversität.

Auf dem Unicampus der Duke University in Durham

Der Universitätskomplex im Westen von Downtown besteht aus zwei Teilen: zum einem dem alten *Trinity College* von 1892, heute **East Campus** genannt und gekennzeichnet durch Architektur im *Georgian Style*. Das hier befindliche **Nasher Museum of Art** beherbergt griechische und römische Antiken sowie mittelalterliche Skulpturen, außerdem präkolumbianische, afrikanische, asiatische, amerikanische und europäische Kunst. Zum anderen dem neogotischen **West Campus**, der architektonisch stärker auffällt. 1925 ebenfalls von James B. Duke finanziert, ist sein Herzstück die **Duke University Chapel**, ein 1931 fertiggestellter neugotischer Kirchenbau mit schönen Glasfenstern. Neben der Kirche steht der über 50 m hohe **Morehead-Patterson Memorial Bell Tower** (*South Rd./Stadium Dr.*) mit zehn Glocken, die an die Unterrichtsstunden erinnern.

Nasher Museum of Art, *2001 Campus Dr., East Campus, http://nasher.duke.edu, Di–Fr 10–17, Do bis 21, So 12–17 Uhr, Eintritt frei.*

Reisepraktische Informationen Durham/NC

Information

Durham CVB – Visitor Information Center, *212 W. Main St., www.durham-nc.com, Di–Sa 10–17 Uhr.*

Unterkunft

Washington Duke Inn & Golf Club $$$$$, *3001 Cameron Blvd., ☏ (919) 490-0999 oder 1 (800) 443-3853, www.washingtondukeinn.com; luxuriöses Resorthotel in unmittelbarer Nachbarschaft zu Unicampus und Duke Chapel. 171 grandiose Zimmer, Pool, Fitness, Golfplatz.*

Restaurants

Bullock's Bar-B-Que, *3330 Quebec Dr., www.bullocks-bbq.com; gegrilltes Schwein in allen Variationen, Southern Cooking in Familienbetrieb zu günstigen Preisen (keine Kreditkarten!). Das Warten auf einen freien Tisch lohnt!*
Foster's Market, *2694 Durham-Chapel Hill Blvd.; Gourmetshop und -imbiss.*

Einkaufen

Brightleaf Square, *905 W. Main/Gregson St., www.brightleafdurham.com; nettes Einkaufszentrum in ehemaligem Tabak-Lagerhaus von der Wende 19./20. Jh.*
The Streets of Southpoint, *6910 Fayetteville Rd., www.streetsatsouthpoint.com; Kaufhäuser und viele kleinere Shops sowie Cafés und Lokale.*

Veranstaltungen/Zuschauersport

Duke Jazz Series, *Konzertserie im Baldwin Auditorium von Duke; außer Jazz auch weitere Konzerte. Infos: https://dukearts.org/.*
Durham Blues & Brews Festival, *Mitte Mai, www.durhambluesandbrewsfestival.com; tolle Musik und süffiges Bier.*
College Basketball der **Duke Blue Devils**, *eines der besten Amateurteams der USA, Infos und Tickets: https://goduke.com.*
Durham Bulls Athletic Park, *409 Blackwell St., www.milb.com/durham, Ballpark des Baseball-Nachwuchsteams der Tampa Bay Rays.*

Universitätsstädtchen Chapel Hill

Karrierestart für Michael Jordan

Nur rund 12 km entfernt vom West Campus der Duke University entfernt liegt **Chapel Hill** (US Hwy. 15). Seinen Namen erhielt die Stadt von der *New Hope Chapel*, die auf einem Hügel an der Wegkreuzung zweier Hauptstraßen stand. Der Ort erwachte aus seinem Dornröschenschlaf, als man sich 1793 entschloss, hier die Zentrale der **University of North Carolina/UNC** (*www.unc.edu*) einzurichten. Durch die räumliche Nähe der beiden Hochschulen, Duke und UNC, entstand eine besondere **Rivalität**, die sich auch heute noch besonders im Sport auswirkt. Berühmt sind die Universitäten für ihre Basketballmannschaften. Bei den *Tar Heels* begann der große Michael Jordan seine Karriere.

Heute frequentieren über 31.000 Studenten die 127 Einzelbauten auf dem weitläufigen **Campusgelände**, in denen die verschiedenen Colleges/Schools untergebracht sind. Ein Rundgang über den Campus lohnt nicht allein aufgrund der Architektur, die zum Teil aus der Gründungszeit stammt (z. B. **Old East Hall oder Person Hall**), sondern auch aufgrund einiger Museen. Im **Ackland**

Chapel Hills angesehene Hochschule: UNC

Art Museum findet sich ein breites Spektrum von griechischen Antiken über Renaissance-Altarbilder bis zu Gegenwartskunst. Lohnend ist auch ein Besuch des **Morehead Planetarium & Science Center** mit dem NASA-Trainingszentrum.

NASA-Trainingszentrum

Erholsam ist ein Spaziergang durch den **North Carolina Botanical Garden**, der als größter Botanischer Garten des gesamten Südostens gilt. Das Zentrum von Chapel Hill bildet der **Historic Franklin Street District** (*https://downtownchapelhill.com*). An der Straße liegen Shops, Restaurants und Cafés.

Ackland Art Museum, *101 S. Columbia/Franklin St., https://ackland.org, Mi–Sa 10–17, So 13–17 Uhr, Eintritt frei.*

Morehead Planetarium & Science Center, *250 E. Franklin St., https://moreheadplanetarium.org, Di–Fr 10–16.30, Sa 10–18, So 13–18 Uhr, $ 16; Shows im Star Theater und im NASA Digital Theater, mit Gift Shop.*

North Carolina Botanical Garden, *100 Old Mason Farm Rd., https://ncbg.unc.edu, Di–Sa 9–17, So 13–17/18 Uhr, Eintritt frei.*

Reisepraktische Informationen Chapel Hill/NC

Information

Downtown Welcome Center, *308 W. Franklin St., www.visitchapelhill.org, Mo–Fr 8.30–17, Sa 10–17 Uhr.*

UNC Visitors' Center, *134 E. Franklin St., West Lobby Morehead Planetarium (s. oben), www.unc.edu/visitors, Mo–Fr 10–16 Uhr.*

Unterkunft

Carolina Inn $$$$, *211 Pittsboro St., ☏ (919) 933-2001, www.destination hotels.com/carolina-inn; sieben Zimmer in historischem, neu renovierten Gebäude. Zugehörig ist das ausgezeichnete* **Crossroads Restaurant**.

Restaurants

Carolina Brewery, *460 W. Franklin St., www.carolinabrewery.com/chapel-hill; beliebter Brewpub mit eigenen Bieren, dazu ausgezeichnetes Essen.*
Sutton's Drug Store, *159 W. Franklin St.; legendärer Studentenimbiss mit Soda Fountain und Lunch Counter.*

Zuschauersport

College Basketball der **UNC Tar Heels**, *Infos und Tickets: https://goheels.com.*

Vom Research Triangle nach Winston-Salem

Kaum eine Stunde nachdem man Durham auf der I-40 hinter sich gelassen hat, erreicht man **Greensboro**. Benannt nach General Nathanael Greene, der während der Revolutionskriege 1781 in einer wichtigen Schlacht – der **Battle of Guilford Courthouse** – den Briten unter ihrem Feldherrn Charles Earl Cornwallis große Verluste zufügte. Die 1856 fertig gestellte Eisenbahnlinie brachte Reichtum und industrielles Wachstum in Gestalt der Textilindustrie in die Stadt.

Berühmtester Sohn von Greensboro war der Schriftsteller William Sydney Porter, besser bekannt als **O. Henry**. Kurioserweise war es sein Onkel, der in seiner Apotheke in den 1890ern die *Vicks Family Remedies* erfunden hat. Unter dem Namen *Vick VapoRub* trat die Salbe ihren Siegeszug um die Welt an.

1920er Nobelviertel

Old Greensboro, zwischen Elm, Greene, Davie und Washington St. (*www.downtowngreensboro.org*), war das einstige Handels- und Industrieviertel. Vor allem die Baumwollindustrie spielte eine große Rolle. Besonders die **State Street Station** (*zwischen N. Elm und Church St.*), kein Bahnhof, sondern ein revitalisiertes Nobelwohnviertel aus den 1920ern, lädt mit Shops, Restaurants und Boutiquen zum Bummel ein.
Guilford Courthouse National Military Park, *2332 New Garden Rd., www.nps.gov/guco; VC tgl. 9–17 Uhr, Eintritt frei; Teil des* **Tannenbaum Historical Park**, *2200 New Garden Rd., www.exploresouthernhistory.com/tannenbaum.html, Di–Sa 10–16 Uhr, Eintritt frei.*

Information

Greensboro Area CVB, *2411 W. Gate City Blvd., www.visitgreensboronc.com, Mo–Fr 8.30–17.30 Uhr.*

Küstenroute von New Bern/NC nach Charleston/SC

Wilmington/NC

Das Hafenstädtchen **Wilmington**, in dem heute über 120.000 Menschen leben, wurde 1732 gegründet. Es gibt Historiker, die behaupten, die Kolonie sei sogar schon 1664 entstanden und damit älter als Charleston, doch das ist umstritten. Wilmington ist seit jeher der **Haupthafen North Carolinas** und blickt auf eine bewegte Geschichte zurück. Im Jahre 1765, bereits acht Jahre vor der *Boston Tea Party*, widersetzten sich die Bürger Wilmingtons der Besteuerung von Gütern, und 1781 nutzten die Briten unter Kommandant Cornwallis die Stadt als **Operationsbasis im Unabhängigkeitskrieg**.

Im Bürgerkrieg wurde Wilmington zum wichtigen **Anlaufpunkt für Blockadebrecher**. Das waren Boote, die zu Versorgungszwecken die Seeblockade der Nordstaatler zu durchbrechen versuchten. 1865 fiel der Hafen dann als letzter an die Unionstruppen. Nach dem Krieg erholte sich die Stadt schnell, vor allem dank des Hafens, der bis heute neben Tourismus und Filmindustrie, Universität und medizinischen Institutionen ein wichtiger Wirtschaftsfaktor ist.

Wilmington ist nicht nur stolz auf viele große Persönlichkeiten, die hier zu Hause waren – wie Michael Jordan, Sammy Davis Sr., Minnie Evans oder Woodrow Wilson –, sondern auch auf seine mehr als 230 registrierten historischen Bauten.

Redaktionstipps

Sehens- und Erlebenswertes

- **Wilmingtons** Historic Homes und den Hafen erkunden (S. 499).
- Verlockend: der paradiesische Sandstrand **Wrightsville Beach** (S. 501).
- **Charlestons** Architektur und Gärten kennenlernen, entlang The Battery spazieren gehen und im **City Market** einkaufen (S. 505).
- Südstaaten aus dem Bilderbuch: **Drayton Hall** (S. 514), **Magnolia Plantation** (S. 514) oder **Middleton Place** (S. 515) bei Charleston.
- Das **Caw Caw Interpretive Center** besuchen und anschließend auf Trails die vielseitige Landschaft ringsum erkunden (S. 518).
- Savannah bietet Riverfront und **Factor's Walk** (S. 523) sowie unzählige **Squares** (S. 524). Museumstechnisch und architektonisch lohnt das neue **Jepson Center** – Teil der Telfair Academy (S. 524) – und als Ausflugsziel **Tybee Island** (S. 527) sowie **Fort Jackson** (S. 527) und **Fort Pulaski** (S. 527).
- Besuch auf den **Golden Isles** (S. 532): Auf **St. Simons Island** (S. 532) lohnen v. a. der Leuchtturm, auf **Jekyll Island** (S. 533) der **Historic District**, das **Georgia Sea Turtle Center** und **Driftwood Beach**.

Übernachten

- Die **Azalea Inn & Villas** (S. 528) liegen mitten in Savannah, bieten aber dennoch Ruhe und dazu tollen Service.
- Luxus pur mit Strand: Die **Ocean Lodge** (S. 534) auf St. Simons Island bietet das ultimative Übernachtungserlebnis.

Im Zentrum der historischen Altstadt stehen die **City Hall** und die 1855 bis 1858 im *Greek Revival Style* erbaute und nach aufwendiger Renovierung 2010 neu eröffnete **Thalian Hall** (*102 N. 3rd St., www.thalianhall.org*), heute eine vielseitig genutzte Bühne. Die alte Baumwollbörse, **Cotton Exchange**, an der Front St., und **Chandler's Wharf** (*2 Ann St.*) befinden sich im Hafenviertel, an der **Riverfront,** mit schöner Promenade. Bei bei-

den Bauten handelt es sich um restaurierte ehemalige Lagerhauskomplexe, in denen Restaurants und Geschäfte zum Bummeln einladen. Es gibt zahlreiche zur Besichtigung geöffnete Privathäuser, die vom einstigen Wohlstand der Hafenstadt zeugen, z. B. das **Burgwin-Wright Museum House & Gardens** aus der Kolonialzeit (um 1770). Es wurde im schlichten georgianischen Stil über den massiven Fundamenten des alten Stadtgefängnisses erbaut und ist von einer sehenswerten Gartenanlage umgeben. Das **Latimer House Museum** entstand 1852 im Auftrag einer reichen Wilmingtoner Händlerfamilie im *Italianate Revival*-Stil. Es dient heute als Archiv und Sitz der *Cape Fear Historical Society*. Die **Bellamy Mansion** von 1859 *(Greek Revival)* schließlich beherbergt das vielseitige **Museum of History & Design Arts**.

Burgwin-Wright Museum House& Gardens, *224 Market St., www.burgwinwrighthouse.com, Touren Mo–Sa 10–16 Uhr, $ 15.*

Latimer House Museum, *126 S. 3rd St., www.latimerhouse.org, stündl. Touren: Mo–Sa 10–15/16 Uhr, Touren $ 12.*

Bellamy Mansion, *503 Market St., www.bellamymansion.org; tgl. 10–16, $ 15, Touren.*

Im Norden des Stadtzentrums lohnt schließlich das **Cape Fear Museum of History & Science** mit dem **Space Place** einen Besuch. In diesem 1898 gegründeten Museum erhält man einen guten Einblick in die regionale Geschichte, Geografie, Flora und Fauna.

Cape Fear Museum of History & Science, *814 Market St., www.nhcgov.com/548/Cape-Fear-Museum, Mo–Sa 9–17, So 13–17 Uhr, Sept.–Mai außer Mo, $ 8.*

Das **U.S.S. North Carolina Battleship Memorial**, ein Kriegsschiff, das von 1942 bis 1945 im Pazifik kreuzte, galt als schnellstes Schlachtschiff der *U.S. Navy*.

Wilmingtons Aushängeschild: das Schlachtschiff U.S.S. North Carolina

Dass es nicht auf dem Schrottplatz landete, sondern heute besichtigt werden kann, ist der Privatinitiative einer Gruppe Wilmingtoner Bürger zu verdanken. Etwas nördlich davon sticht der moderne Bau von „**Port City Marina**" (Yachthafen) ins Auge.
U.S.S. North Carolina Battleship Memorial, *ab US Hwy. 17, am Cape Fear River, https://battleshipnc.com, HS tgl. 8–20, NS 8–17 Uhr (Tickets bis 1 Std. vor Schließung), $ 14.*

Der Großraum Wilmington besteht aus mehreren **Strandkommunen**, wie **Carolina Beach** und **Kure Beach** auf **Pleasure Island** (via Hwy. 421), einer größeren, der Küste vorgelagerten Insel. Sie ist ein beliebtes Erholungs- und Ferienziel. Entlang des Hwy. 421 reihen sich zahlreiche H/Motels und Ferienhäuser aneinander, man kann Bootsausflüge machen oder Vergnügungsparks besuchen.

Beliebte Ferieninsel

In **Kure Beach** gibt es zwei lohnende Sights: das **North Carolina Aquarium** (eines von vier Aquarien gleichen Namens) und das **Fort Fisher State Historic Site & Museum**. Die 1862 errichtete Befestigungsanlage, bestehend aus Civil War Museum und Battlefield, diente bis zur Einnahme durch die Unionstruppen 1865 als Bollwerk, als letzter Haupthafen der Konföderierten und Heimat der „*Blockade Runner*".
North Carolina Aquarium, *900 Loggerhead Rd. (Hwy. 421), ca. 25 km südl. Wilmington, www.ncaquariums.com, tgl. 9–17 Uhr, $ 12,95 (Tickets im Voraus bestellen!).*
Fort Fisher State Historic Site & Museum, *1610 Ft. Fisher Blvd. S. (Hwy. 421), https://historicsites.nc.gov/all-sites/fort-fisher, Ende Mai–Anf. Sept. Di–Sa 9–17 Uhr, Eintritt frei; VC mit kleiner Ausstellung und Film zur Geschichte des Forts.*

In **Wrightsville Beach**, 17 km östlich von Wilmington (Hwy. 74/76), befinden sich neben dem rund 8 km langen paradiesisch weißen Sandstrand die **Airlie**

Gardens. Diese schöne Gartenanlage war um 1900 von R. A. Topel, dem Gärtner von Kaiser Wilhelm, begonnen und 1933 vollendet worden.
Airlie Gardens, *300 Airlie Rd., https://airliegardens.org, HS tgl. 9–17 Uhr, $ 9.*

Reisepraktische Informationen Wilmington/NC

Information

Wilmington & Beaches CVB, *1 Estell Lee Place, www.wilmingtonandbeaches.com).*

Touren

Cape Fear Riverboats, *ab Riverfront Park (Market/Water St.), https://capefearriverboats.com; Bootsfahrten mit der Henrietta III. auf dem Cape Fear River.*
Wilmington Tours, *Infos dazu unter: www.wilmingtonandbeaches.com/things-to-do/tours-and-cruises/guided-tours.*

Unterkunft

Blockade Runner Resort Beach Resort $$, *275 Waynick Blvd., Wrightsville Beach Island, ☏ (877) 684-8009, https://blockade-runner.com; modernes Resort-Hotel mit viel Luxus und in traumhafter Lage direkt am Atlantik; ausgezeichnetes Restaurant zugehörig.*
Graystone Inn $$$$, *100 S. 3rd St., ☏ (910) 763-2000, www.staygraystone.com; geräumiges, elegantes Greek Revival-Haus mit sieben geräumigen und geschmackvoll ausgestatteten großen Zimmern. Hervorragendes Frühstück.*

Restaurants/Einkaufen

Chandler's Wharf *(Ann/Water St.) sowie das* **Areal um Front/3rd/Market St.** *sind ideal zum Bummeln und Essen. In viele der alten Lagerhäuser in der* **Water St.** *sind Shops, Cafés und Kneipen eingezogen.*
Die **Cotton Exchange** *(321 N. Front St., https://shopcottonexchange.com) besteht aus acht miteinander verbundenen historischen Gebäuden und beinhaltet Shops, Cafés und Lokale.*
An der **Front St.** *reihen sich Shops, Kneipen und Cafés auf wie die* **Front Street Brewery** *(9 N. Front St., www.frontstreetbrewery.com).*
Oceanic, *703 S. Lumina Ave., www.oceanicrestaurant.com; direkt am Wasser gelegenes Seafood-Restaurant mit tollem Ausblick an Wrightsville Beaches Crystal Pier.*

Veranstaltungstipp

Das seit 1948 stattfindende **Azalea Festival** (Anfang April), mit Parade, Straßenfest, Konzerten, Home & Garden-Tour, Umzug, Feuerwerk und anderen Veranstaltungen gehört zu den **Top 100 Festivals der USA** (Infos: *https://ncazaleafestival.org*). Weitere Events s. https://wilmingtondowntown.com/events.

Grand Strand – die Küste South Carolinas

Auf dem US Hwy. 17 geht es weiter südwärts nach South Carolina. Der gut 100 km lange **Grand Strand** erinnert bereits an die Strände Floridas. Dieser sich von der Grenze zwischen North und South Carolina bis etwa Georgetown/SC erstreckende Küstenabschnitt ist seit der Eröffnung des ersten Hotels 1901, des *Seaside Inn*, eines der beliebtesten Ferienziele für Pauschaltouristen. Seit den 1980er-Jahren erlebte der Strand enormen Zulauf. Infrastruktur und Freizeitangebot sind entsprechend gut ausgebaut.

Die „Spring Breakers" kommen!

Es gibt schönere und vor allem ruhigere Orte als das Zentrum des Grand Strand, **Myrtle Beach**. Der Strand ist ein beliebtes Ziel der „*Spring Breakers*" (College-Studenten). An manchen Wochenenden tummeln sich über 300.000 Besucher auf engstem Raum. Braun gebrannte Strandnixen, bodygestylte Jünglinge und röhrende Harleys prägen das Bild. Strandartikel- und Souvenirshops, Amusement- und Water-Parks, Minigolfwelten und Wedding Chapels, Lokale und Resorthotels reihen sich fast lückenlos aneinander.

Garten mit über 500 Skulpturen

Die einzige echte Attraktion sind die 30 km südlich von Myrtle Beach gelegenen **Brookgreen Gardens**. Die Gartenanlage entstand auf Land, das der Eisenbahn-Erbe Archer M. Huntington 1932 gestiftet hatte. Es wurde nach dem Vorbild englischer Landschaftsgärten des mittleren 18. Jh. auf dem Gelände einer ehemaligen Reis- und Indigoplantage gestaltet und mit Skulpturen berühmter amerikanischer Künstler, u. a. von Anna Hyatt Huntington, der Ehefrau des Stifters, ausgestattet. Zwischen altem Baumbestand und exotischen Pflanzen sind über 500 Skulpturen verteilt.

Brookgreen Gardens, *US Hwy. 17, ausgeschildert, www.brookgreen.org, tgl. 9.30–mind. 17 Uhr, $ 22, verschiedenste Veranstaltungen und Konzerte.*

Kurzer Ausflug von Wilmington: Strandidyll am Kure Beach

Das südlich von Myrtle Beach gelegene Städtchen **Georgetown** mit etwa 8.500 EW verfügt über einen Hafen mit langer Tradition. 1526 hatten die Spanier angelegt, gegründet wurde die Stadt jedoch erst 1734 und benannt nach dem englischen König George II. Von der Blütezeit, die die Stadt erst dem Indigo-, dann dem Reisanbau zu verdanken hatte, zeugen noch etliche gut erhaltene und architektonisch sehenswerte Antebellum-Häuser. Das **Rice Museum** informiert über den Reisanbau rund um Georgetown um 1840, als hier fast die Hälfte des gesamten amerikanischen Reises produziert wurde. Das Museum wird auch „The Town Clock" genannt und befindet sich im Old Market Building.

Sehenswerte Antebellum-Häuser

Rice Museum, *633 Front St., www.ricemuseum.org, Di–Sa 11–16 Uhr, $ 9, Touren angeboten.*

Wie viel Geld mit Reis zu verdienen war, wird anhand der beiden im Umkreis der Stadt liegenden prächtigen Plantagen deutlich: rund 20 km südlich steht die **Hopsewee Plantation** am North Santee River mit dem 1740 erbauten Geburtshaus von Thomas Lynch, Jr., einem Unterzeichner der Declaration of Independence. 4 km weiter südlich, in **McClellanville**, liegt die **Hampton Plantation State Historic Site** am Santee River, eine prächtige Villa im *Greek Revival*-Stil aus den 1740er-Jahren.
Hopsewee Plantation, *494 Hopsewee Rd., ab US Hwy 17, https://hopsewee.com, Di–Sa 10–15 Uhr (Touren), $ 22, mit River Oak Cottage Tea Room.*
Hampton Plantation, *1950 Rudledge Rd., https://southcarolinaparks.com/hampton, tgl. 9–17/18 Uhr, Haustouren: Fr–Di 12–15 Uhr $ 10.*

Reisepraktische Informationen Grand Strand/SC

Information

Myrtle Beach Welcome Center, *1200 N. Oak St., www.visitmyrtlebeach.com, Mo–Fr 8.30–17 Uhr.*

Unterkunft

Am Grand Strand von **Myrtle Beach** *gibt es Unterkünfte in allen Preislagen. Teils liegen sie direkt am Strand (S. Ocean Blvd., konzentriert 29th und 3rd Ave. in Downtown, sowie nördlich am N. Ocean Blvd., zwischen 60th und 80th Ave., teils am US Hwy. 17 Bus (Kings Hwy.). Die luxuriöseren Resorthotels befinden sich meist direkt am Strand, die preiswerteren Motels in zweiter Reihe.*
Infos: *www.visitmyrtlebeach.com/hotels.*

Mansfield Plantation B&B $$$, *1776 Mansfield Rd., Georgetown, ☏ 1 (866) 717-1776, www.mansfieldplantation.com; traumhaftes B&B in ehemaliger Reisplantage aus dem 18. Jh.*

Unterhaltung

Im „**Number 1 Family Resort**" *existiert ein breites Angebot an Fun/Waterparks, Nightlife und Sport (Tennis/ Golf, Wassersport). Der meiste Trubel herrscht im März, wenn die Studenten* „**Spring Break**" *(Ferien) haben.*
Infos: *www.visitmyrtlebeach.com/things-to-do.*

Charleston – „La Belle of the Old South"

Charleston mit seinen rund 154.000 EW liegt auf einer Halbinsel, die durch den Cooper River im Osten sowie den Ashley River im Westen begrenzt wird. Im Mündungsgebiet der beiden Flüsse ins Meer sicherte das historische **Fort Sumter** den Hafen. 1670 von englischen Kolonisten angelegt, galt „**Charles Towne**" im 18. und frühen 19. Jh. als die Kulturmetropole des neuen Kontinents. Man nannte sie „**La Belle of the Old South**", die „*Perle des Alten Südens*". Bereits 1763 schrieb der Autor eines zeitgenössischen Reiseberichts von „*1.100 Wohnhäusern größtenteils von auffälligem Äußeren und elegant möbliert*". Noch heute spürt man in Charleston, welche Reichtümer die früheren Kaufleute durch den Anbau und Handel mit Baumwolle, Reis und Indigo angehäuft hatten.

Top-Reiseziel!

Die Stadt wirkt wie ein Verschnitt aus New Orleans, San Francisco, Barbados und Boston und zählt zu den **beliebtesten Reisezielen** an der südlichen Ostküste. Im Frühjahr, wenn Azaleen, Kamelien, Magnolien und Rhododendren in den zahlreichen Gärten und Parks blühen, bietet Charleston ein farbenprächtiges Bild. Kein Wunder, dass der **Tourismus** neben Landwirtschaft und Militär – Charleston ist Stützpunkt der *US Navy* sowie der *US Air Force* – eine wichtige Rolle spielt. **The Citadel** (*www.citadel.edu*) von 1842 genießt zudem hohes Ansehen als eine der staatlichen Militärhochschulen in den USA.

Dass Charleston als **architektonisches Freiluftmuseum** mit Bilderbuch-Architektur gilt, ist Verdienst der *Historic Charleston Foundation* (*40 E. Bay St.*) und der *Preservation Society of Charleston* (*147 King St.*). 73 Häuser aus der Kolonialzeit, 136 aus dem späten 18. Jh. und 623 aus der Zeit vor 1840 sind noch erhalten. Als ältestes gilt das *William Rhett House* aus der Kolonialzeit (s. unten). Nach der Unabhängigkeit war Charleston eine der reichsten Städte der USA und verfügte über immensen Luxus. Dabei gaben sich die Häuser nach außen eher schlicht. Der Prunk konzentrierte sich im Inneren.

Charleston/SC – die Perle des Südens

Historischer Überblick

Charleston zählt zu den **ältesten europäischen Ansiedlungen** auf dem neuen Kontinent. Die Gründung hängt mit einer Landschenkung durch König Charles II. von England im Jahre 1663 an acht seiner Freunde, die sogenannten *Lord Proprietors*, zusammen. Er vermachte ihnen den Landstreifen zwischen dem 29. und 36. Breitengrad, das Gebiet zwischen dem heutigen Virginia und Florida. Dass gerade der Abschnitt um das heutige Charleston besiedelt wurde, geht auf eine Entscheidung von Lord Anthony Ashley Cooper, Graf von Shaftesbury, zurück. Dieser ließ durch den Philosophen John Locke eine Verfassung ausarbeiten, deren Ziel ein elitär ausgerichtetes demokratisches System, basierend auf Landbesitz und Sklavenhaltung, war.

Die **ersten 147 Siedler** gelangten auf drei Schiffen zu Beginn des Jahres 1670 an das Westufer des die Halbinsel abtrennenden Flusses und nannten ihn „Ashley".

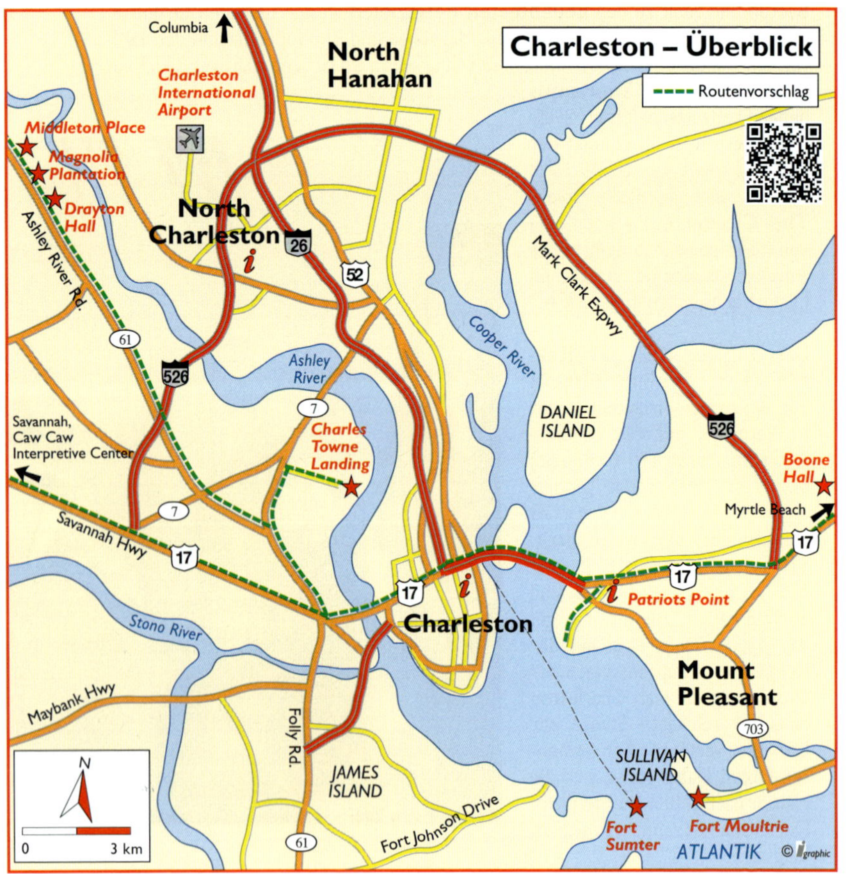

Das Gebiet ringsum tauften sie nach einem ihrer Schiffe zunächst „Albermale Point". Später wurde es zu Ehren des Königs „**Charles Towne**" umbenannt. Etwa zehn Jahre später zogen die Siedler dann auf die Halbinsel, das Stadtgebiet des heutigen Charleston, um. Ab 1730 regierte ein königlicher Gouverneur, der nur jenen „Untertanen" ein gewisses Mitspracherecht zugestand, die der britischen Staatskirche angehörten sowie Land und Sklaven besaßen. In der Kolonie Carolina sollten ursprünglich jene Produkte angebaut werden, die im kühleren Norden von Amerika nicht gediehen, z. B. Zitrusfrüchte, Datteln, Feigen und Zuckerrohr. Doch die Erträge waren ernüchternd und man konzentrierte sich stattdessen auf drei andere Anbauprodukte, die die Region reich machten sollten: **Reis**, **Indigo** und **Baumwolle**.

Wohlstand durch Landwirtschaft

Sklaven als billige Arbeitskräfte trugen dazu bei, dass Charleston zur fünftgrößten Stadt Amerikas mit dem sechsfachen Pro-Kopf-Einkommen von New York aufstieg. Die **Plantagenbesitzer** waren zu enormem Reichtum gelangt, und es hatte sich eine kulturell gebildete Oberschicht herausgebildet. Man ging auf „*Grand Tour*" nach Europa und studierte dort. Der Charlestoner Kaufmann Christopher Gadsden war einer der Ersten, der über eine Trennung vom Mutterland laut nachdachte. Er lenkte damit das Augenmerk der Engländer auf Charleston. In der Folge wurden Plantagen verwüstet, Häuser und Waffenlager geplündert und Vieh getötet. **1780 eroberten die Briten die Stadt** und zogen erst im Herbst 1782 wieder ab. Auch im **Bürgerkrieg** (1861–1865) spielte Charleston eine – wenn auch nicht ruhmreiche – Rolle. Nachdem am 20. Dezember 1860 Politiker aus South Carolina in Charleston die **Ordinance of Secession** unterzeichnet und sich damit von der Union losgesprochen hatten, folgten andere Südstaaten. Die Beschießung und Eroberung der Festung **Fort Sumter** im Mündungsdelta, die als Stützpunkt der Unionstruppen diente, löste am 12. April 1861 den Krieg aus.

Nach Ende des Bürgerkriegs lag die einstige Metropole in Schutt und Asche und hatte ihre herausragende Stellung und ihren Reichtum verloren. Glücklicherweise fehlte das Geld, die im Bürgerkrieg beschädigten Gebäude abzureißen. Man war „*too poor to paint, too proud to whitewash*" – zu arm, um gründlich zu renovieren, und zu stolz, um nur provisorisch auszubessern. 1920 konnte eine energische und wohlhabende Dame namens Susan Pringle Frost die Misere nicht länger mitansehen und beschloss, einige Häuser renovieren zu lassen. Sie legte den Grundstein für die *Preservation Society of Charleston* (*1931), deren erste Großtat die Bewahrung des **Joseph Manigault House** (*Meeting St.*) vor dem Abriss war. 1947 kam die *Historic Charleston Foundation* dazu und 1974 wurde ein *Inventory and Historic Preservation Plan* erstellt, der u. a. Instandhaltungspflicht und Verbot des Weiterverkaufs festhielt. Heute stehen im Stadtzentrum die meisten Häuser unter Denkmalschutz. Viele wurden mit Plaketten der *Preservation Society* ausgezeichnet.

Rettung vor dem Verfall

Rundgang durch die Innenstadt

Die Stadt ist leicht zu Fuß zu erkunden, außerdem gibt es Shuttlebusse ab dem **Besucherzentrum**, das als Ausgangspunkt ideal ist (mit großem Parkplatz und Haltestelle, s. unten). Gleich gegenüber befindet sich das **Charleston Museum** (1) der erste Stopp. Dieses **älteste Museum der USA** von 1773 in einem

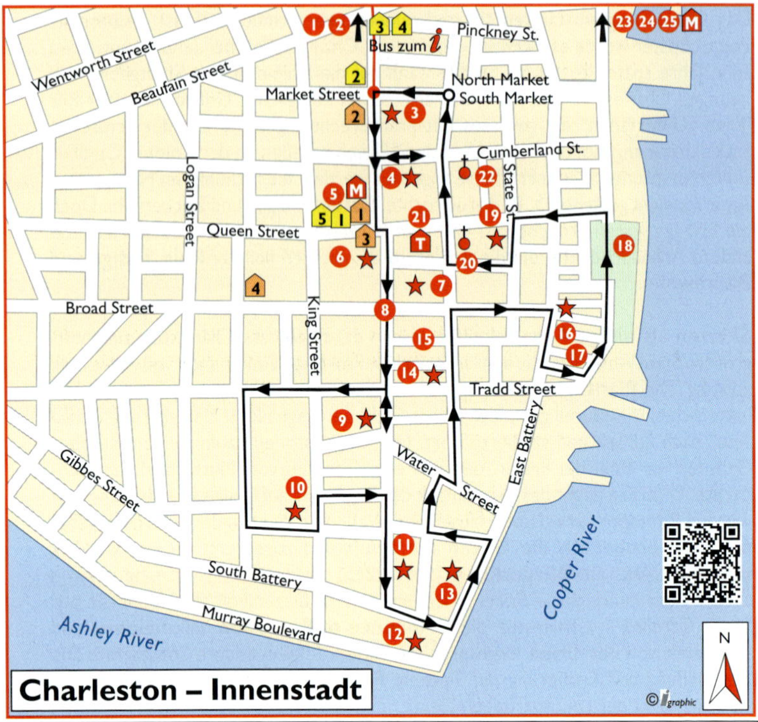

Charleston – Innenstadt

Sehenswürdigkeit

1 Charleston Museum und Manigault House
2 Aiken-Rhett House
3 City Market mit Market Hall
4 Powder Magazine
5 Gibbes Museum of Art
6 Hibernian Hall
7 Fireproof Building
8 Four Corners of Law
9 Nathaniel Russell House
10 Mike Brewton House
11 Calhoun Mansion
12 The Battery
13 Edmondston-Alston House
14 Heyward-Washington House
15 Cabbage Row
16 Old Exchange and Provost Dungeon
17 Rainbow Row
18 Waterfront Park
19 Old Slave Mart – Museum and Gallery
20 French Protestant (Huguenot)Church
21 Historic Dock Street Theater
22 St. Philip's Episcopal Church
23 South Carolina Aquarium
24 Fort Sumter Visitor Center
25 International African American Museum

Hotels

1 The Elliott House Inn
2 The Meeting Street Inn
3 The Mills House Hotel
4 John Rutledge House Inn

Restaurants

1 Husk Restaurant
2 Hyman's Seafood Company
3 Bertha's Restaurant
4 Palmetto Brewing Co.
5 82 Queen Restaurant

Informationsbüro mit Parkplätzen (Shuttle-Service)

Rundgang

Shuttle Bus

neuen Baukomplex widmet sich der Geschichte und Naturkunde der Region und der Stadt. Angeschlossen ist das **Joseph Manigault House**, 1803 von Gabriel Manigault (1758–1809), dem führenden Architekten Charlestons und des Südens neben Robert Mills – erbaut und erstmals im *Adam Style* gestaltet. Als Besitzer einer Reisplantage zählte Joseph Manigault (1763–1843), der Bruder des Architekten, zu den reichsten Männern der Stadt.

Charleston Museum, *360 Meeting St., www.charlestonmuseum.org, Mo–Sa 9–17, So 12–17 Uhr, $ 15, auch* **Kombitickets** *mit Manigault und Heyward-Washington House (s. u.) $ 22 bzw. $ 30.*

Joseph Manigault House, *350 Meeting St., Mo–Sa 10–17, So 12–17 Uhr, $ 15 (Touren).*

Ehe man sich ins Stadtzentrum begibt, lohnt ein Abstecher nach Nordosten, zum **Aiken-Rhett House** (**2**). 1817 erbaut und in den folgenden Jahrzehnten mehrmals „modernisiert“, war es 1833–77 der Wohnsitz des Gouverneurs William Aiken.

Gouverneurswohnsitz

Aiken-Rhett House, *48 Elizabeth St., www.historiccharleston.org, tgl. 10–17 Uhr (Touren), $ 15, Kombiticket mit Nathaniel Russell House (s. unten) $ 24.*

Im Zentrum der Stadt, zwischen S./N. Market, Meeting und East Bay St., liegt der **City Market** (**3**) mit der **Market Hall** an der Meeting St. Hier gibt es von Souvenirs über Kunsthandwerk wie handgefertigte Körbe bis hin zu regionalen Produkten vielerlei zu kaufen. Das Land war 1788 von Charles Cotesworth Pinckney, einem der Unterzeichner der Unabhängigkeitserklärung, der Stadt vermacht worden mit der Auflage, hier einen öffentlichen Markt einzurichten. Nach dem dominanten Hauptgebäude in Form eines griechischen Tempels entstanden zwischen 1804 und 1841 drei weitere Markthallen. Im OG des Hauptbaus befindet sich das **Museum at Market Hall.**

Museum at Market Hall, *(früher: Confederate Museum), 188 Meeting St., www.museumatmarkethall.com, Do–So 11–16 Uhr, $ 7.*

Mit einem PS durch Old Town Charleston

Die **Meeting Street** und die parallel dazu verlaufende **King Street**, mit Läden und Lokalen die **Bummelmeile der Stadt**, führen vom *City Market* in die Altstadt. Etwas abseits, in der Cumberland St., steht das älteste öffentliche Gebäude der Stadt: das **Powder Magazine** (**4**) von 1713. Es hatte während des Unabhängigkeitskrieges als Munitionsdepot gedient und beherbergt heute ein

historisches Museum. Das **Gibbes Museum of Art** (**5**) stammt von 1905 und zeigt neben Meisterwerken aus den Südstaaten, darunter beachtlichen 300 Miniaturporträts von Charles Fraser, auch qualitätsvolle japanische Drucke.
Powder Magazine, *79 Cumberland St., www.powdermagazinemuseum.org, Di–Sa 10–16, So 11–16 Uhr, $ 8.*
Gibbes Museum of Art, *135 Meeting St., www.gibbesmuseum.org, Mo–Sa 10–17, So 13–17 Uhr, $ 12.*

Irisches Clubhaus

Gegenüber dem Gibbes Museum liegt die **Circular Congregational Church**, 1806 von Robert Mills als Rundbau errichtet. 1861 bei einem Feuer beschädigt, wurde sie 30 Jahre später renoviert. Gleichermaßen unübersehbar: die schräg gegenüberliegende **Hibernian Hall** (**6**) (*105 Meeting St.*). 1839/40 als Clubhaus für irische Einwanderer erbaut, gilt sie mit ihrer zweistöckigen dorischen Säulenhalle als Prototyp des *Greek Revival Style*. Der wohl auffälligste Bau von Charleston ist jedoch das **Fireproof Building** (**7**) (*100 Meeting St.*, 1822–1826), Sitz der *South Carolina Historical Society/SCHS* (*https://schistory.org*) mit Bibliothek. Nebenan betreibt die *Historic Foundation* einen besuchenswerten Laden mit Kunsthandwerk und regionalen Produkten (s. unten).

An der Kreuzung Meeting/Broad St. befand sich einst das wirtschaftliche Zentrum der Stadt. Dieses wurde durch vier Gebäude markiert. An den „**Four Corners of Law**" (**8**) – ein von dem Cartoonisten und Kuriositätensammler Robert Ripley („*Believe It or Not!*")geprägter Begriff – sind die vier Gewalten vertreten: die städtische, die Bezirks- und die Bundes-Verwaltung sowie die Kirche. Vom Markt herkommend, erhebt sich rechter Hand das **Charleston County Courthouse**, das um 1760 erbaute Kreisgericht, 1788 abgebrannt und neu errichtet. Gegenüber, am Washington Square, steht dann die **City Hall** (*80 Broad St.*), die 1801 als „*The First Bank of the United States*" von Gabriel Manigault erbaut worden war. Ab 1818 diente sie jedoch als Rathaus. 1752–61 entstand an der Südostecke die **St. Michael's Episcopal Church** als zweite Kirche der Stadt. Die Uhr (1764) auf dem 57 m hohen Turm funktioniert noch heute. Das **U.S. Courthouse and Post Office** von 1886 bildet schließlich den vierten Teil.

Steht seit 1809: das Nathaniel Russell House in Charleston

Das äußerlich schlichte **Nathaniel Russell House** (**9**) gilt innen als eines der besten Beispiele für den Adam-Stil. Es wurde 1809 für den Kaufmann *Russell* aus Rhode Island für die damals utopische Summe von $ 80.000 erbaut. Schon damals schwärmte ein Zeitgenosse, dass das Haus *„beyond all comparison, the finest establishment in Charleston“* sei.

Nathaniel Russell House, *51 Meeting St., www.historiccharleston.org, tgl. 10–17 Uhr, $ 15, kombiniert mit Aiken-Rhett House (s. oben) $ 24.*

Ein Rundgang durch Tradd, Legare, Lamboll, King und Ladsdon Street zurück zur Meeting gibt Einblick in die Blütezeit der Stadt. Der seit 1966 ausgewiesene **National Historic District** ist ein Aushängeschild Charlestons. Höhepunkt auf der Route ist das **Mile Brewton House** (**10**) (*27 King St.*), eines der schönsten Antebellum-Häuser der Stadt von 1765, das jedoch nicht besichtigt werden kann. Die **Williams Mansion** (**11**) gilt hingegen als Beispiel für die „Spätzeit“ der Stadt. Das Haus war erst nach dem Bürgerkrieg bereits zu Zeiten des wirtschaftlichen Niedergangs im viktorianischen Stil erbaut worden. Umso erstaunlicher sind die Dimensionen und der Prunk: 5 m hohe Innenräume, ein 15 m hoher Ballsaal sowie ein fast 25 m hohes Treppenhaus.

Aushänge-schild der Stadt

Williams Mansion, *16 Meeting St., www.calhounmansion.net, Touren halbstündl. tgl. 11–17 Uhr, $ 17.*

Wenige Schritte von der Calhoun Mansion entfernt, steht man an der Südspitze Charlestons, am Zusammenfluss von Ashley und Cooper River. **The Battery** (**12**), wie die „gute Stube“ der Stadt genannt wird, besteht aus einer Grünanlage mit alten, Schatten spendenden Bäumen und prächtigen Azaleen. Zu sehen sind noch Repliken jener Kanonen, die das gegenüberliegende **Fort Sumter** einst unter Beschuss nahmen und damit 1861 den Bürgerkrieg auslösten.

Vorbei an beeindruckenden Stadtvillen entlang der East Bay Street – alle nach 1820 entstanden – erreicht man das **Edmondston-Alston House** (**13**). Der Kaufmann und Werftbesitzer Charles Edmonston hatte diese Villa 1838 William Alston, einem reichen Reisplantagen-Besitzer, abgekauft und im *Greek Revival*-Stil „modernisiert“. Abgesehen von Dokumenten, Porträts, zeitgenössischen Möbeln,

The Battery an der Südspitze Charlestons ist heute eine beliebte Promenade

Das Edmonston-Alston House war die Villa eines Reisplantagenbesitzers

Silber und Porzellan belegt die umfangreiche Bibliothek das hohe Bildungsniveau der Besitzer.

Edmondston-Alston House, *21 East Battery, www.edmondstonalston.com, Mo 13–16, Di–Sa 10–16 Uhr (Touren), $ 15.*

Biegt man hinter dem Haus in die Atlantic Street ein und folgt dann der Church weiter nordwärts, fällt an der Kreuzung zur Tradd St. und in den umliegenden Gassen ein Wandel auf: Hier offenbart sich der ursprüngliche **dörfliche Charakter** der Stadt. Das **Heyward-Washington House** (**14**) wurde 1770 im Auftrag des Plantagenbesitzers Daniel Heyward erbaut und entspricht dem Typus des verbreiteten Charlestoner Doppelhauses mit zentraler Halle und je zwei Räume seitlich. Sohn Thomas, Mitunterzeichner der Unabhängigkeitserklärung, wohnte 1772 bis 1794 im Haus. Zeitweise lebte hier sogar George Washington. Das Ambiente – mit Zypressenholz getäfelte Wände und erlesene Möbel – legt Zeugnis von der hohen Wohnkultur Ende des 18. Jh. ab. Ein Nachfahre der Heywards war der Autor Du Boise Heyward, Autor von „Porgy". Dieses Stück benutzte George Gershwin als Vorlage für seine Oper „Porgy and Bess". Vorbild für die fiktive „*Catfish Row*" war der sich dem Haus anschließende Gebäudekomplex – die **Cabbage Row** (**15**) (*89–91 Church St.*).

Luxuriöse Wohnkultur

Heyward-Washington House, *87 Church St., www.charlestonmuseum.org, Mo–Sa 10–17, So 12–17 Uhr, ltz. Tour 45 Min. vor Schließung, $ 15, auch Kombiticket mit Charleston Museum und Manigault House (s. oben) $ 22 bzw. $ 30.*

Zurück auf der Broad St. geht es Richtung East Bay, zur **Old Exchange and Provost Dungeon** (**16**). 1767 bis 1771 im palladianischen Stil als Zollhaus erbaut, fanden hier 1774 die Wahl der Abgeordneten South Carolinas für den ersten Continental Congress und 1787 die Ratifizierung der US-Verfassung statt. Im ehemaligen Gefängnis im UG befindet sich heute ein historisches **Wachsfiguren-Kabinett**.

Old Exchange and Provost Dungeon, *122 East Bay St., www.oldexchange.org, Mo–Sa 9–17, So 11–17 Uhr, $ 15.*

Die nahe **Rainbow Row** (**17**) (*83–107 East Bay St.*) ist Teil des alten Hafenviertels. Die vierzehn ab 1740 entlang der Waterfront entstandenen Häuser sind aufgrund ihrer pastellfarbenen Fassaden besonders fotogen. Durch eine der gepflasterten Gassen des alten Hafenviertels, vorbei an den alten Häusern, in denen die Leute einst über ihren Geschäften wohnten, erreicht man die Hafenpromenade. Entlang des Ufers des Cooper River erstreckt sich eine Grünfläche, der **Waterfront**

Park (**18**), wo sich der neue *Cruise Ship Pier* (Anlegestelle großer Kreuzfahrtschiffe) befindet mit Picknick- und Spielplätzen sowie Bänken mit Blick auf die Bucht.

Im Hafenviertel

Wieder zurück in der Altstadt liegt in der Chalmers Street – gepflastert mit Steinen, die auf entladenen Schiffen als Ballast dienten – der **Old Slave Mart Museum** (**19**). Hier fanden bis zum Bürgerkrieg Sklavenversteigerungen stattfanden. Im Museum sind alte Dokumente, persönliche Besitztümer und andere Relikte über Sklavenhaltung und afro-amerikanische Kultur ausgestellt.
Old Slave Mart Museum, *6 Chalmers St., http://oldslavemartmuseum.com, Mo–Sa 9–17 Uhr, $ 8.*

An der Ecke Church/Queen Street steht der wichtigste Kirchenbau der Stadt: die **French Protestant** (**Huguenot**) **Church** (**20**). Hugenotten, die bereits ab dem späten 17. Jh. auf der Suche nach Religionsfreiheit zugewandert waren, erbauten hier 1844/45 ein Gotteshaus im *Gothic Revival Style*. Gegenüber eröffnete am 12. Februar 1736 das erste Theater Nordamerikas, das **Historic Dock Street Theater** (**21**) (*135 Church St.*), das im Laufe der Geschichte unterschiedliche Funktionen erfüllte. Es diente u. a. in der ersten Hälfte des 19. Jh. als „Planter's Hotel". 2007 bis 2010 wurde der Bau renoviert und wieder als Theater („Charleston Stage") eröffnet (*https://charlestonstage.com*).

Ältestes Theater Nordamerikas

Bei der **St. Philip's Episcopal Church** (**22**) (*142 Church St.*) handelt es sich um die Mutterkirche der Provinz. Das ursprüngliche Gebäude dieser ersten anglikanischen Gemeinde in den Carolinas von 1681 war noch aus Holz gewesen, das jetzige Steingebäude stammt von Joseph Hyde (1835–1838). Auf dem Friedhof liegen viele berühmte Persönlichkeiten der Stadt begraben, u.a. John C. Calhoun, Edward Rudledge oder DuBoise Heyward.

Etwas weiter nördlich liegt am Fluss neben dem **Port of Charleston** der **Aquarium Wharf** mit dem **South Carolina Aquarium** (**23**). Es gibt Einblick in das Leben im Atlantik, aber auch in andere Ökosysteme der Region (freier Shuttle ab VC).
South Carolina Aquarium, *100 Aquarium Wharf, https://scaquarium.org, tgl. 9–17 bzw. 18 Uhr, ab $ 32,45.*

Charleston ist auch eine Stadt der Kirchen: im Hintergrund St. Philip's Episcopal Church

Neben dem Aquarium informiert das **Fort Sumter Visitor Center** (**24**) über den Bürgerkrieg und die in der Bucht liegenden Befestigungsanlage. Sie ist nur von hier aus

Reisepraktische Informationen Charleston/SC

Information

Charleston VC, *375 Meeting St., www.charlestoncvb.com, tgl. 8.30–17 Uhr; Broschüren und Pläne aller Art, Auskünfte u. a. über das vielseitige Tourangebot (Kutsch-, Schifffahrten, Plantagentouren, Walking Tours) und Hilfe bei der Zimmersuche.*
Vom Parkplatz am VC fährt **DASH Trolley** *(***kostenlos***!), Shuttlebusse in die Innenstadt oder zum Aquarium.*
Drei weitere VCs auf **Kiawah Island** *(22 Beachwalker Dr.), in* **North Charleston** *(4975-B Centre Pointe Dr.), in* **Mt. Pleasant** *(99 Harry M. Hallman, Jr. Blvd.).*

Touren

Carolina Carriage Tours *(https://cpcc.com) sowie* **Palmetto Carriage** *(https://palmettocarriage.com) veranstalten Touren mit der Pferdekutsche durch die Stadt.*
Gullah Tours, *https://gullahtours.com, 2 Std., $ 25, ab Charleston VC, 375 Meeting St. Alphonso Brown zeigt Besuchern im Kleinbus die Welt der afro-amerikanischen Gemeinde.*
Old Charleston Walking Tours, *verschiedene Touren durch die Stadt, bekannt für die Ghost Tours, https://oldcharlestontours.com.*

Unterkunft

Charleston bietet eine große Auswahl erstklassiger **B&Bs** *und* **Inns**. *Allerdings sind die Preise in Downtown hoch. Vielfach handelt es sich um restaurierte Häuser, die schon für ihr Ambiente sehenswert sind. B&Bs bzw. Privatzimmer vermittelt* **Historic Charleston B&B** *(www.historiccharlestonbedandbreakfast.com) oder das VC (s. oben) hilft ebenfalls weiter. Billiger sind Kettenmotels in* **North Charleston** *(nahe Airport) oder in* **Mt. Pleasant**.
The Elliott House Inn $$$$ (1), *78 Queen St., ☏ (843) 518-6500, www.elliotthouseinn.com; romantisches Inn mitten in der Altstadt mit 35 unterschiedlichen, gemütlichen Zimmern, mit malerischem Innenhof und Frühstück inklusive.*
The Meeting Street Inn $$$$ (2), *173 Meeting St., ☏ (843) 723-1882, www.meetingstreetinn.com; Villa mit 56 Zimmern und Flair des 19. Jh. Schöner Garten, Pool, üppiges Frühstück und abends Hors d'Oeuvres und Wein.*
John Rutledge House Inn $$$$–$$$$$ (4), *116 Broad St., ☏ (843) 723-7999, https://johnrutledgehouseinn.com; 1763 für Rutledge erbaut, 1853 erneuert, dann zum Hotel umgestaltet und heute eines der „Historic Hotels of America" mit 19 eleganten Zimmern.*
The Mills House Hotel $$$$$ (3), *115 Meeting St., ☏ (843) 577-2400, www.hilton.com/en/hotels/chsonqq-mills-house-charleston; zentral gelegenes, historisches Luxushotel aus der Mitte des 19. Jh. mit 215 großen Räumen in gediegener Ausstattung, Pool und Restaurant.*

Restaurants

Husk Restaurant (1), *76 Queen St., ☏ (843) 577-2500, https://huskrestaurant.com; Küchenchef Sean Brook und sein Assistent Travis Grimes zaubern ungewöhnliche Südstaatenspezialitäten aus regionalen Bio-Produkten. Tgl. wechselndes Specials, besonders zum Lunch günstig. Mit Bar und Freiplätzen.*
Hyman's Seafood Company (2), *215 Meeting St., ☏ (843) 723-6000 , www.hymanseafood.com; eine Institution seit 1890, preiswerte und frische Fischgerichte.*

Körbe und Schalen aus Sweetgrass sind ein beliebtes Souvenir aus Charleston

Bertha's Restaurant (3), *2332 Meeting St., ☏ (843) 554-6519; seit 1979 die Adresse für ausgezeichnetes Soul Food.*
Palmetto Brewing Company (4), *289 Huger St., https://palmettobrewery.com; Microbrewery, Biergarten, Livemusik und Touren (geöffnet Mi–Sa).*
82 Queen (5), *82 Queen St., ☏ (843) 723-7591, https://82queen.com; zählt seit Jahren zu den besten Restaurants im Süden; regionale Spezialitäten in romantischer Südstaaten-Atmosphäre.*

Einkaufen

Die Region ist ein Zentrum der **Sweetgrass-Korbflechterei**. *Solche Körbe sind schöne, wenn auch nicht ganz billige Mitbrinsel, die in der Stadt, z. B. auf dem City Market, vor dem* **Shops of Historic Charleston Foundation** *(108 Meeting St.) und an kleinen Ständen an Ausfallstraßen angeboten werden. Die Bummelmeile der Stadt ist die* **King Street** *mit zahlreichen kleinen Läden, Galerien und Boutiquen.*
City Market, *s. oben*
The Shops of Historic Charleston Foundation, *108 Meeting St., https://store.historiccharleston.org.*
Book & Gift Shop *der* **Preservation Society**, *147 King St., https://thepscshop.com.*
Charleston Destilling Co., *https://charlestondistilling.com; ausgezeichnete hochprozentige Getränke, u. a. Vodka, Gin; mit Tasting Room (3548 Meeks Farm Rd., Johns Island).*
Tanger Outlet Center, *4840 Tanger Outlet Blvd., North Charleston (I-26 Exit 213 bzw. I-526 Exit 16), große Shopping Mall mit Schnäppchenpreisen.*

Veranstaltungstipp

Spoleto Festival USA im Mai/Juni – 1977 von Gian Carlo Menotti ins Leben gerufen. Brückenschlag zwischen den USA und Europa, zwischen dem umbrischen Städtchen Spoleto, das im Mittelalter in der Versenkung verschwand, und der Stadt Charleston, die nach dem Bürgerkrieg unbedeutend wurde. **Infos**: *https://spoletousa.org*. **Weitere Events** siehe: *www.charlestoncvb.com/events.*

Nahverkehr und Parken

Parkplätze *mit Parkuhren findet man rund um den City Market und an der King St. Etwas teurer ist es auf Parkplätzen oder in Tiefgaragen, von denen es genügend gibt. Günstig ist das große* **Parkhaus am Charleston VC** *(kostenpflichtig), da von dort der* **DASH Trolley,** *ein Shuttlebus kostenlos in die Innenstadt fährt.* **DASH** *betreibt zwei weitere Trolleys (zwischen VC und Aquarium sowie entlang der Waterfront, ebenfalls kostenlos), und Buslinien (Tageskarte $ 7, Einzelfahrt $ 3,50).* **Infos**: *www.ridecarta.com.*

Von Charleston/SC zu Georgias Golden Isles

 Hinweis zur Route

Von **Charleston** folgt man dem US Hwy.17 nach Savannah. Unterwegs bietet sich bei Gardens Corner ein Abstecher auf dem Hwy. 21 nach **Beaufort** an. Von dort ist es auf den Nebenstrecken 170 und 278 ein Katzensprung nach **Hilton Head Island**, 150 km südlich Charleston. Von dort folgt man dann am besten wieder dem Hwy. 278, der bei Hardeeville wieder auf den US Hwy. 17 trifft. Dieser führt dann direkt nach **Savannah**.

Westlich von Charleston erlebt man im Caw Caw Swamp eine komplett andere (Sumpf-)Landschaft

Westlich von Charleston lohnt ein Stopp am **Caw Caw Interpretive Center**. Dieser State Park befindet sich auf dem Land einer ehemaligen Reisplantage, mitten im **Caw Caw Swamp**. Man erhält hier nicht nur eine Vorstellung vom harten Leben der Sklaven im 19. Jh., sondern kann zugleich auf Trails die Region erkunden. Inzwischen hat die Natur sich das Gebiet zurückerobert. So kann man auf den Trails sowohl Wald, Süß- und Salzwassermarschland erkunden als auch den Sumpf. Alligatoren sonnen sich auf den Dämmen zwischen den ehemaligen Reisfeldern, Wasserratten tummeln sich zwischen Zypressen und Gras. Das VC informiert über Geschichte und Landschaft. Der Hauptrundgang dauert etwa 45–60 Minuten.

Caw Caw Interpretive Center, *US Hwy. 17/5200 Savannah Hwy., Ravenel/SC, www.ccprc.com/53/Caw-Caw-Interpretive-Center, Di–So 9–17 Uhr, $ 2.*

Hilton Head Island

Wer ein paar Tage angenehm ruhig und dazu luxuriös an der Atlantik-Küste ausspannen möchte, kann das auf **Hilton Head Island** tun. Die schönste Route dorthin ist der Hwy. 21 über **Beaufort**. Dieses 1711 gegründete Städtchen gilt als zweitälteste Siedlung South Carolinas und hat interessante Architektur aus der Kolonial- und Vorbürgerkriegs(Antebellum)-Zeit zu bieten. Nach rund 50 km erreicht man auf Nebenstraßen (Hwy. 170/278) **Hilton Head Island**, die größte der Küste vorgelagerte Insel zwischen New Jersey und Florida: knapp 20 km lang und maximal 8 km breit, mit 108 km² Fläche. Gut 38.000 Menschen leben hier, aber bis zu 2 Mio. Touristen besuchen jährlich die Insel. Die sauberen breiten **Sandstrände**, das subtropische Klima und die angenehmen Wassertemperaturen laden zum Erholen ein. Benannt wurde die Insel nach William Hilton, der 1663 aus Barbados kam, um neues Plantagenland für den Zuckerrohr- und Indigoanbau zu erschließen. Der erste Siedler hieß John Barnwell. Er gründete 1717 die Hilton Head Plantation. 1860 existierten bereits 24 Plantagen. Nach dem Bürgerkrieg wurde die Insel der Natur und den befreiten Sklaven, den Gullah, überlassen, die sich mit Jagd, Fischfang und Kleinfarmen über Wasser hielten. Reste der alten Plantagen und Forts sind erhalten. Nachkommen der Gullah leben heute noch hier und pflegen ihre eigene Sprache und Kultur.

Heimat für befreite Sklaven

Reisepraktische Informationen Hilton Head Island/SC

Information

Beauford VC, *713 Craven St., Mo–Fr 10–16, Sa 10–15 Uhr, www.beaufortsc.org.*

Hilton Head Island CVB, *1 Chamber of Commerce Dr., Hilton Head Island, www.hiltonheadisland.org.*

Unterkunft

Zum breiten Angebot siehe www.hiltonheadisland.org/stay/hotels-inns-resorts.

Palmetto Dunes Oceanfront Resort $$–$$$$, *US Hwy. 278, ☏ (843) 776-2995, www.palmettodunes.com; neben 480 Zimmern im Haupthaus werden kleine Ferienbungalows mit allem Komfort vermietet. Privatstrand und Sportanlagen direkt am Meer; für Familien ideal!*

Hilton Head Harbor RV Resort & Marina, *43A Jenkins Rd., Hilton Head Island, ☏ (843) 681-3256, www.hiltonheadharbor.com; schön am Intercoastal Waterway gelegener, komfortabler Campingplatz.*

Historic Savannah/GA

Savannah ist es gewohnt, im Schatten zu stehen. In jenem der Epiphyten-behangenen *Live Oaks*, die der Stadt den Beinamen „**Tree City**" einbrachten. Aber übertragen, auch im Schatten von Charleston. Die Stadt am Mündungsdelta des Savannah River in den Atlantik kann jedoch, was Reiz und Atmosphäre angeht gut mit Charleston mithalten, obwohl sie sich deutlich von ihrer Konkurrentin unterscheidet.

Stadt der Bäume

Die Attraktivität Savannahs beruht weniger auf Einzelbauten, Architektur und Gärten als auf ihrer ungewöhnlichen, **einheitlichen Stadtplanung** und dem sich daraus ergebenden Stadtbild. Man gruppierte *wards*, gleichförmige Blocks, um

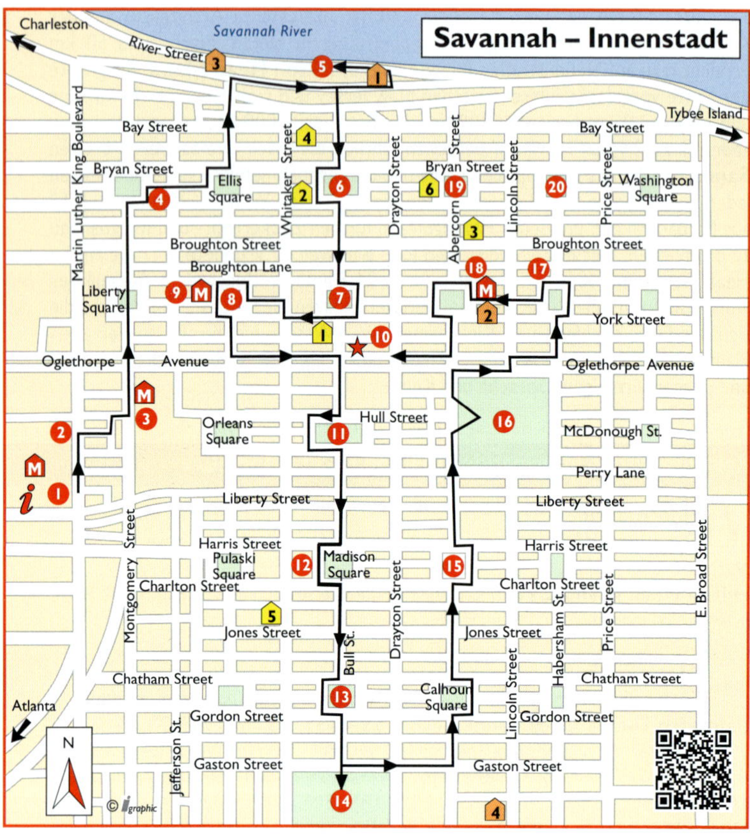

einen zentralen Platz und reihte diese modulartig aneinander. 24 solcher Einheiten bilden den Stadtkern und sind fast alle im Originalzustand erhalten. Der **Hafen Savannahs** gilt als größter und am schnellsten wachsender an der Südatlantik-Küste. Die Flugzeugindustrie (*Gulfstream Aerospace*), *Union Camp*, die weltgrößte Papiermühle, Zuckerraffinerien und Lebensmittelproduktion (*Savannah Foods*) sind neben dem größten Arbeitgeber, dem Militär, und dem stetig wachsenden Tourismus die wirtschaftlichen Hauptstützen.

Größter Südatlantikhafen

Lesetipp

John Berendts „**Midnight in the Garden of Good and Evil**" (1993, auch dt. erhältlich), 1997 verfilmt von Clint Eastwood, ist eine brillante Schilderung der skurrilen Einwohner und ihrer Stadt, verbrämt als kurioser Kriminalfall.

0 Sehenswürdigkeit

1 Savannah History Museum
2 SCAD (Sav. College of Art & Design)
3 Ships of the Sea Maritime Museum
4 City Market
5 Riverfront
6 Johnson Square
7 Wright Square
8 Telfair Square
9 Telfair Academy
10 Juliette Gordon Low Girl Scout National Center
11 Chippewa Square
12 Green-Meldrim Home
13 Monterey Square
14 Forsyth Park
15 Lafayette Square mit Hamilton-Turner Mansion (B&B)
16 Colonial Park Cemetery
17 Columbia Square mit Davenport House
18 Oglethorpe Square mit Owens-Thomas House
19 Reynolds Square
20 Warren Square

0 Hotels

1 River Street Inn
2 Presidents' Quarters
3 Bohemian Hotel
4 Azalea Inn

0 Restaurants

1 The Collins Quarter
2 The Lady and Sons
3 Leopold's Ice Cream
4 MoonRiver Brewing Co.
5 Mrs. Wilkes Dining Room
6 The Olde Pink House

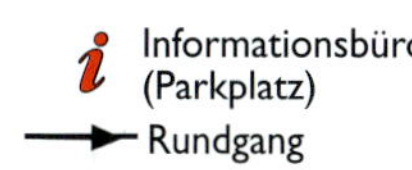

0 200 m

Historischer Überblick

Am 12. Februar 1733 landete James Edward Oglethorpe mit 120 Kolonisten bei Yamacraw Bluff am Savannah River. Hier sollte die letzte der 13 britischen **Kronkolonien**, Georgia, gegründet werden: einerseits als Puffer zum spanischen Florida, andererseits, um den Handel zwischen Mutterland und Neuer Welt zu intensivieren. Zusätzlich wollte man gewisse dubiose „Subjekte", vor allem ehemalige Schuldhäftlinge aus dem Mutterland, loswerden.

Wegweisende Stadtplanung

Dieses **Experiment** setzte eine gezielte Auswahl der Siedler nach ihren Fähigkeiten voraus, dazu eine Stadtplanung, die gleiche Voraussetzungen für alle schuf. Grundlage waren **Module**, die bis etwa 1755 von innen nach außen wuchsen. Gleich große Grundstücke (*tythings*) wurden zu Wohnblöcken (*wards*) zusammengefasst. Jede Siedlerfamilie erhielt ein etwa zwei Hektar großes Stück Land. Dabei war ein Gartenanteil vorgesehen. Außerhalb der Stadt wurden zusätzlich 18 ha große Farmgrundstücke vergeben. Der Erholung und als Treffpunkte dienten 24 *town squares* – öffentliche Grünanlagen.

Am **Hafen** entstanden ein Geschäftsviertel und Kaianlagen. Der Seehandel blühte auf. Nach England wurden landwirtschaftliche Produkte exportiert, zunächst Reis, später Baumwolle. 1819 überquerte die *Savannah* als erstes Dampfschiff den Atlantik und erreichte unter großem Jubel Liverpool. Durch den **florierenden Baumwollhandel** verdoppelte sich die Einwohnerzahl, und der Reichtum wuchs bis zum Bürgerkrieg.

Obwohl die Stadt lange nicht eingenommen werden konnte, litt sie unter der Seeblockade der Unionsstaaten. Als General Sherman im Dezember 1864 aus dem bereits zerstörten Atlanta anrückte, kapitulierten die Bewohner Savannahs und verhinderten so eine Zerstörung ihrer Stadt. Sherman machte dazu ein großzügiges „Geschenk" an Präsident Lincoln: „*Als Weihnachtsgeschenk überreiche ich Ihnen die Stadt Savannah mit 150 schweren Kanonen, Munition und etwa 25.000 Ballen Baumwolle.*"

Altstadt noch intakt

Ende des 19. Jh. verlor die Stadt nicht zuletzt aufgrund fallender Baumwollpreise an Bedeutung. Erst in den 1920er- und 30er-Jahren setzten zaghafte Versuche ein, die Bausubstanz der Stadt zu retten. Der *Historic Savannah Foundation* ist es schließlich zu verdanken, dass die Altstadt weitgehend intakt erhalten blieb. 1955 hatten sieben Damen eines der ersten und erfolgreichsten **Restaurierungsprogramme** der USA ins Leben gerufen: Über 1.000 Objekte konnten gerettet werden und 21 der ursprünglich 24 Squares sind weitgehend originalgetreu mit ihrer ursprünglichen Bebauung erhalten.

Hinweis zur Orientierung

Savannah ist eine „**Fußgängerstadt**", in der dank symmetrischer Stadtplanung die Orientierung leichtfällt. Der **Savannah Historic District** wird im Westen durch die W. Broad, im Osten durch die E. Broad, im Süden durch die Huntington St. und im Norden durch den Savannah River begrenzt. Von der Riverfront ausgehend, bildet die Bull St. die Nord-Süd-Hauptachse. An ihr liegen fünf Squares. Weitere 19 Plätze schließen sich im Osten und Westen an ausgehend von den *wards* an der Bull St. Die Oglethorpe Ave., etwa im Zentrum, markiert nicht nur die Südgrenze der ersten Siedlung, sondern bildet auch die zentrale Ost-West-Achse der Innenstadt.

Vom Besucherzentrum zur Riverfront

Den Rundgang beginnt man im zentral gelegenen **Besucherzentrum** im alten Bahnhof (*301 M. L. King Blvd., großer Parkplatz, s. u.*). Zusammengefasst als **Tri Centennial Park** befinden sich hier das **Savannah History Museum** (**1**) sowie der **Battlefield Memorial Park**, das **Savannah Children's Museum** und das **Georgia State Railroad Museum**. Nebenan liegt zudem **SCAD** (**2**), das *Savannah College of Art and Design*, mit interessanten Kunstausstellungen. Das SCAD (*www.scad.edu*) mit rund 12.000 Studenten und mehreren (architektonisch interessanten) Bauten in Savannah, ist eine hoch angesehene private Kunst- und Design-Hochschule, die „Filialen" in Atlanta, Hong Kong und Lacoste/Frankreich unterhält. Danach sollte man noch einen Blick ins nahe **Ships of the Sea Maritime**

Savannah: Stadt der Plätze und Parks, hier der Forsyth Park

Museum (**3**) werfen, wo die maritime Geschichte der Stadt unter Zuhilfenahme exakter Modelle erläutert wird.
Savannah History Museum, *303 Martin Luther King, Jr. Blvd., www.chsgeorgia.org/SHM, tgl. 9–16 Uhr, $ 10.*
Savannah Children's Museum, *655 Louisville Rd., www.chsgeorgia.org/SCM, Mo–Sa 9–14 Uhr, $ 10.*
Georgia State Railroad Museum, *655 Louisville Rd., www.chsgeorgia.org/GSRM tgl. 9–16 Uhr, $ 15.*
SCAD Museum of Art, *601 Turner Blvd., www.scadmoa.org, Mo 10–17, Mi–Sa 10–17, So 12–17 Uhr, $ 10.*
Ships of the Sea Maritime Museum, *41 M.L. King Blvd., www.shipsofthesea.org, Di–So 10–17 Uhr, $ 15.*

Wenige Schritte entfernt auf der W. Congress Street ostwärts, liegt der **City Market** (**4**) (*219 W. Bryan St. , www.savannahcitymarket.com*). Erhalten sind zwei renovierte Bauten mit Imbiss- und Verkaufsständen, um die herum sich ein Openair-Marktareal erstreckt mit Läden, Galerien und Boutiquen, Cafés und Kneipen sowie dem *Art Center at City Market.*

Angrenzend an den City Market, zum Ellis Square hin, eröffnete 2017 das **American Prohibition Museum**. Dieses in den USA einzigartige Museum befasst sich mit den Jahren 1920–1933, in denen Herstellung und Vertrieb von Alkohol in den USA verboten waren. In 13 Abteilungen geht es z. B. um das „Temperance Movement", um „Bootlegging" und „Rum Runs", „Moonshine" und „Speakeasies". Eine solche geheime Bar lädt am Ende des Museumsbesuchs dann auch zu einem Drink ein.

Einzigartiges Museum

American Prohibition Museum, *209 W. St. Julian St. (Ellis Sq.), www.americanprohibitionmuseum.com, tgl. 10–17 Uhr, $ 17, Drink Ticket $ 30.*

Die Montgomery St. führt weiter zur **Riverfront** (**5**), die aufgrund ihrer Anlage ungewöhnlich ist: 1733 hatte Stadtgründer Oglethorpe nämlich die Vorteile des Steilufers erkannt. Von hier oben ließen sich die Hafenanlage unten und der Fluss trockenen Fußes und ohne schwirrende Insektenschwärme kontrollieren. Mit der Hafenbefestigung 1840 entstanden die heute noch erhaltenen **Lager- und Verwaltungsbauten** der Baumwollhändler. Im untersten, zum Fluss hin gerichteten Geschoss befanden sich Lager, in den oberen Stockwerken, ebenerdig von der Stadtseite zugänglich, richtete man Büros ein. Treppen und Stege verbanden die einzelnen Ebenen und Bauten miteinander. Der sog. **Factor's Walk** auf der Stadtseite bildet das Kernstück des renovierten Lagerhausviertels. Im Mittelpunkt steht die auffällige **Cotton & Naval Stores Exchange**, die 1886 erbaute Baumwollbörse. Steigt man die Stufen zwischen den alten Lagerhallen hinab, steht man auf der **River Street** und zugleich am Fluss. Er führt entlang des Savannah River vorbei an Souvenirshops, Bars und Restaurants. Der Bereich zwischen Straße und Fluss wurde zur **Esplanade**. Zum Verweilen und *ship watching* lädt die **Rousakis Riverfront Plaza** ein. Immerhin passieren rund 1.800 Schiffe im Jahr den Hafen. Besonders bei Nacht erwacht der Riverwalk zum Leben. Im Westen blickt man auf das moderne Wahrzeichen der Stadt, die **Great Savannah Bridge**. Die 1991 fertiggestellte Hängebrücke misst 125 m in der Höhe und ist über 600 m lang.

Cotton & Naval Stores Exchange an der Riverfront Savannahs

Begrüßt werden die Schiffe vom **Waving Girl** (*Morell Park, Ecke E. River/E. Broad St.*), dem Wahrzeichen der Stadt. Die Bronzefigur verkörpert Florence Martus, die zusammen mit ihrem Bruder von 1887 bis 1931 den Leuchtturm auf dem vorgelagerten Elba Island betrieb. Nach einer Legende soll ihr Verlobter mit einem Schiff auf Nimmerwiedersehen verschwunden sein, doch Miss Florence hoffte bis zu ihrem Tod 1943 auf seine Rückkehr. Jenseits des Flusses fällt der Blick auf das moderne **Savannah International Trade & Convention Center**.

Savannahs Plätze

Bekannt aus „Forrest Gump"

Der Film „Forrest Gump" mit Tom Hanks machte **Savannahs Plätze** berühmt. Die nach lokalen Persönlichkeiten benannten Squares haben sich bis heute ihr Südstaatenflair bewahrt: Mit *Spanish Moss* (Epiphyt aus der Familie der Bromeliengewächse) behangene *Live Oaks* (immergrüne Eichen, sog. Lebens- oder Virginia-Eiche) gruppieren sich um die Sitzbänke und machen die Plätze zu einem beliebten, im Sommer kühlen Treff. Im Zentrum der Plätze stehen oft Denkmäler der lokalen Persönlichkeiten. Vom Fluss und der **City Hall** (*Bull/Bay St.*) von 1905 kommend, ist der erste Platz der **Johnson Square** (**6**) an der Bull Street im Zentrum der Stadt. Er entstand 1733 und wird überragt von der **Christ Episcopal Church** (*E. St. Julian St.*) von 1838 und der in Sichtweite liegenden City Hall. Gegenüber steht das **US Customs House** von 1852, an jener Stelle, an der einst Stadtgründer Oglethorpe wohnte.

Nächster Platz an der Bull Street ist der **Wright Square** (**7**), benannt nach Sir James Wright, dem letzten Kolonial-Gouverneur. Hier befindet sich auch die **Evangelical Lutheran Church of the Ascension**, 1878 von den aus Salzburg vertriebenen Protestanten erbaut. Oglethorpe hatte den zu Beginn des 18. Jh. vom Salzburger Bischof vertriebenen Protestanten, die zunächst in Augsburg Unterschlupf gefunden hatten, Asyl gewährt.

Westlich davon liegt der **Telfair Square** (**8**) (1883) mit der **Telfair Academy** (**9**). Hier hatte sich Edward Telfair zwischen 1818 und 1820 von William Jay, der auch in Charleston tätig war, ein Haus errichten lassen. Sehenswert sind die Innenausstattung und natürlich die älteste Kunstsammlung des Südostens (1885) mit amerikanischer und europäischer sowie dekorativer Kunst. 2006 wurde ebenfalls am Telfair Square nach Plänen des bekannten Architekten Moshe Safdie das **Jepson Center** (*207 W. York St.*) eröffnet, das die zeitgenössische Kunstsammlung beherbergt.

Telfair Museums, *121 Barnard St., www.telfair.org, bestehend aus* **Telfair Academy**, **Jepson Center** *und* **Owens-Thomas House** *(s. unten), tgl. 10–17 Uhr, Kombiticket $ 25. Neu im Jepson Center befindet sich das* **Telfair Children's Art Museum**.

Modernes Museum in der alten Stadt: das Jepson Center am Telfair Square

Zurück auf der Bull St. geht es vorbei am **Wayne-Gordon House** von 1821, das das **Juliette Gordon Low Girl Scout National Center** (**10**) beherbergt. Juliette Gordon Low (1860–1927), die Gründerin der Pfadfinderinnen (1912), wurde hier geboren.

Juliette Gordon Low Birthplace, *1 E. Oglethorpe Ave., www.juliettegordonlowbirthplace.org, tgl. 10–16 Uhr, NS verkürzt, nur Touren, $ 15.*

Auf dem nächsten Platz, dem **Chippewa Square** (**11**) (*Bull St.*) von 1813 steht die Statue des Stadtgründers Oglethorpe. An der Westecke des **Madison Square** (*Bull St.*) – 1839 angelegt – fungierte das **Green-Meldrim-Home** (**12**), ein Wohnhaus aus den 1850er-Jahren im neogotischen Stil, 1864 als Hauptquartier von Unionsgeneral Sherman. Es ist heute das Gemeindehaus der **St. John's Episcopal Church**. Letzter Platz in der Reihe ist der **Monterey Square** (**13**) (1847), der vom **Temple Mickve Israel** (*E. Gordon St.*) von 1878, der drittältesten Synagoge der USA, dominiert wird. Zwei Blöcke weiter schließt sich der 1851 eingerichtete **Forsyth Park** (**14**) an.

Schöne alte Häuser

Über den **Calhoun Square** von 1851 geht es auf der Abercorn St. zum **Lafayette Square** (**15**) (1837). An seiner Nordostecke steht die **Cathedral of Saint John the Baptist**, 1876 von der ältesten römisch-katholischen Gemeinde Georgias im neogotischen Stil erbaut. 1873 hatte sich Samuel P. Hamilton, Bankier, Händler und Bürgermeister von Savannah, hier niedergelassen. Seine **Hamilton-Turner Mansion** (*330 Abercorn St.*) gilt heute als eines der besten B&Bs der Stadt. Das **Andrew Low House** gegenüber hatte ebenfalls ein Händler, schon 1848, bauen lassen. In den frühen 1920ern lebte hier Juliette Gordon Low, die Gründerin der Girl Scouts (s. oben).

Andrew Low House, *329 Abercorn St., www.andrewlowhouse.com, Mo–Sa 10–16, So 12–16 Uhr, $ 12, mit Garten.*

Nördlich der St. John-Kathedrale erstreckt sich der **Colonial Park Cemetery** (**16**), der von 1750 bis 1853 als Bestattungsort bekannter Persönlichkeiten diente. Über die Oglethorpe Ave. geht es zum **Columbia Square** (**17**) mit dem sehenswerten **Davenport House**. 1815 bis 1820 erbaut, ist es ein hervorragendes Beispiel für den schlicht-strengen *Federal Style*. Als der Abriss drohte, protestierten die Bürger von Savannah erfolgreich und gaben damit den Anstoß zu einem 1955 begonnenen Restaurierungsprojekt.

Federal-Style-Bau

Davenport House, *324 E. State St., https://davenporthousemuseum.org, Di–Sa 10–16 Uhr, nur Touren $ 10.*

Der letzte Platz auf dem Rundgang ist der **Oglethorpe Square** (**18**) (1749), wo als letztes Highlight das **Owens-Thomas-House & Museum**, seit 1954 Teil der Telfair Museums (s. oben), wartet. Es war 1816–19 nach Plänen des englischen Architekten William Jay im Stil einer englischen Landvilla gebaut worden. Der Eingangsportikus mit ionischen Säulen und beidseitig geschwungenen Treppenaufgängen, ein für Savannah charakteristisches Architekturmerkmal, sticht besonders ins Auge. Ungewöhnlich ist der zur Straße hin angelegte Garten. Im Inneren zu sehen sind aufwendige Stuckaturen und Zeugnisse der Experimentierfreude des Architekten. Nördlich schließt sich noch der **Reynolds Square** (**19**) an, östlich davon **Warren** (**20**) und **Washington Square**.

Owens-Thomas-House and Museum, *124 Abercorn St., www.telfair.org; tgl. 10–17 Uhr, mit Telfair Museums, s. oben, $ 25 Kombiticket.*

Keine zehn Meilen südlich der Stadt gelegen, lohnt ein Besuch der **Wormsloe Historic Site**. Die **Oak Avenue** mit über 400 alten Bäumen ist die wohl **eindrucksvollste Eichenallee** der gesamten Südstaaten. Es handelt sich um das Land und die ehemalige Plantage von Noble Jones, einem der ersten Siedler Georgias, 1736 ins Leben gerufen. Heute sind nurmehr Ruinen der Bauten erhalten, Trails führen durch das dicht bewaldete Land am Skidaway River. Ein VC informiert über die Geschichte.

Wormsloe Historic Site, *7601 Skidaway Rd., https://gastateparks.org/Wormsloe, tgl. 9–16.45 Uhr, $ 12.*

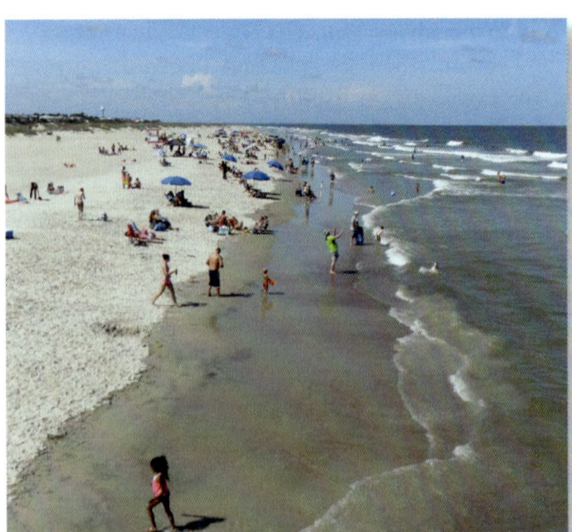

Tybee Island Beach ist ein beliebtes Naherholungsziel für die Städter

Ausflug nach Tybee Island

Etwa 32 km östlich von Savannah liegt **Tybee Island**, ein beliebtes Naherholungsziel mit Stränden. Die nördlichste dieser Kette von *Barrier Islands*, die der Georgia-Küste vorgelagert ist, erreicht man auf dem US Hwy. 80. Dabei geht es vorbei an alten Festungen, die einst die Zufahrt in den Hafen von Savannah sicherten. Eine davon ist das 5 km östlich der Stadt, am Savannah River, gelegene **Fort Jackson** von 1808, Georgias ältestes Ziegelfestung.

Bedeutender war **Fort Pulaski**, das ab 1829 innerhalb von 18 Jahren entstand. Benannt ist es nach Casimir Pulaski, einem aus Polen stammenden Befehlshaber der amerikanischen Revolutionsarmee, der bei dem vergeblichen Versuch, Savannah 1779 von den Engländern zu befreien, ums Leben gekommen war. Der sehr massiv wirkende Ziegelkomplex wurde 1862 im Bürgerkrieg nach nur 30-stündigem Beschuss von den Unionstruppen erobert.

Der US Hwy. 80 führt weiter durch ausgedehnte Marschlandschaften nach **Tybee Island** mit seinem traumhaftem, jedoch im Sommer gut bevölkerten Sandstrand mit *Fishing Pier* (Verkaufsstände). Sehenswert ist vor allem das **Tybee Island Light Station**. Schon 1732 hatte Oglethorpe hier einen Leuchtturm errichten lassen, der heutige, insgesamt schon vierte Turm wurde 1867 errichtet und mit einer Fresnel-Linse ausgestattet. Ausstellungen zur Geschichte der Insel und des Turmes befindet sich im Leuchtturmwärterhaus oder dem vorgelagerten Festungsbau. Über 178 Stufen gelangt man nach oben und genießt von dort einen spektakulären Ausblick.

Toller Blick vom Leuchtturm

Old Fort Jackson, *1 Fort Jackson Rd., 5 km östl. Savannah, www.chsgeorgia.org/OFJ, tgl. 9–16 Uhr, $ 10.*
Fort Pulaski National Monument, *24 km östl. Savannah, US Hwy 80, www.nps.gov/fopu, tgl. 9–17 Uhr, $ 10.*
Tybee Island Light Station, *30 Meddin Dr., www.tybeelighthouse.org, tgl. außer Di 9–16.30 Uhr, $ 12.*

Mächtige Bastion aus der Bürgerkriegszeit: Fort Pulaski

Reisepraktische Informationen Savannah/GA

Information

MLK Visitor Information Center, *im alten Bahnhof, 301 M. L. King Blvd., https://visitsavannah.com, tgl. 9–16 Uhr; Auskünfte und Info-Material, Zimmervermittlung, Souvenirs und History Museum (s. oben). Filialen u. a.* **Airport** *sowie*
The River Street Visitor Information Center, *1 W. River St., tgl. 10–18 Uhr, kleine Infostelle am Fluss.*
City Market VC, *307 W. Julian St. Mo–Sa 11–16, So 13–16 Uhr.*
Georgia Visitor Information Center – Port Wentworth, *I-95 South, mi. 111, tgl. 8.30–17.30 Uhr.*
Tybee Island VC, *802 1st St., Ecke Campbell Ave./Hwy. 80, tgl. 9–16 Uhr, https://visittybee.com.*

Touren

Carriage Tours of Savannah, *http://carriagetoursofsavannah.com, tgl. 9–22 Uhr; Pferdekutschfahrten unterschiedlicher Dauer ab $ 175 (für 2 Personen).*
Savannah Riverboat Cruises, *https://savannahriverboat.com; Hafenrundfahrten ab River St., außerdem Dinner Cruises mit „Savannah River Queen" oder „Georgia Queen" sowie Spezialfahrten.*

Tipp: Übernachten

Nächtigen in historischem Ambiente ist im Azalea Inn möglich

Das **Azalea Inn** liegt ruhig, etwas abseits vom Zentrum. In mehreren historischen Häusern befinden sich unterschiedlich große und verschieden eingerichtete Zimmer (teils mit Balkon, teils mit Kaminen), dazu gibt es im Hauptbau einen *Parlor* und den *Dining Room*, wo ein mehrgängiges Gourmet-Frühstück serviert wird. Am Abend kann man Wein und Hors d'Oeuvres hier oder im hübsch begrünten Innenhof (mit Pool) genießen, später gibt's dann frische Kekse.
Azalea Inn & Villas (**4**) $$$, *217 E. Huntingdon St., ☏ (912) 236-6080, https://azaleainn.com.*

Unterkunft

Zahlreiche **Historic Inns** *und* **B&Bs** *stehen in Savannah zur Verfügung, meist in historischen Gebäuden, mit allem Luxus und zu entsprechenden Preisen (Infos und Buchung: www.historicinnsofsavannah.com.*
Preiswerte H/Motels *befinden sich westl. der Innenstadt an der I-95 (Exits 14/16/19) sowie entlang des Hwy. 204, der ins Zentrum führt.*

Bohemian Hotel (3) $$$–$$$$, *102 W. Bay St., ☏ (912) 721-3800, www.kesslercollection.com/bohemian-savannah; am Riverwalk gelegenes Boutique-Hotel mit Restaurant Rocks on the River sowie der Bar Rocks on the Roof (toller Ausblick!).*
River Street Inn (1) $$$–$$$$, *124 E. River St., ☏ (912) 234-6400, www.riverstreetinn.com; am Fluss, an der Factor's Row gelegenes Hotel mit geräumigen Zimmern, teils mit Balkonen zum Fluss hin, am Abend Wein und Häppchen.*
Presidents' Quarters (2) $$$$, *225 E. President St., ☏ (912) 233-1600 oder 1-800-233-1776, www.presidentsquarters.com; Wohnhaus von 1855 mit 16 perfekt eingerichteten Räumen; nachmittags Getränke und Häppchen, morgens Southern Breakfast; außerdem kleiner Pool.*

Restaurants

The Collins Quarter (1), *151 Bull St., von einem Australier betriebenes Café mit gutem Kaffee und ausgezeichneten Gerichten; ideal zu Frühstück oder Lunch, auch Plätze im Freien.*
The Lady and Sons (2), *102 W. Congress St., ☏ (912) 233-2600, www.ladyandsons.com; Restaurant der legendären TV-Köchin Paula Deen und ihrer beiden Söhne, Südstaatenküche (keine Res.) vom Buffet und à la carte.*
Leopold's Ice Cream (3), *212 E. Broughton St.; Eis, aber auch Sandwiches, für die man Warteschlangen gerne in Kauf nimmt.*
Moon River Brewing Co. (4), *21 W. Bay St., www.moonriverbrewing.com; hausgebraute Biere, gemütliche Bar, schmackhafte Pubkost und Happy Hour – was wünscht man sich mehr?*
Mrs. Wilkes Dining Room (5), *107 W. Jones St., https://mrswilkes.com; die Institution schlechthin, nur mittags (Mo–Fr 11–14 Uhr) geöffnet, wobei man Glück haben muss, einen Platz an einem der langen Gemeinschaftstische zu ergattern (keine Reservierung möglich!). Südstaatenkost in großen Schüsseln zum günstigen Fixpreis.*
The Olde Pink House (6), *23 Abercorn St., ☏ (912) 232-4286; Feinschmeckerlokal in 1771 erbautem Haus mit viel Flair und feinem Service, v. a. Seafood, Fisch und Fleisch.*
The Crab Shack at Chimney Creek, *40 A Estill Hammock Rd., Tybee Island, ab US Hwy 80 (ausgeschildert), www.thecrabshack.com; legendäre Seafood-Kneipe (mit Souvenir-und Anglershop) am Pier.*

Einkaufen

Die zentrale Innenstadtachse, die **Broughton Street**, *und ihre Seitenstraßen gelten als Shoppingmeile der Stadt mit zahlreichen Läden und Boutiquen sowie Cafés und Lokalen. Abgesehen von der* **River Street** *(eher Souvenirs und Kneipen) lohnt auch die Umgebung des* **City Market** *(www.savannahcitymarket.com) mit vielen ausgefallenen kleinen Shops sowie Cafés und Lokalen.*
Tanger Outlet Center, *200 Tanger Outlet Blvd., www.tanger.com/savannah; Shopping Mall für Schnäppchenjäger nahe der Autobahn I-95 (Exit 104).*

Nahverkehr und Parken

Vom **Hauptbesucherzentrum** *(s. oben) verkehrt der* **DOT Express Shuttle** *durch die Innenstadt (kostenlos). Parkplätze sind relativ einfach zu finden, ideal ist z. B. der große Parkplatz (Gebühr) am VC. Entlang der Riverfront fährt eine* **Straßenbahn** *(kostenlos). Über den Fluss pendelt die* **Savannah Belles Ferry** *(kostenlos) zum Convention Center.* **Infos**: *www.connectonthedot.com.*

Hinweis zur Route

Von Georgias Küste führt der schnellste Weg Richtung **Atlanta** über die Autobahn I-16 (ca. 400 km). Die **Küste Georgias** und den **Okefenokee Swamp** könnte man von Savannah aus in einem Tagesausflug erkunden. Es lohnt sich aber, eine Übernachtung auf den Golden Isles einzuplanen. Von Savannah nach Brunswick sind es 80 km, von dort zum Okefenokee Swamp noch einmal 80 km.

Coastal Georgia

Die Küste Georgias – **Coastal Georgia** – erstreckt sich zwischen Savannah und dem südlich gelegenen Brunswick. Die vorgelagerten *Barrier Islands* bilden ein Bollwerk, das starke Gezeiten hervorruft. Sie reichen von Tybee Island im Norden bis hinunter zur Cumberland Island an der Grenze Floridas. Bekannteste Inselgruppe sind die **Golden Isles**, vom zentral gelegenen Brunswick aus (an der I-95) leicht erreichbar. Der gesamte Küstenstreifen mit seinen vorgelagerten Inseln und dem milden See-Klima gilt seit jeher als reizvolle **Ferienregion**. Große Teile stehen unter **Naturschutz**. Daher sind manche Landschaften nicht allgemein zugänglich.

Die Colonial Coast

Fährt man auf dem US Hwy. 17, der parallel zur I-95 verläuft, von Savannah südwärts, gelangt man kurz vor **Darien**, einer 1736 von Schotten gegründeten Siedlung, zur **Fort King George State Historic Site**. Diese englische Befestigung aus der Mitte des 18. Jh. bildete zwischen 1721 und 1736 den südlichsten Außenposten der englischen Kolonien Nordamerikas. Deshalb erhielt sie den Beinamen **Colonial Coast**. Vor dem Bau von *Fort Frederica* auf St. Simons Island (s. S. 532) diente das Fort als Bollwerk gegen die Machtansprüche der Spanier, die sich in Florida (St. Augustine, s. S. 547) festgesetzt hatten. Neben einem kleinen VC (Museum und Film) informieren Mitarbeiter verkleidet in historischen Kostümen Rollen über Geschichte und Bedeutung des militärischen Außenpostens der Briten.

Das historische Fort King George diente den Briten zur Verteidigung gegen die Spanier

Nach Aufgabe des Forts entstand in der Nähe die Ortschaft Darien, nach Savannah die zweitälteste Siedlung in der neuen Kolonie und einst ein wichtiges Holzzentrum. Heute ist Darien vor allem für seinen Fischereihafen bekannt. Shrimps machen den Hauptfang aus. Außerdem werden hier auch *cannonball jellyfish* (Quallen) gefangen und nach Asien exportiert, wo sie als Delikatesse gelten.

An die Tage der Plantagenbesitzer erinnert die zwischen Darien und Brunswick gelegene **Hofwyl-Broadfield Plantation**. Hier betrieb die Brailsford-Familie vom 19. Jh. bis 1913 eine Reisplantage. Zu sehen sind auf dem weitläufigen Gelände mit Trails abgesehen vom Film im VC das Haupthaus aus der Vorbürgerkriegszeit mit Silber, Möbeln und Kunst aus Familienbesitz.

Fort King George SHS, *302 McIntosh Rd. SE (ab US-17 ausgeschildert), Darien, https://gastateparks.org/FortKingGeorge; Di–So 9–17 Uhr, $ 9.*

Hofwyl-Broadfield Plantation SHS, *5556 US-17, Brunswick, https://gastateparks.org/HofwylBroadfieldPlantation, Di–Sa 9–17 Uhr, $ 9,50.*

Brunswick und die Golden Isles

Gateway to the Golden Isles wird das kleine Städtchen **Brunswick** (16.000 EW) genannt. Es wurde 1771 gegründet, doch das Stadtbild prägen heute vor allem die hübschen viktorianischen Häuser aus dem späten 19. Jh. in **Old Town**, zwischen London und Prince bzw. Albany und Ellis Street. Die „*Lover's Oak*" – eine große Eiche – soll schon von den Ureinwohnern für Rendezvous genutzt worden sein. An

Rendezvous-Plätzchen

der Waterfront entlang der Bay St. befinden sich ein Fischerhafen und *Shrimp Docks*. Der Ort trägt den Beinamen „**Shrimp Capital of the World**" nicht zu Unrecht.

Die Inselgruppe östlich von Brunswick erhielt ihren Namen „**Golden Isles**" von den Spaniern, die hier schon im 16. Jh. – vergeblich – nach Gold suchten. Zwischen 1736 und 1748 diente **Fort Frederica**, eine befestigte Siedlung mit Hafen auf der Nordwest-Seite von St. Simons Island, den Briten nach Aufgabe von Fort King George (s. o.) als massives Bollwerk zum Schutz gegen die Spanier. In der Tat versuchten diese 1742 die Insel zu erobern, mussten aber nach der verlustreichen **Battle of Bloody Marsh** den Rückzug antreten. Die Ruinen der Festungsstadt Fort Frederica stehen heute als *National Monument* Besuchern offen.
Fort Frederica NM, *6515 Frederica Rd., St. Simons Island, www.nps.gov/fofr, tgl. 9–17 Uhr, Eintritt frei, VC (Museum und Film).*

Die größte der „Goldenen Inseln"

St. Simons Island – „**SSI**", wie die Einheimischen sagen – ist mit Brunswick und dem Festland über eine Brücke (*Torras Causeway*) verbunden. *SSI* ist zugleich die größte der Golden Isles, mit Ausmaßen wie Manhattan. Hauptort ist **Pier Village** mit der **Mallery Street.** An dieser Hauptstraße reihen sich eine kleine Shoppingmall, Läden und Lokale auf. Sie endet am Wasser mit einem Pier, auf dem die Fischer sich treffen. Überragt wird der Ort vom **St. Simons Lighthouse**. Ein erster Leuchtturm war hier schon 1810 entstanden, dieser wurde jedoch im Bürgerkrieg 1862 zerstört. Der heutige Bau mit Wohnhaus des Leuchtturmwärters stammt von 1872. Nach 129 Stufen steht man unterhalb der Fresnel-Linse und genießt den weiten Blick aufs Meer. Das moderne A.W. Jones Heritage Center beherbergt Archive und Bibliothek, Ausstellungen und einen Shop. Zugehörig ist das am East Beach (*4201 1st St.*) befindliche **Maritime Center** in der alten Coast Guard Station.
St. Simons Lighthouse Museum, *101 12th St., www.coastalgeorgiahistory.org/visit/st-simons-lighthouse-museum, Mo–Sa 10–17, So 12–17 Uhr, $ 12.*

Der Leuchtturm von St. Simons, einer der Golden Isles of Georgia

Über eine weitere Brücke, die *Frederica River Bridge*, gelangt man auf der Sea Island Road hinüber nach **Sea Island**, das eigentlich mit St. Simons verschmolzen zu sein scheint. Jedoch ist dieser größtenteils in Privatbesitz befindliche Erholungsort sehr exklusiv. Außer Bewohnern gelangen nur Gäste des Hotels **The Cloister** – eines der Top-Resorthotels der Welt – bzw. des zugehörigen Restaurants Georgian Room durch das Zufahrtstor.

Im Norden davon schließt sich ein weiteres Idyll der besonderen Art an: **Little St. Simons**, wohin man nur per Boot von der

Hampton River Marina, am Nordende von SSI, gelangt. Die kleine Insel, auf der einst Guale-Indianer siedelten, ist seit 1907 in Privatbesitz und steht unter Naturschutz. Besucher sind nur in begrenzter Zahl zugelassen. Genächtigt wird in einer in der Marschlandschaft verborgenen mehrteiligen Lodge mit Cottages.

Exklusives Eiland

Jekyll Island

Südlich von Brunswick führt die mächtige **Sidney Lanier Bridge** (US 17) über den breiten Fancy Bluff Creek, der hier in den St. Simons Sound übergeht. Auf dem Jekyll Causeway (SR 520) erreicht man dann nach Entrichtung einer Gebühr **Jekyll Island**. Die Insel birgt ausgedehnte Naturschutzgebiete und befindet sich seit 1947 als *State Park* in Staatsbesitz. Sie wird von der *Jekyll Island Authority* verwaltet. Doch das war nicht immer so: Den 16 km langen, feinen Sandstrand schätzten schon Ende des 19. Jh. betuchte „Yankees", darunter z. B. John D. Rockefeller. 1886 riefen 53 bekannte Männer den **Jekyll Island Club** als private Erholungsoase für ihre Familien und Freunde ins Leben; Jekyll Island wurde zur **Millionaire's Island**. Das historische Viertel um den **Jekyll Island Club** im Zentrum der Insel ist heute als *Historic District* ausgewiesen, durch den auch Tramtouren stattfinden.

Das **Jekyll Island Club Hotel**, bestehend aus 33 Einzelgebäuden, lädt noch heute betuchte Besucher ein. Über Geschichte, Kultur und Ökologie der Insel informiert das **Museum Mosaik** (*100 Stable Rd., www.jekyllisland.com/history/museum, tgl. 9–17 Uhr, $ 10)*), mitten im Historic District. Hier befindet sich auch das **Georgia Sea Turtle Center**, das mit multimedialen Ausstellungsstücken über Meeresschildkröten informiert, die auf den Inseln ihre Eier ablegen. Gestrandete Tiere werden hier zudem aufgepäppelt und wieder ausgewildert, Ei-Gelege am Strand werden geortet, beobachtet und ggf. gesichert. Der **Wanderer Memory Trail** (*www.jekyllisland.com/history/sites/wanderer-memory-trail*) entlang des Jekyll River erzählt die Geschichte von Amerikas letztem bekannten Sklavenschiff „The Wanderer", dass hier vor 160 Jahren illegal mit mehr als 500 afrikanischen Sklaven anlegte.

Schutz der Meeresschildkröten

Eigentliches Highlight der Insel ist der Strand und das riesige Angebot an Oudoor-Aktivitäten. Eine fast schon unwirkliche Kulisse mit entwurzelten, abgestorbenen Bäumen bietet sich am **Driftwood Beach**. An diesem Strandabschnitt an der Nordostecke der Insel hat sich der Atlantik in die Insel hineingedrängt und Totholz zurückgelassen. Ein verstecktes Idyll in der Nähe ist der **Horton Pond**, ein idealer Platz um die Natur der Insel zu studieren.

Georgia Sea Turtle Center, *214 Stable Rd., www.jekyllisland.com/activities/georgia-sea-turtle-center, tgl. 9–17 Uhr, $ 11.*

Einst die Insel der Reichen, heute Naturidyll: Jekyll Island mit Driftwood Beach

Cumberland Island National Seashore

Die südlichste Insel von Coastal Georgia, **Cumberland Island**, steht komplett unter Naturschutz und ist als **National Seashore** nur per Fähre von **St. Marys** (7 mi. Entfernung) aus erreichbar. Die Küstenflora und -fauna ist besonders vielfältig und reicht von Wildpferden bis hin zu Alligatoren. Am fast 30 km langen weißen Sandstrand stehen Dünen wie auch die Marschregionen unter Schutz, schließlich sind hier zahlreiche seltene oder gefährdete Tiere, wie *loggerhead turtles* (Meeresschildkröten), zu Hause.

Komplett unter Naturschutz

Cumberland Island National Seashore, *Fähre ab St. Marys Ferry Dock, www.nps.gov/cuis, VC 8–16 Uhr, $ 15, Reservierung für Fähre ($ 20/Einfach, www.cumberlandislandferry.com) und für Camping nötig. Mit VC und Museum auf der Insel.*

Reisepraktische Informationen Golden Isles/GA

Information

Golden Isles Welcome Center Brunswick, *www.goldenisles.com, I-95 S, Exits 42–38, Mo–Sa 10–17, So 12–17 Uhr.*

Jekyll Island Guest Info Center, *901 Downing Musgrove Causeway, www.jekyllisland.com, Mo–Sa 9–17, So 10–17 Uhr, Park-Pass ($ 10) an Automaten (bar/Kreditkarte) an der Zufahrt.*

St. Simons Island VC, *530-B Beachview Dr., nahe Leuchtturm, www.explorestsimonsisland.com, Mo–Sa 10–17, So 12–17 Uhr.*

Unterkunft

Ocean Inn & Suites $$$, *599 Beachview Dr., SSI, ☏ (912) 634-2122, www.oceaninnsuites.com; im Pier Village zentral gelegenes Boutiquehotel, neben DZ gibt es 1- und 2-Zimmer-Suiten sowie einen Poolbereich.*

Ocean Lodge $$$–$$$$, *935 Beachview Dr., SSI, ☏ (912) 291-4300, https://oceanlodgeresort.com; nahe dem Strand gelegenes kleines Boutique-Hotel in mediterranem Stil mit 15 Suiten, hervorragend ausgestattet und geräumig, alle mit Meerblick, kleiner Pool und Rooftop Bar & Restaurant. Frühstück inbegriffen, Topservice!*

Jekyll Island Club Resort $$$–$$$$, *371 Riverview Dr., Jekyll Island, ☏ (912) 319-4349, www.jekyllclub.com; 1886 gegründetes historisches Hotel mit 134 Zimmern in verschiedenen Gebäuden.*

The Cloister $$$$$, *Sea Island Dr., Sea Island, ☏ 1 (855) 572-4975, www.seaisland.com; eines der Top-Luxusresorthotels in den USA, mit 286 Zimmern und sogar Halb- oder Vollpension. Hier nächtigten u. a. die englische Königin und beinahe jeder US-Präsident.*

The Lodge on Little St. Simons $$$$$, *☏ (912) 638-7472, www.littlestsimonsisland.com; nur per Boot erreichbar (Abholung für Hotelgäste), Parkplatz am Pier am Ende der Lawrence Rd. im Norden von SSI; Naturidyll mit mehrteiliger Lodge (Haupthaus und großzügig verteilte Cottages), Pool, Touren und Vollpension inklusive, dazu individueller Service.*

Restaurants

Außer den Restaurants in oben genannten Resorthotels sind z. B. zu empfehlen:

Marshside Grill, *1200 Glynn Ave., Brunswick, ☏ (912) 342-7981, www.marshsidegrill.com; bekannt für frische Fischgerichte, aber auch BBQ u. a. Allein die Lage lohnt den Besuch.*

Iguanas Seafood Restaurant, *303 Mallery St. SSI, ☏ (912) 638-9650, https://iguanasseafood.com; beliebtes Lokal im Pier Village, spezialisiert auf fangfrische Fisch- und Meeresfrüchte, dazu Cocktails und hinterher Gratis-Eis.*

Der Okefenokee Swamp

Von Brunswick sind es landeinwärts auf dem US Hwy. 82 rund 80 km zum **Okefenokee Swamp**, einem der größten Sumpfgebiete der USA, genauer, zum Hauptort **Waycross**. Der Zugang liegt am US Hwy. 1, der weiter nach Florida führt. Im **Okefenokee Swamp** gewinnt man eine Vorstellung von jener Landschaftsform, die so typisch für die südlichen Regionen mit flachem Land und subtropischem Klima ist. Er bedeckt eine Fläche von 2.079 km², misst an der breitesten Stelle von West nach Ost 32 km und an der längsten (Nord–Süd) 64 km.

Riesiges Sumpfgebiet

90 % des Gebiets stehen als **Okefenokee National Wildlife Reserve** unter Naturschutz. Wie ein Schwamm speichert das Sumpfgebiet Wasser und wird so zum Quellgebiet des Suwannee River, der in den Golf von Mexiko mündet, sowie des St. Mary's River, der in den Atlantik fließt.

Die flachen Seen mit ihrem tiefbraunen Wasser werden von schwimmenden Pflanzeninseln durchsetzt. Diese entstanden aus abgestorbenen Wasserpflanzen, bilden eine lockere, fruchtbare Torfmasse, auf der erst niedrige Gräser, dann Kiefern, Zypressen oder Magnolien wachsen. Die Indianer nannten wegen der schwammigen Bodenbeschaffenheit diese Stellen *okefenokee*, „das Land der bebenden Erde". Je unzugänglicher die Gebiete sind, desto mehr stellen sie ein Paradies für alle wasserliebenden Tiere dar. Neben Alligatoren leben hier unzählige Gänse, Wasservögel, Ottern, Schildkröten und Frösche.

i Information Okefenokee Swamp

Es gibt drei Haupt- und zwei Neben-Zufahrten in das Sumpfgebiet des **Okefenokee National Wildlife Refuge** (www.fws.gov/refuge/okefenokee, $ 5 Tagesticket):

- **Ost(Haupt)-Zufahrt – Suwannee Canal Recreation Area**: Zufahrt im SO des Sumpfgeländes, ca. 15 km südwestl. Folkston (via US Hwy.1 und Hwy. 23/121, tgl. Sonnenaufgang–17.30/19.30 Uhr). Im zugehörigen **Richard S. Bolt VC** (tgl. 9–16/17 Uhr) gibt's Ausstellung, Film und Informationen, ringsum Trails und vielerlei Freizeitmöglichkeiten arrangiert von *Okefenokee Adventures* (Boote, Fahrräder etc.); **Nebenzufahrt/Kingfisher Landing**: ab US Hwy. 1 (ca. 15 km nördl. von Folkston), verschiedene Trails führen ins Gelände.
- **Nordzufahrt/Okefenokee Swamp Park**: 13 km südlich von Waycross über US Hwy. 1/23 und GA 177, 5700 Okefenokee Swamp Park Rd., https://okeswamp.org, tgl. 9–17 Uhr, $ 18; Mischung aus Freizeitpark, Naturschutzgebiet und Zoo, Bootstrips in die Sumpflandschaft.
- **Westzufahrt/Stephen C. Foster SP**, tgl. 7–19/22 Uhr, https://gastateparks.org/StephenCFoster, weniger frequentierter Zugang, erreichbar über

den Hwy. 177, etwa 27 km nordöstlich von Fargo. Bootsverleih, -touren und Zeltplätze. **Nebenzufahrt**: **Suwannee River Sill** (mit Bootsrampe), ca. 10 km südlich des SP.

- **Weitere Infos zum Swamp siehe**: https://visittheswamp.com. **Waycross Welcome Center**, 417 Pendleton St., www.waycrosstourism.com, Mo–Fr 9–17 Uhr.

Von Coastal Georgia nach Atlanta

 Hinweis zur Route

Der schnellste Weg von der Küste Georgias bzw. von Savannah nach Atlanta führt über die I-16 bis Macon (ca. 270 km). Von Waycross bzw. dem Okefenokee Swamp geht es auf dem Hwy. 1 nordwärts zur I-16 (bei Vidalia) und dann nach Macon (ca. 300 km). Von hier führt die I-75 nach Atlanta (ca. 130 km). Empfehlenswert ist es jedoch, ab Macon den Umweg über den **Antebellum Trail** (Hwy. 49 und US Hwy. 441) nach Athens (von Macon ca. 160 km) zu wählen. Von dort hat man auf dem Hwy. 78 – vorbei am **Stone Mountain Park** – nach knapp 100 km Atlanta erreicht.

Macon – City of White Columns and Cherry Blossoms

1823 am Westufer des Ocmulgee River gegründet, wurde **Macon** rasch zum Wirtschafts- und Handelszentrum. An die „fetten Jahre" der vom Bürgerkrieg weitgehend verschonten Stadt erinnern heute mehrere prächtige Villen. Nicht zu Unrecht wird Macon „**City of White Columns and Cherry Blossoms**" genannt, denn im Frühjahr bildet die weltgrößte Ansammlung von rosa-blühenden Kirschbäumen einen wirkungsvollen Kontrast zu den schneeweißen Säulen der Herrenhäuser.

Zu den Attraktionen gehören das **Harriet Tubman Historical and Cultural Museum** – eine Ausstellung zur Geschichte und Kultur der Afro-Amerikaner und die **Georgia Sports Hall of Fame**. Macon hat auch eine reiche musikalische Geschichte und um die geht es im **Big House**. Dieses Museum informiert insbesondere über die **Allman Brothers Band**, Begründer des Südstaatenrocks, die hier einst zu Hause waren. **Mercer Music At Capricorn** befindet sich in den alten Capricorn Studios, Birthplace of Southern Rock, und ist Museum, Aufnahmestudios und Konzertbühne in einem. Im Museum geht es mit interaktiven Musikkiosks mit Relikten, Murals, Texten und Fotos um die Musikszene seit den 1960ern und **Otis Redding**, **Al Green**, und **Percy Sledge**. Vor allem mit der **Allman Brothers Band** wurde das Label Capricorn Records in den 70ern berühmt. Das **Otis Redding Center for Creative Art** (*339 Cotton Ave., https://otisreddingfoundation.org*) erinnert an den in Macon geborenen Otis Redding und veranstaltet Konzerte und Events.
Harriet Tubman Museum, *340 Walnut St., www.tubmanmuseum.com, Di–Sa 9–17 Uhr, $ 10.*

Georgia Sports Hall of Fame, *301 Cherry St., www.georgiasportshalloffame.com, Di–Fr 10–17, Sa 10–15 Uhr, $ 8.*
Allman Brothers Band Museum at The Big House, *2321 Vineville Ave., https://thebighousemuseum.com, Do–Sa 11–18, So 11–16 Uhr, $ 20.*
Mercer Music @ Capricorn, *540 Martin Luther King, Jr. Blvd., https://capricorn.mercer.edu, Mi/Do 11–18, Fr/Sa 10–20, So 10–15 Uhr, Museum $ 7, Touren (Fr/Sa 10 Uhr) $ 5.*

Wunderschöner Anblick

Der **Victorian District**, eines von drei historischen Vierteln, wird von der neugotischen **St. Joseph's Catholic Church** (1889–92) überragt. Prächtiger wird es, architektonisch gesehen, im **White Columns District**. Ein architektonisches Highlight stellt hier das **Hay House** dar. Die in den Jahren 1855 bis 1859 für den Kaufmann William Butler Johnston und seine Frau erbaute Villa im italienischen Renaissance-Stil mit großer Kuppel galt schon zur Erbauungszeit als „*Palace of the South*" und hatte viel Luxus zu bieten.
Hay House, *934 Georgia Ave., www.hayhousemacon.org, Touren Mi–So Touren 10–15 Uhr, $ 20.*

Nicht weit davon entfernt liegt das **Cannonball House** von 1854. Es verdankt seinen Ruhm einer Kanonenkugel, die das Haus während des Bürgerkriegs 1864 traf. Sie steckt noch heute in der Wand. Auch die Gärten, die Küche und die Sklavenquartiere sind zu besichtigen.
Cannonball House, *856 Mulberry St., www.cannonballhouse.org, Haustouren Mo–Sa 10–15.30 Uhr, $ 12.*

Wenige Kilometer nordöstlich Macon, am Beginn des **Antebellum Trail** (s. unten), liegt der **Ocmulgee National Historical Park**, der Überrest einer der größten

Von Georgias Küste nach Atlanta

Indianersiedlungen östlich des Mississippi. Im zugehörigen und sehenswerten VC (Museum und Film) erfährt man Interessantes zur **Mississippian Culture**. Diese Indianerkultur war im Südosten der USA bis hinauf nach Illinois zu Hause. Ihre Blütezeit lag zwischen 800 und 1.500 n. Chr. Es handelte sich um eine hochzivilisierte Gesellschaft, die große Siedlungen anlegte und ein komplexes Sozialgefüge ausbildete. Als die ersten Weißen im 16. Jh. eintrafen, fanden sie nur noch Reste der Hochkultur vor. Durch eingeschleppte Krankheiten wurden die Indianer vollständig ausgerottet. Informationen dazu erteilt das architektonisch auffällige und ausstellungstechnisch interessante Visitor Center.

„Palace of the South"

Ocmulgee NHP VC, *1207 Emery Hwy./Hwy. 49, www.nps.gov/ocmu, tgl. 9–17 Uhr, Eintritt frei; Kurzfilm, Ranger-Programme und Veranstaltungen wie die Ocmulgee Indian Celebration (3. Septemberwochenende, www.ocmulgeemounds.org/ocmulgee-indigenous-celebration, größtes indianisches Treffen im Südosten), Ausstellungen und Shop.*

Reisepraktische Informationen Macon/GA

Information

Downtown Macon Visitors Information Center, *450 Martin Luther King Jr. Blvd., www.maconga.org, Mo–Fr 9–16, Sa 10–16 Uhr, mit Ausstellung und Shop.*

Unterkunft

*Preiswertere Motels (**$–$$**) reihen sich an der I-75 (Ext 54 oder 55) oder I-475 (Exit 1) auf.*

*Es gibt im Ort zahlreiche **B&Bs**, z. B.*

1842 Historic Inn $$$–$$$$, *353 College St., ☏ 1 (877) 452-6599, https://1842inn.com; es zählt zu den romantischsten Inns in den USA mit „Vom Winde verweht"-Flair, 21 luxuriöse Zimmer, Snacks am Abend und üppiges Frühstück.*

Veranstaltungstipp

Ende März/Anfang April findet dank der über 265.000 Yoshino Kirschbäume – die größte Konzentration dieser Spezie weltweit – das **International Macon Cherry Blossom Festival** statt.

Infos: https://cherryblossom.com. **Rock Candy Tours** (https://rockcandytours.com) veranstaltet jeden Samstagmorgen die interessante zweistündige **Rock n' Soul Riding Tour** durch die Musikgeschichte der Stadt.

Der Antebellum Trail

Die Route zwischen Macon und Athens wird seit 1984 unter dem Namen **Antebellum Trail** vermarket. Die etwa 160 km lange, gut ausgeschilderte Strecke führt durch eine landschaftlich reizvolle Gegend, vorbei an Orten, in denen die Zeit stehen geblieben zu sein scheint. Erste Station ist, noch am Hwy. 49 (von Macon kommend), **Milledgeville**. Es wurde 1803 gegründet und war kurzzeitig sogar die Hauptstadt von Georgia. Der Ort war Heimat der Schriftstellerin Flannery O'Connor (1926–1964). An die Glanzzeiten der Stadt erinnern neben zahlreichen historischen Wohnhäusern noch das **Old State Capitol** (*201 E. Greene St.*), das 1807 im *Gothic Revival*-Stil erbaut wurde und von 1803 bis 1868 Regierungssitz war, sowie die **Old Governor's Mansion**, in deren eindrucksvollem *Greek Revival*-Ambiente 1839 bis 1869 der Gouverneur residierte.

Ab Milledgeville folgt man dem US Hwy. 441 und erreicht nach rund 30 km **Eatonton**. Hier haben zwei berühmte Autoren Licht der Welt erblickt: **Joel Chandler Harris** (1848–1908) und die Pulitzer-Preisträgerin Alice Walker (*1944). Ein bunt bemalter Hase vor dem **County Courthouse**, der *Br'er Rabbit* aus Joel Chandler Harris' Jugendbüchern, erinnert an den Autor. 13-jährig hatte er als Druckerlehrling bei der lokalen Tageszeitung begonnen. Da sich die Druckerei in einer Plantage befand, schloss er mit Sklaven Freundschaft, die ihm Geschichten und Legenden erzählten. Davon inspiriert, erfand er seine eigenen Tiergeschichten und machte einen ehemaligen Sklaven namens „*Uncle Remus*" zur Hauptfigur. Dieser erzählt in seinem eigenen Dialekt die Abenteuer von „*Br'er Rabbit*" (Br'er = Brother), „*Br'er Fox*" oder „*Br'er Wolf*". 1864 zog Harris nach Atlanta, und zwar in ein Haus, das nach einem Zaunkönigs-Nest im Briefkasten „**Wren's Nest**" genannt wird. Dort arbeitete er als Journalist.

Kurzzeitig Hauptstadt

Schon aus dem 19. Jh. gibt es einen Reisebericht, der behauptete: „*Madison ist die kultivierteste und aristokratischste Stadt entlang der Postkutschenroute zwischen Charleston und New Orleans*". Heute gilt **Madison Historic District** als einer der größten Georgias. Die meisten Gebäude stammen aus den Jahrzehnten zwischen 1830 und 1860 und überstanden den Bürgerkrieg unversehrt.

Im Zeitalter der Highways und Motels staunt man nicht schlecht, in der kleinen Ortschaft **Watkinsville** noch Spuren der hohen Kunst des Reisens um 1800 zu finden. An der Main St. Nr. 26 steht die **Eagle Tavern**, 1801 als Postkutschen-Station und Gasthaus eröffnet (*Mo–Sa 10–16 Uhr, $ 2*). Sie ist nur eines von fast 40 historischen Gebäuden.

Athens, der Endpunkt des *Antebellum Trail*, stellt eine reizvolle Mischung aus historischer Ortschaft und moderner **Universitätsstadt** dar. Die Stadt ist Heimat berühmter Musiker wie der erfolgreichen Rockband R.E.M. oder der weltweit bekannten Jazz-Sängerin Madeleine Peyroux. Die **University of Georgia** wurde 1785 hier als „neues Athen" gegründet und sollte in der Abgeschiedenheit, jenseits städtischer Ablenkungen konzentriertes Studieren ermöglichen.

Eatonton, Heimat von „Br'er Rabbit"

Reisepraktische Informationen Antebellum Trail

Information

Madison: *www.maconga.org.*
Watkinsville: *https://visitoconee.com.*
Athens Welcome Center *im Church-Waddel-Brumby House Museum von 1820, 280 E. Dougherty St., tgl. 10–17 Uhr, www.athenswelcomecenter.com und www.visit athensga.com.*

Unterkunft

James Madison Inn $$$$, *260 W. Washington St., Madison, ☏ (706) 342-7040, www.jamesmadisoninn.com; romantisches Boutiquehotel mitten im Historic District.*
The Colonels on Angel Oaks Farm $$$, *3890 Barnett Shoals Rd., Athens, ☏ (706) 559-9595, https://sites.google.com/site/athensthecolonels/home; zwei zu mietende Zimmer in einem alten Herrenhaus, ein Greek Revival-Bau aus den 1860er-Jahren, und vier Zimmer im Anbau.*

Restaurants

Als Unistadt gibt es in **Athens** *zahlreiche Cafés und preiswerte multiethnische Lokale, z. B.*
Weaver D's, *1016 E. Broad St.; schlichte, schmackhafte und nicht teure Südstaatenküche.*
The Varsity Athens, *1000 W. Broad St, in der Studentenstadt begann vor über 70 Jahren der inzwischen legendäre Imbiss (Filiale in Atlanta, s. unten). Unbedingt Chili Dogs und Onion Rings kosten!*

Zuschauersport

Die **University of Georgia Bulldogs** *bieten hochklassigen Collegesport, American Football und Basketball, Tickets und Infos: www.georgiadogs.com.*

info

Zwei bedeutende Südstaatenautorinnen

„Ernsthafte Schriftsteller schreiben das, was sie interessiert und nicht was andere von ihnen erwarten" war ein Ausspruch **Flannery O'Connors**, an den sie sich auch selbst hielt. Sie zählt zu den bedeutendsten Kurzgeschichten-Autorinnen der Nachkriegszeit. Am 25. Mai 1925 in Savannah geboren, lebte O'Connor die meiste Zeit, von 1938 bis zu ihrem frühen Tod am 3. August 1964, in Milledgeville. Sie studierte Englisch und Sozialwissenschaften und schloss 1947 mit dem Magistergrad ab.

Bereits ein Jahr zuvor war ihr erstes, wenig beachtetes Werk „The Geranium" veröffentlicht worden. Nach Aufenthalten in New York und Connecticut kehrte sie 1951 mit der Diagnose „Haut-TBC" in ihre Heimatstadt zurück und kaufte ein Farmhaus, das sie „Andalusia" nannte. Sie bewohnte es zusammen mit ihrer Mutter. Hier entstanden fast 40 Kurzgeschichten, zwei Romane, Essays und Reden. O'Connors Werk ist von ihrer christlichen Einstellung geprägt. Sie prangert ein gottloses Leben an und ihre Gestalten – meist armselig und hässlich – sinnieren gerne über Existenzprobleme.

info

Alice Walker, am 9. Februar 1944 in Eatonton geboren, hatte ganz andere Probleme als O'Connor: Sie war dunkelhäutig und das achte Kind einer armen Pachtbauern-Familie. Entsprechend anders sind auch ihre Themen: Frauen, Rassismus und der ländliche Süden. Sie erkämpfte sich ein Studium, erst am Spelman College in Atlanta, dann am Sarah Lawrence College in New York, wo sie 1965 mit dem Bachelor of Arts abschloss.

Während all dieser Jahre kämpfte Walker, auch an der Seite von M. L. King für die Bürgerrechte. Bis heute setzt sie sich vehement für die Frauenrechte ein. Bekannt wurde Walker mit dem ersten Gedichtband „Once“ (1968). Zu ihren großen Romanen gehören „Meridian“ (1976), „The Third Life of Grange Copeland“ (1970) oder „The Color Purple“ (1982), für den sie 1983 den Pulitzerpreis erhielt, bekannt ist auch Steven Spielbergs gleichnamige Verfilmung von 1985 mit Whoopi Goldberg. Ihre Bücher strahlen Realismus und Unmittelbarkeit aus, strotzen vor Kraft, sind angefüllt mit Trauer und Verzweiflung und sprühen doch vor Optimismus.

Stone Mountain Memorial SP

Größter Granitfelsen der Welt

Nach der Besichtigung von Athens ist es ein Katzensprung nach Atlanta: Auf dem US Hwy. 78 erreicht man nach knapp 100 km die alte und neue Metropole des Südens. Vor den Toren der Stadt sollte man einen Stopp am **Stone Mountain** einlegen. Der Park (*ab US Hwy. 78, ca. 20 km östlich Downtown*) ist für Atlanta ein beliebtes Naherholungsgebiet. An der Ostwand dieses größten freistehenden Granitfelsens der Welt entstand zwischen 1923 und 1970 ein 24 x 55 m großes Relief, das „Memorial Carving" mit drei Südstaatenpersönlichkeiten des Civil War: Jefferson Davis, Robert E. Lee, Thomas „Stonewall" Jackson. An Sommerabenden findet eine Musik-Laser-Show auf der Felswand statt.
Stone Mountain Memorial SP, *US Hwy. 78, https://stonemountainpark.com, saisonal variable Öffnungzeiten meistens tgl. 10–17 Uhr, Tickets ab $ 35 plus Tax (weitere Infos auf der Website).*

Stone Mountain

10. ABSTECHER NACH FLORIDA

 Hinweis für Florida-Reisende

Von Brunswick und den Golden Isles in Georgia folgt man dem US Hwy. 17 bzw. der Autobahn I-95, vom Okefenokee Swamp dem US Hwy. 1/23 nach Florida (Jacksonville). Dort hält man sich an den US Hwy. 1 bzw. die A1A, der entlang der Atlantikküste hinunter nach Key West führt.
Im Folgenden nur **einige Hinweise** zu einer empfehlenswerten Route von der Küste Georgias nach **Orlando**, das aufgrund der Flugverbindungen ebenfalls ein günstiger End- oder Ausgangspunkt einer Ostküsten-Reise sein kann. Ausführlich beschäftigen sich damit **Iwanowski's Reisehandbuch Florida** und auch die Website des Staates: **www.visitflorida.com/de** (deutsch).

Überblick

Obwohl Florida in erster Linie für Sonne, Strand und Meer steht, ist der sprichwörtliche **Sunshine State** eine vielseitige Region. **Traumstrände** am Atlantik im Osten und am Golf von Mexiko im Westen sowie in der Panhandle-Region sind ein wesentlicher Aspekt. Dagegen repräsentiert die Metropole **Orlando** mit ihren Vergnügungsparks eine andere Seite. Speziell im **Norden** präsentiert sich Florida landschaftlich, historisch und kulturell deutlich als **Teil der Südstaaten**. Das **Zentrum Floridas** erinnert mehr an Texas und man merkt nur allzu schnell, dass Florida mit seinen unzähligen Ranches zu den größten **Rinderzuchtgebieten** der USA zählt.

Auch historisch gesehen ist Florida einerseits typisch amerikanischer Südstaat, andererseits sorgen **spanisches Erbe** – St. Augustine ist die älteste europäische Siedlung auf dem nordamerikanischen Kontinent – und der große kubanische Bevölkerungsanteil für **südländisches Flair**. Von 1565 an manifestieren sich hier 250 Jahre spanischer Herrschaft. Unterbrochen von einem britischen Intermezzo 1763 bis 1783, dauerte diese an, bis die Spanier 1821 Florida an die USA verkauften. Seitdem entwickelte sich der Sonnenstaat zum Agrar- und Urlaubsparadies.

Amelia Island, Jacksonville und die Beaches

Bevor man in den Großraum von Jacksonville eintaucht, sollte man einen Abstecher nach **Amelia Island** machen. Die nördlichste der zu Florida gehörenden *Barrier Islands* ist eine ehemalige Plantageninsel der Engländer und hat sich dank großartiger Strände und Natur im 20. Jh. zum **Ferien- und Wassersportparadies** entwickelt. Die A1A verläuft von hier direkt entlang der Küste hinunter nach Miami parallel zum US Hwy. 1.

Großartige Strände

Jacksonville hat zwar „nur" gut 950.000 Einwohner, ist aber mit etwa 2.265 km² zugleich flächenmäßig die größte Stadt der USA. Das Herz schlägt zwischen

Florida
GEORGIA
Atlanta
Savannah
Brunswick
Thomasville
Valdosta
Okefenokee Swamp
Fernandina Beach
AMELIA ISLAND
Tallahassee
New Orleans
Jacksonville
ATLANTIK
St. Johns
St. Augustine
Apalachee Bay
Cross City
Gainesville
Flagler Beach
Cedar Key
Ocala
OCALA FOREST
Daytona Beach
Crystal River
CANAVERAL NATIONAL SEASHORE
Titusville
Weeki Wachee
Orlando
MERRITT ISLAND
Cape Canaveral
FLORIDA
Lakeland
Tampa
Clearwater
Melbourne
Lake Kissimmee
St. Petersburg
Sebastian
Lake Wales
Tampa Bay
Vero Beach
Fort Pierce
Sarasota
Lake Okeechobee
Arcadia
GOLF VON MEXIKO
West Palm Beach
CAPTIVA ISLAND
Fort Myers
SANIBEL ISLAND
Bonita Springs
Fort Lauderdale
Naples
BIG CYPRESS NATIONAL PRESERVE
Everglades
Miami
Homestead
EVERGLADES NATIONAL PARK
Flamingo
Florida Bay
Key Largo
Marathon
Key West
Big Pine
FLORIDA KEYS
N
0
100 km
Routenvorschlag
© igraphic

Strandidylle: Jacksonville Beach

Hemming Park und dem **Nordufer** des Flusses St. Johns River. Gegenüber liegt die **Southbank** mit dem **Friendship Fountain** und dem Blick auf die moderne Skyline der Stadt. Hauptattraktion ist hier das **Cummer Museum of Art & Gardens**, eines der besten Kunstmuseen Floridas, das hochkarätige Kunst von der Renaissance bis ins 20. Jh. aus verschiedensten Regionen der Welt zeigt und dazu eine schöne Gartenanlage bietet.

Besuchenswertes Kunstmuseum

Cummer Museum of Art & Gardens, *829 Riverside Ave., www.cummermuseum.org, Di–Fr 11–16, Di/Fr bis 21 Uhr, Sa 10–16, So 12–16 Uhr, $ 20*

Dort, wo der St. Johns River in den Atlantik mündet, im Osten Jacksonvilles (Hwy. 115 und dann Hwy. 10, etwa 25 km), beginnt ein mehr als 60 km langer **Sandstrand**. Hier reiht sich entlang des Hwy. A1A eine Strandkommune an die andere.

Reisepraktische Informationen Jacksonville

Amelia Island: *www.ameliaisland.com.*
Jacksonville: *www.visitjacksonville.com.*

Unterkunft

Elizabeth Pointe Lodge $$$–$$$$, *98 S. Fletcher St. (Hwy A1A), Amelia Island, ☏ (904) 277-4851, https://elizabethpointeameliaisland.com; idyllisch am Meer gelegenes romantisches kleines, historisches Hotel mit 25 Zimmern.*

Courtyard Jacksonville Beach Oceanfront, *1617 N. First St., Jacksonville Beach, ☏ (904) 435-0300, https://www.marriott.com/en-us/hotels/jaxjv-courtyard-jacksonville-beach-oceanfront/overview. Malerische Lage am Strand, großzügige Zimmer mit Balkon und Meerblick, Restaurant und Pool.*
One Ocean Resort & Spa $$$–$$$$, *1 Ocean Blvd., Atlantic Beach, ☏ (855) 232-0453, www.oneoceanresort.com; ungewöhnliches Boutiquehotel am Strand mit viel Komfort, Spa, Bar und Restaurant.*

Restaurants

Maple Street Biscuit Co., *410 N. 3rd St., Jacksonville Beach; super zum Frühstücken! Frische biscuits in verschiedensten Variationen, dazu ausgezeichneter Kaffee und frisch gepresster Orangensaft.*
Prati Italia, *4972 Big Island Dr., Jacksonville (I-295, Exit 53), www.pratiitalia.com, neues Lokal mit Schwerpunkt auf mediterran-italienischer Küche.*
North Beach Fish Camp, *100 1st St., Neptune Beach/Jacksonville; https://thenorthbeachfishcamp.com, fangfrische Fischgerichte und Meeresfrüchte in kreativer Zubereitung.*
Green Room Brewing, *228 3rd St., Jacksonville Beach, www.greenroombrewing.com, https://thenorthbeachfishcamp.com; erste Microbrewery in Jacksonville, tolle Biere aus der eigenen Brauerei im hinteren Teil, kein Essen, aber Livemusik. Liegt am* **Jax Ale Trail**, *zu dem sich mehrere Kleinbrauereien in und um Jacksonville zusammengeschlossen haben.* **Infos**: *www.visitjacksonville.com/jax-ale-trail*

Einkaufen

St. Johns Town Center *(4663 River City Dr., I-295 Exit 53, www.simon.com/mall/st-johns-town-center) ist eine der Top-Malls in Florida mit etwa 150 Läden und Lokalen; zugehörig: Moxie Kitchen (s. oben).*

Green Room Brewing

Touren & Unterhaltung

„Top to Bottom" Walking Tour *(AdLib Tours), www.facebook.com/JacksonvilleWalkingTours; zu Fuß durch Downtown JAX, hoch oben und tief unten in den Tunnels der Stadt.*
Jax Surf and Paddle, *241 Atlantic Blvd. 102, Neptune Beach/Jacksonville, https://jacksonvillesurfandpaddle.com; Unterricht im Stehpaddeln oder Surfen sowie Touren, zugehöriger Shop.*

St. Augustine – Nation's Oldest (European) City

Wie Charleston oder Savannah ist **St. Augustine** eine alte gewachsene Stadt, allerdings dominiert hier das **spanische Erbe**. Es handelt sich um die **älteste dauerhafte europäische Siedlung in Nordamerika**. Juan Ponce de León, ein spanischer Abenteurer, betrat hier 1513 erstmals den Boden Floridas. Seine Suche nach einem „Jungbrunnen" blieb jedoch erfolglos und er zog wieder ab. Erst als sich nahe dem heutigen Jacksonville französische Hugenotten ansiedelten, gründete Admiral Pedro Menéndez de Avilés **1565** einen spanischen Militärstützpunkt. Der spanische Außenposten sollte als Bollwerk gegen französische und britische Vorstöße dienen und zugleich die spanische Schifffahrtsroute entlang des Golfstroms zurück nach Europa sichern.

Suche nach dem Jungbrunnen

An die Gründungszeit in der zweiten Hälfte des 16. Jahrhunderts erinnert **Ponce de Leon's Fountain of Youth Archaeological Park** (*11 Magnolia Ave., www.fountainofyouthflorida.com, tgl. 9–18 Uhr, $ 20*) und die **Mission Nombre de Dios** (*27 Ocean Dr., http://missionandshrine.org*) im Norden des Städtchens. Bei Grabungen fand man im *Fountain of Youth Park* Spuren der ersten spanischen Siedlung sowie eines Dorfes der Timucua-Indianer, die sich den Spaniern nicht entgegensetzten. Teile davon wurden nachgebaut und werden immer wieder durch *re-enactors* zu neuem Leben erweckt. Ein riesiges Stahlkreuz, das zum 400. Geburtstag der Stadt errichtet wurde, markiert den Standort der ersten Mission aus dem frühen 17. Jh.

Hauptattraktion der Stadt ist das **Castillo de San Marcos** (*1 S. Castillo Dr., www.nps.gov/casa*), das als National Monument dem *National Park Service* unterstellt ist. Die Festung war eine Antwort der spanischen Krone auf zwei verheerende Überfälle britischer Piraten – 1586 Sir Francis Drake, 1668 Robert Searle – und wurde zwischen 1672 und 1695 errichtet. Sie erwies sich jedoch aufgrund des Baumaterials – lokaler Coquina-Stein (Muschelkalk) – als uneinnehmbar. Nach einem britischen Zwischenspiel (1763–1783) wurden Festung und Stadt mit Florida 1821 Teil der USA.

Festung gegen Piraten

Castillo de San Marcos, *Castillo Dr./Avenida Menéndez, www.nps.gov/casa, tgl. 9–17 Uhr, $ 15, Ranger-Touren und Demonstrationen (z. B. Kanonen).*

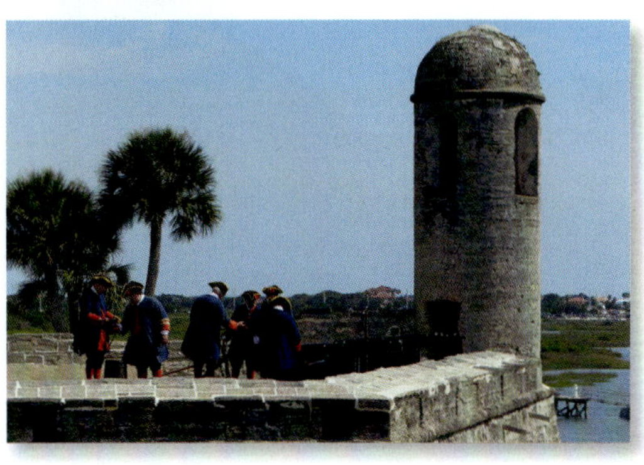

Das Castillo de San Marcos war die uneinnehmbare Festung von St. Augustine

Tritt man durch das **City Gate**, taucht man in die **alte spanische Stadt** ein. Hauptachse ist die zur Fußgängerzone umgestaltete **St. George Street**. An ihr reihen sich mehr als 50 restaurierte Häuser aneinander, viele mit Souvenirläden oder Restaurants. Teil dieses Stadtteils ist das **Colonial Quarter**

(*33 St. George St., https://colonialquarter.com, tgl. 10–17 Uhr, $ 15*), ein Freiluftmuseum, das die drei spanischen Epochen – *First City, Fortified Town, Garrison Town* – und die britische Epoche *(The 14th Colony)* reflektiert. Neueste Zufügung ist das Gallegos House von 1720, in dem es eine Ausstellung zur Instandhaltung und zum Kolonialleben in der Stadt zu sehen gibt. Am Ende der St. George Street trifft man auf die zentralen **Plaza de la Constitucion** mit dem **Government House** und der **Cathedral Basilica**.

Wie um 1900

Begibt man sich auf der King Street Richtung Westen, erhält man ein Bild davon, wie der Nobel-Erholungsort St. Augustine um 1900 aussah. Erst mit dem Eisenbahnbau 1894 durch **Henry M. Flagler** rückte die Gemeinde als Erholungsrefugium ins Rampenlicht. Flager (1830–1913), als Partner von John D. Rockefeller im Ölgeschäft reich geworden, spielte eine Schlüsselrolle bei der Entwicklung der Region zum Urlaubsort. Drei luxuriöse Flagler-Hotels reihten sich an der Kreuzung King/ Cordova St. auf: das **Alcazar** (heute Rathaus und **Lightner Museum** mit sehenswerter Kunstsammlung), das **Ponce de León** (heute **Flagler College**, Touren: *https://legacy.flagler.edu/pages/tours*) von 1888 und die **Casa Monica** (Hotel, s. unten). Auch die nahe gelegene, unübersehbare **Memorial Presbyterian Church** (*36 Valencia St.*, 1889) war im Auftrag Flaglers entstanden.
Lightner Museum, *75 King St., https://visit.lightnermuseum.org, tgl. 9-17 Uhr, $ 17, mit schönem Café.*

Südlich der **Plaza de la Constitucion** betritt man einen ruhigeren Teil der Altstadt. Die Aviles Street gilt als eine der ältesten Straßen Nordamerikas. Hier befinden sich einige zu besichtigende historische Gebäude: das **Spanish Military Hospital Museum** (*3 Aviles St., https://smhmuseum.com*), das **Ximenez-Fatio House** (*20 Aviles St., www.ximenezfatiohouse.org*) von 1798 und das **Father Miguel O'Reilly House** (*32 Aviles St., www.fatheroreilly.house*) von 1691 – eines der ältesten Häuser der Stadt ist. In kurzer Distanz stehen zwei weitere historische Gebäude: das **González-Alvarez House** (*271 Charlotte St., www.nps.gov/nr/travel/american_latino_heritage/Gonzalez_Alvarez_House.html*, nach 1702 erbaut) und die schon um 1600 errichteten **St. Francis Barracks** (*82 Marine St.*). Letztere war eine Mission, die von den Briten in eine Kaserne umfunktioniert wurde und heute als Sitz der National Guard dient.

In St. Augustines Historic District (St. George Street)

Westlich schließt sich der **Lincolnville Historic District** an, nach dem Bürgerkrieg als Viertel befreiter Sklaven entstanden. Während der Bürgerrechtsbewegung geriet St. Augustine durch Demonstrationen, bei denen auch Martin L. King anwesend war, in die Schlagzeilen. Hierüber und über die lange Vorgeschichte (s. auch oben, Fort Mose) informiert das **Lincolnville Museum & Cultural Center** in der ersten schwarzen öffentlichen High School von St. Augustine, mit Ausstellungen (www.lincolnvillemuseum.org, 102 M. L. King Ave., Di–Sa 10.30–16.30 Uhr, $ 10).

St. Augustine liegt nicht direkt am Atlantik, sondern am Matanzas River, der das Festland von der vorgelagerten **Anastasia Island** trennt. Auf dieser *Barrier Island*, die man über die mächtige **Bridge of Lions** von 1925–1927 erreicht, befindet sich heute die Strandgemeinde **St. Augustine Beach** und im Norden der **Anastasia State Park**. Eine große Fläche nimmt der **St. Augustine Alligator Farm Zoological Park** (*999 Anastasia Blvd., https://alligatorfarm.com*) ein.

Das sehenswerte **St. Augustine Lighthouse & Museum**, ein Komplex mit interessanten Ausstellungen, zieht jedoch noch mehr Aufmerksamkeit auf sich. Schon die Spanier hatten einen hölzernen Leuchtturm erbaut, doch der heute erhaltene und immer noch aktive Leuchtturm mit seinen 219 Stufen entstand erst 1874.
St. Augustine Lighthouse, *100 Red Cox Rd., www.staugustinelighthouse.com, tgl. 9–18 Uhr, $ 14,95, mehrere interessante Touren.*

Reisepraktische Informationen St. Augustine/FL

Information

St. Augustine: *www.floridashistoriccoast.com, www.visitstaugustine.com, mit großem* **Visitor Information Center**, *10 Castillo Dr. W, tgl. 8.30–17.30 Uhr, mit Parkhaus, von dem aus Old Town und Castillo gut zu Fuß erreichbar sind.*

Unterkunft

Bayfront Marin House $$$–$$$$, *142 Avenida Menendez, St. Augustine, ☏ (904) 824-4301, www.bayfrontmarinhouse.com; mitten in der Altstadt und doch ruhig gelegenes B&B in historischem Villenkomplex mit unterschiedlich großen Zimmern und schöner Gartenanlage am Hafen.*

Casa Monica Hotel $$$$, *95 Cordova St., St. Augustine, ☏ (904) 827-1888, www.kesslercollection.com/casa-monica; restauriertes historisches Luxushotel mit 138 Zimmern plus Luxus-Suiten, Pool und Fitness-Zentrum, Restaurant Costa Brava, Café Cordoba und Cobalt Lounge; originalgetreu rekonstruierte Lobby.*

Restaurants

A1A Ale Works, *Avenida Menendez/King St., www.a1aaleworks.com; gilt als eine der besten Microbreweries in Florida; dazu gibt es schmackhafte „Brotzeiten".*

Columbia Restaurant, *98 St. George St., St. Augustine, www.columbiarestaurant.com/historic-district-st-augustine eine Institution seit 1905, der Schwerpunkt liegt auf spanischen Gerichten und Fisch und Meeresfrüchten in prächtiger „Palast-Atmosphäre" serviert.*

Taberna del Caballo, *37 St. George St., https://colonialquarter.com/eat; neben dem Freiluftmuseum Colonial Quarter gelegene Taverne mit leckeren Tapas und Sangria.*

Touren

Abgesehen von **Old Town Trolley Tours** *(www.trolleytours.com/st-augustine) gibt es in St. Augustine zuhauf „Ghost Tours". Eine, die Geister und Bars kombiniert, ist* **Ghost Augustine Pub Crawl** *(https://ghostaugustine.com).*

St. Augustine Historic Walking Tours *bietet u. a. interessante Food Tours mit fünf Stopps und vielen Kostproben. Infos: https://staugustinehistorictours.com*

Florida's Space Coast

Nächste Stadt auf dem Weg nach Süden ist **Daytona Beach**. Vor allem wenn die „*Springbreakers*", Studenten auf Kurzurlaub, einfallen, herrscht hier viel Trubel. Ansonsten sind die kilometerlangen Sandstrände mit ihrer gut entwickelten Infrastruktur ideal für Familien. Anfang März versammeln sich die Motorsportfans auf dem großen **Bikertreffen**, der **Daytona Beach Bike Week** (*https://officialbikeweek.com*) und an mindestens acht Wochenenden im Jahr all jene, die eines der Rennen im „*World Center of Racing*", auf dem **Daytona International Speedway** (*www.daytonainternationalspeedway.com*), sehen möchten.

Von Daytona Beach aus sind es auf dem US Hwy. 1 rund 50 km nach **Titusville**. Von dort geht es auf dem **NASA Causeway**, der Verlängerung des Hwy. 405, nach **Cape Canaveral, der Wiege der amerikanischen Raumfahrt**. Das hier befindliche **John F. Kennedy Space Center** ist eine der Topattraktionen des zentralen Küstenabschnitts. Die **NASA** (*National Aeronautics and Space Administration*) ist am 29. Juli 1958 durch Präsident Dwight D. Eisenhower aus der Wiege gehoben worden. Ihr Kernstück wurde das *Kennedy Space Center.*

Top-Attraktion!

Kennedy Space Center Visitor Complex, *Zufahrt von Titusville Hwy. 1/Nasa Causeway (ausgeschildert), VC tgl. 9–18Uhr, Infos zu Tickets und Touren: www.kennedyspacecenter.com, Tagesticket $ 75.*

Vergnügungszentrum Orlando

Auf dem Hwy. 50 erreicht man von Titusville nach rund 60 km oder einer Dreiviertelstunde den Großraum **Orlando**. Diese Stadt ist ein Moloch aus unzähligen Vorstädten, Hotelkomplexen, Malls und Vergnügungsparks. Orlando wurde erst im Verlauf der Seminolen-Kriege in den 1840er-Jahren besiedelt. Lange Jahre lag die Stadt mit ihren Orangenhainen und Viehweiden im Dornröschenschlaf, erst die Entstehung des Kennedy Space Center und der Bau von **Disney World** (eröffnet 1971) beeinflussten die Infrastruktur nachhaltig.

Die Welt der Simpsons wird in Orlandos Universal Studios lebendig

Da die Beschreibung Orlandos und aller Parks ein eigenes Buch füllen würde, hier nur einige Stichpunkte. Details und aktuelle Preise und Zeiten dazu finden sich in **Iwanowski's Reisehandbuch „Florida"**.

Discovery Cove, *6000 Discovery Cove Way, gegenüber SeaWorld, https://discoverycove.com/orlando, auch Kombitickets mit Delfin-Schwimmen, Essen, Parken und SeaWorld.*
SeaWorld Orlando, *7007 Sea World Dr., östl. I-4, Hwy. 528 (Bee Line Express), https://seaworld.com/orlando, auch Kombitickets mit Busch Gardens oder Discovery Cove.*
Universal Studios Florida *mit* **Isle of Adventure** *und* **Citywalk**, *1000 Universal Studios Plaza, via I-4 Exit 29 oder 30B, www.universalorlando.com.*
Walt Disney World Resort *mit* **Magic Kingdom**, **Epcot**, **Disney's Hollywood Studios**, **Animal Kingdom** *und* **Disney Springs**, *via I-4 Exit 26B oder 25B und US Hwy. 192 (ausgeschildert), www.disneyworld.eu. Es gibt Tages- und Einzel-Park-Tickets, Mehrtages- und Kombitickets für alle vier Disney-Parks. Der Entertainment-Komplex Downtown Disney (tgl. 7–2 Uhr) ist frei zugänglich.*
Rabatt-Tickets:*https://greatorlandodiscounts.com oder http://worldofdiscovery.com. Bei* **www.attractiontickets.com/de** *können diverse* **Kombitickets** *für mehrere Parks zu günstigen Preisen bestellt werden.*

Reisepraktische Informationen Orlando

Information

Visit Orlando Official VC, *8102 International Dr., tgl. 8–21 Uhr, www.visitorlando.com.*

Unterkunft

Ein Zimmer in **Orlando** *zu finden ist weder schwierig noch sehr teuer. Im direkten Umfeld von Disney World sind die Preise am höchsten, Buchung im Voraus überwww.disneyworld.eu/resorts ist angeraten. Preiswertere Unterkünfte findet man entlang des* **US Hwy. 192** *(Kissimmee) und am* **International Dr.** *(Orlando).*
Grand Bohemian Hotel $$$$, *325 S. Orange Ave., Orlando, ☏ (407) 313-9000, www.kesslercollection.com/bohemian-orlando; luxuriöses Boutiquehotel mit großen Zimmern mitten in der wiederbelebten Innenstadt, mit Restaurant und Bar sowie Pool und Spa.*

Restaurant

The Ravenous Pig, *565 W. Fairbanks Ave., Winter Park, ☏ (407) 628-2333, www.theravenouspig.com; gutes Essen, So auch Brunch. Mit Microbrewery und Bar sowie kreativer Florida-Speisekarte mit regionalen Zutaten. Nebenan bietet sich der Deli Store* **Swine & Sons** *zum Einkaufen oder als Imbiss an.*
Cask & Larder, *1 Jeff Fuqua Blvd., im Orlando International Airport (nahe SW Airlines Gates 100-129); Leckerbissen aus regionalen Produkten unter dem Motto „Farm-to-Terminal".*

Einkaufen

Orlando: *Am* **International Dr.** *gibt es einige Outlet Malls, wie* **Belz Factory Outlet World** *(I-4 Exit 30). Am Hwy. 482 (vom International Blvd. zum Flughafen, 8001 S. Orange Blossom Trail, www.simon.com/mall/the-florida-mall) liegt die* **Florida Mall** *mit mehr als 100 Läden, am US Hwy. 192 in Kissimmee* **Old Town Shopping** *(5770 W. Irlo Bronson Memorial Hwy./Hwy. 192, https://myoldtownusa.com) mit rund 70 Shops sowie* **Celebration Town Center** *(Celebration Ave., I-4 Exit 25 A, dann US Hwy. 192 E, https://celebrationtowncenter.com).*

11. SÜDSTAATEN-METROPOLE ATLANTA

Überblick

In **Atlanta** schlug das Herz des alten und schlägt jenes des neuen Südens. Heute eine der boomenden Städte des Südostens, leben im Großraum über 6,2 Mio. Menschen, im Kern 500.000. Sie zählt damit zu den zehn größten Metropolen (*Metro Areas)* der USA. Über die Hälfte der Bevölkerung ist afroamerikanischer Herkunft, knapp 40 % weißer. Es gibt eine breite schwarze Mittelschicht sowie eine Elite, die auch das politische und kulturelle Geschehen mitbestimmt.

Atlanta galt schon immer als die Stadt „**too busy to hate**". Daher konnten bereits in den 1920er-Jahren erfolgreiche afro-amerikanische Geschäftsleute ihren eigenen *Business District* ins Leben rufen. **Martin Luther King Jr.** lenkte von hier aus in den 1960ern die Bürgerrechtsbewegung.

Die Hauptstadt Georgias gibt sich vordergründig als **moderne Metropole** mit beeindruckender Skyline, grandiosen Hochhäusern und vielspurigen Straßen. Fans von Margaret Mitchells Roman „Vom Winde verweht" werden bei der Erkundung Atlantas jedoch auch feststellen, dass sich die Stadt

Redaktionstipps

Sehens- und Erlebenswertes

- für Kunstfreunde und historisch Interessierte: das **High Museum of Art** (S. 567), das **Atlanta History Center** (S. 570), das **National Center for Civil & Human Rights** (S. 559) sowie ein Rundgang durch **Sweet Auburn** (S. 562).
- für Groß und Klein: der **Centennial Olympic Park** (S. 556) mit **Georgia Aquarium** (S. 559), in der **World of Coca-Cola** (S. 557) Kostproben aus aller Welt genießen und dem **Riesenrad SkyView Atlanta** (S. 557) fahren.
- für Sportfans: ein Spiel der Hawks in der **State Farm Arena** (S. 560) erleben, im **Mercedes-Benz Stadium** eine Football- oder Fußballpartie (S. 560), die **College Football Hall of Fame** (S. 560) oder ein **Baseballspiel** der Braves (S. 561) ansehen.

Einkaufen/Restaurants

- zum Bummeln: eine der großen Malls der Stadt, wie **Lenox Square** (S. 572) oder **Phipps Plaza** (S. 572) in Buckhead besuchen, sowie die **Atlantic Station** in Midtown (S. 572).
- für Feinschmecker: in **The Varsity** (S. 572) einen „Chili Dog" mit „Onion Rings" kosten oder Bier vom Fass in **Max Lager's Grill & Brewery** (S. 571).

Im Centennial Olympic Park schlägt das Herz Atlantas

viel vom **Charme des „Alten Südens"** bewahrt hat: Das zeigt sich an historischen Wohnvierteln mit kleinen Häuschen, der typischen Gastfreundschaft, nicht zuletzt an der guten Küche und am Dialekt.

Hinweis zur Orientierung

Die **Autobahn I-285** führt den Fernverkehr um die Stadt herum, die Interstates **I-20, I-75, I-85** laufen durch das Stadtzentrum: Die I-20 in O-W-Richtung, die I-75 bzw. I-85 quert sie von Nord nach Süd. Im Innenstadtbereich herrscht stets lebhafter Verkehr. Es gibt zahlreiche Einbahnstraßen und mehrere leicht zu verwechselnde **Peachtree Streets** und **Avenues**, denen aufgrund der Länge als Zusatz, ausgehend von dem **Achsenkreuz Five Points**, die Himmelsrichtung NE, NW, SE. oder SW hinzugefügt ist. Zur Besichtigung der Innenstadt lässt man das Auto am besten am Hotel stehen und benutzt die **Schnellbahn MARTA** bzw. die neue **Straßenbahn**.
Zwischen Five Points, Centennial Olympic Park und Peachtree Center liegt **Downtown**. Five Points ist die Hauptkreuzung, die Peachtree St. die wichtige Nord-Süd-Achse und die Ponce de Leon Ave. die Hauptverbindung in Ost-West-Richtung. Sie trennt im Norden Downtown von Midtown. **Midtown** mit der neuen Ausgeh-Adresse Atlantic Station erstreckt sich von der Ponce de Leon Ave. und dem Campus der Georgia Tech Uni bis zum Bahnhof. Sehenswerteste **Stadtviertel im Umkreis** sind vor allem Sweet Auburn, Little Five Points, Grant Park oder Buckhead. Ebenso alte Wohnviertel wie Druid Hills oder Inman Park.

Historischer Überblick

Wichtiger Bürgerkriegsschauplatz

Ursprünglich lebten im Umkreis Atlantas, am Chattahoochee River, **Muscogee, Creek-** und **Cherokee-Indianer**. Ab 1837 entwickelte sich rings um den Bahnhof der *Western & Atlantic Railroad* eine kleine Siedlung namens **„Terminus"**. Sie wurde 1843 erst in „Marthasville" umbenannt, nach der Tochter des damaligen Gouverneurs, zwei Jahre später in „Atlanta". Bis heute ist nicht klar, weshalb dieser Name gewählt wurde. Im **Bürgerkrieg** (1861–65) war Atlanta ein strategisch wichtiges Nachschublager, Warenumschlagplatz und Verkehrsknotenpunkt der konföderierten Truppen. Wer „Vom Winde verweht" gelesen hat, weiß von jenem Sommer 1864, als Unionsgeneral William Sherman die Stadt 107 Tage lang belagerte. Erst im September, nach Aufgabe der Konföderierten und Evakuierung der damals rund 10.000 Einwohner zählenden Stadt, ließ Sherman die Stadt zu 90 % in Schutt und Asche legen.

Danach trat der legendäre **Atlanta Spirit** erstmals zu Tage und ließ die Stadt wie Phoenix aus der Asche wiederauferstehen. Bereits 1868 wurde Atlanta **Hauptstadt Georgias**, und erneut spielte die Eisenbahn eine wichtige Rolle. Anfang des 20. Jh. hatte sich die Bevölkerungszahl bereits verdreifacht und Atlanta war zur führenden **Wirtschaftsmetropole** im Südosten der USA geworden. Die 1960er-Jahre waren die Zeit von M. L. King, von Bürgerrechtsbewegung und

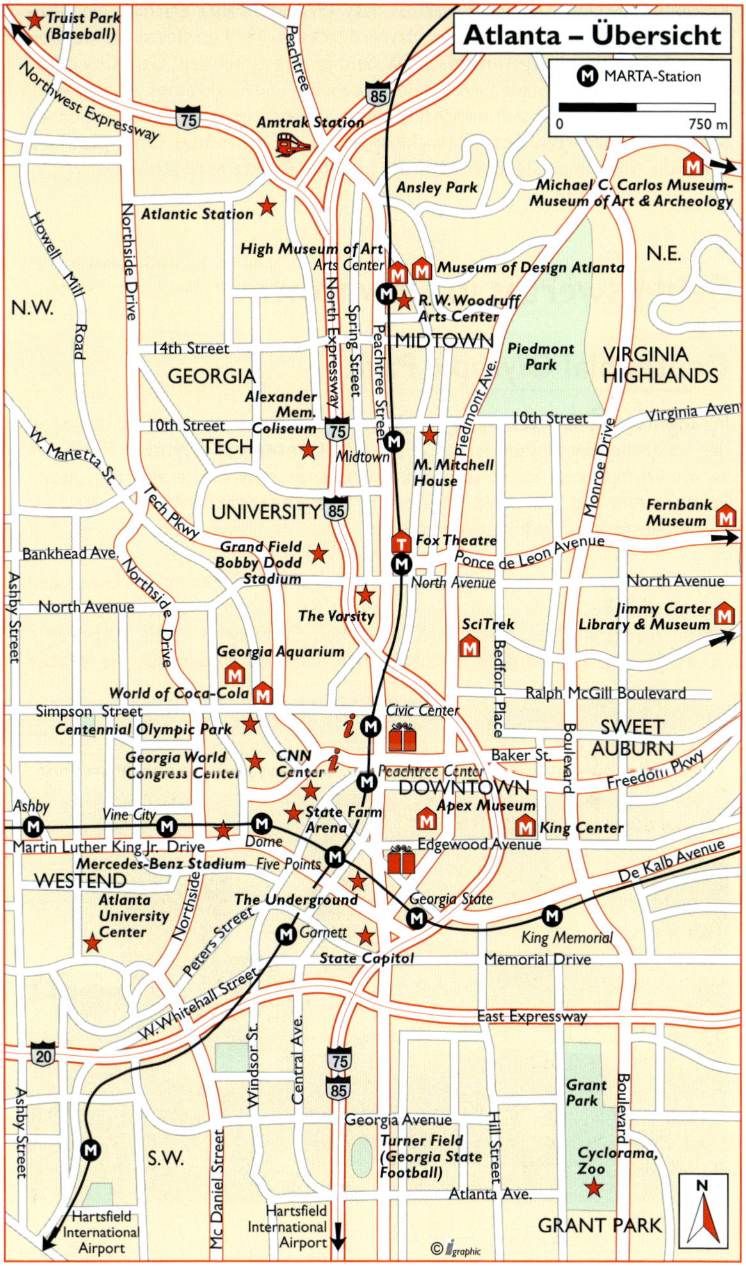

Atlanta – Übersicht

MARTA-Station
0 750 m

Truist Park (Baseball)
Northwest Expressway
Peachtree
Amtrak Station
Ansley Park
Michael C. Carlos Museum-Museum of Art & Archeology
Atlantic Station
Howell Mill Road
Northside Drive
High Museum of Art
Arts Center
Museum of Design Atlanta
N.E.
N.W.
R. W. Woodruff Arts Center
North Expressway
Spring Street
Peachtree Street
MIDTOWN
14th Street
Piedmont Park
VIRGINIA HIGHLANDS
GEORGIA TECH
Alexander Mem. Coliseum
10th Street
Piedmont Ave.
Virginia Avenue
W. Marietta St.
Midtown
M. Mitchell House
Monroe Drive
Tech Pkwy
UNIVERSITY
Fernbank Museum
Bankhead Ave.
Grand Field Bobby Dodd Stadium
Fox Theatre
Ponce de Leon Avenue
North Avenue
Ashby Street
The Varsity
SciTrek
Jimmy Carter Library & Museum
Georgia Aquarium
Bedford Place
World of Coca-Cola
Ralph McGill Boulevard
Simpson Street
Centennial Olympic Park
Civic Center
SWEET AUBURN
Georgia World Congress Center
CNN Center
Baker St.
Boulevard
Peachtree Center
Freedom Pkwy
DOWNTOWN
Ashby
Apex Museum
Vine City
State Farm Arena
King Center
Dome
Martin Luther King Jr. Drive
Edgewood Avenue
Mercedes-Benz Stadium
Five Points
De Kalb Avenue
WESTEND
The Underground
Georgia State
Atlanta University Center
Northside
Peters Street
Garnett
King Memorial
State Capitol
Memorial Drive
W. Whitehall Street
East Expressway
Windsor St.
Central Ave.
Grant Park
Georgia Avenue
Turner Field (Georgia State Football)
Hill Street
Cyclorama, Zoo
S.W.
Mc Daniel Street
Atlanta Ave.
Hartsfield International Airport
GRANT PARK
N
© igraphic

Rassenkampf. Umso logischer war es, dass 1973 in Atlanta erstmals ein Afro-Amerikaner Bürgermeister wurde: Maynard Jackson. 1979 eröffnete das wegweisende **Schnellbahn-System MARTA**. Seither ging es mit der „Gate City of the New South“, wie die Stadt aufgrund des Autobahn- und Flugkreuzes genannt wird, bergauf. Man etablierte sich zunächst vor allem als Kongressstadt. Die Olympischen Spiele 1996 förderten diese Entwicklung und der **Centennial Olympic Park** sowie die ringsum entstehenden Museen machten Atlanta noch attraktiver.

Sehenswertes in Downtown

Centennial Olympic Park

Im sogenannten **Centennial Park District** (*www.centennialparkdistrict.com*) in der westlichen Innenstadt erstreckt sich der **Centennial Olympic Park**, der an die Olympischen Spiele von 1996 erinnert. Er entwickelte sich zum neuen Stadtzentrum und Treffpunkt. Mit seinem **Besucherzentrum** (**1**) ist der Park idealer Ausgangspunkt für einen Rundgang.

Im seiner Mitte sprudelt der **Fountain of Rings**, der mit seinen 251 Düsen und dem flachen Becken bei Kindern sehr beliebt ist. Über der **Centennial Plaza** wehen die Fahnen jener Nationen, die schon Olympische Spiele ausgetragen haben. Jenseits des nördlich anschließenden *Reflection Pools* folgen die **Water**

Die World of Coca-Cola im Centennial Olympic Park

Blick in die World of Coca-Cola in Atlanta

Gardens mit einer Fels- und Wasserlandschaft, und die **Quilt Plaza**, die die Olympische Idee, die Sportler und Nationen, aber auch den Bombenanschlag 1996 in Erinnerung ruft.

Daneben erstreckt sich der **Great Lawn** mit Skulpturen wie dem **Androgyne Planet**, **Paralympic Legacy** oder **Gateway of Dreams** sowie dem **Children's Garden and Playground**. Neueste Attraktion ist **SkyView Atlanta** (**2**), ein 20 Stockwerke hohes Riesenrad am Südostende der Grünanlage, von wo aus man einen herrlichen Ausblick auf die Stadt und den Park genießt. Hier fährt auch die neue **Straßenbahn** ab, mit der man durch die Stadt nach Sweet Auburn (s. u.) gelangt.

Panorama blick vom Riesenrad

Centennial Olympic Park VC, *International Blvd., am Südende des Parks, nahe Fountain of Rings, www.gwcca.org/centennial-olympic-park, tgl. 10-18 Uhr (saisonal variabel).*

SkyView Atlanta, *168 Luckie St NW/Centennial Olympic Park Dr. NW, www.skyviewatlanta.com, Riesenrad mit Gondeln, Mo–Do 12–22, Fr 12–23, Sa 10–23, So 10–22 Uhr, $ 17 plus Tax.*

Im Norden geht der Park nur durch die Baker Street getrennt in eine weitere Grünanlage über: **Pemberton Place.** Ringsum befinden sich gleich drei Hauptattraktionen: das **Georgia Aquarium,** die **World of Coca-Cola** und das neue **National Center for Civil & Human Rights**.

Die **World of Coca-Cola** (**3**) gibt mit viel Multimedia, Filmen und Effekten einen unterhaltsamen Einblick in die Geschichte, die Entwicklung und Verbreitung von Coca-Cola. Anhand von Flaschen, Maskottchen und Souvenirs, und Werbung

Atlanta – Downtown
N
MARTA-Bahnstation
Atlanta Streetcar
0
200 m
Sehenswürdigkeit
1 Centennial Olympic Park VC
2 SkyView Atlanta
3 World of Coca-Cola
4 Georgia Aquarium
5 Center for Civil & Human Rights
6 CNN Center
7 College Football Hall of Fame
8 State Farm Arena
9 Mercedes-Benz Stadium
10 Five Points
11 Underground Atlanta
12 Georgia Railroad Freight Depot
13 Georgia State Capitol
14 Peachtree Center
15 Equitable Building
16 Chandler Building
17 Flatiron Building
18 Martin Luther King Jr. National Historic Site mit King Center und Birth Home
19 Atlanta Life Insurance Company Building
20 APEX Museum
Luckie Street
Marietta Street
Techwood Drive
Pemperton Place
Simpson Street
Baker Street
Centennial
Olympic
Park
Cent. Olympic Park
Park Avenue
N1 Peachtree Center
Georgia World Congress Center
International Boulevard
Williams Street
Luckie Street
Poplar Street
Walton Street
Marietta Street
Techwood Drive
W1 Omni-Dome-World Congress Center
Metro W-E
Spring Street
Peachtree Street
Woodruff Park
Northside Drive
Martin Luther King Jr. Drive
Mitchell Street
Five Points
Forsyth Street
Metro N-S
Upper Alabama St.
Martin Luther King Jr. Drive
Peachtree Street
Mitchell Street
Shrine of the Immaculate Concept
Trinity Avenue
S1 Garnett
City Hall
Pryor Street
Central Street
Washington Street
Hartsfield Int. Airport
Hartsfield Int. Airport
© igraphic

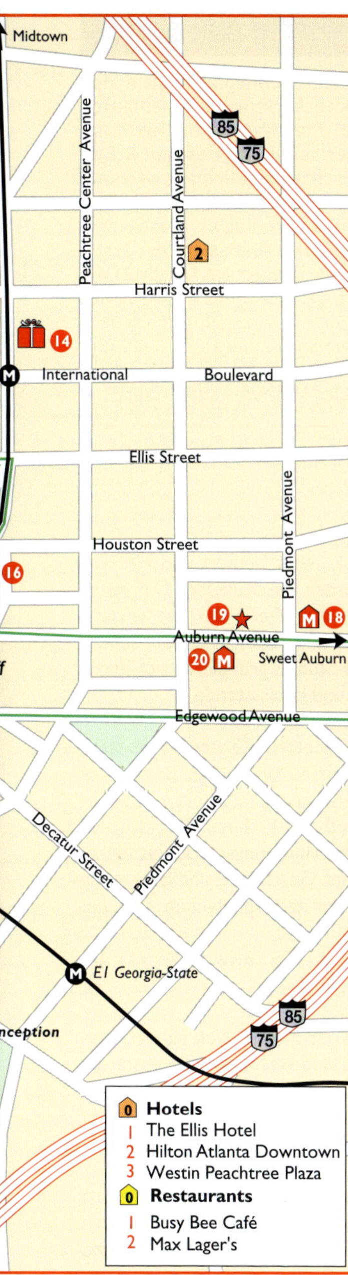

wird der weltweite Einfluss deutlich. Am Ende kann man sogar mehr als 70 internationale Softdrinks der Firma probieren. Dabei stellt sich heraus, dass sich der chinesische vom griechischen oder britischen Geschmack bzgl. Fruchtaromen oder Süße doch erheblich unterscheidet. Dramatisch inszeniert bekommt der Besucher den geheimen Safe gezeigt, in dem das legendäre Coca-Cola-Rezept aufbewahrt sein soll.

Gigantisches Aquarium

Das **Georgia Aquarium** (**4**) zählt zu den größten Aquarien auf der ganzen Welt und besteht aus sechs Abteilungen: *Ocean Voyager* (das größte Meerwasserbecken der Welt), *River Scout* (hier geht es um bedeutende Flüsse der Welt), *Georgia Explorer* (Georgias Küstenregion), *Cold Water Quest* (kalte Meeresregionen) und *Tropical Diver* (Korallenriffe). Es gibt ein Delfinbecken, *Dolphin Tales* und als neueste Zufügung wohnen nun diverse Hai-Arten hier.

Informatives Zentrum für Bürgerrechte

Im Sommer 2014 wurde am Nordende des Parks das **Center for Civil & Human Rights** (**5**) eröffnet. Allein die Architektur des Gebäudes ist beeindruckend: Hinter einer von schräg gestellten, gewölbten erdfarbenen Panels umgebenen Glasfassade empfängt den Besucher ein Wandbild zur Geschichte der Bürgerrechtsbewegung. In den einzelnen (meist abgedunkelten und höchst effektiv mit Videos und Tonaufnahmen gestalteten) Abteilungen geht es um den Kampf und die Erfolge des *American Civil Rights Movement*. Von Martin Luther King Jr. wird der Bogen bis zum heutigen weltweiten Kampf für Bürger- und Menschenrechte gespannt.

World of Coca-Cola, *121 Baker St. NW, www.worldofcoca-cola.com, So–Do 10–19, Fr/Sa 10–20 Uhr, $ 19, mit großem Laden und Pemberton Cafe.*

Georgia Aquarium, *225 Baker St. NW, www.georgiaaquarium.org, Mo–Do 9–21, Fr–So 8–21 Uhr, $ 48, auch Kombitickets.*

Center for Civil & Human Rights, *100 Ivan Allen Jr. Blvd., www.civilandhumanrights.org, Di–Fr, So 12–17, Sa 10–17 Uhr, $ 20 plus Tax.*

info

Das „Heilige Wasser"

Im Frühjahr 1886 mixte „Doc" **John Pemberton**, ein in Columbus, einem kleinen Städtchen südlich von Atlanta, ansässiger Apotheker, ein neues Heilmittel. Er pries es in seiner Apotheke als „Heiliges Wasser", *Holy Water of the South*, an, das gegen Depressionen und Kopfschmerzen helfen sollte. Das Geschäft lief jedoch erst richtig an, als Pemberton sein Gebräu nach Atlanta lieferte, wo es als „**Coca-Cola**" vertrieben wurde. Der Unternehmer Asa G. Chandler erwarb 1891 das Pemberton-Rezept, verkaufte die Rechte zur Vermarktung als Flaschengetränk jedoch. So war Joseph Biedenharn aus Vicksburg/Mississippi der Erste, der das braune Getränk in Flaschen abfüllte. 1919 erwarb Ernest Woodruff die Coca-Cola Company, und damit begann schließlich der weltweite Siegeszug des „Heiligen Wassers". Bis in die 1950er-Jahre blieb Coca-Cola das einzige Produkt der Firma. Erst dann kamen andere Limonaden wie Sprite und Fanta dazu und wurden je nach Landesgeschmack zu unterschiedlichen Softdrinks entwickelt. Das geheime Rezept wird übrigens heute im Safe des Museums aufbewahrt!

News & Sports

Das **CNN Center** (**6**) ist seit 1976 Sitz von *Cable News Network* und *Headline News* und erlaubt derzeit leider keinen Blick hinter die Kulissen. Der weltweit ausgestrahlte Nachrichtensender CNN ist das Werk des Medienzars, Hobbyschauspielers und Sportfans **Ted Turner**, der seit 1980 mit diesem Sender die Medienlandschaft revolutionierte. Um die CNN-Studios gruppieren sich Büros und das *Omni Hotel*. Im großen Foyer gibt es Shops und Imbissstände.

Neben dem CNN Center, am Südwest-Rand des Centennial Olympic Park steht die neue **College Football Hall of Fame** (**7**). In dem mehrstöckigen Bau geht es nicht nur um die Geschichte des American Football als Universitätssport, hier befindet sich auch die Ruhmeshalle des sog. College Football. Mit Ausstellungsstücken aller Art, von Uniformen und Helmen über private Erinnerungsstücke bis hin zu Pokalen lernt man mit interaktiven Medien viel über Geschichte und Bedeutung des College Football (S. 453) und kann schließlich auf dem Spielfeld im Zentrum selbst aktiv werden.
College Football Hall of Fame, *250 Marietta St. NW, www.cfbhall.com, tgl. 10–17 Uhr, $ 30,25.*

Sportbegeistertes Atlanta

Spätestens die Olympischen Spiele von 1996 haben der ganzen Welt gezeigt, dass die Bewohner Atlantas sportbegeistert sind. Zwei der wichtigsten Sportstätten der Stadt liegen direkt neben dem CNN Center: Die **State Farm Arena** (**8**) (*1 Philips Dr., www.statefarmarena.com*) fasst bis zu 20.000 Zuschauer und dient in erster Linie als Heimat der **Hawks**, der lokalen Profi-Basketballmannschaft (NBA).

Gleich westlich neben der Philips Arena steht das **Mercedes-Benz Stadium** (**9**) (*www.mercedesbenzstadium.com*). Das Stadion mit seinen über 70.000 Plätzen dient seit 2017 den **Falcons** und der beliebten **Fußballmannschaft Atlanta**

United (Soccer/MLS) als Spielstätte. Interessant ist ein Detail des Neubaus: Das Dach öffnet und schließt sich lamellenförmig, in der Form eines Windrades. Der daneben liegende **Georgia Dome** wurde im November 2017 gesprengt, hier werden nun Parkplätze entstehen.

Nördlich davon fallen die riesigen Hallen des **Georgia World Congress Center** (*285 Andrew Young International Blvd. NW*), des viertgrößte Messezentrums der USA, ins Auge. Ein paar Blocks südöstlich der Sportarena (eine Station mit MARTA vom CNN Center entfernt) verbirgt sich das für die afro-amerikanische Geschichte der Stadt bedeutende **Herndon Home**. Dieses Haus gehörte Alonzo F. Herndon, einem Selfmademan, der als Sklavenkind geboren und als Friseur reich wurde. So konnte er 1905 die *Atlanta Life Insurance Company* in Sweet Auburn gründen und 1910 dieses luxuriöse und geschmackvoll eingerichtete 15-Zimmer-Haus mit seiner Familie beziehen.

Atlanta ist die Hauptstadt von Georgia: hier das Capitol

Herndon Home, *587 University Pl. NW, www.theherndonfoundation.org, war bei Drucklegung wegen Renovierung geschlossen, MARTA Blue/Green „Vine City“.*

Go Braves! – Baseball in Atlanta

info

Lange Zeit sorgten nur die **Braves**, die Baseballer der Stadt, für sportliche Erfolge. Vier Meisterschaften (zuletzt 2021), 18 National League-Titel und 19 Gruppentitel konnte das Team erringen. Dank ihrer guten Nachwuchsarbeit gelten die Braves derzeit als eines der besten Baseballteams der Profiszene MLB (Major League Baseball). Inzwischen mischen jedoch sowohl die *Falcons* als auch die *Hawks* erfolgreich mit und begeistern die Stadt. Nachdem die *Falcons* ein neues Stadion erhalten, wollen die *Braves* natürlich nicht nachstehen. Bis 2016 spielte die Baseballmannschaft im **Turner Field**, dem zum Baseballstadion umgebauten Olympia-Stadion von 1996 im Süden der Innenstadt. Dieses dient inzwischen der Georgia State University als Spielstätte. 2017 zogen die Braves in den **Truist Park** im Nordwesten der Stadt um. Damit kommt man auch der Fangemeinde entgegen, denn die Baseballfans kommen zum Großteil aus den Vororten im Norden Atlantas.
Truist Park – Atlanta Braves, *755 Battery Ave., Touren $ 20, 25, www.mlb.com/braves/ballpark/tours*

Zwischen Five Points, Peachtree Center und SoNo

Five Points (**10**) ist das Geschäftszentrum Atlantas. Hier schlug ursprünglich, in **Underground Atlanta** (**11**) – einer 1969 eröffneten Mall mit Shops, Lokalen und Entertainment –, das Herz der Stadt. Vom Centennial Olympic Park als Attraktion im Zentrum abgelöst, ist Underground jetzt geschlossen; ein neuer Besitzer plant eine Renovierung und Wiedereröffnung als Entertainment und Shopping Center.

Nebenan liegt das **Georgia Railroad Freight Depot** (**12**), der alte Bahnhof von 1869. Nur wenige Schritte sind es vom alten Bahnhof bzw. Underground zum **Georgia State Capitol** (**13**), das zwischen 1884 und 1889 erbaut wurde. Wie die meisten Regierungssitze der USA folgt es dem Washingtoner Vorbild, und seine 72 m hohe Goldkuppel fällt schon von Weitem ins Auge.
Georgia Capitol Museum, *206 Washington St., www.libs.uga.edu/capitolmuseum, Mo–Fr 8–17 Uhr, Eintritt frei.*

Beeindruckendes Gebäudeensemble

Das imponierende Architekturensemble **Peachtree Center** (**14**) (*Baker/Ellis/Williams/Courtland St.*) wurde 1976 von Stararchitekt John Portman entworfen. Dazu gehören die **Peachtree Center Mall** und das **Westin Peachtree Plaza Hotel** mit 73 Stockwerken und 220 m Höhe. Das nahe 1968 erbaute **Equitable Building** (**15**) (*100 Peachtree St. NW*) ist ein dunkler, schlichter Bau und repräsentiert den *International Style*. Gegenüber liegt dann das 1906 im Neorenaissance-Stil erbaute **Chandler Building** (**16**) (*127 Peachtree St. NE*). Dort, wo sich Broad und Peachtree St. trennen, steht einer der interessantesten alten Bauten der Stadt: das **Flatiron Building** (**17**) (*84 Peachtree St. NW*). Es handelt sich nicht um eine Kopie des gleichnamigen Baus in New York, sondern es ist bereits fünf Jahre früher, 1896, entstanden.

Rundgang durch Sweet Auburn

Im Zeichen Martin Luther Kings

Anfang des 20. Jh. war im Osten von Downtown ein **afro-amerikanisches Geschäfts- und Handelszentrum** entstanden, das ab den 1930ern „Sweet Auburn" genannt wurde. Nach Weltwirtschaftskrise und Weltkrieg begann der Stadtteil zu verfallen. 1976 wurde er zwar zum *National Historic Landmark* erklärt, doch 1992 stand er auf einer Liste der gefährdetsten Plätze. Erst zu Beginn des 21. Jh. rückte Sweet Auburn als Geburts- und Wirkungsstätte von Martin Luther King Jr., wieder ins Rampenlicht. In den letzten Jahren erlebt das ganze Areal auch als Wohnviertel ein Revival. Coretta Scott King (1927–2006) gab mit der Errichtung des *Martin Luther King Jr. Center for Nonviolent Social Change* und der Renovierung des Geburtshauses ihres Mannes einen entscheidenden Anstoß dazu.

Vom Centennial Olympic Park fährt die **Straßenbahn** direkt nach Sweet Auburn. Erste lohnende Station ist der **Sweet Auburn Municipal Market**. 1918 eröffnet, zog der Wochenmarkt 1924 in das noch heute erhaltene Gebäude ein.
Sweet Auburn Curb Market, *209 Edgewood Ave. SW, https://municipalmarketatl.com, Mo–Sa 8–17 Uhr.*

Nächste Station ist das Visitor Center der **Martin Luther King Jr. National Historic Site** (**18**). Parken sollte man an der Johns Wesley Dobbs Ave. Danach geht es über eine Promenade, den **Civil Rights Walk of Fame**, vorbei an einer Statue von Mahatma Gandhi – einem von Kings Vorbildern – ins **Martin Luther King Jr. NHS Visitor Center**. Dort kann man sich informieren, zeitgebundene Tickets für das *Birth Home* kaufen sowie Ausstellungen besuchen: „Courage To Lead" und „Freedom Road"; in der *D.R.E.A.M. Gallery* finden zudem Wechselausstellungen statt.

Das Geburtshaus von Martin Luther King in Sweet Auburn

Vor dem VC, an der **Peace Plaza**, liegt der **World Peace Rose Garden**, einer von fünf derartigen Rosen-Testgärten weltweit. Von hier fällt der Blick auf die **Historic Ebenezer Baptist Church** (*Auburn Ave./Jackson St.*) von 1922. Die Kirchengemeinde ist für ihre Toleranz und Offenheit sowie ihren Zusammenhalt bekannt. Wie der Großvater und der Vater predigte auch Martin Luther King Jr. einst in dieser Kirche.

Jenseits der Auburn Ave. liegt das **King Center** (Martin Luther King Jr. Center for Nonviolent Social Change) – 1968 von Coretta Scott King ins Leben gerufen – mit großem *Reflecting Pool* (rechteckigem Brunnenbecken) und **Grabmal von Dr. King** und Frau sowie Ewiger Flamme. In der **Freedom Hall** gibt es Ausstellungen zu Kings Leben und Wirken, dazu einen Shop, Archive und Bibliotheken.

Von hier sind es nur wenige Schritte, vorbei an ähnlichen, hübschen kleinen Wohnhäuschen zum **Martin Luther King, Jr. Birth Home**, dem 1895 erbauten und restaurierten schlichten Geburtshaus Kings.

Martin Luther King Jr. NHS Visitor Center, *450 Auburn Ave., www.nps.gov/malu, tgl. 9–17 Uhr, Eintritt frei.*

The King Center, *449 Auburn Ave., www.thekingcenter.org, tgl. 9–17/18 Uhr, Eintritt frei, Bibliothek und Archiv, Veranstaltungsräume und Shop.*

Ebenezer Baptist Church, *407 Auburn Ave. NE, www.ebenezeratl.org.*

Martin Luther King Jr. Birth Home, *501 Auburn Ave., www.nps.gov/malu/planyourvisit/birth-home.htm, Touren tgl. 10–16 Uhr, max. 15 Pers. pro Tour, Tickets im VC (s. oben), Eintritt frei.*

info

„I have a dream ..."

Nach dem Bürgerkrieg waren die Sklaven zwar frei, doch wirtschaftlich ging es den kleinen Pachtbauern eher schlecht als recht. Zudem war mit dem *Seperate but Equal*-Gesetz 1896 die Segregation in allen Lebensbereichen legalisiert worden, und *Whites Only*-Vorschriften wurden streng überwacht. Hinzu kamen *Segregated Schools Laws* (getrennte Schulen), ein weiterer Stein des Anstoßes für das **Civil Rights Movement**, das von etwa 1955 bis 1968 stark wurde und zu dessen Identifikationsfigur Dr. Martin Luther King Jr. wurde.

King wurde am 15. Januar 1929 in Sweet Auburn als Sohn und Enkel eines Pfarrers geboren. 1948 begann er sein Theologiestudium und promovierte 1955 in Boston. Ab 1960 stand er der lokalen **Ebenezer Baptist Church** als Pastor vor. Er war ein charismatischer Redner und lehnte, wie sein großes Vorbild Mahatma Ghandi, Gewalt ab. Seine „Waffen" waren Worte und Aktionen wie Massendemonstrationen. Durch solche Proteste sollte auf die Notwendigkeit eines ökonomischen und strukturellen Wandels als Grundvoraussetzung für eine Aufhebung von Rassendiskriminierung und sozialer Ungerechtigkeit hingewiesen werden.

Die Verhaftung der dunkelhäutigen **Rosa Parks**, die sich am 1. Dezember 1955 in Montgomery geweigert hatte, ihren Platz im Bus einem jüngeren weißen Mann zu überlassen, führte zur Gründung der *Southern Christian Leadership Conference* (SCLC) und damit zur Organisation der Bürgerrechtsbewegung. Der Stein war ins Rollen gekommen und Anfang der 1960er-Jahre mehrten sich Protestmärsche, Boykotts und Sit-ins. Die Zahl der Teilnehmer, bald auch Studenten, wuchs und die Reaktionen seitens des Staates und der Weißen wurden brutaler: Massenverhaftungen und brutale Unterdrückung, Prügel und Demütigung waren an der Tagesordnung.

Wandbild mit dem berühmtesten Sohn der Stadt: Martin Luther King

info

Im August 1963 organisierte King jenen legendären Marsch von Birmingham nach Washington, den *March on Washington*, bei dem über 200.000 Personen ihre Solidarität bekundeten und der in der berühmten Rede Kings vor dem Lincoln Memorial gipfelte, deren Worte „**I have a dream ...**" bis heute unvergessen sind. 1964 verbuchte das *Civil Rights Movement* mit der Verabschiedung des *Civil Rights Acts* unter Präsident Lyndon B. Johnson einen ersten großen Erfolg. Im gleichen Jahr erhielt King den **Friedensnobelpreis**. 1965 folgte nach teils blutigen Kämpfen im Süden, vor allem in Mississippi, der *Voting Rights Act*, mit dem Afro-Amerikanern das Wahlrecht zugestanden wurde.

Dennoch setzte sich der Kampf fort und im März 1965 zogen 25.000 Demonstranten von Selma nach Montgomery. Doch auch die Gewaltbereitschaft seitens seiner Mitkämpfer wuchs, sehr zum Missfallen Kings. Ende März 1968 nahm er zum letzten Mal an einem Demonstrationszug von Arbeitern in Memphis teil. Am 4. April 1968 wurde er während der Planung eines weiteren Protestmarsches auf dem Balkon des **Lorraine Motels in Memphis** im Alter von 39 Jahren erschossen. 2023 jährte sich sein Todestag zum 55. Mal.

Auf dem Weg zurück ins Stadtzentrum passiert man das **Atlanta Life Insurance Company Building** (**19**) (*148/100 Auburn Ave. NE*), das 1905 von Alonzo F. Herndon ins Leben gerufen wurde und von der wirtschaftlichen Blütezeit des Viertels zeugt. Im benachbarten Dobbs-Hochhaus ist das Museumszentrum **APEX** (**20**), kurz für *African American Panoramic Experience*, eingezogen. Es beherbergt eine sehenswerte Ausstellung zur afro-amerikanischen Geschichte und Kultur mit Veranstaltungsprogramm.

Afroamerikanische Kultur

APEX, *135 Auburn Ave., www.apexmuseum.org, 11–15 Uhr, $ 12.*

Sehenswertes in Midtown

Das zweite Zentrum der Innenstadt, mit eigener **spektakulärer Skyline**, bildet das nördlich der Ponce de Leon und der North Ave. gelegene **Midtown**. Inzwischen sind hier viele neue Apartmentanlagen entstanden, und das Viertel pulsiert dank zahlreicher Läden und Lokale, besonders entlang der **Juniper Street**. Besonders lohnt ein Besuch der **Atlantic Station**, dem neuen Ausgeh- und Bummelviertel (*17th St. NW, kostenloser Shuttle ab MARTA Arts Center*), wo zahlreiche Läden, Bars und Restaurants entstanden sind.

Doch auch historische Bauten findet man in Midtown, z. B. das **Fox Theatre**. Es war in den 1920ern als Moschee namens *Yaarab Temple Shrine Mosque* erbaut worden, dann von dem Filmmogul William Fox zum Kino umfunktioniert worden. Hier feierte 1939 „**Vom Winde verweht**" Premiere. Danach schwebte erneut der Pleitegeier über dem Theater, und es verfiel immer mehr. 1974 konnten die Bürger den geplanten Abriss gerade noch verhindern. Heute kann man das bunte orientalisch anmutende Stilgemisch im Innern wieder bewundern und dabei Konzerte und Veranstaltungen genießen.

Traditionsreicher Veranstaltungsort

Eine von Atlantas Skylines: Midtown

Fox Theatre, *660 Peachtree St. NE, Info zu Touren siehe www.foxtheatre.org/events/tour-tickets, Summer Film Festival u. a. Events und Aufführungen.*

Margaret Mitchell House

An die berühmte Autorin des Romans „Vom Winde verweht" erinnert einige Blocks weiter nördlich das **Margaret Mitchell House**. Zweimal abgebrannt, wurde das ehemalige Apartmenthaus wiederaufgebaut. Dazu gehört ein Besucherkomplex (Infos, Museum und Laden), betreut vom *Atlanta History Center* (S. 570). Die Schriftstellerin bewohnte zusammen mit ihrem zweiten Ehemann John Marsh Apt. I im Tiefparterre.

Atlanta History Center Midtown/Margaret Mitchell House, *979 Crescent Ave. NE, www.atlantahistorycenter.com/buildings-and-grounds/atlanta-history-center-midtown, war bei Drucklegung geschlossen.*

info

„Vom Winde verweht"

Margaret Munnerlyn Mitchell hätte, wäre sie ein halbes Jahrhundert später geboren worden, als „Emanze" gegolten: Die nur 1,50 m große „Peggy" trank, rauchte, trug Hosen, spielte Karten und fuhr Auto, riss unanständige Witze und fluchte wie ein Droschkenkutscher. Sie war kokett und stand gerne im Mittelpunkt von Männergesellschaften. Von „Red" Upshaw, ihrem ersten Ehemann – dem Vorbild von Rhett Butler alias Clark Gable im Roman bzw. Film – ließ sie sich 1924 scheiden, was damals keinesfalls üblich war. Sie heiratete dann John Marsh, der wiederum Ähnlichkeiten mit dem weichlich-verträumten, gebildeten Aristokraten Ashley Wilkes im Roman aufwies. Doch das sind nicht die einzigen autobiografischen Züge.

info

Mitchell wurde am 18. November 1900 in Atlanta geboren und wuchs südlich von Atlanta auf der Plantage ihrer Großmutter Annie Fitzgerald in Jonesboro auf. Ihre Großmutter war eine energische Frau, deren Erinnerungen an den Bürgerkrieg noch lebendig waren. Margaret pflückte, wie Scarlett O'Hara im Roman, Baumwolle, wie Scarlett versuchte sie, in die ehrenwerte Gesellschaft Atlantas aufgenommen zu werden, und erlebte durch ihren Bruder Stephen, der freiwillig in den Ersten Weltkrieg zog, die Folgen eines Krieges mit. Zu Mitchells dominanter Mutter, einer spröden, strenggläubigen Katholikin, finden sich im Roman ebenso Parallelen wie zu Margarets Vater Eugene.

1926 musste Margaret ihren Beruf als Journalistin an den Nagel hängen, nachdem eine bei einem Unfall erlittene Fußverletzung sie ans Haus fesselte. Beständig ermutigt von ihrem Ehemann, machte sie sich ans Schreiben eines Romans zum „dilettantischen Zeitvertreib", wie sie es selbst nannte. Es sollte ein Epos über die Südstaaten werden, wobei sie akribisch in Bibliotheken recherchierte. Sieben Jahre lang arbeitete sie an dem Buch. Immer wieder verwarf Mitchell ihr Manuskript, verbarg es unter Handtüchern vor Besuchern und bezeichnete ihr „Geschreibsel" als „lausig".

1935 wurde ein Repräsentant des New Yorker Verlags Macmillan dennoch auf sie aufmerksam, und nach zähen Verhandlungen und hastiger Fertigstellung des chaotischen Manuskripts erschien 1936 ein über 1.000-seitiger Wälzer. Ehe Margaret wusste, wie ihr geschah, war sie zur viel beachteten Bestsellerautorin avanciert und sah sich dem Medienrummel zeitweise nicht gewachsen. Der Roman verkaufte sich millionenfach, und auch die Kritiker lobten ihr Werk, vor allem die Unmittelbarkeit und Lebendigkeit der Handlung, die prägnanten Charakterisierungen der Romanfiguren und die Genauigkeit der historischen Hintergründe. Ihr Werk thematisierte erstmals das verheerende Schicksal eines Staatengebildes vom Kriegsausbruch bis hinein in die Rekonstruktionszeit. 1937 erhielt sie für das Buch den Pulitzer-Preis.

Der Erfolg veranlasste den Kinoproduzenten David O. Selznick, den Roman auf die Leinwand zu bringen. Ende 1939 wurde die Adaption mit Clark Gable und Vivien Leigh in den Hauptrollen in Atlanta uraufgeführt und avancierte zum bis heute erfolgreichsten Film aller Zeiten. Mitchell hatte sich geweigert, am Drehbuch beratend mitzuwirken. Sie fühlte sich durch den herrschenden Rummel um ihre Person eher gestört als geschmeichelt. Ein erneuter Unfall beendete ihr Leben: Auf dem Weg mit Ehemann John in ein Kino wurde sie am 11. August 1949 beim Überqueren der Peachtree Street von einem Auto überfahren und starb kurz darauf mit nur 48 Jahren.

High Museum of Art

Zum **Robert W. Woodruff Arts Center** gehört neben mehreren Bühnen und Kultureinrichtungen auch das **High Museum of Art**, das Stararchitekt Richard Meier 1983 errichtete. 2005 erweiterte es Renzo Piano durch einen Anbau um das Doppelte. Dieses Museum ist allein schon vom Bau her sehenswert, beherbergt aber zudem in überzeugender thematischer Anordnung Kunst des 14. bis 18. Jh., französische Kunst des 19. Jh. und amerikanische Kunst des 19. und 20. Jh. Außerdem gibt es afrikanische Kunst und Kunstgewerbe, Volkskunst- und Fotografien zu sehen. Zahlreiche Wechselausstellungen und Veranstaltungen stehen ebenfalls auf dem Programm.

Kunst aus sieben Jahrhunderten

Das High Museum of Art ist allein schon architektonisch sehenswert

Gegenüber des High Museum of Art liegt der Neubau des **MODA** (**Museum of Design Atlanta**), das Bildungseinrichtung und Museum zugleich ist. Gezeigt werden regelmäßig interessante Sonderausstellungen.
High Museum of Art, *1280 Peachtree St. NE, www.high.org, Di–Sa 10–17, So 12–17 Uhr, $ 18,50.*
MODA (**Museum of Design Atlanta**), *1315 Peachtree St. NE, www.museumofdesign.org, Di–So 12–19 Uhr, $ 10.*

Sehenswertes in den Suburbs

Besser per Auto erkunden!

Für eine Erkundung des Großraums, der *Metro Area* von Atlanta, ist ein Auto von Vorteil, da die Sehenswürdigkeiten teils weit verstreut liegen. Zudem entstand rings um den Stadtkern die **Atlanta BeltLine** (*https://beltline.org*), eines der ambitioniertesten Renaturierungsprojekte der USA. Auf etwa 35 km Länge und durch 45 Stadtviertel wurden auf einer aufgelassenen Eisenbahnlinie um die gesamte Innenstadt Wander-/Radwege und Parks – neuester ist der Westside Park – angelegt. Zudem sollen neue Straßenbahnlinien die *BeltLine* an den Nahverkehr anschließen. Viele Teile der BeltLine sind bereits eröffnet, das Gesamtprojekt soll in Abschnitten bis 2030 fertiggestellt werden.

West End ist das älteste Wohngebiet der Stadt. Es ist heute ein afro-amerikanisches Viertel, in dem das **Atlanta University Center**, eine angesehene afroamerikanische Universität, liegt. In **Wren's Nest** wohnte von 1881 bis 1913 der Schriftsteller und Geschichtenerzähler Joel Chandler Harris (s. S. 539). In der

Nähe befindet sich das **Hammonds House Museum** (*503 Peeples St. SW*) das v. a. Wechselausstellungen zu afro-amerikanischer Kunst zeigt.
Wren's Nest, *1050 Abernathy Blvd. SW, www.wrensnest.org, Sa 11–15 Uhr, $ 12, mit „Story Telling" für Kinder.*
Hammonds House Museum, *503 Peeples St. SW, www.hammondshouse.org, Do/So 12–17, Fr/Sa 11–17 Uhr, $ 10, v. a. Wechselausstellungen und Veranstaltungen.*

Im Südosten der Stadt befindet sich im **Grant Park** (*Atlanta Ave./Sidney St./Cherokee Ave.*) der **Atlanta Zoo**, der aufgrund seiner nach neuen wissenschaftlichen Erkenntnissen angelegten Biotope als besonders fortschrittlich gilt. **Atlanta Zoo**, *800 Cherokee Ave. SE, https://zooatlanta.org, tgl. 9–17 Uhr (saisonal unterschiedlich), ab $ 26, diverse Aktivitäten.* Südlich des Grant Park entstand **The Beacon Atlanta** – sechs ehemalige Industriegebäude laden hier zum Spazieren und Shoppen, Essen und Abhängen ein. Im **Artist Cove** kommt man mit Künstlern aller Art ins Gespräch.

Das Viertel **Inman Park** mit der beliebten Shoppingmeile **Little Five Points** (*Moreland/ Euclid Ave.*), dem attraktiven **Ponce Street Market** (*www.poncecitymarket.com*) – einer Food Hall im ehemaligen Sitz von *Sears, Roebuck & Co.* – und dem **Krog Street Market** (*www.thekrogdistrict.com*) mit vielerlei Imbissständen, liegt im Nordosten Atlantas. Hauptsehenswürdigkeit hier ist das **Jimmy Carter Library & Museum**, das dem 39. Präsidenten der USA und Friedensnobelpreisträger von 2002, Jimmy Carter, gewidmet ist. James Earl Carter wurde 1924 geboren und war von 1977 bis 1981 US-Präsident.

Carters Bibliothek

Jimmy Carter Library & Museum, *441 Freedom Pkwy., www.jimmycarterlibrary.gov, Di–Sa 10–16.45 Uhr, $ 12, Wechselausstellungen und diverse Veranstaltungen wie Lesungen oder Vorträge.*

In dem im Osten gelegenen Nobelviertel **Druid Hills**, einem Musterbeispiel früher suburbaner Städteplanung, liegen der Campus der angesehenen **Emory University** (*1364 Clifton Rd.*) und das sehenswerte **Michael C. Carlos Museum** mit einer beachtlichen Sammlung antiker Kunst.
Michael C. Carlos Museum, *M. C. Carlos Hall, 571 S. Kilgo St., https://carlos.emory.edu, Di–Fr 10–16, Sa 10–17, So 12–17 Uhr, $ 8.*

Das **Fernbank Museum of Natural History** gilt nach der Washingtoner *Smithsonian Institution* als das zweitgrößte Naturkundemuseum an der Ostküste. Verschiedene Abteilungen zeigen in originalgetreuen Nachbildungen die erdgeschichtliche Entwicklung, und im „Giant Screen Theater" werden Filme gezeigt. Angeschlossen ist das kleinere **Fernbank Science Center** mit Planetarium, Observatorium und naturwissenschaftlicher Ausstellung.
Fernbank Museum of Natural History, *767 Clifton Rd. NE, www.fernbankmuseum.org, tgl. 10–17 Uhr, $ 26, diverse Kombitickets erhältlich. Café und Shop zugehörig.*
Fernbank Science Center, *156 Heaton Park Dr., www.fernbank.edu/visitors.htm, Mo–Mi 13–16, Do/Fr 13–21 Uhr, Exhibit Hall und Observatorium frei, Planetariums-Shows $ 10.*

Shopping-Paradies

Im Nordwesten der Stadt liegt **Buckhead**, Atlantas Premier Shopping, Dining & Entertainment District. Hier befindet sich mit **Lenox Square** (*3393 Peachtree Rd. NE*) eines der größten Shoppingcenter im Südosten.

Alles zur Stadtgeschichte

Im südwestlich davon gelegenen **Atlanta History Center** gibt es eine sehenswerte Ausstellung zur Stadtgeschichte und zum Bürgerkrieg, zu Ethnien und Persönlichkeiten der Stadt. Auch den Olympischen Spielen 1996 ist eine eigene Abteilung gewidmet: das **Centennial Olympic Games Museum**. Außerdem werden auf dem weitläufigen Parkgrund Führungen durch ein altes Farmhaus von 1840 – die **Smith Family Farm** – sowie durch das **Swan House**.
Atlanta History Center, *130 W. Paces Ferry Rd., www.atlantahistorycenter.com, Di–So 9–16 Uhr, Swan House und Smith Family Farm Di–So 11–16 Uhr, $ 24 (inkl. Mitchell House und Parken), mit Café und Shop, dem Atlanta Cyclorama, einem 15 m hohen Rundgemälde, das die Ereignisse im Jahr 1864, die „Battle of Atlanta", Belagerung und Kampf zeigt.*

Am Stadtrand von Atlanta befindet sich die nordamerikanische Heimat von Porsche und das **Porsche Experience Center**, www.porschedriving.com/atlanta. Es lässt mit Testfahrten, Simulator und einer Ausstellung mit historischen Modellen die Herzen von Autofans höherschlagen.

Reisepraktische Informationen Atlanta/GA

Informationen

Atlanta CVB, *☏ 1 (800) 285-2682, (404) 521-6600, https://discoveratlanta.com; Infostände im Centennial Olympic Park und am Flughafen.*
Allg. zu Georgia: *www.exploregeorgia.org.*
Discover Atlanta Now *heißt das vom Atlanta CVB herausgegebene Stadtmagazin mit Hinweisen zu Events und Festivals, Attraktionen und praktischen Aspekten. Herunterladbar unter: https://discoveratlanta.com/explore/visitor-guides.*
Atlanta Magazine *(www.atlantamagazine.com): viel Lesestoff, Aktuelles, aber auch zu Essen & Trinken und „Guides" zu den besten Sights, Restaurants oder Bars.*

Tipp

Der **Atlanta City Pass** bietet für derzeit 91 € Zutritt zu fünf Attraktionen: Georgia Aquarium, World of Coca-Cola, Zoo Atlanta oder Center for Civil & Human Rights, Fernbank Museum oder College Football Hall of Fame. **Infos und Buchung**: *https://de.citypass.com/atlanta.*

Unterkunft

Hotels *und* **Motels** *sind im Großraum Atlanta keine Mangelware. Es gibt viele Kettenhotels/motels zu günstigen Preisen. Engpässe kann es in Downtown während der zahlreichen Kongresse oder Messen geben.* **Infos** *unter: https://discoveratlanta.com/hotels/main.*
Hilton Atlanta Downtown $$$–$$$$ (2), *255 Courtland St. NE, www.hilton.com/en/hotels/atlahhh-hilton-atlanta, ☏ (404) 659-2000. Günstige Downtown. Lage, Zimmer in oberen Stockwerken mit grandiosem Ausblick (zudem Executive Floors mit Frühstück), Pool und Fitnesscenter, im obersten Stock: Nikolai's Roof Restaurant, zudem Trader Vic's mit Mai Tai Bar.*

Zentral nächtigt man im Hilton Atlanta Downtown

Hotel Clermont $$$$, *789 Ponce De Leon, ☏ (470) 485-0495, www.hotelclermont.com. In dem 1924 entstanden Gebäude befindet sich das 94-Zimmer umfassende Boutique-Hotel. Dazu gehören eine Lounge, eine Rooftop Bar, ein Café und das Lokal* **Tiny Lou's**, *eine Brasserie mit französisch-amerikanischer Küche.*
The Ellis Hotel (1) $$$$, *176 Peachtree St. NE, ☏ (404) 523-5155, www.ellishotel.com; schickes, luxuriöses Boutiquehotel mitten in Downtown, mit Terrace Restaurant (Biokost).*
Westin Peachtree Plaza $$$$$ (3), *210 Peachtree St., ☏ (404) 659-1400, www.marriott.com/en-us/hotels/atlpl-the-westin-peachtree-plaza-atlanta/overview; ein Wahrzeichen Atlantas mit glitzernder Glasfassade, die die Skyline Atlantas beherrscht. Atrium sehenswert, über 1.000 geräumige Zimmer; mehrere Restaurants.*

Restaurants

Es gibt mehr als 11.000 Restaurants im Großraum Atlanta. Die Stadt hat sich inzwischen zu einer der Top-Gourmetdestinationen der USA entwickelt. Ein kulinarischer Schwerpunkt ist Buckhead im Nordwesten der Stadt.
Aktuelle Infos zur kulinarischen Szene finden sich auf: **https://atlanta.eater.com** *sowie* **https://discoveratlanta.com/dining/main**.
Blue Ridge Grill, *1261 W. Paces Ferry Rd. (Buckhead), https://blueridgegrill.com; gemütliches Restaurant, das schwerpunktmäßig regionale Spezialitäten der Appalachen und Südstaatenkost auf der Speisekarte stehen hat.*
Busy Bee Café (1), *810 M. L. King Dr., www.thebusybeecafe.com zählt seit Gründung 1947 zu den besten Soul-Food-Restaurants der Stadt.*
Fat Matt's Rib Shack, *1811 Piedmont Ave. NE, https://fatmattsribshack.net; täglich Blues live, dazu BBQ-Gerichte.*
Mary Mac's Tea Room, *224 Ponce de Leon Ave. NE (Midtown), https://marymacs.com; eine Institution in Sachen Südstaatenküche; große Portionen und preiswert.*
Max Lager's Wood-Fired Grill & Brewery (2), *320 Peachtree St., https://max lagers.com; beliebte Kneipe mit den besten Steaks und ribs der Stadt, dazu hausgebrautes Fassbier.*

South City Kitchen, *1144 Crescent Ave. (Midtown), www.southcitykitchen.com; eher gehobene Kategorie, verfeinerte Südstaatenküche in edlem Ambiente, hervorragende Weinkarte. Es gibt eine weitere Filiale in Buckhead, 3350 Peachtree Rd. NE, Suite 175, ebenfalls sehr empfehlenswert.*
The Varsity, *61 North Ave. NE (Midtown; https://thevarsity.com) immer voll, immer laut, aber dennoch der „Fast-Food-Tempel" des Südens, den man einfach erlebt haben muss!*

Nachtleben

Nachteulen sollten am besten in Midtown (Tanzclubs wie Opera, Vanquish, Laughing Skull Lounge) oder im nördlichen Vorort **Buckhead** *(Tongue & Groove, East Andrews), in* **Virginia-Highland** *oder* **Little Five Points** *unterwegs sein. Besonders Jazz wird hier groß geschrieben: https://discoveratlanta.com/things-to-do/nightlife.*

Blind Willie's, *828 Highland Ave. NE, www.blindwilliesblues.com; Live-Blues in rauchiger Wohnzimmeratmosphäre.*
Café 290, *290 Hilderbrand Ave. NE (Buckhead); einer der Top-Jazzclubs der Stadt mit zugehöriger Sportsbar und Café.*
Clermont Lounge, *789 Ponce De Leon Ave. NE, www.clermontlounge.net. Ältester Stripteaseclub Atlantas, seit 1955, ein „Must-See", Musikshows und Karaoke.*

Einkaufen

Atlanta ist bekannt für Shopping, exklusive Shops, Boutiquen und Galerien. Die findet man in **Buckhead** *(Miami Circle),* **Virginia-Highland** *– östlich Midtown entlang Virginia und Highlands Ave. – oder* **Westside Provisions District** *(westlich Atlantic Station in West Midtown) bzw.* **Little Five Points**, *mit Theatern und Restaurants.*

Weitere Infos *finden sich auf: https://discoveratlanta.com/things-to-do/shopping:*
Cobb Galleria Centre, *Two Galleria Parkway (NW Atlanta, I-75/I-285, https://cobbgalleria.com); modernes Shoppingcenter mit zwei angeschlossenen Hotels; angrenzend:* **Cumberland Mall**.
Lenox Square, *3393 Peachtree Rd. NE (MARTA „Lenox Square"), www.simon.com/mall/lenox-square; im nördlich gelegenen Viertel Buckhead mit über 250 Shops, darunter Bloomingdale's, Neiman Marcus oder Louis Vuitton. Gegenüber liegt:*
Phipps Plaza Buckhead, *3500 Peachtree Rd., www.simon.com/mall/phipps-plaza; über 100 Shops, u. a. Saks Fifth Avenue, Nordstrom, Tiffany & Co. oder LEGOLAND.*
Perimeter Mall, *4400 Ashford Dunwoody Rd. NE/ I-285; www.perimetermall.com im N der Stadt, fast 200 Läden u. a. Abercrombie & Fitch, Gap, H&M oder XXI Forever.*
Mall of Georgia, *3333 Buford Dr., Buford/I-85 (Exit 115), www.simon.com/mall/mall-of-georgia; größte Mall im SO der Stadt mit IMAX und über 200 Läden sowie Kaufhäusern wie JC Penney oder Dillard's.*
Atlantic Station, *1380 Atlantic Dr. NW (Midtown), https://atlanticstation.com, mit über 50 Shops in schöner Anlage mit „Central Park" (vielerlei Veranstaltungen) und Straßencafés.*

The Outlet Shoppes at Atlanta, *915 Ridgewalk Pkwy, Woodstock (im N, I-575 Exit 9), www.theoutletshoppesatatlanta.com.*

Zuschauersport

Atlanta Braves *(Baseball – MLB), April–Okt. SunTrust Park, 755 Battery Ave. SE, www.mlb.com/braves.*
Atlanta Dream *(Frauen-Basketball – WNBA), Mai–Sept. Spiele in der Gateway Center Arena, College Park, https://dream.wnba.com.*
Atlanta Falcons *(Football – NFL), Sept.–Dez. Spiele im Mercedes-Benz Stadium, www.atlantafalcons.com.*
Atlanta Hawks *(Basketball – NBA), Nov.–April Spiele in der State Farm Arena, Techwood Dr., www.nba.com/hawks.*
Universität Georgia Tech Yellow Jackets: *College Football und Basketball, https://ramblinwreck.com.*
Atlanta United *(Fußball/Soccer – MLS), März–Okt. Spiele im Mercedes-Benz Stadium, www.atlutd.com.*

Verkehrsmittel

Flughafen

Der **Hartsfield-Jackson Atlanta International Airport** *(www.atl.com) liegt ca. 15 km südwestlich der Stadt und ist Knotenpunkt von Delta Air Lines. Er ist mit der* **Schnellbahn MARTA** *(Red, Gold Lines) an die Innenstadt angebunden (ca. 20 Min.), außerdem gibt es* **Airport Shuttles** *(Downtown $ 16,50) und Taxis (Fixpreis Downtown $ 30). Details s. https://www.atl.com/ground-transportation/*

Nahverkehr

Atlantas U/S-Bahn-Netz untersteht **MARTA** *(Metropolitan Rapid Transit Authority). Es gibt eine N-S- und eine O-W-Achse, die sich in* **Five Points** *kreuzen. Im 10-Min.-Takt verkehren die Bahnen auf* **vier Linien** *(Red, Gold, Green, Blue) von Mo–Fr 4.45-1 und Sa/So 6–1 Uhr. Daneben betreibt MARTA Busse, die v. a. die Außenbezirke anbinden. Netzpläne gibt es an allen Stationen, ebenso Ticketautomaten. Man muss einmalig eine Breeze Card (Plastikkarte) für $ 2 erwerben, die dann aufgeladen wird. Bei der Einzelfahrt erwirbt man ein Breeze Ticket ($ 1).*
Einzelticket: $ 2,50, Besucherpässe für 1/2/3/4 Tage zu $ 9/14/16/19.
Infos: *www.itsmarta.com.*

Die **Atlanta Streetcar** *verkehrt als Straßenbahn in Downtown vom Centennial Park zum King Historic District (Old Fourth Ward).*
Fahrpreise: *$ 1, Tagesticket $ 3, Wochenpass $ 11.*
Infos: *www.itsmarta.com/streetcar.aspx.*

Taxi

Taxis – z. B. Checker Cabs – berechnen derzeit $ 2,50 Grundgebühr plus 25 c. pro 200 m Fahrtstrecke; die Flatrate zum/vom Airport beträgt $ 30 plus $ 2 für jeden weiteren Passagier.

Eisenbahn

Amtrak-Züge (www.amtrak.com) halten an der Peachtree Station, 1688 Peachtree St. NW, 5 km nördlich von Downtown (MARTA-Bus ab „Arts Center“). Täglich fährt der „Crescent“ südwärts nach New Orleans und nordwärts Richtung Charlotte, Washington und New York.

12. ANHANG

Literaturhinweise

Im Folgenden findet sich eine kleine Auswahl an weiterführender Literatur. Bei guten Englischkenntnissen sollte man die Originalausgabe der deutschen Übersetzung vorziehen, die man im Internet oder Buchhandel beziehen kann.

Reiseführer

Für zusätzliche Informationen zu sei auf die anderen Reisehandbücher in **Iwanowski's Reisebuchverlag** verwiesen, die in regelmäßigen Zeitabständen aktualisiert werden:

- Margit Brinke/Peter Kränzle, **Iwanowski's USA-Nordosten**
- Michael Iwanowski, **Iwanowski's Florida**
- Dirk Kruse-Etzbach, **Iwanowski's USA-Süden**
- Dirk Kruse-Etzbach, **Iwanowski's New York**
- Margit Brinke/Peter Kränzle, **CityTrip Plus New York City** und **CityTrip New York** sowie **CityTrip Washington D.C.** (alle regelmäßig aktualisiert, Reise Know-How Verlag)

Sachbücher

- S. Beckert, **King Cotton**. Eine Geschichte des globalen Kapitalismus (C.H. Beck, 2. Auflage 2015); brillante, übergreifende Darstellung der Entstehung des Kapitalismus anhand der bis heute bedeutenden Ware Baumwolle.
- J. Ehle, **Trail of Tears. The Rise and Fall of the Cherokee Nation** (1997); umfassendes Werk über die Cherokee-Indianer.
- S. Foote, **The Civil War: A Narrative History I–III** (1958/1963/1974); bis heute *das* Kompendium zum Bürgerkrieg.
- P. Gassert/M. Häberlein/M. Wala, **Geschichte der USA** (Reclam, Neuaufl. 2021); übergreifende Skizze der historischen Entwicklung der USA.
- D. Kearns Goodwin, **Team of Rivals. The Political Genius of Abraham Lincoln** (2005); herausragendes Buch über Lincolns Karriere und Amtszeit sowie seine Fähigkeit unterschiedliche Persönlichkeiten zu einem Team zusammenzuschweißen; Vorlage für den Film „Lincoln" (2012) von Steven Spielberg.
- P. Hämäläinen, **Der indigene Kontinent – Eine andere Geschichte Amerikas** (Kunstmann, 2023); das bedeutendste Buch über die Geschichte der indigenen Völker Amerikas und ihren Widerstand gegen die Kolonialmächte – ein Muss!
- C. C. Mann, **Amerika vor Kolumbus**. Die Geschichte eines unentdeckten Kontinents (Rowohlt Verlag, 2016).
- ders., **Kolumbus' Erbe**. Wie Menschen, Tiere, Pflanzen die Ozeane überquerten und die Welt von heute schufen (Rowohlt Verlag, 2013).
- J. McPherson, **Battle Cry of Freedom: The Civil War Era** (1988, neuere Auflagen erhältlich); die beste und kompakteste Darstellung des Bürgerkrieges.
- N. Philbrick, **Mayflower** (2006); lesenswerte Darstellung der ersten europäischen Siedler in Neuengland und der hier lebenden Indianer.
- F. Schäfer, **Henry David Thoreau. Waldgänger und Rebell**. Eine Biographie (Suhrkamp Verlag, 2017); fesselnd zu lesende Lebensgeschichte des ungewöhnlichen Naturphilosophen und Querdenkers.
- D. Schulz, **Ralph Waldo Emerson, Henry David Thoreau, Margaret Fuller. Amerikanischer Transzendentalismus** (Darmstadt 1997); gute Einführung in dieses nicht ganz leichte Thema mit Infos zu den frühen Literaten Neuenglands.

- Alexis de Tocqueville, **Über die Demokratie in Amerika** (u. a. Reclam UB 8077); lesenswerte Einführung in die amerikanische Politik und Gesellschaft aus der Feder eines französischen Gesandten im 19. Jh. – immer noch aktuell!
- M. Walter/S. Arque, **American Odyssey: Photos from the Detroit Photographic Company 1888–1924** (2014); grandioses und allein von den Maßen her gigantisches Buch des Taschen-Verlags mit Fotos aus der Zeit um 1900, die eine fesselnde Bestandsaufnahme Nordamerikas bieten.
- C. Woodard, **American Nations: A History of the Eleven Rival Regional Cultures of North America** (2011); dieses Buch trägt zum besseren Verständnis der Unterschiede in der „Nation of Nations" bei.
- W. Zacharasiewicz, **Die Erzählkunst des amerikanischen Südens** (Darmstadt 1990); guter allgemeiner Überblick über die Literatur der Südstaaten.

Belletristik

- Louisa May Alcott, u. a. **Little Women** (1868/69) oder **Little Men** (1871), zahlreiche Ausgaben als Taschenbuch und gebunden, auch Deutsch; Geschichten aus dem Neuengland des 19. Jh., mehrfach verfilmt.
- Paul Auster, **Mond über Manhattan** (1989), **Die New-York-Trilogie** (1985–1987), **Die Brooklyn Revue** (2006); drei der besten Bücher des New Yorker.
- Harriet Beecher-Stowe, **Onkel Toms Hütte** (1852), zahlreiche Ausgaben, auch als Taschenbuch und auf Deutsch; das Buch, das wesentlich zur Befreiung der Sklaven beigetragen hat. Wegen der Darstellung der schwarzen Charaktere inzwischen allerdings v . a. in den USA umstritten.
- John Berendt, **Midnight in the Garden of Good and Evil** (1994, auch auf Deutsch); gibt mit der Schilderung eines mysteriösen Todesfalls in Savannah auch ein Bild der Stadt und der dortigen Gesellschaft.
- Rita Mae Brown, **Dolley** (1994; auch dt.); fesselnde Schilderung des Lebens der exzentrischen Ehefrau des vierten US-Präsidenten James Madison in der Frühzeit der Hauptstadt Washingtons und während des War of 1812 gegen England.
- Christophe Chabouté, **Moby Dick. Graphic Novel** (Egmont Verlagsgesellschaft Köln, 2015). Herman Melvilles eindrucksvolles Buch wurde vom französischen Zeichner grandios in eine Graphic Novel umgesetzt!
- James Fenimore Cooper, **Lederstrumpf** (5 Bände, 1826–41), in verschiedenen Ausgaben erschienen (auch als Taschenbuch); die Romane spielen teilweise im kolonialen Neuengland. Am bekanntesten ist sicherlich der zweite Band „Der letzte Mohikaner" (s. u.).
- ders., **Der letzte Mohikaner**. Ein Bericht aus dem Jahr 1757 (2013); hervorragende Neuübersetzung des Klassikers, erschienen im Hanser-Verlag mit einem informativen und lesenswerten Nachwort.
- E.L. Doctorow, **The March** (2005); packende Erzählung um den legendären „March to the Sea" der Unionstruppen im Bürgerkriegsjahr 1863.
- John Dos Passos, **Manhattan Transfer** (1925); eines der besten Bücher über das New York der 1920er-Jahre.
- Ralph Waldo Emerson, **Nature** (1836), zahlreiche Ausgaben, auch als Taschenbuch und auf Deutsch; grundlegender Essay für den Transzendentalismus und die Bewegung „Zurück zur Natur".
- William Faulkner, **Absalom, Absalom!** (1936); eine große Familiensaga aus dem Süden, die sich fast über ein ganzes Jahrhundert erstreckt: der berühm-

teste und beste Roman des Literaturnobelpreisträgers, in einer hervorragenden Neuübersetzung von Nikolaus Stingl (Rowohlt Verlag, 2015).

- Charles Frazier, **Cold Mountain** (1998; auch auf Deutsch); lesenswerter Bürgerkriegsroman, doch kein heroisch-patriotisches Buch, sondern eher ein Anti-Kriegswerk; 2004 von Regisseur Anthony Minghella beeindruckend verfilmt.
- Chad Harbach, **The Art of Fielding** (2011; dt. „Die Kunst des Feldspiels"), fesselnder Roman über den amerikanischen Nationalsport Baseball.
- Nathaniel Hawthorne, u. a. **The Scarlet Letter** (1850, auch dt.), zahlreiche Ausgaben, auch als Taschenbuch; eine Abrechung mit den Hexenprozessen in Salem von 1692; The House of the Seven Gables (1851, auch auf Deutsch).
- Sophia & Nathaniel Hawthorne, **Das Paradies der kleinen Dinge**. Ein gemeinsames Tagebuch. Aus dem amerikanischen Englisch übersetzt und herausgegeben von Alexander Pechmann. Vorwort von Peter Handke (2014); vergnüglich zu lesendes Tagebuch aus den ersten gemeinsamen Jahren des frisch vermählten Dichters und seiner Frau (Jung und Jung-Verlag, Salzburg).
- Ähnlich unterhaltsam liest sich ein weiteres Büchlein aus diesem Verlag: N. Hawthorne, **Zwanzig Tage mit Julian und Little Bunny** (2011). Hier schildert Hawthorne einige Sommertage, die er alleine mit seinem Sohn verbringt; mit einem Nachwort von Paul Auster.
- O. Henry, u. a. **Meistererzählungen** (Diogenes 1991); fesselnde Kurzgeschichten aus dem New York des ausgehenden 19. Jh.
- John Irving, u. a. **The Hotel New Hampshire** (1981, auch dt.), **Setting Free the Bears** (1969, auch auf Deutsch) oder **The World According to Garp** (1978, auch dt.), jeweils zahlreiche Ausgaben, auch als Taschenbuch.
- Peter Landesman, **The Raven** (1995, dt. Meereswunden); spielt an der zerklüfteten Küste Maines.
- Henry Wadsworth Longfellow, **The Song of Hiawatha** (1855), zahlreiche Ausgaben, auch auf Deutsch, darunter die begehrte Facsimile-Ausgabe von 1890, illustriert von Frederic Remington (Reprint Chicago 1969; auch in dt.); **Lobgesang auf die Indianer**, neben Evangeline (1847) Meisterepos des Dichters.
- Herman Melville, **Moby Dick** (1851); ungezählte Ausgaben, die beste Übersetzung ist im Jung und Jung Verlag (2016, von Friedhelm Rathjen) erschienen; grandiose Erzählung über den besessenen Captain Ahab und seine Jagd auf den weißen Wal, Schilderung alter Hafenstädte in Neuengland und der Walfangindustrie.
- Margaret Mitchell, **Gone with the Wind** (1936, auch dt.); zahlreiche Ausgaben, auch als Taschenbuch; *das* Epos der Südstaaten schlechthin.
- Toni Morrison, **Jazz** (1992); lesenswerte Beschreibung des Harlem der 1920er.
- Flannery O'Connor, u. a. **Wise Blood** (1952), **A Good Man is Hard to Find** (1955) oder **The Violent Bear it Away** (1960), zum Teil auf Deutsch und als Taschenbuch-Ausgaben; O'Connor greift das Thema Religion und Fanatismus in den Südstaaten auf.
- Edgar Allan Poe, u. a. **The Fall of the House of Usher** (1839), **The Murders in the Rue Morgue** (1841) oder **The Raven** (1845), zahlreiche Ausgaben, auch als Taschenbuch und auf Deutsch; grandiose Werke des Meisters des Krimis, der Kurzgeschichte und des Grauens.
- E. Annie Proulx, u. a. **Schiffsmeldungen** (1993) oder **Das grüne Akkordeon** (1996); in Wyoming lebende Autorin aus Neuengland, deren Romane in der Tradition eines William Faulkner oder Herman Melville stehen.

- Paul Theroux, **Tief im Süden**. Reise durch ein anderes Amerika (2015); lesenswertes Buch des berühmten Reiseschriftstellers aus Massachusetts, der irritiert und fasziniert zugleich die Südstaaten und ihre Menschen beschreibt und so einen schönen und dennoch schwierigen Teil der USA besser verständlich macht.
- Henry David Thoreau, **Walden; or Life in the Woods** (1854) oder **Civil Disobedience** (1849/1866), diverse Ausgaben, auch als Taschenbuch und auf Deutsch; grundlegende Werke des Dichters, Philosophen und Freundes von Emerson. **Die Wildnis von Maine. Eine Sommerreise** (2015), **Ktaadn** (2017) und **Chesuncook** (2022).
- Der besondere Lesetipp: **Thoreau und die Wildnis von Maine**; Der Naturphilosoph Henry David Thoreau (1817–62) aus Concord/MA hat ein vielseitiges Oeuvre hinterlassen, darunter „The Maine Woods" – drei Essays über Reisen, die er 1846, 1853 und 1857 in die Wildnis von Maine hinein unternommen hat. Dem kleinen Salzburger Jung und Jung-Verlag ist es zu verdanken, dass die Essays in drei, von Alexander Pechmann vorzüglich übersetzten Bänden verfügbar sind. Die Natur wird für Thoreau hier zum eigentlichen Erlebnis. Der Mensch ist nur ein kleiner, unbedeutender Teil. Thoreau lernte viel von den ihn begleitenden Indianern, wie die „Sprache der Natur", die Deutung von Zeichen, das genaue Hinhören und Beobachten. All das verarbeitete er zu einer lebhaften, oft heiteren und lesenswerten Schilderung.
- Mark Twain, **A Connecticut Yankee in King Arthur's Court** (1889), zahlreiche Ausgaben, auch als Taschenbuch und auf Deutsch, bezieht sich auf Neuengland, wohingegen seine Meisterwerke **The Adventures of Tom Sawyer** (1876) und **The Adventures of Huckleberry Finn** (1884), aber auch das lesenswerte **Life on the Mississippi** (1883) am Mississippi spielen und etliche weitere Texte im Gold Country Kaliforniens bzw. Nevadas (z. B. **Roughing it**, 1872); besonders lesenswert: **The Innocents Abroad** (1869, dt. Die Arglosen im Ausland) und **A Tramp Abroad** (1880, dt. Bummel durch Europa). Außerdem: **Meine geheime Autobiographie** (2 Bände, 2012), **Ich bin der eselhafteste Mensch, den ich je gekannt habe** (2 Bände, 2014) sowie **Die Nachricht von meinem Tod ist stark übertrieben** (2017); die komplette Autobiographie Mark Twains ist in mehreren Bänden im Berliner Aufbau Verlag erschienen.
- John Updike, u. a. **Of the Farm** (1965), **The Witches of Eastwick** (1984) oder mehrere „**Rabbit**"-Romane, wie **Rabbit, Run** (1960), zahlreiche Ausgaben, auch als Taschenbuch und auf Deutsch.
- Alice Walker, u. a. **The Third Life of Grange Copeland** (1970), **The Color Purple** (1982), **The Temple of My Familiar** (1989), **Possessing the Secret of Joy** (1992) oder **By the Light of My Father's Smile** (1998), widmen sich v. a. Frauenschicksalen, Rassenhass und Armut in den Südstaaten, auch auf Deutsch.
- Colson Whitehead, **Underground Railroad** (Hanser Verlag, 2017); preisgekrönter Roman eines bedeutenden Autors der neuen amerikanischen Literatur. Am Beispiel der entlaufenen Sklavin Cora geht es um die „Underground Railroad", ein geheimes Fluchtnetzwerk im frühen 19. Jh.
- Walt Whitman, **Leaves of Grass** (**Grasblätter**) (ab 1855, zahlreiche Ausgaben, auf Deutsch zuletzt 2009 von Jürgen Brôcan im Hanser Verlag); bedeutender Gedichtband des Poeten aus Brooklyn, der die Grundlage der amerikanischen Dichtkunst bildet.

Stichwortverzeichnis

A
Abkürzungen 80
Acadia National Park/ME 295ff
• Bar Harbor 297
• Cadillac Mountain 297
• Mount Desert Island 295
• Reisepraktische Informationen 298
• Southwest Harbor 298
Acuff, Roy 449
Adams, John 28, 243, 336, 388, 399
Adams, Samuel 242, 247, 268
Adam Style 71, 509
Ärzte s. *Gesundheit*
Albany/NY 316
• Corning Tower Observation Deck 316
• New York State Capitol 316
• New York State Museum 316
• Reisepraktische Informationen 317
Alcott, Louisa May 269
Alexandria/VA 461ff
• Archaeology Museum 461
• Carlyle House Historic Park 461
• Christ Church 461
• Gadsby's Tavern Museum 461
• National Harbor 461
• Reisepraktische Informationen 462
• Torpedo Factory Art Center 461
Alkohol 81
Alligatoren 536
American Football 58, 67, 117, 168, 201, 453, 560
• College Football 453
American Way of Life 65ff
Amis(c)he (Amish People) 64, 333, 357ff, 360
AMTRAK 95
Annapolis/MD 379ff
• Armel-Leftwich VC 379
• Hammond-Harwood House 380
• Historic Annapolis Museum 380
• Maryland State House 379
• Reisepraktische Informationen 380
• U.S. Naval Academy Museum/ Preble Hall 380
• William Paca House&Garden 380
Antebellum Trail/GA 537f
• Athens 539
• Eatonton 539
• Milledgeville 539
• Reisepraktische Informationen 540
• Watkinsville 539
Appalachen 42ff, 300, 414, 428, 445, 451
Appalachian Trail 43, 428
Architektur 69ff
Arlington/VA 405f
• Arlington House 405
• Arlington National Cemetery mit Arlington Welcome Center 405
• Iwo-Jima-Denkmal 405
• Pentagon 406
Asheville/NC 439
• Asheville Art Museum 440
• Reisepraktische Informationen 440
• Thomas Wolfe Memorial State Historic Site 440
Atlanta/GA 550ff
• APEX 565
• Atlanta BeltLine 568
• Atlanta History Center 570
• Atlanta Life Insurance Company Building 565
• Atlanta University Center 568
• Atlanta Zoo 569
• Atlantic Station 565
• Buckhead 569
• Centennial Olympic Games Museum 570
• Centennial Olympic Park 556f
• Centennial Olympic Park VC 556
• Center for Civil & Human Rights 559
• Civil Rights Walk of Fame 563
• CNN Center 560
• College Football Hall of Fame 560
• Druid Hills 569
• Emory University 569
• Fernbank Museum of Natural History 569
• Fernbank Science Center 569
• Georgia Aquarium 559
• Georgia World Congress Center 561
• Grant Park 569
• Hammonds House Museum 569
• Herndon Home 561
• High Museum of Art 567
• Historic Ebenezer Baptist Church 563
• Inman Park 569
• Jimmy Carter Library & Museum 569
• Krog Street Market 569
• Lenox Square 569
• Little Five Points 569
• Margaret Mitchell House 566
• Martin Luther King Jr. Birth Home 563
• Martin Luther King Jr. National Historic Site 563
• Mercedes-Benz Stadium 560
• Michael C. Carlos Museum 569
• MODA (Museum of Design Atlanta) 568
• Orientierung 554
• Philips Arena 560
• Reisepraktische Informationen 570
• SkyView Atlanta 557
• Smith Family Farm 570
• Swan House 570
• The King Center 563
• Vom Winde verweht 565
• West End 568
• World of Coca-Cola 557
• World Peace Rose Garden 563
• Wren's Nest 568
Atlantische Küstenebene (Atlantic Coastal Plains) 41f
Aufenthaltskosten 129
Auster, Paul 77, 576, 577
Auto fahren 81
B
Baltimore/MD 370ff
• American Visionary Art Museum (AVAM) 372
• Babe Ruth Birthplace 374
• Baltimore Maritime Museum 373
• Baltimore Museum of Art 376
• Basilica of the Assumption 375
• B&O Railroad Museum 375
• Camden Yards 374
• Carroll Museum 374
• City Center 374
• City Hall 375
• Druid Hill Park & Lake 376
• Eubie Blake Cultural Center 376
• Fell's Point 374
• Fort McHenry NM 376
• Hampden 376
• Harbor East 374
• Historic Charles Street 374
• Inner Harbor 372
• Johns Hopkins University 376
• Lexington Market 375
• Little Italy 374
• Maryland Historical Society 376
• Maryland Science Center 373
• Maryland Zoo 376
• Mount Vernon 374
• M&T Bank Stadium 374
• National Aquarium Baltimore 373
• Oriole Park at Camden Yards 374
• Phoenix Shot Tower 373
• Power Plant 373
• Reginald F. Lewis Museum of Maryland African American History & Culture 373f.

• Reisepraktische Informationen 377
• Star-Spangled Banner Flag House 374
• Top of the World Observation Level 373
• Walters Art Gallery 375
• Washington Monument 375
• Westside 375
Bangor/ME 299ff
• Bangor Waterfront 300
• Galen Cole Family Land Transportation Museum 300
• Mount Hope Cemetery 300
• Thomas Hill Standpipe 300
Baseball 67, 117, 257, 561
Bath/ME 292
• Maine Maritime Museum & Shipyard 292
• Reisepraktische Informationen 294
Baumwollwirtschaft 51
Beacon/NY 319
Beecher-Stowe, Harriet 75, 323
Beförderung 128
Bennington/VE 314
Benton, Thomas Hart 74
Berkshire Hills/MA 320
Besondere Gesellschaftsgruppen 85
Bierstadt, Albert 74
Bildungswesen 60ff
Biltmore Estate/NC 441f
Black Fiction 76
Blue Ridge Parkway/VA 428ff
Boothbay Harbor/ME 292ff
• Boothbay Railway Village 293
• Reisepraktische Informationen 294
Boston/MA 236ff
• African Meeting House 250
• Back Bay 252
• Battle of Bunker Hill Museum 248
• Beacon Hill 249
• Beacon Street 250
• Black Heritage Trail 250
• Boston Common 251
• Boston Common Visitor Information Center 241
• Boston Museum of Fine Arts 254f
• Boston Public Library 252
• Boston Public Market 246
• Boston Tea Party Ship 245
• Charles Street Meeting House 250
• Charlestown 248
• Children's Museum 246
• Custom House Tower 244
• Faneuil Hall/Boston National Historical Park VC 244
• Faneuil Hall Marketplace 244
• Fenway Park 256, 257
• Freedom Trail 239ff
• Harbor Walk 246
• Institute of Contemporary Art (ICA) 246
• Isabella Stewart Gardner Museum 255f
• JFK Library & Museum 257
• King's Chapel 242
• Ladder District 242
• Massachusetts State House 241
• Museum of Science 249
• Museum Wharf 245
• New England Aquarium 245
• New England Holocaust Memorial 246
• Nichols House 251
• Old City Hall 243
• Old Corner Book Store 243
• Old North Church 247
• Old South Meeting House 243
• Old State House 243
• Otis House Museum 250
• Park Street Church 242
• Paul Revere House 247
• Prudential Skywalk 253
• Public Garden 251
• Reisepraktische Informationen 258
• Rose Kennedy Greenway 245
• Shaw-Denkmal 241
• South End 253
• The Mapparium/The Mary Baker Eddy Library 253
• USS Constitution Museum 248
• West End 249
Boston Massacre 242
Boston Tea Party 26, 141, 238, 499
Botschaften und diplomatische Vertretungen 86
Brandywine Valley/PA 353, 355f
• Brandywine Battlefield 355
• Brandywine River Museum 355
• Chaddsford Winery 355
• Longwood Gardens 355
Branford/CT 211
Bridgeport/CT 208f
• Barnum Festival 209
Bristol/RI 219
• Blithewold 219
• Green Animals Topiary Gardens 219
• Linden Place 219
Brunswick/GA 531
Brunswick/ME 292
Bulfinch, Charles 69, 241, 242, 265, 322
Bunyan, Paul 300
Bürgerkrieg 30ff, 365, 416, 458, 464, 499, 507, 514, 554
Burlington/VE 314
Busse 87
C
Caboto, Giovanni 19
Cambridge/MA 263ff
• Harvard Art Museum 266
• Harvard University 264ff
• Havard Museum of Natural History 266
• Longfellow House 263
• Massachusetts Institute of Technology 263
• MIT Museum 263
• Old Cambridge 263
• Peabody Museum of Archeology & Ethnology 266
• Reisepraktische Informationen 266
Camping und Camper 88
Canterbury Shaker Village/NH 307
Cape Ann/MA 278f
• Cape Ann Museum 278
• Reisepraktische Informationen 279
Cape Canaveral/FL 548
Cape Cod/MA 227ff
• Cape Cod Museum of Natural History 229
• Cape Cod National Seashore 229
• French Cable Station Museum 230
• Heritage Plantation 229
• Highland Lighthouse 230
• Hyannis 230
• John F. Kennedy Museum 230
• Pilgrim Memorial/Provincetown Museum 230
• Provincetown 230
• Provincetown Art Association and Museum 230
• Reisepraktische Informationen 231
• Sandwich 229
• Sandwich Glass Museum 229
Cape Hatteras National Seashore/NC 486ff
• Bodie Island Lighthouse 486
• Cape Hatteras Lighthouse 487
• Cape Hatteras National Seashore – Hatteras Island VC 486
• Cape Lookout National Seashore/NC 487
Carter, Jimmy 569
Casco Bay 288ff
• Casco Islands 290
Caw Caw Swamp/SC 518
Chapel Hill/NC 496f
• Ackland Art Museum 497
• Morehead Planetarium & Science Center 497
• North Carolina Botanical Garden 497
• Reisepraktische Informationen 497
• University of North Carolina/UNC 496
Charleston/SC 505ff
• Aiken-Rhett House 509
• Cabbage Row 512
• Charleston County Courthouse 510
• Charleston Museum 507

• Circular Congregational Church 510
• City Market 509
• Edmondston-Alston House 511
• Fireproof Building 510
• Fort Sumter 511
• Fort Sumter Visitor Education Center 514
• Four Corners of Law 510
• French Protestant (Huguenot) Church 513
• Gibbes Museum of Art 510
• Heyward-Washington House 512
• Hibernian Hall 510
• Historic Dock Street Theater 513
• Joseph Manigault House 509
• Mile Brewton House 511
• Nathaniel Russell House 510
• National Historic District 511
• Old Exchange and Provost Dungeon 512
• Old Slave Mart – Museum and Gallery 513
• Powder Magazine 509
• Rainbow Row 512
• Reisepraktische Informationen 516
• South Carolina Aquarium 513
• St. Michael's Episcopal Church 510
• St. Philip's Episcopal Church 513
• Sullivan's Island 514
• The Battery 511
• The Citadel 505
• U.S. Courthouse and Post Office 510
• Waterfront Park 513

Charleston/SC, Umland
• Boone Hall Plantation 515
• Charles Town Landing State Historic Site 514
• Drayton Hall 514
• Magnolia Plantation & Gardens 514
• Middleton Place 515

Charlotte/NC 434ff
• Bechtler Museum of Modern Art 437
• Charlotte Motor Speedway 435
• Charlotte Museum of History 438
• Discovery Place Science 437
• Harvey B. Gantt Center for African American Arts & Culture 437
• Levine Museum of New South 437
• McColl Center for Art+Innovation 437
• Mint Museum Randolph 438
• Mint Museum Uptown 437
• NASCAR Hall of Fame 437
• Orientierung 436
• Reisepraktische Informationen 438

Charlottesville/VA 418
• Monticello 418ff
  Highland 423
  Michie Tavern 423
• Monticello – Thomas Jefferson VC and Smith Education Center 422
• Reisepraktische Informationen 424
• University of Virginia VC 418

Chattanooga/TN 455ff
• Battles for Chattanooga Electric Map & Museum 458
• Bluff View Art District 457
• Chattanooga Choo-Choo & Terminal Station 456
• Chickamauga & Chattonooga National Military Park 458
• Hunter Museum of American Art 457
• Incline Railway 457
• Lookout Mountain 457f
• Reflection Riding Arboretum & Nature Center 458
• Reisepraktische Informationen 458
• Rock City Gardens 458
• Ruby Falls 458
• Songbirds Guitar Museum 456
• Tennessee Aquarium 457

Cherokee/NC 444
• Oconaluftee Indian Village 444
• Reisepraktische Informationen 444
• „Unto These Hills" Outdoor Drama 444

Chesapeake Bay/MD 379f
Chesapeake Bay/VA 472
Chimney Rock State Park 439
Clark, William 29, 423
Coastal Georgia 530ff
• Colonial Coast 530
• Fort King George SHS 531
• Hofwyl-Broadfield Plantation SHS 531

Coca Cola 560
Cole, Thomas 73
Colonial National Historical Park/VA 473
Colonial Parkway/VA 473
Colonial Virginia 472ff
Concord/MA 268
• Concord Museum 270
• North Bridge VC 272
• Orchard House 269
• Ralph Waldo Emerson House 271
• Reisepraktische Informationen 272
• The Old Manse 272

Concord/NH 309
• Museum of New Hampshire History 309

Connecticut River/VE 312
Conway/NH 303
• Appalachian Mountain Club/AMC 303
• Conway Scenic Railway 304
• Mt. Washington Weather Discovery Center 303

Cooper, James Fenimore 576
Core Banks/NC 487
• Cape Lookout Lighthouse 488
• Cape Lookout National Seashore – Harkers Island VC 488

D

Da Verrazano, Giovanni 21
Davis, Jefferson 32, 541
Declaration of Independence *s. Unabhängigkeitserklärung*
Delaware River 328, 329, 332, 333, 338, 355
Derry/NH 310
• America's Stonehenge 310
• Lowell National Historic Park 311
• Robert Frost Farm 310

Douglass, Frederick 226
Durham/NC 494f
• Duke Homestead State Historic Site & Tobacco Museum 494
• Duke University 495
• Nasher Museum of Art 495
• Reisepraktische Informationen 495

Dutchess County/NY 317

E

Einkaufen 89
Einreise und Visum 92
Einstein, Albert 327
Eintritt 94
Eisenbahn 30, 48, 94, 455, 456
Emancipation Act 33
Emerson, Ralph Waldo 43, 75, 236, 252, 269, 270, 271
Entfernungstabelle 127
Erster Weltkrieg 35
Essen und Trinken 96
Essex National Heritage Area 273f
Etowah/TN 455

F

Faneuil, Peter 242, 244
Faulkner, William 76, 576, 577
Federal Style 69, 241, 292, 339, 526
Feiertage und Veranstaltungen 98
Fischfang 50
Flagler, Henry M. 546
Florida/FL 24, 542ff
• Amelia Island 543
• Jacksonville 543ff
  Cummer Museum of Art & Gardens 543
  Reisepraktische Informationen 543

Flüge 99
Fort Knox/ME 294
Fort Loudoun State Historic Park/TN 455

Fotografieren 102
Franklin, Benjamin 243, 332, 334, 335, 339, 340, 347, 422
Frederick County/MA 367
• Camp David 367
• Cunningham Falls State Park 367
• National Museum of Civil War Medicine 368
• National Shrine of Saint Elizabeth Ann Seton 367
• Reisepraktische Informationen 369
Fredericksburg/VA 464ff
• Gari Melchers Home & Studio 466
• Hugh Mercer Apothecary Shop 464
• James Monroe Museum 465
• Kenmore Plantation 465
• Mary Washington House 465
• National Military Park VC 464
• Reisepraktische Informationen 466
• Rising Sun Tavern 465
Freeport/ME 291
• Desert of Maine 291
• L.L.Bean 291
French and Indian War 21, 432
Frieden von Paris 379
Frieden von Utrecht 21
Fuller, Margaret 269
G
Gatlinburg/TN 448f
• Ober-Gatlinburg 448
• Reisepraktische Informationen 449
Geld 102
Georgia Mountains/GA 459f
• Chickamauga Battlefield VC 459
• Kennesaw Mountain NBP 459
Georgian Style 69, 220, 242, 339, 380, 471, 495
Gesamtkostenplanung 131
Gesellschaft 52ff
• Afroamerikaner 44
• Asien 57
• Deutsche Einwanderer 57, 431
• Irische Einwanderer 56
• Italienische Einwanderer 56
• Lateinamerika 56
Gesundheit 104
Gettysburg Address 365, 366
Gettysburg/PA 365f
• David Wills House 365
• Eisenhower National Historic Site 365
• Gettysburg National Military Park Museum & VC 365
• Reisepraktische Informationen 365, 369
Gilded Age 34
Gold 20, 213, 434, 436, 459, 532
Gold Coast/CT 208ff
Goldene Zwanziger 35
Golden Isles/GA 531
• Cumberland Island 534
Cumberland Island National Seashore 534
• Fort Frederica NM 532
• Jekyll Island 533
Georgia Sea Turtle Center 533
• Little St. Simons 532
• Reisepraktische Informationen 534
• Sea Island 532
• St. Simons Island 532
• St. Simons Lighthouse Museum 532
Goodyear, Charles 210
Gordon Low, Juliette 525
Grand Strand/SC 503
• Brookgreen Gardens 503
• Georgetown 504
Rice Museum 504
• Hampton Plantation 504
• Hopsewee Plantation 504
• Myrtle Beach 503
• Reisepraktische Informationen 504
Great Smoky Mountains National Park/NC/TN 445ff
• Reisepraktische Informationen 447
Greek Revival Style 71
Green Mountains/VT 312
Greensboro/NC 498
• Greensboro Area CVB 498
• Guilford Courthouse National Military Park 498
H
Hammond Castle 278
Hampton Roads Area/VA 479ff
Hancock, John 236, 242, 247, 252, 268
Harlem Renaissance 76f
Harrisburg/NJ 328
Harris, Joel Chandler 76, 539, 569
Hartford/CT 321
• Connecticut's Old State House 322
• Connecticut State Capitol 323
• Harriett Beecher Stowe Center 323
• Mark Twain House & Museum 323
• Museum of Connecticut History 323
• Reisepraktische Informationen 325
• Wadsworth Atheneum 322
Hatteras/NC 487
• Cape Hatteras National Seashore – Ocracoke Island VC 487
• Hatteras Island VC & Museum of the Sea 487
• Ocracoke Village 487
Hawthorne, Nathaniel 75, 236, 252, 269ff, 275, 276, 292
Hilton Head Island/SC 518f
• Reisepraktische Informationen 519
Historic Bethabara Park/NC 431
Homer, Winslow 74, 220, 254, 278, 289
Hopper, Edward 286
Hudson, Henry 22, 141, 316
Hudson River 168
Hudson River School 72
Hudson River Valley/NY 317ff
• Reisepraktische Informationen 320
Hyde Park/NY 317ff
• Culinary Institute of America 319
• Eleanor Roosevelt NHS – Val-Kill 318
• Franklin Delano Roosevelt Presidential Library & Museum 318
• Staatsburgh SP 319
• Vanderbild Mansion 319
I
Indianer 16ff, 30, 54f, 212ff, 266, 443ff, 454, 538
Indian Summer 45f, 207
Informationen 105
Ipswich/MA 279
• The Crane Estate 279
Isles of Shoals 282
J
Jackson, Andrew 443
Jackson, Thomas Jonathan „Stonewall" 426, 541
Jacksonville 21
Jamestown/VA 476f
• Colonial National Historical Park 476
• Reisepraktische Informationen 477
Jefferson, Thomas 69, 241, 333, 335, 339, 392, 418ff, 427, 435, 467, 475
K
Kancamagus Highway/NH 303
Kartenmaterial 106
Kennebunk/ME 285
• Seashore Trolley Museum 285
Kennedy, John F. 405
King, Martin Luther 37, 385, 553, 559, 562, 563, 564
King of Prussia Mall/PA 346
King, Stephen 300
Kittery/ME 283
Klima 45f, 115
Knoxville/TN 449ff
• Confederate Memorial Hall/Bleak House 451
• Crescent Bend House & Gardens 451
• East Tennessee History Center/ Museum 451
• Frank H. McClung Museum 451
• James White's Fort 449
• Knoxville Museum of Art 451
• Norris/TN
Museum of Appalachia 451
• Old City Historic District 450
• Orientierung 450
• Reisepraktische Informationen 452

• Tennessee Theatre 450
• Tennessee Valley Authority (TVA) 449
• University of Tennessee 449
• WDVX 449
• Women's Basketball Hall of Fame 450
Kolumbus, Christoph 17, 18, 19, 180, 398, 575
Konfektionsgrößen 91
Konföderierte Staaten von Amerika 32
Konquistadoren 20
Kubakrise 37
Küche 66, 96

L

Lacrosse 376
Lake Champlain/VE 312
Lakes Region/NH 305f
• Reisepraktische Informationen 306
Lake Winnipesaukee/NH 305
• Castle in the Clouds 306
• New Hampshire Boat Museum 305
• Wright Museum 306
Lancaster/PA 360
• Mennonite Information Center 360f
• President James Buchanan's Wheatland 360
Landschaftsmalerei 73
Landwirtschaft 48ff
Lee, Robert E. 541
Lewis, Meriwether 29, 423
Lexington/MA 267
• Lexington Historical Society 268
• Minute Man National Historical Park 268
Lexington/VA 425ff
• Reisepraktische Informationen 427
• Stonewall Jackson House 425
• VMI Museum 425
• Washington & Lee University 425
Lilienthal, Otto 483
Lincoln, Abraham 366, 367, 392, 402
Lindbergh, Charles 396, 400
Literatur 75ff, 575ff
Lobster (Hummer) 286ff
Longfellow, Henry Wadsworth 75, 236, 264, 270, 286, 289, 292
(The) Lost Colony 485f
Louisiana Purchase 21, 28, 423, 465
Luray Caverns/VA 415

M

Macon/GA 536f
• Cannonball House 537
• Georgia Sports Hall of Fame 536
• Harriet Tubman Historical and Cultural Museum 536
• Hay House 537
• Ocmulgee National Monument 537
• Otis Redding Center for Creative Art 536
• Reisepraktische Informationen 538
Maine, Südküste 283ff
• Cape Elizabeth 286
• Old Orchard Beach 286
• Portland Head Light 286
• Reisepraktische Informationen 286
Malerei des Südens 74f
Manassas/VA 411ff
• Brawner Farm Interpretive Center 413
• Manassas National Battlefield Park 413
• Reisepraktische Informationen 413
Manchester/NH 309
• Currier Gallery of Art 310
• Millyard Museum 310
Manchester/VE 314
• Hildene 314
Manigault, Gabriel 509
Mann, Thomas 327
Marshall, George 425
Martha's Vineyard/MA 232f
• Reiseparaktische Informationen 232
Maßeinheiten 107
Mayflower 23, 64, 233, 235, 398
Medien 107
Melchers, Gari 466
Melville, Herman 75
Mennoniten 23, 25, 64, 333, 357, 358, 360
Merrimack River Valley/NH/MA 305ff
• Reisepraktische Informationen 311
Methodisten 65
Middlebury/VE 314
• Morgan Horse Farm 314
Mietwagen 108
Miller, Arthur 75
Mills, Robert 509
Minute Men 26, 27, 267, 268, 272
Mitchell, Margaret 76, 566
Monroe Doctrine 34, 423
Monroe, James 34, 423, 465
Montpelier/VE 312
Mormonen 13, 65
Mount Mansfield/VE 312
Mount Vernon/VA 462f
• Donald W. Reynolds Museum & Education Center 463
• Ford Orientation Center 463
• George Washington's Mount Vernon Estate & Gardens 463
Mount Washington/ME 302ff
• Mount Washington Hotel 302
• Reisepraktische Informationen 304
• Mt. Washington Cog Railway 302
Museen und andere Sehenswürdigkeiten 111
Mystic/CT 213f
• Mystic Aquarium & Institute for Exploration 214
• Mystic Seaport 213
• Reisepraktische Informationen 214

N

Nags Head/NC 484
• Jockey's Ridge State Park 484
Nahverkehr 111
Naismith, James 321
Nantucket/MA 232f
• Reisepraktische Informationen 232
• Whaling Museum 232
Narragansett/RI 215ff
• Narragansett Indian Monument 215
Nation of Nations 52ff
Natural Bridge/VA 426
• Natural Bridge Caverns 427
• Natural Bridge SP 427
Natur- und Nationalparks 112
New Bedford/MA 225ff
• New Bedford Whaling Museum 226
• New Bedford Whaling NHP Visitor Center 226
• Reisepraktische Informationen 227
New Bern/NC 489f
• Birthplace of Pepsi-Cola 490
• North Carolina History Center 490
• Reisepraktische Informationen 490
• Tryon Palace 490
• Tryon Palace Historic Sites & Gardens 489
Newburyport/MA 280f
• Custom House Maritime Museum 280
• Lowell's Boat Shop & Museum 280
• Museum of Old Newbury/Cushing House 280
• Parker River National Wildlife Refuge 280
• Reisepraktische Informationen 280
New Deal Program 35, 51, 318, 428
New Economy 37
New-Frontier-Programm 37
New Haven/CT 210
• Reisepraktische Informationen 211
• Yale Center of British Art 211
• Yale Peabody Museum of Natural History 211
• Yale University 210
• Yale University Art Gallery 211
New London/CT 212
Newport News/VA 479
• Fort Monroe NM 479
• Mariners' Museum 479
• Virginia Air & Space Center 479
• Virginia Living Museum 479
Newport/RI 219ff
• Audrain Automobile Museum 222
• Cliff Walk 222
• Downtown Newport 220
• International Tennis Hall of Fame 221
• Museum of Newport History 220

• Newport Art Museum 220
• Newport Car Museum 222
• Newport Visitor Center 220
• Redwood Library and Athenaeum 220
• Reisepraktische Informationen 224
• Ten Mile Ocean Drive 222
• Touro Synagogue 220
• Trinity Church 220
Newports Mansions 223f
• Beechwood Mansion 223
• Belcourt Castle 223
• Château-sur-Mer 223
• Chepstow 223
• Isaac Bell House 223
• Kingscote 224
• Marble House 224
• Rosecliff 224
• Rough Point 224
• The Breakers 223
• The Elms 223
New York City 138ff
• 9/11 Memorial & Museum 145
• American Museum of Natural History 182
• Apollo Theater 184
• Atlantic Avenue 187
• BAM 187
• Barclays Center 187
• Battery Park 149
• Battery Park City 149
• Bayard Building 158
• Bowling Green 152
• Brighton Beach 141
• Broadway 168
• Bronx 190f
• Bronx Museum 191
• Bronx Park 191
• Brooklyn 187f
• Brooklyn Botanic Garden 188
• Brooklyn Bridge 141, 155f
• Brooklyn Bridge Park 155, 187
• Brooklyn Heights 187
• Brooklyn Heights Promenade 187
• Brooklyn Museum of Art 188
• Carnegie Hall 180
• Castle Clinton 149
• Castle Clinton National Monument 149
• Cathedral of St. John the Divine 185
• Central Park 175f
• Central Park West 181
• Chelsea 161
• Chelsea Historic District 161
• Chelsea Hotel 161
• Chelsea Piers 161
• Chinatown 157
• Chrysler Building 169
• City Hall 155
• Columbia University 185f
• Columbus Circle 180
• Columbus Square 157
• Coney Island 141, 188
• Cooper Hewitt, Smithsonian Design Museum 179
• Cooper Union Building 159
• Dakota Building 182
• David Rubenstein Atrium 181
• East River Waterfront Esplanade 154
• Edgar Allan Poe Cottage 191
• Ellis Island 141, 150
• El Museo del Barrio 179
• Empire State Building 166
• Federal Hall 153
• Fifth Avenue 170
• Finanzviertel 153
• Flatiron Building 161
• Flushing Meadows Corona Park 190
• Fort Tryon Park 186f
• Frick Collection 178
• Garment District 166
• General Grant National Monument 185
• Governors Island 141, 151, 152
• Grace Church 160
• Gramercy Park 161
• Grand Central Terminal 168f
• Guggenheim Museum 179
• Harlem 182f
• Hearst Tower 180
• Hell's Kitchen 168
• High Line Park 164
• Historischer Überblick 141
• Hudson River Greenway 168
• Hudson River Park 161
• Hudosn Yards 164
• Intrepid Sea, Air & Space Museum 168
• Jacob K. Javits Convention Center 168
• Jewish Museum 179
• Liberty Island 141, 150
• Liberty Park 148
• Lincoln Center 180
• Lipstick Building 171
• Little Italy 158
• Little Italy in the Bronx 191
• Lower East Side Tenement Museum 157
• Lower Manhattan 140, 156ff
• Macy's 166
• Madison Avenue 180
• Madison Square Garden 166
• Meatpacking District 161
• Metropolitan Museum of Art (The Met Fifth Avenue) 178
• Midtown 140, 165ff
• MoMA P. S.1 189
• Morgan Library & Museum 166
• Mount Morris Historical District 184
• Murray Hill 166
• Museum Mile (Upper East Side) 177f
• Museum of Arts & Design (MAD) 180
• Museum of Chinese in America 157
• Museum of Jewish Heritage 149
• Museum of Modern Art 170f
• Museum of Sex 161
• Museum of the City of New York 179
• Museum of the Moving Image 198
• National Museum of the American Indian 153
• NBC Studios 171
• Neue Galerie 179
• New Museum 157
• New Yankee Stadium 191
• New York Aquarium 189
• New York Botanical Garden 191
• New-York Historical Society 182
• New York Public Library 167
• New York Stock Exchange 154
• New York University 159
• Old St. Patrick's Cathedral 158
• One World Observatory 148
• Park Avenue 171
• Pete's Tavern 161
• Queens 189ff
• Queens Museum 190
• Radio City Music Hall 169f
• Reisepraktische Informationen 192
• Riverside Church 185
• Rockefeller Center 170
• Schomburg Center for Research in Black Culture 185
• Seagram Building 172
• Seton Shrine 152
• Skyscraper Museum 149
• SoBro 191
• SoHo 158
• South Street Seaport Historic District 154
• Spyscape 168
• Staten Island 151
• Statue of Liberty 150
• St. Mark's in the Bowery 160
• St. Nicholas Historic District 184
• St. Nicholas National Shrine 148
• St. Patrick's Cathedral 171
• St. Paul's Chapel 155
• Studio Museum of Harlem 184
• Stuyvesant Square 160
• SUMMIT One Vanderbilt 170
• Synagoge Temple Emanu-El 177

- Theater District 167
- The Edge 164
- Theodore Roosevelts Geburtshaus 161
- The Plaza 172
- Times Square 167, 168
- Time Warner Center 180
- Trinity Church 152
- Trump Tower 172
- Tudor City 170
- Union Square 160
- United Nations 170
- Upper Manhattan 140, 182ff
- Upper Midtown 170
- Upper West Side 180
- Uptown 140, 174ff
- Waldorf Astoria Hotel 172
- Washington Heights 186f
- Whitehall Ferry Terminal 151
- Whitney Museum of American Art 165
- Williamsburg 141, 188
- Wolkenkratzer 173f
- Woolworth Building 155
- World Financial Center – Brookfield Place 149
- World Trade Center Site 148
- Yankee Stadium 141
- Yorkville 179f

Nine Eleven 38, 154, 155, 389
Norfolk/VA 479
- Chrysler Museum of Art 479
- Nauticus 479
- Norfolk State University 479
- Reisepraktische Informationen 481

Norwich/CT 212
Notfall, Notruf 113

O

Obama, Barack 38f, 404
Ocoee/TN 455
O'Connors, Flannery 540
Öffnungszeiten 114
Oglethorpe, James Edward 521
Ogunquit/ME 285
- Ogunquit Museum of American Art 285

Okefenokee Swamp/GA 535f
Old Salem/NC 432
- Old Salem VC 434
- Reisepraktische Informationen 434

Organic Farming 49
Orlando/FL 548f
- Discovery Cove 549
- Disney World 548
- Reisepraktische Informationen 549
- SeaWorld Orlando 549
- Universal Studios Florida 549
- Walt Disney World Resort 549

Outer Banks/NC 482f
- Reisepraktische Informationen 488
- Wright Brothers National Memorial 483

P

Paine, Robert Treat 242
Parks, Rosa 564
Parton, Dolly 449
Pemaquid Point/ME 293
Pennsylvania Dutch Country (Lancaster County)/PA 353, 357ff
- Amish Farm and House 362
- Ephrata Cloister 363
- Hans Herr House 361
- Hersheypark 362
- Hershey's Chocolate World 362
- Landis Valley Museum 360
- Railroad Museum of Pennsylvania 362
- Reisepraktische Informationen 363
- The Amish Experience 359

Penn, William 328, 329, 332, 336, 338, 339, 341, 355
Penobscot Bay/ME 293
Penobscot Marine Museum 294
Petersburg/VA 470
- Pamplin Historical Park & National Museum of the Civil War Soldier 470

Philadelphia/PA 329ff
- Academy of Music 342
- Academy of Natural Sciences 343
- Adventure Aquarium 339
- African American Museum 340
- AME Church 338
- American Philosophical Hall 335
- Arch Street Meeting House 340
- Barnes Foundation 343
- Betsy Ross House 340
- Bishop White House 338
- Bourse 337
- Broad Street 342
- Carpenters' Court 337
- Cathedral of St. Peter & Paul 343
- Christ Church 339
- Christ Church Burial Ground 340
- City Hall 341
- City Tavern 338
- Congress Hall 334
- Dilworth Park 341
- Eastern State Penitentiary 345
- Edgar Allan Poe National Historical Site 345
- Elfreth's Alley 339
- Fireman's Hall 340
- Franklin Court Buildings 337
- Franklin Institute Science Museum 343
- Free Quaker Meeting House 340
- German Society of Pennsylvania 345
- Graff House 340
- Holy Trinity Church 338
- Independence Hall 335
- Independence National Historical Park 334
- Independence Seaport Museum 339
- Independence VC 334
- Kimmel Center for the Performing Arts 342
- Liberty Bell Center 336
- Love Park 341
- Museum District 343f
- Museum of the American Revolution 338
- National Constitution Center 336
- National Liberty Museum 337
- Old City 338
- Old City Hall 335
- Old Pine Street Presbyterian Church 338
- One Liberty Observation Deck 341
- Orientierung 333
- Penn Museum – University of Pennsylvania Museum of Archaeology and Anthropology 345
- Penn's Landing 339
- Pennsylvania Academy of the Fine Arts 343
- Philadelphia History Museum at Atwater Kent 340
- Philadelphia Museum of Art 344
- Reading Terminal Market 341
- Reisepraktische Informationen 348
- Rittenhouse Row 342
- RiverLink Ferry 339
- Rodin Museum 343
- Second Bank of the U.S. 337
- Society Hill 338
- Society Hill Holy Trinity Church 338
- Society Hill Synagogue 338
- South Street 338
- St. Peter's Church 338
- The Barnes Arboretum in Merion 344
- Todd House 338
- University of the Arts 342
- Waterfront 338

Pigeon Forge/TN 448
- Reisepraktische Informationen 449

Pilgrim Fathers 23, 233, 293, 398
Pittsfield/MA 320
- Hancock Shaker Village 320

Plantation Road/VA 470f
Pleasure Island/NC 501
- Fort Fisher State Historic Site & Museum 501
- North Carolina Aquarium 501

Plymouth/MA 233f
- Pilgrim Hall Museum 234

• Plimoth Plantation 234
• Reisepraktische Informationen 234
Poe, Edgar Allan 76, 191, 345, 469, 577
Ponce de Léon, Juan 19, 547
Portland/ME 288ff
• Portland Museum of Art 289
• Portland Observatory 289
• Reisepraktische Informationen 290
• Victoria Mansion 289
• Wadsworth-Longfellow House 289
Portsmouth Island/NC 487
Portsmouth/NH 281
• Old Harbor District 281
• Portsmouth Harbor Trail 281
• Reisepraktische Informationen 282
• Strawbery Banke Museum 281
• Wentworth Coolidge Mansion HS 282
Portsmouth/VA 480
Post 114
Potomac River 384
Poughkeepsie/NY 319
• Walkway over the Hudson 319
Princeton/NJ 327f
• Princeton University 327f
Frist Campus Center 328
• Reisepraktische Informationen 328
Proulx, Annie 76
Providence/RI 217ff
• Brown University 218
• John Brown House Museum 218
• John H. Chafee Blackstone River Valley National Heritage Corridor 217
• Museum of Art der Rhode Island School of Design 218
• Reisepraktische Informationen 218
• RISD Museum mit Chace Center Galleries 218
• Slater Mill 217
• State House 217
Puritaner 25, 47, 48, 64, 235, 237

Q

Qualla Boundary Cherokee Indian Reservation 444

R

Raleigh/NC 491
• Gregg Museum of Art & Design 493
• Marbles Kids Museum 492
• North Carolina Museum of Art (NCMA) 493
• North Carolina Museum of History 493
• North Carolina Museum of Natural Sciences 493
• Reisepraktische Informationen 493
• State Capitol 492
Raleigh, Sir Walter 492
Rauchen 115
Redding, Otis 537
Reed Gold Mine State Historic Site 434
Reisezeit 115
Religion 63ff
Removal Treaty Act 18, 443
Republikanische Partei 32
Research Triangle/NC 491, 498
Revere, Paul 241, 242, 247, 260
Rhinebeck/NY 317
Richmond/VA 466ff
• American Civil War Center At Historic Tredegar 468
• American Civil War Museum 468
• Black History Museum & Cultural Center of Virginia 469
• Chimborazo Medical Museum 470
• Edgar Allan Poe Museum 469
• Jackson Ward 469
• Medical Museum of the Confederacy 468
• Reisepraktische Informationen 471
• Richmond National Battlefield Park 470
• Valentine Richmond History Center 468
• Virginia Museum of Fine Arts 469
• Virginia State Capitol 467
Roanoke Island/NC 484
• Roanoke Island Festival Park 484
Roanoke Sound/NC 485
• Elizabethan Gardens 485
• Fort Raleigh NM 485
• Waterside Theatre 485
Rockland/ME 293
• Farnsworth Art Museum 293
• Maine Lobster Festival 293
• Reisepraktische Informationen 294
Rockport/MA 278
Roosevelt, Franklin D. 35, 51, 318, 392, 393, 414, 428
Ross, Betsy 339
Routenvorschläge 133ff

S

Salem/MA 275ff
• House of the Seven Gables 276
• PEM – Peabody Essex Museum 277
• Reisepraktische Informationen 277
• Salem Maritime NHS Orientation Center/National Park Service Regional VC 276
• Salem Witch Museum 276
Saugus Iron Works NHS 273
Savannah/GA 519ff
• American Prohibition Museum 523
• Andrew Low House 525
• Battlefield Memorial Park 522
• Calhoun Square 525
• Cathedral of Saint John the Baptist 525
• Chippewa Square 525
• Christ Episcopal Church 524
• City Market 523
• Colonial Park Cemetery 526
• Columbia Square 526
• Davenport House 526
• Evangelical Lutheran Church of the Ascension 524
• Forsyth Park 525
• Georgia State Railroad Museum 522
• Green-Meldrim-Home 525
• Hamilton-Turner Mansion 525
• Jepson Center 525
• Johnson Square 524
• Juliette Gordon Low Girl Scout National Center 525
• Madison Square 525
• Monterey Square 525
• Oglethorpe Square 526
• Orientierung 522
• Owens-Thomas-House & Museum 526
• Reisepraktische Informationen 528
• Reynolds Square 526
• Riverfront 523
• Savannah Children's Museum 522
• Savannah College of Art and Design (SCAD) 522
• Savannah History Museum 522
• Savannah International Trade & Convention Center 524
• Ships of the Sea Maritime Museum 522
• St. John's Episcopal Church 525
• Telfair Academy 524
• Telfair Museums 525
• Telfair Square 524
• Temple Mickve Israel 525
• Tri Centennial Park 522
• US Customs House 524
• Warren Square 526
• Washington Square 526
• Waving Girl 524
• Wayne-Gordon House 525
• Wormsloe Historic Site 526
• Wright Square 524
Schuylkill River 332, 333, 345, 347
Schwarzer Freitag (Black Friday) 35
Sequoyah 443ff, 454ff
Shaking Quakers 307
Shelburne/VE 314
• Shelburne Museum 314
Shenandoah National Park/VA 414ff
• Blue Ridge Parkway 415
• Reisepraktische Informationen 415
• Skyline Drive 415
Sicherheit und Verhaltensregeln 116
Sklaven 31f

Smith's Castle 215
Southerners 58
Soziale Situation 58ff
Space Coast/FL 550f
• Kennedy Space Center Visitor Complex 550
Sport und Freizeit 116
Sprache und Verständigung 118
Springfield/MA 321
• Naismith Memorial Basketball Hall of Fame 321
St. Augustine/FL 545ff
• Castillo de San Marcos 545
• Cathedral Basilica 546
• Colonial Quarter 545
• Government House 548
• Lightner Museum 546
• Lincolnville Historic District 546
• Mission Nombre de Dios 545
• Plaza de la Constitucion 546
• Ponce de Leon's Fountain of Youth Archaeological Park 545
• Reisepraktische Informationen 547
• St. Augustine Alligator Farm Zoological Park 547
• St. Augustine Lighthouse 547
Staunton/VA 416ff
• Frontier Culture Museum 417
• Reisepraktische Informationen 417
• Woodrow Wilson Birthplace & Museum & Presidential Library 416
St.-Lorenz-Strom 18, 21
Stockbridge/MA 320
• Norman Rockwell Museum 320
Stone Mountain Memorial SP/GA 541
Stony Creek/CT 212
Stowe/VE 312
Strom 119
Stuyvesant, Peter 22, 141, 160
T
Tea Party 243
Telekommunikation 119
Tennessee Overhill/TN 454
• Sequoyah Birthplace Museum 454
Thanksgiving Day 23, 99, 199
The Lost Colony 485f
Thoreau, Henry David 38, 43, 75, 236, 269, 270, 271, 272
Trail of Tears 18, 444
Transzendentalismus 74, 75, 269f
Treaty of Paris 27
Trenton/NJ 328
Trinkgeld 121
Truman, Harry S. 36
Trump, Donald 38, 171
Twain, Mark 75, 76, 323, 324, 578
Tybee Island/GA 526
• Fort Pulaski National Monument 527
• Old Fort Jackson 527
• Tybee Island Light Station 527
U
Umgangsformen 121
Unabhängigkeitserklärung 217, 244, 329, 333ff, 340, 384, 422, 435, 471, 504
Unabhängigkeitskrieg 27, 238, 248, 267, 268, 271, 272, 290, 355
Uncasville/CT 212
• Mashantucket Pequot Museum and Research Center 212
• Tantaquidgeon Indian Museum 212
Unterkunft 121
V
Valley Forge/PA 346
• Reisepraktische Informationen 348
• Valley Forge National Historic Park 347
Vanderbilt (Familie) 165, 194, 196, 223, 224, 319, 441, 442
Verfassung der Vereinigten Staaten von Amerika 38
Verhaltensregeln s. *Sicherheit*
Vermont 312ff
• Reisepraktische Informationen 314
Versicherungen 125
Vespucci, Amerigo 19
Vietnamkrieg 37
Virginia Beach/VA 480f
• Cape Henry Lighthouse 481
• Reisepraktische Informationen 481
• Virginia Beach Surf & Rescue Museum 481
Von Steuben, Friedrich Wilhelm 27, 199, 338, 347, 390, 477
W
Waldoboro/ME 293
Waldseemüller, Martin 19
Walker, Alice 541
Walker, William Aiken 74
War of 1812 28ff
Washington D.C. 327
• Adams Morgan – „AdMo" 404
• Albert Einstein Memorial 392
• Arthur M. Sackler Gallery 395
• Capitol Hill 397ff
• Capitol Riverfront 400
• Chesapeake & Ohio Canal National Historical Park 403
• Corcoran Gallery of Art 396
• East Building 396
• Eastern Market 399f
• Foggy Bottom 402
• Ford's Theatre NHS 402
• Franklin D. Roosevelt Memorial 393
• Freer Gallery of Art 395
• Georgetown 402f
• Georgetown University 403
• George Washington University 402
• German-American Heritage Museum 401
• Greater U Street Neighborhood Visitor Center 404
• Hay-Adams Hotel 391
• Heurich House 404
• Hirshhorn Museum 396
• International Spy Museum 401
• Jefferson Memorial 393
• John F. Kennedy Center for the Performing Arts 402
• Korean War Veterans Memorial 393
• LaFayette Square 390
• Library of Congress 399f
• Lincoln Memorial 392
• Markthalle 399
• Martin Luther King Jr. Memorial 393
• National Air and Space Museum 396
• National Archives 396
• National Gallery of Art 396
• National Mall 391ff
• National Museum of African American History and Culture 396
• National Museum of the American Indian (NMAI) 396
• National Museum of African Art 395
• National Museum of American History 395
• National Museum of Natural History 395
• National Museum of Women in the Arts 402
• National Portrait Gallery 402
• National World War II Memorial 394
• Northwest 403f
• Old Stone House 403
• Orientierung 385, 388
• Phillips Collection 404
• Reisepraktische Informationen 406
• Smithsonian American Art Museum 401
• Smithsonian Institution 395
• Smithsonian Institution Building 394
• Steven F. Uvar-Hazy Center 396
• St. John's Church 391
• Theodore Roosevelt Memorial
• 402
• Tidal Basin 393
• Union Station 401
• United States Capitol 398
• US Holocaust Memorial Museum 394
• Verizon Center 401

- Vietnam Veterans Memorial 392
- Washington Monument 394
- Washington National Cathedral 404
- Watergate Building 402
- West Building 396
- White House 388ff
- White House Visitor Center 389f
- White House Visitor Pavilion 390
- Woodrow Wilson House Museum 404

Washington, George 24, 27, 76, 99, 141, 153, 159, 168, 186, 252, 255, 263, 286, 327, 336, 339, 343, 347, 384, 388, 390, 391, 398, 406, 423, 425, 427, 463, 467, 468, 471, 473, 477, 490, 512
Watergate-Affäre 37
Weißkopf, Gustav 209, 483
Wentworth, Benning 282
White Mountains/ME 299ff
- Reisepraktische Informationen 304

White Mountains National Forest 302
William Clark 29, 423
Williamsburg/VA 473ff
- Colonial Williamsburg 474f
- Reisepraktische Informationen 477

Wilmington/NC 499ff
- Azalea Festival 502
- Bellamy Mansion 500
- Burgwin-Wright Museum House& Gardens 500
- Cape Fear Museum of History & Science 500
- City Hall 499
- Latimer House Museum 500
- Reisepraktische Informationen 502
- Thalian Hall 499
- U.S.S. North Carolina Battleship Memorial 500

Wilson, Woodrow 416, 499
Winston/NC 431ff
- Reisepraktische Informationen 434
- Reynolda House – Museum of American Art 431
- Southeastern Center for Contemporary Art (SECCA) 431

Wirtschaft 46ff
Wiscasset/ME 292
- Castle Tucker House 292
- Fort Edgecomb SHP 292
- Nickels-Sortwell House 292

Wolfe, Thomas 76, 440
Wright, Orville und Wilbur 483f
Wrightsville Beach/NC 501
- Airlie Gardens 502

Y
Yankees 58
Yankee Stadium 141
Yarmouth/ME 291
York/ME 284
- Museums of Old York 285

Yorktown/VA 477
- American Revolution Museum at Yorktown 477

Z
Zeit und Zeitzonen 126
Zoll 126
Zweiter Weltkrieg 36, 188, 190, 372, 394

Abbildungsverzeichnis

Alle Abbildungen von Margit Brinke, außer:
S. 6 (Bild 2)/410: NC Tourism; S. 33: Pennsylvania Tourism; S. 44: Elena Elisseeva/iStock; S. 120: Karsten, Istock, S. 132: Carolyn M. Carpenter/shutterstock; 212: Mystic Country Connecticut; S. 222: Rhode Island Tourism Division; S. 224: The Preservation Society of Newport County; S. 229: Hyannis CVB; S. 244, 245: MOTT; S. 248, 249, 251, 275, 279: Tim Grafft/MOTT; S. 268: National Park Service (NPS); S. 281: NH/R.Morang; S. 287, 298: Maine Tourism; S. 285, 290, 296: Maine Office of Tourism; S. 304, 306: New Hampshire; S. 308: CTTourism, D. Shafer; S. 321: Springfield CVB; S. 318: Jack Malone; S. 324: Mathew Brady/wikipedia.de; S. 346: Valley Forge CVB; S. 356: Longwood Gardens; S. 358: DiscoverLancaster-T.Ross; S. 361: Coy Butler/www.discoverlancasterpa.com; S. 365: Pennsylvania Tourism; S. 383: Destination DC; S. 413: Discover Prince William & Manassas; S. 417: Frontier Culture Museum; S. 427, 430, 463, 471, 474: Virginia Tourism Corporation (Virginia.org); S. 435, 436, 443, 445: NC Tourism;
S. 442, 482, 485, 487, 489, 492, 495, 497, 501, 503: VisitNC.com, Bill Russ; S. 450: Knoxville Tourism & Sports Corporation; S. 457: Adam Crisp; S. 465: Richmond CVB/Virginia Tourism Corporation; S. 480: David Hills/Visit Norfolk; S. 539: Georgia Tourism; S. 78, 574: Andreas Iwanowski; Umschlagklappe hinten Nr. 3: PSNC_GavinAshworth-Discover Newport; S.541, maxcam2008 Istock.

IWANOWSKI'S

USA-OSTKÜSTE – Top-Ziele

1. GESCHICHTE

Die Vergangenheit ist im Osten allgegenwärtig: indigene Spuren (z. B. **Cherokee**, S. 443), die Geschichte der Sklaverei und Bürgerrechte (z. B. **Cambridge/MD**, S. 381), Kolonien und Schlachtfelder (z. B. das **Historic Triangle** S. 472) gibt es zu entdecken.

2. STÄDTE

Neben faszinierenden Großstädten wie **New York** (S. 138) oder **Boston** (S. 236) sind weniger bekannte Orte wie **Richmond/VA** (S. 466), **Frederick/MD** (S. 367) oder **Wilmington/NC** (S. 499) auch sehr interessant.

3. SEHENSWÜRDIGKEITEN

Nicht nur die Metropolen wie New York und die Hauptstadt **Washington D.C.** (S. 382) bieten eine Fülle an Sehenswürdigkeiten, auch die **Südstaatenperle Charleston** (S. 505) oder **Newport** (S. 219) sind mit ihren grandiosen Mansions Highlights eine Reise wert.

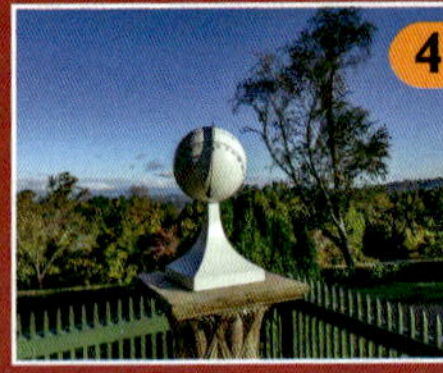

4. LANDSCHAFTEN

Die Nationalparks **Acadia**, **Shenandoah** oder **Great Smoky Mountains** bieten faszinierende Natur, doch laden auch viele weniger bekannte Gegenden zum Entdecken verborgener Landschaft ein, z. B. der **Catoctin Mountain Park** im Frederick County/MD (S. 367).

5. KULINARISCHES

Einwanderer aus aller Welt und natürliche Gegebenheiten machen die Ostküste zum kulinarischen Topziel: Hummer in **Maine** (S. 286), Südstaatenküche in **Savannah** (S. 519), dazu hervorragende Weine im **Virginia Wine Country** (S. 424) oder in **Upstate New York** (S. 320).

6. STRÄNDE

Die Strände Floridas kennt jeder, doch die Ostküste hat noch mehr zu bieten: **Virginia Beach** (S. 480), die **Outer Banks** in North Carolina (S. 482), **Hilton Head Island** in South Carolina (S. 518) oder die **Golden Isles** in Georgia (S. 531).